2017

陆川县地方志编纂委员会 编

陆川年鉴

LUCHUAN NIANJIAN

国家图书馆出版社

图书在版编目(CIP)数据

陆川年鉴 .2017/ 陆川县地方志编纂委员会编 . --
北京 : 国家图书馆出版社，2018.6
ISBN 978-7-5013-6344-5

Ⅰ . ①陆… Ⅱ . ①陆… Ⅲ . ①陆川县 — 2017 —年鉴
Ⅳ . ① Z526.74

中国版本图书馆 CIP 数据核字(2018)第 018442 号

国家图书馆出版社官方微信

书　　名	陆川年鉴(2017)
著　　者	陆川县地方志编纂委员会　编
责任编辑	于春媚
助理编辑	潘肖蔷
特邀编审	夏红兵
设　　计	南宁市佳彩广告设计有限公司
出　　版	国家图书馆出版社(100034　北京市西城区文津街 7 号)
	(原书目文献出版社　北京图书馆出版社)
发　　行	010-66114536　66126153　66151313　66175620
	66121706（传真）　66126156（门市部）
E – mail	nlcpress@nlc.cn（邮购)
Website	www.nlcpress.com →投稿中心
经　　销	新华书店
印　　刷	深圳市精一瑞兰印刷有限公司
版　　次	2018 年 6 月第 1 版　2018 年 6 月第 1 次印刷
开　　本	889×1194（毫米）　1/16
印　　张	30.25
字　　数	1155 千字
书　　号	ISBN 978-7-5013-6344-5
定　　价	260.00 元

陆 川 县 地 图

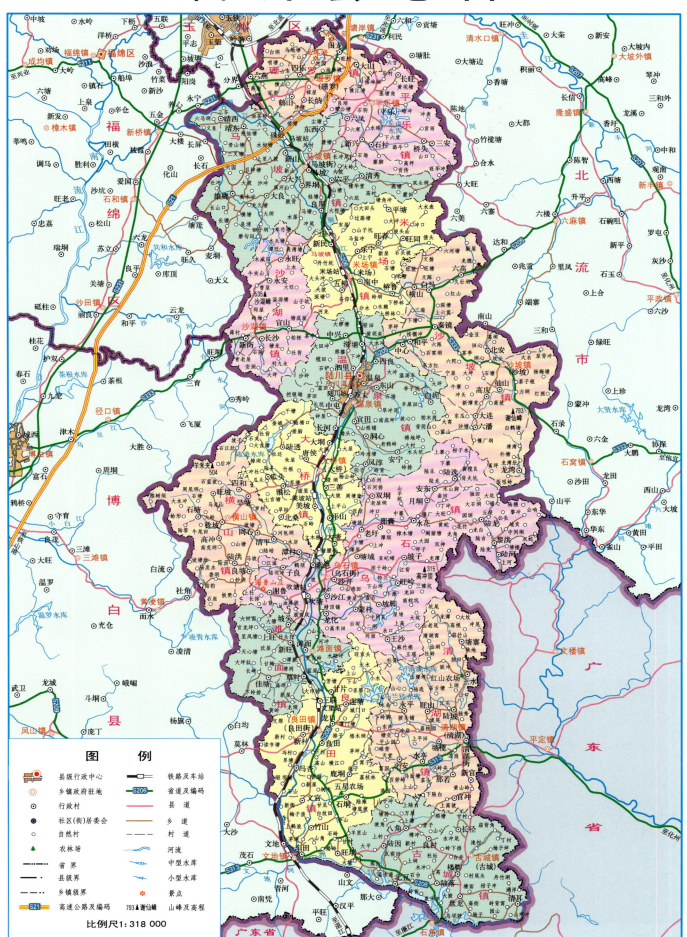

图 例

县级行政中心　　　铁路及车站
乡镇政府驻地　　S206　省道及编码
行政村　　　　　　　县道
社区(街)居委会　　　乡道
自然村　　　　　　- - - - 村道
农林场　　　　　　　河流
- · - · - 省界　　　　　中型水库
——— 县级界　　　　　小型水库
- - - 乡镇级界　　　✳ 景点
S21 高速公路及编码　793▲谢仙峰 山峰及高程

比例尺1:318 000

广西壮族自治区地图院编制　　　审图号：桂S（2014）84号　　　2014年11月

数字陆川
SHUZI LUCHUAN
陆川

2016

- 行政区域土地面积　1554.32 平方千米
- 镇　14 个
- 村（社区）　164 个
- 总户数　33.10 万户
- 总人口　109.37 万人
- 女性人口　51.28 万人
- 乡村人口　78.26 万人
- 60 岁以上人口　13.60 万人
- 人口自然增长率　9.47‰
- 年均气温　22.4℃
- 日照时数　1633 小时
- 总降雨量　2317.2 毫米
- 耕地面积　3.33 万公顷
- 森林覆盖率　58.61%
- 农田有效灌溉面积　2.06 万公顷
- 农业机械总动力　53.90 万千瓦特
- 地区生产总值　234.03 亿元
- 第一产业增加值　34.14 亿元

- 第二产业增加值　111.80 亿元
- 第三产业增加值　88.09 亿元
- 人均地区生产总值　29542 元
- 财政收入　14.41 亿元
- 公共财政支出　47.56 亿元
- 工业总产值　362.18 亿元
- 规模以上工业产值　347.32 亿元
- 工业化率　2.83%
- 城镇化率　42.65%
- 固定资产投资　203.08 亿元
- 农林牧渔业总产值　62.00 亿元
- 粮食播种面积　4.39 万公顷
- 粮食总产量　26.82 万吨
- 经济作物种植面积　7238 公顷
- 铁路里程　85 千米
- 等级公路里程　880.89 千米
- 外贸进出口总额　3799 万元
- 接待游客　325.31 万人次

- 社会消费品零售总额 58.07 亿元
- 城镇居民人均可支配收入 27158 元
- 农民人均纯收入 11980 元
- 城乡居民年末储蓄存款余额 142.10 亿元
- 金融机构存款总额 165.13 亿元
- 金融机构贷款总额 90.66 亿元
- 全社会用电量 9.59 亿千瓦时
- 在园幼儿 3.71 万人
- 在校小学生 8.87 万人
- 在校初中生 4.04 万人
- 在校高中生 1.67 万人
- 职业学校在校生 738 人
- 医疗卫生机构 28 家
- 卫生技术人员 3114 人
- 医院床位 2505 床
- 固定电话用户 5.84 万户
- 移动电话用户 44.89 万户

- 宽带用户 6.50 万户
- 邮电业务总量 98873 元
- 广播电视人口综合覆盖率 98.70 %
- 民用汽车拥有量 4.19 万辆
- 道路客运量 287 万人
- 道路货运量 4015 万吨
- 客运周转量 2.07 亿人千米
- 货运周转量 87.16 亿吨千米
- 城市污水年处理能力 830 万吨
- 参加城镇职工基本养老保险 4.19 万人
- 参加城乡居民社会养老保险 28.41 万人
- 参加机关事业单位职工养老保险 2.20 万人
- 参加新型农村合作医疗保险 86.45 万人
- 参加城镇居民基本医疗保险 5.65 万人
- 参加城镇职工基本医疗保险 11.04 万人
- 城镇登记失业率 3.19%

罗非鱼基地摄于 2016 年 6 月 县农业局 提供

领导活动 LINGDAO HUODONG

1　2016 年 11 月 8 日，自治区党委常委、自治区副主席蓝天立（前左二）到陆川污水厂调研
　　　　　　　　　　　　　　　　　　　　　　　　　县城投公司　提供

2　2016 年 6 月 1 日，自治区人大常委会副主任、自治区总工会主席王跃飞（前左二）到陆川调研工会工作
　　　　　　　　　　　　　　　　　　　　　　　　　县总工会　提供

3　2016 年 8 月 23 日，自治区副主席张秀隆（右三）到陆川检查生态养殖工作
　　　　　　　　　　　　　　　　　　　　　　　　　县水产畜牧兽医局　提供

4　2016 年 2 月 15 日，自治区副主席黄世勇（前左一）到陆川调研九洲江治污工作
　　　　　　　　　　　　　　　　　　　　　　　　　叶礼林　摄

5　2016 年 6 月 29 日，自治区政协副主席刘君（中）到陆川考察世客城建设情况
　　　　　　　　　　　　　　　　　　　　　　　　　姚明仿　摄

领导活动
LINGDAO HUODONG

1 2016 年 3 月 23 日，自治区审计厅厅长何小聪（中）到陆川调研审计工作
　　　　　　　　　　　　　　　　　　　　　　县审计局　提供

2 2016 年 3 月 18 日，自治区粮食局局长吴宇雄（右三）到大桥镇调研扶贫产业发展情况
　　　　　　　　　　　　　　　　　　　　　　叶礼林　摄

3 2016 年 10 月 18 日，玉林市委书记王凯（前右二）到陆川金丰源水稻专业合作社检查工作
　　　　　　　　　　　　　　　　　　　　　　叶礼林　摄

4 2016 年 11 月 1 日，玉林市市长苏海棠（前右一）到陆川调研扶贫产业发展情况
　　　　　　　　　　　　　　　　　　　　　　叶礼林　摄

5 2016 年 5 月 18 日，玉林市政协主席梁伟江（前左三）到陆川慰问群众
　　　　　　　　　　　　　　　　　　　　　　县政协办　提供

1 ⎯ **3**

2 ⎯ **4**

❶ 2016 年 7 月 14 日，县委书记蒙启鹏（前右二）到乌石镇调研污垃项目建设情况　　　叶礼林　摄

❷ 2016 年 5 月，县委副书记、代县长潘展东（左二）到良田镇养殖企业调研　　　　　叶礼林　摄

❸ 2016 年 11 月 15 日，县人大常委会主任陈前驱（前左三）与市、县两级人大代表到温泉镇官田村
视察脱贫攻坚工作　　　　　　　　　　　　　　　　　　　　　　　　　　县人大办　提供

❹ 2016 年 11 月，县政协主席李永金（左二）到帮扶群众家中了解生产生活情况　　县政协办　提供

中国共产党陆川县第十四次代表大会

2016年7月6日—8日，中共陆川县第十四次代表大会在县城区举行。7月8日，召开中共陆川县第十四届委员会第一次全体会议，选举产生中共陆川县第十四届委员会书记蒙启鹏，副书记潘展东、陈基林，常务委员蒙启鹏、潘展东、陈基林、周国静、陈锦（女）、莫亚坤、李红伟、陈日东、甘俭、张耘书、周林（女）。

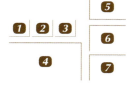

中国共产党陆川县第十四次代表大会乌石镇代表团

中国共产党陆川县第十四届委员会第一次全体会议

陆川县第十六届人民代表大会第一次会议

2016年9月1日—4日，陆川县第十六届人民代表大会第一次会议在县城区召开。会议选举县人大常委会主任陈前驱，副主任丘妙军、黎政、江家强、丘玉梅（女）；县长潘展东，副县长陈锦（女）、莫亚坤、冯国、吴祖强、何志勇、刘猛；县法院院长陈锐；县检察院检察长许安（女）。

1 县委书记蒙启鹏在大会开幕式上致辞
2 县人大常委会主任陈前驱在大会做人大工作报告
3 县长潘展东在大会上做政府工作报告
4 县检察院检察长许安做检察工作报告
5 县法院院长陈锐在大会做法院工作报告

6 大会开幕式
7 选举大会
8 新当选的县人大、政府、检察院、
法院的领导就职宣誓

叶礼林　摄

中国人民政治协商会议陆川县第九届委员会第一次会议

　　2016年9月1日—3日，陆川县政协第九届委员会第一次全体会议在县城召开。会议选举产生县政协第九届委员会主席李永金，副主席温文彪、谢卡娜（女）、邱炎义、肖琴（女），秘书长丘海军。

4 **1** **2** **5** **3** **6**

1. 县委书记蒙启鹏在大会开幕式上致辞
2. 政协主席李永金在大会上做政协工作报告
3. 大会开幕式
4. 分组讨论会
5. 选举大会
6. 新当选的政协常委会主要成员合影

　　叶礼林　摄

1		**3**
		4
2	**5**	**6**

1 华润水泥（陆川）有限公司一景
　　　　　　　　　　　工业园区　提供
2 娃哈哈桶装水（陆川）分公司一景
　　　　　　　　　　　工业园区　提供
3 沙湖金帆蓄电池生产车间一角
　　　　　　　叶礼林　摄于 2016 年 11 月
4 广西陆洲机械制造有限公司生产的电机
　　　　　温泉镇政府提供　摄于 2016 年 9 月
5 温泉镇私营制衣厂车间一角
　　　　　温泉镇政府提供　摄于 2016 年 9 月
6 广西美盛塑料制品有限公司生产车间一角
　　　　　　　叶礼林　摄于 2016 年 5 月

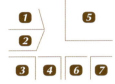

1 陆川县中药材专属区首乌基地

2 温泉镇金丰源马铃薯基地
县扶贫脱贫攻坚指挥部办公室
提供　摄于 2016 年 12 月

3 良田镇迈塘橘红种植基地
县扶贫脱贫攻坚指挥部办公室
提供　摄于 2016 年 8 月

4 乌石镇龙化村中药材种植基地
叶礼林　摄于 2016 年 4 月

5 绿丰橘红产业（核心）示范基地
县扶贫脱贫攻坚指挥部办公室
提供　摄于 2016 年 8 月

6 良田镇甘片村番石榴种植基地
良田镇政府　提供

7 清湖镇塘寨村葡萄园
县扶贫脱贫攻坚指挥部办公室
提供　摄于 2016 年 8 月

農業生産

NONGYE SHENGCHAN

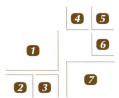

城镇化建设
CHENGZHENHUA JIANSHE

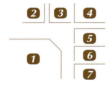

1 2016 年陆川县城一景
2 县城区九洲江
3 2016 年建设的望江亭
4 2016 年在建的世客城一角
5 位于九洲江江滨中路的金穗桥远景
6 县城区温泉大道
7 龙腾家园、碧桂华庭商品房开发区远景

县扶贫脱贫攻坚指挥部办公室　提供

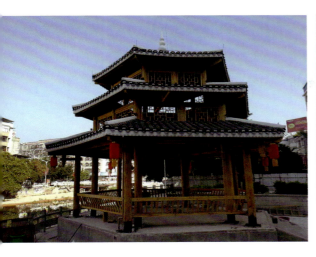

生态乡村
SHENGTAI
XIANG CUN

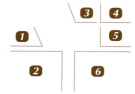

1 良田镇观海屯风貌改造一角　　　叶礼林　摄于 2016 年 8 月
2 乌石镇吹塘村新农村　　　　　　叶礼林　摄于 2016 年 11 月
3 良田镇文官村新貌　　良田镇政府提供　摄于 2016 年 8 月
4 风貌改造后新农村一景　　　　　叶礼林　摄于 2016 年 9 月
5 良田镇文官村一景　　良田镇政府提供　摄于 2016 年 9 月
6 良田镇文官村新貌　　良田镇政府提供　摄于 2016 年 2 月

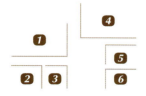

4	
1	
	5
2	3	6

1 2016 年 7 月 2 日，西山人家水上乐园开园　县旅游局　提供
2 2016 年 4 月 28 日，陆川普照禅寺开工建设。图为奠基盛典
仪式　　　　　　　　　　　　　　　　　叶礼林　摄
3 乌石镇十里画廊一景　　　　　叶礼林　摄于 2016 年 11 月
4 龙珠湖的荷花景色　　　　　县旅游局提供　摄于 2016 年 6 月
5 2016 年 2 月谢鲁山庄百年山茶花竞相怒放　　县旅游局提供
6 清湖镇塘寨村红色生态乡村旅游区

　　　　　　　　　　　　　县旅游局提供　摄于 2016 年 5 月

陆川县脱贫攻坚集中帮扶工作推进会议

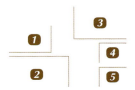

① 2016 年 9 月 6 日，陆川县召开精准扶贫现场推进会。图为与会人员到广西丰兄农业发展有限公司基地参观
　　　　　　　　　　　　　　　　罗钊 摄

② 2016 年 6 月 7 日，陆川县召开脱贫攻坚集中帮扶工作推进会　　县扶贫脱贫攻坚指挥部办公室　提供

③ 2016 年 7 月 21 日，陆川县"精准扶贫 青春引航"青企协专场招聘会　　团县委　提供

④ 2016 年 6 月 8 日，陆川县在县市政广场举行脱贫攻坚队授旗仪式　　罗钊 摄

⑤ 2016 年 5 月 27 日，滩面镇异地扶贫搬迁项目开工建设
　　　　县扶贫脱贫攻坚指挥部办公室　提供

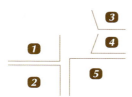

① 2016年9月29日，陆川县召开精准扶贫爱心捐款会议　　叶礼林　摄

② 2016年11月15日，玉林市政协、市委统战部、民盟玉林市委主办的"同心·农村教育烛光行动"暨教育精准扶贫教学设备捐赠活动在大桥镇北桑村小学举行　　大桥镇政府　提供

③ 2016年9月26日，珊罗镇大山村精准扶贫捐赠电视机活动　　罗钊摄

④ 2016年11月18日，广西医药集团与陆川县举行精准扶贫捐款及项目落户座谈会，并为陆川扶贫爱心捐款200万元　　叶礼林　摄

⑤ 2016年9月26日，陆川县扶贫小额信贷分红发放仪式（温泉镇）在县城举行　　罗　钊　摄

```
2        1

3

4   5   6   7   8
```

1 2016 年冬陆川县实验中学俯瞰 　　　　　　　　　　　　　　　　　　　　县扶贫脱贫攻坚指挥部办公室　提供
2 2016 年 8 月 8 日，第八届广西体育节·陆川县全民健身系列活动启动仪式暨第三届陆川县全民健身运动会开幕式在
　松鹤公园举行 　　　　　　　　　　　　　　　　　　　　　　　　　　　　　　　　　　　　叶礼林　摄
3 2016 年 5 月，陆川县举行中小学生声乐、器乐、舞蹈比赛 　　　　　　　　　　　　　　县教育局　提供
4 2016 年 3 月 30 日，陆川县新图书馆正式开馆 　　　　　　　　　　　　　　　　　　　叶礼林　摄
5 2016 年 4 月，陆川县图书馆开展"到图书馆读书去"活动 　　　　　　　　　　　　　　叶礼林　摄
6 2016 年 6 月 12 日，非物质文化遗产日宣传活动在县市政广场举行 　　　　　　　　　　刘利曼　提供
7 陆川县气象观测场近景 　　　　　　　　　　　　　　　　　　　　县气象局提供　摄于 2016 年 5 月
8 在九洲江十里画廊娱乐的群众 　　　　　　　　　　　　　　　　　　叶礼林　摄于 2016 年 4 月

社会事业
SHEHUI SHIYE

2016年12月30日，陆川县"不忘初心 走向明天"徒步迎新·告别贫困活动在县松鹤公园举行。

❶ 授旗仪式
❷ 参加徒步的代表队
❸ 代表队徒步走
❹ 代表队到徒步终点世客城
❺ 参加徒步的队员签名活动

罗钊摄

编 辑 说 明

一、《陆川年鉴》是陆川县人民政府主办的年度资料性文献,由各镇、县直(市直、区直、中直)单位、驻陆部队撰稿,陆川县地方志编纂委员会编纂。2008年出版第1卷,每年1卷,本卷年鉴为第10卷,国内外公开发行。

二、《陆川年鉴》编纂坚持以马列主义、毛泽东思想、邓小平理论、"三个代表"重要思想、科学发展观、习近平新时代中国特色社会主义思想为指导,贯彻中国共产党的各项方针政策,按照"实事求是,严谨办鉴"的要求,全面系统记述陆川县行政区域自然、政治、经济、文化和社会等方面情况,力求客观真实地反映陆川人民建设中国特色社会主义和谐社会的伟大实践,为社会各界了解和研究陆川提供权威的县情基本资料。

三、2017年卷《陆川年鉴》着重地记述2016年陆川县经济和社会发展的基本情况、重大成就和深刻变化,年鉴基础框架保持相对稳定,基本内容分为综合情况、动态信息、辅助资料三大部分。综合情况设特载、大事记、概况3个专栏;动态信息部分设中共陆川县委员会、陆川县人民代表大会、陆川县人民政府、政协陆川县委员会、人民团体、法治、国防建设、财政·税务、金融、经济管理与监督、农林水牧渔业、工业、商贸·旅游、国土资源·城建·环保、交通运输、邮政·通信、教育、科学技术、文化·体育、医疗卫生·计划生育、社会生活、镇、人物等23个部类;辅助资料有统计资料、附录。为了保持内容的连贯性和完整性,个别条目记述的时间适当上溯或下延。

四、本卷年鉴采取分类编辑法,设类目、分目、条目3个层次,以条目为信息主体。条目标题用黑体加【 】表示,一般先设介绍行业、事业的概况条目,后按一项或一事一目的原则设置条目。类目和条目之间设分目层次,部分类目的分目下面还设次分目层次。全鉴以条目编写的部分,类目23个,分目177个,次分目27个,条目1223个,表格71个、示意图3个,串文照片206帧;彩页照片98帧。

五、本卷年鉴使用行政区划通名,未冠以行政区划专名的"自治区""全区"是指"广西壮族自治区","市""全市"是指玉林市,"县""全县"是指陆川县;相关单位名称在首次出现时用全称,括注简称以后用简称。

六、本卷年鉴涉及的历史纪年,清及清以前使用朝代帝王纪年用汉字数字表示,括注公元纪年;民国纪年使用阿拉伯数字,括注公元纪年。数字、计量、面积用法按国家法定规定书写;数据一般保留小数点后两位。大事记部类内的"△"表示该大事记日期与上条大事记为同一日期。

七、本卷年鉴配备双重检索系统,卷首设详细中文目录及英文目录,卷末备有索引,索引按汉语拼音字母顺序排列,范围详及条目、图片、表格等。采用彩色印刷,配备电子版光盘。

八、本卷年鉴的文稿资料由各单位编写组提供,并经各单位主要负责人审核。因统计口径不同,各部门统计数据可能与统计部门公布的数据不一致。特载数据为初步统计的数据。某些对应指标数据在上年卷刊出后做了调整的,一般不予说明,以本卷年鉴刊出为准。年鉴照片由县委宣传部、有关单位编写组提供。封面为陆川县城鸟瞰图。

陆川县地方志编纂委员会

（2017 年 7 月）

主　任　潘展东　县委副书记、县长

副主任　陈基林　县委副书记

　　　　张耘书　县委常委、组织部部长

　　　　李红伟　县委常委、宣传部部长、副县长

　　　　丘玉梅　县人大常委会副主任

　　　　吴祖强　县政府副县长

　　　　肖　琴　县政协副主席

　　　　李红飞　县政府办主任

　　　　吕健清　县委办副主任

　　　　丘宇云　县经济发展研究中心主任

　　　　姚紫燕　县地方志编纂委员会办公室主任

成　员　黎崇东　县法制办（行政执法监督局）主任（局长）

　　　　李　戈　县委统战部副部长、宗教事务局局长、民族事务委员会主任

　　　　林　忠　县机构编制委员会办公室主任

　　　　黄有雄　县委党史资料征集办公室主任

　　　　冯柏维　县财政局局长

　　　　黄平越　县发展和改革局局长

　　　　谭　兵　县经济贸易局局长

　　　　余利臣　县科学技术局局长

　　　　黎　颜　县教育局局长

　　　　郭永强　县民政局局长

　　　　黎小明　县人力资源和社会保障局局长

　　　　李德运　县住房和城乡建设局局长

　　　　陈锦泉　县交通运输局局长

　　　　罗光明　县农业局局长

　　　　蒙拉夏　县文体广电局局长

　　　　江永强　县卫生和计划生育局局长

　　　　罗　亮　县统计局局长

　　　　吕冰心　县外事侨务办公室主任

　　　　廖　杏　县旅游局局长

陈立猛　县档案局局长

李　政　县地方志编纂委员会办公室副主任

罗　昭　温泉镇镇长

黄　彬　米场镇镇长

吕俊林　沙湖镇镇长

丘　新　马坡镇镇长

李　武　平乐镇镇长

赖　剑　珊罗镇镇长

陈　炬　沙坡镇镇长

温文冕　大桥镇镇长

庞雪梅　横山镇镇长

黄祖强　乌石镇镇长

朱振锋　滩面镇镇长

戚贤东　良田镇镇长

陈振东　清湖镇镇长

廖胜伟　古城镇镇长

《陆川年鉴(2017)》编辑部

总　　编　蒙启鹏　潘展东

副 总 编　李红伟　吴祖强

主　　编　姚紫燕

副 主 编　李　政

编　　辑　黄　敏　陈祖芬　梁东英　吕洪波

总　　纂　姚紫燕

图片策划　姚紫燕

图片编辑　陈祖芬

装帧设计　姚紫燕

《陆川年鉴(2017)》编写组

按文稿刊出先后顺序排序

中共陆川县委员会办公室　谭顺华　谢有桂

中共陆川县委组织部　吕权钊

中共陆川县委宣传部　彭斐

中共陆川县纪委、监察局　李伟荣　杨枫

中共陆川县委统一战线工作部　林云莎

中共陆川县直机关工作委员会　黎良成

陆川县机构编制委员会办公室　吕寿钦

陆川县信访局　谭腾辉

中共陆川县委老干部局　江焕海

中共陆川县委党校　蓝恩明

中共陆川县委党史资料征集办公室　姚日成

陆川县绩效考评领导小组办公室　唐敏钢

中共陆川县委统筹城乡工作部　姚金成　姚子虎

中共陆川县非公经济组织和社会组织党工委
　　　陈广海　刘柱

中共陆川县精神文明建设委员会办公室　凌春雷

陆川县九洲江流域污染治理工作指挥部办公室
　　　江小玲

陆川县"美丽陆川"乡村建设活动领导小组办公室
　　　宋斌霞　刘刚强

陆川县人民代表大会常务委员会办公室　谢志松

陆川县人民政府办公室　李兆文

陆川县政务服务中心管理办公室　李远山

陆川县人力资源和社会保障局　庞全富

陆川县民政局　范永锋

陆川县外事侨务办公室　吕冰心

陆川县接待办公室　黄新梅

陆川县机关事务管理局　谢武光　李诗宇

政协陆川县委员会办公室　李文镇

陆川县总工会　黄聪

共青团陆川县委员会　刘桂丞

陆川县妇女联合委员会　温莲英

陆川县科学技术协会　陶晓艳

陆川县归国华侨联合会　肖翠琴

陆川县工商业联合会(总商会)　林勇

陆川县文学艺术界联合会　林波　阮小露

陆川县残疾人联合会　陈桂彩

陆川县社会科学界联合会　龙韵岚

中共陆川县委政法委员会　王福鼎

陆川县法制办公室　江城

陆川县人民法院　李贞娴

陆川县人民检察院　李桂田

陆川县公安局　陈斯莉

陆川县交通管理大队　吴甲锋

陆川县司法局　林垦

陆川县人民武装部　夏儆

中国人民武装警察部队陆川中队　袁新宇

中国人民武装警察部队陆川消防大队　吕彩霞

陆川县人民防空办公室　陈永杰

陆川县财政局　黎泉

陆川县国家税务局　陈显达

陆川县地方税务局　杨曼

中国人民银行陆川县支行　伍达勇

玉林银监分局陆川办事处　罗贤昆

中国工商银行股份有限公司陆川县支行　林　葵

中国建设银行股份有限公司陆川支行　黄艳娟

中国农业银行股份有限公司陆川县支行

　　　吴　丽　文信鸿

中国银行股份有限公司陆川支行　阮东全

中国农业发展银行陆川县支行　梁建聪

陆川县农村信用合作社联社　谢　浩　何思蓉

中国邮政储蓄银行股份有限公司陆川支行　周永健

广西陆川柳银村镇银行股份有限公司　李春晓

中国人民财产保险股份有限公司陆川支公司

　　　廖　雄

中国人寿保险股份有限公司陆川支公司　李　沛

陆川县发展和改革局　程欢武

陆川县经济贸易局　陈　智　罗成志　黎明强

陆川县招商促进局　庞家胜

陆川县物价局　邓　凝

陆川县工商行政管理局　黄飞声

陆川县审计局　吕陆宾

陆川县统计局　龚二勇

陆川县质量技术监督局　叶曼蓉

陆川县食品药品监督管理局　朱明润

陆川县安全生产监督管理局　李飞燕

陆川县社会保险事业管理局　李小雁

陆川县农业局　钟桂新

广西农垦国有五星总场　万荣钦

陆川县农业机械化管理局　丘　超

陆川县林业局　覃崇敏

陆川县水利局　李羽恒

陆川县水库移民工作管理局　王瑞荞

陆川县扶贫开发办公室　丘　强

陆川县水产畜牧兽医局　陈旭锋

陆川供电公司　蔡仕学

陆川县水利电业有限公司　苏贞帅

陆川县发电分公司　李　梅

陆川县二轻工业联社　刘育辉

陆川县工业园区管理委员会　陈　诚

陆川县龙豪创业园区管理委员会　黄考生

陆川县市场服务中心　陈宗活　伍伟平

陆川县供销合作社联合社　吕伯仁　陈仕媛

陆川县粮食局　吕海平

陆川县烟草专卖局　蓝春丽

中国石化销售有限公司广西玉林陆川石油分公司

　　　谢志斌

陆川县物资总公司　李良生

陆川县国土资源管理局　陈　丹

陆川县住房和城乡建设局　吕文成

陆川县城市建设投资有限公司　吕观兰

陆川县工业投资有限公司　徐　颖

陆川县小城镇建设有限公司　黄　颖

玉林市住房公积金陆川县管理中心　简恒美

陆川供水(污水处理)有限公司　黄秀娴

陆川县环境保护局　陈虹求　禤卫清

陆川县旅游局　姚明仿

陆川县征地办公室　林小清

陆川县市政市容管理局　丘茂东

陆川县火车站　刘　华

陆川县交通运输管理局　李思明　江彩慧

陆川公路管理局　黄红梅　谢国恩

中国邮政集团公司广西壮族自治区陆川县分公司

　　　张小霞

中国电信股份有限公司陆川分公司　李俊蔓

中国移动通信集团广西有限公司陆川分公司

　　　何海芬

中国联合网络通信有限公司陆川分公司　李　佳　　米场镇　陈万颖

陆川县教育局　李裕权　　沙湖镇　丘　莹

陆川县科学技术局　陈国燕　　马坡镇　张允秋

陆川县气象局　杨志华　罗雁飞　　平乐镇　刘夏青

陆川县地震局　林伟雄　　珊罗镇　周　玲

陆川县文体广电局　陈　洪　刘利曼　　沙坡镇　赵观成

陆川县新华书店　陈丽萍　　大桥镇　黄文良

广西广播电视信息网络股份有限公司陆川分公司　　横山镇　吴胤达

　　李炎秀　　乌石镇　钟诗博

陆川县档案局　傅浩哲　　滩面镇　李云妮

陆川县地方志编纂委员会办公室　姚紫燕　　良田镇　吕振润

陆川县卫生和计划生育局　陈明晖　　清湖镇　王　欢　郭　勇

广西总工会陆川温泉疗养院　甘运婵　　古城镇　罗　平

温泉镇　周全辉

目　　录

中共陆川县委员会

陆川县人民代表大会

陆川县人民政府

政协陆川县委员会

人民团体

法 治

国防建设

财政·税务

金　融

经济管理与监督

农林水牧渔业

工　业

商贸·旅游

国土资源·城建·环保

交通运输

邮政·通信

教　育

科学技术

文化·体育

医疗卫生·计划生育

社会生活

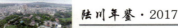
镇

人　物

Contents

Lu Chuan County Committee of the Chinese People's Political Consultative Conference

Mass Organization

Rule By Law

National Defense Construction

Finance & Taxation

Banking

Economic Management & Supervision

Farming, Forestry, Aquatic, Animal, Husbandry & Fishery

Industry

Trade & Tourism

Land, Resources, Urban Construction & Environmental Protection

Transportation

Postal & Communications

Education

特　　载

TEZAI

2016年7月6日—8日，中共陆川县第十四次代表大会在县城召开。图为大会开幕式现场

叶礼林　摄

坚持新理念新战略 打好"三大发展战役" 为加快建设区域性新兴城市 而努力奋斗

——在中国共产党陆川县第十四届代表大会
第二次会议上的报告
县委书记 蒙启鹏
（2017 年 2 月 13 日）

各位代表：

现在，我代表中共陆川县第十四届委员会向大会作报告，请予审议，并请列席的同志提出意见。

这次大会是在党的十九大召开之年、陆川脱贫摘帽成果巩固之年召开的一次十分重要的会议，肩负着继往开来的重大历史使命。会议的主题是：深入学习贯彻习近平总书记系列重要讲话精神和治国理政新理念新思想新战略，团结带领全县人民，深入实施"一城一地一支点"发展战略，全面打好"三大发展战役"，为加快建设区域性新兴城市而努力奋斗！

一、落实"四个全面"布局，真抓实干实现"十三五"开局开门红

2016 年，县委深入贯彻落实党的十八大和十八届三中、四中、五中、六中全会，以及习近平总书记系列重要讲话精神，围绕"四个全面"战略布局，认真践行新发展理念，从严推进党的建设，经济社会保持平稳健康发展，实现"十三五"良好开局。

（一）全力谋划实施"一城一地一支点"发展战略，县域综合实力跃上新台阶。面对错综复杂的宏观形势、持续加大的下行压力、多重交织的复杂矛盾，县委立足上级部署和陆川实际，积极转变发展方式，科学谋划"一城一地一支点"发展战略，团结全县上下积极应对各项挑战，实现县域实力快速提升。初步统计，2016 年全县地区生产总值 234 亿元，增长 6.6%；规上工业增加值 91 亿元，增长 6.8%；固定资产投资 203 亿元，增长 14.3%，增速排玉林市第一；财政收入 14.41 亿元，增长 8.06%；城镇居民人均可支配收入 27158 元，增长 7.1%，农民人均纯收入 11980 元，增长 10.2%。我县先后获得全国绿化模范县、全国国土资源节约集约模范县、全国生猪调出大县、全国防震减灾工作先进县、中国橘红文化县、全区双拥模范县、全区供销社综合改革试点优秀县、全区专项工作表现突出县、全区价格认定工作先进县等重大荣誉。

（二）全力振兴实体经济，产业转型升级跃上新台阶。积极发挥有效投资对稳增长调结构的关键作用，大力发展实体经济，三次产业结构进一步优化。深入实施"项目带动"战略，不断强化措施推进项目建设，全县投资额 3000 万元以上重大项目续建 210 个、新开工 104 个、竣工 13 个。突出抓好资金争取，顺势而为谋划 100 多项社会事业项目，总投资 7.5 亿元；申报国家专项建设项目 31 项，总投资 67.55 亿元；三大融资平台累计融资到位资金 14.4 亿元；谋划储备 PPP 项目 12 项，总投资 15 亿元。突出抓好精准招商，到位资金 70 亿元，引进澳之山欢乐本草农业生态园、南方健康园、兴源环境等重大项目。现代服务业发展质量和效益不断提高，发展电商企业 200 余家、农村淘宝服务站 56 家，完成交易额总量位居广西县域第四。积极发展特色旅游，休闲观光农业和生态乡村旅游快步发展，全年旅游总收入 36.2 亿元，增长 21%。现代特色农业建设加快，新增流转土地 8000 亩，投资 2500 多万元扶持建设 4 个现代特色农业（核心）示范区；种植中药材 14.76 万亩，其中橘红 5.7 万亩；新发展农民专业合作社 52 家、家庭农场 20 家。

（三）全力实施"五挂作战"抓脱贫摘帽，精准扶贫跃上新台阶。我县是 2016 年广西 8 个脱贫摘帽县之一，年度减贫任务 6.2 万人，是全区年度脱贫人口数量最大的县。县委深入学习贯彻习近平总书记系列重要讲话精神，勇于担当脱贫摘帽承诺，把脱贫攻坚作为最大的政治责任、最大的民生工程、最大的发展机遇，紧紧围绕 6.2 万贫困人口脱贫、32 个贫困村出列、县摘帽的目标，举全县之力，集众人之智，创造性地以挂职作战、挂图作战、挂牌作战、挂联作战、挂账作战"五挂作战"为总抓手，紧扣"精准"和"满意"想办法、抓落实，全力实现脱贫摘帽攻坚首战告捷，取得突破性成效，全县通过"双认定"脱贫 14210 户、62513 人，贫困发生率由 10.14% 下降到 2.74%。顺利通过国务院扶贫办第三方评估组和自治区核验组的评估验收。自治区党委常委黄世勇、王凯等同志对我县脱贫攻坚工作给予充分肯定。

（四）全力深化九洲江综合治理，生态文明建设跃上新台阶。紧抓九洲江跨省区生态补偿试点的重大机遇，深化九洲江综合治理。抓好补水工程建设，秦镜、石夹等水库的项目前期工作扎实推进。继续抓好养殖污染、工业污染、生活污染整治，坚决防止养殖回潮。推进九洲江流域产业转型升级，制定并组织实施《2016 年九洲江流域规模养殖场标准化改造实施方案》，改建高架网床养殖场，建设生态养殖示范场。九洲江环保产业园完成 2 万平方米标准厂房建设。推进全国农村污水处理示范县创建工作，动工新建一批污垃项目。以"三个典范"为引领，投资 7000 多万元全面建设绿色、宜居、宜业、宜游的九洲江流域生态乡村示范带。2016 年九洲江全年水质均达"三类水"标准，超额完成 2016 年水质达标 10 个月的任务；全区生态乡村建设现场会在陆川成功召开。

（五）全力抓好各项社会事业建设，群众获得感和幸福感跃上新台阶。始终践行以人民为中心的发展思想，把民生实事摆在重中之重的位置,不断推进各项社会事业建设,全力提升群众获得感、幸福感。陆中一本上线人数稳居全区县级中学前列。建设15个村级公共服务中心、50个农家书屋;唯戏《清清龙泉河》被自治区推荐参加全国群星奖戏剧类复赛;《陆川年鉴》获全国地方志优秀成果二等奖。全县新增就业1.2万人。五项保险参保人数21.35万人,新农合参保率达99.53%;发放低保金5966万元。县妇幼保健院、中医院搬迁项目加快推进,建成珊罗等4个镇卫生院业务楼,完成108个村卫生室改造。41个农村公路网项目、52个水利基础设施项目扎实推进。全面深化改革有效推进,"四所合一"改革基本完成。全力营造团结和谐的社会生态,法治陆川、平安陆川建设持续加强,信访维稳"三看两包"经验在全区推广,"天网""地网"工程建设继续推进,各重点时期全县社会大局持续稳定,群众安全感和满意度稳步提升。在第一至第四季度全区群众安全感和满意度民调测评中稳居全区第一方阵,可望连续第11年获评"广西平安县"。

(六)全力创新党的建设,全面从严治党跃上新台阶。坚持党要管党、从严治党不放松,围绕发展大局创新推进党的建设。切实强化思想建党,突出抓好"两学一做"学习教育,拧紧干部思想"总开关";从严落实党委领导意识形态工作责任。切实担当党建主体责任,召开县委常委会9次,党建领导小组会议12次,研究推进"五挂作战""四个规范月"等重点党建工作。大力建强基层战斗堡垒,整合3900万元建强82个薄弱村(社区),机关党组织"六化"建设在全市作经验介绍,全市远程教育现场会在陆川召开。切实强化干部队伍建设,县乡两级换届选举一次性圆满完成,全县领导干部队伍战斗力得到进一步提高。大力营造风清气正良好环境,压紧压实"两个责任",切实严肃党内政治生活,从严落实中央八项规定,抓查处发生在群众身边的"四风"和腐败问题专项工作走在全区前列,巡察整改坚强有力,县纪检监察机关全年立案250件,增长273%,结案247件,给予党纪政纪处分247人,移送司法机关9人。县委总揽全局、协调各方的领导核心作用进一步强化,人大及其常委会依法行使职权,政府依法行政,政协协商民主建设不断加强,统战、群团、人武等各项工作都取得了新的成绩。

二、深入实施"一城一地一支点"战略,打好"三大发展战役"

2017年是党的十九大召开之年,是供给侧结构性改革深化之年,也是我县脱贫摘帽成果巩固之年,做好2017年工作,意义重大,影响深远。我们必须深入把握宏观大势、客观形势、发展趋势,保持清醒的认识和坚定的发展信心。

正视困难,我们处于必须迎难而上的攻坚克难期。世界经济在深度调整中曲折复苏。全国经济运行仍将延续L型的走势,发展长期向好的基本面没有变;但产能过剩和需求结构升级矛盾突出,经济增长内生动力不足。全区经济发展处于结构调整和新旧动能转换的重要窗口期,经济运行将迎来筑底企稳的关键一年。玉林传统产业仍处于深度调整状态,供给侧结构性改革任务仍然艰巨。我县九洲江治理、城市建设、脱贫攻坚等工作有待进一步加强,新的经济增长点不多,发展后劲不足,建设区域性新兴城市的压力还很大。

展望未来,我们仍处在大有可为的黄金机遇期。从外部环境看,以新发展理念为指导、以供给侧结构性改革为主线的政策体系已初步确立,而且坚持稳中求进工作总基调,继续实施积极的财政政策和稳健的货币政策,总体上对我县加快发展有利。从区域发展看,国家推进"一带一路"建设、打造中国-东盟自由贸易区升级版,全新的区域开放合作发展新格局正在形成;自治区在"双核驱动""三大定位"的基础上,又提出营造"三大生态"、实现"两个建成"奋斗目标,带来了多重叠加机遇;玉林市实施"两城市一中心""五大战略";尤其是九洲江治理跨省区生态补偿试点战略,将继续为我县带来重大发展机遇和更为广阔的发展空间。面对新的发展形势,我们必须保持战略定力,抢抓发展机遇,奋力开创工作新局面!

2017年工作的总体要求是:全面贯彻党的十八大和十八届三中、四中、五中、六中全会精神,深入学习贯彻习近平总书记系列重要讲话精神和治国理政新理念新思想新战略,认真落实中央、自治区、玉林市以及县第十四次党代会的重要部署,按照"五位一体"总体布局和"四个全面"战略布局,坚持稳中求进工作总基调,牢固树立和贯彻落实新发展理念,以"两学一做"学习教育为动力,坚持认识、把握、引领新常态,紧抓九洲江跨省区生态补偿试点重大机遇,深入实施"一城一地一支点"发展战略,全面打好区域性新兴城市发展战役、生态养生乐游目的地发展战役、玉林东向战略支点发展战役"三大发展战役",争创广西县域经济发展十佳县,协调推动各项事业发展和全面从严治党迈上新台阶,以优异成绩迎接党的十九大胜利召开。

主要预期目标是:地区生产总值增长7.5%;财政收入增长5%;固定资产投资增长14%;规上工业增加值增长7%;社会消费品零售总额增长10%;居民人均可支配收入增长9%;居民消费价格涨幅控制在3%左右;城镇登记失业率控制在4%以内。其他指标控制在上级下达的范围以内。

目标的实现,是靠干出来的。加快建设区域性新兴城市不能空喊口号、浮于表面,要化为内在自觉、实际行动。我们要切实坚持新发展理念,主动认识、把握、引领新常态,高点定位、高位追求、高压奋进,在高水平全面建成小康社会上走出新路。我们要致力于追求更高的产业转型与创新含金量,坚持内力和外力并举、规模和质量并举、引资和引智并举,加快集聚更多的高端创新资源要素,打开绿色发展新天地。我们要牢守九洲江治理这一生态底线,保持绿色发展的决心、定力和韧劲,实现环境指数与产业指标同步提升。我们要不断提升群众获得感和幸福感,继续抓紧抓实脱贫攻坚工作，围绕群众困难和民生短板出实招、办实事。我们要继续发扬求真务实、精益求精、拼搏创新的陆川脱贫攻坚精神，树立鲜明的问题意识、强烈的落实意识，做到脑中要有新理念、脚下要有新实践，奋力推动新理念新战略在陆川落地生根。

（一）打响以新型城镇化和园区经济为重点的区域性新兴城市发展战役。主动顺应城市建设新趋势、改革发展新要求、人民群众新期待，自觉把握城市发展规律，通过抓好城市这个"火车头"，带动全县产业流、资金流、政策流、项目流、人员流等各类要素资源集聚发展，推动城市化和县域经济发展两者相辅相成、相互促进，加快把陆川建设成为产业兴旺、民生幸福、和谐宜居、富有活力的区域性新兴城市。

打造产业新城。坚持以城市化促进工业化、以工业化带动城市化，科学谋划县域主导产业和特色产业发展，实现城市紧凑集约、高效绿色发展，争创广西县域经济发展十佳县。以现代化工业园区建设为主抓手，加快产业集聚化、规模化发展。科学规划布局工业园区，切实抓好园区产业链发展规划，推进园区基础设施建设，加快推进园区重大项目，培育百亿元产值支柱产业和一批重点企业，实现产业资源集聚发展。建设北部工业园区先进制造业基地，重点发展新型建材制造及工业物流产业，推动无水港建设，构筑特种机械、电机、物流工业园区。建设中部龙豪创业园区，重点抓好产城一体化建设，分区块引进布局劳动密集型产业及环保产业，全力建设九洲江环保产业园。建设南部绿色工业园区，大力发展生物能、太阳能等绿色产业，大力抓好博世科、滩面光伏等绿色项目；全力引进国内知名肉食品深加工企业入园，重点发展健康食品产业，推进橘红等中药材以及陆川猪、牛肉制品等特色农产品的深加工。以供给侧结构性改革为主线，加快产业转型升级。着力盘活传统产业"存量"、做大新兴产业"增量"。全面推进传统企业"退二进三""退城进园"，将九洲江流域及县城区周边的传统工业企业搬迁入园，推动传统产业集聚整合。大力实施技改项目，支持传统中小企业科技创新，全面实施企业技改项目，重点在铁锅、机电、塑料等部分产业率先取得突破，推动传统优势产业"二次创业"。全力培育新兴产业，主动对接国家、自治区对战略性新兴产业的扶持政策，积极引进节能环保产业企业，大力发展太阳能、风能、生物能等战略性新兴产业，重点发展中医制药、中药保健等医疗健康产业，创建自治区战略性新兴产业集聚发展基地，构建起包括先进装备制造、节能环保、新能源、新材料、新医药等产业的现代工业体系。以培育一批上规上市企业为重点，加快振兴实体经济。用好产业发展扶持基金，鼓励企业加大资金投入实施产品创新，提高技术研发投入比重，实现产业结构调整和优化升级，把一批中小企业培育成为上规、上亿的大型企业，带动实体经济加快振兴。全力服务企业生产发展，解决企业经营和发展难题，支持企业壮大规模，帮助企业提高管理水平和开拓市场。有序推动有实力的企业实现资产证券

化，鼓励企业有序通过创业板、新三板等市场上市融资。以培育一批知名企业品牌为重点，加快发展品牌经济。重点引进知名品牌企业，培育自治区级以上名牌产品、驰名、著名商标。加快开发一批具有自主知识产权、自主知名品牌、较高附加值和市场竞争力的工业新产品，培育机械制造、新型建材、农林产品加工、健康食品、有色金属等一批叫得响的产品，打造陆川品牌名片。

打造宜居新城。坚持城市发展容量扩展式与内涵提升式并重，大力提高规划建设管理水平，加快打造客家温泉特色彰显、规划布局合理、服务功能完善、城市环境舒适的新兴宜居城市。加快旧城改造，提升城市内涵。以改善旧城人居环境、提升城市品位为主，重点推进棚户区改造、城市绿化亮化等项目，完善市政设施，规范抓好房地产业发展，推进"四纵四横"旧住宅区改造。大力提升城市交通环通能力，完善城区交通路网建设，推进东环路扩建、梓桐路、文昌桥等一大批市政项目建设，2017年上半年内实现通政东路、讯和路建成通车。加快新城扩建，提升城市承载能力。按照城市东区优先发展、城市西区适当发展、南北有序延伸的原则，推进"再造一个新县城"战略，统筹抓好世客城、锦源物流城、教育集中区、文昌公园、地王国际、碧桂城等一大批重大项目建设。加快推进城东新区路网建设。创新规划理念，统筹推进土地利用规划、产业规划、城市规划等"多规合一"，及时修编完善陆川县城总规、控规；全力强化项目供地。加快完善服务功能，提升城市集聚能力。推进陆川撤县改市、温泉撤镇改街工作。强化"文明城市""智慧城市""海绵城市"建设，提升城市宜居水平，整治城区内涝隐患。加大综合市场、大型商贸超市的引进建设力度。从严整治"五乱"，落实车辆停车场、停车点、停车位的布局完善及城区红绿灯升级改造，强化城市执法管理，全面整治城市"脏乱差""拥堵"问题，让广大群众生活更方便、更舒心、更美好。加快实施"六个一工程"，提升城乡一体化水平。依托玉湛高速公路建设，重点推进沿线各中心镇、重点镇新型城镇化建设，全面实施"六个一工程"，促进全县城镇均衡发展、加快发展，有效扩大区域性新兴城市发展外延，加快形成布局合理、各具特色、协调发展的城镇建设体系。

打造幸福新城。坚持以人民为中心的发展思想，紧抓精准扶贫、精准脱贫主题，统筹抓好民生各项事业发展，不断提升人民群众的获得感和幸福感。步伐不停、力度不减抓好精准脱贫攻坚。继续在"精准""满意"上下功夫，在巩固2016年度脱贫摘帽工作成效的基础上，进一步加大精准扶贫工作力度，继续在扶贫政策落地、扶贫项目落地、调动群众特别是贫困群众的积极性和参与性上下功夫，全面完成2017年度脱贫攻坚各项目标任务。要建立健全精准脱贫后续帮扶工作长效机制，全面巩固好现有脱贫成效。要抓好2017年度脱贫户、脱贫村的帮扶工作，整合专项扶贫资金与行业扶贫资金，统筹各类扶贫资源向贫困村倾斜，千方百计帮助贫困农户改善生产、生活、生存环境。要进一步

在产业长效扶贫上下功夫，制定陆川县扶贫产业发展中长期规划，充分利用农村土地"三权分置"改革红利，抓好温泉洞心、马坡新山等一批产业扶贫示范基地示范带动作用建设，引导贫困户流转土地入股合作社，深化推广"合作社、公司＋基地＋贫困户"等模式，壮大贫困村集体经济、促进贫困户增收，切实提高扶贫攻坚的精准性和持续性。统筹兼顾、突出重点推进民生事业发展。紧抓脱贫攻坚这一民生发展的重大机遇，统筹抓好发展性民生、保障性民生、底线性民生，持续改善民生福祉。深化教育领域综合改革，加大教育基础设施建设力度，改善办学条件，着力解决"入园难""超大班额""大通铺"等问题；大力实施名校、名师、名生"三名工程"，优化教育资源配置，巩固高考成绩。深入推进医保、医疗、医药"三医联动"，加强分类指导和示范引领，推进公立医院综合改革，推动基本公共卫生计生服务均等化、共享化；加强县人民医院分院、妇幼保健院、中医院及镇卫生院建设；积极开展健康扶贫工作，加大贫困人口公共卫生和重大疾病防控力度。落实扶持民营经济各项政策，支持创业带动就业。推进"大众创业、万众创新"，深入推动全民创业；结合脱贫攻坚，大力支持劳动密集型产业、中小企业以及服务业带动就业。切实保障民生，完善城乡社会保障体系，推进全民参保计划，强化社会救助，推进养老服务建设。

打造活力新城。坚定不移深化重点领域改革及精准招商各项工作，加快取得实质性成果，不断激发城市发展活力。深化供给侧结构性改革，全面落实"三去一降一补"五大重点任务，提高供给质量和效率，落实企业减负政策，有效降低企业成本，切实防范和化解金融风险。深化农村综合改革，有序推动"三权分置"，盘活农村闲置土地资源，引导农村土地适度规模经营，转变农业财政资金投入方式，提高资金使用效益。深化简政放权，抓好行政审批事项"放管服"和事中事后监管，优化项目审批流程，用行政权力的减法换取城市活力的加法。深化投融资体制改革，积极开展多种形式融资，大力推广PPP模式，实现重点项目PPP使用常态化。全力抓好自治区转移债、专项债的对接争取。深化精准招商。主动对接上级政策谋划项目，推进产业链招商、以商招商、以资引资，以长三角、珠三角、港澳台为主战场，积极承接产业转移，围绕产业升级招大引强，围绕集群发展、补链强链，精准招引产业引领型、配套补链型、科技创新型、税收贡献型项目，在九洲江治理、产业转型、陆川猪深加工、中药材深加工等重点领域求突破。

打造和谐新城。大力营造和谐社会生态，最广泛地凝聚和发挥全县上下推进区域性新兴城市建设的力量。着力深化社会主义民主法治建设。坚持党的领导、人民当家做主和依法治国有机统一，全面加强法治陆川建设，推进公正司法、严格执法、全民守法。继续支持县人大及其常委会依法履行职能，促进依法行政和司法公正；支持县政府依法行政，推进法治政府建设，以法治思维和要求依法履职行政；

支持县政协发挥政治协商、民主监督、参政议政作用；支持县法院、检察院依法独立开展审判工作和法律监督工作；巩固和发展最广泛的爱国统一战线，充分发挥统一战线在协商民主中的重要作用；切实加强基层民主法治工作，进一步发挥工青妇等群团组织作用；大力加强基层民主建设，保障基层群众的民主权利；进一步加强新形势下党管武装工作，全面提升国防动员和后备力量建设水平，巩固双拥共建成果，积极推动军民融合深度发展。促进文化大发展大繁荣。深入开展中国特色社会主义、中国梦和社会主义核心价值观宣传教育，不断提升陆川文化软实力。大力弘扬中华优秀传统文化、革命文化、社会主义先进文化，积极弘扬主旋律、传播正能量。大力实施文化惠民工程，促进基本公共文化服务标准化、均等化。加强和创新社会治理。深化平安陆川建设，加快形成党委领导、政府负责、社会协同、公众参与、法治保障的社会治理体制。深入推进"三看两包"矛盾纠纷和信访积案化解机制及"三早两到位"社会稳定稳控机制，推行阳光信访、法治信访、责任信访，推进"三官一律"进村(社区)服务，强化网格化管理及村级"四员合一"建设。加强陆川模式"天网""地网"建设，提高综合治理信息化水平。深入开展2017年群众安全感和满意度提升年活动，以深入实施"七抓七提高"为载体，有效提升群众安全感和满意度。

(二)打响以九洲江治理为重点的生态养生乐游目的地发展战役。主动顺应营造山清水秀的自然生态战略要求，抓紧抓好九洲江治理这一政治任务，倒逼农民转变生产生活方式，倒逼农业结构调整，倒逼加快城乡统筹发展，加快建设生态良好、绿色发展、宜居宜游的生态养生乐游目的地。

打造九洲江治理升级版。紧抓"九洲江跨省区生态补偿试点"重大机遇，全面提升江河生态综合治理力度，申报增设九洲江水上派出所，强力打击涉水违法行为，全力确保水质全年达标。深入推进养殖污染治理升级，加快创建全国畜牧业绿色发展示范县，重点治理九洲江及其支流、米马河流域生态环境，抓好九洲江重点支流及米马河禁养区域养殖场清拆。控制全县养殖总量，推进高架网床等生态养殖模式上规模，推进生态养殖覆盖率达到90%以上。深入推进工业污染治理升级，加快九洲江环保产业园建设，严厉整治涉水企业，强力推进城区塑料企业搬迁入园转型升级。深入推进生活污染治理升级，加快创建全国农村污水处理示范县，抓好已建成污水处理厂、垃圾中转站的运营管理工作，推进新增的镇、村污水处理厂和垃圾中转站筹建工作。深入推进九洲江生态补水工程建设，大力推进秦镜、石夹等一批生态补水工程及县污水处理厂一期提标改造工程。深入推进重点支流水体修复工程建设，大力推进北豆河、石垌河、泗里河、中屯河等重点支流的水体修复工程。

打造美丽陆川建设升级版。推动宜居乡村建设、九洲江治理、产业发展有机融合，巩固清洁乡村、生态乡村建设成果,全面实施宜居乡村"三民"建设。抓好"产业富民",大力发展林下经济、生态养殖、乡村服务业和休闲生态旅游业,促进农民增收。抓好"服务惠民",加快推进村级综合服务平台建设,整合现有资源,丰富服务内容,实现建制村基本公共服务全覆盖,促进城乡基本公共服务均等化,不断提升农村公共服务和社会事业管理水平。抓好"基础便民",持续优化村屯规划布局,开展村容村貌整治,统筹推进村屯基础设施建设,深入推进乡村净化、绿化、美化、亮化建设,建设一批九洲江示范带模范村屯。

打造现代农业升级版。抓好农业供给侧结构性改革,培育农业农村发展新动能,提高农业综合效益和竞争力。大力发展现代特色农业(核心)示范区,依托陆川县农业科技园区,培大育强农业龙头企业,打造一批现代特色农业示范区,推动现代农业标准化、园区化、集聚化、产业化发展。大力优化农业产业结构,有序发展适度规模经营,用好"三权分置"改革红利,把促进规模经营与脱贫攻坚、带动农户增收结合起来,加快橘红、陆川猪等特色农业发展。大力培育新型农业经营主体,加大农业农村投入力度,积极培育农民专业合作社、家庭农场、种养大户等新型农业经营主体,培育发展新型职业农民,提高农民发展能力。

打造现代服务业升级版。大力推进服务业供给侧结构性改革,紧扣2017年全市旅游文化发展年部署,做好中长期旅游发展规划,大力发展新型养生乐游服务业,不断提升旅游产品、旅游景点景区、旅游配套服务发展水平,创建广西特色旅游名县。加强陆川特色旅游品牌打造。推进九洲江流域生态景观带建设,抓好龙珠湖4A级、九龙山庄、谢鲁山庄提升改造,推进世客城、谢仙嶂等景区建设。大力推进旅游项目的招商建设,加快完善旅游交通基础设施,以九洲江健康休闲、客家文化、温泉养生等特色旅游为重点,加快全县的旅游业发展,通过旅游产品带动陆川猪、橘红等地方特色产业同步发展。加大旅游品牌营销力度。充分发挥新闻媒体特别是网络的传播、营销、服务功能,建立旅游公共信息和咨询综合平台,实施"精品旅游"工程和精品旅游线路设计,鼓励社会投资旅行社,鼓励和扶持县内外旅行社开通陆川精品旅游线路。加快推进全县电子商务建设。加强与国内知名的第三方平台深入合作,结合陆川特色产业,以特色农产品、旅游精品线路为主,大力发展供应链电子商务,活跃农村电子商务,努力打造具有陆川特色的地方知名电子商务平台。

(三)打响以大交通建设为重点的玉林东向战略支点发展战役。主动顺应开放发展、区域合作的大格局、大趋势,紧抓交通基础设施加快发展的重大机遇,充分发挥陆川开放发展的区域优势和政策潜力,进一步奠定玉林市东向发展战略支点的地位。

打造玉林东向交通新支点。紧扣玉林市"东靠南下、通江达海"发展战略,重点抓好"修高速、接高铁、二改一"三件大事,全力推进征地拆迁相关工作。推进玉林至湛江、北流清湾至浦北两条高速公路陆川段建设,推动陆川至阳江高速公路的规划;配合做好黎湛铁路电气化改造工程的陆川段建设,抓好陆川动车站的改造;推进马盘二级公路"二改一"工程,构建"二横二纵"的陆川对外交通主骨架。推进镇镇通二级路建设。

打造两广开放合作新支点。紧扣九洲江跨省区生态补偿试点重大机遇,大力推进粤桂经济生态合作试验区建设,创新包装九洲江流域综合治理项目,切实把政策变成项目和投资,助力区域经济开发合作。积极对接和融入粤西北经济圈,加强与广东及周边市、县的经济合作,形成"组团式"发展。充分发挥本地企业资源、产业、劳动力等比较优势,推进两广企业强强联合,实现企业开放发展与产业转型升级双提升。

打造珠三角、北部湾两区物流新支点。围绕陆川不断优化的交通、区位优势,规划建设一体化的区域性物流重要集散地,打造广西物流强县。重点规划建设马坡仓储物流园区,大力推进锦源物流等物流基地建设,发展现代仓储、冷链冷藏、电子商务物流。以物流优势促进生产要素快速集聚、高效流动,加快推进物流配套设施建设,把陆川打造成协调运营、组织联合运输的交通结合部。全面提升交通运输管理和服务能力,做强我县物流运营企业,不断提升交通服务能力和保障水平,打响陆川"汽车运输王国"品牌。

三、履行全面从严治党主体责任,营造风清气正政治生态

全面贯彻落实党的十八届六中全会精神,坚持思想建党和制度建党紧密结合,严肃党内政治生活,推进全面从严治党,为建设区域性新兴城市提供坚强的政治保障。

(一)坚持"四个意识",筑牢理想信念防线。落实管党治党主体责任,严抓理想信念教育,深化对习近平总书记系列重要讲话精神和治国理政新理念新思想新战略的学习宣传,推动广大党员干部牢固树立"四个意识"特别是核心意识、看齐意识,时刻保持政治上的清醒和坚定,始终在思想上政治上行动上同以习近平同志为核心的党中央保持高度一致。抓住严肃党内政治生活这个根本,贯彻落实《关于新形势下党内政治生活的若干准则》,严肃党的政治纪律和政治规矩,深入推进"两学一做"学习教育,切实把党章党规要求落细落实。坚持共产党员的价值观,引导党员干部正确处理好"公与私""义与利""是与非""正与邪""苦与乐"的关系,不断提高政治觉悟。认真落实意识形态工作责任制,突出抓好理论武装、阵地管控、网络意识形态管理等重点任务。

(二)坚持固本强基,强化基层战斗堡垒。全面深化服务型基层党组织建设,抓好村"两委"换届,进一步选优训强用好农村带头人队伍,整顿转化后进党组织,坚决杜绝存在有"沉睡"的基层党组织。深入推进"双百"工程,全面提升村级服务阵地功能。大力推进"两新"组织党建工作,巩固扩大党的组织和工作覆盖。积极推进社区、企业、机关、学校等领域党建工作,坚持党建带群团建设。健全城乡统筹基层党建工作机制,加大对基层党建工作投入力度,完善资源共享的基层组织建设保障机制。积极推进基层党建工作信息化,加强网络党建和现代远程教学工作。坚持好干部标准,健全干部选拔任用工作监督机制和责任追究制度,扎实推进干部培训,着力锻造忠诚干净担当的陆川"铁军"。

(三)坚持挺纪在前,压实全面从严治党责任。全力优化政治生态,压紧压实"两个责任",严格落实问责条例和监督条例,抓好巡察工作,引导全县各级领导干部做遵守中央八项规定的表率,旗帜鲜明反对"四风",推动全面从严治党走向严紧硬。正确把握监督执纪四种形态,大力推进纪律检查体制机制改革,实现监督执纪问责日常化。进一步加强反腐倡廉教育和廉政文化建设,强化权力运行的监督制约,努力构建不敢腐、不能腐、不想腐的有效机制。坚持无禁区、全覆盖、零容忍惩治腐败,加大对扶贫领域监督执纪问责力度,做到有案必查、有腐必惩,切实解决群众反映强烈的突出问题,以党风廉政建设和反腐败斗争的实际成效取信于民。

同志们,蓝图已绘就,奋进正当时!让我们更加紧密地团结在以习近平同志为核心的党中央周围,不忘初心、继续前进,进一步发扬陆川脱贫攻坚精神,全面打好"三大发展战役",加快建设区域性新兴城市,以优异的成绩迎接党的十九大胜利召开!

政府工作报告

——2017年2月14日在陆川县第十六届人民代表大会
第二次会议上
县　长　潘展东

各位代表:

现在,我代表县人民政府,向大会作政府工作报告,请予审议,并请县各位政协委员和列席会议的同志提出宝贵意见。

一、2016年工作回顾

2016年,是极富挑战、极有成效的一年。面对错综复杂的宏观形势、持续加大的下行压力、多重交织的复杂矛盾,在县委的坚强领导下,我们深入学习贯彻习近平总书记系列重要讲话精神,践行新发展理念,勇于担当,扎实履行政府职能,精准对接各位代表的心声,全力回应人民群众的新期待,深入实施"一城一地一支点"发展战略,稳增长、促

改革、调结构、惠民生等各项工作取得了可圈可点的成绩,经济运行缓中趋稳、稳中向好,实现了"十三五"良好开局,向百万陆川人民交上了一份合格的答卷。

过去的一年,我们经历的大事多。我们在"每平方千米700人、1000头猪"的环境高压下,持续开展九洲江流域生态乡村示范带建设的艰巨性工作,走出了一条具有陆川特色的生态乡村建设之路。8月23日,全区"美丽广西·生态乡村"活动现场推进会在我县召开,得到了自治区、玉林市领导的高度肯定,也得到了全区与会者的高度认同,陆川的对外影响力得到明显提升。

过去的一年,我们经历的难事多。九洲江列入国家跨省区流域生态补偿试点,带来了政策、项目和资金优势,但在生态环境约束趋紧的大背景下,九洲江综合治理任重道远。在这一年里,全县共收到中央环境保护督察组交办的环境问题29批,我们共克时艰、共渡难关,办复率达100%,均在中央督察组规定时限内办结。通过一系列的努力,九洲江水质基本达到"地表三类水"标准,生态文明建设取得了阶段性成效。

过去的一年,我们经历的好事也多。陆川县被列入全区2016年9个首批脱贫摘帽县(市、区)之一,要实现6.2万贫困人口脱贫、32个贫困村出列,在全区9个脱贫摘帽县(市、区)的任务总量中,分别约占26.26%和20.25%,是全区单年度脱贫人口最多的县。我们自觉肩负起自治区赋予的政治使命,勇挑重担,自我加压,全力推进,顺利通过了自治区核验和国家第三方评估。

一年来,我们主要抓好以下十方面的工作:

一是经济增长跟上自治区、玉林市速度。我们始终保持发展定力,把稳增长摆在重中之重,在稳投资、扩消费、促产业、扶企业等方面,有针对性地采取系列政策措施。初步核算,全县地区生产总值234亿元,增长6.6%,增幅同比高0.8个百分点;规上工业总产值347亿元,增长5.6%,增幅同比高4.2个百分点;规上工业增加值91亿元,增长6.8%,增幅同比高4.3个百分点;固定资产投资203亿元,增长14.3%,排全市第1位,比全区快0.78个百分点;财政收入14.41亿元,增长8.06%,排全市第2位,比全区快2.86个百分点;城镇居民人均可支配收入27158元,增长7.1%;农民人均可支配收入11980元,增长10.2%。主要指标运行在合理区间,基本实现了稳增长目标。

二是脱贫摘帽取得全面胜利。我们以"五挂作战"为抓手,紧扣6.2万贫困人口脱贫、32个贫困村出列、县脱贫摘帽这个目标,把精准脱贫作为最大的政治责任、最大的发展机遇、最大的民生工程来抓落实。全年投入扶贫资金6.097亿元,是上一年的4倍。新增债券资金1.36亿元用于扶贫基础设施建设。小额信贷发放7655户共3.293亿元。投入1.14亿元,以重建、修缮、加建三种方式完成农村危房改造4841户,实实在在解决了贫困户的住房问题。全面完成145个自然村(20户以上)村屯道路修建和硬化。滩面、

珊罗镇2个扶贫搬迁安置点积极推进。154个行政村都成立了合作组织,出列的32个贫困村每村入股合作组织20万元。实施产业扶贫"双百千计划",发放"一户一产业"扶持资金2328万元。成立县扶贫基金会,募集到1580多万元。全县通过"双认定"脱贫14210户、62513人,贫困发生率由10.14%下降到2.74%。脱贫摘帽的全面胜利,得到了自治区、玉林市的高度肯定,标志着我们在全面建设小康社会的康庄大道上,跨出了一大步,陆川人民从来没有像今天这样,离全面小康梦这么近!

三是九洲江综合治理持续发力。我们认真贯彻"绿水青山就是金山银山"的理念,呼应百姓对良好生态的新期待,投入3.8亿元在九洲江治理上持续发力。实施"补水"工程。秦镜、石峡、陆选、六潘水库的项目前期工作扎实推进。继续深化养殖污染、工业污染、生活污染、河道污染整治。清拆养殖场68家、面积6.3万平方米,拨付补偿资金2184万元。9家涉水工业企业整治基本完成。新建的9个镇污水处理厂已全部正常运行。48个农村环境连片综合整治项目全部完成验收。整治非法采砂场130家,实行24小时巡查机制,设置15个限高架,摧毁采砂船106艘。投入200多万元购置巡逻船1艘、水浮莲打捞船2艘。生态养殖、生态工业初显成效。改建高架网床153家、约25万平方米。建设6个生态养殖示范场。制定《2016年陆川县九洲江流域规模养殖场标准化改造实施方案》,正在大力实施。九洲江环保产业园完成2万平方米标准厂房建设,并引进鸿生源和兴源环保企业,首批入园的10家塑料企业正在规划厂房布局。大桥、古城镇屠宰场废水处理设施建成运营。农村污垃项目全面推进。投资6900万元新建沙湖、米场、珊罗、平乐、清湖等5个镇级污水处理厂;投资1亿元新建50个村级污水处理设施;投资2000万元新建5个片区垃圾处理中心;投资1600万元新建20个村级垃圾处理设施;投资3440万元对已建成的9个镇级污水处理厂进行纳污管网延伸建设。生态乡村"三化"建设扎实有效。投入1500多万元,完成示范村屯绿化73个、一般村屯绿化980个。完成4个人饮项目,受益人口1.5万人。投入8200多万元,硬化道路287千米。通过综合施策,生态环境质量进一步向好,美丽陆川焕发新光彩。

四是"三去一降一补"落实到位。以供给侧结构性改革为主线,"三去一降一补"五大重点改革成效初显。去产能方面,拆除了宏达铸造物料有限公司208立方米高炉及其配套设备,化解过剩产能20万吨,全面完成年度去产能目标任务。去库存方面,采取积极措施化解房产库存压力,全年商品房销售3138宗,面积29万平方米、同比增长19%;销售额9亿元、同比增长20%。去杠杆方面,支持金融机构加大对中小微企业服务力度。实际新增贷款12.8亿元,同比增多4.62亿元,增长56%,金融支持实体经济的局面进一步形成。降成本方面,对企业报批建设项目实现零收费,为7家中小微困难企业提供"助保贷"融资贷款2300多万元,

减轻工商业电费负担110多万元。补短板方面,新型城镇化、生态环境、基础设施、精准脱贫、公共服务等短板均得到新的改善。"三去一降一补"改革的顺利推进,推动了经济结构持续优化,第三产业的比重为37.6%,同比提高1个百分点;民间投资占全部投资的比重为74%,同比提高5.5个百分点;服务业投资比重达37%,同比提高14.4个百分点。

五是项目建设注入发展新动力。我们把项目建设作为实现稳增长的核心来抓落实,自治区统筹推进5个、市级统筹推进56个、县级统筹推进24个。世客城、九洲江环保产业园、东环路扩建、滩面光伏发电等一批重大项目有效推进。全县3000万元以上重大项目续建210个、新开工104个、竣工13个。向中央、自治区申报项目100多项,总投资7.5亿元。申报国家专项建设基金项目31项,总投资67亿元。三大融资平台累计融资到位资金14.4亿元。争取到中央预算内补助资金1.5亿元,是全市获得中央补助资金最多的县。谋划储备PPP项目12项,总投资15亿元。新签实施项目(含续建项目)35个,投资总额110亿元,到位资金70亿元。这些项目的实施,为长远发展打下了坚实的基础。

六是产业转型升级步伐加快。我们把产业转型升级作为引领经济新常态的主题主线来抓。农业经济稳步提升。新增流转土地8000多亩。投入2500万元扶持建设1个区(市)级、1个县级、2个镇级现代特色农业(核心)示范区。种植中药材14.76万亩,其中橘红5.7万亩。建成陆川地方品种猪养殖综合标准化示范区。新发展农民专业合作社52家、家庭农场20家。工业经济稳中向好。完成新上规上企业3家、上限企业4家、新上亿企业1家、主营业务收入亿元以上工业企业63家。永大汽配、宝康源制药、宇航塑业、漫山红家具、陆洲机械等一批重大项目实现新开工。美盛塑料、川迪机械、娃哈哈桶装水、新晖新电器、鸿生源环保设备、滩面光伏发电等一批重大项目竣工投产。第三产业突破发展。增长7.9%、排全市第2位。世客城荣获2016中国优质人居金奖,谢鲁山庄4A风景区复核通过验收。全年旅游接待人数325万人次,总收入36.2亿元、同比增长21%。发展村邮乐购55家、农村淘宝服务站56家、电商企业200余家。三次产业的加快转型升级,增强了发展的内在动力。

七是区域性新兴城市建设开局良好。我们以建设区域性新兴城市为目标,扎实推进新型城镇化进程。提速推进城东新区建设。东环路扩建、世客城、中浩地王国际、碧桂城、锦源物流城、教育集中区、文体中心等项目有效推进。加快推进棚户区改造。完成陆兴路等5个片区的可研调整修编及可行性研究评估报告;1447户"四纵四横"旧宅区改造正在动工建设;杨屋队棚改点已完成项目招商;完成货币化补偿金额3158万元;县供销社、经贸局棚改点正在加快施工。完善城区交通网络。远辰大道、陆兴南路、莲花二路、君安南路、万官中巷、讯和路等道路新建或改造完成。罗庚塘人行桥、中山公园桥、文昌风雨桥、陆中南路改造等工程正在抓紧施工。抓好一批亮化绿化工程。完成温泉大道(铁路桥—

九龙山庄)路段、九洲江两岸夜景亮化工程。完成锦源大道、九龙路、凤凰一巷、文昌街等道路太阳能路灯改造工程。完成温泉路、松鹤公园、东环路、西滨北路绿化补植工作。县城区常住人口突破15.7万人，建成区面积达14.7平方千米。全县城镇化率达42%。区域性新兴城市开始破茧蝶变。

八是重大基础设施加快改善。我们积极协调，多方努力，齐心协力推进交通等基础设施建设。抓好"修高速、接高铁、二改一"三件大事。玉林经陆川至湛江高速公路开工建设。马坡至陆川公路"二改一"工程进入开工倒计时。黎湛铁路电气化改造陆川段征地拆迁工作基本完成。陆川动车站项目已经自治区人民政府同意，设计方案已上报中国铁路总公司审批。清湖至浦北石涌二级公路开工建设。抓好农村公路网建设。续建项目17个、2016年上级下达的项目24个，都取得了积极进展。抓好村镇基础设施建设。投资4000万元完成马盘二级公路(玉铁高速南出口至良田镇文官村)两旁第一排房子风貌改造工程。投资500万元推进乌石镇百镇示范工程二期项目。投资630万元建设马坡镇基础设施。投资1200万元建设横山、滩面、沙湖"撤乡改镇"基础设施。抓好水利基础设施建设。推进3个集中供水工程、4个水库(水闸)除险加固、3个中小河流治理、42个基础水利设施建设。这些基础设施的改善，进一步增强了发展的支撑力。

九是民生实事温暖人心。我们认真践行以人民为中心的发展思想，不断改善民生福祉，全力提升群众获得感、幸福感。教育事业上新水平。陆川县中学高考一本上线人数稳居全区、全市县级中学前列。投入2.56亿元，新建、改扩建校舍面积14万平方米。新建世客城小学、龙豪小学进入实质性阶段。文体科技事业创新发展。成功创建国家公共文化服务体系示范区。《陆川年鉴》荣获全国地方志优秀成果二等奖，是广西壮族自治区内获得奖项最高的县级年鉴。《陆川县志(1990—2005)》是全市首部通过自治区审验的第二轮志书。发明专利22件。成功创建自治区级农业科技园区。在玉林市青少年体育锦标赛中荣获23枚金牌。就业创业水平有新提升。新增城镇就业4362人，农村劳动力转移就业8048人。发放农民工创业担保贷款250万元，扶持农民工创业50人，实现带动就业近200人。医保社保低保水平有新突破。五项保险参保人数48万人次。新农合参保率达99.53%。城镇低保、农村低保、五保集中供养补助标准分别提高到每月300元、140元、250元。共发放低保金9430万元、五保金1750万元、优抚金1670万元、医疗救助1890万元。卫计事业有新发展。建成珊罗、沙坡、滩面、古城镇卫生院业务楼。完成108个村卫生室改造。县妇幼保健院、中医院新址项目开工建设。安居水平上新台阶。分配272套公租房。完成583套公租房主体工程。新增廉租住房租赁补贴200户，纳入保障1590户，发放补助资金272万元。法治建设、平安建设、社会治理等工作持续加强，安全生产、食品药品安全管理、"天网工程""地网工程"、群

众安全感满意度等工作取得新成效，荣获"国土资源部第三届国土资源节约集约模范县""全国县级防震减灾工作先进县"等荣誉称号。

十是政府效能持续提升。我们深入开展"两学一做"学习教育活动，扎实推进政府自身建设，努力以政府的勤奋指数，来提升全县人民的幸福指数和经济社会的繁荣指数。深入贯彻执行县委的决策部署，认真执行县人大及其常委会的决议、决定，自觉接受人大法律监督和工作监督，主动接受政协民主监督和社会舆论监督，人大代表议案、建议和政协提案办结率100%。认真履行党风廉政建设"两个责任"，锲而不舍落实中央八项规定精神，从严查处违法违纪问题。压缩"三公"经费支出，同比减少23.5%。"四所合一"改革基本完成。清理规范行政审批中介服务事项74项，取消和调整行政审批事项28项。县政府部门权力清单、镇政府权责清单全面公布。实施"六证合一""两证合一"登记制度，大众创业、万众创新蓬勃发展，新登记企业增长16.7%、个体工商户增长12.6%。积极稳妥推进公车改革。行政监察和审计监督进一步加强。保密工作、政务公开和政府信息公开不断深化。

一年来，国防教育和国防后备力量建设深入开展，双拥工作取得新成绩。统计、物价、人防、质监、农机、供销、轻工、市场服务、机关事务、接待、档案、老龄、绩效、机构编制、统战、民族宗教、外事侨务、台办等工作取得新进步。各群团社团组织在经济社会发展中发挥重要作用。中直、区直、市直驻陆各单位，驻陆部队在支持陆川建设上做出了积极贡献。

各位代表，过去一年的成绩来之不易。这是"十三五"的开局之年，也是本届政府履职的开局之年，我们深深地感受到：一年来，陆川的每一点变化、每一份成绩、每一次进步，都归功于全县人民的辛勤劳动、拼搏进取，都源自于县委的坚强领导、科学决策，都得益于县人大、县政协的有效监督、鼎力支持，都来自于社会各界的和衷共济、齐心协力。在此，我代表县人民政府，向人大代表、政协委员，向各民主党派、工商联、无党派人士和人民团体，向驻陆部队、武警消防官兵、公安干警，向奋战在各条战线上的全县人民，向所有关心、支持陆川发展的各界人士，表示衷心的感谢并致以崇高的敬意！

在肯定成绩的同时，我们也清醒地看到，困难和问题不容忽视：产业发展不尽合理，转方式调结构任重道远；财政增收困难，工业投资和民间投资乏力；传统产业转型升级难度大，新兴产业对经济发展的支撑力不足；实体经济经营成本总体偏高，中小微企业融资难、融资贵的问题依然没有得到有效解决；群众对医疗、养老、住房、交通、教育、食品安全、社会治安、城市治理等还有不满意的地方；政府作风仍需优化、效能仍需加强；等等，这既是前进中的难点、发展中的拐点，也是今后工作中的重点，我们将采取有效措施切实加以解决。

二、2017年工作安排

2017年是实施"十三五"规划的重要一年,是供给侧结构性改革的深化之年,也是我县脱贫摘帽的巩固之年。做好2017年工作,意义重大,影响深远。

今年经济工作的总体要求是:全面贯彻党的十八大和十八届三中、四中、五中、六中全会,以及习近平总书记系列重要讲话精神,紧紧围绕自治区、玉林市和县委的重大部署,坚持稳中求进工作总基调,牢固树立和贯彻落实新发展理念,引领经济发展新常态,以提高发展质量和效益为中心,以推进供给侧结构性改革为主线,紧抓九洲江跨省区流域生态补偿试点的重大机遇,深入实施"一城一地一支点"发展战略,全力推进"六大攻坚",全面做好稳增长、促改革、调结构、惠民生、防风险等各项工作,推动经济平稳健康发展和社会和谐稳定。

今年经济社会发展主要预期目标是:地区生产总值增长7.5%;财政收入增长5%;固定资产投资增长14%;规上工业增加值增长7%;社会消费品零售总额增长10%;外贸进出口总额增长6%;居民人均可支配收入增长9%;居民消费价格涨幅控制在3%左右;城镇登记失业率控制在4%以内。其他指标控制在上级下达的范围以内。

实现上述目标,需要我们保持定力,坚定信心,知难而进,奋发有为。在具体工作中,我们将重点做好以下工作:

(一)着力抓好项目建设,增强发展源动力。发展,必须要有具体项目拉动、有重大项目支撑,要把项目放在事关全县发展全局的高度来抓,围绕中央项目、县级项目、行业项目和部门项目这四个层面抓好2017年项目的策划、申报工作。

推进一批大项目。2017年计划统筹推进3000万元以上重大项目100项(含续建),总投资310亿元,2017年计划完成投资75亿元。重点抓好九洲江流域环境综合治理、棚户区改造、东环路扩建、玉湛高速路、马坡至陆川公路"二改一"、教育集中区、世客城等一批重大项目建设。

融资一批大项目。发挥好县城投公司、小城镇建设公司、工投公司等三大政府融资平台,采用PPP模式、申请国家专项建设基金、银行贷款等方式,策划包装陆川动车站周边环境改造、东山水厂及配套给水管网、九洲江一江两岸壁画廊、乡镇过境公路风貌综合改造等21个项目,力争全年融资规模达20亿元以上,切实解决县财政投入不足的被动局面,确保项目顺利推进。

申报一批好项目。突出九洲江环境综合治理、旅游文化年活动、宜居乡村建设、新型城镇化、工业园区转型升级、重大交通基础设施、全面脱贫攻坚等重点,全力整合、包装、申报一批重大项目。预计申报2017年中央预算内投资项目125项,总投资52亿元,申请中央预算内资金18.8亿元。

(二)全面推进九洲江综合治理,持续优化生态环境。

九洲江的问题,表现在水里,原因在岸上,根子在产业。我们必须进一步落实生态补偿试点工作,下决心走出一条经济发展与环境改善双赢之路,努力营造山清水秀的自然生态。

突出抓好补水工程建设。加快推进秦镜、陆选、石峡、六潘四座水库前期工作,力争2017年全部开工建设。

突出抓好生态养殖项目。创建全国畜牧业绿色发展示范县。规划建设生态养殖示范项目。利用8800万元,对流域内169家规模养殖场进行高架网床改造。安排1500万元,试点建设小散养集中养殖区。

突出抓好污垃设施建设。完成新建的5个镇级污水处理厂、100个村级污水处理设施、5个片区垃圾处理中心、20个村级垃圾处理设施建设。完善各镇污水处理厂纳污管网延伸工程建设,解决进水浓度低、进水量不足等问题。

突出抓好生态修复项目。对九洲江禁养区、限养区进行严格管理。对九洲江主干流禁养区范围内该拆未拆、限养区内无法上马环保设施、无整改条件的养殖场进行清拆。推进马骝河、泗里河、北豆河、石洞河等流域水体修复项目。抓好重点支流自动监测系统、养殖场粪污末端达标处理试点建设工作。全面落实"河长制"。

突出抓好南流江治理。安排60万元用于清拆南流江流域支流200米范围内的6家养殖场。安排200万元用于固体废弃物资源化利用项目。安排700万元用于19家养殖场高架网床改造。

全力推进宜居乡村建设。开展"产业富民""服务惠民""基础便民"三个专项活动,提升农村生产生活环境水平。继续抓好清洁乡村、生态乡村工作,投资1000多万元对7个村开展乡土特色建设;投资150万元打造3个乡村绿化美化工程;建设13个大中型沼气池;实施一批农村饮水安全巩固提升工程;硬化道路150千米。

(三)积极推动工业转型升级,振兴园区经济。工业始终是加快陆川发展的支撑和支点,必须集聚要素抓工业、集中力量强工业。

技改升级一批传统项目。重点引导玉柴重工、开元机械、广西金创、永大汽配、广南机械、陆洲机械、志强电机等一批传统龙头企业进行工艺技改,促进传统产业焕发新动能。

开工建设一批工业项目。力争远景能源陆川风电、广西桂冠陆川风电、志强新型发电机、蓝正药业、新天地饲料等一批项目开工建设。

竣工投产一批工业项目。争取永大汽配、泰华工程机械、润德铸造、新晖新门业、博世科生物能源、宝正药业、宝康源制药等一批项目年内实现竣工投产,加快形成新的经济增长点。

培育一批"四上"企业。加大扶持力度,力促骨干企业成长为龙头企业,争取1家企业上市;鼓励规模企业技改扩建,提高市场份额,力争新增规上企业3家;加强跟踪服务力度,力争完成个转企5家、企上限4家。

完善一批园区基建项目。北部工业园区:收储500~1000亩土地。完善水、电、路等基础设施建设,重点抓好污水处理厂、鹤山大道(二)期、平岭大道亮化、园区派出所业务用房等项目。龙豪创业园区:收储500~1000亩土地。建设2栋仓库、1栋生活综合楼。抓好园区服务中心建设,包括孵化大楼、创新创业园、农民工返乡创业园、扶贫创业园、创意创作空间、科研楼,以及环保产业的检测中心、标准中心和实验室等。启动二期3万平方米标准厂房、污水处理厂及配套网管建设。南部临海产业园区:重点做好路网硬化建设。

(四)加快创建现代特色农业示范区,培育壮大现代农业。我们要抓住九洲江治理带来的发展机遇,把传统种养往现代特色乡村旅游、乡村大田园发展,促进农业转型升级。

大力创建现代特色农业示范区,推动一二三产融合发展。抓好九洲江万亩有机田园建设。创建1个区级、2个市级、2个县级、5个镇级现代特色农业示范区。扶持培育家庭农场20户、农民专业合作社20家,新增市级以上农业龙头企业3家。

全力抓好20万亩中药材种植专属区建设,发展优质中药材。重点在马坡镇新山村规划建设3000亩橘红产业示范区,在乌石镇龙化村、吹塘村连片规划建设1万亩现代化生态中药材种植示范基地,在良田镇车田村规划建设2000亩橘红种植基地。新增中药材种植面积2万亩以上。

积极落实"三权分置"改革政策,加快土地流转。利用农村土地集体所有权、农户承包权和土地经营权"三权分置"的改革红利,引导农户流转土地入股合作社等新型经营主体,力争新增土地流转1万亩以上。

加大农业农村基础设施建设,夯实发展支撑力。实施总规模为6886公顷的第三期整县推进高标准基本农田土地整治重大工程。做好耕地整治、土壤剥离、增减挂钩试点等工作。抓好水闸除险加固、中小河流治理、小农水项目县,尤其是九洲江主干流水利设施项目建设。全面完成5个新农村建设。

稳定粮食生产面积,发展优质水稻。建设县级万亩、镇级千亩水稻高产示范片。培育粮食生产经营专业合作组织。全县粮食面积稳定在66.5万亩以上,总产量27万吨以上,其中稻谷面积56万亩以上、产量25万吨以上。

(五)提速发展现代服务业,努力挖掘发展潜力。我们要抓住动车开通、玉湛高速等机遇来科学规划、构建现代服务体系,更好地为调结构、稳增长、惠民生服务。

加快推进一批旅游项目。着力抓好龙珠湖、谢鲁山庄、九龙山庄提升改造。推进世客城、谢仙嶂、东西山森林公园等重点景区建设。打造马坡绿丰橘红园等一批乡村生态旅游景点,新增乡村旅游区2个以上、农家乐5个以上。

加快推进一批城市商贸项目。重点在北部工业集中区规划建设2000亩公路港。抓好锦源物流城、红星美凯龙、桂东南工业品批发市场等一批项目建设。力求新增物流项目1~2个。

加快推进一批电商项目。依托阿里巴巴平台,争取2017年完成100个以上农村淘宝服务站建设,建立陆川O2O电子商务平台。培育1家销售额超1000万元以上电商企业。实施千家陆川中小微企业电子商务培训,推动电子商务加速发展。

(六)奋力建设区域性新兴城市,加快新型城镇化进程。新兴城市的发展必须走新型城镇化的道路,围绕海绵城市、智慧城市、文明城市,抓住机遇完善基础设施建设,推动城乡协调发展、融合发展。

以高起点的规划来破解城市发展不协调的矛盾。充分发挥规划龙头作用,重点抓好县城和乡镇总规的提质修编,启动县城火车站片区修建性详规等规划编制工作。强化城乡规划执行的管理工作。

以棚户区改造来破解老城区陈旧的矛盾。重点抓好县供销社、经贸局、杨屋队等棚改点建设,推进"四纵四横"旧宅区改造项目。

以市政项目建设来破解老城区拥挤的矛盾。把县城区断头路打通,把没有硬化的路全部硬化,做好人行道的美化、亮化、硬化工作。加快推进通政东路、陆中南路等在建项目。硬化梓桐路、文苑路、莲花一路、岭南街、陆安西街、兴和街等一批市政道路。推进罗庚塘桥、中山公园桥、文昌桥、妙垌河二桥建设,缓解城区交通压力。拆掉部分房子修建停车场。抓好城区红绿灯改造升级、十字路口渠化建设、人行天桥、地下通道、管廊等项目建设。实施拆房建绿工程,通过五小绿地的建设来改变整个城市面貌。加快推进网络信息基础设施、城市公共基础数据库、城市公共信息平台建设。

以内涝综合整治来破解城市安全隐患的矛盾。抓好中山苑、妙垌河、苏屋河、马骝河、泗里河改造,以及温泉大道、温汤路管网等排水排涝工程,解决城区大雨受灾现状。抓好城区规划范围内所有的防洪堤、挡土墙和路坡建设,以及防洪堤与路堤结合的美化、亮化、绿化改造工作。

以城东新区建设来破解老城区发展容量小的矛盾。重点推进东环路扩建、世客城、盛邦国际、地王国际、碧桂园、锦源物流城、教育集中区、文体中心、文昌公园等一批重大项目建设,完善排水排污系统规划,推动城东新区开发"品位提升、建设提速"。

以小城镇建设来破解城乡发展不平衡的矛盾。全面完成横山、沙湖、滩面"撤乡改镇"(二期)项目。推进马坡、米场、乌石、良田等一批镇的过境风貌综合改造,以及"六个一工程",马坡、米场、乌石、良田等镇过境道路按照60米宽的标准改造。

以城市的规范化管理来破解城市脏、乱、差的矛盾。强化城市综合执法管理,加强城市执法力量和制度建设,建立环境卫生、交通秩序、市场秩序管理长效机制,坚决遏制城市"五乱"现象,打造文明、整洁、通畅、有序、优美的人居环境。

(七)深入实施交通基础设施建设,构建通江达海新格局。立足当前、着眼未来,以"修高速、接高铁、二改一"三件大事为引领,加快构建"南下北上、西进东出"立体式交通体系。

抓好对外重大交通项目建设。重点推进玉林至湛江高速公路陆川段建设。力争开工建设北流清湾至浦北高速公路陆川段。抓好马坡至陆川一级公路改造工程。全面加快陆川火车站提级改造,完成站场和站房建设,2017年建成通动车。

实施镇镇通二级公路工程。力争岑溪南渡至陆川二级公路建成通车。加快清湖至浦北石涌二级公路建设工作。争取开工建设大桥至横山二级公路。开展马坡至玉林机场、马坡至平乐、良田至清湖、乌石至月垌、泉水田至古城等5条二级公路项目前期工作。

抓好农村公路建设。争取上级资金9200万元,实施3个县乡联网硬化路、10个危桥改造、3个新建桥、28个窄改宽、5个大中修等项目。建成月垌、良田2个客运站。争取城东运美汽车总站、城南客运中心及公交车站开工建设。

(八)全力确保1.5万贫困人口脱贫,努力打赢脱贫攻坚战。扶贫工作是一项永远在路上的工作,永远没有句号。我们要把扶贫工作作为民生建设的主线来抓好落实,投入更多的扶贫资金,实施更多的扶贫项目,建立更有效的扶贫机制,促进扶贫工作可持续、保长效。到2017年年底,实现35个贫困村出列、1.5万人脱贫。

继续实施产业扶贫。按一二三产业融合发展的目标打造八大产业扶贫基地,即:大山村奶牛产业基地、新山村橘红产业基地、米场村丰兄现代特色农业基地、洞心村现代特色农业基地、龙化村万亩有机田园基地、石垌村橘红产业基地、清湖桂菜园现代特色农业基地、塘寨村休闲观光农业基地。投入300万元推进"十百千"产业基地建设。投入700万元打造"一村一品"工程,扶持35个贫困村建立农民专业合作组织。投入300万元探索产业资产收益扶贫模式。继续推进扶贫小额信贷。

继续实施基础设施扶贫。投入2亿元,在全县14个镇、154个行政村推进一批基础设施建设。抓好1000户贫困户危房改造,投入1400万元重点解决部分特困户的住房保障问题。

继续实施教育扶贫。投入330万元实施"雨露计划",投入120万元实施"两后生"补助。

继续实施健康扶贫。投入450万元推进建档立卡贫困人口新农合医疗保障。投入170万元为建档立卡贫困户购买人身意外伤害保险。

继续实施创业扶贫。投入42万元,对贫困村有创业梦想的进步青年进行创业培训,促进产业在贫困村生根发芽。

(九)拓展更高层次更宽领域的改革开放,不断释放发展新红利。我们现在面临着融资难、审批难,以及发展后劲不足等现实问题,只有通过改革开放,才能从根本上解决好这些问题,我们要做改革开放的促进者、推动者和践行者。

推进供给侧结构性改革。妥善处置"僵尸企业";落实外来人口购买商品房等政策措施,加大棚改货币化安置力度;加大对本地建筑业的扶持力度,促进建筑业提档升级;做好"助保贷"放贷工作;积极落实降成本措施;补齐基础设施、公共服务、生态、民生等短板,满足群众多样化需求。

推进投融资改革。积极开展股权融资、产权交易融资、债券融资等多样化融资模式。推广运用政府和社会资本合作PPP模式。推动农村信用联社改制成农村商业银行。

推进财税体制改革。深化税收征管体制改革,强化综合治税,依法组织财政收入,硬化预算约束,全面推行预算绩效管理,落实支出主体责任,加快支出进度。盘活存量资金,严格控制一般性支出,进一步落实好"营改增"等财税优惠政策,大力支持重点项目、基础设施和重大民生建设。

推进简政放权。抓好行政审批事项的"接、放、管、服"和事中事后监管工作,做好清理与衔接,确保行政审批事项落实到位。

抓好精准招商。围绕九洲江治理、产业转型升级,重点在环保产业、机电、机械制造、陆川铁锅、陆川猪深加工、中药材深加工、电子商务等方面引进一批企业。力争引进5000万元以上项目15个、亿元以上项目3个。

发展开放型经济。实施"加工贸易倍增计划",积极扶持玉柴重工、陆洲机械、裕镁金属、兴鹏鞋业、坤元服饰等企业开办加工贸易业务,助推对外贸易加快发展。

(十)持续保障和改善民生,让老百姓共享发展成果。坚持以人民为中心,实施十大惠民工程,一件接着一件办,一年接着一年干,让老百姓过上好日子,让全面小康的梦想照进现实!

努力扩大就业。落实创业就业扶持补贴、农民工创业担保贷款。加快村级(社区)就业社保服务中心建设。加大对新型职业农民的培育和支持力度。力争城镇新增就业4500人,农村劳动力转移人口就业8300人。全面治理拖欠农民工工资违法行为。

加快发展教育事业。创建义务教育发展基本均衡县,确保2017年通过区检。加快普及高中阶段教育,鼓励多元普惠幼儿园发展。争取上级资金2.8亿元实施中小学校"全面改薄"工程。建成龙豪小学、世客城小学。抓好陆川中学东校区建设。创建陆川实验中学自治区示范性普通高中。规划新建世客城初级中学、城东初级中学、陆川县第六幼儿园、世客城幼儿园等4所学校。推进特殊教育发展。建立健全贫困生资助体系。

积极发展文体科技事业。推进全民健身工程,规划建设全民健身中心。加快建设基层文化服务新阵地,投入400万元建设10个村级公共服务中心。抓好综合档案馆新馆建设。以经济转型发展为引领,建设公共研发服务平台,力争创建1个科技企业孵化器。继续实施县长质量奖、科技创新奖,提升科技服务经济贡献率。

扎实推进健康陆川建设。认真贯彻"健康中国2030"规划纲要,提升全民健康福祉。强化全科医生培养、儿科建设、中医药民族医药发展。抓好县中医院、妇幼保健院、县人民医院分院、骨科医院建设。推进良田、马坡、乌石等一批中心卫生院标准化建设。实施分级诊疗、建档立卡贫困户先诊疗后付费结算机制。做好妇幼健康专项工作。积极应对人口老龄化,抓好民政园建设。继续做好计划生育服务管理。

织密织牢社会保障网。加大社保扩面征缴,深化机关事业单位养老保险、基本医疗保险支付制度改革。继续抓好社会保障"一卡通"换卡工作。加强社会救助,健全重特大疾病救助和疾病应急救助制度。提升城乡低保和农村五保水平。加大对农村留守老人、留守妇女、留守儿童的关爱力度。

(十一)扎实推进社会治理,共建平安和谐陆川。平安社会是人民群众的基本期盼,更是政府的职责所在。我们要创新社会治理,努力营造团结和谐的社会生态,让人民群众生活得更安全、更安心、更安定。

加强社会服务。加快城乡社区规范化建设,积极推进网格化管理和精细化服务,不断增强城乡社区自治和服务功能。加快培育发展行业协会、商会、企业科协、公益慈善、城乡社区服务等各类社会组织,推动社会组织依法参与公共服务、社会管理、社区服务、公益慈善等活动。大力发展志愿服务组织。发挥工会、共青团、妇联及妇儿工委、残联、侨联、工商联、社科联、文联、科协、老科协、老促会、老体协、老年学会、关工委、客家商会等群团社团组织在社会治理中的桥梁纽带作用。

加强社会治理创新。健全社会矛盾纠纷预防化解机制,推进信访网络信息平台和"三看两包"信访维稳工作机制建设,加大信访积案和社会矛盾化解力度,妥善解决群众合理诉求,促进社会和谐。抓好法制宣传教育,做好"七五"普法工作。构建覆盖城乡的法律服务体系和社会信用体系。深化平安陆川建设,完善"天网""地网"两位一体社会治安防控体系,严密防范和严厉打击网络犯罪、电信诈骗、非法集资等各类违法犯罪活动。加大"扫黄打非进基层"工作力度。通过一系列社会治理创新来不断提高群众安全感和满意度。

高度重视安全生产和公共安全。生命高于一切,安全重于泰山。必须坚持不懈抓好安全生产和公共安全,加强安全基础设施和防灾减灾能力建设,健全监测预警应急机制,提高气象服务水平,做好消防、地震、地质等工作。实行党政同责、一岗双责,严格监管执法,坚决遏制较大以上安全事故发生,切实保障人民生命财产安全。落实"四个最严"要求,加强食品药品监督管理,确保"舌尖上的安全"。强化互联网、无线电网络的管理和安全。

进一步加强国防动员和后备力量建设,加大全民国防教育力度,加强人防、双拥工作,推动军民深度融合发展。继续做好统战、统计、民族宗教、外事侨务、台办、征地办、供销、轻工、粮食储备、市场服务、质监、农机、地方志、档案、老龄、绩效、机构编制、机关事务、住房公积金、烟草、保险、工商、邮政、保密等工作。

(十二)切实加强政府自身建设,努力打造勤奋进取务实政府。我们将深入学习贯彻习近平总书记系列重要讲话精神,不断强化"四个意识",始终带着责任、带着使命、带着感情,把全部精力放在为陆川发展上,放在对人民负责上,放在对事业奉献上。

推行创新、求新、出新之风,努力建设勤奋型政府。引领新常态,用求新的思维想问题、谋发展。推进"双随机、一公开"和线上线下一体化监管,建立综合监管体系;全面清理涉及群众办事的各种不必要证明;积极推进"互联网＋政务服务",加快推行联合审批、网上审批,让信息多跑路、群众少跑腿、企业不费事,使"人人讲服务、事事求创新、处处见实效"成为政府工作的主旋律。

厉行守责、担责、履责之风,努力建设担当型政府。落实全面从严治党主体责任,牢固树立"职务就是担子、权力就是责任、岗位就是使命"的观念,严肃整治懒政、怠政和为官不为,建立健全激励机制和容错纠错机制,形成能者上、平者让、庸者下、劣者汰的用人格局,让广大干部愿干事、敢干事、能干成事。

践行依法、守法、执法之风,努力建设法治型政府。坚持把依法行政贯穿到政府工作的全过程,推行文化教育、医疗卫生、资源开发、环境保护、公用事业等重大民生决策事项民意调查制度。自觉接受人大及其常委会的法律监督和人民政协的民主监督,提高人大代表建议和政协提案办理质量。加强与民主党派、工商联、人民团体的沟通协调,重视社会监督和舆论监督。

笃行开明、严明、廉明之风,努力建设廉洁型政府。落实党风廉政建设主体责任,坚持中央八项规定精神和国务院"约法三章",把纪律和规矩挺在前面。深入开展扶贫领域监督执纪工作,以坚定的意志和决心反腐惩恶,以反腐惩恶的成效保障发展、取信于民,打造风清气正的政治生态。

各位代表!奋斗,才会有希望;奋斗,才能赢得未来。让我们更加紧密地团结在以习近平同志为核心的党中央周围,在县委的坚强领导下,不忘初心,继续前进,在新的起点上把陆川经济社会搞好,以优异的成绩迎接党的十九大胜利召开!

附件:

县委、县政府工作报告名词解释

三大发展战役:即区域性新兴城市发展战役、生态养生乐游目的地发展战役、玉林东向战略支点发展战役。

"一城一地一支点"发展战略:县第十四次党代会提出,把陆川建成区域性新兴城市、生态养生乐游目的地及玉林东向发展的战略支点。

三个典范:即跨省区小流域治理的典范、产业转型升级的典范、生态文明的典范。

三看两包:"三看"即看诉求、看部门、看领导;"两包"即包化解、包不出现二次上访。

两个责任:党风廉政建设党委主体责任及纪委监督责任。

L型的走势:《人民日报》2016年5月《开局首季问大势——权威人士谈当前中国经济》报道中,"权威人士"对我国经济运行阶段性走势的判断,我国"今后几年,总需求低迷和产能过剩并存",增速不会迅速回升并保持高增长,但"我国经济潜力足、韧性强、回旋余地大",又决定了经济增速不会一直下行,"即使不刺激,速度也跌不到哪里去"。

双核驱动:指广西北部湾经济区、西江经济带两大发展战略。

三大定位:中央明确赋予广西建成面向东盟的国际大通道、西南中南地区开放发展新的战略支点、21世纪海上丝绸之路与丝绸之路经济带有机衔接的重要门户的"三大定位"。

三大生态:即风清气正的政治生态、团结和谐的社会生态、山清水秀的自然生态。

两个建成:即广西与全国同步全面建成小康社会,基本建成面向东盟的国际大通道、西南中南地区开放发展新的战略支点、21世纪海上丝绸之路与丝绸之路经济带有机衔接的重要门户。

两城市一中心:指区域性大城市、国家非公经济发展示范市和北部湾城市群商贸中心。

五大战略:即大交通战略、大城市战略、大产业战略、大商贸战略、大田园战略。

再造一个新县城:即以东环路扩建为牵引,推进世客城、锦源物流城、教育集中区等新城区重大项目建设,力争到2020年,再造一个陆川新城区,县城建成面积达25平方千米以上,人口达20万人。

四纵四横:"四纵"即陆兴路、新洲路、九洲江一江两岸、温泉大道;"四横"即通政路、温汤路、三峰路、万通路。

文明城市:在全面建设小康社会,推进社会主义现代化建设新的发展阶段,坚持科学发展观,经济和社会各项事业全面进步,物质文明、政治文明、举止文明与精神文明建设协调发展,精神文明建设取得显著成就,市民整体素质和城市文明程度较高的城市。

智慧城市:运用信息和通信技术手段感测、分析、整合城市运行核心系统的各项关键信息,对包括民生、环保、公共安全、城市服务、工商业活动在内的各种需求做出智能响应。其实质是利用先进的信息技术,实现城市智慧式管理和运行,进而为城市中的人创造更美好的生活,促进城市的和谐、可持续发展。

海绵城市:新一代城市雨洪管理概念,指城市在适应环境变化和应对雨水带来的自然灾害等方面具有良好的弹性,下雨时吸水、蓄水、渗水、净水,需要时将蓄存的水"释放"并加以利用。

六个一工程:一条主干道、一个主街区、一个规范化集贸市场、一批污水垃圾处理设施、一条特色产业示范带、一批特色文化名村。

三权分置:即农村土地集体所有权、农户承包权和土地经营权"三权分置"改革。

三去一降一补:即供给侧结构性改革去产能、去库存、去杠杆、降成本、补短板五大重点任务。

放管服:指简政放权、放管结合、优化服务。

PPP模式:指政府与私人组织之间,为了合作建设城市基础设施项目或是提供某种公共物品和服务,以特许权协议为基础,形成的一种伙伴式合作关系,并通过签署合同来明确双方的权利和义务,以确保合作的顺利完成,最终使合作各方达到比预期单独行动更为有利的结果。

三早两到位:"三早"即早研判、早稳控、早处置;"两到位"即疏导教育到位、责任落实到位。

三官一律:即法官、检察官、警官、律师。

四员合一:即治安员、调解员、信息员、宣传员"四员合一"。

七抓七提高:抓宣传,提高知晓率;抓教育,提高参与率;抓防范,提高见警率;抓打击,提高安全感;抓服务,提高满意率;抓测评,提高精准率;抓督查,提高执行力。

二横二纵:"二横"即玉林至铁山港高速、北流清湾至浦北高速;"两纵"即玉林至湛江高速、玉林至陆川县城一级公路。

四个意识:即政治意识、大局意识、核心意识、看齐意识。

"双百"工程:指"百村示范、百村攻坚"工程。

"两新"组织:指新经济组织、新社会组织。

好干部标准:指习近平总书记在全国组织工作会议上提出的"信念坚定、为民服务、勤政务实、敢于担当、清正廉洁"20字好干部标准。

大 事 记

DASHIJI

2016年8月23日，广西生态乡村现场会在陆川召开。图为陆川县委书记蒙启鹏（右一）为与会人员讲解生态乡村建设规划

1月

1—25日 由陆川县美术家协会承办的陆川新都2016年新春书画展在新都国际大厦举行,共展出书画摄影作品120多件。

4日 北流市党政考察团到陆川参观考察生态乡村建设工作。

5日 陆川县召开全县经济工作会议。会议学习贯彻中央、自治区、玉林市经济工作会议精神,总结2015年陆川经济工作,分析当前经济形势,部署2016年各项工作。

△ 中共玉林市委常委、政法委书记韦绍仕到陆川县良田镇调研社会公众安全感和群众满意度工作。

8日 陆川县公安局在县城区开展"110"宣传月"向人民报告、请人民监督、让人民满意,110走进千家万户"主题活动。

△ 陆川县政银企合作交流座谈会在县城召开。

12日 自治区考核组到陆川县开展自治区人大、政协"两会"、春节期间旅游安全生产和2015年度绩效考核督查工作。

13日 陆川县长隆电子有限公司项目竣工。

14日 陆川县第十次归侨侨眷代表大会在县城召开。会议选举产生县侨联第十届委员会常委、主席、副主席、秘书长。

△ 中共化州市委常委组织考察团到陆川县考察交流党建工作。

15日 温泉镇人民调解委员会驻陆川县人民法院诉讼服务中心站揭牌成立。

18日 中共玉林市委党校"十三五"规划课题调研组到陆川县陆洲机械厂、南发厨具公司等企业开展调研活动。

19日 自治区高院诉讼服务中心建设考核验收组到陆川法院考核验收诉讼服务中心建设工作。

20—21日 湛江市人民政府副秘书长杨文光一行10人到陆川调研考察九洲江整治情况。

21日 粤桂跨省九洲江治理工作座谈会在陆川召开。

△ 县政府召开陆川县房地产业健康发展座谈会,分析当前全县房地产业发展形势,广泛听取各有关方面的意见和建议,研究促进县房地产业健康发展的工作措施。

22日 陆川县召开传达贯彻玉林市"两会"精神暨开展"美丽陆川·喜迎春节"城乡环境综合整治会议。

23日晚 由中共陆川县委宣传部主办、陆川县文体广电局承办的陆川县春节文艺晚会在县市政广场举行。

25日 陆川县十五届人民政府第66次常务会议在县城召开。会议听取审议《县政府工作报告(讨论稿)》《陆川县国民经济和社会发展第十三个五年规划纲要》《陆川县国家农业综合开发高标准农田建设项目实施规划(2013—2020)》等11个议题。

△ 陆川县第十五届人民政府第五次全体(扩大)会议在县城召开。会议对《政府工作报告(草案)》和《陆川县国民经济和社会发展第十三个五年规划(草案)》进行讨论修改。

△ 共青团陆川县第十八次代表大会在县城区召开,会议选举产生第十八届共青团陆川县委员会委员、常务委员、书记、副书记。

△ 凌晨2时58分,在县城区温泉路三峰路口北120米处路段发生一起因酒驾造成重大道路交通事故,造成5人死亡、1人受伤,2辆小型轿车烧毁,1辆车受损。

△ 陆川县召开2016年春运安全生产、交通安全、社会治安、环境卫生大整治加温会议。

26日 中共玉林市委常委、常务副市长丘德奎率领市财税、工信、交通、审计等系统单位负责人到陆川县就财税收入、"四上"企业发展、交通路网建设及民生资金审计等工作情况进行调研。

△玉林市玉州区考察团到陆川县参观考察生态乡村建设工作。

28日 县政协第八届委员会第二十一次常委会议在县政协常委会议室召开,会议协商通过县政协八届六次会议有关事项。

△陆川县2016年政银企合作交流座谈会在县城召开,县直各有关单位、金融系统、企业界代表参加座谈会。

2月

1日 第39期书记论坛在县委党校举行。邀请清华大学深圳研究生院环境中心主任、研究员、博士生导师管运涛授课。

2日晚 陆川县"和美陆川"2016年春节大型联欢晚会在陆川中学举行。

3日 中共陆川县第十三届纪律检查委员会第七次全体会议在县城举行。

5—14日 陆川县文联组织志愿者服务小组到温泉、乌石、横山、大桥等乡镇开展"文艺惠民、义写春联"活动。

15日　陆川县启动"学党章、学准则、学条例"活动。

15—16日　自治区副主席黄世勇率队到陆川调研九洲江污染综合治理工作。

△　广西环境保护科学研究院主任王启明率队到陆川开展九洲江流域水环境综合整治项目绩效评价工作。

17日　陆川县十五届人民政府第67次常务会议在县城召开。会议听取审议并通过《陆川县2015年国民经济和社会发展计划执行情况与2016年国民经济和社会发展计划(草案)》《陆川县政银企合作对接机制实施方案》《在政府采购活动和政府投资类项目建设中优先采用本地企业产品(商品)实施方案》等5个议题。

17—18日　县政协第八届委员会第六次全体会议在县城举行。会议审议通过县政协八届六次会议的政治决议、县政协常委会工作报告等。

17—19日　陆川县第十五届人民代表大会第六次会议在县城区举行。会议审议通过县人民政府工作报告、县人大常委会工作报告、县人民法院工作报告、县人民检察院工作报告、县2015年国民经济和社会发展计划执行情况与2016年国民经济和社会发展计划(草案)报告、县2015年财政预算执行情况和2016年财政预算(草案)报告的决议。

23日　陆川县食品药品安全工作会议在县城召开。

△　陆川县东环路扩建工程开工建设。

26日　陆川县召开落实党风廉政建设"两个责任"暨推进查处群众身边的"四风"和腐败问题专项工作会议。

△　陆川县召开严肃换届纪律专题谈心谈话会。

3月

1日　陆川县召开工业发展大会。

△　陆川县检察院"检察官法律宣讲团"到平乐镇第二初级中学开展"开学第一课"送法进校园活动。

2日　玉林市市长苏海棠到陆川县调研经济发展、精准扶贫和信访维稳等工作。

3日　共青团县委、县检察院、县妇联联合到良田镇甘片小学王京头教学点开展"送法进校园"活动。

4日　陆川团县委组织开展学雷锋系列活动。

7日　中共玉林市委组织部率考核组到陆川县检查指导党政班子和领导干部经济社会发展实绩考核工作。

△　陆川县开展庆"三八"国际劳动妇女节106周年健身活动。

8日　陆川县召开全县质监工作会议。

△陆川县举办纪念"三八"国际劳动妇女节106周年暨提升女性综合素质专题讲座。

9日　自治区副主席蓝天立到陆川调研改善农村人居环境情况。

9—10日　自治区人大常委会调研组到陆川就农村饮水安全情况和自治区河道采砂管理条例(草案)执行情况开展专题调研。

10日　陆川县人民政府十五届

第68次常务会议在县城召开。会议审议通过《陆川县九洲江流域2016年度水环境综合整治实施方案》、陆川县生态养殖示范点建设、招商引资项目协议书、成立陆川县校车服务公司、解决终止县龙岩风景区龙珠湖整体水域承包合同补偿、招录巡防队员、县九洲江治理办招聘编外人员、审核使用国开发展基金投资合同等议题。

△　自治区统计局纪检组长郑文临到陆川调研经济社会发展及统计。

11日　陆川县召开政府部门权力清单专家评审会。

14日　自治区粮食局副局长林愈溪率领调研组到陆川调研开展定点扶贫工作，并检查指导粮食储备库项目进展情况。

15日　陆川县纪念"3·15"国际消费者权益日宣传活动在县人民会堂前小广场举行。

15—16日　自治区、玉林市专家组到陆川调研秦镜水库新建项目建设前期工作。

△　自治区调研组到陆川调研县域经济发展工作。

16日　陆川县召开重新核定农资综合补贴和良种补贴面积工作推进会。

17日　陆川县公安局向马坡、米场、珊罗、古城、清湖等13个一线基层派出所发放小型移动警务工作站。

△　共青团玉林市委在陆川开展"青聚文明城·绿护九洲江"主题植树活动,100多名青年志愿者参加植树活动。

18日　陆川县交通运输暨党风廉政建设工作会议在县交通运输局六楼会议室召开。

△　陆川县召开全县村镇建设工作会议。

△ 陆川县诗词学会更名为陆川县诗词楹联学会。

△ 自治区粮食局局长吴宇雄一行到陆川调研工作。

18—20日 中共陆川县委、县人民政府考察团先后到桂林市兴安县、桂林市资源县,考察学习当地农业产业化、精准扶贫工作开展情况。

21日 陆川县组织非公经济人士到乌石镇吹塘村公园开展"绿化美好家园"主题义务植树活动。

22日 陆川县召开养殖场、点养殖废水整治专项行动工作会议。

△ 陆川县开展打击非法采砂行动。

23日 陆川县农村工作会议在县城召开。

△ 陆川县召开全县食品药品安全工作会议。

△ 自治区审计厅厅长何小聪到陆川调研审计工作。

24日 陆川县召开食品安全委员会全体会议。

△ 广西老促会成员到陆川县调研革命老区建设情况。

△ 自治区编委办副主任带领自治区编委办、区扶贫办调研组到陆川调研工作。

25日 县总工会十四届十二次全委(扩大)会议在县城召开。

△ 陆川县打击违法占用耕地建房行为,对非法占用可耕地建房且拒不整改的违建户进行现场拆除,拆除面积2000多平方米。

△ 陆川县残疾人事业工作会议在县城召开。

28日 陆川县组织卫生医疗单位在县人民会堂前举行流动人口(农民工)卫生计生关怀关爱宣传活动。

29日 陆川县养殖场、点养殖废水专项整治工作组到滩面、横山镇开展整治行动。

△陆川县开展城区市容市政环境卫生第三轮联合整治工作。

△陆川县工业企业废水废气专项行动工作组到温泉镇开展专项整治行动。

△陆川县诗词院、陆川县诗词楹联学会在县文昌中学揭牌成立。

△共青团陆川县十八届二次全委(扩大)会议在县城举行。

△共青团陆川县委员会在党校举办"青春引擎"团干部培训班。

30日 陆川县召开城乡规划委员会2016年第一次会议。会议审议并通过《北部工业区(二期)控制性详细规划》等8个重点项目议题。

△ 陆川县召开2016年人大议案和政协提案交办工作会议。

△两广三县一局〔广东、广西、陆川县、博白县、廉江市(县)、湛江市运河局〕九洲江综合整治联席会在陆川九龙山庄召开。

△ 陆川县养殖场、点养殖废水专项整治工作组到良田镇、横山镇开展专项整治行动。

△ 陆川县新图书馆正式开馆,免费向广大市民开放。

△ 陆川县召开防汛工作会议。

△ 陆川县召开林业工作会议。

△ 陆川县召开全县国土资源工作会议。

△ 陆川县纪委召开2015年度派驻机构负责人述职述廉会议。

△ 陆川县召开贯彻落实自治区查处发生在群众身边"四风"和腐败问题专项工作现场会精神会议。

31日 陆川县法院、县妇联联合在县瓷厂举办"拒绝家暴,共建和谐家庭——法律宣传进企业"活动。

△ 陆川县组织党、政、军和社会各界代表到县革命烈士纪念碑前举行纪念革命先烈活动仪式。

△ 自治区审计厅厅长何小聪到陆川调研审计工作。

△ 陆川县在革命烈士纪念碑前举行清明纪念革命先烈活动。

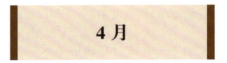

4月

1日 贵州省遵义市政协考察团到陆川调研生态农业、生态旅游等工作情况。

2016年4月1日,贵州省遵义市政协考察团到陆川调研生态农业、生态旅游等工作情况。图为县长蒙启鹏(左一)介绍九洲江生态旅游示范带的建设情况

叶礼林 摄

6日　陆川县召开严厉打击环境污染违法犯罪专项行动推进会。

△　陆川县农机局在温泉镇开展基层农机推广人员现场培训。

6—7日　陆川县工业企业废水废气专项行动工作组到清湖镇、良田镇开展整治行动。

7日　陆川县召开经济运行分析会议。

△　陆川县召开政务服务工作会议。

12日　陆川县召开十五届人民政府第69次常务会议。会议审议并通过《陆川县金融扶贫实施方案（草案）》《陆川县本级发展规划和项目前期工作经费管理暂行办法（草案）》《陆川县本级政府投资项目管理办法（草案）》等8个议题。

△　陆川县召开第十五届人大常委会第47次会议。

△陆川县召开养殖场、点养殖废水专项行动工作推进会。

△　陆川县在陆川县中学召开2016年高考备考座谈会。

13日　陆川县国税局、县地税局联合在县城区举行第25个税收宣传月宣传咨询服务活动。

△　玉林市安全生产委员会到陆川县检查第一季度安全生产工作。

△　广西农户科学储粮专项培训班在陆川举行，就农户科学储粮的相关政策、实施步骤、统计软件的使用、安全储粮的技术要点等方面知识进行培训。

△　陆川县实施全面两孩政策暨2016年卫生计生工作会议在县第一会议室召开。

14日　陆川县"书记论坛"第41期开讲，论坛分"一线工作法与征地拆迁工作""谈判的方法与技巧"两大板块进行讲解。

15日　陆川县召开义务教育基本均衡县创建工作动员大会。

△　陆川县组织机关单位人员到绿丰橘红中药材产业示范园开展义务植树活动。

△　陆川县召开2016年第二季度防范重特大安全事故工作会议。

△　陆川举行"全民国家安全教育日"宣讲活动。

△　十五届陆川县人民政府第五次廉政工作会议在县城召开。

18日　中国共产党陆川县第十三届委员会第七次全体会议在县城区召开。会议审议通过《关于召开中国共产党陆川县第十四次代表大会的决议（草案）》《关于中国共产党陆川县第十四届委员会和中国共产党陆川县第十四届纪律检查委员会组成人员名额及候选人名额设置决议（草案）》。

△　陆川县召开"十二五"扶贫开发整村推进验收工作会议。

18—20日　陆川县二轻工业联社组织工艺美术作品参加在北流市举办的第五届玉林市工艺美术精英作品展，组织参评的工艺美术作品获"二金、二银、一铜"奖，陆川县二轻工业联社获组织一等奖。

19日　中共玉林市委组织部工作组到陆川检查指导换届选举工作。

△　陆川县召开2016年第一期知识产权和项目申报知识培训班，特邀广西中知科创知识产权代理有限公司负责人授课。

20日　陆川县国税局、县地税局联合开展税法宣传进企业活动。

△　陆川县举办2016年第二期知识产权和项目申报知识培训班。

△　陆川县召开全县消防工作会议。

△　玉林市组织市人大代表、政协委员、民主党派人士、无党派人士、工商联会员和特邀监察员组成巡查调研组到陆川对查处发生在群众身边的"四风"和腐败问题专项工作进行巡查调研。

21日　广东省湛江市及陆川县、博白县组成两广三地联合执法行动组对九洲江流域非法采砂行为进行打击，取缔非法采砂场23家，摧毁非法采砂"三无"船只19艘，并销毁其他非法采砂机具一批。

△　陆川县召开第十五届人大常委会第48次会议。

△　陆川县人民检察院未成年人刑事检察科检察官到陆川县看守所，为16名在押涉罪未成年人举行以"凤凰涅槃、浴火重生"为主题的法制教育课。

22日　陆川县召开农业水产畜牧联合会2016年年会暨技术报告会。

22—24日　陆川县组织考察团到大新县开展生态乡村建设专项考察，交流学习乡村建设经验。

25日　陆川县在县人民会堂门口开展"4·25预防接种日"宣传活动，主题是"依法预防接种，享受健康生活"。

△　陆川县2016年全国税收宣传月演讲比赛（决赛）在松鹤公园举行。

△　陆川县青年企业家协会组织"互联网与传媒"创业主题讲座。

26日　玉林市政协调研组到陆川开展"加强我市城市交通管理"专题调研。

27日　陆川县十五届人民政府第70次常务会议在县城区召开。会议审议并通过《陆川县镇村污水处理设施建设项目委托代建及项目回购协议书》《陆川县8个镇级污水处理厂代运营招商公告》《陆川县九洲江上游流域中小企业产业转移园引进企业投资建厂》《建设陆川友利玩具生产项目协议书》等议题。

△ 陆川县 2016 年地质灾害防治工作会议在县城召开。

28 日 澳大利亚魏基成天籁列车陆川捐赠仪式在陆川县特殊教育学校举行，为听障人士捐赠助听器 417 台，价值 85 万元。

△ 陆川普照禅寺奠基仪式在沙坡镇谢仙嶂风景区内举行。

△ 陆川县"书记论坛"第 42 期开讲，论坛讲解"土地审批政策解读""项目规划政策解读""征地拆迁政策解读"三大板块。

28—30 日 陆川县二轻工业联社组织陆川特色行业产品参加第六届广西发明创造成果展览交易会，陆川中福厨具有限公司铸铁汤锅获"第五届广西发明创造成果展览交易会传统手工业创新成果奖"。

29 日 县老促会召开第五届第三次全体理事会议。

△ 陆川县薇甘菊防治工作会议在县城区召开。

5 月

4 日 陆川县纪念"五四"运动 97 周年建团 94 周年 18 岁成人礼宣誓仪式在陆川县中学举行。

△ 玉林市义务教育均衡发展工作专项督导组到陆川县督导工作。

△ 陆川法院"青年法官讲故事"校园普法活动启动仪式在陆川县初级中学召开。

5 日 陆川县举行秦镜水库基础设施建设重大项目开工仪式。

6 日 陆川县公共机构节能工作暨能源资源消耗统计业务培训会议在县城召开。

9 日 陆川县惩治和预防腐败警

示教育中心（县看守所）正式开馆。

10 日 陆川县地质灾害防治知识培训班在九龙山庄会议室举办。

△ 玉林市委党校调研组到陆川县开展专题调研活动。

△ 广西师范大学出版社、陆川县教育局在广西新闻中心举行陆川县乡土教材《保护母亲河》《乡村文明》出版发行仪式。秋季学期起《乡村文明》向全县各中学学生、各机关单位、镇、村免费发放。

12 日 陆川县召开领导干部大会。

△ 陆川县开展第二十六次全国助残日文娱活动。

△ 陆川县开展 2016 年防灾减灾日宣传一条街活动。

13 日 陆川县在县人民会堂门口开展"政务公开日"宣传一条街活动。

16 日 陆川县第十五届人大常委会第 49 次会议召开。

17 日 陆川县召开文艺创作座谈会。

18 日 2016 年招生考试工作会议在县城召开。

△ 自治区政法委副书记、自治区防范和处理邪教问题领导小组办公室主任李伟文带领调研组到陆川就防范和处理邪教问题工作进行专题调研。

△ 玉林市政协主席梁伟江到陆川慰问困难群众。

19 日 自治区巡视组到陆川检查生态建设工作。

23 日 陆川县十五届人民政府第 71 次常务会议在县政府常务会议室召开。会议审议并通过《陆川县 2016 年易地扶贫搬迁工程实施方案》《陆川县气象局监测预警中心绩效工资纳入同级财政年度预算》《陆川县

森林火灾应急处置预案（修订）》等 13 个议题。

△ 玉林市棚户区改造工作督查组到陆川县督查棚改工作。

24—25 日 自治区安监局检查组到陆川检查指导烟花爆竹分包转包专项整治工作、烟花爆竹生产企业安全生产工作。

26 日 自治区工商联调研组到陆川开展民营实体经济综合性调研。

27 日 广西美盛塑料制品有限公司竣工投产。

△ 陆川县南部临海产业园的滩面镇异地扶贫搬迁安置小区项目开工建设。

29 日 陆川县实施全面两孩政策宣传暨计生协会纪念"5·29"会员日宣传服务活动在县城举行。

30 日 陆川县金融工会联合会成立暨第一次会员代表大会在县城举行。

31 日 陆川县市政市容管理局开展燃气安全专项整治活动，严查无证无照经营燃气站点。

△ 玉林市检查组到陆川县开展饲料安全生产检查。

6 月

1 日 陆川县公安局开展娱乐场所大清查行动，清查娱乐服务场所 24 家，并查处吸毒案件 2 起，抓获吸毒人员 25 人，扣押赌博游戏机 4 台。

△ 自治区人大常委会副主任、自治区总工会主席王跃飞到陆川调研工会工作。

2 日 陆川县在政法委会议室召开政法工作座谈会。

2—3日 自治区副主席黄世勇率队到陆川调研精准扶贫工作以及九洲江污染综合治理工作。

3日 陆川县开展打击环境污染违法犯罪行为第二阶段工业企业废水废气专项整治行动,对5家无证照、违法经营的涉污红砖厂进行强制断电限制生产处理。

△ 陆川县首支地震应急救援志愿者队伍成立。

△ 陆川县开展以"改善环境质量·推动绿色发展"为主题的世界环境日宣传活动。

6日 陆川县、乡两级人大换届工作、培训工作动员会在县城召开。

7日 2016年高考开考,陆川县报名赴考的考生5139名,创历史新高。

△ 陆川县脱贫攻坚集中帮扶工作加温推进会议在县城召开。

8日 陆川县在县卫生计生局会议室召开建档立卡农村贫困人口因病致贫因病返贫调查工作培训会。

△ 陆川县脱贫摘帽攻坚队授旗仪式在县市政广场举行。

12日 陆川县举办"让文化遗产融入现代生活"为主题的文化遗产日宣传活动。

13日 广西大华农(陆川)养猪专业合作社揭牌成立。

△ 陆川县食品安全宣传周活动启动仪式在县市政广场举行。

15日 陆川县开展依法拆除马盘二级路沿线违章建筑行动。

17日 陆川县十五届人民政府第72次常务会议在县政府常务会议室召开。会议审议并通过《陆川县中医院整体搬迁建设项目前期工作经费》等议题。

18日 陆川县高标准、规模化的君丰农贸市场开业。

21日 陆川县职工医疗互助保障工作会议在县城召开。

△ 陆川县2016年防震减灾暨创建自治区防震减灾示范县攻坚工作会议在县城召开。

22日 陆川法院集中宣判一批涉毒犯罪案件,以贩卖毒品罪对6名被告人依法进行公开宣判。

△ 陆川县公安局在米场镇召开侦破米场"9·4"故意杀人案新闻通报会,有2000多名群众出席通报会。

23日 铁道部领导向泽伟率队到陆川调研动车开设情况。

26日 陆川县2016年"禁毒火炬"传递启动仪式暨"6·26"国际禁毒日宣传活动在县实验中学举行。

28日 陆川县职务犯罪警示教育基地在县人民检察院驻乌石检察室建成,为玉林市检察机关首个专门以涉农领域职务犯罪为主题的警示教育基地。

△ 陆川县马盘二级路沿线风貌改造工作协调会议在县城召开。

29日 自治区政协副主席刘君率督察组到陆川督查重大旅游项目建设推进情况。

△ 陆川县庆"七一"女子气排球邀请赛在陆川综合健身馆开赛。

△ 陆川县纪念建党95周年诗歌朗诵活动在县城举行。该活动由陆川县文联与县委党史办联合举办。

△ 陆川县精准扶贫培训会在县实验中学举行,邀请自治区扶贫办党组成员成伟光做培训报告。

30日 玉林市委书记、市人大常委会主任王凯到陆川调研城镇化建设工作。

7月

1日 陆川县庆祝中国共产党成立95周年大会在县城举行。

△陆川县文联在沙坡镇举办书画文艺园,展出书法、美术、摄影等作品200多幅。

2日 陆川县城西郊水上乐园项目——"西山人家"正式开园营业。

6日 陆川县十五届人民政府第73次常务会议在县政府常务会议室召开。会议审议并通过《陆川县以民办公助、村民自建等方式推行财政支农项目建设管理办法(暂行)》《陆川县2016年政府新增债券资金安排及项目实施方案》《陆川县农业三项补贴改革方案》等9个议题。

△ 陆川县"地网"工程启动仪式在岭南世界(陆川)客家文化城举行。

△ 玉林市人民政府副市长祝小东、梁春海、蔡明等到陆川调研九洲江流域水环境综合整治工作。

6—8日 中国共产党陆川县第十四次代表大会在陆川中学举行。会议选举产生中共陆川县第十四届委员会委员、候补委员和中共陆川县第十四届纪律委员会委员,其中陆川县委委员35人、候补委员7人,陆川县纪委委员27人;选举陆川县出席玉林市第五次党代会代表46人。

△ 九洲江流域水环境综合治理规划编制座谈会在陆川县召开,国家综合规划编制调研组及广东、广西两省区有关领导参加座谈会。

8日 中共陆川县第十四届委员会第一次全体会议在县城召开。会议选举产生中共陆川县第十四届委员会书记1人、副书记2人、常务委员11人。

△ 中共陆川县第十四届纪律检查委员会第一次全体会议在县城区举行。选举产生中共陆川县第十四届县纪委书记1人,副书记3人,纪律委员会委员常委7人。

11日 自治区督导组到陆川县督查民营企业参与扶贫工作情况。

12日 自治区公共机构节能及办公用房管理工作督查汇报会在陆川县召开。

△ 陆川县第三季度防范重特大安全事故工作会议在县城召开。

△ 陆川县2016年大中专毕业生专场招聘会在县人民会堂门前小广场举行。

△ 玉林市人大常委会专题调研组到陆川开展《玉林市古村落保护条例(草案)》立法前期调研。

13日 陆川县开展城区市容环境大整治行动。

14日 陆川县打击"盗抢骗"犯罪专项行动新闻通报暨退赃返赃大会在县城区九洲市场门口召开。

16日 陆川县脱贫摘帽"五挂作战"精准帮扶工作加温会在县城召开。

20日 陆川县机关党建"规范化建设大行动"活动动员会在县城召开。

21日 共青团陆川县委员会、陆川县青年企业家协会联合举办"精准扶贫,青春引航"专场招聘会。

23日 中央第六环境保护督查组到陆川督查环境工作。

26日 自治区督查组组长、自治区编委办副巡视员苏文豪率督查组到陆川督查控编减编工作。

△ 中共玉林市委党校陆川分校揭牌仪式在陆川县委党校举行。

27—28日 玉林市人大调研组到陆川县开展《玉林市九洲江流域生态环境保护条例(草案)》立法调研。

28日 26名清华大学博士生组团到陆川开展暑期社会实践活动,就陆川县生态乡村旅游项目进行调研。

△ 陆川县公安局在全县范围内开展缉枪治爆集中统一行动。

29日 自治区政府办公厅副处长宁镔率队到陆川县调研九洲江沿线污水处理厂相关建设运行情况。

△ 玉林市发改委到陆川县开展全市中央预算内投资计划执行情况集体约谈活动。

31日 陆川县年中工作会议暨城市工作会议在县城召开。

△ 陆川县创建现代特色农业示范区工作推进会在县城召开。

8月

1日 陆川县2014—2016年中央预算内投资项目工作推进会在县城召开。

2日 陆川县2013、2014年农村电网改造升级工程通过玉林市发改委牵头组成的农网改造升级工程验收组整体验收。

△ 陆川县直招士官入伍欢送仪式在县城召开。

△ 陆川县召开玉林至湛江高速公路(陆川段)路线方案汇报会。

4日 陆川县2016年度征兵工作会议在县城召开。

5日 陆川县结对帮扶贫困家庭"两后生"职业培训工作会在县城

召开。

△ 陆川县小额信贷扶贫工作推进会在县城召开。

8日 第八届广西体育节·陆川县全民健身系列活动启动仪式暨第三届陆川县全民健身运动会开幕式在陆川县松鹤公园举行。

9日 财政部驻广西财政监察专员办事处、人民银行南宁中心支行有关领导到陆川县调研财政引导资金助推扶贫攻坚政策措施落实工作。

10日 陆川县十五届人民政府第74次常务会议在县政府常务会议室召开。会议审议并通过《陆川县2016年招商引资工作实施方案(讨论稿)》《陆川县突发环境事件应急预案(送审稿)》《陆川县建立行政执法公示制度工作方案》等18个议题。

11日 玉林市扶贫生态移民专责小组到陆川检查工作。

△ 陆川县实施"双百工程"建设村级公共服务设施百日攻坚大行动启动仪式在乌石镇吹塘村举行。

14—20日 国家林业局森林资源管理检查组到陆川检查工作。

16日 陆川县召开国家林业局森林资源管理情况检查工作汇报会。

17日 陆川县2016年贫困大学新生资助金发放暨教育精准扶贫工作会议在县城召开。

18日 陆川县办理中央环境保护督察组交办群众举报环境污染问题汇报会议在县城召开。

19日 陆川县政协第八届委员会第二十三次常委会议在县政协常委会议室召开,协商通过县政协第九届委员会第一次会议有关事项。

22日 陆川县"2016年健康中国行——走进陆川"主题宣传周启动仪式在县市政广场举行。

23日 自治区副主席张秀隆到陆川检查生态养殖工作。

△ 玉林至湛江高速公路(广西段)项目建设开工仪式在陆川县温泉镇中兴村举行。

△ 自治区"美丽广西·生态乡村"活动现场推进会在陆川召开。自治区党委副书记李克,自治区党委常委、自治区副主席蓝天立,自治区副主席张秀隆出席会议。

△ 玉林市政务服务绩效考评工作推进会在陆川县政务服务中心召开。

24日 陆川县十五届人民政府第75次常务会议在县政府常务会议室召开。会议审议并通过《政府工作报告(讨论稿)》等议题。

25日 陆川县十五届人民政府第六次全体(扩大)会议在县城召开。会议审议讨论《政府工作报告(草案)》,研究部署"十三五"的工作。

△陆川县扶贫领域监督执纪问责工作动员会在县城召开。

26日 陆川县纪检监察年中工作暨宣传教育工作会议在县城召开。

△ 陆川县中医院、陆川县妇幼保健院整体搬迁项目开工建设。

△ 陆川县委统战部联合陆川县民委、东莞陆川商会、陆川县佛教协会开展"同心·精准扶贫 圆梦助学"公益活动。

29日 玉林市督查组到陆川县督查企业上市(挂牌)、融资担保体系建设、农村金融改革以及防范和处置非法集资等工作进展情况。

△ 陆川县危房改造维修加固项目暨住房达标工作现场推进会在

县城召开。

△ 陆川县举行乡镇"四所合一"改革推进工作会议暨签订下放权力事项委托仪式。

△ 陆川县召开精准扶贫爱心捐款会议。

30日 中共玉林市委常委、政法委书记韦绍仕及玉林市副市长、公安局局长李庄浩率武警玉林支队60名武警到陆川县指导开展城区夜宵摊点专项整治行动。

9月

1日 陆川县"一帮一联"工作暨镇村脱贫攻坚平台建设现场推进会在陆川县实验中学学术报告厅召开。

1—3日 政协陆川县第九届委员会第一次会议在陆川中学召开。会议选举产生县政协第九届委员会主席1人、副主席4人、秘书长1人、常务委员33人;通过县政协九届一次会议的政治决议、县政协常委会工作报告等决议。

2—4日 陆川县第十六届人民代表大会第一次会议在陆川中学举行。会议选举产生县人大常委会委员35人,县人民政府组成人员7人;选举产生县人民法院院长、县人民检察院检察长;选举陆川县出席玉林市第五届人大代表代表71人;表决通过人民代表大会法制与内务司法委员会、财政经济委员会主任委员会主任委员、副主任委员。

6日 陆川县精准扶贫现场推进会在县城召开。

10日 共青团陆川县委员会、陆川县青年企业家协会主办的"相约金秋节·情定九洲江"感恩教师青年联

谊会在陆川中学礼堂举行。

12日 玉林市委书记、市人大常委会主任王凯到陆川县温泉镇洞心村调研。

21日 玉林市金融扶贫政策大宣讲在陆川举行。

22日 玉林市副市长祝小东率调研组到陆川调研九洲江流域水环境综合整治和中央环保督察组交办信访件办理工作。

△ 自治区能源局副局长黄祖桥到陆川县滩面镇调研光伏项目。

23日 玉林市2016年政务服务绩效考评工作推进会在陆川召开。

27日 陆川县开展2016年全国青少年"绿色长征"公益健走活动。

28日 陆川县林业工作会议在县城召开。

△共青团陆川县委员会、陆川县青年企业家协会联合在沙坡镇和平村村委会组织开展"凝聚青年力量·助力扶贫攻坚"捐赠活动。

29日 陆川县推进乡镇"四所合一"改革推进会暨签订下放权力事项委托书仪式在县城举行。

△ 陆川县精准扶贫爱心捐款会议在县城召开。

△ 玉林市"两学一做"学习教育百场精品党课入支部巡回宣讲报告会到陆川县宣讲。

30日 陆川县十六届人民政府第1次常务会议在县政府常务会议室召开。会议审议并通过《陆川县突发公共事件总体应急预案(修订)》《追加筹备全区生态乡村现场推进会经费》《陆川县推进政府购买服务改革工作实施方案》等17个议题。

△ 陆川县在县革命烈士纪念碑前举行烈士公祭活动。

10 月

8—9 日　自治区"我为家乡代言"活动组委会综合服务团到陆川调研工作。

9—10 日　中国科学院武汉岩土力学研究所所长助理、中宜生态土研究院院长薛强与浙江凯政环保科技有限公司董事长劳英夫到陆川调研九洲江生态治理工作情况。

10 日　陆川县"两学一做"学习教育系列讲座之九洲江流域生态环境综合治理专题讲座在陆川县实验中学学术报告厅举行。

△　陆川县脱贫攻坚基础设施建设暨产业扶贫推进工作现场会在良田镇召开。

11 日　陆川县青年企业家协会到平乐镇石村，为 15 户贫困户免费发放液晶电视机。

12 日　陆川县社会保险扩面征缴暨全民参保登记计划工作会议在县城召开。

13 日　陆川县纪检监察干部集体谈话会在县城召开。

15 日　国家林业局驻广州专员办到陆川检查森林资源管理情况。

17 日　陆川县脱贫摘帽核验冲刺工作会议在县实验中学召开。

18 日　2016 中国名猪—陆川猪文化节暨陆川猪养殖协会 2016 年年会在县城开幕。

△　玉林市组织部常务副部长欧军率观摩团到陆川观摩指导"双百"（百村示范、百村攻坚）工程实施工作。

2016 年 10 月 10 日，陆川县脱贫攻坚基础设施建设暨产业扶贫推进工作现场会在良田镇召开。图为与会人员到良田贫困户实地观看危房改造情况

叶礼林　摄

△　玉林市委书记、市人大常委会主任王凯到陆川调研农业工作。

19 日　自治区"关爱明天，普法先行"检查指导组到陆川县检查工作。

20 日　陆川县加强森林资源管理工作会议在县城召开。

△　共青团陆川县委员会组织召开陆川县青年企业家协会·扶贫基金募捐活动，号召青年企业家协会为陆川县扶贫基金会捐赠资金 45.16 万元。

21 日　陆川县"两学一做"学习教育学习习近平治国理政哲学思想专题培训班在县委党校举行。

22 日　丽江米场镇、马坡镇河段防洪整治工程开工建设。

26 日　陆川县举办贫困村党组织第一书记扶贫攻坚业务知识培训。

△　陆川县"两学一做"学习教育百场精品党课入支部巡回宣讲报告会（公安局专场）在县公安局会议室举行。

27 日　玉林市发改委到陆川县开展中央预算内投资项目执行情况专项督查工作。

△　陆川县中小学校（幼儿园）教学科研三年行动计划工作推进会在县城召开。

△　玉林市检察机关首家未成年人观护基地在广西陆洲机械制造有限公司挂牌成立，是玉林市首家未成年人观护基地。

28 日　陆川县"商行天下·情系陆川"招商推介恳谈会在县第一会议室召开。

29 日　陆川县扶贫惠民义诊服务大行动启动仪式在县市政广场举行。

△陆川县文联在沙坡镇仙山村举办首届乡村书画摄影展。

31 日　陆川县召开县十六届人民政府第 2 次常务会议，会议审议通过《关于审定陆川县创建城区严管街实施方案的议题》《关于审定 2016 年陆川县九洲江流域养殖场标准化改造实施方案》《陆川县畜牧业绿色发展示范县创建活动实施方案》等议题。

△　陆川县举行"扶贫济困与爱同行"捐赠仪式，广西净水先生现场为贫困村群众捐赠净水机 100 台、价值 10 多万元。

△ 陆川县2016年第四季度经济运行分析会议在县城召开。

11月

1日 玉林市市长苏海棠到陆川调研精准扶贫工作。

2日 第八批国家地方品种猪养殖综合农业标准化示范区项目考核组到陆川县良田镇进行考核。

△ 国家统计局广西总队到陆川开展秋粮生产产量调查实割实测工作。

△ 自治区环保厅副厅长黎敏率工作组到陆川开展水环境综合整治服务推进会指导工作。

3日 陆川县举行困难职工精准摸底暨职工医疗互助保障活动加温培训会。

7日 陆川县党政机关办公用房督查清理情况反馈会在县城召开。

△ 陆川县开展"善行陆川 精准扶贫"公益扶贫活动。创维集团广西分公司现场捐赠创维电视机15台、"扶贫惠民折"一批。

8日 陆川县基层农机推广人员培训班在县农机局举办。

△ 陆川县领导干部法治专题培训班在县第一会议室举行。

△ 自治区党委常委、自治区副主席蓝天立到陆川县调研污垃项目建设情况。

9日 陆川县应急常识宣传活动在县城区举行。

10日 同济环保专家组到陆川开展环境保护工作调研。

14日 玉林市巡察工作领导小组到陆川开展党委巡察工作。

16日 《陆川县志(1990—2005)》审查验收会在南宁召开。

△ 陆川县创建严管街动员会在县城召开。

17日 陆川县食品安全事故应急演练(桌面推演)在县食品药品监督管理局举行。

△ 玉林市"两学一做"学习教育百场精品党课入支部巡回宣讲报告会陆川专场在县城举行。

18日 陆川县创建"全国青少年普法教育示范县"业务培训会在县委党校举行。

△ 广西医药集团与陆川县举行精准扶贫捐款及项目落户洽谈会,并为陆川扶贫爱心捐款200万元。

19日 陆川县危房改造污垃项目和村屯道路建设工作推进会在县城召开。

21日 陆川县十六届人民政府第3次常务会议在县城召开。会议审议并通过《陆川县九洲江流域上下游横向生态补偿奖励资金使用方案(草案)》《陆川县九洲江流域支流养殖场清拆工作方案(讨论稿)》《划拨土地新建陆川县档案馆》《陆川县科技成果转化大行动实施方案》等15个议题。

22日 玉林市委常委、宣传部部长、市人民政府副市长禤甲军到陆川调研精准扶贫工作。

△ 玉林保险行业协会快速理赔陆川服务站揭牌成立。

△ 陆川县县长质量奖评审暨2016年度实施质量兴桂战略绩效考评工作会议在县城召开。

△ 陆川县2016年粮食安全行政首长责任制考核工作会议在县城召开。

△ 陆川县公安局以侦破涉案现金共13万元的系列盗抢案件为蓝本,策划制作严厉打击盗窃类侵财犯罪题材的微电影《刀疤》。

△ 玉林市委常委、宣传部部长、市人民政府副市长禤甲军到陆川调研精准扶贫工作。

23日 政协陆川县委员会组织市政协驻陆川县委员、县政协常委、委员代表和政协机关干部对陆川县的中心工作、民生热点等方面开展视察。

24日 陆川县学习贯彻中共十八届六中全会精神宣讲团动员暨骨干培训会在县城举行。

25日 陆川县安全生产工作部署会在县城召开。

2016年11月18日,广西医药集团与陆川县举行精准扶贫捐款及项目落户座谈会,并为陆川扶贫爱心捐款200万元　　　叶礼林　摄

26日 陆川县第一期工矿商贸企业主要负责人和安全生产管理人员安全知识培训班在县城开班。

28日 玉林市宣讲团中共十八届六中全会宣讲(陆川县)报告会在陆川县实验中学举行。

29日 国家钢铁煤炭行业化解过剩产能验收组对陆川宏达铸造物料有限公司化解钢铁过剩产能工作进行检查验收。

△ 自治区地震局到陆川调研防震减灾示范县创建情况。

30日 陆川县重点运输企业集中约谈会在县运管大队会议室召开。

△ 九洲江流域水环境综合整治服务推进会在陆川召开,自治区环保厅副厅长及自治区有关厅局负责人、玉林市及所属县区主要领导等108人出席。与会人员进行了现场考察。

12月

1日 陆川县2016年度土地变更调查与遥感监测工作会议在县城召开。

2日 全国、自治区、玉林市三级人大代表到陆川开展2016年年终视察。

△ 陆川县"12·2"全国交通安全日主题宣传活动在县人民会堂门前小广场举行。

3日 陆川－台湾客家文化交流座谈会在陆川举行。

4日 陆川县法院在县人民会堂门前小广场开展"12·4"国家宪法日集中宣传活动。

5日 陆川县城区旧住宅区外立面改造设计方案研讨会在县城召开。

△ 自治区环保厅领导到陆川调研九洲江流域养殖污染整治情况。

6日 陆川县深入推进"一村一警务助理"工作会议在县城召开。

7日 玉林市人大调研组到陆川开展《玉林市九洲江流域水质保护条例(草案)》立法调研。

8日 陆川县烟花爆竹行业安全生产工作会议在县城召开。

△ 陆川县九洲江治理项目建设推进汇报会在县城召开。

9日 中国楹联学会会长蒋有泉一行到陆川检查验收"中国楹联文化县"工作并举行"中国楹联文化县"授牌仪式。

△ 陆川县2017年新型农村合作医疗宣传发动工作会议在县城召开。

12日 陆川县十六届人民政府第4次常务会议在县政府常务会议室召开。会议审议并通过《陆川县2016年财政收支预算调整方案(送审稿)》《2017年陆川县行政事业单位部门预算编制的原则、口径及标准(送审稿)》《陆川县法治政府建设实施方案(2016—2020年,送审稿)》《申报县级食品药品检测中心项目》等14个议题。

△陆川县清湖至浦北石埇二级公路陆川段开工建设。

13日 《人民日报》记者到陆川就"五挂作战"扶贫攻坚工作情况进行专题采访。

15日 广西交通投资集团董事长周文率调研组到陆川北部工业集中区物流项目用地开展调研。

15—16日 自治区环境保护厅工作组到陆川开展九洲江流域生态补偿考察调研。

17日 陆川县"党旗领航·电商扶贫——我为陆川代言"青年职业礼仪形象大赛启动仪式在县市政广场举行。

19日 玉林市市长苏海棠到陆川马坡镇清秀村检查指导脱贫摘帽工作。

20日 "温泉之乡·生态客都"广东、广西两地旅行社、媒体到陆川开展踩线考察活动。

△ 自治区污垃督查第三组到陆川县督查城镇污水垃圾处理设施建设运营情况。

21日 粤桂两省区水利厅组织联合组到陆川开展九洲江流域及鹤地水库执法巡查行动。

25日 陆川县开展缉枪治爆专项集中"设卡查缉"暨安保维稳行动。

28日 政协陆川县第九届委员会常务委员会召开第二次会议在县城召开,会议协商通过《陆川县政协提案工作条例》以及有关调研报告。

△ 玉林市青年企业家协会年会在陆川召开。

29日 陆川县十六届人民政府第4次常务会议在县城召开。

△ 自治区公安厅监管总队政委一行3人到陆川县看守所进行二级看守所保级考评。

30日 陆川县千人徒步迎新活动启动仪式在松鹤公园举行。该活动由人民日报社人民网广西频道、中共陆川县委、县政府、县委宣传部、县文体广电局、远辰·世客城联合举办。

△ 九洲江综合治理陆川县系统工程开工建设。

△ 玉林市党员干部现代远程教育"十百千"活动工作现场会在陆川召开。

△ 陆川县"不忘初心 走向明天"徒步迎新 告别贫困活动在松鹤公园举行。

概　　况

GAIKUANG

陆川生态乡村新貌——良田镇官海屯风貌改造后新农村一景　　叶礼林　摄于 2016 年

地理环境概貌

【历史沿革】 今陆川县地,在唐虞时期,属南交之地。所谓"荆州之南垂,为虞南极"。夏为荆扬南境,属扬越地。商周皆为南越蛮夷国,所谓百越地。

秦始皇三十三年(前214),于岭南置桂林、南海、象郡后,今陆川县地属象郡地,郡治临尘县(今崇左市境)。秦末汉初属赵佗南越国。

汉元鼎六年(前111),属合浦郡合浦县地,郡治初在徐闻县(今雷州市地),东汉建武十九年(43),迁合浦县,县址在今浦北县泉水镇古城头,隶交趾刺史部合浦郡。东汉建安八年(203),属交州合浦郡合浦县地。

三国属吴,直至晋均为交州合浦郡合浦县地。

南北朝宋泰始七年(471),合浦郡合浦县地属越州,改隶越州合浦郡合浦县;南北朝齐时(479—502)析合浦县地置陆川郡;郡治良国(今北流市地);梁陈(502—589)间废陆川郡设陆川县,县治在郡治所,此为陆川正式建县之始。建县之初的区域包括今陆川沙坡、月垌、温泉、米场、平乐、珊罗及北流市的平政、石窝、六靖、六麻一带。

隋初因旧制,属合浦郡。大业元年(605)省入北流,仍属合浦郡。

唐,县地分合最为复杂。先后共置陆川、罗卜、龙豪、温水、南河、龙化等六县。唐武德四年(621)复置陆川县,县地在北流县罗卜和陆川县一部分。初属东峨州,后属容州。武德四年析合浦县地置龙豪县,境域包括今大桥镇、横山乡一带,治在今大桥镇古城垌。武德四年又析南昌县(南朝梁置,治在今博白三滩圩)地置温水县,县境包括现温泉镇、陆城街、沙湖乡及大桥镇、横山乡、米场镇一部分,治在今陆川县城。武德五年(622)析石龙县地置南河县、龙化县。南河县境域包括今清湖镇、古城镇全部,良田镇大部、滩面乡小部分,治在今古城街。龙化县辖地包括今乌石镇大部分、滩面乡部分、温泉镇部分,治在今乌石镇龙化村石子岭。陆川、罗卜、龙豪、温水、南河、龙化等六县分属禹州、白州、辩州、罗州等,且州名常改反复。大历八年(773),容管经略使王翙奏析禹州、罗州、辩州、白州地立顺州、顺义郡,州治、郡治均在龙化县治地,辖龙化、温水、龙豪、南河四县,罗卜县(即旧陆川县)为禹州辖。顺州、禹州均属容州都督府所辖。

五代十国,陆川先属楚,后属南汉,龙化、温水、龙豪、南河四县仍属顺州,罗卜县仍属禹州,均为南汉容州都督府所统。

宋开宝五年(972),废顺州、禹州,罗卜县更名陆川县,省龙化、温水、龙豪、南河四县入陆川县,县治在原罗卜县县治卜二、卜三里(今北流市六靖镇长江村一带);开宝九年(976)移治公平(今北流市平政镇);淳化五年(994),县治迁温水县治(今陆川县城),陆川隶属广南西路容州都督府。

元,至元十六年(1279)改容州都督府为容州路总管府,陆川属容州路总管府,隶广西行中书省。

明,洪武元年(1368),撤容州路立梧州府,陆川属梧州府。

清,初沿旧制,属梧州府。雍正三年(1725),广西巡抚李绂奏升鬰林为直隶州,陆川改属鬰林直隶州辖。

中华民国,1912年1月鬰林直隶州改府,属鬰林府。1913年6月废府设道,属鬰江道,1914年6月改隶属苍梧道。1927年直隶广西省政府,1930年隶属鬰林民团区,1932年改隶梧州民团区,1934年隶属梧州行政监督区。1936年7月改隶属浔州行政监督区,10月改属鬰林行政监督区。1940年4月隶属第六区行政督察专员兼保安司令公署。1942年3月隶属第三区行政督察专员兼保安司令公署。1944年4月改隶属第九区行政督察专员兼保安司令公署。

中华人民共和国,1949年11月30日陆川解放,初属鬰林专区。1951年7月,鬰林、梧州专区合并为容县专区,属容县专区。1956年鬰林改称玉林;1958年7月撤容县专区分设玉林专区、梧州专区,陆川属玉林专区;1971年专区改地区,陆川隶属玉林地区。1997年玉林撤地改市,陆川属玉林市管辖。

（县方志办）

【地理位置】

位置面积 陆川县位于广西壮族自治区东南端,地处北纬21°53′~22°38′,东经110°04′~110°25′,东北连北流市,东南与广东省化州、廉江接壤,西与博白县毗邻,北靠玉林市。县境最东至沙坡镇水表尾,与北流市六麻镇、石窝镇接壤。在东边沿上的村有大山、长旺、平乐、桥头、三安、清秀、平塘、旺同、六高、白马、北安、沙坡、仙山、龙湾、陆选、陆龙等村。最西抵沙湖镇新街村葛麻山与蒋万屯,与博白县三育、三滩等乡镇及玉林新桥毗邻。在西边沿上的村,西南有北豆、陆因、旺垌、车田、竹山、冯杏、新村、佳塘、上旺、谢鲁、良塘、陆洪、高冲、石塘、旺坡、四和、陆透、中屯、长沙等村;西北有新街、永安、永旺、界垌、雄英等村。最南至古城镇盘龙村,与广东省廉江市、化州市交界,边沿有黎洪、陆河、坡子、旺岭、塘寨、三水、陆坡、清湖、新官、官冲、长径、古城、清耳、盘龙、陆落等村街。最北至珊罗镇田龙村龙塘屯,与玉州区及北流市塘岸镇接壤,边沿有靖西、砾砂、六燕、田龙、四乐等村。全县东西宽32千米,南北长78千米,行政区域土地面积1554.32平方千米,占玉林总面积12.50%。县人民政府驻温泉镇,距自治区首府南宁市260千米,距广东省湛江市129千米。黎湛复线铁路、玉陆二级公路纵贯南北,玉林至铁山港铁路和高速公路及九洲江过境,是自治区通往湛江、海南省的门户之一。

（县方志办）

行政区域界线

省界线　已勘定与广东省廉江市、化州市边界，埋桩5条。

陆川—廉江段22.54千米，埋设界桩2条。其中，4445025号桩位于廉江市石角镇四头管理区田头村与陆川县古城镇清耳村茶根队两省交界处的山坡上；4445026号桩位于廉江市石角镇石角管理区石角村与陆川县古城镇盘龙村两省区交界处鹤地水库边上。

陆川—化州段85.834千米，涉及地图11幅，埋设界桩3条。其中，4445022号桩位于化州市文楼镇新德管理区与乌石镇低阳村两省区交界处的水沟侧边；4445023号桩位于化州市平定镇平定管理区沙坡村与清湖镇陆坡村交界处的山顶上；4445024号桩位于化州市平定镇平定管理区与古城镇长径村甘村队两省区交界处的山坡上。

县级行政区域界线　从1998年至2001年年底，勘定与毗邻玉州区、博白县、北流市、福绵管理区等行政区域界线，埋设界桩4条。

陆川—福绵段34.15千米，埋设界桩2条。其中，0902092201-1为木质桩，位于马坡镇雄英村与福绵区石和镇塘茂村交会处；090209220923S为木质桩，位于福绵区沙田镇云龙村与陆川县沙湖乡新佳村和博白县三育镇旺垌村之间。

陆川—博白段94.44千米，埋设界桩2条。其中，0922092301号桩位于博白县径口镇旺垌村与陆川县沙湖乡长沙村之间的山顶上；0922092302号桩位于博白县黄凌镇社角村与陆川县横山乡良塘村交界的小山腰上。

陆川—北流段94.42千米，埋设界桩2条。其中，0922098101号桩位于陆川县珊罗镇大山村洛塘组与北流市塘岸镇凉亭村13、15组交界处（即平乐圩图幅、天鹅岭西北面山坡上，名为洛塘坡）；0922098102号桩位于北流市石窝镇石禄村石梯组与陆川县沙坡镇仙山村径口组交界处（即河浪图幅北面305.9岭顶上南侧）。

陆川—玉州段25.04千米，埋设界桩2条。其中，090109220981S号桩为三面桩。位于云岭三交点上。东为北流市塘岸村，西为陆川县珊罗镇田龙村，西北为玉州南江云良村。0901092201号桩位于分界墟图幅东南93.1岭顶上，东南为陆川县珊罗镇六燕村，西北为玉州区南江分界村。

乡级行政区域界线　2002年起至2003年年底，勘定乡级行政区域界线27条319.7千米，尚未埋设界桩。

珊罗—平乐线16千米
马坡—珊罗线9千米
平乐—马坡线17千米
马坡—米场线16千米
沙湖—马坡线11.2千米
沙湖—米场线9千米
温泉—米场线6.5千米
米场—沙坡线18千米
沙坡—温泉线14千米
温泉—沙湖线9千米
大桥—温泉线14千米
陆城—温泉线7千米
沙坡—月垌线8千米
温泉—乌石线4千米
乌石—大桥线13千米
温泉—月垌线5千米
月垌—乌石线17千米
横山—大桥线18千米
横山—乌石线12千米
横山—滩面线0.3千米
乌石—滩面线15千米
良田—滩面线18千米
良田—乌石线4.5千米
清湖—乌石线14.5千米
良田—清湖线20.7千米
清湖—古城线11.5千米
良田—古城线11.5千米

（县民政局）

【地形地貌】

地形　云开大山余脉从东北面入境，经沙坡镇至县城中部，分东西两支，呈南北走向。东侧有东山嶂、天子印、十二岭岗、谢仙嶂、单竹坑顶等，西侧有马鞍岭、沙湖嶂、簕篱嶂、交椅肚、谢鲁嶂等。东西之间峡谷平原面积3.77万公顷。构成东西两侧高、中间低的峡谷走廊地形。东系山脉主峰谢仙嶂，西系山脉主峰簕篱嶂，均坐落在县中部，是县境屋脊。县北毗邻玉林盆地，地势开阔平坦，县南部与广东廉江交界，地势低，盘龙街最低点海拔仅30米，形成中部高、南北低的拱背地形。从高空鸟瞰，陆川形似广西南门一叶要破陆下水的扁舟，故有"八桂南门一叶扁舟"的雅称。

地貌　陆川属华南桂东南丘陵区，地貌类型多样，有山地、丘陵、台地、平原等，东北部的龙岩岩溶地貌千姿百态。

低山，主要分布在县东系山脉和西系山脉，县境低山面积11平方千米，占全县总面积0.71%。

丘陵，分布广，面积大。主要分布于温泉、沙坡、平乐、马坡、米场、沙湖、大桥、横山、乌石、滩面、良田、清湖、古城13个镇100个村。总面积869.53平方千米，占总面积55.94%。其中高丘陵181.53平方千米，中丘陵514.40平方千米，低丘陵173.60平方千米。

台地，全县台地总面积1172平方千米，占全县总面积75.40%。台地有十大坡，即珊罗镇鹤山坡，温泉镇风淳、大桥镇三善、乌石镇双垌交界的十字坡，大桥镇三善罗伞坡，大桥镇大塘坡，横山镇四和坡，横山镇同心东山庙坡，乌石镇旺岭坡，乌石镇龙化坡，良田镇车田木棉坡，古城镇清耳坡。

平原，县境有峡谷平原、河谷平原。峡谷平原主要分布在县内丘陵峡谷平地，河谷平原主要分布在九洲江流域、米马河流域。平原面积376.6平方千米，占总面积24.23%。

（陈　丹）

【山脉水系】

山脉　县内山脉分东、西两系。海拔400米以上的山峰有33座。

东系山脉经沙坡、温泉、乌石、滩面、良田、清湖、古城、米场、马坡、平乐、珊罗11个镇。主要山峰105座，其中海拔400米以上山峰有东山嶂、大王嶂、金坑嶂、天子印、老鼠顶、勾头嶂、鹅公头、先锋顶、大岭顶、十二岭岗、谢仙嶂、岗头顶、八字岭、黄狗嶂、单竹坑顶、中庸岭、云岭寨、帽岭、凤凰岭、黑石顶、马鞍嶂、那囊嶂22座，沙坡镇谢仙嶂海拔792.7米，为全县最高峰。

西系山脉经温泉、沙湖、马坡、米场、大桥、横山、乌石、滩面、良田9个镇。主要山峰48座，其中海拔400米以上的山峰有靠椅嶂、马鞍岭、琅伞岭、沙湖嶂、大箕篱嶂、猫拱峰、麻地岭、交椅肚、羊米峡、应午嶂、沙帽嶂11座。横山镇石塘村西北面的沙帽嶂为西系山脉最高峰，海拔596米。

（陈　丹）

水系　陆川县境内河流水系分为珠江流域西江水系、桂南沿海诸小河水系和粤西沿海诸小河水系等3个水系。

西江水系，河流有沙坡的榕江河和大水河，县内流域面积75.3平方千米。

桂南沿海诸小河水系，河流有米马河、沙湖河、石夹水、陆豹水等，均为南流江支流。县境内流域面积505.8平方千米。

粤西沿海诸小河水系，河流有九洲江、清湖河、低阳河、三水河、新官河、龙湾河、黎冲水、地贡水等，县境内流域面积969.9平方千米。低阳河、清湖河属鉴江水系。其中，九洲江入鹤地水库，经廉江安铺出北部湾，其他小河先汇入平定水，再汇入罗江到鉴江，在广东省吴川出南海。　（县水利局）

【气候】　2016年，陆川年平均气温偏高，年总降水量偏多，年总日照时数偏少。年平均气温为22.4℃，比气候标准值（21.8℃）偏高0.6℃。月平均气温最高值发生在6月，为28.6℃；月平均气温最低值发生在2月，为12.8℃。年极端最高气温为37.2℃，出现在7月31日；年极端最低气温为1.3℃，出现在1月24日。年降水量为2320.2毫米，比气候标准值（1914.1毫米）偏多406.1毫米。其中，降水量最多的月份为11月，为378.2毫米。降水量最少的月份为12月，为18.1毫米。年日照时数为1633.0小时，比气候标准值（1692.0小时）偏少59.0小时，其中日照时数最多的月份为10月，共215.0小时；日照时数最少的月份为4月，共37.3小时。年内，出现低温冷害、雨夹雪、霜冻、倒春寒、高温、暴雨、台风等，全年天气过程均未造成灾害，未对农业生产和人民生活造成不利影响，年度气候属偏好年景。

【水文】　陆川县内河流众多，分布广，水量丰富，落差大，适宜发展小水电。大大小小河流数百条，集雨面积大于10平方千米的有44条，其中集雨面积超过50平方千米以上的河流有6条。主要河流有6条，即九洲江、米马河、沙湖河、清湖河、榕江、低阳河，主要河流总长179.24千米，集雨面积1449.5平方千米。陆川县年降雨量地理分布与地形关系相当密切，县内地势中部高南北低，东西两面高，中间低，形成一个从县城向南北两头开口的喇叭状通道，由于地形的"狭管效应"，县城附近成为多雨中心，县城向南北两边逐渐减少，南面有云开大山余脉抬升，雨量比北面稍多，在古城以南一带的开阔地带，雨量聚减。降雨量季节分配不均，冬季风时期干旱少雨，夏季风时期潮湿多雨。雨季主要集中在汛期4—9月。　（县水利局）

【地理环境资源】

土地资源　2016年，陆川土地利用变更调查显示，全县土地面积15.54万公顷，约占自治区土地面积0.67%。全县耕地面积3.35万公顷（其中，水田面积2.71万公顷、旱地6459.36公顷），占全县土地总面积的21.56%；园地面积9331.81公顷（其中果园7385.86公顷、茶园9.51公顷、其他园地1936.44公顷），占土地总面积的6.10%；林地面积7.57万公顷（其中有林地5.88万公顷、灌木林地1399.89公顷、其他林地1.55万公顷），占土地总面积的48.70%；草地面积1.06万公顷，占土地总面积6.83%；城镇村及工矿用地面积1.57万公顷（其中城市19.07公顷、建制镇2567.02公顷、村庄1.10万公顷、采矿用地726.76公顷、风景名胜及特殊用地1452.72公顷），占土地总面积的10.12%；交通用地面积2098.99公顷（其中铁路用地230.42公顷、公路用地993.96公顷、农村道路用地874.56公顷、管道运输用地0.05公顷），占土地总面积的1.35%；水域及水利设施用地面积

表1　　　　　　　　　　　2016年陆川县各月降雨量、平均气温、日照时数

项目＼月份	1	2	3	4	5	6	7	8	9	10	11	12	合计（平均）
平均温度（℃）	13.3	12.8	17.8	24.6	26.7	28.6	28.4	27.9	26.8	25.3	19.3	16.9	22.4
降雨量（毫米）	293.6	46.6	104.4	136.0	296.0	135.8	278.8	298.6	209.6	121.5	378.2	18.1	2317.2
日照时数（小时）	42.7	102.5	58.9	37.3	128.6	199.2	204.0	155.1	201.8	215.0	120.2	167.7	1633

（杨志华　罗雁飞）

5852.66公顷(其中河流面积1528.66公顷、水库面积1281.99公顷、坑塘面积1955.02公顷、内陆滩涂139.39公顷、沟渠850.26公顷、水工建筑用地97.34公顷),占土地总面积3.77%;其他土地面积2586.07公顷(其中设施农用地304.01公顷、田坎1995.21公顷、沙地2.54公顷、裸地284.31公顷),占土地总面积的1.66%。　(陈 丹)

水资源　县境内雨量充沛,河流众多,水资源较丰富。多年平均降雨量1878.72毫米,多年平均年径流系数 α = 0.55,多年平均年径流深1068.5毫米,多年平均年径流总量16.57亿立方米。

由于地质构造原因,地下水资源丰富。从全县地层构成和分布情况来看,95%左右的面积为火成岩、砂岩和变质岩,是含水微弱的贫水地层,在这些地层分布区的断层、裂隙密集带含有较丰富的地下水,以温泉、下降泉、上长泉的形式出露,平乐、珊罗属石灰岩分布地区,地下水资源比较丰富。全县泉水一般正常流量为3.1立方米/秒,可开发为农业灌溉用水及人畜饮水之用。陆川县城至乌石谢鲁村一带的地下热水3处,流量33.12升/秒,县城温泉、乌石镇谢鲁温泉已开发利用。全县已查明马坡农场、马坡火车站、马坡黄花岭李家庄、马坡供销社、乌石镇谢鲁村等矿泉水点5处,马坡农场、马坡黄花岭、乌石谢鲁村的矿泉水点已开发利用。　(县水利局)

森林资源　2016年,全县林地面积9.13万公顷,非林地面积6.44万公顷。在林地面积中,有林地7.69万公顷,国家特别规定灌木林面积8859.10公顷,其他林地面积462.80公顷。非林地面积中,农地乔木、经济林、竹林、四旁树木面积5313.10公顷。全县合计森林面积9.12万公顷,森林活立木总蓄积324.32万立方米。森林覆盖率58.61%。(林业系统统计口径与县国土系统统计口径不同)

动物资源　全县有陆栖脊椎动物350多种,其中爬行动物40多种,鸟类250多种,兽类30多种,属国家保护的动物30多种。其中一级保护动物有蟒、鹧鸪、白鹤等;二级保护动物有穿山甲、水獭、鹰类、山瑞鳖等。

植物资源　全县有木本植物680多种,草本植物80多种。木本植物,一是乔木类,主要有尾叶桉、巨叶桉、隆缘桉等桉类为主,以马尾松、杉木、湿地松、红椎、火力楠、樟类、栎类、相思类、八角、荔枝、龙眼、竹子、橡胶、木菠萝等为辅;二是灌木类,主要有桃金娘、黄牛木、野牡丹、三叉苦、岗松、柃木等。草本植物有蕨类、芒类、鹧鸪草等。　(县林业局)

矿产资源　全县已发现矿产34种,包括黑色金属矿(铁、锰、钛),有色金属矿(铅、锌、铜、钼、锡),贵金属银(伴生),稀有金属(铌、钽、磷钇矿、独居石、锆英石),化工原料矿(磷、硫、钾长石),其他矿产有水泥原料矿产资源(灰岩、黏土、闪长玢岩、铁矿)、高岭土、滑石、云母、熔炼水晶、脉石英、饰面花岗岩、砖瓦黏土、砖瓦用安山岩、建筑用灰岩、建筑用花岗岩、建筑用砂(河沙)、矿泉水、地热(水)。全县有矿产地61处,包括大型矿床4处,中型矿床5处,小型矿床30,其余为矿点。

优势矿产主要是非金属矿,有水泥原料矿产资源(灰岩、黏土、闪长玢岩、铁矿)、饰面花岗岩、建筑用花岗岩、建筑用砂石(灰岩、河沙)、高岭土、滑石等;金属矿产有磷钇矿(锆英石、独居石)、钼(锡)矿、钛铁矿、铁矿和铅锌(银)矿;还有矿泉水、地下热水。

水泥用灰岩:荔枝寨中型水泥用灰岩矿保有资源储量6053万吨,矿石质量好。

砖瓦用黏土:珊罗—马坡砖瓦用黏土矿区,资源量3500万立方米,已开发利用。

建筑用砂:分布于九洲江流域。资源量比较丰富,已广泛开采利用。

铁矿:有沙坡、下水江督、大桥亚已垌小型铁矿区3处,保有资源储量870.20万吨,多为贫矿。另有磁铁矿、褐铁矿点10处,未开采。

钛铁砂矿:清湖钛铁矿资源量371万吨,大型,已开采利用。

铅锌矿:有下水小型铅锌矿、沙坡茶亭小型铅锌矿和沙坡平田坡铅锌矿点,保有铅资源储量2.56万吨,锌资源储量5.25万吨。

钼矿:安垌中型钼钨矿1处,保有资源量钼2.04万吨,尚未开发利用。

钾长石:石垌小型钾长石矿区1处,保有资源储量4361千吨,尚未开发利用。

硫铁矿:平塘小型硫铁矿,保有资源量427千吨,已利用。

高岭土:白坭高岭土大型矿1处,保有资源量550万吨,含氧化铝16.5%,已开发利用。良田石垌小型矿1处,未利用。

滑石:查明三胎顶中型矿1处,保有资源量10万吨。另有白马村、黎洪村六吉和古城镇水冲矿点4处。

饰面花岗岩:温泉镇官田大型矿区1处,资源量2500万立方米。

矿泉水:有马坡农场等矿泉水5处(已开发2处),允许开采量2084.55立方米/日。

地下热水:查明温泉镇、乌石镇的热泉、温泉3处,流量33.124升/秒,温泉镇九龙热泉,乌石镇谢鲁山庄温泉已开发利用。　(县国土资源局)

旅游资源　陆川旅游资源十分丰富,是广西第一批对外开放旅游县。辖区内风景名胜可分为自然景观和人文景观两大类。自然景观有主要有山岳峰丛景区、江河水库景区等,山岳峰丛景区主要有龙珠湖、沙湖嶂、谢仙嶂、东震山等景区,江河水库景区有九洲江、东成水库,温泉景区或景点有温泉九龙山庄、疗养院。人文景观主要有谢鲁山庄及十大文物历史古迹,以中山亭、中山公园、英雄纪念碑为代表的革命名人纪念地,以龙岩将军寨、大坑寨等为代表的古寨民宅,以谢仙嶂、东震山修竹庵、东成文武庙、沙湖嶂关圣寺为代表的宗教寺院。陆川风光新八景主要有:仙嶂奇峰、石湖晴雪、东城绿岛、东山飞瀑、伏波险滩、谢鲁幽庄、龙岩抱珠、温泉水暖。陆川温泉、谢鲁山庄、龙珠湖风景区为广西风景名胜。龙珠湖风光有"小桂林"美称,为国家 AAA 级旅游景区;谢鲁山庄是国内著名的保留最完整的四大私人山庄之一,被海内外游客称为"岭南第一庄",为国家 AAAA 级旅游景区,第七批全国重点文物保护单位。陆川温泉历史久远,蕴藏着丰富的温泉资源,是广西壮族自治区内外旅游观光疗养胜地。

【土特产品】 陆川县属南亚热带季风气候,气候环境非常适宜农作物生长,是广西和全国重要的商品粮基地,杂优水稻品种优良。地方名优果蔬品种有乌石淮山、珊罗韭菜、马坡大白菜、乌石番石榴、良田、清湖的橘红、乌石双垌西瓜、沙坡秦镜西瓜、沙坡百香果、横山马铃薯、大桥果蔗、米场、沙坡、沙湖的砂糖橘等;养殖品种主要有全国地方八大良种猪之一——陆川猪,是国家农产品地理标志保护产品,肉质优等;广西陆川鹅村——古城陆因村狮子鹅、沙坡三黄鸡、大桥平山土鸭等出名。特色饮食有乌石猪脚、米场牛杂、平乐狗肉、沙坡鸡肉、大桥平山鸭肉,食品产品主要有乌石酱油、珊罗米酒、品华居月饼等,矿泉水有茶花山矿泉水、真龙泉矿泉水、好龙泉矿泉水。铁锅生产历史悠久,陆川是广西铁锅生产基地、中国铁锅之都。为中国最大的小型挖掘机生产出口基地。

【人口】 2016 年年末,全县户籍总户数 33.10 万户,总人口 109.39 万人,其中男性 58.11 万人,女性 51.28 万人,女性占总人口 46.88%,男女性别比为 113:100。城镇人口 31.13 万人,占 28.46%;乡村人口 78.26 万人,占 71.54%。省内迁入 1758 人,省外迁入 781 人;迁出省内 4575 人,迁出省外 2844 人。人口出生率 17.26‰,人口自然增长率 9.47‰。人口密度为每平方千米 705 人。0~17 岁 33.43 万人,占全县总人口的 30.56%;18~34 岁 32.22 万人,占 29.45%;35~59 岁 30.13 万人,占 27.54%;60 岁以上 13.60 万人,占 12.43%。0~17 岁青少年儿童人口所占比重比上年下降 0.21 个百分点,60

陆川九龙山庄的温泉泡池
陆川县扶贫脱贫攻坚指挥部办公室提供 摄于 2016 年

岁以上老年人口所占比重比上年增加 0.22 个百分点。温泉镇 5.78 万户 15.71 万人,米场镇 2 万户 6.29 万人,沙湖镇 8978 户 3.08 万人,马坡镇 2.92 万户 10.58 万人,平乐镇 1.65 万户 5.58 万人,珊罗镇 1.76 万户 6.10 万人,沙坡镇 2.23 万户 8.26 万人,大桥镇 1.85 万户 5.93 万人,横山镇 1.58 万户 5.07 万人,乌石镇 4.04 万户 13.43 万人,滩面镇 1.14 万户 3.71 万人,良田镇 2.81 万户 9.81 万人,清湖镇 2.11 万户 7.79 万人,古城镇 2.28 万户 8.03 万人。

【语言】 陆川主要方言有客家话(当地称为新民话或哑话)、粤语(当地称土白话、土州话)两种。以县城为界,县城以南是客家话区,县城以北为粤语区,县城区两种方言皆用。客家话和粤语的人口比例约为 2:1。随着流动人口的增多,语言之间出现相互渗透和同化的现象;随着普通话的推广使用及互联网兴起和发展,机关单位对外招聘人员逐年增多,学生、年轻人及机关单位人员之间普通话交流逐渐普及。 (县方志办)

【民族】 陆川县是汉族聚居地区,居民主要是汉族的客家人和广府人。县内各少数民族主要是工作或婚姻等原因迁入,零星分布于全县各镇,没有形成少数民族聚居点。2016 年,全县有民族 28 个。其中汉族人口占全县总人口 99%;其他少数民族 1.18 万人,占总人口 1%。居住的少数民族主要有蒙古族、回族、藏族、苗族、彝族、壮族、布依族、朝鲜族、满族、侗族、瑶族、白族、土家族、哈尼族、傣族、黎族、傈僳族、畲族、拉祜族、水族、纳西族、土族、仫佬族、毛南族、仡佬族、普米族、鄂温克族、京族、独龙族。

【宗教】 陆川县辖区内的宗教有佛教(汉传)、基督教、天主教三种教派。有宗教团体 1 个,陆川县佛教协会。登记备案的教职人员 3 人。登记的宗教活动点 3 个,即米场镇居上林佛教活动点、县城基督教礼拜堂、珊罗镇田龙村油麻坡天主教临时活动点。2016 年,陆川普照禅寺佛教活动场所正在建设(位于沙坡镇仙山村谢仙嶂)。全县经常参加基督教礼拜堂集体活动信教群众约 250 人,天主教信教群众约 100 人,佛教皈依徒约 500 人。 (林云莎)

【行政区划】 2016 年,全县行政区划为温泉、米场、沙湖、马坡、平乐、珊罗、沙坡、大桥、横山、乌石、滩面、良田、清湖、古城 14 个镇,154 个建制村、10 个社区,3050 个自然村;4523 个村民小组,103 个居民小组。县城区社区有长安社区、新洲社区、文昌社区、九洲社区、温汤社区、九龙社区 6 个;乡镇社区有马坡街社区、乌石街社区、良田街社区、清湖街社区 4 个。

表2　　　　　　　　　　　　　　　2016年陆川县各镇区域情况

镇	面积（平方千米）	村、社区（个）	自然村（个）	村(居)民小组（个）	辖村（社区）名称
温泉镇	123.27	20	245	457	温泉村、东山村、白泥村、官田村、洞心村、安宁村、风淳村、长河村、中屯村、万丈村、泗里村、中兴村、涩塘村、四良村、长安社区、新洲社区、文昌社区、九洲社区、温汤社区、九龙社区
米场镇	90.11	9	168	298	米场村、五柳村、南中村、桥鲁村、旺同村、平塘村、旺荐村、乐宁村、新民村
沙湖镇	71.35	5	131	140	永旺村、永安村、新街村、长沙村、官山村
马坡镇	145.20	14	249	478	马坡村、砵砂村、东西村、清秀村、六平村、良厚村、界垌村、大兴村、雄英村、大良村、新山村、靖东村、靖西村、马坡街社区
平乐镇	70.99	7	102	226	平乐村、六凤村、新兴村、石村、三安村、桥头村、长旺村
珊罗镇	53.49	7	118	228	大山村、田龙村、珊罗村、长纳村、鹤山村、四乐村、六燕村
沙坡镇	154.80	13	307	397	沙坡村、北安村、仙山村、高庆村、大连村、六潘村、秦镜村、和平村、中心村、白马村、横山村、六高村、龙湾村
大桥镇	89.01	11	235	306	大桥村、雅松村、瓜头村、陆透村、塘侯村、大垌村、三善村、平山村、大塘村、美坡村、北桑村
横山镇	91.47	11	155	286	稳坡村、高冲村、石塘村、旺坡村、四和村、早塘村、同心村、清平村、潭村、陆洪村、良塘村
乌石镇	228.20	24	419	625	沙井村、沙江村、龙化村、吹塘村、谢鲁村、子良村、紫恩村、塘域村、老圩村、双垌村、那囊村、坡脚村、旺岭村、坡子村、蒙村、王沙村、黎洪村、陆河村、陆龙村、陆选村、安东村、月垌村、水花村、乌石街社区
滩面镇	63.23	6	126	162	滩面村、上旺村、坡头村、新旺村、覃村、佳塘村
良田镇	132.72	14	329	372	良田村、龙口村、鹿垌村、石垌村、旺垌村、车田村、竹山村、文官村、冯杏村、新村、三联村、甘片村、莲塘村、良田街社区
清湖镇	127.19	13	247	348	清湖村、陆坡村、三水村、塘寨村、旺山村、永平村、平安村、水亭村、塘榄村、那若村、官冲村、新官村、清湖街社区
古城镇	113.30	10	219	303	古城村、长径村、良村、八角村、陆因村、北豆村、楼脚村、陆落村、盘龙村、清耳村
合计	1554.32	164	3050	4626	

（县方志办）

陆川县党政群机关企事业单位及领导人（2016年度）

中共陆川县委员会

书　记　陈　杰(任至5月)
　　　　蒙启鹏(5月任职)
副书记　蒙启鹏(任至5月)
　　　　周建洪(任至5月)

常　委　潘展东(5月任职)
　　　　陈基林(5月任职)
　　　　陈　杰(任至5月)
　　　　蒙启鹏
　　　　周建洪(任至5月)
　　　　潘展东(5月任职)
　　　　陈基林
　　　　周国静(任至10月)
　　　　陈　锦(女)
　　　　詹　博(任至5月)
　　　　莫亚坤
　　　　陈锦华(女,任至5月)
　　　　王启忠(任至5月)

李红伟
陈日东(5月任职)
莫家耀(任至5月)
甘　俭(5月任职)
余朝文(任至11月)
张耘书(5月任职)
周　林(女,5月任职)

办公室主任　李红伟
纪律检查委员会书记
　　詹　博(任至5月)
　　陈日东(5月任职)
组织部部长　陈基林(任至5月)
　　　　　　　张耘书(5月任职)

宣传部部长　莫亚坤
统一战线工作部部长
　　陈锦华(女,任至5月)
　　周　林(女,5月任职)
政法委书记　王启忠(任至5月)
　　甘　俭(5月任职)
督查室主任　李旭元(任至6月)
机要局、国家密码管理局局长
　　黄　荣
机构编制委员会办公室主任
　　林　忠
老干部局局长　余尉先
信访局局长　龚　成
党史资料征集办公室主任
　　江家一(任至7月)
　　黄有雄(7月任职)
党校校长　苏　毅(任至7月)
　　陈基林(兼,7月任职)
直属机关工作委员会书记　何汉文
精神文明办公室主任　赖　进
中国共产党陆川县非公经济组织和
　　社会组织党工委书记
　　莫小明(任至7月)
绩效考评领导小组办公室主任
　　罗　亮
工业园区工作委员会书记　赖仕冠
龙豪创业园区工作委员会书记
　　刘玉文
统筹城乡工作部部长
　　周建洪(任至5月)
　　陈基林(5月任职)
社会治安综合治理办公室主任
　　龚　伟
维护社会稳定办公室主任
　　龚　伟(任至7月)
　　傅剑武(7月任职)
防范和处理邪教领导小组办公室主任
　　吕永利

陆川县人民代表大会常务委员会

主　任　陈前驱
副主任　黄永华(任至9月)
　　温文彪(任至9月)
　　谢卡娜(女,任至9月)
　　丘妙军
　　黎　政(9月任职)

江家强(9月任职)
丘玉梅(女,9月任职)
办公室主任　罗国生
财政经济工作委员会主任
　　谢里斌(任至9月)
教科文卫工作委员会主任
　　叶宗海(任至4月)
法制工作委员会主任
　　林培全(任至9月)
代表联络工作委员会主任
　　庞森贵(任至8月)
财政经济委员会主任委员
　　谢里斌(9月任职)
法制与内务司法委员会主任委员
　　林培全(9月任职)
教科文卫与民族工作委员会主任
　　罗建锋(7月任职)
农业农村与环资城建工作委员会主任
　　罗召廷(8月任职)
选举联络工作委员会主任
　　庞森贵(8月任职)

陆川县人民政府

县　长　蒙启鹏(任至5月)
　　潘展东(9月任职)
副县长　潘展东(5月任职)
　　陈　锦(女)
　　莫家耀(挂职,任至5月)
　　莫亚坤
　　梁正高(任至5月)
　　吴祖强
　　甘　俭(任至5月)
　　余朝文(任至10月)
　　梁绍文(5月任职,挂职)
　　何志勇
　　冯　国(5月任职)
　　刘　猛(5月任职)
办公室主任　李红飞
发展和改革局局长　黄平越
经济贸易局局长　谭　兵
教育局局长　黎　颜
科学技术局局长
　　李海燕(女,任至12月)
　　于利臣(12月任职)
财政局局长　冯柏维
民政局局长　郭永强
人力资源的社会保障局局长　黎小明

监察局局长　李志进
住房和城乡建设局局长　李德运
交通运输局局长　陈锦泉
农业局局长　刘朝状
林业局局长　王　羽
水利局局长　何深龙
环境保护局局长　苏红波
审计局局长　谢桂越
卫生和计划生育局局长　江永强
文体广电局局长　蒙拉夏(女)
公安局局长　梁正高(任至6月)
　　冯　国(6月任职)
公安局政委　江德岸(女,任至5月)
　　曹　峰(12月任职)
司法局局长　黎福才
工商行政管理局局长　丘小波
质量技术监督局局长　庞理松
安全生产监督局局长
　　赖永磊(任至7月)
　　罗新强(7月任职)
食品药品监督管理局局长　钟耀武
统计局局长　陈立猛(任至7月)
　　罗　亮(7月任职)
物价局局长　陈　振
法制办(行政执法监督局)主任(局长)
　　覃良川(任至6月)
　　黎崇东(7月任职)
扶贫办公室主任　刘　汉
粮食局局长　刘仁光
机关事务管理局(后勤服务中心)局
　　长(主任)　吕辉云
旅游局局长　廖　杏(女)
接待办公室主任　丘绍辉
农业机械化管理局局长　丘　琛
水产畜牧兽医局局长
　　陈世荣(任至6月)
　　丘兆欢(6月任职)
水库移民工作管理局局长
　　黄增元(任至7月)
　　李　林(7月任职)
招商促进局局长　罗文焕(任至6月)
　　覃良川(6月任职)
外事侨务办公室主任　吕冰心(女)
民族事务委员会主任　江乃洪
宗教事务局局长　江乃洪
档案局(馆)局(馆)长
　　姚　坚(任至7月)
　　陈立猛(7月任职)

地方志编纂委员会办公室主任
　　姚紫燕(女)
人民防空办公室主任
　　刘　钊(任至7月)
　　赵志雄(7月任职)
政务服务管理办公室主任　王兆强
市场服务中心主任　丘祖昌
工业园区管理委员会主任　黎云明
龙豪创业园区管理委员会主任
　　俞伟汉
地震局局长　刘　通
供销合作社联合社理事会主任
　　周广才(任至6月)
　　林华生(6月任职)
供销合作社联合社监事会主任
　　黄久光
二轻工业联社主任　梁振林
社会保险事业管理局局长　姚培新
市政市容局(城市管理行政执法局)
　　局长
　　赵志雄(任至7月)
　　莫小明(7月任职)
征地办公室主任　江拥军

中国人民政治协商会议陆川县委员会

主　席　李永金
副主席　李福其(任至9月)
　　　　黎　政(任至9月)
　　　　温文彪(9月任职)
　　　　谢卡娜(女,9月任职)
　　　　邱炎义(9月任职)
　　　　肖　琴(女,9月任职)
秘书长　吕水涛(任至1月)
　　　　丘海军(9月任职)
办公室主任　宁　浩
提案法制委员会主任
　　吕宗清(任至8月)
　　李健武(8月任职)
经济联谊委员会主任　范碧莉(女)
科教文卫委员会主任　陈建军

县直企业单位

经济发展集团公司副总经理　钟伟杰
物资总公司总经理　陈小勇
城市建设投资有限公司董事长
　　谢华南

小城镇建设有限公司董事长　姚　勇
工业投资有限公司董事长　黄祖东

法院　检察院

人民法院院长
　　詹一林(任至5月)
　　陈　锐(5月任职)
人民检察院检察长　许　安(女)

人民团体

总工会主席
　　温文彪(任至9月)
　　丘妙军(9月任职)
共青团陆川县委员会书记
　　李　武(任至4月)
　　刘　卓(6月任职)
妇女联合会主席
　　徐　莉(女,任至1月)
　　李　进(女,1月任职)
科学技术协会主席
　　丘玉梅(女,任至7月)
　　阮健萍(女,7月任职)
归国华侨联合会主席　万　胜
工商业联合会主席　李　蔓(女)
文学艺术界联合会主席　黄晓红(女)
残疾人联合会理事长　杨道静
社会科学界联合会主席
　　王　燕(女)

中直、区直、市直单位

陆川县国土资源局局长　詹宗利
陆川县国家税务局局长　阙　堃
陆川县地方税务局局长　林　琳
陆川县烟草专卖局局长　王汉宏
陆川公路管理局局长　周冬明
中国人民银行陆川县支行行长
　　黄旭才
玉林银监分局陆川办事处主任
　　陈占礼(任至6月)
　　晏立恒(6月任职)
中国工商银行股份有限公司陆川县
　　支行行长　丘立达
中国银行股份有限公司陆川支行行长
　　王惠文(任至8月)
　　杨　林(8月任职)

中国农业银行股份有限公司陆川县
　　支行行长
　　施柏锐(任至11月)
　　罗春伟(11月任职)
中国建设银行股份有限公司陆川支
　　行行长
　　罗祖旺(任至4月)
　　苏剑冰(5月任职)
中国农业发展银行陆川县支行行长
　　谢小军
陆川县农村信用合作社联合社
　　理事长　陆本宏
　　主　任　宁贵明
中国邮政储蓄银行有限责任公司
　　陆川县支行
　　行　长　丘律宁(任至5月)
　　副行长　黄　红(女,5月任职,
　　　　　　　　　　主持全面工作)
广西陆川柳银村镇银行股份有限公司
　　董事长　丘恩明
　　行　长　饶连发
中国人民财产保险有限公司陆川支
　　公司经理　李　游
中国人寿保险股份有限公司陆川支
　　公司经理
　　钟　军(任至7月)
　　李成剑(8月任职)
玉林市住房公积金管理中心陆川管
　　理部主任　简恒美(女)
中国邮政集团陆川县分公司总经理
　　黄荣任
中国电信股份有限公司陆川分公司
　　总经理　钟英华
中国移动通信集团广西有限公司陆
　　川分公司总经理　黄　毅
中国联合网络通信有限公司陆川分
　　公司总经理　陈海华
广西广播电视信息网络股份有限公
　　司陆川分公司　杨　镇
陆川县气象局局长
　　李健荣(5月任职)
陆川供电公司总经理　周　山
广西总工会陆川温泉疗养院院长
　　陆见尉
广西农垦国有五星总场场长
　　黄春华

陆川火车站站长　刘　华
陆川新华书店经理　陈浩如

驻　军

陆川县人民武装部政委
　　周国静(任至 10 月)
陆川县人民武装部部长　谭荣锥
中国人民武装警察部队陆川消防大
　　队大队长
　　阳长飞(任至 11 月)
　　罗　兴(11 月任职)
中国人民武装警察部队陆川消防大
　　队教导员
　　黄　浩(任至 11 月)
　　黄诗斌(11 月任职)
中国人民武装警察部队陆川中队
　　指导员　袁新宇
中国人民武装警察部队陆川中队
　　中队长　张　平

镇

温泉镇

党委书记　朱万勇
人大主席　覃升波
镇　　长　罗　昭

米场镇

党委书记　邱炎义(任至 4 月)
　　　　　黄　波(4 月任职)
人大主席　林昭坚
镇　　长　黄　彬

沙湖镇

党委书记　丘春荣(任至 4 月)
　　　　　吕　戈(4 月任职)
人大主席　王孝通(任至 7 月)
　　　　　李浩翔(女,7 月任职)
镇　　长　吕　戈(任至 7 月)
　　　　　吕俊林(7 月任职)

马坡镇

党委书记　罗运锋
人大主席　吕松杰
镇　　长　丘　新

平乐镇

党委书记　林华生(任至 4 月)
　　　　　丘纪生(4 月任职)
人大主席　吕志强
镇　　长　刘　猛(任至 7 月)
　　　　　李　武(7 月任职)

珊罗镇

党委书记　黄　波(任至 4 月)
　　　　　张志高(4 月任职)
人大主席　赖　剑(任至 7 月)
　　　　　雷高华(7 月任职)
镇　　长　张志高(任至 7 月)
　　　　　赖　剑(7 月任职)

沙坡镇

党委书记　罗新强(任至 4 月)
　　　　　江妙东(4 月任职)
人大主席　陈　炬(任至 7 月)
　　　　　王孝通(7 月任职)
镇　　长　江妙东(任至 7 月)
　　　　　陈　炬(7 月任职)

大桥镇

党委书记　江　舟(任至 4 月)
　　　　　王秀辉(4 月任职)
人大主席　吕俊林(任至 7 月)
　　　　　张铁军(7 月任职)
镇　　长　王秀辉(任至 7 月)
　　　　　温文冕(7 月任职)

横山镇

党委书记　龚杰华
人大主席　罗绍东(任至 4 月)
　　　　　吴国坤(4 月任职)
镇　　长　庞雪梅(女)

乌石镇

党委书记　陈光前(任至 4 月)
　　　　　黄礼志(4 月任职)
人大主席　张铁军(任至 7 月)
　　　　　谢　拥(7 月任职)
镇　　长　黄礼志(任至 7 月)
　　　　　黄祖强(7 月任职)

滩面镇

党委书记　何达勇

人大主席　何超锦(女)
镇　　长　朱振锋

良田镇

党委书记　李家胜
人大主席　吕坤珑
镇　　长　戚贤东

清湖镇

党委书记　丘兆欢(任至 4 月)
　　　　　陈永林(4 月任职)
人大主席　温文冕(任至 7 月)
　　　　　刘　晓(7 月任职)
镇　　长　丘纪生(任至 7 月)
　　　　　陈振东(7 月任职)

古城镇

党委书记　陈永林(任至 4 月)
　　　　　丘春荣(4 月任职)
人大主席　黄祖强(任至 7 月)
　　　　　罗绍东(7 月任职)
镇　　长　廖胜伟

经济与社会发展

【综合经济发展】　2016 年,陆川县
实现地区生产总值 234.03 亿元,比上
年增长 6.60%。其中,第一产业增加
值 34.14 亿元,第二产业增加值 111.80
亿元(其中工业增加值 96.52 亿元,第
三产业增加值 88.09 亿元,分别增长
2.50%、6.70%、7.90%)。人均地区生产
总值 29542 元,增长 5.70%。财政收入
14.41 亿元,增长 8.06%。其中,公共财
政预算收入 11.21 亿元,增长 10.74%;
公共财政预算支出 47.56 亿元,增长
22.37%。固定资产投资完成额 203.08
亿元,增长 14.30%。社会消费品零售
总额 58.07 亿元,增长 9.93%。外贸进
出口总额 3799 万元,增长 21.90%。其
中,出口总额 3681 万元,增长 24.20%。
实际利用外资 0 万美元,比上年下
降 100%。城镇居民人均可支配收入

27158 元，增长 7.10%；农村居民人均可支配收入 11980 元，增长 10.20%。城乡居民储蓄存款余额 142.10 亿元，增长 12.07%。

【项目建设取得成效】 2016 年，陆川县列入自治区统筹推进项目 5 个、市级统筹推进 56 个、县级统筹推进 24 个。重点推进岭南世界（陆川）客家温泉文化城（简称世客城）、九洲江环保产业园、东环路扩建、滩面光伏发电等一批重大项目建设。全县 3000 万元以上重大项目续建 210 个、新开工 104 个、竣工 13 个。向中央、自治区申报项目 100 多项，投资总额 7.5 亿元。申报国家专项建设基金项目 31 项，投资总额 67 亿元。三大融资平台累计融资到位资金 14.4 亿元。争取到中央预算内补助资金 1.5 亿元，是玉林市内获得中央补助资金最多的县。谋划储备 PPP 项目（指政府与私人组织之间伙伴式合作）12 项，投资总额 15 亿元。新签实施项目（含续建项目）35 个，投资总额 110 亿元，到位资金 70 亿元。

【陆川贫困县脱贫摘帽】 2016 年，陆川县被列入广西 9 个首批脱贫摘帽县（市、区）之一。实施"五挂作战"（挂职作战、挂图作战、挂牌作战、挂联作战、挂账作战）工作措施，全年投入扶贫资金 6.10 亿元。新增扶贫基础设施建设债券资金 1.36 亿元。扶贫小额信贷 7666 户、发放信贷资金 3.08 亿元。投资 1.14 亿元，改造农村危房 4841 户。安排资金 729 万元，完成 145 个自然村（20 户以上）村屯道路修建和硬化工作，硬化道路 73 条 23.7 千米。推进滩面、珊罗镇 2 个扶贫搬迁安置点建设。154 个村成立合作组织，32 个贫困村每村入股合作组织 20 万元。实施产业扶贫"双百千计划"，发放"一户一产业"扶持资金 2328 万元。成立县扶贫基金会，募集扶贫基金 1580 万元。至年底，全县脱贫 1.42 万户、6.25 万人，贫困发生率由 10.14% 下降到 2.74%。脱贫人口占广西 9 个脱贫摘帽县（市、区）的任务总量中 26.26%，是广西单年度脱贫人口最多的县。年内通过自治区核验和国家第三方评估，贫困户、贫困村、贫困县脱贫摘帽 31 项指标已全部初核达标。

【九洲江综合治理成果显著】 2016 年，陆川县投资 3.8 亿元加大九洲江治理。一是推进"补水"工程建设，规划新建秦镜、石峡、陆选、六潘等 4 个水库，秦镜水库附属工程已开工建设，石峡水库、陆选水库、六潘水库已完成项目大部分勘察及初步设计招标等前期工作。二是继续深化污染整治。加大养殖污染整治，清拆养殖场 68 家、面积 6.3 万平方米，拨付补偿资金 2184 万元。推进九洲江流域规模养殖场标准化改造，改建高架网床 153 家、约 25 万平方米；建设生态养殖示范场 6 个。推进畜禽粪污资源化利用，继续抓好 2 个有机肥厂和 1 个无害化处理厂项目建设，其中陆川博世科生物能源开发项目已完成 3 个猪粪发酵罐、共 1 万立方米，已投入猪粪发酵进行试产；广西穗宝有机肥有限责任公司有机肥及无害化处理厂项目投资 5800 万元，病死猪无害化处理厂于 11 月投产运行，有机肥厂调试设备 12 月试运行。三是开展生活污染整治。陆川县被列为全国农村生活污水治理示范县。建成的九洲江流域 8 个镇污水处理厂顺利试水运行，建成垃圾中转站 4 个。投资 1 亿元新建村级污水处理设施 50 个；投资 2000 万元新建 5 个片区垃圾处理中心；投资 1600 万元新建村级垃圾处理设施 20 个；完成 48 个农村环境连片综合整治项目验收。四是开展工业污染整治。基本完成 9 家涉水工业企业整治。规划建设九洲江上游流域中小企业产业转移园，完成土地平整 73.33 公顷，建成标准厂房 2 万平方米，首批入园塑料企业 10 家，正在实施规划厂房布局。五是开展河道污染整治。投资 200 多万元购置巡逻船 1 艘、水浮莲打捞船 2 艘，打捞河面漂浮物、清淤河道 8.87 千米；整治非法采砂场 130 家次（含多次打击死灰复燃的非法采砂场）。九洲江水质由 2013 年整治前的整体五类水提升到 2016 年的整体三类水，九洲江治理取得阶段性成果。

【现代特色农业（核心）示范区建设初见规模】 2016 年，陆川县以开展九洲江综合治理为契机，引导猪场改养为种，调整产业结构，打造九洲江百里生态农业示范带，投资 2500 万元扶持建设区（市）级现代特色农业（核心）示范区 1 个、县级 1 个、镇级 2 个。加快发展节水、绿色的中药材种植，推

2016 年 5 月 5 日，秦镜水库基础设施重大项目开工建设。图为开工剪彩仪式
罗　钊摄

进中药材种植专属区规划建设,建成千亩中药材种植基地5个、百亩基地15个,全县种植橘红、何首乌、牛大力等中药材9840公顷,平均亩产值1万元以上。种植果蔗、香蕉、葡萄、火龙果、百香果2000多公顷。建成陆川地方品种猪养殖综合标准化示范区。发展九洲江特色农业,流转土地6600公顷,新发展农民专业合作社52家、家庭农场20家,带动养猪户转特色种植户218户,发展吹塘村、龙化村、文官村庭院经济700多户。年内,广西陆川绿丰橘红产业核心示范区获评市级现代特色农业(核心)示范区,并通过自治区级现代特色农业(核心)示范区创建专家评审组初评;桂宝生猪产业示范区获评县级现代特色农业(核心)示范区,春旺橘红中药材产业核心示范区、陆川县桂菜园蔬菜产业示范区等2家获评为乡级现代特色农业(核心)示范区。

【区域性新兴城市建设开局良好】 2016年,陆川县以建设区域性新兴城市为目标,推进新型城镇化进程。加强推进城东新区建设,东环路扩建、世客城、中浩地王国际、碧桂城、锦源物流城、教育集中区、文体中心等项目有效推进。加快推进棚户区改造。棚户区改造采取货币化补偿和旧住宅综合整治相结合的改造方式,完成陆兴路等5个片区的可研调整修编及可行性研究评估报告;"四纵四横"("四纵"即陆兴路、新洲路、九洲江一江两岸、温泉大道;"四横"即通政路、温汤路、三峰路、万通路)的1477户旧宅区改造及县供销社、经贸局棚改点动工建设;杨屋队棚改点已完成项目招商及测量工作;货币化补偿金额3158万元。完善城区交通网络,新建或改造完成远辰大道、陆兴南路、莲花二路、君安南路、万官中巷、讯和路等道路,罗庚塘人行桥、中山公园桥、文昌风雨桥、陆中南路改造等工程正在推进。实施亮化绿化工程,建成东滨中路金穗桥、塔楼。投资约310万元实施温泉大道(铁路桥—九龙山庄)路

段、九洲江两岸夜景亮化。投资38万元对锦源大道、九龙路、凤凰一巷、文昌街等道路进行太阳能路灯改造,安装太阳能路灯76套。完成温泉路、松鹤公园、东环路、西滨北路绿化补植工作。县城区常住人口突破15.71万人,建成区面积14.71平方千米。全县城镇化率42%。

【重大基础设施加快改善】 2016年,陆川县重点推进交通、水利、村镇等基础设施建设。交通建设以"修高速、接动车、二改一"为发展战略。玉林至湛江高速公路(陆川段)动工兴建;黎湛铁路电气化改造陆川段征地拆迁工作基本完成,陆川动车站项目设计方案已上报中国铁路总公司待审批;马坡至陆川公路"二改一"工程已开始施工招投标,三大项目投资总额约63亿元。清湖至浦北石埇二级公路12月开工建设。2016年农村公路续建项目17个、新建项目24个,完成投资4689万元。推进村镇基础设施建设。投资4000万元完成马盘二级公路(玉铁高速南出口至良田镇文官村)两旁第一排房子风貌改造工程;投资500万元推进乌石镇百镇示范工程二期项目;投资630万元建设马坡镇基础设施。投资1200万元建设横山、滩面、沙湖"撤乡改镇"基础设施。抓好水利基础设施建设,推进3个农村集中供水工程项目建设,其中东成水库和马兰径水库集中供水工程(一、二期)已基本完成土建工程,完成铺设供水管道85%;清湖集中供水工程正在进行厂区附属工程建设和输配水管道铺设;清湖、东成、大桥和大垌等4个水库(水闸)除险加固,项目总投资4453万元;中小河流整治工作完成九洲江温泉镇、车田河段防洪整治工程项目中的车田河段、四良河段建设,完成投资900万元;丽江米场镇、马坡镇河段防洪整治工程(二期)及九洲江滩面圩河段整治工程(二期)12月底开工建设。完成农田水利维修养护、小型农田水利项目县、水毁修复项目、水利工程维修养护、"饮水

净化"示范项目等基础水利项目设施建设42个,完成投资1432万元。

【特色生态农村建设步伐加快】 2016年,陆川县重点推进生态乡村"三化"(指村屯绿化、道路硬化、饮水净化)建设,投资1500多万元,绿化示范村屯73个、一般村屯980个。对吹塘村、文官村、龙化村186户民居住宅进行仿古式乡村风貌改造,带动100多户居民自行开展风貌改造;投资5000多万元对马盘二级公路(玉林南出口至良田镇文官村段)沿线两侧第一排民居进行外立面客家特色风貌改造,外立面改造农户约800户,改造总面积约为23.37万平方米。村屯绿化以种植乡土树木为主,庭院围竹篱笆等,艺术加工废旧轮胎1万多个,美化门前庭院100多户;进村道路主干线铺水泥,屯内小道铺石块、砖头等,建设吹塘至龙化休闲步道2.50千米。完成人饮项目建设4个,受益人口1.5万人。引导开发商投资建设草药园、稔子园、橘红园等,打造绿色"盆景",点缀九洲江沿岸的生态风景。

【乡村休闲旅游协调推进】 2016年,陆川县建设九洲江"乡村休闲观光区"和"江河风情游乐区",利用江滨码头在原非法采砂场上打造休闲观光的放生公园、吹塘码头江滨公园、车田欧克码头水上乐园。沿江打造的"十里河画"体验式乡村休闲观光区,以"休闲旅游观光"为主题,沿线布局集观赏效益与经济效益于一体的中药材、淮山、珍珠番石榴、稔子、油葵、油菜花种植示范基地,成为"美丽田园"观赏区。引导农户依托优美的自然风光和生态产业,大力发展庭院经济、农家乐、农家旅馆等乡村旅游配套设施,建成集"休闲、娱乐、观光、放生"于一体的九洲江生态旅游示范点。实现休闲农业与乡村旅游产业协调发展。

继续推进休闲农业观赏、生态农业观赏等项目建设,新开发"陆川客家之旅""葡萄采摘观赏""九洲江旅游""油菜花观赏之旅""谢仙嶂民俗

文化生态旅游""温泉休闲养生之旅"等线路,马坡新山村绿丰橘红产业园区、新山村绿丰橘红产业园,清湖陆坡红山红现代农业园区正在按照4星级乡村旅游区标准建设,建设基本成规模;建设文官村观海屯旅游古村,实行青砖、灰瓦、白墙的建筑风格,已完成初步调研包装工作。休闲农业与乡村旅游建设推进,九州江旅游、春季油菜花观赏旅游、夏季葡萄采摘观赏旅游兴旺,有效地带动乡村旅游农家乐发展,年内乡村旅游接待人数230多万人次。

【电子商务稳步发展】 2015年12月,陆川县人民政府与阿里巴巴(中国)软件有限公司联合建设农村淘宝陆川运营中心。投资850万元,在县城建设电子商务服务中心,村设立农村淘宝村级服务站。电子商务服务中心于2016年1月开业运营。11月10日,陆川县村邮运营中心投入营运。年内,全县开业运营村淘宝服务站65个,覆盖村民人数40多万人。全县65家农村淘宝服务站年交易额为3379.36万元。

【社会各项事务协调发展】 2016年,陆川教育事业上新水平,开展义务教育基本均衡县创建活动。投入2.56亿元,新建、改扩建校舍面积14万平方米。新建世客城小学、龙豪小学进入实质性阶段。公开招聘教师209人。全县参加高考5094人,一本上线923人。其中总分600分以上110人。陆川中学参考人数1469人,上一本869人,陆川中学高考一本上线人数稳居全区、全市县级中学前列。文体科技事业创新发展,发明专利22件,成功创建自治区级农业科技园区;《陆川年鉴(2012)》获全国地方志优秀成果二等奖,《陆川县志(1990—2005)》通过自治区审查验收;在玉林市青少年体育锦标赛中获金牌23枚。就业创业水平有新提升,新增城镇就业4362人,农村劳动力转移就业8048人。发放农民工创业担保贷款58万元,扶持

农民工创业6人。医保社保低保水平有新提高,城镇职工基本养老保险、职工基本医疗保险、失业保险、工伤保险和生育保险等5项保险参保人数48万人次。新农合参保率达99.53%。城镇低保、农村低保、五保集中供养补助标准分别提高到每月300元、140元、250元。共发放低保金9430万元、五保金1750万元、优抚金2176万元、医疗救助1890万元。卫计事业有新发展,建成珊罗、沙坡、滩面、古城4个镇卫生院业务楼,改造村卫生室108个。县妇幼保健院、中医院新址项目8月开工建设。安居水平上新台阶,分配公租房272套,完成583套公租房主体工程;新增廉租住房租赁补贴200户,纳入保障1590户,发放补助资金272万元。　　　　　(县方志办)

政治文明建设

【中共党组织建设】 2016年,陆川县坚持党要管党、从严治党,围绕发展大局创新推进党的建设。落实党委领导意识形态工作责任,召开县委常委会9次,党建领导小组会议12次,研究推进"五挂作战""四个规范月"(实行挂职作战、挂图作战、挂牌作战、挂联作战、挂账作战,"党费收缴规范月""发展党员规范月""党员教育规范月""党内组织生活规范月")等重点党建工作。加强党的基层战斗堡垒建设,重点推进82个薄弱村(社区)建设;开展机关党组织"六化"(组织设置规范化、活动阵地标准化、党务队伍专业化、教育管理常态化、党建服务品牌化、工作保障制度化)建设并在玉林市做经验介绍,玉林市远程教育现场会在陆川召开。加强党员干部队伍建设,开展"两学一做"(学党章党规、学系列讲话、做合格党员)学习教育,加强党员干部思想教育;圆满完成县乡两级换届选举工作;营造

风清气正良好环境,推进"两个责任"(党委主体责任、纪委监督责任)落实,严肃党内政治生活,从严落实中共中央八项规定,开展严肃抓查处发生在群众身边的"四风"和腐败问题专项工作,县纪检监察机关立案250件,增长273%,结案247件,给予党纪政纪处分247人,移送司法机关9人。

【民主法制建设】 2016年,县人大及其常委会依法行使职权,推进人大各项工作开展。开展县、乡两级人大换届选举,共选举产生县人大代表311名、镇人大代表1152名,参选率88.6%,代表年龄、知识结构、整体素质比上届更为优化。依法召开新一届县人民代表大会及14个镇召开新一届镇人民代表大会,选举产生新一届县镇人大、政府组成人员及县人民法院院长、县人民检察院检察长,选举陆川县出席玉林市第五届人民代表大会代表74名。县人大常委会创新监督方式,加大法律监督、工作监督,推动"一府两院"依法行政、公正司法。共召开全县人民代表大会会议2次、常委会会议7次、主任会议16次,听取和审议"一府两院"专项工作报告6次,做出决议、决定10项,开展专项调研视察8次、执法检查2次。任免国家机关工作人员59人次。协助自治区、玉林市人大常委会开展人大代表视察调研活动12次。推进镇人大规范化建设,建设镇人大代表服务室6个、村人大代表活动室7个。加大代表议案、建议办理,及时交由相关单位部门办理。

【政府效能提升】 2016年,县政府加强政府自身建设,推进政府依法行政。县政府贯彻执行县委的决策部署,执行县人大及其常委会的决议、决定,自觉接受人大法律监督和工作监督,主动接受政协民主监督和社会舆论监督,人大代表议案、建议和政协提案办结率100%。履行党风廉政建设"两个责任",落实中央八项规定精神,从严查处违法违纪问题。压缩"三公"经费支出,支出比上年下降

23.50%。推进"四所合一"改革。清理规范行政审批中介服务事项74项，取消和调整行政审批事项28项。县政府部门权力清单、镇政府权责清单全面公布。实施"六证合一"（营业执照、税务登记证、组织机构代码证、社会保险登记证、统计登记证、企业印章准刻证）"两证合一"（营业执照、税务登记证）登记制度，推进大众创业、万众创新，新登记企业增长16.7%、个体工商户增长12.6%。推进公车改革。加强行政监察、审计监督，不断深化保密工作、政务公开和政府信息公开。

【政治协商】 2016年，县政协加强协商民主建设，积极推进政治协商、民主监督、参政议政活动。围绕九洲江治理、高铁高速建设、"二改一工程"、乡村建设、扶贫攻坚等中心工作，开展建言献策活动。围绕九洲江治理，建议推广和全面铺开"高架床+益生菌"生态养殖模式；提出加快环保转移园、探索粤桂合作产业园等建议意见。围绕脱贫攻坚活动，在特困家庭脱贫、产业发展、"合作社+基地+贫困户"扶贫模式等方面提出建设性意见和建议。围绕大交通建设，在玉湛高速、"二改一工程"、动车站改建等方面提供有益建议。围绕生态旅游发展，在建设九洲江流域生态景观带，有机衔接玉林市五彩田园风光，打造生态养生乐游目的地等方面建良言献良策。推进专题协商、对口协商、界别协商、提案办理协商，县政协九届二次常委会听取县纪委通报陆川县贯彻中共中央八项规定情况、县检察院有关工作情况通报、县环保局推进九洲江生态环境治理、县旅游局旅游工作汇报，就生态治理、旅游发展等方面进行协商讨论，分别对九洲江治理的生态养殖、排污处理、产业发展、区域补偿和旅游业的发展与规划等提出意见和建议。组织委员深入基层开展专题调研，形成《关于我县旅游业发展和前景的调研报告》《陆川县电子商务发展情况的思考》《关于我县城区交通拥堵

情况的调研报告》等专题调研报告。抓好提案办理，年内提案立案128件，立案率95%，办复率100%，关于改进陆川县扶贫工作、修建公共厕所等提案得到县委、县政府的采纳与支持，并取得成效。　　　　（县方志办）

精神文明建设

【社会主义核心价值体系建设】 2016年，陆川县继续加强社会主义核心价值观实践教育，社会主义核心价值观教育体系融入精神文明建设全过程。

社会主义核心价值观宣传教育活动　将社会主义核心价值观列入各级党委中心组理论学习、干部理论学习的核心内容，开展党委书记宣讲社会主义核心价值观活动。利用回乡工作队、美丽乡村建设工作队成立"百支核心价值观宣讲小分队"153支，深入乡村、企业、社区、学校开展"三个倡导"（即倡导"富强、民主、文明、和谐"，倡导"自由、平等、公正、法治"，倡导"爱国、敬业、诚信、友善"）的基本内容和实践路径，引导公民践行"社会主义核心价值观"。组织各级文明单位利用单位内外宣传栏、宣

传橱窗、宣传牌匾、LED显示屏等宣传载体，制作展示以社会主义核心价值观、中国梦为主要内容的公益广告和遵德守礼提示语60多条（个），营造浓厚的文化氛围。

"我们的节日"主题教育活动在清明节期间组织开展"缅怀革命先烈，传承优良传统"和"网上祭英烈"活动，国庆节期间开展"向国旗敬礼"活动，参与活动的干部职工、学生等10万人次，引导广大中小学生参与网上寄语活动，表达对先烈、先贤、先人的感恩和敬仰，以及对中华民族源远流长的传统节日的重新认识和感悟，取得良好的效果。

"学雷锋"志愿服务活动　2016年，广泛宣传"奉献他人、提升自我"志愿服务理念，提高学习雷锋、做志愿者的文化自觉性；继续推进"邻里守望·情暖陆川"主题志愿服务活动。3月，组织举办学雷锋志愿服务月活动，学雷锋活动逐渐常态化。年内，全县学雷锋志愿服务共为群众办实事做好事7.50万件。

"道德讲堂"活动　2016年，陆川继续加大道德模范学习宣传，开展"道德讲堂"活动。制订全县加强"道德讲堂"建设实施方案，组织、引导县辖区内市级以上文明单位广泛开展"道德讲堂"活动，传播凡人道德故事，推动先进道德理念入脑入心，营造"讲

2016年，陆川县加大道德教育，开展"道德讲堂"活动。图为12月20日在县审计局举办"为孝之道、立身之本"道德讲堂活动　　县审计局　提供

道德,做好人,树新风"的浓厚氛围。全县共组织开展"道德讲堂"活动50多场次,受教育人员2000多人次。

"感恩教育"主题活动　2016年,继续开展"感恩教育"活动,在全县开展"感恩故事"征集活动,共征集优秀"感恩故事"40篇;开展保护母亲河主题摄影、书法等竞赛、展示活动,收集摄影作品100幅、书法作品100幅,年内共举办摄影、书法展3次,参与活动1万多人次。

"和谐建设在基层"活动　2016年,以"友善同行·和谐共享"为主题,开展"和谐建设在基层"活动,引导干部群众、在校师生、医务工作者积极参与"友善同行"道德活动,组织有关机关单位、学校、医院在各办事大厅或门口设立"善行义举榜"宣传栏,为活动的开展营造浓厚社会氛围。

"保护母亲河——从我家做起"主题教育实践活动　继续开展打捞河上垃圾、义务植树、清洁街道等教育实践活动,以"绿化、净化、美化"九洲江为主题,组织机关单位、村屯的志愿者2000多人次参与生态环境保护建设,打捞河上垃圾、义务植树、清洁街道等。

【未成年人思想道德建设】　2016年,陆川县重视和加强未成年人思想道德建设工作,广泛组织开展未成年人思想道德建设主题教育实践活动,加强未成年人思想道德教育。

开展青少年"学雷锋——做一个有道德的人"主题活动　2016年,开展核心价值观进校园、青少年网上祭英烈、"学习争做美德少年""感恩故事"征集等系列活动,引导中小学生开展力所能及的志愿服务,参与科普知识宣传、"文明交通劝导一日行""为父母做一件好事""为学校做一件好事""种一棵树植一块绿"等多种体验教育;利用讲座、报告、校园广播、宣传专栏(墙)、电子屏等宣传载体,大力宣传社会主义核心价值观,增强广大师生践行核心价值观的自觉性;邀请专家、五老干部(老干部、老战士、老教

师、老专家、老模范)到县城区学校作爱国主义、文明礼仪教育报告,举办党史知识讲座,共举办10场次,受教育学生1万多人次;利用校园广播、宣传专栏、宣传墙等宣传载体,对学生进行爱国主义和民族精神教育,增强广大未成年人爱党爱国的情感。

开展"弘扬真善美、贬斥假恶丑"主题教育实践活动　围绕"真善美"与"假恶丑"的议题,组织全县中小学开展互动讨论,开展"真善美"大展播活动,引导青少年明辨什么是真、善、美,什么是假、恶、丑,提高青少年对网络媒介的辨别能力,引导青少年养成真善美的日常行为习惯,使真善美的价值理念融入青少年的思想意识、精神世界和学习生活中。

推进学校、家庭、社会"三结合"教育网络建设　组织各级文明单位开展"为未成年人做一件实事好事"活动,发动各级文明单位为未成年人捐款、捐物,与未成年人开展有益身心的文化活动,全县有35个文明单位参与活动,为未成年人捐款、捐物。开展网上不良信息专项清理行动、校园周边环境专项整治,为未成年人成长营造"真善美"的社会环境;协助清湖镇中心校、温泉镇中心校做好中央彩票公益金支持乡村学校少年宫项目申报工作;利用县内未成年人校外活动中心、留守儿童活动中心、乡村学校少年宫,广泛开展形式多样的道德娱乐实践活动,有效陶冶广大未成年人立志成才的高尚思想品质和道德情操,促进未成年人的健康成长。

【家庭文化建设年活动】　2016年,陆川县以开展核心价值观进家庭、美德教育进家庭、爱心公益进家庭活动为契机,引导各镇、各部门、各单位、各学校开展核心价值观进家庭、美德教育进家庭、廉政文化进家庭、文化学习进家庭、文体活动进家庭、文明礼仪进家庭、绿色环保进家庭、爱心公益进家庭等"八进家庭"活动,倡导现代文明家风,倡导健康文明科学的生活方式和生活理念,加强家庭文化建设。国庆

节期间,在人民会堂门口小广场开展家训、家风主题书法展示活动,共展示家训、家风书法作品50幅,参观群众5000多人次。

【城乡精神文明建设】　2016年,陆川县推进统筹城乡精神文明建设,把支持农村精神文明建设纳入各级文明单位创建内容。各级文明单位与镇、村建立以城带乡、城乡共创的精神文明建设长效机制,加强以农村政策、致富技能、法律法规、思想道德为主要内容的农民素质教育,共举办各类农民教育150场次,受教育农民7000多人次,提高农民素质,引导和帮助农民尽快适应社会发展变化,做新时代的农民。

【文明单位创建】　2016年,陆川县继续做好文明村镇、文明单位申报及复核工作。完成第十六批自治区文明村镇、文明单位,军警民共建精神文明先进单位推荐申报工作,县实验中学、珊罗镇中心学校获第十六批自治区文明单位荣誉称号。组织开展第1~15批自治区文明村镇、文明单位的复核工作。通过自治区文明办抽查,并复查审核。

2016年12月7日,玉林市精神文明建设委员会印发《关于继续保留150个玉林市文明村镇、128个文明单位荣誉称号的通报》,陆川县共有45个村镇、单位继续保留玉林市"文明村镇""文明单位"荣誉称号,其中继续保留"玉林市文明村镇"荣誉的村镇:米场镇、乌石镇、马坡镇、沙湖镇、滩面镇、乌石镇谢鲁村、沙坡镇仙山村、米场镇新民村、温泉镇官田村、良田镇石垌村、平乐镇长旺村、温泉镇万丈村、温泉镇洞心村、乌石镇沙井村、马坡镇硃砂村、珊罗镇六燕村、马坡镇界垌村、平乐镇平乐村、沙湖镇长沙村、横山镇同心村、珊罗镇长纳村、温泉镇泗里村、乌石镇坡子村、滩面乡佳塘村、良田镇车田村;继续保留"玉林市文明单位"荣誉的单位有:温泉镇初级中学、县国土局、县城区

环卫站、县国税局陆城税务分局、乌石镇初级中学、县地税局重点税源管理税务分局、陆川县饮食服务公司、米场镇中心学校、中行陆川支行、陆川温泉疗养院、县民政局、农发行陆川县支行、陆川至盘龙二级公路良田收费站、人行陆川县支行、县国税局良田税务分局、县第四中学、县第二小学、县新华书店、县地方税务局温泉税务分局、县第三中学。

2016年12月28日，自治区精神文明建设委员会办公室印发《关于继续保留第一至第十五批自治区文明村镇、文明单位荣誉称号的通报》（桂文明办〔2016〕12号）文件精神，全县共有34个村镇、单位继续保留自治区"文明村镇""文明单位""军（警）民共建精神文明先进单位"荣誉称号，其中继续保留"自治区文明村镇"荣誉的村镇：良田镇、温泉镇、珊罗镇；马坡镇大良村；滩面镇坡头村、珊罗镇田龙村、米场镇南中村、珊罗镇鹤山村、大桥镇大塘村、马坡镇雄英村、古城镇北豆村；继续保留"自治区文明单位"荣誉的单位：县工商行政管理局、陆川供电公司、农行陆川县支行、邮政陆川县分公司、电信陆川分公司、工行陆川县支行、建行陆川支行、县公安局交通管理大队、移动陆川分公司、县地方税务局、陆川县中学、陆川公路管理局、县农村信用社、县检察院、县运输管理所、县财政局、县质监局、县水利局、县气象局、县幼儿园、县审计局；继续保留"自治区军（警）民共建精神文明先进单位"荣誉的单位：陆川公路管理局、中国人民武装警察部队陆川县消防大队；陆川县工商行政管理局、中国人民武装警察部队陆川县中队。　　　　（凌春雷）

法治文明建设

【推进政府法制建设】 2016年，陆川县法治政府建设重点推进简政放权，

强化规范性文件监督管理，实施政府法律顾问，严格执行行政执法公示制度，强化执法监督，推进行政复议规范化建设，落实法治教育培训，加强法治政府建设信息报送，推行行政机关负责人出庭应诉制度等工作。县法制办参与县政府做出的重大行政决策103件，并进行公开征求意见、合法性审查及集体讨论决策，并听取法律顾问的意见，按照规定向社会公布决策结果。审查县政府规范性文件1件。实施行政执法公示制度，全县共有行政执法主体167个，其中法定行政机关41个，法律、法规授权的组织71个，依法受委托使行政执法权的组织53个，集中行使行政执法权的组织2个，11月县政府及各镇、各部门相继公布行政执法主体、依据、流程等。加强行政执法监督，县法制办检查县政府部门15个，镇政府2个，检查发现的问题及时落实有关单位限期整改。加强行政应诉，县政府办制定《陆川县行政机关负责人出庭应诉工作规则》，年内县政府负责人出庭应诉5人次，县政府部门负责人出庭应诉7人次。推进行政复议规范化建设，共收到行政复议申请5件，受理行政复议案件5件，结案5件；履行行政复议被告申请人答复职责，依法代理县政府行政复议答复3件；履行行政诉讼应诉职责，依法办理出庭应诉县政

府行政诉讼案件16件。　（江　城）

【加大"七五"普法教育】 2016年，陆川县围绕法治建设，全面加强法治宣传教育。县委、县人民政府出台《关于在全县公民中开展法治宣传教育的第七个五年规划(2016—2020年)》。加强青少年普法教育，开展"法制进校园"专题法制宣传教育活动、"关爱明天、普法先行"青少年普法教育活动，受教育学生4.20万人次；开展法制宣传主题活动、"法治文化进乡村"专题活动、法律宣传一条街活动，设立法治宣传专栏141个，出版宣传板报37版，发放法律宣传资料2万多份，接受群众法律咨询3000多人。开展领导干部学法用法联系点活动，建立联系点20个，受教育人员300人次。组织全县机关事业单位干部职工1.4万人参加自治区无纸化普法考试。

【推进法制教育基地建设】 2016年，陆川县加强未成年人检察教育，县检察院创新推广以传授型、体验型、参与型、救济型、帮教型为主题的"五型"普法教育，在8所学校上法制课12次，受教育学生1.50万余人。在广西陆洲机械制造有限公司创立玉林市首家未成年人观护基地，主要对涉罪未成年人进行教育考察、心理疏导、行为矫正、技能培训及就业指导。

2016年，陆川县加强党员干部法治教育。11月8日，陆川县举办领导干部法治专题培训班　　　　　叶礼林　摄

在乌石检察室建立以涉农领域职务犯罪为主题的职务犯罪警示教育基地，为玉林市内首个职务犯罪警示教育基地，年内接待干部群众参观教育12批次550人次。

2016年，县法院积极探索未成年人审判工作规律，推动未成年人审判工作的良好发展。利用青少年活动中心、留守儿童帮扶基地、法院公众开放日等载体广泛开展未成年人法治宣传活动，提高未成人法律意识。对适用缓刑或非监禁刑的未成年被告人，案件生效后开展回访帮教，县法院、司法局、教育局等部门联合回访帮教未成年罪犯43人次。

【继续提升群众安全感和满意度】2016年，陆川县进一步加强群众安全感和满意度工作，推进平安陆川、法治陆川建设，加强社会治安防控体系建设，加强社会综合治理，加大信访积案和矛盾纠纷化解，着力解决群众关注的热点、焦点、难点问题，切实为民办好事、办实事，群众上访现象减少，进一步优化社会治安环境，提升群众安全感和满意度。年内，在广西群众安全感和满意度民调测评中，陆川县第一季度在自治区排名第26位，第二季排名第31位，第三季度排名第33位。

（县方志办）

生态文明建设

【环境质量】

大气质量　2016年，陆川县大气质量主要对城区悬浮微粒（TSP）进行监测。风景区TSP日均值为64微克/立方米，控制在标准（执行一级标准120微克/立方米）内；居民区悬浮微粒日均值为83微克/立方米，控制在标准（执行二级标准300微克/立方米）内。

声质量　2016年，陆川县特殊区昼间值为45.9分贝，控制在50分贝以内；居民区昼间值为51.5分贝，控制在55分贝以内；商业集中区昼间值为57分贝，控制在标准60分贝以内；工业区昼间值为62.5分贝，控制在标准65分贝以内；交通道路两侧昼间值为68.8分贝，控制在70分贝以内。

水质量　2016年，对陆川县城区3个饮用水源地进行采样监测，饮用水水源水质达到国家地面水Ⅱ类水质标准，符合饮用水源水质要求。九洲江山角国控省界断面水质达到国家地面水Ⅲ类水质标准。

【生态环境宣传】2016年6月1日—7日，陆川县开展"6·5"世界环境日宣传周活动期间，陆川县以"全面治污　迎接小康"为主题开展环保知识和保护九洲江母亲河宣传活动，宣传节约资源、减少污染的理念，普及环境保护、污染减排等知识。县环境保护委员办公室及成员单位共开展"6·5"世界环境日进机关、进企业、进学校、进社区大型集中宣传活动4场，制作宣传展板11块，发放宣传资料6500份，宣传礼品6500份，接受群众环保咨询2200多人次。

（禤卫清　陈虹求）

【耕地保护】2016年，全县耕地面积3.35万公顷，其中：水田面积2.71万公顷、旱地6459.36公顷，占全县土地总面积的21.56%。在全县范围内划定14个保护区，建立基本农田保护块154块，做到每村一个保护片。县人民政府与各镇人民政府、县国土资源局与镇国土资源管理所签订年度耕地保护目标责任状，明确各级政府耕地保护和基本农田保护责任目标，科学划定基本农田实行永久保护，已完成全县划定基本农田实行永久保护工作。

（陈　丹）

【生态乡村建设】2016年，陆川县继续设立陆川县"美丽陆川"乡村建设领导小组办公室（简称乡村办），从县直有关单位临时抽调工作人员15人。围绕农村环境优美、农民生活富裕、服务保障有力、乡村和谐幸福的总体目标，继续推进"美丽陆川·生态乡村"建设，重点推进乡村环境综合整治、基础设施建设和民风建设，在全县开展村屯绿化、饮水净化、道路硬化等专项活动。全面推进美丽生态乡村建设。8月23日自治区"美丽广西·生态乡村"活动现场推进会在陆川召开。

"美丽陆川·生态乡村"三化活动　2016年，陆川县开展"美丽陆川·生态乡村"三化（指村屯绿化、饮

2016年，陆川县加大"美丽陆川·生态乡村"建设宣传。图为大桥街的村民正在看乡村清洁条例宣传单　　宋斌霞　摄于11月7日

水净化、道路硬化)专项活动,整合扶贫办、移民局、林业局项目资源,投资1500多万元,建设绿化示范村屯73个、一般村屯980个。投资415万元,建设人饮工程项目17个(其中异地搬迁安置饮水工程3个);投资250万元,建设饮水净化项目6个,受益人口1.5万人。整合(扶贫、住建、发改、移民、财政、交通)等部门项目资源,硬化道路140多千米。年内,良田镇文官村获"美丽广西"乡村建设示范村屯称号;古城镇北豆村新农村、沙坡镇沙坡村茶子山庄、良田镇车田村先锋坛、珊罗镇长纳村九队、十一队等4个村屯获广西"绿色村屯"称号;4人获年度"美丽广西"乡村建设模范保洁员称号。

乡村文化主题教育 2016年,陆川县开展"保护母亲河,从我家做起"乡村文明主题教育行动,组织编印《保护母亲河》和《乡村文明》乡土教材2部,各编印20万册。5月10日,广西师范大学出版社和陆川县教育局在广西新闻中心举行《保护母亲河》《乡村文明》出版发行仪式,并向全县中小学,各机关单位、镇、村免费发放。

九洲江流域生态乡村示范带建设 2016年,陆川县开展九洲江生态乡村示范带建设"百日攻坚战"活动,打造乌石镇吹塘村的农家乐生态农业项目、乌石镇龙化村中药材种植基地、乌石镇吹塘桥至龙化村放生园九洲江漂流、神龙王陆川猪标准化规模养殖园、良田镇车田水库移民新村建设、良田镇文官村村口至英平家庭农场乡村风貌改造、良田镇迈塘橘红种植示范基地一条示范带,实现九洲江治理与"美丽陆川"乡村建设互融提升。

(宋斌霞 刘刚强 江小玲)

【节能减排】 2016年,陆川县加强环保节能减排,明确环保节能减排工作目标任务、工作措施、工作责任,加强结构减排和工程减排,加快淘汰不符合国家产业政策的落后产能。年内,

2016年12月30日,九洲江综合治理陆川县系统工程开工建设。图为工程开工剪彩仪式
叶礼林 摄

完成化学需氧量减排项目71项,核定减排量727.1吨;完成氨氮减排项目71项,核定减排量103吨;氮氧化物减排项目1项,核定减排量232.51吨,完成二氧化硫减排项目1项,核定减排量33.4吨。

推进工业节能降耗 2016年,陆川县规模以上工业企业综合能源消费总量为42.94万吨标准煤,比上年下降8.32%。规模以上万元工业增加值能耗比上年下降14.19%。化解钢铁行业过剩产能,拆除陆川宏达铸造物料有限公司锅炉208立方米,化解钢铁过剩产能20万吨。推进工业废水治理,完成九洲江流域9家重点工业企业治污或设施升级建设,责令涉废水、废气工业企业立即停产77家,限期整改39家,停止施工建设1家,现场拉闸停电8家。

推进电网节能降耗 2016年,陆川县加大农网升级改造和城网改造,解决网架薄弱、局部"卡脖子"设备陈旧老化等问题,提高配网的运行能力,引进使用计量自动化装置,降低损耗,综合线损率6.75%。

加大建筑节能减排 2016年,推进新型墙体材料改革。重点推进建筑"禁实·限黏"(禁止使用实心黏土砖,限制使用黏土砖制品)工作,加快推

进墙体材料行业转型升级,发展新型墙体材料,县新型墙体材料改革办公室配合有关部门对全县111家砖厂进行专项整治。加大建筑节能管理,全县建筑节能2500吨标煤。争取到自治区建筑节能改造资金800万元,实施既有建筑节能改造面积151.55万平方米。

推进公共机构节能 2016年,加大公共机构节能宣传,加强对各单位节能业务统计人员的培训。开展自治区公共建筑节能专项资金示范县建设,在县政府机关大院、县人民医院、县第一小学、陆川县中学等单位开展节能空调、节能灯、改造线路、节能热水器等公共节能改造;在县政府机关单位、乡镇机关进行节能灯及"绿色照明"节能改造,共改造节能灯5000盏;投资10万元在各机关单位推广使用购买节能水龙头,在政府大院安装节水型节电监控系统,推进合同能源管理和改造。年内,完成玉林市各项能源资源降消耗等计划目标任务,公务用车车均用油指标比上年下降2.85%,人均用水指标比上年下降2.15%,人均用电指标比上年下降2.15%,单位建筑面积水电节约指标比上年下降2.58%。

(县方志办)

中共陆川县委员会

ZHONGGONG LUCHUANXIAN WEIYUANHUI

2016年7月1日，陆川县召开庆祝中国共产党成立95周年大会。图为大会表彰仪式

叶礼林 摄

县委综述

【县委机构概况】 2016年，中共陆川县委员会(简称陆川县委)有常务委员会委员10人，委员34人，候补委员7人，书记1人，副书记2人。镇党委14个，县直工委1个，县工业园区工委2个，县"两新"组织党工委1个，县公安局党委1个，五星农场党委1个，县直机关设党组48个。县委工作部门8个，直属事业单位2个，挂牌机构10个，派出机构3个，县委保留机构2个，县委设在机构5个。

【全县工作重点】 2016年，陆川县以九洲江跨省区生态补偿试点为契机，全面实施"一城一地一支点"(区域性新兴城市、生态养生乐游目的地以及玉林东向发展的战略支点)及工业强县、旅游活县、生态美县发展战略，以经济建设为中心，推进供给侧结构性改革，推进经济转型、生态治理、城市提升、基础设施、精准脱贫、社会治理"六大攻坚"工作，统筹推进经济建设、政治建设、文化建设、社会建设、生态文明建设、党的建设和精准脱贫攻坚工作，打造跨省区小流域治理的

典范、产业转型升级的典范、生态文明的典范。全县工作重点主要有11个方面:学习贯彻中共十八大和十八届三中、四中、五中、六中全会精神，以及习近平总书记系列讲话精神;培育创新型工业，加快经济转型升级;推进九洲江跨省区生态补偿试点，确保九洲江水质稳定达标;推进民俗文化旅游项目，加快创建广西特色旅游名县;发展特色农业，加快创建广西现代农业示范县;推进新型城镇化，加快打造客家温泉文化城;落实扶贫责任，确保各项精准帮扶措施落地见效;改善民生，提高人民群众获得感;推进改革开放，不断强化发展活力;落实党建责任，增强党建动力活力;加强县委常委会自身建设;筹备召开中国共产党陆川县第十四届代表大会。

【全县理论学习重点】 2016年4月25日，县委印发全县理论学习的文件通知，全县理论学习重点加强马克思主义基本原理、毛泽东思想和中国特色社会主义理论体系学习，把学习贯彻中共中央总书记习近平系列重要讲话精神作为重中之重，进行及时、全面、系统、深入学习，掌握基本内涵和精髓要义，掌握贯穿其中的立场观点和方法。全年理论学习有四大内容:一是深入学习中共中央总书记习近平系列重要讲话精神，科学把握"四个全面"战略布局;二是深入

学习马克思主义政治经济学，深刻领会创新、协调、绿色、开放、共享的发展理念;三是加强党史国史学习，进一步增强道路自信、理论自信、制度自信;四是深入学习《中国共产党章程》，增强维护党规党纪的自觉性坚定性。

【自治区领导到陆川调研】

黄世勇到陆川调研 2016年2月15日—16日，自治区副主席黄世勇率队到陆川调研九洲江流域水环境综合整治工作。深入陆川九洲江流域产业转移园、沙坡镇秦镜水库、陆川县污水处理厂、山角水质监测断面、文车桥自动监测站及博白县文地镇污水处理厂等地进行调研。黄世勇强调要求各级各部门要增强九洲江流域水环境综合整治工作的责任，加大整治力度，成立专门的研究小组，建立强效机制;实施清单管理，整合资源，强化联动共治;加强宣传引导，转变群众观念，不断推行生态养殖模式;强化督察检查。6月2日—3日，自治区副主席黄世勇率区直相关单位分管负责人到陆川县就精准扶贫工作以及九洲江污染综合治理工作进行调研。深入到马坡镇新山村绿丰农业专业合作社、新山村贫困户家中、九洲江上游流域中小企业产业转移园、阿里巴巴陆川县电子商务中心、滩面镇异地扶贫搬迁安置点、良田镇污水处理厂等地进行实地调研，并召开脱贫摘帽工作汇报会及九洲江综合整治工作汇报会，听取相关情况介绍，了解陆川县脱贫摘帽工作和九洲江污染综合治理工作情况。要求陆川县要按自治区实现脱贫摘帽工作任务和标准，列好问题清单，倒排工期、统筹兼顾、协调推进脱贫摘帽工作。指出九洲江污染综合治理中所存在的问题和不足，强调要求贯彻落实粤桂两省区党委书记的指示精神，强化各项治理工作，持续深入开展抓源头治理、抓项目建设、抓产业升级、抓监测预警、抓监察执法、抓机制建设等"六个抓"治理工作。

2016年陆川县委工作机构设置

县委工作部门8个:县委办公室、组织部、宣传部、统战部、政法委员会、纪律检查委员会、机构编制委员会办公室、直属机关工作委员会

县委直属事业单位2个:县委党校、县党史资料征集委员会办公室

县委挂牌机构10个:县委保密委员会办公室(国家保密局)、县委机要局(国家密码管理局)、督查室、统筹城乡工作部、精神文明办公室、宗教事务局、民族事务委员会、外事侨务办公室、台湾工作办公室、绩效考评领导小组办公室

县委派出机构3个:工业园区工作委员会、龙豪创业园区工作委员会、非公经济组织和社会组织党工作委员会

县委保留机构2个:老干部局、信访局

县委设在机构5个:县社会管理治理综合管理委员会、县委维护稳定领导小组办公室、县防范和处理邪教问题领导小组办公室、县国家安全领导小组办公室、陆川县法学会。

蓝天立到陆川调研 3月9日，自治区党委常委、自治区副主席蓝天立率自治区相关部门负责人到陆川对玉林市农村人居环境改善工作进行调研。深入良田镇文官村、神龙王养殖园、乌石镇吹塘村生态示范点，现场查看新农村建设、农村垃圾和生活污水处理、村庄绿化美化、农村增收和九洲江流域治理等情况。蓝天立要求各级各有关部门要按照"生态乡村"活动的要求，探索建立健全长效机制，努力改善农村人居环境，提高群众的生活质量。抓好规划编制工作，规划要符合村民意愿，适应农村长远发展需要，并与产业发展规划有效衔接，将环境治理与旅游发展相结合，通过环境治理、产业提升转变生产方式，培育新兴产业，为推进农村生态文明建设提供支持。

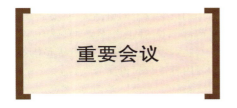

重要会议

【中国共产党陆川县第十三届代表大会第四次会议】 2016年2月17日在陆川中学举行。县委委员205人出席会议，各镇、县直单位部分基层代表以及专家学者145人列席会议。会议由县委常委会主持。会议听取并审议通过县委书记陈杰代表第十三届陆川县委员会做题为《解放思想添活力 抢抓机遇谋转型 奋力实现"十三五"发展良好开局》的工作报告，县委常委、纪委书记詹博代表县纪律检查委员会做题为《为民执纪监督 治党全面从严 努力开创新形势下九洲江畔风清气正新环境》的工作报告，听取并通过关于代表提交的提案审查情况的报告。

【中国共产党陆川县第十四次代表大会】 2016年7月6日—8日在陆川中学举行。县委委员34人、候补委员7人出席会议，各镇、县直单

2016年7月6日—8日，中共陆川县第十四次代表大会在县城召开。图为大会现场 叶礼林 摄

位部分基层代表以及专家学者129人列席会议。会议由县委常委会主持。会议学习贯彻中共十八届五中全会、自治区党委十届六次全会、玉林市委四届六次全会精神，听取并讨论通过县委书记蒙启鹏代表第十三届陆川县委常委会所做的题为《践行五大发展理念 落实"四个全面"布局 奋力建设区域性新兴城市》工作报告、中共陆川县第十三届纪律检查委员会作关于《坚持全面从严治党 聚焦监督执纪问责 为实现全县"十三五"目标提供坚强纪律保障》工作报告（书面）。会议选举产生中共陆川县第十四届委员会委员、候补委员和中共陆川县第十四届纪律委员会委员，其中陆川县委委员35人、候补委员7人，陆川县纪委委员27人；选举陆川县出席玉林市第五次党代会代表46人。会议共收到代表提出的提案27件，其中属于党的组织建设的3件、生态乡村建设的2件、城镇街道基础设施建设的8件、农村道路和水利等基础设施建设的8件、行政执法的4件、精准扶贫的1件、教育的1件。

【中共陆川县委员会全体会议】 2016年，中共陆川县委员会共召开全体会

议2次，即第十三届委员会第七次全体会议、第十四届委员会第一次全体会议。

中共陆川县第十三届委员会第七次全体会议 4月18日在陆川县城召开。出席这次会议的有县委委员24人，候补委员5人，县纪委常委列席会议。全会由县委书记陈杰主持。会议审议通过《关于召开中国共产党陆川县第十四次代表大会的决议（草案）》《关于中国共产党陆川县第十四届委员会和中国共产党陆川县第十四届纪律检查委员会组成人员名额及候选人名额设置决议（草案）》。县委组织部长陈基林就《关于召开中国共产党陆川县第十四次代表大会的决议（草案）》《关于中国共产党陆川县第十四届委员会和中国共产党陆川县第十四届纪律检查委员会组成人员名额及候选人名额设置决议（草案）》向全会做说明。会议决定，中国共产党陆川县第十四次代表大会定于2016年7月上旬在陆川城区召开。大会主要任务是：听取和审查中共陆川县第十三届委员会的工作报告、中共陆川县第十三届纪律检查委员会的工作报告；选举中共陆川县第十四届委员会、中共陆川县第十四届纪律检查委员会；选举陆川县出席

中国共产党玉林市第五次代表大会代表。会议确定中国共产党陆川县第十四次代表大会的代表名额为235名,中共陆川县第十四届委员会拟设委员35名,候补委员拟设7名;中共陆川县第十四届纪律检查委员会拟设委员29名。

中共陆川县第十四届委员会第一次全体会议 7月8日在县城召开,出席会议的有县委委员35人,候补委员7人,县纪律检查委员会委员列席会议。蒙启鹏主持会议。会议选举产生中共陆川县第十四届委员会书记、副书记、常务委员,其中县委书记蒙启鹏,副书记潘展东、陈基林,常务委员11人:蒙启鹏(壮族)、潘展东、陈基林、周国静、陈锦(女)、莫亚坤、李红伟、陈日东、甘俭、张耘书、周林(女)。

【县委中心组学习会】 2016年,县委中心组召开学习会6次。

"习近平总书记在十八届中央纪委六次全会和中共中央政治局专题民主生活会上的重要讲话精神"专题学习会 1月13日在县党政会议室召开。县委常委、县纪委书记詹博在学习会上领学《人民日报》的新闻通稿《中共中央政治局召开专题民主生活会——对照检查践行"三严三实"(严以修身、严以用权、严以律己,谋事要实、创业要实、做人要实)情况,讨论研究加强党风廉政建设措施》及《习近平中纪委全会讲话:民心是最大的政治》。县委中心组成员针对学习内容进行讨论发言。

县委中心组第一季度学习会 3月31日在县党政会议室召开,围绕"深入学习习近平总书记系列重要讲话精神,科学把握'四个全面'战略布局"专题内容及换届选举工作政策法规、组织人事纪律等内容进行学习。县委书记陈杰主持会议并讲话。县委中心组成员及学习秘书参加学习会。县委常委、宣传部部长、副县长莫亚坤在会上领学专题有关内容,县委常委、县纪委书记

詹博领学《中国共产党纪律处分条例》中关于组织人事纪律的有关规定内容,县委常委、组织部部长陈基林领学《中共中央纪委机关 中共中央组织部关于加强换届风气监督的通知》《领导干部选拔任用工作条例》《中国共产党地方委员会工作条例》等文件精神。与会人员围绕学习内容进行讨论发言。

"两学一做"(学党章党规、学系列讲话,做合格党员)学习教育第一专题学习讨论暨第二季度专题学习会 5月19日在县委党校一楼报告厅召开。县委副书记、县长蒙启鹏主持学习会,县委书记陈杰做主题发言,会议强调要结合"书记论坛"平台,围绕"怎样做合格党员",按照"讲政治、有信念"专题要求,全县党员干部联系个人思想、工作、生活实际,把自己摆进去,查找差距不足,明确努力方向。

"两学一做"学习教育第二专题学习讨论暨第三季度专题学习会 9月14日在县党政会议室召开,围绕"深入学习《中国共产党章程》,增强维护党规党纪的自觉性坚定性,落实意识形态责任制,做讲规矩、有纪律的表率,为加快实现我县'一城一地一支点'发展战略目标,全面打赢脱贫摘帽攻坚战提供坚强保证"主题开展学习。县委书记蒙启鹏主持会议并讲话。县委中心组成员及学习秘书,县纪委副书记,县委组织部、宣传部副部长参加学习会。结合学习主题,会前中心组各位成员围绕有关内容的书目开展为期两天的自学,14日上午开展集中学习。在学习中,县委副书记陈基林领学自治区党委书记彭清华发表于《人民日报》上的理论文章《坚持中心工作与意识形态工作两手抓两手硬——深入学习贯彻习近平同志在全国宣传思想工作会议上的重要讲话精神》。县委常委、县纪委书记陈日东领学《中国共产党问责条例》《关于辽宁拉票贿选案查处情况及其教训警示的通报》《关于七起落实全面从严治党主体责任不力被问

责典型问题的通报》等文件精神。县委副书记、县长潘展东,县人大常委会主任陈前驱,政协主席李永金并发言,其他参会人员围绕学习主题内容进行讨论发言。

学习贯彻中共十八届六中全会精神学习(扩大)会 11月18日在县党政会议室召开,围绕中共十八届六中全会精神及《杨晓超、傅自应、彭清华同志在中央第三巡视组对广西壮族自治区巡视"回头看"工作动员会议上的讲话》精神开展学习。县委书记蒙启鹏主持会议并讲话。县委中心组成员和学习秘书以及不是党员的县四家班子领导参加学习会。县委常委、县纪委书记陈日东领学《关于新形势下党内政治生活的若干准则》《中国共产党党内监督条例》《杨晓超、傅自应、彭清华同志在中央第三巡视组对广西壮族自治区巡视"回头看"工作动员会议上的讲话》。县委常委、宣传部部长、副县长莫亚坤领学中共十八届六中全会公报。参会人员围绕学习内容进行讨论交流发言。

"两学一做"学习教育第三专题学习讨论暨第四季度专题学习会 12月18日在县党政会议室召开,围绕"学习贯彻自治区第十一次党代会精神,讲奉献、有作为,带头树立和落实新发展理念,推动陆川经济社会实现新的跨越发展"这一主题进行学习研讨。县委书记蒙启鹏主持会议并讲话。县委中心组成员及学习秘书,县纪委副书记,县委组织部、宣传部副部长参加学习会。会前中心组各位成员结合学习主题围绕有关内容的书目开展为期2天的自学,在集中讨论中,参会人员集体观看警示片、专题片,县委副书记、县长潘展东领学《深入学习马克思主义政治经济学,深刻领会创新、协调、绿色、开放、共享的发展理念》专题资料,县委常委、组织部部长张耘书领学《关于认真学习宣传贯彻自治区第十一次党代表大会精神的通知》,各位中心组成员紧扣研讨主题,联系工作实际谈认识、谈体会、谈思考。

2016年陆川县委中心组加强理论学习。图为12月18日，组织召开"两学一做"学习教育第三专题学习讨论暨2016年第四季度专题学习会　叶礼林　摄

重要决策部署

【开展"两学一做"学习教育活动】
2016年，根据中共中央、自治区党委和玉林市委的总体部署要求，陆川县在全体党员中开展"学党章党规、学系列讲话，做合格党员"学习教育（简称"两学一做"学习教育）。5月16日，陆川县委办公室印发"两学一做"学习教育实施方案，学习教育总体要求加强党的思想建设，强化党员宗旨观念，规范党员言行，发挥党员先锋模范作用。着重解决党员队伍中存在的理想信念模糊动摇、党的意识淡化、宗旨观念淡薄、精神不振、道德行为不端5个方面突出问题。围绕学习专题，采取个人自学、集中学习、研讨交流、专题辅导等方式，加强党章党规、系列讲话学习，提升学习成效；开展党支部专题组织生活会、民主评议党员，对照职能职责进行党性分析，查摆在思想、组织、作风、纪律等方面存在的问题，针对突出问题和薄弱环节提出整改措施。组织引导党员干部立

足岗位作贡献、领导机关领导干部作表率，以保持党的先进性和纯洁性。县委加强"两学一做"学习教育工作领导，层层落实责任，各级各部门制定实施方案，做出部署安排，强化组织保障，加大学习宣传，加强分类指导、督促检查等，推进"两学一做"学习教育工作有效开展。年内，全县各级党组织召开学习教育专题研究部署会46次，举办专题培训班29期，培训人员3561人次，组织县委班子成员参加所在支部学习讨论653次，班子成员带头讲党课367场次，下基层带头指导推动学习教育719次。

【培育创新型工业】　2016年，陆川县开展"企业创新年"活动，推进企业实现产品、技术、管理、营销、制度、园区建设等方面的创新，构建以先进机械制造业为主、健康产业为辅的绿色工业新格局，加快经济转型升级。一是推动传统企业"二次创业"，重点围绕先进机械装备制造、铁锅等传统产业，陆川猪、牛肉制品等特色农产品的研发和深加工，以及橘红等中药材消费领域，加快新产品、新技术、新工艺、新装备和关键技术开发应用，推出有效益的产品，打造陆川特色品牌名片。鼓励企业有序通过创业板、

新三板等市场上市融资，激发机械制造、食品加工、铁锅制造等传统产业的发展动力。二是引进创新型的高新科技企业，利用国家、自治区对战略性新兴产业等方面的扶持，引进培育一批高端装备制造、医药健康、风能、智能电子等战略性新兴产业，重点抓好滩面35兆瓦光伏、桂冠风能等一批新能源项目的开工建设，加快培育新的经济增长点。健全招商引资工作机制，推进招商主体创新，强化以商引商，加快高科技产业的引进和发展，力争创建自治区战略性新兴产业集聚发展基地。三是营造企业创新的良好环境，按照北部工业园区先进制造业基地、中部龙豪健康循环产业园区、南部新能源产业园的规划，加强园区基础设施建设，建设集供水、供电、排水、通讯和网络等各种管线于一体的地下综合管廊，推进园区路网绿化、亮化等工程，进一步提升园区的服务水平和吸引力。开展"土地利用盘活年"活动，盘活一批闲置土地、厂房，实现土地集约化、合理化利用，争创全国国土资源节约集约模范县。创建产业发展扶持基金，对战略性新兴产业、优势产业、节能环保等项目给予资金补助扶持。规范、服务好房地产业发展。

【推进九洲江跨省区生态补偿试点建设】　2016年，陆川县围绕"九洲江跨省区生态补偿试点"国家级战略，全面推进生态文明建设，推进九洲江跨省区生态补偿试点，确保九洲江水质稳定达标。加快实施九洲江生态补水工程，加大新增水源项目建设，加快建设秦镜、陆选、石峡、六潘等水库，启动东山湖项目，列为九洲江水源调节补水工程。统筹推进污垃设施的建设，抓好新建5个镇污水处理厂、4个镇垃圾中转站、100个村污水处理设施的筹建工作，创建全国农村污水垃圾处理示范县。加强生态公益林保护，重点推进湿地生态保护项目及九洲江源头水源林、涵养林等森林资源保护。加快发展生态养殖产业，严格禁养区、限养区管理，抓好九洲江

干流和重点支流养殖场整治。推进高架网床、林下、微生物养殖等生态养殖模式,实现全县60%以上的规模养殖场高架网床改造,建设花园式生态循环养殖小区。开展"九洲江生态养殖'万人'培训计划",引导小散养殖户改变养殖观念、养殖方式和养殖结构,创建广西生态养殖示范县。加快生态乡村建设,开展村屯绿化、饮水净化、道路硬化专项活动,巩固深化九洲江流域生态乡村示范带建设成果,引导和支持广大群众树立生态环保意识、转变生产生活方式、主动开展乡村风貌改造,打造一批青山绿水、鲜花盛开、"青砖灰瓦白墙"的美丽村落,把九洲江流域打造成为跨省区生态、旅游一体化的生态乡村。

【创建广西特色旅游名县】 2016年,陆川县全面提升旅游环境、旅游产品、旅游文化的质量,推动旅游业转型升级,推进民俗文化旅游项目建设,加快创建广西特色旅游名县。打造岭南民俗文化旅游目的地,依托陆川江河、森林、客家、温泉、历史文化、特色农业等优势旅游资源,策划包装一批重大旅游项目,重点抓好世客城、谢鲁山庄、谢仙嶂、龙珠湖、东山等景区以及九洲江"十里河画""九洲江记忆""欧客码头"建设,打造"九洲江百里生态旅游示范带"旅游风景区。发展乡村休闲养生旅游,鼓励旅游资源丰富的村镇因地制宜发展旅游业,把旅游项目与当地景观打造、风貌改造、功能布局紧密融合,延续历史文脉,承载文化记忆和乡愁,形成一批形式多样、特色鲜明的旅游示范村镇。引导农户经营农家乐、农家旅馆,扩大旅游消费。推动旅游产业创新发展、开放发展,重点依托陆川"风炮补胎"品牌渊源,打造和推广轮胎艺术节,大力发展参与式、体验式等旅游新业态。着力抓好具有岭南地域特色和客家风情的旅游演艺精品和旅游商品的开发。加快推进星级旅游饭店建设。借助旅游知名企业实施旅游"走出去"战略,与全国旅行社开展合作联营,开拓旅游市场,大幅提升陆川旅游的知名度、美誉度。

【加快创建广西现代农业示范县】 2016年,陆川县加快转变农业发展方式,推进农业现代化发展,发展特色农业。一是加快农业产业结构调整。推进自治区级3000亩"九洲有机田园"现代特色农业(核心)示范区建设,创建市级现代特色农业示范区13个,加快推进中药材专属区建设,新增中药材种植3333.33公顷(5万亩)以上,促进现代农业发展。二是打造特色农业企业品牌。加快推进陆川猪、牛、羊和蔬菜、水果以及橘红等中药材的精深加工发展,依托阿里巴巴农村淘宝等农村电商平台,提升陆川农业企业市场化、标准化、品牌化水平。三是加快培育新型农业经营主体。深化农村综合改革,推动土地向家庭农场、种植大户、农业专业合作社、龙头企业等流转,推动农业向适度规模化、集约化、专业化、生态化发展。鼓励发展庭院经济,推进"一村一品、一村一业"特色生态农业发展。

【推进新型城镇化建设】 2016年,陆川县打造客家温泉文化城,建设岭南新兴文化城市。一是完善客家温泉文化城规划。坚持城镇规划发展旅游化,旅游规划发展城镇化,突出陆川文化特色,以主体功能区规划为基础,着力构建全域陆川规划体系,完善规划实施情况监督管理机制。二是推进旧城改造与新城扩建。建设一批客家温泉文化项目,推进棚户区改造,重点推进县供销社、财政局、水利局、政府宿舍二区、城投公司片区、杨屋队等棚改点的拆迁建设,年内完成棚户区改造项目销售820套的目标。抓好东环路、讯和路、陆兴南路等城区主干道及4座跨江大桥建设,推进世客城、锦源物流城、文体中心、教育集中区等城建重点项目建设,推进九龙公园、文昌公园、温泉源头周边改造等城市绿化生态工程,抓好城镇小街小巷硬化、绿化、亮化、净化、美化工程。三是加快陆川"大县城"建设。推进陆川撤县改市、温泉撤镇改街工作。加强城区管网、电网、绿网、"天网"等设施建设,打造海绵城市。加大锦源物流城、桂东南市场等综合市场建设,引进红星美凯龙、大润发等现代化商场,推动九洲市场、杨屋沟改造,着力完善城镇划行规市,提升城市管理智能化水平,优化城区交通信号灯设置,规划建设一批停车场、停车点、停车位及公共厕所。抓好马坡镇等"六个一工程"(一条主干道、一条主街区、一个规范化集贸市场、一批污水垃圾处理设施、一条特色产业示范带、一批特色文化名村)建设,全面改变陆川城市面貌。

【推进扶贫攻坚工作】 2016年,陆川县围绕实现全县脱贫摘帽目标任务,按照"精准识别到位、精准帮扶到位、精准管理到位、精准考核到位""四个到位"的要求,开展精准脱贫攻坚战,打造扶贫工作"九个示范"。

打造思想扶贫的示范。转变贫困户思想认识,变"干部看、群众看"为"群众干、干部帮",帮助贫困群众扶志气、立志向、树典型、强信心、鼓干劲,培养自力更生、干事创业精神,破除"等、靠、要"思想,实现"要我脱贫"向"我要致富"的转变;转变基层干部思想认识,优化宗旨意识、能力素质、精神状态、工作作风等方面素养。

打造特色产业扶贫的示范。提升贫困村和贫困群众的自我发展能力,指导重点贫困户、贫困村发展用时短、成效高的特色产业。推进中部龙豪健康循环产业园区建设,推广清湖塘寨、马坡新山等特色产业扶贫典型。

打造易地搬迁扶贫的示范。争取项目、资金支持,完善易地搬迁规划、组织工作,在珊罗、沙湖、温泉、滩面等地设置易地搬迁安置点,推进安置点建设。

打造乡村旅游商贸扶贫的示范。以创建广西特色旅游名县、广西物流强县为契机,重点抓好环九洲江生态乡村旅游,探索旅游扶贫新路子,打造一批旅游扶贫示范点,把乡村旅游业打造成贫困农民增收的重要产业,带动有条件的贫困村快速发展旅游、实现增收。重点推进农村电商发展,依托阿里巴巴农村淘宝网的有利平台,抓出"互联网+"的脱贫致富示范。

打造金融资金支撑扶贫的示范。加大金融扶贫,提升金融对脱贫解困方面的针对性和实效性。健全财政投入稳定增长机制,加大部门扶贫资金整合,加快金融产品创新、打造金融扶贫合作的示范。

打造整村推进扶贫的示范。按照"村为单元、统一规划、整合资源、分工实施"的原则,以路、水、电、房等为重点,加快贫困村基础设施建设。推进生产性基础设施建设,解决农产品外运难、农民群众出行难问题,保障贫困村发展用水需求,确保2016年实现所有贫困村户户通电。推进生活基础建设,抓好危房改造、饮水安全、美丽乡村建设等乡村建设工程。

打造人才智力扶贫的示范。整合培训资源,瞄准市场需求,以实际、实用、实效为原则,培养造就一大批有文化、懂技术、会经营的新型农民,构建技能培训、外出务工与返乡创业良性互动的劳务输转新格局,实现稳定就业、高层次就业。

打造社会包村包户脱贫致富的示范。鼓励支持民营企业、社会组织、个人参与扶贫开发。落实干部包户结对帮扶机制。畅通社会扶贫信息渠道,创建陆川县扶贫信息微信平台,通过微信互通扶贫信息,结对帮扶、出谋划策。完善扶贫龙头企业认定制度,推进村企共建。鼓励有条件的企业、企业家积极参与扶贫工作。

打造社会保障兜底扶贫的示范。健全留守妇女、儿童、老人和残疾人关爱服务体系,打造关爱服务的示范。推进社会条块力量参与保障兜底,逐村延伸公共服务范围,逐步提升社保水平。

【支持民生事务工作】 2016年,陆川县改善民生,提高人民群众在共建共享发展中的获得感。一是发展民生事业。抓好发展性民生,推进"为民办实事十项工程",提高科技对经济发展和民生建设的贡献率,营造良好就业创业环境。加强保障性民生,推进教育、医疗、卫计、食品药品安全、住房、养老等相关公共服务项目建设,抓好城区相关医院、学校的建设、搬迁工作,落实好全面二孩政策。严格抓好底线性民生,加大城乡扶贫救困,多渠道提高低收入人群的生活质量,严格控制居民消费价格增幅,保障弱势群体的基本生活。二是提升人民群众安全感和满意度。推进"平安陆川""法治陆川"建设,完善社会治安防控体系,依法打击各类违法犯罪活动,推进"天网工程"建设,完善网格化建设,抓好综治信息化建设,提升社会治理现代化能力和水平,着力化解社会不稳定因素。健全公共安全体系,及时妥善处置各种突发性事件,提高反恐工作能力,加强群众生产、生活安全工作,保障人民群众生命财产安全和大局稳定。推进社会治理创新,强化法治宣传教育,完善陆川版的"枫桥经验",深化下访约访,落实四家班子领导包案负责制,推进回乡干部、"三官一律"、两代表一委员进村(社区)化解矛盾纠纷,下大力气化解一批信访积案、解决一批群众反映强烈的热点难点问题,维护社会公平正义,提升全县人民群众安全感和满意度。三是强化民主法治建设。支持县人大依法履行职能,支持政府依法行政,支持县政协发挥政治协商、民主监督、参政议政作用,支持法院、检察院依法独立开展审判工作和法律监督工作。巩固和发展爱国统一战线,发挥统一战线在协商民主中的重要作用。加强基层民主法治工作,发挥工青妇等群团组织建设作用,加强基层民主建设,保障基层群众的民主权利。加强新形势下党管武装工作,全面提升国防动员和后备力量建设水平,加强双拥共建工作,推动军民融合深度发展。

【推进改革开放】 2016年,陆川县全力推进改革开放,促进一批重大改革举措落地,构建区域合作大平台,提升县域发展首位度。

深化农村改革 培育中小型家庭农场等新型农业经营主体,抓好"六权"(指农村集体土地所有权、土地承包经营权、集体建设用地使用权、集体建设用地上房屋所有权、林权、小型水利工程产权)确权登记颁证,推进土地流转,盘活农村土地资源。健全农村产权流转交易市场体系,推动农村产权经营权开发,鼓励承包经营权更多向新型主体流转。推进户籍制度改革,促进农业人口有序城镇化。

深化行政管理体制改革 推进简政放权、放管结合、优化服务。加快工商登记制度改革,充分激活民间资本。

深化农村金融改革 加快推进农村信用社改组改制和村镇银行分支机构向镇村延伸。深化农业银行的"三农事业部"改革,提升农村金融服务水平,满足农村经济发展资金需求。

构建跨省出海大交通 推进高效交通体系建设,抓好"修高速、接高铁、二改一"3件交通设施建设,加快推进玉林至湛江、北流清湾至浦北2条高速公路陆川段及陆川动车站改造、马坡至城区公路"二改一"等重大项目建设。

推动马坡镇物流园规划建设 整合全县运输资源,以村村有淘宝、村村通物流为目标,巩固阿里巴巴农村淘宝项目建设成效,加快发展一批现代物流企业,完善交通设施,推进区域交通、物流无障碍。抓好锦源物流城、城市综合体、君丰市场等项目建设。

【加强党的建设】 2016年,陆川县坚持党要管党、从严治党,落实党建责任,推动党建工作新发展、新突破,推进风清气正政治生态建设。一是加强学习型党组织建设。把思想建党放在管党治党的首位,坚持深入学习贯彻习近平总书记系列重要讲话精神,践行"三严三实"要求,抓好"两学一做"学习教育,深化"书记论坛""'三会一课'人人讲""学准则·铸情操"

等党建载体。二是加强党风廉政建设。落实"两个责任"(党委主体责任，纪委监督责任)，加强对落实"两个责任"情况的日常监督，健全责任追究机制。推进查处发生在群众身边的"四风"和腐败问题专项工作，抓好中央八项规定精神落实，推动作风建设常态化长效化。抓好惩治和预防腐败警示教育，深化纪检队伍"三转"(转职能、转方式、转作风)建设。三是加强思想政治建设。抓好宣传思想文化工作，培育和践行社会主义核心价值观。落实党委领导意识形态工作责任，创新宣传舆论引导，营造良好宣传舆论氛围，加强网络舆情引导和虚拟社会治理。完善相关文化设施，推动县工人文化宫建设，推进国家公共文化服务体系示范区创建。弘扬中华优秀传统文化，发展乡村文明，传播乡贤文化，建设良好村风民风，抓好"乡村文明"乡土教材编写。四是加强基层党建工作。深化"136"干部回乡工作制，促进干部返乡服务群众、助力脱贫长效化常态化。进一步强化社区规范化建设，推进非公党建，服务企业发展。五是加强干部队伍建设。强化换届工作组织领导，严明换届纪律，从严把好选人用人关，选优配强各级领导班子。

【"全国青少年普法教育示范县"创建】 2016年，为贯彻落实中央、自治区、市关于开展第三届"关爱明天、普法先行"青少年普法教育活动有关文件精神，陆川县委、县政府决定开展争创"全国青少年普法教育示范县"。3月22日，县委、县人民政府印发《陆川县创建"全国青少年普法教育示范县"实施方案》，按照县"六五"普法的总体部署，加快建立和完善学校、社会、家庭相结合的法制教育网络，有效预防青少年违法犯罪，促进青少年健康成长。

开展主题宣传活动。以《中华人民共和国宪法》《中华人民共和国未成年人保护法》《中华人民共和国预防未成年人犯罪法》、社会主义核心价值观教育为重点，利用挂图、板报、宣传栏、展板、报刊、广播、电视等传统宣传平台和网络、微博、微信等新媒体，开展"关爱明天、普法先行"主题宣传活动，宣传青少年普法教育活动的目的和意义，普及法律知识，弘扬社会主义法治精神。利用社会各种资源，加大对青少年普法教育的宣传，使社会各界都来关注和参与青少年普法教育工作。

开展主题宣讲活动，加强陆川县"五老"法制宣讲团和青少年志愿者普法宣传队伍的建设，宣讲团队成员由各相关部门的专业人员和各级机关工委的"五老"法律志愿者组成，统筹安排到学校开展以"关爱明天、普法先行"为主题的宣讲活动；发挥公安"代理爸爸""亲情QQ视频"、政法"法治之窗"、学校"快乐天使"心理健康辅导室和中小学法制副校长的积极作用，通过"以案释法""现身说法""零距离对话"等形式，加大青少年"警示教育"；利用国家宪法日、南京大屠杀死难者国家公祭日、全国法制宣传日、国际禁毒日等重要时间节点，组织开展形式多样的普法宣传教育活动，使广大青少年在活动中接受教育；举办"关爱明天、普法先行"主题展板活动，展板围绕《全国青少年普法教育读本》典型案例分析等内容，做到主题鲜明、图文并茂，使青少年看得懂、喜欢看，达到深受教育的效果。

开展主题教育活动。根据青少年不同年龄段的特点和身心发展规律，利用多种形式，组织青少年利用课余时间开展"关爱明天、普法先行"主题读书活动。鼓励学生撰写读书心得，并将优秀的文章在学校学习站公开展示；各学校利用多媒体组织各班学生开展"每周一片"活动，组织观看普法影片及对青少年具有积极教育意义的优秀影片，参与法律知识普及等活动；组织开展青少年法律知识竞赛活动，竞赛内容包括客观题和主观题，客观题为知识性题，内容选自《全国青少年普法教育读本》，主观题为创作题，题目类型和形式不限，可根据自身优势和爱好进行选择。

开展主题体验教育活动，根据青少年的年龄特点和身心发展规律，各学校组织开展主题演讲、辩论、摄影、作文、书画、动漫和模拟法庭、青少年维权岗等寓教于乐的体验教育活动，以及参观公安局、法院、检察院、少管所和监狱等活动。

开展主题培训、研讨、交流活动。针对新形势下青少年普法教育出现的新情况、新问题、新特点，组织参与青少年普法教育工作的"五老"、法律志愿者、法制副校长、法制辅导员和公、检、法、司等部门有关人员开展培训、研讨和交流活动，不断创新青少年普法教育的理念、思维、途径和形式，探索青少年普法教育的新规律、新机制、新措施和新办法，增强青少年普法教育的适应性和实效性。

开展"零犯罪学校"和"青少年普法教育示范县"创建活动。以公、检、法、司为依托，利用各类社会资源，组织5至8所学校积极开展"零犯罪学校"创建活动，为在校学生营造良好的遵法、学法、守法、用法氛围，推进平安校园、和谐校园建设；在本区开展"青少年普法教育示范县"创建活动。以"双创"活动为抓手，搭建青少年普法教育长效平台。

【现代特色农业示范区建设】 2016年，陆川县开展现代特色农业示范区建设。5月30日，县委、县人民政府印发陆川县现代特色农业示范区建设(2016—2017年)工作方案。通过政策引导、市场主导、财政资金扶持与服务协调等综合措施，打造一批与九洲江流域综合治理相结合，产品特色鲜明、竞争优势明显、示范带动效应突出、经济效益良好的现代特色农业示范区，使之成为农村改革试验和适度规模经营聚集区、新品种新技术应用转化聚集区、新型经营主体与人才引进培育聚集区、融资改革试点及社会各类资金聚集区、新型农业服务体系改革及电子商务平台应用聚集区。主要目标要求：到2016年累计启动创建自治区级示范区2个，市级4个、县级

4个、乡级14个,基本建成自治区级示范区1个、市级3个、县级2个、乡级2个;到2017年基本建成自治区级示范区2个、市级4个、县级4个、乡级6个。基本原则:一是政府引导,政府支持示范区基础设施建设,采取资金扶持、技术指导和协调服务等综合措施,建设示范区"四网"(水网、电网、路网、林网)。二是市场主导,引进新型经营主体。培育新型经营主体,加大招商,引进工商资本。引导新型经营主体实施农业产业化经营,带动农户发展现代农业。从税收、信贷、水电、科技、电子商务等多方面支持新型经营主体,构建新型农业经营体系。三是科学制定示范区规划,系统规划示范区的核心区、拓展区、辐射区、基础设施以及产业选择、创建模式、建设时序。按照"一年打基础、二年上水平、三年见成效"的要求,谋划好近期工作;提高规划的超前性,维护规划的严肃性。四是统筹协调,兼顾经营主体和农民利益。探索土地托管、土地股份合作等新模式,推动金融资金和社会资金投入示范区,强化社会化服务体系建设,调动农民积极性,确保农民增收受益。总体要求:一是制定统一的自治区、市、县、乡级示范区建设标准,从"一村一品"向"一乡一业"发展,逐步打造升级成县级、市级、自治区级示范区。二是示范区建设与九洲江综合治理相结合。全县重点围绕粮食、水果、蔬菜、桑蚕、食用菌、中药材、罗非鱼、肉牛、肉羊、生猪十大种养产业,以及富硒农业、有机循环农业、休闲农业3个新兴产业建设示范区。示范区以产业为主线,根据区域特色进行布局,由点连线成片。三是示范区建设与脱贫攻坚相结合。贫困村的示范区规划要与扶贫产业规划相结合,因地制宜,明确具体项目,精准扶贫。四是示范区建设与"美丽陆川"乡村建设活动相结合。结合"美丽陆川"乡村建设活动,从2016年7月始,围绕产业富民、服务惠民、基础便民等问题,加快构建新型农业经营体系和现代农业产业体系,推进标准化、规模化、机械化、

产业化经营,在2016年12月前重点解决示范区环境卫生综合整治、绿化建设、饮水安全、道路硬化等问题。

【推进县、镇两级人民代表大会换届选举】 2016年,按照自治区党委、自治区人大常委会和玉林市委、市人大常委会的部署要求,陆川县开展县、镇两级人民代表大会换届选举。6月1日陆川县委批转《陆川县人大常委会党组关于做好2016年我县县、镇两级人民代表大会换届选举工作的意见》的通知。县、镇两级人民代表大会于2016年5月30日—8月31日进行换届选举。县委把换届选举工作列入县委主要工作议事日程,成立选举领导机构,县成立选举委员会、县选举办公室;加大换届选举经费投入;抓好骨干培训,加大宣传发动;严肃换届选举纪律,严格换届选举工作程序,依法进行选区划分,合理分配代表名额,规范提名推荐程序,加强对候选人考察与审查,依法进行投票选举,加强选举工作督查。

【推进农业现代化建设】 2016年12月10日,陆川县委、县人民政府印发《贯彻落实发展新理念 加快推进农业现代化的实施方案》。加快农业发展方式转变,促进一、二、三产业融合发展,持续深化农村改革。科学谋划发展新思路。主要预期目标是:到2020年,粮食综合生产能力稳定在26万吨左右,农民人均可支配收入比2010年翻一番以上,优势特色农产品有效供给的质量和效益显著提高。2016年,农林牧渔业增加值增长3.5%,粮食总产量稳定在26.2万吨以上,农村居民人均可支配收入增长9%以上,实现全县整体脱贫。发展农业新业态,挖潜增效提高粮食产能,大力建设现代农业示范区、发展现代生态养殖、发展林下经济、发展休闲农业和乡村旅游,推进"互联网+农业",促进农民就业创业。推进精准扶贫攻坚,做实脱贫攻坚基础工作,深入开展结对帮扶活动,全面落实各项脱贫

措施。加强生态农业建设,推进绿色发展,加强资源保护和生态修复,推进农业生态环境整治,提高农产品质量安全水平,推进美丽乡村建设。推进农村改革创新,深化农村产权制度改革,加大强农惠农力度,培育新型农业经营主体,深化农村金融服务改革,完善农业保险制度,创新农业科技驱动,健全农业农村投入持续增长机制。加强基础设施建设,推进农田水利建设,推进农村基础设施建设,提高农村公共服务水平。促进农村一、二、三产业融合,实现农民收入持续增长。推进优势特色产业品种品质品牌提升,强化现代农业科技支撑,推动农产品加工业转型升级,完善农产品流通物流体系,深化粤桂生态农业合作示范区建设。加强党对农村工作的领导,加强农村基层党组织建设,创新和完善乡村治理机制,加强农村精神文明建设,提升服务水平。

重大活动

【自治区农户科学储粮专项培训班在陆川举行】 2016年4月13日在陆川举行,广西各县、市、区粮食系统有关领导共60多人参加培训学习。自治区粮食局副局长杨斌及陆川县委常委、副县长余朝文到班指导。余朝文简要介绍陆川县近年来经济社会发展情况,并汇报全县粮食生产、农户科学储粮等方面工作情况,陆川县、鹿寨县、三江县、全州县、港北区等县市区有关领导分别就如何做好农户科学储粮工作进行交流发言;有关专家在培训班上就农户科学储粮的相关政策、实施步骤、统计软件的使用、安全储粮的技术要点等方面知识进行培训。

【九洲江流域水环境综合治理规划编制座谈会在陆川举行】 2016年7月8日在陆川召开,国家综合规划编制调

研组及广东、广西两省区有关领导参加座谈会。座谈会上，有关专家、学者及两省区的环保、建设、水利等系统部门针对九洲江流域实际发表意见，并从技术层面、法律层面涉及的沿江畜禽养殖、河道采砂、生活污水、企业排污等方面进行探讨，与会人员一致建议把生态补偿机制纳入规划编制大纲。

【自治区"美丽广西·生态乡村"活动现场推进会在陆川举行】 2016年8月23日在陆川召开。广西各市、县党委副书记，各市乡村办主任，自治区直有关单位分管领导、业务处室负责人，自治区"美丽广西"乡村建设领导小组办公室领导、各工作组负责人等约200人参加会议。自治区党委副书记李克出席会议并讲话，自治区党委常委、自治区副主席蓝天立主持会议，自治区副主席张秀隆传达自治区"美丽广西"乡村建设领导小组会议精神，玉林市委书记王凯在会上致辞，陆川、富川、合浦、象州4个县分别做经验交流发言。会议贯彻落实自治区"美丽广西"乡村建设领导小组会议精神，总结"美丽广西·生态乡村"上一阶段工作，研究部署下一步工作。与会人员会前参观乌石镇吹塘公园、龙化村中药材种植基地、神龙王生态养殖培训基地和良田镇污水处理厂、文官村官海屯等生态乡村示范点。

【人民网"跨年徒步迎新活动"走进陆川】 2016年12月，人民网与陆川县联合举办"不忘初心 走向明天 徒步迎新·陆川告别贫困"千人徒步迎新活动，活动由人民网广西频道、陆川县委、县政府联合主办，陆川县委宣传部、陆川县文体广电局、远辰·世客城承办。12月30日上午，"跨年徒步迎新活动"陆川站活动在松鹤广场启动，参与活动1000多人。徒步全程约6千米，从松鹤广场出发，依次途径温泉大道、"雪碳工程"健身馆、远辰大道、世客城。完成6千米徒步的市民，在终点可获得由人民网精心订制的纪念奖牌，并参加丰富多彩的迎新活动。

办公室综合事务

【县委办公室机构及概况】 2016年，陆川县委办公室（简称县委办）内设第一秘书股、第二秘书股、第三秘书股、文电股、会务股、信息股、后勤行政股，县委机要局（县国家密码局）、县委督查室、县国家保密局属县委挂牌机构，归属县委办公室编制。人员编制24名，其中行政编制23名，后勤服务事业编制1名，实有人员20人。年内，围绕县委决策部署和中心工作，统揽全局，协调各方，加强领导、部门、基层的服务，确保县委工作高效、快捷运转。

【办文办电办会】 2016年，县委办加强文、电、会办理工作。年内，共发文134件，其中县委陆发文件16件、陆办发文件18件、办发文件100件；审核文稿134件；传阅上级文件485份，其中中央来文81份，自治区来文225份，玉林市来文179份。

【信息报送】 2016年，县委办落实信息工作"三项制度"（信息上报工作制度、信息工作例会制度、信息工作奖惩制度），信息报送做到及时、无误、不漏报、不瞒报、不误报、不迟报，为县委决策提供及时的信息参考服务。年内上报自治区党委办公厅、玉林市委办公室信息684条，被采用64条

（次），在自治区党委办公厅得分232分，在玉林市委办得分284分。

【督查工作】 2016年，县委督查室围绕县委重大决定开展重点督查。年内，开展督查活动82次，督查调研10次，及时编印督查通报，表扬先进、鞭策后进，使县委重大决策得到及时贯彻落实；紧扣领导批示件开展专项督查，全年共收转上级领导批示件12件，收转县委领导指示件65件，全部按时办理，并及时向领导及有关部门反馈督查情况；围绕群众关注的热点、难点问题和社会问题开展督查，督查查办12次。

【机要保密】 2016年，县委办加强机要保密工作，加强对全县机要、保密工作的指导、督促和检查，严格机要保密文件的阅办、保管、清退、归档和销毁。机要人员坚持24小时值班，严肃处理机要保密件，全年没有出现泄密事件，确保县委与上级机关的工作联系和信息畅通。（谭顺华 谢有桂）

组织工作

【组织工作机构及概况】 2016年，陆川县设党委、党工委33个（一级党委17个，其中乡镇党委14个；二级党委12个，均为村级党委），党组52个，党总支部174个，党支部1529个。全县党员2.46万人，比上年净增76人。年内，全县增加党员952人，其中发展党员267人，转入组织关系685人；减少党员871人，其中转出组织关系472人，出党15人，死亡384人。男性党员1.87万人，女性党员5850人；在岗职工党员7545人，离退休职工党员4072人；农民党员1.20万人，其他党员2042人；高中以上学历党员1.54万人。

2016年，中共陆川县委组织部（简称县委组织部）内设秘书股、干部股、干部调配股、调查研究股、组织

股、组织员办公室、干部监督股、干部教育培训人才股(简称干教股),下辖县党员干部现代远程教育管理办公室(简称远程办)、县基层组织建设协调领导小组办公室(简称基层办)。组织部在职人员13人,远程办在职人员4人。年内,全县深入开展"两学一做"学习教育,加强基层党组织建设、干部作风建设,抓党建促扶贫,各项组织工作取得成效,温泉镇官田村被列为自治区、玉林市党建现场会参观点,在自治区和玉林市有关会议上陆川党建经验介绍4次,新华社内参《广西参考》、半月谈、高管信息、广西日报等区级以上媒体报道陆川县党建工作36次。

2016年4月1日,陆川县组织工作会议在县第一会议室召开　叶礼林　摄

表3　　　　　　　　　　　　　2016年陆川县党组织情况

单位:个

单位	党委	党支部	基层党组织情况						村级党组织设置情况			
			机关	事业	中小学校	企业	其他	村所辖支部	建制村数	其中		
										党委	总支部	支部
合计	17	1529	161	338	204	367	663	559	154	12	122	20
温泉镇	1	156	9	31	18	63	53	25	14		14	
米场镇	1	83	2	14	12	23	44	35	9		9	
沙湖镇	1	44	2	9	7	10	23	21	5		5	
马坡镇	1	104	2	18	15	19	65	61	13	2	11	
平乐镇	1	50	2	14	10	10	24	17	7		5	2
珊罗镇	1	62	3	7	8	23	29	24	7		7	
沙坡镇	1	85	2	22	17	13	48	48	13		10	3
大桥镇	1	75	2	18	12	12	43	39	11		9	2
横山镇	1	47	2	13	12	5	27	25	11		4	7
乌石镇	1	169	4	37	29	19	109	100	23	3	19	1
滩面镇	1	40	2	9	7	9	20	20	6		6	
良田镇	1	114	2	21	17	20	71	64	13	1	12	
清湖镇	1	86	3	21	15	17	45	36	12		7	5
古城镇	1	95	1	22	14	15	57	44	10	6	4	
机关工委	0	230	79	82	11	64	5					
公安局	1	42	42									
供电公司	1	12				12						
工业园区	0	11	1			10						
五星总场	1	14				14						
龙豪工委	0	10	1			9						

表4   2016年陆川县党员情况

单位:人

单位	党员总数及构成														发展党员及培养积极分子情况			党员总数与2015年比较	
	党员总数	正式党员	预备党员	男性党员	女性党员	35岁以下	高中文化以上	在岗职工	机关干部	事业单位技术人员	建制村党员数	农牧渔民	离退休职工	其他	发展党员	女	积极份子	2015年党员数	增减数
合计	24559	24229	330	18709	5850	4827	15373	7545	1851	3294	11954	10900	4072	2042	267	78	2074	24483	76
温泉镇	1986	1958	28	1326	660	555	1298	616	78	186	643	651	228	491	26	13	112	1915	71
米场镇	1109	1070	39	808	301	255	647	286	45	137	665	593	120	110	12	5	112	1115	-6
沙湖镇	548	538	10	419	129	120	286	171	26	96	326	336	41		10	4	35	551	-3
马坡镇	1730	1704	26	1281	449	481	958	346	60	187	1236	1066	141	177	23	6	70	1723	7
平乐镇	907	890	17	686	221	241	580	224	33	125	586	584	82	17	14	6	78	904	3
珊罗镇	978	964	14	710	268	273	608	358	36	131	533	513	83	24	13	4	119	961	17
沙坡镇	1317	1292	25	973	344	283	737	300	36	181	964	825	103	89	17	4	158	1334	-17
大桥镇	1161	1147	14	901	260	228	619	210	44	120	815	750	150	51	14	2	123	1154	7
横山镇	995	980	15	764	231	226	506	182	40	109	776	723	73	17	14	5	212	1004	-9
乌石镇	2565	2537	28	1989	576	468	1430	498	59	292	1726	1608	322	137	26	6	65	2584	-19
滩面镇	676	664	12	525	151	149	365	180	40	85	482	443	36	17	8	1	140	681	-5
良田镇	1647	1629	18	1297	350	338	878	360	38	209	1139	979	186	122	18	4	115	1620	27
清湖镇	1561	1541	20	1271	290	279	859	277	47	149	1050	995	145	144	19	5	185	1552	9
古城镇	1349	1325	24	1118	231	245	741	255	32	155	1015	836	196	67	20	4	194	1331	18
机关工委	4926	4896	30	3723	1203	554	4048	2564	912	1122			1832	525	25	9	295	4922	4
公安局	417	412	5	379	38	46	387	325	325				87	5	5		6	417	0
供电公司	206	202	4	159	47	16	168	155		2			51		2		45	214	-8
工业园区	54	54		40	14	35	47	54	4	2								55	-1
五星总场	379	378	1	306	73	5	167	136		2			195	48	1		7	398	-19
龙豪工委	48	48		34	14	30	44	48		5							3	48	0

【"两学一做"学习教育活动】 2016年,陆川县贯彻落实中央、自治区、玉林市开展"两学一做"学习教育活动的部署要求,陆川县创新学习教育平台,引导全体党员学在深处、干在实处、改在细处,把党员的思想和行动凝聚到全县经济社会发展上来,取得明显成效。年内,陆川县各级党组织召开学习教育专题研究部署会46次,举办专题培训班29期,培训人员3561人次,组织县委班子成员参加所在支部学习讨论653次,班子成员带头讲党课367场次,下基层带头指导推动学习教育719次。利用"'三会一课'人人讲"党性教育平台,坚持党委(党组)书记、党委委员(党组成员)、党支部书记、支部委员、党代表、党员业务骨干"六个必讲",全县1474个基层党组织上党课1850多场次。开展现场教育基地观摩学习,组织5批2000多名党员领导干部到塘寨村革命老区、县廉政教育地和看守所等基地开展现场教学,引导党员增强学习的成果转化,把党章党规和中共中央总书记习近平系列重要讲话的精神转化为实际行动。利用产业基地实用学习,组织支部党员和群众到中药材种

植专属区和葡萄、油茶等产业基地,开展实用技术教学,提升党员群众科技致富能力。年内,全县党支部共组织党员和群众1.59万人次到产业基地开展实用技术学习1870场次。落实党员干部结对帮扶,全县6601名干部与1.90万户贫困户进行结对帮助。

【基层组织建设】 2016年,陆川县围绕玉林市委"两个建成"(与全国全区同步建成全面小康社会,建成区域性大城市、国家非公经济发展示范市和北部湾城市群商贸发展中心)目标,加强服务型党组织建设,整合项目资源,加大投向边远山区村级组织活动场所建设,深化社区和机关党建规范化建设,推进基层党建全面深化、全面提升、全面过硬。

软弱涣散村党组织整顿 2016年初,对全县村级党组织进行调查摸底,共排查出软弱涣散村15个,其中社会治安问题和信访矛盾集中的村4个,村级组织场所不足或服务功能差的村8个,党组织服务意识差、服务功能弱、群众意见较大的村2个。开展软弱涣散村党组织整顿,建立县、镇、村三级台账,每个村由一名县领导亲自挂帅整顿,一名镇领导负责具体整顿,驻村第一书记协助整顿,针对各软弱涣散村的情况,采取"一村一策"整顿措施,加强软弱涣散村党组织建设。11月底,15个软弱涣散村全部完成整顿工作。

实施"五挂作战"精准帮扶活动 2016年,以党建引领精准扶贫,实施"挂图、挂职、挂联、挂账、挂牌"的"五挂作战"精准扶贫工程,建立"四级(县、镇、村、户)帮扶责任平台""四级(县、镇、村、户)信息管理平台""五支队伍(脱贫攻坚队、"美丽广西"乡村建设工作队、回乡干部队伍、大学生村官队伍、科技特派员队伍)帮扶平台"等三大平台服务脱贫攻坚,创新推进"一户一实业、一户一实惠、一户一实事"的"三个一"帮扶措施,全县6601名党员干部结对帮扶2万户,"五支队伍"共为贫困户办好事实事1.60

2016年,陆川县开展"两学一做"学习教育活动。图为10月21日,陆川县"两学一做"学习教育学习习近平治国理政哲学思想专题培训班在县委党校举行

叶礼林 摄

万件,培训群众6400多人次,募集到扶贫资金2000万元,帮助580户贫困户实现脱贫,促进全县脱贫攻坚工作。新华社广西内参、《广西日报》分别报道陆川抓党建促扶贫工作经验做法。

开展"双百"工程百日攻坚大行动 2016年,开展"双百"(百村示范、百村攻坚)工程百日攻坚大行动,加强村级党组织阵地建设,重点面向"边缘化""空壳化"偏远山区村、贫困村倾斜投放进行规范化建设。加大基层组织建设投入,深化"双向五统一集中"机制,"双向"征求村(社区)"两委"干部和部门意见,把投放项目与党建阵地建设、农村产业、基础设施、生态乡村、壮大村集体经济等5个方面统筹结合,整合分散在各部门的项目资金集中投放到基层,共整合政府新增债券资党建经费和部门资金共3030万元,按照玉林市"双百"工程标准,对78个村进行建设,其中新建或拆旧重建的村16个,加层或修葺完善建设的村62个;29个村按示范村"一厅六室两栏三中心"("一站式"服务大厅;综治调解室、卫生计生服务室、党代表工作室、图书阅览室、多功能会议室、警务室,两栏指党务、

村务公开栏;农村党员创业中心、农村"三留守"人员服务中心、农村文体活动中心)的标准进行建设,49个村按攻坚村"一厅五室两栏"(农事村办服务大厅;综治调解室、卫生计生服务室、文体活动室、图书阅览室、多功能会议室;党务公开栏、村务公开栏)的标准进行建设。全县村级办公场所建筑面积均达到300平方米以上。推进社区规范化建设,县财政投资850万元,对九龙、长安、清湖、九洲等4个社区进行规范化建设,年内全部竣工,提升社区服务能力。

机关党建规范化建设 2016年,推进机关党建规范化建设,围绕组织设置规范化、活动阵地标准化、党务队伍专业化、教育管理常态化、党建服务品牌化、工作保障制度化"六化"标准,在全县机关党组织要求推进"五个一"(一块党组织牌匾、一套办公电脑、一个资料柜、一个党务公开栏、一套党建杂志)规范建设,党员活动室有标志牌、有桌椅、有电视等教育设备、有党报党刊、有党旗悬挂、有制度上墙、有宣传专栏等"七有"。每个机关党组织配备党务工作者1~2人,推行"三会一课"交叉检查制度,每季度开展交叉检查1次。开展社区

服务活动,组织 136 个机关企事业单位 5698 名在职党员到全县 10 个社区开展服务群众活动,共认领群众微心愿 1035 个,开展服务活动 530 场次,为群众办好事实事 2360 件。在机关党员中成立志愿者服务队 76 支,进驻社区开展志愿服务,建立志愿者服务站点 57 个,提供志愿服务项目 280 项,开展志愿服务活动 103 场次,服务群众 3530 人次。年内,全县完成"六化"建设的机关党组织有 474 个,占全县党组织的 85.3%,增加配备专职副书记(支书)63 名,调整配备党务工作者 265 名,机关党建规范化建设取得成效。11 月 29 日,在玉林市机关党建规范化建设推进会上陆川县做经验介绍。

党旗领航·电商扶贫"我为家乡代言"活动 采取"党组织+合作社+公司+互联网""电商网点+攻坚队员+贫困户""第一书记+电商众筹+贫困户+互联网""党员+贫困户+互联网"四大模式,以发展电商,带领群众脱贫致富。扶持贫困村党组织领办专业合作社,发动贫困户参加合作社,引导龙头企业和电商企业以资金、技术入股等方式加盟合作社,帮助贫困村培育、宣传、包装、销售特色农产品,打造"空中市场"。年内,广西神龙王农牧食品集团有限公司与 30 多个贫困村合作社签订协议,由公司负责销售陆川猪,与自治区内外 400 多家工厂、宾馆建立鲜肉、深加工肉食品定点供应关系。在全县 67 个贫困村建立电商服务网点,帮助贫困户销售分散的、数量较少的特色产物,分类包装,开展网络销售,增加贫困户收入。

【ISO 9001 党建管理信息平台建设】
2016 年,陆川县继续完善党建质量管理体系建设。5 月 27 日,县委召开全县 ISO 9001 党建质量管理体系工作推进会,各基层党(工)委分管领导、组织委员,县直机关党组织分管领导以及有关业务股室人员参加会议。完善操作平台的各项规章制度,加强对各基层党委(工委)的督导,通过现场指导、网络远程协助和 QQ 群等多种方式对新增的平台信息员进行培训,加快 ISO 9001 党建管理应用平台信息录入。陆川县在玉林市 ISO 党建管理信息平台绩效分数排名第一位。

【党员管理】 2016 年,陆川县根据玉林市委组织部发展党员指导计划,结合陆川县各基层党委(工委)实际,制定陆川县发展党员指导性计划,发放《发展党员工作手册》,每季度检查发展党员情况,发现问题,限时整改,并指导各基层党委(工委)完成发展党员计划。年内,全县发展预备党员 180 多名,按期转正党员 150 多名。2—12 月开展党员党组织关系集中排查,全县参与组织关系排查党支部 1774 个。经排查,发现死亡未统计的党员 103 人,关系转出未统计党员 158 人,失去联系党员 194 人;经查找重新取得联系的党员 169 人。

【干部人事管理】 2016 年,陆川县干部人事管理坚持民主、公开、竞争、择优的原则,树立量才"能力、基层、实干"的"三个导向",规范干部任用工作程序及管理。

推进县乡二级换届工作 2016 年,陆川县实行县乡换届,严格执行换届工作纪律,严把"资格审核、民主测评、组织考察",规范干部任用工作程序,全县共提拔科级领导 42 人(其中正科级 7 人,副科级 35 人);平调交流科级干部 58 人;改任非领导职务 21 人;到龄退休 20 人;调离免职 5 人。在 14 个镇领导班子队伍中形成老中青相结合的梯次结构。

职务与职级并行工作常规化 2016 年,推进公务员职务与职级并行工作,县委组织部与县人社局联合印发《关于常规化办理公务员晋升职级工作的通知》,推进公务员职级晋升常规化工作。年内,完成 13 人职级晋升,其中副处级 2 人、正科级 8 人、副科级 3 人,并已兑现工资待遇。

年轻干部培养 2016 年,加强年轻干部跟踪培养,根据个人实际,通过任职交流、"压担子"、跟班学习、培训等多种途径,推荐年轻干部 12 名到玉林市直、自治区直等上级部门跟班学习,在多个岗位进行锻炼。实行选调生基层锻炼培养制度,对全县 76 名选调生进行严格管理,不定期召开各种形式座谈会,帮助选调生尽快熟悉工作环境,融入基层安心工作。

【干部教育培训】 2016 年,陆川县贯彻落实《干部教育培训工作条例》,按照开展"两学一做"学习教育要求,加大全县科级以上领导干部的培训和新进领导班子成员的任职培训,抓好党的理论教育、党性教育和专业化能力培训,开展中共十八大和十八届三中、四中、五中、六中全会等专题培训班 39 期次,培训人员 1.57 万人次、调训人员 56 人次,其中处级干部 31 人、科级及以下干部 46 人;干部选学 838 人,其中处级干部 32 人,科级及以下干部 806 人;网络培训 2215 人,其中处级干部 31 人,科级及以下干部 2184 人;境外培训 1 人。

开展扶贫大讲堂专题讲座。2016 年,围绕县脱贫攻坚摘帽中心工作,创新开展"扶贫大讲堂",邀请广西区内外扶贫专家学者、技术人员到陆川举办精准扶贫专题讲座,授课对象为"第一书记"、扶贫工作队队员、村"两委"干部以及涉农部门领导干部、贫困户代表等。各级扶贫领域骨干教师深入贫困村组举办"扶贫大讲堂"现场讲课。年内,县、镇、村开展"扶贫大讲堂"186 场次,培训帮扶干部、贫困户等 2.56 万人次。以"村淘"进驻陆川为契机,聘请阿里巴巴相关技术人员对陆川村淘报名人员进行业务技术培训,引导大学毕业生和 1980 年、1990 年后出生打工族参加培训,充实壮大农村电商人才队伍。

【干部监督】
领导干部个人有关事项报告 2016 年,陆川县落实领导干部报告个人有关事项制度,严格执行干部廉洁从政有关规定，全县728名科级领导干部已全部上报2015年度个人有关事项报告；配合玉林市组织部干部监督科对陆川县32名副处级以上领导干部填写《领导干部个人有关事项报告表》，并及时进行督促和指导，提高报告内容的规范性和真实性。

干部经济责任审计　2016年，加强领导干部经济责任审计，拓展审计范围，推进"先审计后离任"任中审计。年内，共委托县审计局对8个单位（其中县直单位4个、镇2个、镇卫生院1个、镇中心校1个）共9名领导进行经济责任审计，其中8名任中审计，1名离任审计。

干部选拔任用"一报告两评议"工作　2016年年初，对县食品药品监督管理局、县教育局、县卫计局、县国土局等4个县直单位开展2015年度"一报告两评议"工作，4个单位对干部选拔任用工作的总体满意率评议均为98%以上；并将民主评议和问卷调查结果及时反馈给有关单位，督促进行整改提高，开展"一报告两评议"工作提高全县干部选拔任用工作水平。

干部配备"三超两乱"治理　2016年，根据中央组织部、中央编委办、国家公务员局关于严禁超职数配备干部的通知要求，陆川县开展超职数配备干部情况自查摸底，经查全县超职数配备干部42名，并进行整改消化，至7月底，已全面完成超配整改工作。

【"两新"组织建设】　2016年，全县新组建非公经济组织党组织22个，占组建任务的110%；新组建社会组织党组织6个，占组建任务的120%；全县非公经济党组织覆盖率达89.5%，社会组织党组织覆盖率达86.7%。年内，陆川县依托"党旗领航"主题活动载体，结合两新组织（非公有制组织、新社会组织）特点和实际，创新党组织活动形式，开展"两学一做"学习教育活动，围绕千场党课进车间活动，创新开展"双微"党课（微型党课、微信党课）活动、"两学一做"学习教育

党课"四进五讲"（即党课进车间班组、进村屯小区、进产业组织、进农家党校，讲理论、讲政策、讲法律、讲技术、讲发展）活动，加强中共中央总书记习近平系列讲话精神及《中国共产党廉洁自律准则》《中国共产党纪律处分条例》等党规党纪学习。年内，全县200多个两新组织党组织开展各类党课310多次，增强两新组织党建工作生命力，为促进两新领域党组织服务经济社会发展提供组织保证。

【远程教育】　2016年，陆川县组织拍摄自治区百部系列教学资源片和《玉林儿女》微纪录片，完成自治区百部系列片3部（《不服输的阿军》《陆川风炮补胎技术》《我美丽的九洲江》），均被玉林市远程教育管理办公室选送自治区参加评比，微纪录片《与蛇共舞》选送参加第四届中国西部国际电影节，并获纪实类二等奖。制作完成并播出《玉林儿女》微纪录片3部（《郭家新》《何荣祥》《刘海兰》），《主题展示月》系列片2部（《一个都不能少》——陆川县抓党建促脱贫攻坚工作纪实》《把村级组织活动场所建成群众最向往的地方》）。采取远程教育系统平台信息督查、电信部门技术服务督查、终端站点服务反馈督查等，强化各站点的技术保障水平，实现站点点播率100%。12月30日，玉林市党员干部现代远程教育"十百千"（围绕中药材、名优水果、禽畜养殖等十大特色农业产业，选取有业务拓展需求和辐射带动潜力的100个学用示范基地，培育1000名学用创富标兵）活动工作现场会在陆川召开，与会人员并参观陆川绿丰农业基地、广西神龙王集团有限公司等。

【"美丽广西"乡村建设（扶贫）工作队派驻】　2016年，县委组织部围绕县委、县政府开展推进"美丽广西"乡村建设及扶贫攻坚工作，派驻驻村工作队，按照"党办干部到软弱涣散村、经济干部到产业发展村、农业干部到种养特色村、综治干部到矛盾纠纷村"的原则，实行自治区、市、县、镇四级联动，共选派工作队员377人，其中第一书记67人（其中自治区派10人，市派27人，县派30人），其他工作队员310人（其中自治区派2人，县派124人，镇派184人），并于3月22日前全部驻村工作。14名从市直机关选派的干部担任各镇"美丽广西"乡村建设（扶贫）工作分队队长，并挂任镇领导职务。全县154个村，由驻村干部组成工作组，每村一名县直（区直、市直）单位选派的干部担任驻村工作组长，实行组长负责制，率先在玉林市完成"美丽广西"乡村建设（扶贫）工作队的组建工作。　　　（吕权钊）

2016年12月30日，玉林市党员干部现代远程教育"十百千"活动工作现场会在陆川召开。图为与会人员在马坡镇参观陆川绿丰农业基地　叶礼林　摄

宣传工作

【宣传工作机构及概况】 2016年，中共陆川县委宣传部(简称县委宣传部)内设政秘股、理论股、宣传股、新闻股、党教股、新闻中心、陆川县网络宣传管理办公室、调研股，有干部职工10人(其中部长1人，副部长2人)。年内，县委宣传部学习贯彻中共十八大和十八届三中、四中、五中、六中全会精神，以及全国、自治区、全市宣传部长会议精神，围绕县抓好"两学一做"、实施"一城一地一支点"发展战略、精准扶贫脱贫攻坚摘帽、九洲江流域综合环境治理等工作，推进全县宣传思想工作开展，各项宣传工作取得新进展，县委宣传部获玉林市创建国家公共文化服务示范区工作先进单位。

【理论宣传】

理论学习 2016年年初，陆川县委印发全县理论学习的通知，指导思想、学习专题、学习要求、服务工作等明确理论学习。年内，陆川县以"两抓一促"推进理论学习述学工作。一是抓"关键少数"，强化组织领导。发挥党委(党组)中心组的示范带动作用，主要领导亲自抓、亲自部署，以上率下推动各级党组织理论学习规范化、常态化。县委中心组安排专题学习6次。建立县国税局、温泉镇文昌社区等理论学习示范点。二是抓方式创新，提升学习成效。以"引进来"和"走出去"的方式，邀请专家学者、上级领导到陆川授课，组织领导干部赴外地参观取经；以"请上来"和"沉下去"的方式，把学习对象扩大到非党处级领导、县直单位负责人及贫困村"第一书记"等。三是勤学善思、以学促干。坚持"以中心工作引领学习，靠学习创新思路，用思路促进发展"

的理念，紧扣陆川脱贫摘帽和九洲江生态建设2条底线，把理论学习述学工作贯穿其中。每次县委中心组学习围绕这两项中心工作进行学习、探讨、研究和部署，组织全县干部有针对性地开展"大学习，大培训"，以学习促进工作落实。年内，陆川县理论学习述学工作被玉林市综合评定为优秀档次。

理论宣讲 加大对中共十八届六中全会、自治区第十一次党代会精神的学习宣传，抽调政治素质强、理论政策水平高的领导干部、理论工作者7人组成县宣讲团，分赴各镇和县直有关单位进行巡回宣讲，组织种子宣讲员、驻村干部和贫困村"第一书记"等利用进村入户开展精准扶贫工作契机，与群众开展面对面宣讲，推进中共十八届六中全会和自治区十一次党代会精神进企业、进农村、进机关、进校园、进社区。县宣讲团共举行宣讲会35场(次)。

理论调研 县委主要领导带头，创新"问题—课题—调研—解题"的"有效研究式深学"专题调研学习方法，加强调查研究。全县形成理论文章和调研报告28篇，县委中心组成员在市级以上党报发表文章6篇。

【社会宣传】 2016年，县委宣传部围绕县委、县政府的工作中心，采取悬挂横幅标语、出版展板、电视电台、户外电子屏等多形式开展各项社会宣传工作。开展践行社会主义核心价值观、生态乡村建设、精准扶贫脱贫攻坚脱帽等宣传，组织开展红军长征胜利80周年群众性主题教育活动，举行"全民国防教育日"集体宣传教育活动，开展以"传承红色基因，共建巩固国防"为主题的爱国主义教育和革命传统教育。做好春节、"三月三""五一"、国庆等重要节庆期间的社会氛围营造工作。组织代表队参加玉林市"弘扬伟大长征精神"经典爱国诗词诵读活动暨全区"我邀明月颂中华"纪念长征胜利80周年诗词配乐诵读大赛初赛、青少年爱国主义读书教育等活动。

【对外宣传】 2016年，县委宣传部围绕县委、县政府中心工作，多角度多渠道加大对外宣传，重点抓好"两学一做"、实施"一城一地一支点"、精准扶贫脱贫攻坚脱帽、九洲江流域综合环境治理等的宣传报道。年内，全县在玉林市级以上新闻媒体发正面宣传稿800多篇(条)。其中，被中央级媒体采用60多篇(条)；自治区级采用200多篇(条)；市级采用550多篇(条)。10月26日，《广西日报》头版头条刊登《一个都不能少——陆川实行"五挂作战"推动六万人脱贫纪实》

2016年11月24日，县委宣传部举行学习贯彻中共十八届六中全会精神陆川县宣讲团动员暨骨干培训会   叶礼林 摄

新闻稿,大力宣传陆川在精准扶贫脱贫攻坚脱帽工作中的好做法好经验,并在人民网、新华网、中新网、广西新闻网等媒体转载,为宣传陆川、推介陆川起到良好效果。

【舆情信息】

网络舆情信息 2016年,县委宣传部在玉林市级以上新闻网站登载首发原创稿件68篇,其中人民网、广西新闻网采用稿件18篇,玉林新闻网采用稿件50篇;共收集舆情200篇(条),编写舆情处置报告9篇。

调研舆情信息 2016年,围绕宣传思想文化领域的新形势新变化和工作中的重点、难点问题,开展调查研究,年内共向玉林市委宣传部报送舆情信息及宣传文化工作动态、经验类信息共30条。 (彭斐)

统一战线工作

【统战工作机构及概况】 2016年,中共陆川县委员会统一战线工作部(简称县委统战部)内设秘书股、党外人士民族宗教股,挂牌机构有县委台湾工作办公室(县政府台湾事务办公室)、县宗教事务局、县民族事务委员会;编制7名,在职在编(含台办、民委、宗教局)人员8人。14个镇党委专职或兼职统战委员共14人。全县党外人士担任副处级领导4人,科局级23人(其中正科级3人,副科级20人)。

【民族事务管理】 2016年,陆川县开展民族团结进步模范区创建。年内,争取到中央、自治区民委少数民族发展资金99万元,硬化乡村道路4条总长4.94千米。做好民族成分变更,通过审核变更民族成分7人。走访慰问少数民族困难群众6人次。4月,举办"三月三"专场文艺晚会、民族

知识进校园活动,参与活动人员685人次。

【宗教事务管理】 2016年,县委统战部依法管理宗教事务。建立完善县、镇、村三级宗教工作网络和宗教工作联席会议机制。支持协助县佛教协会筹建陆川普照禅寺,普照禅寺于4月28日奠基开工建设。引导宗教界人士积极参与公益慈善活动,县佛教协会资助贫困学生20人,资助金额3.40万元。年内全县宗教活动正常、健康、有序地开展。

【台湾事务管理】 2016年,县委统战部加强对台事务工作,开展交流合作,促进台资企业发展。在第十二届桂台经贸合作论坛签约仪式上,陆川县龙潭园农民养殖专业合作社与台湾嘉农国际生物科技股份有限公司签订生态生物循环养殖技术合作协议,县人民政府与玉林志威农业有限公司(台资)签订水稻全程机械化合作协议。年内,2个项目均已落地。加强对台胞台属服务与交流,走访、慰问台胞台属16人次。帮助台企解决招工难、办证难等问题10余件。12月15日,自治区台办主任李东兴、副主任丘德彬一行到陆川调研服务台资企业、桂台经贸合作、县域经济发展等情况。年内,县台湾工作办公室获自治区台办系统涉台信息工作二等奖,玉林市涉台信息工作二等奖。

【港澳台和海外联谊活动】 2016年,县委统战部加强与港澳同胞的联谊交流。6月下旬,派员赴香港参加第23届香港广西同乡会就职典礼,并开展相关联谊活动。邀请香港、澳门、台湾等爱国社团到陆川开展交流活动。7月31日,澳门广西玉林联谊会会长汤玉婵带领12名青年部成员到陆川开展"精准扶贫·爱心轮椅捐赠"活动,为陆川县残疾人贫困家庭捐赠轮椅50部、拐杖30副,总价值4万元,并走访慰问残疾人家庭2户,赠送大米、花生油、面条等慰问品和慰问金

等价值1600元。12月3日,台湾世界客属总会秘书长黎原胡率台湾参访团到陆川开展联谊交流活动,开展客家文化座谈交流,参访团成员参观世客城客家文化城建设。11月5日—7日,县委统战部、陆川客家海外联谊会联合开展"同心·统战文化进社区"书法展活动,广西客家海外联谊会会长丘贵明、秘书长陈仕金及陆川县四家班子领导、县内书法爱好者等300多人参加开幕式,现场参观书法展。

【党外代表人士工作】 2016年,县委统战部加强党外代表人士队伍建设,调整、充实党外人士信息库,建立党外干部人才库,对党外人士实行动态管理,全县党外人士干部人才库人员60人,了解掌握党外人士队伍的发展变化情况。引导党外人士建言献策,9月13日,陆川县召开中青年党外干部座谈会,各镇、县直单位的党外干部32人参加会议。

【非公有制人士工作】 2016年,县委统战部加强非公有制人士的理想信念教育,组织非公有制经济代表人士学习中共十八届四中、五中、六中全会精神,鼓励非公有制企业树立科学发展理念,转变发展方式。引导非公经济代表人士投身公益事业,为陆川县扶贫攻坚事业贡献力量。8月26日,县委统战部联合县民族事务委员会、东莞市陆川商会、陆川县佛教协会开展"同心·精准扶贫·圆梦助学"大型公益活动,共为42名贫困生共捐赠助学金10.20万元。11月15日,联合玉林市委统战部到大桥镇北桑村小学开展"同心·农村教育烛光行动"暨教育精准扶贫教学设备捐赠活动,市委常委、统战部部长商娜红、副市长、民盟广西壮族自治区委副主委、民盟玉林市委主委邓长球,市政协副主席徐建伟,县委书记蒙启鹏,县委常委、统战部部长周林出席捐赠活动,爱心企业——恩泽电教设备有限公司为大桥镇北桑小学和温泉镇安宁小学捐赠电脑、多媒体教学设备

一批,价值 75 万元。10 月 31 日,开展"扶贫济困·与爱同行"健康饮水精准扶贫净水器捐赠活动,净水先生为米场镇贫困户家庭现场捐赠净水器 100 台,价值 12.8 万元。

【陆川县扶贫基金会成立】 2016 年,成立陆川县扶贫基金会。10 月 28 日,召开陆川县"商行天下·情系陆川"招商推介恳谈会,县四家班子领导、各镇、各相关部门相关领导及陆川籍企业家共 218 人出席会议。会议进行"陆川县扶贫基金会"启动仪式和现场认捐活动,参会企业家现场认捐 1498 万元。12 月 2 日,召开陆川县扶贫基金会成立大会,会议听取并审议通过《陆川县扶贫基金会章程》陆川县扶贫基金会选举办法,选举产生第一届陆川县扶贫基金会理事会。年内,全县共募集到扶贫爱心捐款 1520 万元。

陆川县扶贫基金会为公益性、非营利性公募基金会,经县委、县政府批准,由县委统战部牵头筹备成立,在县民政局登记备案,受县扶贫开发办公室业务主管。县扶贫基金会捐款主要用于开展各种扶贫济困活动;资助县内贫困村进行必要的教育、卫生、环境和文化建设;扶持贫困家庭和人口改善其生产条件和生活条件;对遭受自然灾害的地区进行紧急救援,减轻灾民的疾苦,实施灾后重建等。

(林云莎)

县直机关党建

【县直机关党建工作机构及概况】
2016 年,中共陆川县直属机关工作委员会(简称县直机关工委)内设办公室、县直机关人民武装部、党政机关工会,编制 9 名(其中行政编制 8 名,后勤服务事业编制 1 名),实有人员 10 人。县直机关工委下辖党委 1 个,

党总支部 15 个,党支部 230 个。中共党员 4934 人,比上年净增 12 人。年内增加党员 156 人,其中发展党员 25 人,转入组织关系 131 人;减少党员 144 人,其中转出组织关系 119 人,死亡 25 人。党员人数中,其中男性党员 3731 人,女性党员 1203 人;在岗职工党员 2572 人,离退休职工党员 1832 人,其他党员 530 人。高中以上学历党员 4056 人。选举产生陆川县第十四次党代会代表 58 人,推荐出席自治区第十一次党代会候选人 13 人。

【党组织建设】 2016 年,县直机关工委以开展机关党建"规范化建设大行动"活动为契机,加强党组织建设,做好党(总)支部换届选举工作。年内,撤销党支部 4 个,成立党委 1 个、党支部 7 个,即撤销中共陆川县人民政府调解处理土地山林水利纠纷办公室支部委员会、中共县林业局政秘营林支部委员会、中共县林业局林政公安支部委员会、中共县林业局能源消防支部委员会;成立中共陆川县社会组织委员会、陆川县农村淘宝项目电子商务办公室支部委员会、广西建大建设集团有限公司支部委员会、县生活垃圾卫生填埋场支部委员会、县老干部支部委员会、县林业局机关支部委员会、县林业局森林公安支部委员会、县林业局联合支部委员会。

有 125 个党(总)支部进行换届,选任支委 458 人,补选支部书记 26 人、副书记 4 人,补选支委 12 人。推进 ISO 9001 党建质量管理体系建设,抓好信息录入工作。

【党员队伍建设】 2016 年,县直机关工委加强入党积极分子队伍建设及预备党员的教育管理,确定发展对象 35 人,新发展党员 25 人(其中女性党员 9 人,35 岁以下的党员 11 人),办理预备党员转正手续 29 人。建立入党积极分子和发展对象档案,对县直机关入党积极分子、发展对象登记造册。坚持年度党员民主评议制度,评选年度优秀共产党员 252 人,合格党员 4682 人。

县直机关工委先后举办入党积极分子培训班、发展对象培训班共 2 期,每期培训为期 3 天,共培训发展对象 27 人和入党积极分子 38 人。培训主要内容有《中国共产党章程》、党的基础知识及有关法律、法规知识,经培训考试,全部合格。

【党务干部培训】 2016 年 11 月 4 日,县直机关工委在县委党校举办县直机关事业单位党务干部培训班,县直机关分管党建工作领导和组织委员 125 人参加培训。重点加强对《中国共产党发展党员工作细则》培训学习,提高党务干部的业务水平和工作能力。

2016 年 11 月 22 日,陆川县在县委党校召开机关党建规范化建设"集中攻坚月"活动部署会

县直机关工委 提供

【党员服务活动】 2016年,县直机关工委结合"脱贫摘帽攻坚"活动,县直机关党组织党员干部深入村屯、深入贫困户了解民情,针对贫困户的家庭、生产、生活情况,提出切实有效的帮扶措施,确保贫困户真正脱贫。开展在职党员到社区报到为群众服务活动,县直机关企事业单位组织在职党员到居住地社区或工作单位所在地社区党组织报到为群众服务,印制《在职党员进社区服务手册》,在职党员按照手册要求开展服务活动,县直机关事业单位党组织加强与社区的沟通,定期了解本单位党员在社区的现实表现,年底填写《在职党员所在单位年审结果备案卡》,对党员进社区情况进行年审。年内,共组建168人的志愿者队伍,服务群众1.69万人次,做好事1838件,发放宣传品2.5万册(张),县直机关党组织3680多名党员干部深入基层为民办实事,排查各类矛盾纠纷和安全隐患1016起,解决一批群众关心的热点、难点问题。

【机关武装部工作】 2016年,县直机关武装部工作重点抓好民兵整组,加强民兵应急分队建设和征兵工作,协助维护全县社会稳定工作。加强民兵整组,健全县直民兵基层组织,调整充实民兵应急分队,组建专业对口分队,抓好年度征兵工作,实行征兵对象公示制,严把政审关,做到公开、公正、公平,按要求完成新兵征集的计划任务。

【机关党费收缴及管理】 2016年,县直机关工委按照中组部的部署,开展党费收费清理、补交工作,组织县直机关各党组织对2008—2016年党员缴交党费情况开展自查、清理、补交党费,共补交党费21万元,2016年共收缴党费25万元,党费实行专人管理、专户储存,并及时上缴县委组织部。

【中国共产党建党95周年纪念活动】
2016年,陆川县开展纪念中国共产党成立95周年活动,县直机关工委组织开展慰问特困党员活动,县直机关各党(总)支部开展演讲、球赛、唱歌、郊游、慰问、座谈会等形式的庆祝活动。结合各单位工作的实际开展慰问特困党员、职工活动;县直机关工委组织人员慰问生活特别困难党员20人,了解困难党员的家庭生活、工作情况,并赠送慰问物品,每人发放慰问金300元。　　　　　(黎良成)

"两新"党组织建设

【"两新"组织管理机构及概况】 2016年11月,中国共产党陆川县非公经济组织和社会组织党工委(简称"两新"组织党工委)内设综合股、组织建设股,实有干部职工5人。"两新"组织党工委以开展"两新"组织党组织"规范化建设百日攻坚大行动"为契机,突出县委书记基层党建创新项目工程,围绕党建规范化建设"六个规范"(组织建设规范化、队伍建设规范化、阵地规范化、组织活动规范化、制度建设规范化、经费保障规范化)目标,全面推进"两新"组织覆盖。全县共建立有非公企业党组织243个,党组织覆盖率为89.6%,比上年底提高9.31个百分点;建立社会组织党组织59个,党组织覆盖率为85.1%,比上年底提高7.25个百分点。

【"两新"党组织阵地建设】 2016年,"两新"组织党工委推进"两新"党组织阵地规范化建设,按照"六个规范"目标,落实"两新"党组织党员活动室、党支部办公室、档案柜等"两室一档",配备党旗,印制"两学一做"学习记录本等。在"两新"党组织中分别设置技术服务岗、信息服务岗、卫生监督岗、矛盾化解岗、文体服务岗、生态种养岗等岗位,实施设岗定责,开展设岗评星,发挥"两新"党组织领航作用。广西英平牧业公司联合党支部组织养殖业主现场参观生态种养岗党员的养殖场,宣传推介雨污分流、干湿分离的高架网床生态养殖模式,带动70多家养殖业主建成高架网床生态养殖场。

【"两新"党组织第一书记及党建指导员选派】 2016年,"两新"组织党工委继续向"两新"党组织选派第一书记和党建指导员。在全县243个非公经济组织、59个社会组织的党组织中选派第一书记和党建指导员。加强"两新"组织党组织队伍建设,举办"两新"党组织书记专题培训班,重点对第一书记进行党务知识、安全生产管理知识业务培训,提高支部书记综合素质。

【"两新"党组织主题实践活动】 2016年,"两新"组织党工委在全县"两新"党组织开展"五大系列"主题实践活动。一是开展"万户培训"活动,围绕九洲江整治、生态乡村建设,开展生态养殖"万户培训"计划,发挥生态种养岗党员辐射带动作用,培训850多场次,培训农户8400多户。二是开展"结对带富"活动。采取"党员+农户"的形式,党员与群众结成党群致富综合服务体2400多个,为群众提供信息、技术等服务,辐射带动群众增收致富。马坡镇雄英村辣椒种植基地党支部,30名党员与群众结成党群致富综合服务体120个,带动当地300多户农民种植辣椒70多公顷。三是开展"诚信先锋"教育评比活动,以"诚实守信是企业灵魂,先锋模范是党员标尺"为主要内容,发挥"两新"党组织矛盾化解岗党员作用,共破解企业和农户在发展中遇到的土地、资金债务、销售等矛盾纠纷50多起,促进产业经济和谐稳定发展。四是开展"双微"(指微行党课、微信党课)党课活动。在"两新"组织党员、员工和种养户业主中建立微信群,党组织每周发送一次重要政治时事及县委、县政府的重要工作部署和技术、销售、市场动态服务信息,把最新"三农"政策和非公经济政策贯彻到党员群众;通过"双微"课堂,共组织"两新"组织党组织上党课 1500 多次,为党员群众发送技术、销售、市场动态服务信息 8500 多条。五是开展"生态文化"教育活动。以"两学一做"学习教育活动为契机,组织人员进村入户宣传弘扬客家人崇尚生态、顺应生态、亲近生态、包容生态的美德,带领群众参与九洲江整治和生态乡村建设,引导产业链上农户自觉拆除涉污养殖场 675 家,动员业主捐款 300 多万元支持生态乡村建设。

(陈广海 刘柱)

机构编制

【机构编制机关及概况】 2016 年,陆川县机构编制委员会办公室(简称县编委办)内设政秘股、行政机构编制股、事业机构编制股,编制 11 名,在编在职人员 9 人;下属县事业单位登记管理局,编制 15 名,在编在职人员 7 人。年内,县编委办开展行政审批制度改革、镇机构"四所合一"改革,完成县政府部门及镇政府权责清单制度工作,开展机关、群团和事业单位法人统一社会信用代码工作,严控机构编制,强化机构编制管理,完成年度机构编制工作任务,为全县经济、社会发展提供组织机构保障。

【机构编制统计】 2016 年,全县有行政机构 79 个,其中县级行政机构 65 个,乡镇行政机构 14 个;各类事业单位机构 593 个,其中财政全额拨款单位 536 个,差额补贴单位 36 个,经费自理单位 21 个。

行政编制及人员情况。2012 年年底陆川县行政编制基数为:党政群机关行政编制 1153 名(其中县级 605 名、镇级 548 名),政法专项编制 630 名。2013 年以来,陆川县按上级下达的行政编制执行。2016 年,全县党政群机关现有行政编制 1317 名(其中县级 769 名、镇级 548 名),政法专项

编制 637 名。全县党政群系统实有人员 1169 人,其中县级 734、乡镇 435 人;全县政法系统实有人员 586 人,比上年减少 24 人。

事业编制及人员情况。2012 年年底,全县事业编制 14753 名。2013 年后,全县各类事业编制控制在 2012 年底统计基数内,新设单位所需编制从有空编单位的编制中或收回的 5% 编制中解决。2016 年,全县有事业编制 14753 名,其中参公事业编制 936 名,全额拨款事业编制 10758 名,差额拨款事业编制 2265 名,自收自支事业编制 773 名,党政群机关使用事业编制 21 名。在编在职人员 13446 人,其中参公单位 823 人,全额拨款单位 10589 人,差额拨款单位 1385 人,自收自支单位 649 人。全县事业编制空编 1307 名。

【控编减编】 2016 年,陆川县围绕自治区"全区各级行政编制总量不得突破中央和自治区下达的限额,全区事业编制总量以 2012 年年底统计数为基数,5 年内只减不增"的控编减编工作目标,做好全县的控编减编工作。一是控制新设机构。控制和把关机构设置的审批,新设单位按照"撤一建一,增减平衡"的原则办理。2016 年,新设行政机构 1 个:陆川县委巡察工作办公室,为县委巡察工作领导小组日常办事机构,设在县纪委,不算机构个数;新成立挂牌事业机构 1 个:陆川县水利水电工程建设质量与安全监督站,不算机构个数;陆川县人大常委会教科文卫和民族工作委员会、陆川县人大常委会农业农村与环资城建工作委员会、陆川县人大常委会选举联络工作委员会列为独立机构;减少机构 1 个,即陆川县地税局改为垂直管理。二是从严使用编制。凡属政府购买服务方式能解决的岗位,不予批准使用编制;职能萎缩的单位,人员只出不进。年内,无增减行政编制,主要是县级党政群系统内部调剂行政编制 2 名;无增减行政编制,县级事业单位内部调剂编制 75 名,乡镇事

业单位无编制调整。全县共使用编制 419 名,其中行政编制 72 名,事业编制 346 名,机关后勤服务聘用控制数 1 名;用于转业士官安置 10 名,公开招考(聘)338 名,其中公务员(含参公单位)招考 110 名,事业单位招聘 228 名。三是对涉及机构改革部门,改革期间一律冻结编制使用,人员只出不进;乡镇换届期间,全县机关事业单位人员只出不进。对部门上报的公务员招录用编和事业单位招考用编进行严格审核。四是强化机构编制实名制数据管理。及时更新机构编制台账和完善机构编制实名制数据管理系统,对新录用人员、调动人员、退休人员等信息在台账数据和机构编制实名制数据系统调整和更新,实时监控机构编制情况。五是加强机构编制监督检查。把机构编制政策执行情况纳入督查工作范围,建立由县委组织部、县监察局、县人社局、县财政局、县编委办等部门联合督查机制,利用事业单位登记年检、实名制管理等建立日常监管机制,对发现的问题适时开展专项检查,加强专项监督与日常监管相结合,保证机构编制督查工作经常化,进一步增强督查工作实效。1 月,县编委办、县人社局、县财政局、县教育局等部门联合组成 3 个工作组到全县各中小学,对在校学生数、教学班级数、教职工编制数进行现场核实和监督检查,并根据相关标准重新核定县中小学教职工编制上报方案。

【镇机构"四所合一"改革】 2016 年,陆川县在全县 14 个镇推进"四所合一"改革,整合国土资源管理、村镇规划建设以及城管、环境保护、环境卫生、安全生产监督管理等职责,设立国土规建环保安监站,挂综合行政执法队牌子,属镇管理的副科级事业单位。并推进国土规建环保安监站"六个有"(有机构、有班子、有队伍、有场所、有制度、有保障)建设,人员已调整到位,已办理法人证书、编制证,落实办公场所、经费,完善相关制度上墙。9 月,县国土局、住建局、环保局、安监局等

4个业务主管部门分别向14个镇委托授权,共委托下放权力事项6项、服务事项24项,国土规建环保安监站业务上分别受县级业务主管部门指导和监督。

【行政审批制度改革】 2016年,陆川县行政审批制度改革重点推进行政审批事项动态化管理,开展行政审批中介服务事项清理,实行中介服务去行政化工作等。

行政审批事项动态化管理 根据自治区人民政府关于取消和调整一批行政审批事项的文件要求,陆川县开展行政审批事项清理规范工作,全县取消和调整行政审批事项共28项,其中取消19项,调整9项。各单位及时制定取消事项的事中事后监管方案,县审改办更新调整行政审批事项目录,县政务服务管理办公室更新调整政务服务中心数据库。调整的审批事项名称、实施主体等已调整与自治区政府决定一致。年底,县审改办根据各单位上报的行政许可审批事项进行梳理、汇总,并征求各单位意见,修订形成《陆川县本级行政许可审批事项目录》,全县有行政许可事项292项。各相关单位保留的行政许可审批事项要与动态调整后的陆川县本级行政许可审批事项目录名称一致,不在目录中的审批事项一律不得审批。

行政审批中介服务事项清理。根据自治区人民政府关于清理规范行政审批中介服务事项的文件要求,全县共清理两批行政审批中介服务事项74项,已发文印发给各相关单位,在政府门户网站向社会公布。对清理规范的行政审批中介服务事项,不再作为行政审批的受理条件,并及时更新涉及的行政审批事项的操作规范和3.0系统的受理条件。

中介服务去行政化工作 2016年,根据自治区人民政府出台的降低实体经济企业成本若干措施的意见及关于进一步推动行政审批中介服务去行政化工作文件要求,陆川县开展行政审批中介服务去行政化工作,各相

2016年,陆川县推进政府部门权力清单制度实施及乡镇"四所合一"改革。图为9月29日县举行乡镇"四所合一"改革推进工作会议暨签订下放权力事项委托书仪式

县编制局 提供

关单位组织人员进行清理和排查,制定推进行政审批中介服务去行政化工作方案。全县没有审批部门以任何形式指定行政审批中介服务机构,也没有机关工作人员和离退休人员在中介服务机构兼职(任职)等情况。

【政府部门权力清单制度实施】 2015年,陆川县完成县级政府部门权责清单的清理、审核工作,共保留县级权力事项3047项(包含各部门共性权力10项),部门主要职责共492项,部门间相关的职责83项,公共服务事项登记137项;保留的事中事后监督制度共273项。2016年6月20日,县人民政府以文件形式公布县级政府部门权力清单和责任清单,并在县人民政府门户网站、县政务服务网站、编制清单的部门官方网站设置固定板块予以公布。开展镇政府权责清单制度工作,10月启动镇政府权责清单工作,县人民政府办公室印发推行镇政府权责清单制度工作实施方案,成立工作领导小组,明确镇级政府权责清单工作目标,确定实施的对象和清理范围。10月28日,召开推进镇政府权责清单动员会暨培训会。年底,14个镇上交镇权责清单的电子版材料,12个县级部门上交下放的权责事项汇总表。

【单位法人统一社会信用代码制度改革】 2016年5月,陆川县启动县机关、群团统一社会信用代码赋码,实施事业单位法人统一社会信用代码制度。原由县质监部门办理的组织机构代码改革为由县编制系统办理统一社会信用代码。对行政机关和群团单位,根据单位申请发放《统一社会信用代码证书》;对于事业单位,将原机构编制部门所属事业单位登记管理机关核发的事业单位法人证书、质监部门核发的组织机构代码证,改为由机构编制部门所属事业单位登记管理机关核发《事业单位法人证书》,统一社会信用代码加载18位码段,实行"两证合一",换发新版《事业单位法人证书》。年内,共核发行政机关和群团单位统一社会信用代码证书64份、事业单位法人证书595份。

(吕寿钦)

信访工作

【信访工作机构及概况】 2016年,陆川县信访局内设政秘股、信访股,行政编制5名,在职人员5人。下辖

县信访接待中心(县网上信访服务中心),编制 6 名,实有人员 4 人。全县有镇综治信访维稳中心 14 个,村(社区)综治信访维稳工作站 164 个,有专(兼)职信访工作人员 220 人。年内,开展群体性信访突出问题化解年和信访矛盾多元化解机制建设年活动,加强"阳光信访""责任信访"和"法治信访"建设,推进信访工作制度改革,维护群众合法权益,反映社情民意。全县信访总量、进京非正常上访等主要信访工作指标下降。县信访局获自治区信访系统记集体二等功。

【信访受理】 2016 年,县信访局受理群众来信来访 2275 件次,比上年同期略有下降。其中,网上信访信息系统受理群众信访事项 431 件,到期办结 416 件,未到期 15 件。群众网上信访事项 792 件,办结 792 件,办结率 100%;陆川县实现进京零非访、零失控。

【领导接访】 2016 年,陆川县把领导接访作为化解信访突出问题的重要渠道,推动信访突出问题化解。一是建立县科级维稳带班值班领导签到制度。2016 年年初,县委办公室下发关于建立县科级维稳带班值班领导签到制度的通知,每天安排的县科级值班领导,按正常的上班时间到县信访局接访大厅签到接待上访群众,协助县领导接访集体访,协调处理信访突出问题。年内,领导接访接待群众 30 批 318 人次,化解信访突出问题 37 件。二是建立《县领导接访处理单》和《群众集体上访接访处理单》的呈批、跟踪、落实工作制度。县信访局通过协助县领导接待处理集体上访群众 16 批次,全部呈县领导签单化解,由县分管领导批示转相关职能部门限期化解。解决特殊疑难信访问题 4 件,信访人息诉罢访。

【"阳光信访"信息系统应用】 2016 年,县信访局实行网上受理信访,推行阳光信访。建立网下办理、网上流转的群众信访事项办理程序,实现办

2016 年,陆川县开展集中化解信访积案攻坚工作。图为 4 月 26 日县召开集中化解信访积案攻坚动员大会   县信访局 提供

理过程和结果可查询、可跟踪、可督办、可评价,增强信访工作透明度和公正性。7 月,召开陆川县网上信访信息系统应用工作推进会,对亮"红灯"和"黄灯"的信访事项的责任部门,通过电话、亲自上门、发督办文件等形式进行督办确保信访事项信息及时准确录入。年内,陆川县网上信访信息系统共受理群众信访事项 431 件,到期办结 416 件,未到期 15 件,黄灯事项 0 件,红灯事项 0 件。

【信访积案化解】 2016 年,陆川县开展信访积案化解攻坚工作,成立由县委书记、县长为组长的化解信访积案攻坚活动领导小组,组建 14 个由县领导任组长的化解信访积案工作组 14 个,分别到各镇及相关部门开展信访积案化解,各镇及相关部门相应成立化解信访积案领导小组,党政一把手任组长。信访积案化解工作实行分案包干、层层落实、级级负责,各镇、各部门和回乡工作组为信访积案化解责任主体,实行"五包"(包掌握情况、包解决困难、包教育转化、包稳控管理、包依法处理)责任制。4 月 26 日,召开全县集中开展化解信访积案攻坚活动动员会议,信访积案和突出信访问题化解采取因案施策、一案

一策、分类处理的办法,制定合理有效的解决方案,开展"三看(看诉求、看部门、看领导)两包(包化解、包不出现二次上访)创平安(创建平安陆川)"活动,做到政策落实到位、问题处理到位、思想疏导到位、稳控措施到位。年内,全县共化解信访积案 16 件,主要是自治区交办的信访积案 16 件、另外交办突出问题 1 件,玉林市交办两会进京上访信访案件 2 件,已全部化解,化解率 100%。陆川县积案化解经验材料《"三看两包创平安"积案化解显成效》入编自治区信访局《信访工作典型经验推广年经验材料选编》。

【信访信息上报】 2016 年,县信访局完善信访信息汇集、分析研判和上报制度。坚持每月把群众来信来访情况汇集研判,综合分析,编制《信访通报》(共 12 期),上报县委、县政府县领导阅示,为领导决策提供依据。对突发的、典型的、大规模的群体上访事项或敏感时期群众上访情况,根据上访的性质,整理编制《信访要情》(共 7 期),及时呈送县有关领导阅示。

【领导干部大接访活动】 2016 年,陆川县开展县委书记大接访活动,每

月15日为县委、县政府领导定期接访日，坚持每天安排一名处级领导维稳值班，负责当天的信访维稳值班工作。按照"五个一"（一名包案领导、一个工作班子、一套化解方案、一份会办纪要、一套稳控措施）和"五包"（包掌握情况、包解决困难、包教育转化、包稳控管理、包依法处理）工作机制，配合县委、县政府严格实行领导干部包案责任制，确保疑难复杂信访问题得到有效解决。年内，县领导到县信访局维稳带班值班接访，接待群众30批318人次，当场化解处置信访问题14个，批示转办及交办信访件16件。县四家班子领导带领县有关部门干部深入全县各挂点镇的村、屯开展下访接访活动，各镇党委政府主要领导也开展接访下访活动，有力推动各类信访问题得到及时就地处理，一大批信访问题在基层得到有效解决。 （谭腾辉）

老干部工作

【老干部工作机构及概况】 2016年，陆川县委老干部局内设综合股，在职干部职工4人；下属有老干部活动中心，在职干部职工2人。老干部工作社会群团组织挂靠县委老干部局，无编制，工作人员从离退休干部中聘任。有县老年大学、县关心下一代工作委员会（简称县关工委）、县老年人体育协会（简称县老体协）、县革命老区促进会（简称县老促会）、县老年学学会。

2016年12月，全县有离休干部63人，其中行政机关40人，全额拨款事业8人，差额拨款事业1人，自收自支事业1人，国有企业13人；享受厅级待遇1人，正处级待遇8人，副处级待遇22人，科级待遇32人；抗战前期2人，抗战后期1人，解放战争时期60人；90岁以上的18人，80~89的45

人，平均年龄88岁；在县城安置50人，在乡镇安置2人，在农村安置4人，跟随子女长期在南宁、玉林居住的7人；离休干部享受生活完全不能自理护理费照顾的30人，属原县四家班子领导离休8人。

【老干部思想政治建设】 2016年，县委老干部局聘请县委宣传部领导、县委党校教师为老干部作形势报告、辅导学习中共十八届六中全会精神2次；为每位离休干部订阅《老年知音》《中国老年》杂志，为老干部阅览室订阅党报、党刊和杂志20多种；组织老干部参加县党代会、县人大会议、政协委员会，县委、县政府召开领导班子专题民主生活会和党员专题组织生活会，政府工作报告征求意见座谈会，清明纪念革命先烈活动，烈士公祭活动，政协九届一次和十六届人大一次会议等重要会议和重大活动10次。

【老干部生活待遇落实】 2016年，县委老干部局在春节和中秋节，分别走访慰问原籍陆川或在陆川工作过，现在玉林、自治区离退下来的厅级以上老领导、原县四家班子离退休老领导和离休干部，向老干部发放慰问金

和慰问品25.90万元；走访慰问离休干部遗属5人，发放慰问金1500元。坚持日常走访、生日祝寿、住院探视、去世送葬等制度，年内共走访老干部212人次，为老干部生日祝寿63人，发放祝寿金1.26万元，探望生病住院老干部78人次，接待来访的老干部55人次，来信6件；协助做好老干部后事处理，送老干部最后一程5人。落实医疗待遇，9月29日，组织离休干部及原县四家班子退休干部100多人到县人民医院进行健康检查，并建立老干部健康档案；组织离休干部就地就近开展健康疗养1次，健康疗养费每人1500元。健全完善离休干部医疗帮扶机制，为6名离休干部报销因病住院治疗的自费药费1.20万元；帮助居住县外的离休干部8人报销药费19笔27万元。

【老干部参观考察活动】 2016年3月3日，县委老干部局组织离休干部和原县四家班子离退休老领导40多人参观考察锦源物流城、世客城、电子商务服务中心、温泉污水处理厂（二期）乌石吹塘、龙化博途投资"十里河画"项目、生态乡村建设、陆中桥头九洲江两岸风貌改造、金穗桥、龙豪工业

2016年8月26日，陆川县组织离休干部和原县四家班子退休干部参观考察农业基地及新农村建设。图为老干部参观乌石吹塘"十里河画"公园

县老干局 提供

园长隆电子有限公司。8月26日,组织离休干部和原县四家班子退休干部30多人参观考察乌石吹塘十里河画公园、乌石龙化中药材种植基地、良田神龙王高架网床猪养殖基地、良田污水处理厂和良田文官村官海屯生态庭院建设等。

【建国初期参加革命工作退休干部信息上报】 2016年5月,根据自治区党委组织部、老干部局和玉林市委组织部、老干部局有关文件精神,县委老干部局对陆川县内1949年10月1日至1950年6月30日期间参加革命工作退休干部信息开展收集、汇总和报送工作。5月9日,县委组织部、县老干部局联合召开有关部门领导会议,印发《关于报送建国初期参加革命工作的退休干部信息的通知》,12月完成对信息汇总报送工作,全县统计建国初期参加革命工作退休干部87人。

【老年大学工作】 2016年,县老年大学根据老干部的特点和爱好,开设政治、保健、书画、诗词、音乐、舞蹈等10个专业,组织学习活动正常,入学老干部逐年增加,在校学员达到500多人。

【老干部活动阵地建设】 2016年,县委老干部局加强老干部的活动环境建设,重点抓好老年大学、老干部活动中心"两个阵地"建设。县财政支持资金15万元,为县老年大学购买电子琴24台,安装投影机1台,装饰东楼楼梯扶手;在功勋花园安装石板凳28张等。下半年,开展全国示范性老年大学创建活动,县财政支持资金21万元改善县老年大学活动环境,在西楼四楼活动室地板铺上塑胶,改造装饰活动室3间、教室2间,更换教室的台椅。

【老干部文体活动】 2016年,县委老干部局在春节、"五一"、国庆、元旦等重大节日举办老干部文艺晚会;组织开展门球、乒乓球、气排球、地掷球、麻将、象棋等各项比赛活动;组织老干部艺术团深入乡镇、社区宣传中共

十八届五中、六中全会精神、"美丽陆川、生态乡村"和"两学一做"学习教育活动等文艺演出7场次;3月、5月分别组队参加玉林市老体协举办的乒乓球、民族健身操比赛,均获优胜奖;9月代表玉林市老体协参加广西老年人民族健身操比赛,获优胜奖;组织老干部参加玉林市老干系统"多彩金秋"文艺汇演,参加演出项目大合唱、山歌擂台赛和书画等均获优秀奖。

【关心下一代工作】 2016年,县关工委加强镇一级关心下一代工作组织机构建设,调整组织机构10个,加强对全县"五好"(领导班子建设好、骨干队伍作用好、制度健全执行好、活动经常效果好、积极探索创新好)关工组织的检查;清明节期间,县关工委组织15个老干部代表报告团深入到全县中小学校开展"普法先行,关爱明天""弘扬长征精神,做有道德的人"主题教育活动,教育动员学生弘扬长征精神,做一个有道德的人,受教育师生8万多人次;开展扶贫助学活动,发动20个单位和个人,跟踪帮扶贫困学生37人,捐助帮扶资金2.30万元。深入乡镇、学校和机关单位发动征订2017年《中国火炬》学习宣传资料260多份。 (江焕海)

党校工作

【党校工作机构及概况】 2016年,中共陆川县委党校(简称县委党校)内设办公室、教务培训科、教研室、科研科、总务科、图书馆,编制19名,在职在编干部职工13人,其中教师10人(高级讲师2人,讲师4人,助讲3人,教员1人)。7月增挂"中共玉林市委党校陆川分校"牌子,实行一套人马两块牌子。年内,县委党校推进干部培训,加强教学改革创新,增强培训教育实效性,开展科研工作,为县委

政府决策服务。获玉林市党校系统年度工作评比二等奖。

【干部教育培训】 2016年,县委党校加强干部教育培训工作,按照县委以及上级党校有关干部教育培训的要求,确定培训内容和计划,多层次、宽领域地开展党员干部的教育培训工作,与组织部举办主体班8期,培训干部1353人次;与水利局、农业局、安监局、财政局、水产畜牧局、县直机关工委等部门联合举办各类培训班53期,培训学员7396人次。办班期数与培训人次创历史新高。

【校园建设】 2016年,县委党校筹资30多万元,推进教学、办公等基础设施建设和校园文化建设,全面提升学校的办学水平。其中,投资18万元修整学员餐厅;投资6万元配套添置多媒体教学投影设备、办公一体化复印机、小型复印机等一批,完善教学办公设备;投资7万元进行以"熔炉"为主要内容的校园文化建设、党建规范化建设、党风廉政文化建设,提升党校党性教育的功能。

【教学创新】 2016年,县委党校推进教学创新,根据干部不同岗位需要和自身能力需求,合理设置培训班次和内容,增强针对性和实效性。把解决县内经济社会发展的现实问题为重点,紧密结合全县实际,着重加强新理论、新政策、新形势、新法规和民生保障方面的教育培训。在教学中综合运用讲授、座谈交流、案例、实地调研等方式方法,提高培训教育效果。教学管理方面,建立健全教师选课、集体备课、学员评教等教学管理机制。多次组织教师聆听县委领导和玉林市委党校教授主讲的专题课,提高教师的理论水平和教学能力。年内,全校完成新增教学专题13个,每位教师人均完成新增教学专题课1个以上。其中,获玉林市委党校系统优质课评选活动二等奖2人、三等奖2人,县委党校获玉林市

委党校系统优质课评选活动组织工作一等奖。

【科研活动】 2016年，县委党校科研工作坚持"四服务"（为理论创新服务，为教学质量服务，为党委政府决策服务，为"三文明"建设服务）的方针，围绕全县经济社会发展情况开展调研活动，全校教师撰写科研论文9篇，完成县情调研报告2篇，其中《引导农村土地有序流转助推农业产业化》《适应新常态落实全面从严治党的实践与思考》等科研文章在《玉林论坛》发表。

【外援宣教活动】 2016年，县委党校发挥教学优势，鼓励和支持教师外出施教，开展送教上门活动。选派3位教师到全县各镇及部分县直单位巡回宣讲，重点宣讲中共十八届五中全会、六中全会及"中央1号文件"精神。应有关部门邀请派出教师6人次到县直部门、企事业单位以及乡镇村屯上专题辅导课。年内，共举办宣讲专题课38场，听课人数1.31万人次。

（蓝恩明）

党史编研

【党史编研机构概况】 2016年，中共陆川县委党史资料征集办公室（简称县党史办）内设政秘股、征编股，编制6名，在职人员8人。年内，县党史办开展党史资料征编，加强党史宣传教育。

【党史资料编辑】 2016年，县党史办征集年度陆川县党史大事记资料80多份8万字，整理上报大事记资料4000字；完善陆川县党史正本第一卷初稿约30万字，征集、整理第二卷资料约20万字；整理社会主义革命（1949年1月—2000年12月）时期

陆川大事记25万字。

【党史宣传教育】 2016年，县委党史办征订党史专刊《玉林党史大事记》50份，发放到县委常委及离退休干部代表。清明节期间，联合县关工委开展陆川革命英烈事迹宣传活动，协助乌石镇坡脚村革命传统教育基地开展展览工作。4月，县党史办主任江家一到县委中心组宣讲党史国史。10—12月，组织人员到横山、良田、温泉等镇及县卫计局、县公安局宣讲中共中央党的十八届六中全会精神。

【革命遗址遗迹保护】 2016年，陆川县修缮革命遗址保护项目2个。其中，投资20万元，维修大桥镇瓜头村中共原地下组织活动场所及纪念馆，修缮楼层2层、面积380平方米；投资56万元，对马坡六平交通站革命遗址进行保护修缮，重建房屋306平方米。

（姚日成）

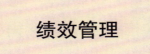

绩效管理

【绩效管理机构及概况】 2016年，陆川县绩效考评领导小组办公室（简称县绩效办）行政编制4名，机关后勤服务1名，在职3人。下辖县绩效评估中心，事业编制5名，在职人员3人。年内，进一步完善绩效考评指标和考评办法，加强绩效目标的考核等，完成2015年度绩效考评工作。陆川县获玉林市2015年度绩效考评二等奖、获玉林市2015年度绩效单项考评优秀奖。

【绩效目标制定】 2016年，县绩效办围绕自治区、玉林市和陆川县委、县政府提出的战略目标和重大工作任务分解落实到各单位。4月，各镇、各单位根据上级要求，结合本单位的工作职能实际，设置年度绩效工作目

标，明确责任，分解细化绩效目标任务，制定绩效目标计划并上报县绩效办。县绩效办根据各镇、各部门年度绩效目标，统一编印成《陆川县2016年度机关绩效目标责任分解书》，并印发给各有关单位。8月，县委、县政府下发《陆川县2016年度机关绩效考评工作方案》，绩效考评分镇、县直（中直、区直、市直）部门两大块，列入考评单位88个。其中：镇14个；县直（中直、区直、市直）部门考评单位74个，分党群综合管理类、经济调节管理类、社会管理服务类、执法监督管理类、专项事务管理类等5大类。11月，县绩效考评领导小组下发《陆川县2016年度机关绩效考评指标体系和评分细则》。

2016年，自治区下达陆川县绩效考评三级指标75个，主要涉及经济建设、社会建设、文化建设、生态建设、法治建设等方面内容；玉林市下达陆川县绩效考评三级指标74个，主要涉及经济建设、社会建设、文化建设、生态建设、法治建设等方面内容；县委、县政府将自治区、玉林市下达绩效目标任务分解落实到各单位。

【绩效目标考评】 2016年，县绩效办采取指标考核、公众评议、领导评价和察访核验相结合的方式，从职能工作目标、共性工作目标、工作实绩目标和评议满意度4个维度来开展考评，不定期对各镇、各单位加强绩效工作指导，建立和完善绩效目标压力传导机制，联合县委、县政府督查室开展绩效工作专项督查，针对薄弱环节和进度缓慢的项目，印发《绩效专报》2期，明确相关部门的主体责任，确保年度绩效目标全面完成。年终，县绩效考评领导小组派出4个考评组分别对全县14个镇和76个县直部门开展年度绩效工作核验，按照《陆川县2015年度机关绩效考评工作方案》要求，重点考核指标的落实执行情况。在考评过程中，县绩效办不断完善考核指标体系，广泛宣传，提升公众评议满意度；狠抓亮点，增

表5 　　　　　　　　　　　　　　　2015年陆川县县直单位及各镇绩效考评情况

类别	优秀等次	良好等次	一般等次
乡镇	温泉镇、珊罗镇、良田镇、大桥镇、马坡镇、平乐镇、米场镇	沙坡镇、沙湖镇、古城镇、滩面镇、清湖镇、横山镇、乌石镇	
党群综合管理类	县委办(县委统筹部)、县人大机关、县政协机关、县委组织部、县委政法委、县武装部、县委宣传部(文明办、社科联)、县纪委监察局(县绩效办)、县编委办、县委统战部、县信访局、县残联、县工商联	县直机关工委、县老干局、县非公党工委、团县委、县总工会、县侨联、县妇联、县委党校、县文联	县科协
经济调节管理类	县地税局、县交通运输局、县林业局、县财政局、县发改局、县国税局、县经贸局、县农业局、县粮食局、县水利局、县住建局、县农机局、县供销社	县工业园区、县招商局、县二轻联社、县旅游局	县水产畜牧兽医局
社会管理服务类	县政府办(应急办)、县地震局、县人社局、县扶贫办、县文广局、县民政局、县水库移民局、县卫生计生局	县法制办、县科技局、县教育局、县人防办、县外侨办	
执法监督管理类	县检察院、县审计局、县环保局、县公安局、县国土局、县法院、县安监局	县药监局、县工商局、县质监局、县司法局	县市政市容局
专项事务管理类	县接待办、县物价局、县统计局、县机关事务局、县政务服务办	县气象局、县方志办、县党史办、县档案局、陆川公路局	
合计	53	34	3

强加分项目优势。

开展绩效领导评价和公众评议。2016年2月，县绩效办印发《陆川县2015年度机关绩效考评领导评价表》，邀请县领导对列入绩效考评的14个镇和76个县直部门进行评价；在县政府门户网站开设《2015年机关绩效考评网上调查》专栏开展绩效公众评议活动。社会公众根据评议表上的内容，对接受评议机关的综合评价"满意""基本满意""不满意""不了解"4个选项进行点击评议。在评议过程中，评议人员向接受评议的14个镇和县直76个部门单位提出意见建议。评议期间县绩效办开通咨询和投诉受理电话"7212322"，接受各界群众对评议活动的监督。

绩效目标考评结果报告。2016年7月，县委办、县政府办联合通报2015年度全县绩效考评结果，县委、县政府并印发通报表彰2015年度全县绩效考评先进单位决定文件，考评结果共设优秀、良好、一般3个等次。2015年度全县参与绩效考评单位90个，其中获优秀等次单位53个、良好等次34个单位、一般等次单位3个。

（唐敏钢）

统筹城乡工作

【统筹城乡工作机构及概况】 2016年，中共陆川县委员会统筹城乡工作部(简称县委统筹城乡工作部)内设统筹城乡综合改革股、统筹城乡规划发展股，编制9名，在职人员7人，部长由县委副书记陈基林兼任。

【深化农村综合改革】 2016年，陆川县农村综合改革重点推进土地承包经营权确权登记颁证、集体建设用地使用权和集体建设用地上房屋所有权确权登记颁证、小型水利工程产权制度改革确权登记颁证。

土地承包经营权确权登记颁证 2016年，加快推进土地承包经营权确权登记颁证工作。在滩面、良田、古城3个镇试点，共29个村826个村民小组，农户4.11万户，经营权确权登记耕地面积7564.71公顷。年内，已完成入户调查、外业测绘工作，第一轮公

示村民小组698个，占84.50%；第二轮公示村民小组295个，占35.71%。

集体建设用地使用权和集体建设用地上房屋所有权确权登记颁证 2016年，继续推进集体建设用地使用权和集体建设用地上房屋所有权确权登记颁证工作。按照《玉林市2015—2016年农村改革试验实施方案》的要求，陆川县重点推进自治区国土厅统一部署的集体建设用地使用权和农村宅基地确权登记颁证"二期"工程的"查漏补缺"工作。到7月底，收到办证申请86宗，发证73宗；集体建设用地上房屋所有权按照"房随地走"原则，集中推进农村集体建设用地使用权"二期"工程覆盖范围房屋的确权颁证工作。7月底，收到申请材料8宗，符合办证条件3宗，发证3宗；7月26日起，集体建设用地使用权和集体建设用地上房屋所有权统一改为不动产登记，至12月底共发证4宗，其中涉及房产证2宗，土地证2宗。

小型水利工程产权制度改革确权登记颁证 2016年，继续推进小型水利工程产权制度改革确权登记颁证工作。全县农村小型水利工程产权制度改革确权登记颁证试点工作的确权

任务 26 处。年内，以大桥镇为全县农村小型水利工程产权确权试点镇，开展调查摸底、实地勘界、权属登记等工作。7 月，已完成大桥镇 142 处小型水利工程初步调查摸底，其中水库山塘 75 处、陂坝 40 座、电灌站 7 座、人饮工程 20 处。8 月 10 日，陆川县水利局与勘测单位广西全景数码科技有限公司签订合同。10 月，对大桥镇权属清晰、无纠纷的小型水利工程进行实地勘界、权属登记等。11 月底，对权属清晰、无纠纷的小型水利工程进行产权人公示。12 月底，经县人民政府审批通过，颁发小型水利工程产权颁证书 36 本，并落实管护主体和责任，签订管护责任书。

（姚金成　姚子虎）

纪检·监察

【纪检监察机构及概况】 2016 年，中国共产党陆川县纪律检查委员会（简称县纪委）设常委 7 名，其中书记 1 名，副书记 2 名，常委 4 名。陆川县监察局与县纪委合署办公，内设办公室、党风政风监督室、案件审理室、信访室、第一纪检监察室、第二纪检监察室、第三纪检监察室，下设县纪检监察电教信息网络舆情中心；编制 33 名，在编人员 30 人。全县 14 个镇纪委各设书记 1 人，副书记 1 名，兼职委员 3~5 人。县直机关单位设纪检组（纪委、纪工委）43 个，纪检组长 38 人。年内，县纪委监察局获自治区开展查处发生在群众身边的"四风"和腐败问题专项工作表现突出集体、玉林市开展查处发生在群众身边的"四风"和腐败问题专项工作表现突出集体、自治区纪检监察系统党报党刊宣传读用工作优秀组织单位。

【纪律检查委员会全体会议】 2016 年，县纪委召开全体会议 2 次。

第十三届纪律检查委员会第七次全体会议　2 月 3 日在县城区举行。出席会议的县纪委委员 24 人，列席人员 192 人。县纪委常委会主持会议。会议学习中共十八届中央纪委六次全会精神、自治区十届纪委七次全会精神、玉林市四届纪委七次全会精神，听取并审议通过县委常委、县纪委书记詹博代表县纪委常委会所做的《坚持全面从严治党，聚焦监督执纪问责，推动全县党风廉政建设和反腐败工作取得新成效》的工作报告。县委书记陈杰出席会议并做讲话。

第十四届纪律检查委员会第一次全体会议　7 月 8 日在县城区举行。出席会议的县纪委委员 27 人，列席人员 86 人。县委常委、纪委书记陈日东受中共陆川县第十四次代表大会主席团的委托主持会议。会议选举产生中共陆川县第十四届纪律检查委员会常委 7 人，选举陈日东为县纪委书记，李志进、江萍萍为县纪委副书记。

【党风廉政建设"两个责任"落实】 2016 年，县委把党要管党、从严治党列为党风廉政建设"两个责任"（党委负主体责任、纪委负监督责任）落实的首要政治任务，切实履行主体责任。一是加强组织领导。县委把党风廉政建设工作列入重要议事日程。年内，县委常委会先后召开党风廉政建设专题会议 5 次，县委主要领导对"两个责任"和专项工作批示 3 次。二是强化责任落实。研究制定《2016 年陆川县落实党风廉政建设党委主体责任和纪委监督责任责任书》，把专项工作、严肃换届纪律纳入落实"两个责任"的重要内容，落实党委主体责任、"一把手"第一责任、班子成员责任。年初，县委、县政府、县纪委与 14 个镇、75 个县直单位党政主要领导、纪检组织负责人签订责任书。各镇、各单位将任务进行逐级分解，层层抓落实。三是加强考核问责。党风廉政建设纳入领导班子和领导干部年度工作考核、惩防体系建设检查考核内容，实行与日常工作一起部署、一起考核。在全县开展

落实"两个责任"约谈活动，对各级部门主要负责人及其领导班子进行廉政约谈。年内，全县因落实工作不力的给予党政纪处分 20 人，诫勉谈话 12 人，警示约谈 17 人，书面检讨 3 人。

【党风廉政教育】 2016 年，县纪委监察局以"三严三实"专题教育、"学党章、学准则、学条例"主题教育活动及"两学一做"学习教育为契机，强化党员干部廉洁自律理念。加大廉政文化宣传，营造廉洁从政氛围，利用廉政新闻、廉政公益广告、廉政标语、廉政笔记本、廉政书籍等，进一步扩大廉政文化覆盖面，增强廉政感染力。年内，在陆川电视台每天展播廉政公益广告 3 次，网上点击量 21 万次；在二级公路沿线设立户外廉政公益广告牌 42 块；累计赠送廉政书籍、廉政笔记本 3500 本。推进警示教育基地建设。率先在玉林市县级看守所建成惩治和预防腐败警示教育中心，中心设在陆川县看守所内，展厅面积 150 多平方米，中心分为监区、案件展厅、现身说法室三大部分；率先在玉林市建成民生资金职务犯罪警示教育基地（乌石检察室），是玉林市首个以涉农领域职务犯罪为主题的警示教育基地，基地占地面积约 400 平方米，设 1 个多媒体教室、3 个展厅 8 大展区。开展警示教育活动。利用警示教育基地，分领域分层次抓好党员干部特别是领导干部警示教育，全县副科级以上领导干部、17 个民生资金管理使用部门全体干部职工、全县 164 个村（社区）全体村干部参与教育。年内，县、镇、村三级党员干部到县警示教育基地接受教育 3000 多人次。县纪委制作选送的《护林的啄木鸟》公益广告获自治区廉政文化作品评比优秀奖。

【作风建设】 2016 年，县纪委监察局深入开展作风建设活动，着力解决广大党员干部"四风"（形式主义、官僚主义、享乐主义和奢靡之风）方面存在的突出问题。一是开展常态化专项督查。从县财政局、县审计局和派

驻纪检组长中抽调人员组成巡查组2个,针对公款吃喝、公款旅游、公务接待,违规发放津补贴、变相报销差旅费,大操大办婚丧嫁娶、违规操办"升学宴""谢师宴"、收受红包、借机敛财等问题,开展正风肃纪专项检查活动。围绕元旦、春节、端午节、中秋节、国庆节等节日时间节点,持续加压,加强监督检查,派出4个督查组,开展作风建设专项督查23次;派出3个暗访组,开展暗访6次,严肃查处"四风"问题,确保节日期间风清气正。二是严肃责任追究。严格按照中央、自治区、玉林市和县委有关要求,加大查处力度,发现一起、查处一起。年内,共查处违反中央八项规定问题8件,给予党政纪处分8人,诫勉谈话7人。

【纪律审查】 2016年,县纪委监察局严格惩治腐败,采取立案、初步核实、暂存、谈话、函询、了结等方式,加强线索管理。建立完善首问责任制、初信初访一次办结制、领导包片包案制、领导带案下访制等制度。年内,共受理群众来信来访483件(次),初核407件。强化惩治重点,年内共立案250件,比上年增长273%,结案247件。其中县纪委监察局立案98件,乡镇立案121件,县直立案31件。给予党纪政纪处分247人,其中开除党籍8人,留党察看一年4人,撤销党内职务3人,党内严重警告77人,党内警告101人,取消预备党员资格2人,免于党纪处分3人;行政开除4人,行政撤职1人,行政降级3人,行政记过14人,行政警告32人,免于政纪处分3人;移送司法机关依法处理9人;为国家挽回经济损失806万元。

【巡察工作】 2016年,陆川县推进巡察工作。加强组织领导。县委成立以县委常委、纪委书记任组长,县委常委、组织部部长任副组长,县纪委主管副书记、县委组织部主管副部长、县纪委协管常委等为成员的巡察工作领导小组,领导小组在县委下设办公室,人员编制从县纪委监察局、派出纪检监察机构整合调剂。配强巡察队伍。从县纪委、县委组织部、县财政局、县审计局以及县纪检监察系统等单位抽调纪检监察工作经验丰富、熟悉党建、财务、审计的人员21人,组建县委巡察组3个,每组7人。县委巡察组组长由正科级领导干部担任,副组长由副科级领导干部担任。在全县范围内筛选人员组成巡察人才库,人才库有正科长级巡察组组长20名,巡察工作人员112名。迅速开展巡察工作。县委制定第一轮巡察实施方案、巡察工作实施办法。首轮安排3个巡察组巡察3个单位。11月14日县委召开陆川县巡察工作动员会,11月23日召开第一轮巡察工作动员会,就巡察工作进行动员和部署。举办首轮巡察工作业务培训会,并印制《陆川县巡察工作手册》。年内,已对县农业局、县市政市容管理局、县人防办等3个单位开展首轮巡察。

【扶贫领域监督执纪问责】 2016年县纪委监察局开展整治扶贫领域的不正之风和腐败问题,强化监督执纪问责。一是加强线索摸排。按照"哪个方面问题突出就集中查处哪个方面、什么问题群众意见大就下决心解决什么问题"的思路,确定查处重点。构筑"信、访、网、电"多位一体举报体系,拓宽线索渠道;完善反腐败协调机制,不定期召开联席会议,要求成员单位及时移送扶贫领域问题线索;开展扶贫领域信访举报群众大接访活动,每季度开展公开大接访1次,发放扶贫领域问题举报宣传单,收集问题线索,年内接访群众1100人次,发放资料4000多份。二是整合工作力量。将全县14个乡镇和87个部门单位划分为3个办案协作区,由3个纪检监察室分片联系管辖片区,做好片区联系单位的案件指导、督查督办、抽查复核和其他方面的监督执纪工作,在划片区管理的基础上,实行交叉办案、协同办案。在办案人力、物力和办案环境上,形成查案合力。三是推进纪律审查工作的效率。严肃追责问责。出台《加强扶贫领域监督执纪问责的暂行办法》,对扶贫领域的违纪问题,严肃查处当事人并追究发案单位党委主体责任、纪委监督责任和职能部门的监管责任。年内,共立案审查案件13件,给予党内警告处分2人,诫勉谈话2人。印发通报5期,对扶贫领域腐败问题典型问题9起13人进行通报。通过查处和曝光震慑,共有142人主动向组织承认错误并退缴违纪款76.19万元。

【纪检监察队伍建设】 2016年,县纪委监察局深化"三转"(转职能、转方式、转作风)建设,对纪检监察干部严格教育、严格管理、严格监督。一是规范职责分工。按照"三转"要求,严格规范镇纪委书记、县直单位派驻机构负责人的职责分工,下发《关于规范镇纪委书记和县直机关纪检组长专司专职党风廉政建设和反腐败工作的通知》,对镇纪委书记、县直纪检组长(纪委书记、纪工委书记)的工作分工进行全面规范调整,确保其回归"主业",把主要精力用到监督执纪问责上来。二是强化自我监督。坚持问题导向,抓早抓小,强化自我监督。开展全县纪检干部集体约谈、廉政约谈活动,召开全县纪检干部监督工作会议,对出现苗头性、倾向性问题的,及时提醒。三是强化履职能力提高。11月24日,县纪委举办全县纪检监察干部业务培训班,组织全县纪检监察干部深入学习中共十八届六中全会和自治区十一届党代会精神,加强纪检监察干部新形势下正确把握监督执纪"四种形态"(经常开展批评和自我批评、约谈函询,让"红红脸、出出汗"成为常态;党纪轻处分、组织调整成为违纪处理的大多数;党纪重处分、重大职务调整的成为少数;严重违纪涉嫌违法立案审查的成为极少数)的教育,提高纪检监察干部的履职能力。11月,组织开展党章党纪党规知识考试。年内共选派27名纪检干部参加中央纪委、自治区区纪委和玉林市纪委举办的各类培训学习。

(李伟荣 杨 枫)

陆川县人民代表大会

LUCHUANXIAN RENMIN DAIBIAO DAHUI

2016 年 2 月 17 日—19 日，县第十五届人民代表大会第六次会议在县城区举行。图为 2 月 19 日召开闭幕式大会

叶礼林　摄

人大综述

【人大机构及概况】 2016年,陆川县县、镇两级人大换届,全县有各级人民代表大会15个。其中,县级人民代表大会1个,镇级人民代表大会14个。有各级人大代表1535人,其中驻陆川的玉林市人大代表72人,县人大代表311人,镇人大代表1152人。县人民代表大会常务委员会(简称县人大常委会)组成人员35人,其中主任1人、副主任4人、委员30人。8月,新设立农业农村与环境城建工作委员会,教科文卫工作委员会更名为教科文卫与民族工作委员会,代表联络工作委员会更名为选举联络工作委员会。年内,县人大常委会内设办公室、财政经济委员会、法制与内务司法委员会、教科文卫与民族工作委员会、选举联络工作委员会、农业农村与环资城建工作委员会,编制22名,实有人员29人。县人大常委会召开全县人民代表大会会议2次、常委会会议7次、主任会议16次,听取和审议"一府两院"专项工作报告6次,做出决议、决定10项,组织人大代表开展各种专项调研、视察8次,执法检查2次。任免国家机关工作人员59人次。

【县镇两级人大换届选举】 2016年,县、镇两级人民代表大会任期届满,进行换届选举,两级人大代表换届选举工作同步进行。5月23日—9月10日举行,共分7个阶段(准备工作阶段,宣传发动、选区划分、代表名额分配、选民登记阶段,提名推荐候选人阶段,酝酿协商和确定正式候选人阶段,选举阶段,召开新一届人代会阶段,总结检查验收阶段)进行。加强换届选举工作组织领导,县成立选举委员会、县选举办公室;各镇党委成立选举委员会和选举办公室,成立

镇选举工作队和选区选举领导小组。县、镇党委、人大召开选举工作会议,动员、部署换届选举工作,培训选举工作人员,县、镇选举工作队分别深入到各选区指导换届选举工作。每个工作阶段县选委会均召开汇报会,及时了解、部署各阶段工作,进行业务培训等。14个镇选委会并根据选举工作各个阶段加强选举工作人员业务培训。全县举办县、镇两级培训班(会议)65场次,参训人员2950人次。加大换届选举宣传,6月1日起县电视台每晚播放县、镇两级人大换届选举的政策及工作内容;县出动宣传车56辆次;张挂大横标435幅,张贴小标语4085条,发放宣传资料89万份,发放《给选民一封信》56万份,《给外出打工选民的一封信》3万份,给外出务工人员打电话、发短信、微信6万条次。依法划分选区、选民登记,加强选民资格审查,全县划分县代表选区186个、镇代表选区653个。登记以2011年乡镇人大换届选举及2011年村委换届选举时的选民登记名册为依据,采用"三增三减"的办法进行。全县依法登记的选民70.93万人,并于6月20日前全部张榜公布。合理分配代表名额,各镇分配代表名额严格按照有关法律法规的规定分配,每一选区选举合理分配代表名额1~3名,分配县人大代表名额311名、镇

代表名额1152名。尊重选民和代表的民主权利,发动选民、政党、人民团体等推荐初步县人大代表候选人837人,乡镇人大代表候选人3205人,并于6月29日前按选区张榜公布。加强对候选人考察与审查,县选举委员会对各镇上报的代表候选人情况交相关部门审查,经县纪委等9个部门的审查,组织广大选民进行反复酝酿协商,按多数选民的意见和法定差额确定正式代表候选人,其中确定县人大代表正式候选人501人,乡镇人大代表正式候选人1828人,并及时张榜公布。依法进行选举。7月15日为县、镇两级人大代表投票选举日,人大代表选举采取差额选举和无记名投票方式,由选民直接选举产生。共设立选举大会会场149个、投票站189个、流动票箱828个,配备选举工作人员4140人。全县参加选举大会投票选民63万人,其中参加选举大会投票1.41万人,参加流动票箱投票56.30万人,委托投票5.29万人。

全县共选出县人大代表311名,为应选代表的100%。其中,中共党员207名,占66.56%,非党104名,占33.44%,妇女86名,占27.65%。基层一线的工人、农民代表168名,占代表总数的54.02%;干部代表118名,占代表总数的37.94%;专业技术人员、其他代表25名,占代表总数的

2016年,陆川开展县、镇人大代表换届选举工作。图为温泉镇长安社区县、镇人大代表换届选举中心会场 叶礼林 摄

8.04%。从文化结构看,研究生以上22名,占总数的7.07%;大学本科98名,占31.51%;大专39名,占总数的12.54%;中专(含高中)94名,占总数的30.23%。35岁以下的代表39名,占总数的12.54%;36~55岁的代表226人,占代表总数的72.67%;56岁以上代表46名,占代表总数14.79%。

14个镇共选举产生出新一届镇人大代表1152名,为应选代表100%。其中,中共党员代表736名,占63.89%;非党代表416名,占36.11%;妇女代表327名,占28.39%。基层一线工人、农民代表847名,占代表总数的73.52%,领导干部代表237名,占代表总数20.57%;专业技术人员及其他代表68名,占代表总数的5.90%。从文化结构上看,研究生及以上学历12名,占代表总数的1.04%;大学学历171人,占代表总数14.84%;大专学历124人,占代表总数10.76%;中专学历(含高中)408人,占代表总数35.42%;初中及以下437名,占代表总数的37.93%。35岁以下代表125人,占代表总数10.85%。

【镇人大规范化建设】 2016年,县人大常委会抓好镇人大规范化建设,投资70多万元重点推进温泉、清湖、良田、滩面、大桥、横山等6个镇人大及温泉镇官田村、泗里村、古城镇楼脚村等7个村代表服务室和活动室建设,主要推进代表履职平台等方面的规范建设,搭建代表履职平台,进一步提升人大规范化水平。

【人大代表议案和建议办理】 2016年2月,县十五届人大六次会议收到代表议案28件,主要涉及交通、教育、卫生、农业、水利、城市建设、环境保护等经济社会发展领域。2月,县政府会同县人大、政协联席召开人大议案和政协提案交办会议,进行现场交办。在办理过程中,县政府主要领导、分管领导多次过问办理情况,听取有关方面的汇报,了解办理工作进展情况,协调解决具体问题。县政府

其他领导督促分管单位加快建议办理,提高办理质量。各承办单位对每份答复函坚持领导班子集体研究、一把手签发的原则,确保复函符合有关法律法规和政策,并确定专人负责对答复问题进行落实、督办,保证建议办理工作的高质高效。规范办理工作要求,增强办理实效。县政府办严格办理程序,对议案的办理在时间、程序上做出专门要求,收到每一件建议后均按照登记、送审、交办、承办、协调、催办、审稿、签发、答复、联系等程序规范操作。各承办单位落实"三定"办理制度(即承办工作的领导、机构、人员),落实具体股室和专人承办,从人力、物力、时间上予以保证。实行分类办理,各承办单位结合工作实际,能够解决的及时解决;条件尚不成熟的列入议事日程,创造条件逐步解决;由于客观原因或受政策限制暂时不能解决的,把原因及相关政策向代表解释清楚,争取理解和支持,做到件件有结果,事事有回音。加强办理工作复查,承办单位在答复后,县人大常委会主动进行复查,督促抓好落实。对涉及多个部门和单位的交叉性议案,主办单位主动牵头进行办理。对一些部门之间确实难以协调或确需县政府决策的事项,有关承办单位积极做好调研工作,主动提出解决方案,待协调决策后再进行办理答复。县人大办与县政府办共同配合,采用上门询问、电话督办等手段,定期不定期对承办单位的办理进展情况进行督促检查,年内全面督促检查建议办理工作2次,专项督促检查3次;通过督促办理,确保议案办理工作的开展。11月18日,县十六届人大一次会议共收到代表议案58件,已全部交由相关单位部门办理,要求所有议案务均在规定期限3个月内办理答复有关人大代表,年内已办理答复25件,占总议案数的43.10%。

县十五届人大六次会议代表提出的"乌石镇农村垃圾处理问题""要求清洁工程的保洁员、车辆、经费按人数分配到村、不能一刀切,并加大

经费人员投入""建议拨款拉垃圾"等关于农村垃圾处理的议案。全县从2015年4月起,进一步提高全县898名保洁员财政奖补待遇,从500元/月增至700元/月;各镇清洁乡村工作经费按大镇20万元、中等镇17万元、小镇15万元标准安排;2015年5月,县投资137万元,为全县154个村配置大功率电动三轮车156辆。代表提出的"关于规范镇村幼儿园'黑校车安全管理'"的议案,县政府高度重视校车安全管理,进一步加强管控,县安监、教育、公安交警、交通运输等部门多次联合开展专项整治活动,严厉整治提供幼儿园服务的、非法的学生接送车辆,成立校车服务公司,专门用于幼儿园小孩接送服务,预防和减少交通事故,切实保障学生人身安全。代表提出的综合整治镇安南街的议案。县市政市容局已对镇安南街道汽车修理店、洗车店、废旧收购店等占道经营的行为开展整治,执法人员进店与经营业主进行沟通与宣传,要求经营业主入室经营,对多次检查告知仍跨门营业、占道经营的,下达整改或限期改正通知书,对拒不整改的查扣物品进行处罚;并督促环卫工人加大街道环境卫生的清扫保洁,街道跨门营业、占道违章经营现象明显减少,街道卫生状况有所好转。代表提出的"拨款修建横山经大桥过境公路改道""把横山至乌石、横山至大桥两条公路由四级公路扩建为三级公路"等议案,横山至乌石、横山至大桥2条公路提级改造三级公路建设已列入县交通建设"十三五"规划。代表提出"增建横山镇供变电站"的议案,陆川供电公司已对横山35千伏送变电工程进行可行性研究和勘察设计招标,3月28日项目已上报玉林市供电局。代表提出的建议集团化办学的议案,正在积极探索,分中小学建立学区制度,以推进区域内学校教育均衡发展。关于在平乐镇新建垃圾中转站的议案,按照县域垃圾治理专项规划建设要求,平乐镇垃圾中转站已纳入2016年度污垃项目建

设计划,年内已完成立项、选址等工作,并计划在平乐镇建设镇级污水处理厂1座、村级污水处理厂3座。关于"古城镇楼脚至盘龙公路硬化""修建平乐至三安村委主干道路""修复米场至五柳村大苏劲旧公路"等公路建设的议案,县交通运输局已组织技术人员进行勘测,编制计划,正在将计划上报上级交通主管部门,争取

资金补助,待批复后实施。关于水库灌区维修议案中提到的佳塘水库梁屋坡段、新旺村沈屋6千米渠道,县列入项目规划上报自治区相关部门。"关于修建乌石镇月垌村坝子桥至水花碰垌队河堤"议案,乌石镇月垌圩河段的防洪整治工程已列入自治区小河流治理规划,县水利局正在与上级相关部门对接,争取项目早日申报

成功。

【国家机关工作人员人事任免】2016年,县人大常委会依法任免国家机关工作人员59人次。其中县人大机构负责人16人次,县人民政府提请任免的人员31人次,县人民法院提请任免的人员10人次,县人民检察院提请任免的人员2人次。

表6 　　　　　　　　　2016年陆川县人大常委会任免国家机关工作人员名单

时间	届次	会议	任免	姓名	职务
4月12日	县十五届人大常委会	第47次会议	免去	叶宗海	陆川县人大常委会教科文卫工作委员会主任
4月12日	县十五届人大常委会	第47次会议	免去	陈家珍	陆川县人民法院审判员
4月12日	县十五届人大常委会	第47次会议	免去	谢宝平	陆川县人民法院审判员
4月21日	县十五届人大常委会	第48次会议	任命	梁绍文	陆川县人民政府副县长
4月21日	县十五届人大常委会	第48次会议	免去	朱小玲	陆川县人民法院审判员
4月21日	县十五届人大常委会	第48次会议	免去	吕汉贤	陆川县人民检察院检察员
5月16日	县十五届人大常委会	第49次会议	任命	潘展东	陆川县人民政府代县长
6月1日	县十五届人大常委会	第50次会议	免去	梁正高	陆川县公安局局长
6月1日	县十五届人大常委会	第50次会议	任命	冯 国	陆川县公安局局长
6月1日	县十五届人大常委会	第50次会议	免去	詹一林	陆川县人民法院审判委员会委员、审判员
6月1日	县十五届人大常委会	第50次会议	任命	陈 锐	陆川县人民法院副院长、审判委员会委员
6月1日	县十五届人大常委会	第50次会议	任命	陈 锐	陆川县人民法院代院长
7月4日	县十五届人大常委会	第51次会议	任命	罗建锋	陆川县人大常委会教科文卫工作委员会主任
7月4日	县十五届人大常委会	第51次会议	任命	谢志松	陆川县人大常委会办公室副主任
7月4日	县十五届人大常委会	第51次会议	免去	吕广荣	陆川县人大常委会法制工作委员会副主任
7月4日	县十五届人大常委会	第51次会议	免去	朱汝玉	陆川县人大常委会办公室副主任
7月4日	县十五届人大常委会	第51次会议	任命	罗新强	陆川县安全生产监督管理局局长
7月4日	县十五届人大常委会	第51次会议	免去	赖永磊	陆川县安全生产监督管理局局长
8月23日	县十五届人大常委会	第52次会议	免去	罗建锋	陆川县人大常委会教科文卫工作委员会主任
8月23日	县十五届人大常委会	第52次会议	任命	罗建锋	陆川县人大常委会教科文卫与民族工作委员会主任
8月23日	县十五届人大常委会	第52次会议	免去	庞森贵	陆川县人大常委会代表联络工作委员会主任
8月23日	县十五届人大常委会	第52次会议	任命	庞森贵	陆川县人大常委会选举联络工作委员会主任
8月23日	县十五届人大常委会	第52次会议	免去	罗召廷	陆川县人大常委会教科文卫工作委员会副主任
8月23日	县十五届人大常委会	第52次会议	任命	罗召廷	陆川县人大常委会农业农村与环资城建工作委员会主任
8月23日	县十五届人大常委会	第52次会议	免去	江家万	陆川县人大常委会代表联络工作委员会副主任
8月23日	县十五届人大常委会	第52次会议	任命	江家万	陆川县人大常委会选举联络工作委员会副主任
8月23日	县十五届人大常委会	第52次会议	免去	罗全军	陆川县人大常委会代表联络工作委员会副主任
8月23日	县十五届人大常委会	第52次会议	任命	罗全军	陆川县人大常委会农业农村与环资城建工作委员会副主任
11月3日	县十六届人大常委会	第1次会议	任命	李红飞	陆川县人民政府办公室主任

续表

时间	届次	会议	任免	姓名	职务
11月3日	县十六届人大常委会	第1次会议	任命	李志进	陆川县监察局局长
11月3日	县十六届人大常委会	第1次会议	任命	黄平越	陆川县发展和改革局局长
11月3日	县十六届人大常委会	第1次会议	任命	黎 颜	陆川县教育局局长
11月3日	县十六届人大常委会	第1次会议	任命	李海燕	陆川县科学技术局局长
11月3日	县十六届人大常委会	第1次会议	任命	谭 兵	陆川县经济贸易局局长
11月3日	县十六届人大常委会	第1次会议	任命	冯 国	陆川县公安局局长
11月3日	县十六届人大常委会	第1次会议	任命	郭永强	陆川县民政局局长
11月3日	县十六届人大常委会	第1次会议	任命	黎福才	陆川县司法局局长
11月3日	县十六届人大常委会	第1次会议	任命	冯柏维	陆川县财政局局长
11月3日	县十六届人大常委会	第1次会议	任命	黎小明	陆川县人力资源和社会保障局局长
11月3日	县十六届人大常委会	第1次会议	任命	苏红波	陆川县环境保护局局长
11月3日	县十六届人大常委会	第1次会议	任命	李德运	陆川县住房和城乡建设局局长
11月3日	县十六届人大常委会	第1次会议	任命	陈锦泉	陆川县交通运输局局长
11月3日	县十六届人大常委会	第1次会议	任命	刘朝状	陆川县农业局局长
11月3日	县十六届人大常委会	第1次会议	任命	王 羽	陆川县林业局局长
11月3日	县十六届人大常委会	第1次会议	任命	何深龙	陆川县水利局局长
11月3日	县十六届人大常委会	第1次会议	任命	蒙拉夏	陆川县文体广电局局长
11月3日	县十六届人大常委会	第1次会议	任命	江永强	陆川县卫生和计划生育局局长
11月3日	县十六届人大常委会	第1次会议	任命	罗新强	陆川县安全生产监督管理局局长
11月3日	县十六届人大常委会	第1次会议	任命	罗 亮	陆川县统计局局长
11月3日	县十六届人大常委会	第1次会议	任命	谢桂越	陆川县审计局局长
11月3日	县十六届人大常委会	第1次会议	任命	钟耀武	陆川县食品药品监督管理局局长
11月3日	县十六届人大常委会	第1次会议	任命	丘小波	陆川县工商行政管理局局长
11月3日	县十六届人大常委会	第1次会议	任命	庞理松	陆川县质量技术监督局局长
11月3日	县十六届人大常委会	第1次会议	任命	沈瑞勇	陆川县人民法院人民陪审员
11月3日	县十六届人大常委会	第1次会议	任命	赖业运	陆川县人民法院人民陪审员
11月3日	县十六届人大常委会	第1次会议	任命	吕健堂	陆川县人民法院人民陪审员
11月3日	县十六届人大常委会	第1次会议	任命	李俊霖	陆川县人民法院人民陪审员
11月3日	县十六届人大常委会	第1次会议	免去	韦晓兰	陆川县人民检察院检察员
12月26日	县十六届人大常委会	第2次会议	免去	李 兵	陆川县人民法院人民陪审员

【代表学习培训】 2016年,县人大常委会举办人大代表学习培训班2期,培训代表256人次,重点学习《中华人民共和国全国人民代表大会和地方各级人民代表大会代表法》《中华人民共和国全国人民代表大会和地方各级人民代表大会选举法》和依法履职知识。组织部分市人大代表参加玉林市人大常委会组织开展的履职学习班,进一步提高代表依法履职的能力。

【代表履职平台建设】 2016年,县人大常委会抓好人大规范化建设,投资50万元加强代表服务活动室建设,进一步提升人大规范化水平;邀请部分代表列席人大常委会会议,参与工作调研和执法检查,组织部分代表参加县"法院开放日""检察开放日"活动,保障代表的知情权、参与权、表达权和监督权;为代表订阅和发送《广西人大》《玉林人大》《陆川县人大常委会公报》等,有效拓宽代表知情知政渠道。

【人大信访办理】 2016年,县人大常委会共受理人民群众来信34件,主要涉及治安、民生等方面内容,均转相关部门办理和答复;接待群众来访126批、497人次;受理上级人大转办信访件7件,全部落实办理和答复。

重要会议

【县人民代表大会全体会议】 2016年，县人民代表大会召开全体会议2次，即县十五届人民代表大会第六次会议、县十六届人民代表大会第一次会议。

县第十五届人民代表大会第六次会议 2016年2月17日—19日在县城区举行。出席会议的代表312人，列席人员167人。会议听取并审议通过县人民政府工作报告、县人大常委会工作报告、县人民法院工作报告、县人民检察院工作报告；审查和批准县2015年国民经济和社会发展计划执行情况与2016年国民经济和社会发展计划（草案）的报告、县2015年财政预算执行情况和2016年财政预算（草案）的报告，并做相应的报告决议。会议收到10名以上代表联名推出的议案28件，经大会议案审查委员会审议，主审团会议通过，分别交由县人大有关专门委员会在大会闭会后审议，并依法向县人大委员会提出代表议案审议结果报告。

县第十六届人民代表大会第一次会议 2016年9月1日—4日在县城区召开。出席会议的代表311人，列席人员132人。会议听取并审议通过县人民政府工作报告、县人大常委会工作报告、县人民法院工作报告、县人民检察院工作报告；审查和批准县2015年国民经济和社会发展计划执行情况与2016年国民经济和社会发展计划（草案）的报告、县2015年财政预算执行情况和2016年财政预算（草案）的报告，并做相应的报告决议。依法选出县人大常委会委员35人；主任陈前驱，副主任丘妙军、黎政、江家强、丘玉梅（女）；县人民政府县长潘展东，副县长陈锦（女）、莫亚坤、冯国、吴祖强、何志勇、刘猛；县人民法院院长陈锐；县人民检察院检察长许安（女）；选举陆川县出席玉林市第五届人大代表代表71人；表决通过人民代表大会法制与内务司法委员会、财政经济委员会主任委员会主任委员、副主任委员；会议收到10名以上代表联名推出的议案58件，经大会议案审查委员会审议，主审团会议通过，分别交由县人大有关专门委员会在大会闭会后审议，并依法向县人大委员会提出代表议案审议结果报告。

表7　　　　　　　　　　　　陆川县十五届人大六次会议代表议案情况

编号	议案、建议、批评和意见（含作建议处理的议案标题）	提议案领衔代表	代表所属代表团
1	古城镇楼脚至盘龙公路硬化	陈永林	古城
2	关于乌石镇各村的四级路维修及保养的议案	罗福光	乌石
3	修建平乐至三安村主干道路	吴日容	平乐
4	请求上级主管部门拨款修建横山经大桥过境公路改道的建议	吴振	大桥
5	关于修建大桥镇至温泉镇长河村公路的议案	吴振	大桥
6	关于定期维修中兴木哥饭店至泗里村道路的议案	罗昭	温泉
7	要求维修加宽旱塘村至良塘村的公路通往二级路	蓝志才	横山
8	关于把横山至乌石、横山至大桥两公路由四级扩建为三级的议案	龚杰华	横山
9	关于扩大硬化塘寨至清湖街村级公路的议案	黄志清	清湖
10	关于修建乌石镇月垌村坝子桥至水花村碰垌队河堤的议案	刘能权	乌石
11	立项建设九洲江良田河段防洪堤	周雄欣	良田
12	关于水库灌渠维修的议案	朱振锋	良田
13	县城区中小学大班额现象突出，影响教育教学质量，增加安全隐患，影响教育健康发展	邹锋	温泉
14	关于横山镇中心小学校址搬迁的议案	龚杰华	横山
15	关于统一县城街道两边人行道地面高度的议案	吕汉元	温泉
16	请求县人民政府职能部门解决县城区小街小巷的污水处理时一并解决	吴振	大桥
17	关于硬化松鹤公园岭顶绕山道路的议案	罗昭	温泉
18	关于请求县政府综合整治镇安街的议案	吕汉元	温泉
19	关于请求增建横山镇供变电站的议案	李泽民	横山
20	关于乌石镇农村垃圾处理的问题的提案	陈英坤	乌石
21	要求清洁工程的保洁员、车辆、经费按人数分配到村，不能一刀切，并加大经费、人员力度	李文庚	横山
22	新建一个垃圾中转站于平乐镇	吴日容	平乐

续表

编号	议案、建议、批评和意见（含作建议处理的议案标题）	提议案领衔代表	代表所属代表团
23	关于在马盘二级路谢鲁路口架设红绿灯的议案	陈英坤	乌石
24	关于规范镇村幼儿园"黑校车"安全管理的议案	庞小平	马坡
25	关于安装陆川县城区至大桥路段二级路路灯的议案	吴振	大桥
26	关于立项良田镇高山嶂旅游区的议案	庞国瑞	良田
27	建议修复米场至五柳村六苏劲旧公路	吕均琪	米场
28	建议政府拨款拉运垃圾	邱金才	米场

表8　　　　　　　　　　　　**陆川县十六届人大一次会议代表议案情况**

编号	建议、批评和意见（含作建议处理的议案标题）	提议案领衔代表	代表所属代表团
1	关于加强县南部临海工业园基础设施建设的议案	丘兆欢	滩面镇
2	关于加大向县南临海工业园惠民、强农项目重点倾斜的议案	丘兆欢	滩面镇
3	关于要求在沙湖镇建设电池产业集中区的议案	丘春荣	沙湖镇
4	关于修复清湖镇水库主渠道问题的议案	温建亮	清湖镇
5	关于老虎坑水库坝首加固、主干渠的修复、清淤、维修项目的议案	王扬平	马坡镇
6	关于增加村级山塘、水库、陂坝、水渠修复的经费投入的议案	邱炎义	米场镇
7	关于把大桥陆透水库作为城区主要饮用水源,把水库周围1千米作为水源保护区的议案	李勇元	温泉镇
8	关于白圯村饮水困难,水库补贴未兑现的议案	李宗莲	温泉镇
9	关于拨款修建白马村湖湾水渠三面光工程的议案	卢达超	沙坡镇
10	关于拨款修建沙坡镇高庆村平田坡水库、水渠三面光工程的议案	阮东生	沙坡镇
11	关于请求拨款修建大连村大水冲水渠的议案	宁振荣	沙坡镇
12	关于沙坡镇浦宝二级公路和平至中心路段水沟修复的议案	阮东生	沙坡镇
13	关于拨款修建北安村奇石湾坝及东西水渠的议案	田汉禄	沙坡镇
14	关于修建良田镇马兰径主渠道的议案	庞国瑞	良田镇
15	关于请求修建滩面水库至良田甘片村田排主干渠的议案	丘焕	良田镇
16	关于恢复鹤地库区移民机泵站的议案	丘天奇	古城镇
17	建设平乐镇自来水的建议	赖锦玲	平乐镇
18	关于新兴村古扁坝水利修复工程的建议	梁新全	平乐镇
19	希望加大农村水利维护维修力度的建议	刘海和	平乐镇
20	建议恢复沙坡村原旧电灌站,解决农业生产用水	姚培霖	沙坡镇
21	关于确保县公交1路车正常到沙湖的议案	丘春荣	沙湖镇
22	关于加宽古城镇盘龙—石夹—清耳—化州路口路面的议案	温旋光	古城镇
23	重新修建良田九洲江大桥的议案	丘祖汉	良田镇
24	关于修建沙坡镇仙山村交通桥的议案	阮东生	沙坡镇
25	关于拨款修建沙坡镇坎头至南山公路的议案	田汉禄	沙坡镇
26	建设贯通城东新区与西区的大道,促进东西区的流通与发展的议案	李勇元	温泉镇
27	官田桥头至三峰路新桥头路段应设立旅客上落点的议案	李文庚	横山镇
28	加宽加大横山至大桥公路的议案	李文庚	横山镇
29	关于请求开通陆川至米场路段公交汽车客运的议案	邱炎义	米场镇
30	关于重建乌石镇石桥头桥的议案	吴付春	乌石镇

续表

编号	建议、批评和意见(含作建议处理的议案标题)	提议案领衔代表	代表所属代表团
31	大良村委会木格塘至大良水庚道路硬化的议案	陈立金	马坡镇
32	关于硬化万丈至双垌公路的议案	徐建球	乌石镇
33	修建平乐至马坡珠砂路口二级公路,破解平乐镇被边缘化的困境的建议	赖锦玲	平乐镇
34	关于平乐镇新兴村至马坡东西村周三铺四级路需要修建水泥路的建议	梁新全	平乐镇
35	陆川—玉林二级公路、平乐—珊罗公路维修问题的建议	周 海	平乐镇
36	请求开通陆川至沙坡圩公交车的建议	姚伟其	沙坡镇
37	建议修复米场马六嘴至大容窝、米场街至新民村牛握旭旧公路	梁振林	米场镇
38	关于要求建设沙湖蓄电池产业集中的议案	丘春荣	沙湖镇
39	关于修建污水排放渠道,主干道硬化的议案	吕汉元	温泉镇
40	请求县划拨土地出让金建设清湖镇基础设施的议案	李尚荣	沙坡镇
41	增加村干部退休金的议案	周 海	平乐镇
42	关于加大农村"一事一议"投入力度的议案	丘春荣	沙湖镇
43	解决村干部养老保险、待遇有待提高的议案	梁孙坚	大桥镇
44	解决社区办公场所,提高社区干部待遇的议案	李裕睦	温泉镇
45	关于村委会办公经费低,远远不足办公费用的议案	丘祖汉	良田镇
46	关于提高村干部待遇及为村干部办理养老保险的议案	李兰才	古城镇
47	关于解决村干部养老退休金的问题的议案	温建亮	清湖镇
48	关于落实村干部养老保险问题的议案	丘 骆	乌石镇
49	关于要求提高干部职工退休安置费标准的议案	李文庚	横山镇
50	关于解决村干部养老保险问题的议案	吕汉元	温泉镇
51	关于村干部养老问题的议案	蓝志才	横山镇
52	关于要求提高村干部待遇,健全养老保险制度的建议	丘春荣	沙湖镇
53	关于在国家安排我县卫生连片整治经费中安排经费解决镇镇街道排污问题	吴 振	大桥镇
54	关于加快镇镇垃圾填埋场建设的议案	丘春荣	沙湖镇
55	拟将大桥镇纳入城东新区镇镇土地开发规划的议案	吴 振	大桥镇
56	关于维修官田加油站北边路的议案	李国强	温泉镇
57	关于安装原金盾公司对面涵洞至农药厂路灯的议案	吕伟光	温泉镇
58	关于搬迁温泉镇政府门口汽车修理店的议案	吕伟光	温泉镇
59	规范县城区建设工地管理,方便市民出行及休息的议案	陈建军	温泉镇
60	关于马坡镇城镇化建设的议案	黄业三	马坡镇
61	关于重新硬化温泉镇政府门口(镇安街)道路的议案	吕伟光	温泉镇
62	要求迅速抢修二中党校门口这段路的建议	赖慰珍	温泉镇
63	建议县工商局与住建局协调好九洲市场菜农卖菜摊点的问题	吕伟光	温泉镇
64	建议成立陆川生猪交易市场集市	梁振林	米场镇
65	关于加强中小学文化体育设施建设的议案	丘春荣	沙湖镇
66	代课教师转正问题要加快步伐,政府要尽快解决南北教师语言不通问题	吴 振	大桥镇
67	关于代课教师工资待遇及考干转正问题	周 海	平乐镇
68	关于要求在古城镇设立计生手术点的议案	温旋光	古城镇
69	请求在县南建设一个计生服务中心站	李 兵	清湖镇
70	关于请求成立米场镇街居民委员会	邱炎义	米场镇

续表

编号	建议、批评和意见(含作建议处理的议案标题)	提议案领衔代表	代表所属代表团
71	关于要求普及"村村通"卫生电视的议案	丘春荣	沙湖镇
72	关于马坡镇须加强警力配备问题的议案	龚庚仪	马坡镇
73	关于解决土地权属纠纷的议案	谢玉梅	马坡镇
74	陆川县东环路浦宝二级路白竹小学交叉路红绿亭建设的建议	阮东生	沙坡镇
75	关于农村电度表安装费用过高的议案	梁新全	平乐镇

【县人大常委会会议】 2016年,县人大常委会召开常委会议9次,即县十五届人大常委会第47~53次会议及县十六届人大常委会第1~2次会议。

第十五届人大常委会第49次会议 5月16日在县人大常委会会议室召开。县人大常委会主任陈前驱,副主任温文彪、谢卡娜、丘妙军及委员等19人出席会议。会议采取电子表决方式依法任免人事1人。

第十五届人大常委会第50次会议 6月1日在县人大常委会会议室召开。县人大常委会主任陈前驱,副主任黄永华、温文彪、谢卡娜、丘妙军及委员等20人出席会议。会议采取电子表决方式依法任免人事4人。

第十五届人大常委会第51次会议 7月4日在县人大常委会会议室召开。县人大常委会主任陈前驱,副主任黄永华、温文彪、谢卡娜、丘妙军及委员等20人出席会议。会议审议决定接受刘静、刘卓、阮伟才辞去县选举委员会委员职务;并采取电子表决方式,依法进行人事任免6人次。

第十五届人大常委会第52次会议 8月23日在县人大常委会会议室召开。县人大常委会主任陈前驱,副主任黄永华、温文彪、谢卡娜及委员等21人出席会议。会议表决通过陆川县2015年财政决算的决议、审查委员会关于县十六届人大代表资格的审查报告、关于举行陆川县第十六届人民代表大会第一次会议的决定、陆川县人大常委会工作报告、县十六届人大一次会议的主席团名单等有关事项;依法任免人事5人次。

第十五届人大常委会第53次会议 8月26日在县人大常委会会议室召开。县人大常委会主任陈前驱,副主任黄永华、温文彪、谢卡娜、丘妙军及委员等17人出席会议。会议表决通过关于举行县第十六届人大一次会议的决定,县十六届人大一次会议的会议日程。

第十六届人大常委会第1次会议 11月3日在县人大常委会会议室召开。县人大常委会主任陈前驱,副主任丘妙军、黎政、江家强、丘玉梅及委员等35人出席会议。会议采用电子表决的方式依法任免人事30人次。

第十六届人大常委会第2次会议 12月26日在县人大常委会会议室召开。县人大常委会主任陈前驱,副主任丘妙军、黎政、江家强、丘玉梅及委员等29人出席会议。会议审议通过《陆川县2016年财政收支预算调整方案》《关于同意马坡至陆川公路改扩建项目政府购买服务协议》《关于同意陆川县城区东部整体城镇化建设项目(一期)政府购买服务协议》《关于开展第七个五年法治宣传教育的决议》《陆川县人大常委会关于成立法律顾问组的决定》的决议。采取电子表决方式依法任免人事1人。

【镇人民代表大会】 2016年7月28日前,全县11个镇分别召开镇十七届人民代表大会第一次会议,沙湖、横山、滩面3个镇召开第二届人民代表大会一次会议,依法选举产生新一届镇人大、政府的班子领导,选举产生镇人大主席14人,副主席13人;镇长14人,副镇长56人。

重大活动

【执法检查】 2016年11月,县人大常委会组织执法检查组对《中华人民共和国烟草专卖法》(简称《烟草专卖法》)、《中华人民共和国传染病防治法》(简称《传染病防治法》)2部法律实施情况开展执法检查。检查组到县烟草专卖局对实施新修订的《烟草专卖法》的工作情况进行执法检查,听取县烟草专卖局、工商局、公安局等单位的工作情况汇报,召开座谈会,查阅执法案件档案资料,指出存在的问题,提出要强化宣传,增强烟草经营者和消费者的法律意识,密切配合监管部门,加大对烟草专卖市场的监管等意见建议。到县卫生计生局听取《传染病防治法》执行情况汇报,并进行座谈,实地考察县疾控中心、卫生院,了解全县传染病防治工作情况,指出农村群众对传染病防治意识还不够强、对《传染病防治法》了解不够等存在问题,对继续加大《传染病防治法》的宣传、加大技术人才的引进和培训、加大经费投入等方面提出意见建议。协助玉林市人大常委会开展《中华人民共和国食品安全法》《中华人民共和国归侨侨眷权益保护法》执法检查。

【工作监督】 2016年,县人大常委会创新监督方式,突出监督重点,主动融入全县发展大局,加大工作监督,推动"一府两院"依法行政、公正司法。召开县人大常委会会议11次,听取"一府两院"专项工作报告8个。年内,县人大常委会围绕县委、县政府中心工作重点工作开展监督。先后听取县人民政府关于九洲江流域环境整治、县城棚户区改造、人大代表议案办理等工作情况的报告;开展代表视察精准扶贫产业扶贫工作的活动,督促和支持县政府及其部门改进相关工作;听取和审议县人民政府关于2016年计划、预算草案和计划、预算执行情况的报告,依法审议决定全县2016年经济社会发展目标任务;批准县2015年财政决算和县2016年预算调整方案,进一步加强财政预决算监督。

【人大代表视察调研】 2016年,县人大常委会把保障和改善民生作为人大代表视察调研工作的重点,采取实地调研、会议座谈、代表视察等方式,加大对农村食品药品监督管理、社区规范化建设、社会治安、棚户区改造、实施科技富民强县项目等事关群众切身利益的问题,开展视察调研监督,助推各项民生事业发展,开展人大代表视察调研活动8次。协助自治区、玉林市人大常委会开展人大代表视察调研活动12次。其中,协助自治区人大常委会开展农村饮水安全情况和河道采砂管理条例(草案)执行情况、贯彻预算法情况、生态养殖工作调研;协助玉林市人大常委会进行《玉林市城市容貌和环境卫生管理条例(草案)》《玉林市城区交通秩序管理条例(草案)》《玉林市古村落保护条例(草案)》《玉林市九洲江流域生态环境保护条例(草案)》等立法调研,开展创建国家公共文化服务示范区情况、农村精准扶贫工作、玉林环保世纪行宣传活动、整治农村养殖污染情况等专题调研,12月2日协助玉林市人大常委会开展驻玉林市的全国、自治区和市人大代表年终视察活动。

经济和社会发展计划、财政预算执行情况调研 8月11日—12日,由县人大常委会副主任丘妙军及常委会组成人员组成调研组,对陆川县2016年1月—6月国民经济和社会发展计划、财政预算执行情况进行专题调研。

社区规范化建设情况调研 9月28日—29日,由县人大常委会副主任黎政、丘玉梅及部分常委会组成人员组成调研组,深入到县城区的长安社区、新洲社区、文昌社区、九龙社区、温汤社区、九洲社区及马坡街社区、乌石街社区、良田街社区进行调研,听取县民政局有关工作情况汇报,并与社区干部进行座谈。提出加强社区干部的教育培训和完善社区工作人员保障制度等建议意见。

农村食品药品监督管理情况调研 11月23日,由县人大常委会副主任丘玉梅及部分常委会组成人员组成调研组,深入到龙翔食品厂和乌石食品药品监督管理所进行调研,听取县食品药品监督管理局关于农村食品药品监督管理情况的汇报,并召开座谈会,初步了解县内当前食品药品监督管理情况和主要成效,提出加强执法队伍建设、加大食品药品安全监督能力保障等建议意见。

"六五"普法规划实施及"七五"普法规划编制情况调研 12月5日,由县人大常委会副主任黎政及部分常委会组成人员组成调研组,听取县司法局有关工作情况汇报,并进行座谈。分析全县"六五"普法规划实施取得的成效,提出要精心谋划"七五"普法规划,科学制定"七五"普法规划,要丰富普法教育形式,增强法治宣传教育的吸引力等建议意见。

社会治安工作情况调研 12月28日,由县人大常委会副主任黎政及部分常委会组成人员组成调研组,对全县社会治安工作情况进行调研,听取县公安局有关工作情况汇报,实地察看县公安局"110"指挥中心;提出进一步强化社会治安管理、深化科技

强警战略、加大投入保障力深度等意见建议。

富民强县项目情况调研 12月28日,由县人大常委会副主任丘玉梅及部分常委会组成人员组成调研组,对陆川县实施富民强县项目情况进行调研。调研组召开座谈会听取县科技局关于实施科技强县项目的工作汇报,实地考察广西神龙王集团肉食制品加工厂,初步了解县内实施科技强县建设的成效,对科技富民强县项目实施资金过少制约项目实施和受自然条件影响及抗风险能力低等提出建议意见。

九洲江流域生态环境治理情况专题调研 12月9日,由县人大常委会副主任江家强及部分人大常委会组成人员组成调研组,听取县环保局关于九洲江流域生态治理情况的汇报,实地查看部分九洲江河段。并就加强保护九洲江流域生态环境重要性的宣传、加大九洲江支流污染的整治等提出建议意见。

县城区棚户区改造情况专题调研 12月29日,由县人大常委会副主任黎政及部分常委会组成人员组成调研组,召开座谈会,听取县住建局、城区棚户区改造办公室关于县城区棚户区改造项目情况的汇报,初步了解县城区棚户区改造取得的主要成效并分析存在的主要问题,探讨进一步做好县城区棚户区改造的工作对策。提出加大棚户区改造政策及法规宣传和坚持统筹规划、分步实施等建议意见。

【代表活动日活动】 2016年11月15日,县人大常委会围绕县委、县政府开展扶贫攻坚及廉政建设工作,以"精准扶贫脱帽攻坚工程、九洲江生态环境保护""惩治和预防职务犯罪"为主题,组织新一届人大代表开展代表活动日活动,视察调研精准扶贫、九洲江生态环境治理保护以及惩治和预防职务犯罪等方面工作,激发代表的履职热情。 (谢志松)

陆川县人民政府

LUCHUANXIAN RENMIN ZHENGFU

2016年1月22日,陆川县传达玉林市"两会"精神暨开展"美丽陆川·喜迎春节"城乡环境综合整治会议在县第一会议室召开   叶礼林 摄

政府综述

型攻坚、生态治理攻坚、城市提升攻坚、基础设施攻坚、精准脱贫攻坚、社会治理攻坚"六大攻坚",努力把陆川建设成为区域性新兴城市、生态养生乐游目的地以及玉林东向发展的战略支点。

【县人民政府机构概况】 2016年,陆川县人民政府(简称县政府)有工作部门25个,直属事业单位7个,挂牌机构7个,设在机构2个,直属公司3个,派出机构1个,镇人民政府14个。政府机关公务员编制1956名,实有人员1755人,其中县政府机关公务员编制1408名,实有人员1339人;乡镇政府机关公务员编制548名,实有人员416人。

【全县总体工作要求】 2016年,县政府全面贯彻中共十八大和十八届三中、四中、五中全会,以及习近平总书记系列重要讲话精神,践行"创新、协调、绿色、开放、共享"五大发展理念和以人民为中心的发展思想,贯彻"五位一体"总体布局和"四个全面"战略布局,按照县第十四次党代会的部署,紧抓九洲江跨省区生态补偿试点的重大机遇,深入实施"一城一地一支点"发展战略,全面落实经济转

【全县经济社会发展主要目标】 2016年,全县地区生产总值增长8%左右;财政收入增长7%;规模以上工业增加值增长8%;固定资产投资增长14%;社会消费品零售总额增长9%;居民人均可支配收入增长9%;城镇化率46%;城镇登记失业率控制在4%以内;主要污染物排放量控制在上级下达指标以内。

未来5年目标:至2020年地区生产总值年均增长8%左右,比2010年翻一番;财政收入年均增长7%;固定资产投资年均增长14%;工业增加值年均增长8%;社会消费品零售总额年均增长9%;城镇居民人均可支配收入年均增长9%;农村居民人均纯收入年均增长10%;全县城镇化率达50%以上。农村贫困人口全部脱贫,就业、教育、医疗、文化、社保、住房等公共服务体系更加健全;节能减排降碳完成上级下达任务。

2016年陆川县人民政府工作机构

县人民政府工作部门25个:县人民政府办公室、县发展和改革局、县教育局、县科学技术局、县经济贸易局、县公安局、县监察局(与县纪委合署办公,不算机构个数)、县民政局、县司法局、县财政局、县人力资源和社会保障局、县国土资源局、县环境保护局、县住房和城乡建设局、县交通运输局、县农业局、县林业局、县水利局、县工商行政管理局、县质量技术监督局、县文体广电局、县卫生和计划生育局、县安全生产监督管理局、县统计局、县审计局、县药品食品监督管理局

直属事业单位7个:县机关事务局、县农业机械化管理局、县旅游局、县水库移民工作管理局、县接待办公室、县档案局、县地方志编纂委员会办公室、县地震局、县招商促进局

挂牌机构7个:县法制办公室(在县政府办公室挂牌)、县物价局(在县发展和改革局挂牌)、县粮食局(在县发展和改革局挂牌)、县水产畜牧兽医局(在县农业局挂牌)、县扶贫开发办公室(在县农业局挂牌)、县人民防空办公室(在县住房和城乡建设局)、县市政市容管理局(在县住房和城乡建设局)

政府设在机构2个:政府应急办公室、县政务服务中心

派出机构1个:县工业园区管理委员会

重要会议

【县人民政府全体(扩大)会议】 2016年,县人民政府召开县人民政府全体(扩大)会议2次。

陆川县十五届人民政府第五次全体(扩大)会议 2016年1月25日在县第一会议室召开,县长蒙启鹏主持会议。县人民政府县长、副县长、政府办主任和县政府组成部门主要负责人出席会议。县政府办副主任,各镇人民政府镇长,县直机关各部委办局、各人民团体、各企事业单位和中直、区直、市直驻陆各单位负责人等列席会议。会议审议讨论《政府工作报告(草案)》《陆川县国民经济和社会发展第十三个五年规划纲要(草案)》,研究部署有关工作。县长蒙启鹏做讲话,县委常委、常务副县长陈锦对关于《政府工作报告(草案)》《陆川县国民经济和社会发展第十三个五年规划纲要(草案)》的起草情况说明。会议总结2015年政府工作,并研究部署2016年的工作,对当前相关工作提出具体要求。同意将《政府工作报告(草案)》《陆川县国民经济和社会发展第十三个五年规划纲要(草案)》提请县十五届人民代表大会第六次会议审议。

陆川县十五届人民政府第六次全体(扩大)会议 2016年8月25日在县第一会议室召开,代县长潘展东主持会议。县人民政府代县长、副县长、党组成员、政府办主任和县政府组成部门主要负责人出席会议。县政府办副主任,各镇人民政府镇长,县直机关各部委办局、各人民团体、各企事业单位和中直、区直、市直驻陆各单位负责同志等列席会议。会议审议讨论《政府工作报告(草案)》,并研究部署有关工作。代县长潘展东做讲话,县委常委、常务副县长陈锦对《政府工作报告(草案)》起草情况的说明。

会议总结过去五年政府工作，研究部署"十三五"的工作，并对当前相关工作提出具体要求。同意将《政府工作报告(草案)》提请县十六届人民代表大会第一次会议审议。

【政府常务会议】 2016年，县政府共召开常务会议15次，即十五届第66~75次常务会议、十六届第1~5次常务会议。

十五届第66次常务会议 2016年1月25日在县政府常务会议室召开。会议讨论并原则通过《政府工作报告(讨论稿)》《陆川县国民经济和社会发展第十三个五年规划纲要(讨论稿)》《陆川县行政许可审批事项目录(2015年)》《陆川县国家农业综合开发高标准农田建设项目实施规划(2013—2020年)》《陆川县深化小型水利工程管理体制改革实施方案》《拨付项目占用林地行政处罚款》《采购冬春救灾物资》《陆川县阿里巴巴农村电子商务合作协议》《陆川县2015年预算执行情况和2016年预算(草案)》等议题。会议还组织开展《习近平总书记在中央政治局"三严三实"专题民主生活会上的讲话》等专题理论学习。

十五届第67次常务会议 2016年2月17日在县政府常务会议室召开。会议讨论并原则通过《陆川县2015年国民经济和社会发展计划执行情况与2016年国民经济和社会发展计划(草案)》《陆川县政银企合作对接机制实施方案》《在政府采购活动和政府投资类项目建设中优先采用本地企业产品(商品)实施方案》《给予陈彦佐行政开除处分》《支付陆川县东环路扩建工程前期工作经费》等议题。会议还组织开展《习近平、王岐山同志在第十八届中央纪律检查委员会第六次全体会议上的讲话和报告》等专题理论学习。

十五届第68次常务会议 2016年3月10日在县政府常务会议室召开。会议讨论并原则通过《陆川县九洲江流域2016年度水环境综合整治实施方案》《2016年陆川县生态养殖示范点建设实施方案》《招商引资项目协议书》《成立陆川县校车服务公司》《增加中小企业助保金贷款合作银行》《县政务服务中心办公楼标准化管理》《解除县龙岩风景区龙珠湖整体水域承包合同补偿款》《招录巡防队员》《县九洲江治理办招聘编外人员》《审核使用国开发展基金投资合同》等议题。会议听取全县精准扶贫脱贫攻坚工作情况汇报，并组织开展《法治政府建设实施纲要(2015—2020年)》等专题理论学习。

十五届第69次常务会议 2016年4月12日在县政府常务会议室召开。会议讨论并原则通过《陆川县金融扶贫实施方案(草案)》《陆川县本级发展规划和项目前期工作经费管理暂行办法(草案)》《陆川县本级政府投资项目管理办法(草案)》《陆川县农村产权抵(质)押融资试点工作实施意见(草案)》《陆川县水上搜救应急预案(草案)》《陆川县2015年度中药材种植补助方案》《提高代课人员工资》《落实水库值班人员》等议题。会议听取2015年全县卫生、计生、依法行政方面工作汇报。会议还组织开展《传达学习习近平总书记、李克强总理等中央领导同志关于信访工作的重要批示精神》专题理论学习。

十五届第70次常务会议 2016年4月27日在县政府常务会议室召开。会议讨论并原则通过《陆川县镇村污水处理设施建设项目委托代建及项目回购协议书》《陆川县8个镇级污水处理厂代运营招商公告》《陆川县九洲江上游流域中小企业产业转移园引进企业投资建厂》《建设陆川友利玩具生产项目协议书》等议题。

十五届第71次常务会议 2016年5月23日在县政府常务会议室召开。会议讨论并原则通过《提高我县村干部报酬》《陆川县2016年易地扶贫搬迁工程实施方案》《陆川县气象局监测预警中心绩效工资纳入同级财政年度预算》《陆川县森林火灾应急处置预案(修订)》《陆川县防治艾

滋病攻坚工程实施方案(2015—2020年)》《陆川县中医院整体搬迁项目用地》《陆川县村委会(社区居委会)绩效考核奖励办法(修订)》《陆川县县级政府部门权力清单》《新建陆川县第七小学、第八小学》《陆川县8个镇级污水处理厂代运营合同》《县城投公司、县小城镇建设公司、县工业投资公司借支2016年经费》《解决县住建局聘用人员工资》《配备社会保险协管员》等议题。会议还组织开展《习近平同志在中央政治局常委会会议审议"两学一做"学习教育方案时的讲话(节选)和刘云山、赵乐际同志在"两学一做"学习教育工作座谈会上的讲话》专题理论学习。

十五届第72次常务会议 2016年6月17日在县政府常务会议室召开。会议讨论并原则通过《陆川县中医院整体搬迁建设项目前期工作经费》议题。讨论并原则通过给予何某某、姚某某、罗某某3人行政开除处分决定。

十五届第73次常务会议 2016年7月6日在县政府常务会议室召开。会议讨论并原则通过《陆川县以民办公助、村民自建等方式推行财政支农项目建设管理办法(暂行)》《陆川县2016年政府新增债券资金安排及项目实施方案》《陆川县农业三项补贴改革方案》《2016年自治区脱贫攻坚资金安排和2014年、2015年、2016年部分财政专项扶贫资金(发展资金)调整实施工作方案》《陆川县农村危房改造维修加固的指导性实施意见》《关于陆川县第一批清理规范行政审批中介服务事项的决定》《退还广西万象镍铬有限公司征地预付款》《陆川县2016年新农村示范点建设》《给予李泰行政开除处分》等议题。会议听取全县义务教育发展基本均衡县创建工作情况汇报。会议还组织开展《习近平在农村改革座谈会上的讲话》等专题理论学习。

十五届第74次常务会议 2016年8月10日在县政府常务会议室召开。会议讨论并原则通过《陆川县

2016年招商引资工作实施方案(讨论稿)》《陆川县突发环境事件应急预案(送审稿)》《陆川县建立行政执法公示制度工作方案》《招聘政府法律顾问助理》《调整陆川县土地征收青苗及地上附着物补偿标准》《陆川县长隆电子有限公司等四家重点中小企业融资申请》《陆川县水利电业有限公司农村电网改造升级"十三五"规划》《对清湖综合市场受灾经营户进行赔偿》《县消防大队营区项目增加附属工程》《将陆川县集发建筑安装公司划归陆川县小城镇建设有限公司管理》《县公安局新招录巡防队员》《组建广西陆川农村商业银行股份有限公司》《购买水政执法船和全自动水草收割船》《陆川县2015年度预算执行和其他财政收支的审计工作报告》《陆川县2015年财政决算(草案)报告》《给予何德亮行政开除处分》《明确各镇、县直各单位信访岗位津贴实施范围》《2016年安全感和满意度工作经费预算》等议题。会议还组织开展《关于认真学习贯彻习近平总书记在庆祝中国共产党成立95周年大会上的重要讲话精神的通知》等专题理论学习。

十五届第75次常务会议 2016年8月24日在县政府常务会议室召开。会议讨论并原则通过《政府工作报告(讨论稿)》《解决县政法部门警力及工作人员不足》等议题。

十六届第1次常务会议 2016年9月30日在县政府常务会议室召开。会议讨论并原则通过《陆川县突发公共事件总体应急预案(修订)》《追加筹备全区生态乡村现场推进会经费》《陆川县推进政府购买服务改革工作实施方案》《县东环路扩建工程项目资金借款》《明确县城区东部整体城镇化建设项目(一期)借款主体》《拨付马坡镇污水处理厂部分管网变更建设资金》《秦镜水库工程三副坝进库路项目》《拨付大桥镇部分防洪河堤修复资金》《以政府购买服务模式进行马坡至陆川公路改扩建项目建设》《补助乌石至良塘(谢鲁

山庄)二级公路项目配套资金》《县人民医院融资租赁》《划拨县工业园区派出所业务用房建设用地》《马坡镇等四个镇控制性详细规划设计》《招聘县环保局编外技术人员》《划拨陆川县就业和社会保障服务中心业务用房项目用地》《发放2015年度机关绩效考评奖金》等议题;讨论并原则通过给予周某某行政开除处分决定。会议还组织开展《习近平同志在东西部扶贫协作座谈会上的讲话》等专题理论学习。

十六届第2次常务会议 2016年10月31日在县政府常务会议室召开。会议讨论并原则通过《陆川县创建城区严管街实施方案(讨论稿)》《2016年陆川县九洲江流域养殖场标准化改造实施方案(讨论稿)》《陆川县畜牧业绿色发展示范县创建活动实施方案(讨论稿)》《取消和调整一批行政审批》《第二批清理规范12项行政审批中介服务》《马盘二级公路收费债务偿还计划》《创建陆川绿丰橘红产业(核心)示范区基础设施建设经费》。会前组织开展县政府领导干部法治专题培训。

十六届第3次常务会议 2016年11月21日在县政府常务会议室召开。会议讨论并原则通过《陆川县九洲江流域上下游横向生态补偿奖励资金使用方案(草案)》《陆川县九洲江流域支流养殖场清拆工作方案(讨论稿)》《划拨土地新建陆川县档案馆》《陆川县科技成果转化大行动实施方案》《陆川县科学技术奖励办法》《推进县九洲江环保产业园各项工作》《陆川县九洲江环保产业园厂房租赁合同》《陆川县"十百千"产业化扶贫示范工程2016年度项目实施方案(讨论稿)》《关于2016年第二批财政专项扶贫资金(发展资金)900万元调整安排作产业全覆盖补助资金及2016年陆川县第一批财政专项扶贫资金项目计划(调整)》《县市场服务中心借款发放职工工资》《调整机关事业单位工作人员基本工资标准和增加机关事业单位离休人员离休费》《调

整乡镇内聘干部工资待遇》《陆川县"十三五"易地扶贫搬迁住房补助实施方案(讨论稿)》《滩面镇2016年易地扶贫搬迁工程安置点安置房分配方案(讨论稿)》《拍卖相关地块解决原置换资产遗留问题》等议题。

十六届第4次常务会议 2016年12月12日在县政府常务会议室召开。会议讨论并原则通过《陆川县2016年财政收支预算调整方案(送审稿)》《2017年陆川县行政事业单位部门预算编制的原则、口径及标准(送审稿)》《陆川县法治政府建设实施方案(2016—2020年,送审稿)》《申报县级食品药品检测中心项目》《提高我县地下革命有功人员生活补助标准》《陆川县谢仙嶂民俗文化生态旅游风景区入口道路调整概算》《划拨国有建设用地给陆川县园林管理所作公共设施用地》《划拨国有建设用地给陆川县民政局作九洲社区党群综合服务体用地》《玉林市农村基础设施建设项目(2016—2020年)委托代建协议》《陆川县城区东部整体城镇化建设项目(一期)政府购买服务协议》《沙坡等8个镇级污水处理厂通过单一来源采购模式购买服务》《解决陆川县供销社地方政策性财务挂账问题》《拨付"天网工程"新增监控及人员布控设备建设经费》《拨付2017年度新农合宣传发动工作经费》等议题。会前组织开展《彭清华同志在自治区党委十一届一次全会上的讲话和于春生同志在自治区纪委十一届一次全会第二次会议上的讲话》专题学习。

十六届第5次常务会议 2016年12月29日在县政府常务会议室召开。会议讨论并原则通过给予罗某某、王某、陶某某、王某某、钟某某、谢某某6人行政记过或记大过处分决定。

【全县工作会议】

全县食品药品安全工作会议2016年2月23日在县第一会议室召开,县政府分管副县长、各镇镇长、各镇分管食品药品工作领导、县食品

药品监督管理局、县食品药品执法大队、各镇食品药品监督管理所及相关的单位主要负责人参加会议。会议总结食品药品安全工作成绩，并部署陆川食品药品监督管理下一步的工作。会议要求各镇政府加强领导，密切配合，努力形成推动食品药品安全工作的凝聚力、执行力。继续深化体制改革，强化企业主体责任；加强基础能力建设、日常监管、监督抽检、专项治理。扎实做好各项工作，不断提升食品药品安全保障水平。

陆川县工业发展大会　2016年3月1日召开，县四家班子领导各镇党政负责人、各单位主要负责人参加会议。县委书记、县长分别在会上讲话。会议对陆川县工业发展形势和面临的问题进行分析，谋划部署陆川县工业转型升级发展工作。会议出台《陆川县在政府采购活动和政府投资类项目建设中优先采用本地企业产品（商品）实施方案》《陆川县2016年存量土地盘活利用工作方案》《陆川县政银企合作对接机制实施方案》等3个规范性文件。

陆川县住建工作会议　2016年3月18日在县九龙山庄三楼会议室召开。各镇政府分管住建工作的领导、村建站站长和县住建局局机关全体干部职工、下属二层机构正副职领导，县城投公司、小城镇建设公司等单位分管领导参加会议。县委常委、常务副县长陈锦出席会议并讲话。对进一步做好住房城乡规划建设管理工作提出要求：一要创新发展理念，改进规划方法，铸就陆川城市坐标，提升规划水平；二要以"生态、实用、经济、绿色、美观"为建设方针，统筹推进城乡一体化建设；三要积极引领新常态，抢抓机遇，树立法治思维，提高行业监管水平；四要建设住建系统的政治绿水青山，落实"两个责任"，加强党风廉政建设，实现海晏河清。

全县国土资源工作会议　2016年3月30日在县九龙山庄三楼会议室召开。各镇政府、县发改局、财政局、住建局、交通运输局、农业局、环

保局、水利局、水产畜牧局、民政局、经贸局、市政市容局、征地办、工投公司、城投公司、小城镇公司等单位分管领导分管国土资源工作领导，县工业园区、龙豪创业园区各1名主要领导和县国土局局机关全体干部职工、下属二层机构（含各镇国土资源管理所）主要负责人参加会议。县委常委、常务副县长陈锦出席会议并讲话。会议总结2015年和"十二五"时期全县国土资源工作的成绩，强调要求国土部门、各镇、各相关部门要履行对本行政区国土资源开发与保护对应责任，共同支持国土资源工作，相互协调配合，保障国土资源开发与保护工作落实。

全县残疾人事业工作会议　2016年3月25日在县政府二楼会议室召开。各镇分管残疾人工作的领导、残联理事长，县残工委成员单位分管领导，县残联中层以上领导及二层单位负责人参加会议。副县长吴祖强出席会议，肯定县"十二五"期间全县残疾人事业所取得的成绩，分析全县残疾人工作面临的形势，并对下一步做好全县残疾人工作提出要求。

实施全面两孩政策暨全县卫生计生工作会议　2016年4月13日在县第一会议室召开。县政府分管副县长、各镇镇长、各镇分管卫生计生工作领导、计生站站长、各镇卫生院院

长以及相关的单位主要负责人参加会议。会议学习玉林市实施全面两孩政策暨2016年全市卫生计生工作会议精神。总结全县卫生计生工作在改革创新中取得新进展。县委常委、宣传部部长、副县长莫亚坤在会上肯定卫生计生惠民工程的成效，要求各镇政府认清形势，迎接挑战，切实增强做好各项卫生计生工作的责任感和紧迫感；强化党建引领，提升医疗服务水平，塑造行业良好形象；坚持计划生育基本国策，实施全面两孩政策；推进医改和卫生计生资源整合工作；完善公共卫生服务体系，实施"健康陆川"工程。统筹推进，为卫生计生事业改革发展提供有力保障。

陆川县地质灾害防治工作会议　2016年4月27日在县第一会议室召开各镇镇长，县直（中直、区直、市直）有关单位领导和县国土资源局局长、分管副局长及相关科室负责人、各镇国土所所长参加会议。县委常委、常务副县长陈锦出席会议并讲话。会议要求，要认清形势，提高认识，重视地质灾害防治工作；要突出重点、细化措施，扎实抓好地质灾害防治各项具体工作；全面提高地质灾害防御能力，确保人民群众生命财产安全。

《陆川年鉴》编纂工作动员会暨撰稿工作培训会　2016年4月29日在县第一会议室召开。县政府副县

2016年4月13日，陆川县实施全面两孩政策暨2016年卫生计生工作会议在第一会议室召开　　　　　　　　　　　　叶礼林　摄

长吴祖强,四大办分管联系地方志工作的副主任,各镇、县直(中直、区直、市直)有关单位分管地方志工作的领导、年鉴撰稿人员、县方志办全体干部职工参加会议。副县长吴祖强出席会议,并就各镇各单位如何做好2016年年鉴编纂工作进行部署。县方志办主任姚紫燕对2016年卷《陆川年鉴》组稿工作进行业务培训。

全县公共机构节能工作暨能源资源消耗统计业务培训会议 5月6日在县第一会议室召开。各镇、县直各有关单位分管公共机构节能工作的领导、能耗统计员及县机关事务管理局局长、县公共机构节能办公室全体干部职工参加会议。会议传达上级公共机构节能工作会议精神,总结2015年度全县公共机构节能工作,安排部署2016年的工作任务;会议表彰县公共机构节能工作先进单位和先进个人,并开展业务培训。

陆川县防震减灾暨创建自治区防震减灾示范县攻坚工作会议 6月21日在县第一会议室召开。县四家班子分管或联系防震减灾工作的领导,县委办、县政府办联系防震减灾工作的副主任,各镇、县直(中直、区直、市直驻陆)各有关单位分管领导参加会议。县委常委、统战部部长周林主持会议。县地震局局长刘通总结县2015年防震减灾工作、部署2016防震减灾工作计划。副县长吴祖强就如何做好陆川县2016年防震减灾工作和创建自治区防震减灾示范县工作提出要求。

全县城市工作会议暨年中工作会议 7月31日在县第一会议室召开,县四家班子领导、各镇各部委办局负责人参加会议。常务副县长陈锦主持会议。会议贯彻落实自治区、玉林市城市工作会议暨年中工作会议精神,总结陆川县上半年工作情况及存在问题,分析研究当前发展形势,部署落实下半年工作,要求全县上下坚定信心,克难攻坚,全力推进年初所确定的任务目标,确保全年各项工作任务按时按质完成。

全县林业工作会议 9月28日在县第一会议室召开。各镇镇长、分管副镇长、林业站长、各成员单位领导、县森林防火指挥部成员等80多人参加会议,县政府副县长何志勇出席会议并讲话,会议对全县秋冬森林防火工作进行部署,强调要落实责任,强化措施,全力抓好冬季森林防火工作。

陆川县社会保险扩面征缴暨全民参保登记计划工作会议 10月12日在县第一会议室召开。县政府分管副县长、各镇、县直各有关部门领导以及相关的企事业单位主要负责人参加会议。县委常委、宣传部部长、副县长莫亚坤在会上分析县全民参保登记入户调查工作开展和城乡居民养老保险工作形势,并全面部署陆川社保下一步工作。会议要求各镇政府高度重视,结合自身实际,采取积极有效的措施,抓紧时间全力做好两项工作。加强宣传,确保两项工作顺利进行;重点关注,确保特殊困难群体全部参保;全力以赴,按时完成城乡居民养老保险各项绩效考核指标和全民参保登记工作;严格督查,不断强化一把手的责任意识。

重大工作部署

【推进重大项目落地建设】 2016年,县政府把项目建设摆在实现稳增长的首位,围绕增后劲、补短板、上水平,谋划、开工、竣工重大项目一批。一是超前抓好项目前期,争取一批重大项目入规划。围绕国家级九洲江跨省区生态补偿试点,在农业、水利、移民、环保、交通等方面申报重大项目一批,加快推进秦镜水库、玉湛高速、陆川动车站改造等重大项目。二是加大资金拨付力度,确保一批项目开竣工。预计列入2016年投资计划的重大项目有100项,年度计划投资70亿元。以"月月有项目开竣工"为目标,争取实现项目竣工投产30多个。

三是全力盘活项目用地一批,破解项目建设瓶颈。以创建全国国土资源节约集约模范县为契机,积极争取项目用地指标。开展土地利用盘活年活动,有效盘活闲置土地。四是创新项目投融资模式,激发经济发展活力。多渠道争取项目扶持资金,探索运用PPP模式,拓宽项目投融资渠道,鼓励和引导更多的社会资本参与污水垃圾、水利、交通、电子商务等重大项目建设。

【推进九洲江跨省区生态补偿试点建设】 2016年,县政府以国家级九洲江跨省区生态补偿试点为契机,打造九洲江流域人水和谐风景。

加快生态补水项目建设,重点建设四大水库项目,在九洲江上游地区建设秦镜、陆选、石峡、六潘水库,总库容为2450万立方米,在2016年6月前开工建设。

全力发展生态养殖。以小散养殖和支流整治项目为重点,对禁、限养殖区进行严格管理,发展标准化养殖。全县60%以上的生猪规模养殖场实现高架网床改造。加快建设博世科生物质能源开发项目、2座病死畜禽无害化处理厂、3家有机肥料厂、20个生态健康化养殖基地。

推进生态基础设施建设。以污垃设施和农村环境连片整治项目为重点,统筹推进垃圾污水处理设施建设和管理,运营好已建成的9个镇污水厂、3个垃圾中转站。抓好新建5个镇污水处理厂、4个镇垃圾中转站和100个村污水处理厂的筹建。

建设生态乡村。以村屯绿化、饮水净化、道路硬化为重点,巩固深化当前生态乡村示范带建设成果,拓展延伸九洲江流域生态乡村示范带,北连大桥、南通良田。全面改善村庄环境,引导和支持农民开展乡村风貌改造,建设一批"青砖灰瓦白墙"的美丽村落。建设绿化示范村屯73个,新发展种植橘红666.67公顷(1万亩)、油菜花666.67公顷(1万亩)、油茶66.67公顷(1000亩)。建设农村饮水工程29处,硬化道路161千米。

【推动工业转型升级】 2016 年，县政府以顺应工业结构调整需要，全力服务好实体经济发展，促进工业企业保持企稳回升态势。建立产业扶持基金，重点扶持有市场、有效益的先进机械制造业、健康产业发展。年内力争完成工业投资 112 亿元，新增规模以上企业 3 家以上。抓好一批签约工业项目开工建设，加快推进滩面 35 兆瓦光伏发电、桂冠风能等一批工业项目建成投产，加快形成新的增长点。抓好一批停产半停产企业恢复生产，千方百计改善企业生存环境，化解企业融资难、成本高、经营难、发展难等问题，在用电、用水等方面降成本，力促玉柴重工、兴宝金属、开元机械、彤合机械、广南机械等停产半停产企业恢复生产。抓好一批在建企业竣工，争取永大汽配、漫山红红木家具、千业工贸等企业建成投产，进一步拉动经济增长。加快培育上市企业，加快完成开元机器、神龙王集团、永耀玻璃、永大汽配等 4 家企业上市培育备案工作，力促更多的企业在股权交易所挂牌上市。千方百计抓好招商引资。健全招商引资工作机制，创新招商方式，重点在电动汽车、先进机械制造等方面实现新突破，力争全年引进亿元以上项目 2 个以上。

【创建现代特色农业示范县】 2016 年，县政府加快转变农业发展方式，走产出高效、产品安全、资源节约、环境友好的农业现代化道路。稳定粮食生产，抓好粮食高产示范，不断提高粮食生产效益。培育发展粮食生产经营农民专业合作组织，促进粮食规模经营。确保全县稻谷面积 3.75 万公顷、产量 25 万吨以上。加快推进现代特色农业（核心）示范区建设，建设"九洲有机田园" 200 公顷，打造自治区级现代特色农业（核心）示范区。创建 13 个市级现代特色农业示范区。加快推进中药材专属区建设，新增中药材种植面积 5 万亩以上。加快土地流转，培育发展一批新型农业经济组织，引导农业企业发展"公司＋基地＋农户"的产业化经营模式，提高农业生产的组织化程度。新增土地流转面积 1333.33 公顷（2 万亩），扶持培育家庭农场、发展种植大户 20 户，新建农民合作社 20 家，新增市级以上农业龙头企业 5 家以上。

【培育现代服务业】 2016 年，县政府为适应新常态发展，把服务业发展作为拉动经济增长的"新引擎"。推进一批景区景点提档升级，实现九洲江"十里河画""九洲江记忆""如来空谷"景区以及"欧客码头"创意乐园等项目建成运营，继续推进世客城、龙珠湖、谢仙嶂、谢鲁山庄、东山森林运动养生、塘寨红色生态乡村等景区建设，进一步完善相关基础设施，促进旅游业升级发展。建设一批高标准商贸市场综合体，重点培育城市综合体商贸城、嘉益商贸城、君丰市场等大型商贸综合体项目，形成辐射全县，带动周边的区域性商业高地。建设一批现代物流企业，重振陆川"汽车运输王国"物流运输雄风，推进锦源物流城、华杰物流、温南商贸物流城等物流基地建设，构建区域性物流中心。建设一批淘宝村、淘宝点，依托陆川猪、铁锅、淮山、橘红等特色产品优势，推进阿里巴巴农村淘宝项目，建设村级淘宝点 100 个。

【加快生态宜居城市建设】 2016 年，县政府围绕"人的城镇化"抓好城市规划建设。全面推进棚户区改造项目，重点抓县供销社、财政局、水利局、国税局、县政府宿舍二区、县经贸局、县政府黄楼、县城投公司片区、杨屋队、陆川中学门口南面等棚改点的拆迁和建设。年内完成棚户区改造项目销售 820 套的目标。全面推进城市交通重大项目，科学规划玉湛高速公路城区出口，抓好远辰北路、陆兴南路、通政东路、讯和路、温泉大道南路、东环路等城区主干道的新建或改造，建设中山公园、罗庚塘、文昌路、公安街等 4 座跨江大桥，提升整个县城的交通环通能力。全面推进城市管网建设，科学规划、合理布局城区管网，不断完善供水、供电、排水、治污、通讯和网络等管网建设，打造海绵城市。全面推进城市旅游、文化、商贸重大项目，抓好世客城、锦源物流城、文体中心、教育集中区等城建重点项目建设，打造文化城市。引进布局红星美凯龙、大润发等现代化商场。推进九龙公园、文昌公园、城区温泉源头等城市绿化生态工程，打造森林城市。全面实施城市环境综合整治项目，启动实施米场、马坡、乌石、良田、清湖等 5 个镇的"六个一工程"建设。以陆川动车站建设为契机，整治火车站周边环境，美化铁路两边景观。统筹实施县城区和各圩镇一批小街小巷硬化、绿化、亮化、净化、美化工程。规划建设县城区活禽市场，加快君丰市场建设，改造九洲市场、杨屋沟。规划建设一批停车场、停车点、停车位。规划建设公共厕所一批，改变陆川城市落后面貌，提升城市品位形象。

【加快跨省出海交通设施建设】 2016 年，县政府实施"修高速、接高铁、二改一"交通设施建设工程，加快对外交通网络建设。重点抓好"两条高速公路、一条一级公路和一个动车站"（玉林经陆川至湛江高速公路、南宁苏圩经陆川至北流清湾高速公路、马坡至陆川县城"二改一"公路、陆川动车站）。加快黎湛铁路电气化改造工程的陆川段建设以及陆川火车站的改造，满足动车从玉林到达陆川站要求，推进动车接南宁、桂林、广州高铁。争取岑溪南渡至陆川二级公路、清湖至浦北石涌二级公路等 2 条二级公路年内开工建设。

【着力培育税收增长点】 2016 年，县政府坚持盘活存量与开发增量，提升财政收入质量和保障能力。一是加大财源培植。深入开展"实体经济服务年"活动，实施县领导服务重点企业制度，扶持重点项目和企业，跟踪服务好华润水泥、永耀玻璃、正邦饲料、永发机械、沙湖蓄电池、南发厨具、德联制药等重点企业。落实国家化解房地产库存要求，稳定房地产市场，加快世客城、龙腾嘉园、碧桂华庭、地王国际等房地产项目销售。二是抓好财税收入目标管理。完善综合治税机制，加大重点项目税收征管，充分挖掘增收潜力。加强国有资产整合运营，争取国资收益最大化，提高财政收入质量。三是优化财政支出结构。严格执行中央八项规定，"三公"经费支出实行"零增长"，控制非生产性支出。加大民生领域投入，优先保障九洲江治理、棚户区改造等重点领域的建设资金。

【推进结构性改革】 2016年，县政府全面深化改革，为加快发展释放红利、激发活力。推进简政放权，加快建立权力清单、责任清单和负面清单。加快工商登记制度改革，充分激活民间资本，全面活跃非公经济。深化农村综合改革，重点抓好农村"六权"确权登记颁证、健全农村产权流转交易市场体系等方面改革。探索组建农业投资公司进行农村产权经营权开发。推进户籍制度改革，促进农业人口有序城镇化。深化投融资体制改革，发挥县金融办的作用，提升金融机构服务发展能力。积极开展股权融资、产权交易融资、债券融资等多样化融资。深化农村金融改革，加快推进农村信用社改组改制和村镇银行分支机构向镇村延伸。深化农业银行的"三农"事业部改革，不断提高农村金融服务水平。

【全力开展精准脱贫攻坚战】 2016年，陆川县开展扶贫脱贫攻坚工作，按照扶贫对象精准、措施到户精准、项目安排精准、资金使用精准、因村派人精准、脱贫成效精准等"六个精准"扶贫工作要求，全力推进精准脱贫。一是实施产业扶贫脱贫工程。计划投入产业扶贫资金1200万元，推行"合作社+农户""基地+农户"等模式，增加贫困地区的造血功能。二是实施电商扶贫工程。推进"互联网+扶贫"，拓宽贫困村农产品销售渠道。三是推进扶贫移民搬迁工程。实现生态移民到

村到户，科学规划搬迁安置点，建立移民就业保障机制，完善安置区公共服务和配套设施。抓紧实施扶贫生态移民搬迁工程。四是实施医疗救助扶贫脱贫工程。提高农村贫困人口医疗救助保障水平，努力消除"因病致贫、因病返贫"问题。五是实施教育扶贫工程，分类推进中等职业教育免除学杂费，率先从建档立卡的家庭经济困难学生实施普通高中免除学杂费。2016年"雨露计划"发放200万元。六是实施金融扶贫工程。启动贫困户小额贷款和信用贷款工作，扶持2000户贫困农户通过产业开发增收脱贫。力争年内全县减少贫困人口1.6万人以上。

【着力改善民生和公共服务】 2016年，县政府坚持发展为民，着力解决好群众最关心、最直接、最现实的利益问题，提升人民群众的获得感和幸福感。

继续集中力量实施为民办实事工程。重点抓好社保、健康、教育、水利、扶贫、安居、农补、生态、文化、交通等一批惠民项目。实施农村危房改造，建设公租住房547套、教师周转房351套。

抓好就业工作。推动"大众创业、万众创新"，鼓励多渠道多形式就业创业，力争城镇新增就业4500人，农村劳动力转移人口就业8300人。

推进教育均衡发展。加快建设陆川县中学东校区、县第六小学、县第五幼儿园，规划筹建陆川县龙豪小学，完善东山小学、碰塘小学（城北小学）、县第五小学周边配套设施，增加城区教育资源和扩大学校容量。抓好城乡教师调配工作。加强对农村留守儿童的关爱服务，完善贫困学生资助体系。

加强公共文化服务。每月举办群众性文化活动1场。举办全民健身系列体育活动。公共文化体育活动场所实行免费开放。

加快发展卫生计生事业。规划建设县人民医院分院、县公立精神病医院和县城区社区卫生服务中心。推进县妇幼保健院、县中医院整体搬迁和温泉疗养院住院综合楼等项目建

设。加强镇卫生院规范化建设。确保新农合参保率达97%以上。落实好全面二孩政策。

完善社会保障体系。推进机关事业单位养老保险改革。推进社会保障"一卡通"制发换卡工作。统筹做好社会救助、社会福利、养老、扶残助弱等工作。

推进社会治理创新。深化法治宣传教育，完善公共法律服务体系。健全社会矛盾纠纷预防化解机制。完善立体化治安防控体系，推进"天网工程"第三期建设。加强应急管理工作，提高公共安全和应对突发事件的能力。认真贯彻《中华人民共和国安全生产法》，严格落实安全生产"党政同责""一岗双责"责任体系，突出企业主体责任，加强企业安全责任传递，坚决遏制重特大安全事故发生。坚决贯彻最严谨的标准、最严格的监管、最严厉的处罚、最严肃的问责"四个最严"要求，确保人民群众"舌尖上的安全"。

【开展"美丽陆川·生态乡村"活动】 2016年，陆川县开展生态乡村建设，建设美丽陆川。8月15日，县政府印发《关于开展"美丽陆川·生态乡村""六个一"建设活动实施意见》及配套文件7个。以村镇经济实力强、生态环境好、幸福指数高为目标，着力抓好基础设施建设、富民产业发展、公共服务配套、农民素质提升，完善村镇生产生活功能和村镇现代服务功能。于2016—2017年集中开展，在全县各镇和主要村屯实施"六个一"（一条主干道、一条主街区、一个规范化集贸市场、一批污水垃圾处理设施、一条特色产业示范带、一批特色文化名村）建设活动。县级重点打造九洲江生态景观带，各镇按照县里的建设重点，结合各地实际，科学确定当地的"六个一"建设规划。"六个一"建设活动是生态乡村建设的重要组成部分，为巩固县生态乡村建设成果奠定基础，为下一步推进宜居乡村"产业富民""服务惠民""基础便民"打下基础。

【推进政府购买服务改革】 11 月 22 日,县政府印发《推进全县政府购买服务改革工作实施方案》,探索构建符合陆川县实际的政府购买服务模式,全面推广政府购买服务。通过选择部分领域和单位重点推进政府购买服务改革,逐步建立健全政府购买服务制度,引导社会力量参与提供公共服务,形成科学规范的政府购买服务操作流程,培育多元化的公共服务供给主体,在县内形成一批可复制、可推广的示范性政府购买公共服务项目典型,不断提高政府购买服务资金占公共服务支出的比例,切实提升公共服务水平和效率。

【全国畜牧业绿色发展示范县创建活动】 2016 年,陆川县推进第一批全国畜牧业绿色发展示范县项目建设,制订陆川县畜牧业绿色发展示范县创建活动实施方案,开展创建畜牧业绿色发展示范县活动,对九洲江流域内 80% 养殖场(猪栏舍面积 500 平方米或生猪存栏 500 头)进行高架网床改造。投资 8800 万元,计划至 2017 年 10 月底,完成对 139 家规模养殖场的传统栏舍实行高架网床改造。投资 800 万元在县内各中小散养殖集中处建设环保设施。使全县规模养殖场推广高架网床 + 益生菌生态养殖达到 90% 以上,养殖场畜禽粪污综合利用 90% 以上,病死畜禽无害化处理率达到 100%,粪污处理利用模式全面推广,生态循环绿色畜牧业发展方式基本确立,生态养殖、农牧结合、种养对接、资源利用、环境友好基本实现,养殖污染治理取得明显成效。

办公室综合事务

【县政府办机构概况】 2016 年,陆川县人民政府办公室(简称县政府办)内设第一至第八秘书股、文电股、综合秘书股、信息调研股、政工人事股、督查股、信息化股、会务股、县政府督查室、县应急办、县调处办,行政编制 26 名,工勤人员编制 4 名,实有人员 26 人(其中工人 3 人)。下属事业单位有县信息化中心、县经济发展研究中心、县矛盾纠纷调解中心,事业单位编制 23 名,实有人员 22 人。

【参谋服务】 2016 年,县政府办公室按照县第十四次党代会的部署,围绕实施经济转型攻坚、生态治理攻坚、城市提升攻坚、基础设施攻坚、精准脱贫攻坚、社会治理攻坚"六大攻坚"工作,开展专题调研活动 83 次,撰写专题报告或调研论文 16 篇,编印《今日经济信息》68 期,印制《精彩陆川》卡片 15 期,为政府决策提供建设性的意见和建议。

【综合协调】 2016 年,县政府办突出抓好政府重点工作、政府为民办实事工作和重点项目建设中相关事项的协调工作,妥善处理以土地征用、房屋拆迁、涉军群体、企业改制职工为重点的群众上访事件,共召开各种协调会议 331 次,协调解决各种事件 257 件。

【督查督办】 2016 年,县政府督查室重点跟踪督促落实政府全会、常务会议、专题会议、县长办公会议的决定事项,《政府工作报告》确定的目标任务和重点项目建设、城乡一体化以及维护社会稳定的政策措施,跟踪督办事项的落实。年内共组织开展财税收入、招商引资、社会稳定、安全生产、城乡环境保护、防汛、重大项目建设、为民办实事等专项督查 130 多次,下发《督查通知》11 份,撰写《督查专报》120 份,印发《督查通报》18 期。督办县政府常务会议决定事项 14 期 139 项议题,督办县长办公会议决定事项 11 期 39 项议题,办结反馈率均达 100%。配合做好上级督查部门的专项查办,年内共接收上级督查部门《督查专报》31 期,对专报涉及的须整改问题按要求落实相关单位和人员及时整改落实,按时办结率 100%。

【政务信息公开】 2016 年,县政府办做好政务信息的采编、报送工作,定期更新"陆川政府门户网站"内容。围绕全县中心工作,加强政务信息的搜集、研判、整理、报送。年内,共上报玉林市政务信息 268 条,其中被单独采用 81 条,总得分 152 分;上报自治区政务信息 316 条,采用 40 条,总得分 120 分,总批示加分 50 分,加权得分 55 分,年终在玉林市各县市区中排名第一。

【办事办文办会】 2016 年,县政府办共制发各种公文 898 件;审核各类大小文件 1220 件;撰写总结材料、会议材料、县领导讲话稿等各种综合材料 956 篇。办理各种报告、请示、传真电报及其他文件 8056 件,打印文件、资料 9000 多件。承办或协办各种会议 2560 次,接待群众 325 人次,处理群众来信 188 件次。

【电子政务网络建设】 2016 年,县政府办加强自治区政府专网建设,加强电子政务内、外网、玉林市云政务平台(OA)陆川县节点、县政府办公室网络、县政府视频会议系统、县政府网、县政府信息公开统一平台等政务网络维护管理,抓好政府部门网站普查指导。举办政府网站普查工作推进会 1 次,参加培训 40 人次。在陆川县政府网发布信息 1366 条,在陆川县政府信息公开统一平台发布信息 4441 条。年度 OA 系统收文 2272 件,发文 633 件。陆川县政府网获 2016 年度自治区网站绩效评估县级第 87 名,分数 70.30 分。

【"三大纠纷"调处】 2016 年,陆川县践行"先行调解"的工作机制,加大"三大纠纷"(土地、山林、水利权属纠纷)调处,以思想说服与法律引导相结合,调处化解矛盾纠纷。年内,县调处办受理和协办国有、集体与集体之间的"三大纠纷"案件 48 起,调处 44

起,调结率 92%；协助镇、村化解单位与单位、单位与个人之间的"三大纠纷"案件 154 起。 （李兆文）

政务服务管理

【政务服务管理机构及概况】 2016年,陆川县政务服务管理办公室内设有综合股、监督股、政务信息公开与技术股；行政编制 4 名、事业编制 1 名,实有人员 4 人。下辖县政务服务中心服务站,事业编制 5 名,实有人员 5 人。全县进驻县政务服务中心窗口服务单位 31 个,窗口人员 73 人。年内,县政务服务中心各窗口共接到各类审批事项申请 7.49 万件,受理 7.49万件,办结 7.45 万件,平均日结率71.27%,当月办结率 99.54%,群众满意率 99.92%,办理提速 91.93%。

【政务服务】 2016 年,县政务服务管理办公室组织各单位开展新一轮行政审批事项清理,共清理行政许可事项 31 件,调整 198 项,对取消的行政许可事项,各级各部门不再实施审批,也不得以备案、审查、核准等形式进行变相审批；对不列为行政许可的事项,可根据权责清单制度、简化优化公共服务流程等有关规定,按程序将符合条件的事项调整为其他权力事项或公共服务事项；对调整的行政许可事项及时贯彻落实,对本部门行政许可事项目录和行政审批标准化目录库进行删除和调整,并修订行政审批操作规范及其流程图和办事指南。做好自治区、玉林市取消和下放行政审批项目的衔接。加强行政审批的事中事后监管,减少行政审批环节,规范审批行为,提高审批效率。加强对取消的行政许可事项的事中事后监管,防止出现监管真空。开展高标准高品质高效能创建活动,进行政务服务中心星级服务窗口、星级服务

标兵评比,每季度进行星级评比,并把评比结果在公开栏上公布。

9 月 23 日,玉林市政务服务绩效考评工作推进会在陆川县政务服务中心会议室召开,玉林市人民政府有关领导、市政管办班子成员、市公共资源交易中心负责人及各县(市、区)政府办协管政务服务工作的领导、政管办主任、负责政务服务绩效工作业务人员参加会议,市政管办传达全区政务服务绩效考评工作培训会精神,各县(市、区)政管办分别就上半年政务服务绩效考评和民生资金公开等工作以及下半年工作打算等发言,会议对推进全市政务服务工作开展提出要求。

【政务服务基础设施建设】 2016 年,县政务服务管理办公室抓好政务服务工作示范点项目建设,重点推进镇、村(社区)政务服务中心硬件、软件的规范化、标准化建设。年内,已完成温泉镇的九洲、九龙、长安、官田和清湖街等社区公共服务中心及乌石镇月垌村政务服务中心规范化建设,配备办公电脑及打印机,办公桌椅和饮水机等,改善服务环境和办公条件,不断提升政务服务水平。

【政务公开与政府信息公开】 2016年,县政务服务管理办公室加强政府信息公开工作,各镇、各单位落实分管领导具体抓,落实一名操作员具体负责日常编辑、录入工作。年内,全县政府信息公开的单位有 80 个,工作人员 153 人。加强政务公开宣传。5 月13 日,在县市政广场开展"政务公开日一条街"活动,参与"政务公开日一条街"活动部门 49 个,现场发放宣传单 2 万多份,接待咨询 1900 多人次；每季度出版陆川县人民政府政务公开栏 1 期。按自治区文件要求,全县各镇、各部门在政府信息公开统一平台或政府门户网站上公布各镇、各部门2016 年年度政府信息公开工作报告。抓好自治区政府信息公开统一平台和自治区政务服务政务公开政府信息公开基层信息化应用平台"两

个平台"的内容保障,不断深化公开内容,拓宽公开渠道。重点抓好财政、食品药品安全、环境保护、安全生产、价格和收费、教育等 9 个重点领域的政府信息公开,以教育、医疗为重点的公共企事业单位办事公开。2016年,全县通过政府网站、政务微博、政务微信及其他方式主动公开政府信息 8953 条。其中,重点领域政府信息发布 372 条。 （李远山）

人力资源管理

【人力资源管理机构及概况】 2016年,陆川县人力资源和社会保障局(简称县人社局)内设秘书股、行政审批办公室、工资福利与退休股、公务员股、事业单位人事管理股、劳动监察仲裁与政策法规股、社会保险股、社会保险基金监督股、规划财务股、就业促进与职业能力建设股、专业技术人员管理股(陆川县职称改革工作领导小组办公室)、纪检监察信访股等,行政编制 27 名,后勤服务聘用人员 2 名,实有人员 27 人；下辖参照公务员管理的单位有县就业服务中心、县社会保险事业管理局、县人才交流服务中心、县劳动保障监察大队,编制 73 名,实有人员 63 人；事业单位有县仲裁院,编制 5 名,实有人员 5人。全县有行政机关公务员 1297 人、参公人员 576 人,事业单位工作人员13955 人。年内,全县人力资源保障工作坚持以"人才优先,民生为本"为工作主线,统筹人社系统工作,推进人才发展环境建设,促进人才发展,突出就业创业重点帮扶,推进社会保障事业的建设,健全人事制度改革,促进发展和谐稳定劳动关系,各项工作取得成效。

【人才招聘选聘】 2016 年,县人社局抓好人才招聘选聘工作。年内,政府

系列共考录公务员(参公人员)91人，事业单位公开招聘工作人员55人;根据相关高中和特殊教育新学校部分专业人才紧缺的实际，双向选择面试公开招聘有关高中及特殊教育学校教师26人;公开招聘中小学公办教师61人，招聘特岗教师98人。审核聘用133名2011年医改过渡人员到基层卫生院工作。

【职级晋升】 2016年，县人社局按照干部管理权限抓好职级晋升工作。年底，进行第一个批次117人(含参公单位)职级晋升，其中科员级晋升副科级112人，副科级晋升正科级5人。

【年度考核】 2016年，县人社局继续抓好年度考核工作。全县近600家单位参加考核和审核备案的机关事业单位工作人员1.46万人。470家事业单位1.30万人考核结果已审核备案完成。其中，优秀1700多人，合格1.10万人。对2015年度考核优秀的294名公务员(参公人员)进行嘉奖。

【军转干部工作】 2016年，县人社局做好困难企业军转干部解困和维稳工作。春节及"八一"期间，共慰问军转干部210人次，按政策对97名企业军转干部调整生活困难补助。

【事业单位岗位等级调整审核认定】 2016年，县人社局按要求开展2015年度事业单位岗位等级调整审核认定工作，在抓好首次岗位设置、2013、2014年岗位等级调整基础上，推进2015年度事业单位岗位等级调整审核认定。全县2015年度共有221家事业单位1792人进行岗位等级调整审核认定;办理试用期满确定岗位等级审核123人，调动人员确定岗位等级审核23人。

【职称评审】 2016年，县人社局加强职称评审和证书发放。2015年，全县通过评审及考试等形式共取得职称资格753人，其中副高职称58人、

中级职称335人、初级职称360人。2016年，审核推荐高级职称105人，审核推荐中级职称438人，审查初级职称207人的申报材料。抓好职称证书注册登记，完成县属初级证书的审核注册登记1968本，初、中、高级证书的审核上送注册2536本。

【人才信息库建设】 2016年，陆川县实施人才强县战略，优化人才管理。完善人才资源信息库建设，加强大中专毕业生流动人才的宏观管理，对毕业报到的大中专毕业生基本情况、求职意向等输入电脑，实行电脑化、科学化管理，全县累计录入电脑人才信息3万多条。县人社局加强毕业生就业政策咨询、宣传和指导。年内，到党政机关、事业单位、国有企业、非国有企业、自主创业、社区岗位、基层项目、科研助理、灵活就业报到毕业生3864人，通过各种就业形式，实现毕业生就业3690人。 (庞全富)

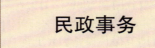

民政事务

【民政事务管理机构及概况】 2016年，陆川县民政局内设政秘股、城市居民最低生活保障股、老龄办、优抚安置股、救灾救济股、社会福利、社会事务和民间组织管理股、基层政权和区域地名股、财统股、婚姻登记处，编制11名，在职干部职工11人;下辖二层机构有县社会福利院、救助管理站、殡葬管理所、军队离退休干部服务站、农村居民最低生活保障工作办公室、低收入居民家庭经济状况核对中心、拥军优属拥政爱民工作领导小组办公室，事业单位编制49名，实有人员43人。年内，推进低保制度与扶贫开发政策相衔接，加强规范化建设、综合减灾示范社区建设，实施农村住房政策性保险，加强减灾救灾、城乡最低生活保障、社会救助、社会福利等。

【拥军优属】 2016年，陆川县开展拥军优属活动。春节、"八一"建军节期间，成立县拥军优属慰问团，走访慰问玉林军分区、部队等单位9个(次)，慰问重点优抚对象753人次，赠送慰问金15.70万元、慰问品一大批。落实优抚政策，按时足额发放抚恤补助金，全县有重点优抚对象2626人，发放抚恤、定期生活补助金2176.32万元。年内，接收安置退伍军人224人，发放优待金764.24万元;组织退伍军人参加职业教育技能培训163人次。

【地名管理】 2016年，陆川县开展县城区新建街(路)命名，县人民政府办公室印发县城区新建街(路)地名命名工作方案，街(路)命名工作分组织准备、初审、公示、报批等4个阶段。年内，完成实地勘察、测量及地名初审工作。推进第二次全国地名普查工作，制定陆川县地名普查方案和实施细则，加大地名普查宣传、工作队员业务培训，共举办培训班17期，培训工作队员200多人;年内已完成地名目录资料收集等工作。

【社区规范化建设】 2016年，陆川县开展城乡社区"规范化建设集中攻坚年"活动，推进全县10个社区规范化建设，重点加强办公用房、活动场所等社区服务场所方面建设，创新社会管理服务。采取分类实施，实行"一社区一方案、一社区一联系县领导、一社区一牵头单位"联系帮扶工作，整合各种有效资源，整体推进城乡社区规范化建设。年内，九龙、九州、长安、新洲、文昌、温汤、马坡、良田等8个社区通过国有资产、办公用房、办公场所调剂划拨，解决办公、活动场所面积不足问题。县森林消防大队为温泉镇温汤社区划拨部分办公场所，并进行"穿衣戴帽"改造，办公场所由原来的50平方米扩大到1000平方米。

【综合减灾示范社区创建】 2016年，民政部、自治区民政厅部署开展创建全国及自治区级综合减灾示范社区。

陆川县重点推进良田社区综合减灾示范社区建设,加强居民减灾意识与技能培训等方面建设。年内,良田镇良田街社区获自治区民政厅授予的广西综合减灾示范社区荣誉称号。

【农村住房政策性保险】 2016年,陆川县实施农村住房政策保险,列入县人民政府为民办实事项目,由县民政局、县财政局与中国保险管理委员会广西监管局、中国人民财产保险股份有限公司广西分公司联合实施。5月31日完成保费缴纳工作,全县农村住户投保21.20万户,缴纳保险费241.66万元(其中自治区财政承担保险费181.38万元,县财政承担保险费60.28万元)。年内,全县共接到农户因倒损住房的出险报案136例,符合条件赔付的93例,共赔付保险金44.78万元。

【社会救助实施】 2016年,陆川县完善社会救助体制机制,在全县14个镇、县政务服务中心建立社会救助"一门受理,协同办理"平台,设立社会救助服务窗口,落实专人负责受理或转办工作,全面开展城乡低保、临时救助、城乡医疗救助等社会救助各项工作。

城乡最低生活保障 2016年7月1日起,实行最低生活保障无纸化审批,由镇人民政府直接受理低保申请,村(社区)委员会协助受理低保申请,实行调查核实→评议→公示→审批→再公示的审批程序。8月1日起,城市低保标准由人均月收入413元提高至510元,农村低保标准由人均年纯收入2496元提高至2855元。按照自治区"低保政策兜底一批"的部署要求,根据扶贫标准下农村贫困人口实现脱贫的目标任务,农村最低生活保障与扶贫政策相结合,把最低生活保障标准与贫困户脱贫收入标准调整一致,对因病、因残、因缺少劳力等原因造成收入低且符合农村低保条件的困难群众尤其是建档立卡识别分50分以下的贫困人口纳入农

村低保范围,其中贫困人口纳入农村低保的1.06万户3.66万人。做到应保尽保,按时足额发放低保金。年内,全县获城乡最低生活保障63.55万人次,共发放最低生活保障金9408.28万元。其中,城市最低生活保障6.99万人次,发放最低生活保障金2028.79万元,每月人均补助290.30元;农村最低生活保障56.72万人次,发放最低生活保障金7379.49万元,每月人均补助130.50元。

五保供养 2016年,全县有五保供养对象6017人。年内,落实五保供养政策,按时足额发放供养资金,落实五保户丧葬补助费,保障五保户基本生活,共发放五保供养资金1664.30万元,发放五保户葬补助费70.84万元。

城乡医疗救助 实施城乡医疗救助办法,实行资助参保(合参)、即时住院救助、大病救助、政策性救助、门诊医疗救助等,对城乡低保户、五保户、孤儿和低收入家庭重病患者进行全方面救助。2016年,筹集医疗救助资金1592.40万元;累计救助9.84万人次,发放救助金1889.42万元(其中即时结算救助1.68万人次、1089.82万元,资助五保户孤儿城乡低保户参保或合参8.12万人次、622.24万元,住院救助270人次、150.96万元,门诊救助6人、0.40万元,农村两病儿童政策性救助38人、26万元)。医疗救助超支297.02万元。

临时生活救助 2016年,对因自然灾害、重大生活变故、重残、重病等原因导致临时生活困难的群众,通过临时救助机制给予及时的救助。年内,共临时救助260户964人次,支付救助资金50万元。加强冬季期间灾民生活救助,全县冬春期间救助困难群众4.27万人次,发放大米215吨、棉被4206床、衣服1.52万件、蚊帐54床、冬衣6113件、保暖内衣104套、拉舍尔毛毯72床、夏季T恤套装100套。

低保家庭子女上大学资助 2016年,开展资助最低生活保障家庭子女上大学。年内,资助低保家庭子女上

大学34人,支持资助金1.43万元。

【减灾救灾】 2016年,县民政局建立健全防灾减灾救灾工作机制,加强救灾物资储备管理、救灾应急体系建设,全县建立救灾应急工作小组4个。开展"5·12"防灾减灾日及防灾减灾宣传周活动,年内全县因灾情较小无人员因灾失踪、伤亡和出外逃荒的现象发生。

【殡葬管理】 2016年,县民政局积极推进惠民殡葬政策,加大殡葬改革宣传,对农村五保供养对象、城乡最低生活保障对象、重点优抚对象死亡人员实行基本殡葬服务免费政策,年内火化死亡人员299具。其中,交通安全事故死亡人员的火化率95%。

【民间组织管理】 2016年,县民政局加强社团和民办非企业单位的管理,新增社团3个、民办非企业单位15个。全县累计有社团93个,民办非企业单位42个。年内,已年检的社团44个,民办非企业26个。尚未进行年检的社团37个,民办非企业单位3个,部分社团因无经费来源,开展活动少或基本无开展活动,名存实亡。

【老年人工作】 2016年,全县共办理老年人优待证1305件。按照国家政策标准,为全县80周岁以上老年人发放高龄老年人生活津贴补助。年内,全县有80~89周岁高龄1.53万人,每人高龄补贴每月30元,90~99周岁老年人2118人,每人高龄补贴每月100元,百岁老人86人每人高龄补贴每月200元。全县共发放高龄老年人生活补贴78.78万元。

【村级老年协会建设】 2016年,陆川县继续推进农村老年人事业的发展,全县共成立村级老年协会48个,为农村老年人提供安静、舒适的健身、娱乐、交流、学习的场所,提高老年人的健康意识,营造尊老爱幼氛围。

(范永锋)

外事·侨务

【外事侨务工作机构及概况】 陆川县是玉林市的重点侨乡之一。华侨、华人主要分布在马来西亚、新加坡、印度尼西亚、越南、泰国、美国、加拿大、老挝、缅甸、澳大利亚、新西兰、英国、西班牙、日本等20多个国家。2016年，全县有华侨、华人同胞3.19万人，归侨侨眷2.62万人。

2016年，陆川县外事侨务办公室（简称县外侨办）内设秘书股、外事侨务股；编制4名，在编人员4人。年内，县外侨办加强外事管理和对外交流合作，为推动陆川经济发展、和谐社会建设做好服务。

【侨务联谊活动】 2016年，县外侨办广泛开展外侨联谊活动，加强与归侨、侨眷联系，为陆川经济建设服务，引导侨胞参与国家"一带一路"经济建设，通过归侨、侨眷向海外亲人宣传陆川的发展变化、投资环境等。加强与涉侨单位多联系，协助有关部门加强对外联系，开展招商引资活动，在容县举办的广西海外华侨华人玉林恳亲会的"侨商广西行·五彩玉林"介绍会上，与广西远辰客家文化城投资有限公司签订陆川县世客城亲子文化主题公园项目，合同金额3.4亿元。

【为侨服务】 2016年，县外侨办做好东盟各国教师外派工作，为传播中华文化、海外华文教育服务。年内，县外侨办向自治区侨办申报教师外派1人，并于7月20日到柬埔寨任教。全县累计外派到柬埔寨、泰国、老挝等3个国家任教教师4人。春节期间，县外侨办组织人员对生活困难归侨侨眷开展节日慰问和救济活动，共慰问贫困归侨侨眷18户，发放慰问金、慰问品共计8600元。　　　　（吕冰心）

机关事务管理

【机关事务管理机构及概况】 2016年，陆川县机关事务管理局内设政秘股、财会股、保卫股、房产股、车管股、会务股、公共机构节能股，编制46名，实有人员43人；招聘公益性岗位人员2人，外聘日工36人。下属企业有金川宾馆（县政府招待所）、县政府卫生所。年内，县机关事务管理局加强财务管理、后勤保障、安全保卫、会议服务及公共机构节能办公用房、公务用车的管理和服务。1月，保卫工作移交玉林物业创业有限公司管理，推进机关后勤管理工作常态化、科学化，后勤服务保障工作取得成效。县机关事务管理局获自治区机关事务管理系统饮食文化比赛优秀民族特色菜品奖。

【房屋管理】 2016年，县机关事务管理局所属房产管理有政府大院内的县委办公大楼，县政府办公大楼，县政府办东楼、西楼，县人大办公楼，县政协办公楼，新增政府政务中心办公楼、文体中心办公楼、县政府领导周转房管理及各镇党委政府办公楼；开展全县办公用房清查清理工作，县直各部门办公楼和县政府3个职工宿舍区。2016年，投资400多万元完善政府政务中心办公楼、文体中心办公楼及县领导周转房的装修改造。

【水电管理】 2016年，县机关事务管理局加强县政府机关大院各单位用电线路改造及路灯维护。投资1万元，在县政府机关大院安装节能汽车充电器12个；投资10万元，更换大院内节能路灯、各楼层卫生间灯。

【会议服务】 2016年，县机关事务管理局明确音响灯光、主席台设置、横标吊挂、茶水供应、会场打扫等各个工序

的岗位责任制，严格做好各种会议的准备工作，会议实行全程跟踪监控，保障服务工作。年内，共承办自治区、玉林市级现场会议32次，参会人员3000人次；玉林市级会议23次，参会人员2000人次；县内各种会议1500多次，参会人员近2.50万人次。

【安全保卫】 2016年，县机关事务管理局根据《关于陆川县机关大院车辆管理细则》规定，进入县政府机关大院车辆实行凭证出入，进一步规范大院车辆停放，确保机关大院车辆停放有序，通道畅通。2016年1月，把县政府机关大院、县人大、县政协、县政务中心办公楼，文体中心办公楼，县政府宿舍一、二、三区等保卫工作移交玉林市创业物业有限公司管理，进一步规范保卫工作管理。年内，县政府机关大院共接待来访登记人员4000人次。

【宾馆餐饮服务管理】 2016年，县机关事务管理局加强县政府招待所环境综合改造，投资300多万元，对金川宾馆的环境进行更新改造，重新安装餐厅厨房抽风系统，新添置饮具、炉灶，装修五、六楼客房及餐厅外墙等。年内，金川宾馆接待各种会议住宿和婚宴用餐1500多次，销售总额1300多万元，缴纳税金90万元，利润70多万元。

【医疗服务】 2016年，县政府卫生所聘请医师1人、护士2人、药师2人，共接诊病人2.03万人次，协助县卫生局接种预防800人次。营业性收入11万元。

【"美丽庭院"建设】 2016年，县机关事务管理局以县开展"美丽陆川、宜居庭院"活动为契机，加强县市场广场和县政府大院内的绿化亮化工作。投资15万元，对县市政广场的景观灯、绿化进行重新布局，调整更换县政府机关大院内原有的绿化带、花圃，补种栽培，配置景观树木，安装定时喷泉，增添固定垃圾桶一批。对县政府各宿舍区的空地更新补植树木、花草等，改善职工居住环境。加强机关大

院景观花草养护管理,新增聘请有专业技术护理工1人,对机关大院花草树木进行养护、管理。加强保洁工作,实行一天大扫清洁2次和白天全天跟班保洁。加强县政府3个宿舍区和单位卫生责任区的环境清理。

【机关食堂建设】 2016年,县机关事务管理局对县政府机关食堂进行改建,投资508万元,对县政府原来的黄楼拆旧建新,新建7层高的大楼1座,建筑面积2553平方米。其中,1楼至2楼为单身职工食堂,3楼至7楼为县领导周转房。县政府机关食堂就餐大厅200平方米,年内完成主体工程建设并转入装修,建成后每日可解决领导干部职工就餐220多人次。

【公共机构节能】 2016年,县机关事务管理局推进公共机构节能工作。加大公共机构节能宣传,加强对各单位节能业务统计人员的培训;组织实施自治区公共建筑节能专项资金示范县建设项目,推进"绿色照明"节能改造等。年内,完成玉林市各项能源资源降消耗等计划目标任务,公务用车车均用油指标比上年下降2.85%,人均用水指标比上年下降2.15%,人均用电指标比上年下降2.15%,单位建筑面积水电节约指标比上年下降2.58%。

公共机构节能宣传 6月18日—22日在市政广场举行公共机构节能宣传周活动,制作宣传广告块40多快,发放宣传资料1.80万份,参加宣传活动1500多人。

节能业务统计人员培训 6月18日在县政府第一会议室举办机构节能业务专业新能源培训班,全县各单位分管领导和公共机构节能业务统计员280多人次参加培训。主要培训公共节能新能源、节能统计员业务知识等方面内容。

"绿色照明"节能改造 2016年,陆川县获自治区公共建筑节能资金示范县建设项目,自治区支持项目资金400万元。其中,在县政府机关大院、县人民医院、县第一小学、陆川县中学等进行公共建筑节能改造,主要更换

2016年,加强对县政府机关食堂的改造建设。图为新建成的机关食堂内景
县机关事务局 提供

安装节能空调、节能灯、改造线路、节能热水器等;在县政府机关单位、乡镇机关进行节能灯及"绿色照明"节能改造,共改造节能灯5000盏;投资10万元,购买节能水龙头发放各机关单位使用,安装政府大院节水型节电监控系统,推进合同能源管理和改造。

【公务用车管理】 2016年,全县保留应急机要通信公务用车105辆,其中县机关事务局集中管理65辆,乡镇留用30辆,一线行政执法单位留用10辆。县机关事务管理局按照县车改办的要求,在县政府机关大院组建全县应急机要通信公务用车管理平台,出台相应的车辆管理制度实施细则。向社会新招聘司机10人、管理平台办事员3人。年内,全面规范公务派遣用车,加强对公务用车的日常清理保洁、保养、维修和管理。全年共派出公务用车5000辆次,行程13万千米,车辆费用支出比上

年节约20%。 (谢武光 李诗宇)

接待工作

【接待工作机构】 2016年,陆川县接待办公室内设综合股,编制4名,在职人员4人。

【接待业务】 2016年,陆川县接待工作严格执行中央八项规定和党政机关国内公务接待管理实施细则,规范全县接待程序及标准,年内,接待办共接待宾客576批次,5268人次,接待各地市精准扶贫工作交流学习团、生态乡村工作参观学习团。其中,重大接待任务接待省部级有6人次,完成全区生态乡村现场会的接待任务。 (黄新梅)

表9 2016年陆川县重要接待活动

日期	接待团组	接待事由
2月15日—16日	自治区副主席黄世勇	考察调研九洲江污染综合治理
3月9日	自治区副主席蓝天立	就改善农村人居环境情况工作进行调研
6月2日	自治区副主席黄世勇	调研脱贫摘帽工作及检查污水环境工作
8月23日	自治区党委副书记李克,自治区副主席蓝天立、张秀隆	召开全区"美丽广西·生态乡村"活动现场推进会

政协陆川县委员会

ZHENGXIE LUCHUANXIAN WEIYUANHUI

2月17日—18日，县政协第八届委员会第六次全体会议在县城举行。图为2月18日召开闭幕式大会

叶礼林 摄

政协综述

【政协机构及概况】 2016年,中国人民政治协商会议陆川县第八届委员会(简称县政协)有委员255人,常委会组成人员30人,其中主席1人,副主席2人,秘书长1人,常务委员26人。9月,县政协任期届满换届,产生政协陆川县第九届委员会,有委员226名,常委会组成人员39人,其中主席1人,副主席4人,秘书长1人,常务委员33人。县政协下设办公室、提案法制委员会、经济联谊委员会、科教文卫委员会。年内,召开全体委员会议2次、常委会会议5次、主席会议7次,开展专题调研4次,组织委员开展视察活动1次,组织政协机关干部集体开展走访委员活动1次。

【民主协商】 2016年,县政协通过召开委员全体会议、常委会议、主席会议,开展专门委员会对口协商活动等,对事关全县经济社会发展和人民群众关注的重要问题开展广泛而深入的协商讨论,推进全委会整体协商、常委会专题协商、主席会议重点协商、专委会对口协商的工作。在政协陆川县八届六次会议、政协陆川县九届一次会议期间,委员们听取并审议政协常委会工作报告和提案工作报告,列席县十五届人大六次会议和县十六届人大一次会议,听取并协商讨论政府工作报告及其他报告;县政协常委会围绕县委的九洲江治理、脱贫攻坚、生态乡村建设、棚户区改造、粤桂跨省九洲江流域生态农业等重要问题进行协商议政;县政协主席会议就县重大工程项目、重要文件出台等重要事项进行协商;县政协各专门委员会坚持经常性协商活动,深入开展民主协商、参政协商、社会协商,主动

与县直部门开展对口协商、界别协商等。

【提案办理】 2016年,县政协八届六次会议、九届一次会议共收到提案135件,审查立案123件,立案率91.11%。其中,政治法律方面8件,工交城建方面65件,农林水方面9件,科技文教卫生方面17件,其他24件。年内,县政协采取领导督办、协商督办、跟踪督办等多种形式,加强与承办单位的联系,做好催办工作。经承办单位办理,问题已得到解决落实和列入计划解决的116件,占立案提案的94.31%。因客观条件限制,暂时未能落实解决的已向提案者做出答复和说明,已办复立案提案123件,办理回复率100%。部分提案经过办理后,取得良好的社会效益和经济效益。其中,《关于改进我县扶贫工作的建议》提案,得到县委、县政府的采纳与支持,县扶贫办等部门进行整改落实,助推扶贫攻坚工作开展。《关于解决在县城乡交通主干道建设便民候车亭的建议》,通过提案承办单位的办理落实,新建镇村便民候车亭2个。《关于搬迁县屠宰场、打造美丽县城的建议》提案,得到县委、县政府的重视,相关部门制定搬迁规划,落实建设用地1.93公顷。

【政协委员产生】 2016年3月—7月,根据《中国人民政治协商会议章程》有关规定,及中央、自治区党委和市委的部署要求,陆川县政协任期届满进行换届。县委重视政协换届工作,成立县政协换届工作领导小组,召开县政协换届工作会议,全面部署政协换届各项工作。县政协党组、县委组织部、县委统战部等有关部门及时进行研究,提出工作方案,报县委审批同意后组织实施。县政协换届工作领导小组召集有关单位召开政协委员推荐提名动员大会,明确新一届政协的界别设置、委员调整安排的原则、工作步骤和时间安排等要求。在推荐提名环节中严格按照换届工作

规定的程序,发扬民主,坚持标准条件,充分酝酿协商,广泛听取各方意见,并将人选名单予以公示,把发扬民主贯穿于人选产生的全过程。名单初步确定后,乡镇推荐提名的委员委托各镇党委负责考察,县直委员由县政协、县纪委、县委组织部、县委统战部组成联合考察组进行考核,并就推荐提名的人选严格按照程序征求纪委、政法委、检察院、法院、公安、卫计、环保、税务、工商行政管理等14个部门意见建议,经县政协换届工作领导小组和县委常委会综合平衡及审查后,形成建议名单,交县政协主席会议审议同意,由政协常务委员会议协商决定。经过调查摸底、提名推荐、严格考核、反复协商,7月30日第九届政协委员人选已全部产生。根据陆川社会各阶层构成的特点,县九届政协设置17个界别,在原来基础上,增加少数民族和宗教2个界别,分别是中共、工商联、无党派人士、共青团、总工会、妇联、侨联、科技界、科协界、经济界、农林、教育、文艺新闻体育、医卫界、特别邀请、少数民族、宗教,共协商确定226名委员人选,其中八届委员留任的31人。县政协第九届委员中包括有各级先进工作者,高、中级知识分子,工人、农民,科技人员,中青年、年长者,少数民族代表、港澳台同胞、侨属。委员中有中共党员88人,占委员总数的38.94%;党外人士138人,占61.06%;妇女59人,占26.11%。年龄50岁以下174人,占委员总数的76.99%;平均年龄43.3岁,比第八届年轻近3岁;具有文化程度大专以上占73%,比第八届高约6个百分点。委员队伍结构合理,代表性强。

重要会议

【县政协第八届委员会第六次会议】
2016年2月17日—18日在县城召

开,出席会议的委员 217 人。县委、县人大常委会、县人民政府的领导,玉林市政协驻陆川县委员,县直及中直、区直、市直驻陆各单位的主要领导应邀出席和列席会议。县委书记陈杰在开幕大会上做重要讲话;县政协主席李永金、副主席李福其分别代表县政协常委会做工作报告和提案工作情况的报告。会议审议通过县政协八届六次会议的政治决议、县政协常委会工作报告等决议;3 名委员在会上作议政发言。会议共收到委员提案 70 件,立案 64 件,办结 64 件。会议期间,出席会议的委员列席陆川县第十五届人民代表大会第六次会议,听取并讨论县人民政府县长蒙启鹏所作的政府工作报告及其他重要报告。

2016 年 2 月 17 日—28 日,县政协第八届委员会第六次会议在县城召开。图为会议现场　　　叶礼林　摄

表 10 　　　　政协陆川县第八届委员会第六次会议提案立案情况

序号	提案名称	提出提案人员
1	每年组织镇、村两级干部体检	陈姗华
2	关于提高村干部工资的提案	韦美色
3	陆川县公共安全应急预警信息发布中心软、硬件亟待提高和加强	吕锡焕
4	关于提高镇、村两级经费的建议	陈姗华
5	文化大发展、文化大繁荣,陆川县书法协会应征得财政年度拨款作经费	徐锦光
6	关于规范治理城区三轮电动车	范碧莉
7	关于安排县城公交车线路至米场东宁路口的提案	庞宗志
8	关于在县城乡交通主干道建设便民候车亭的建议	姚泽民
9	硬化楼脚村—盘龙村委会路段道路	王伟强
10	关于将横山镇至大桥镇圩公路、横山镇至乌石二级路"四改三"立项的提案	韦美色
11	关于尽快拓宽改造乌石至月垌水泥公路的建设	刘益军
12	关于修复平乐至三安村四级公路的提案	梁春坤
13	乌石镇吹塘村生态九洲江河段的机动载客排筏业主及主管部门依治依规执行安全保障措施	徐建瑞
14	加快进入园区道路的建设	刘玉文
15	加快温汤桥头东的棚户区改造进度	丘德良
16	关于把城区街道两旁人行道地面高度立项纳入"风貌改造工程"的建议	罗淇元
17	关于开发利用九洲江上游河段从陆川县实验中学到连接环城路桥河段	刘伟梅
18	严格依法经营管理乌石镇吹塘村吹塘桥电站渠道、九洲江河道、生态公园等旅游设施,消除安全隐患,维护客人权益	徐建瑞
19	九洲江污染持续	刘春达
20	关于加快农村水利、陂坝修建的建议	黎志坤
21	关于水稻渠道三面光工程的议案	卢展
22	关于对水利设施进行全面修缮的提案	杨龙
23	关于及时清除县城九洲江两岸河堤生长的杂树建议	刘锡文

续表

序号	提案名称	提出提案人员
24	关于缓解县城停车难的提案	王 燕
25	县城区温泉路北段的生活垃圾应加强管理	何鼎奎
26	关于在乡镇街区建立公共厕所的提案	吕伟璇
27	对东环路全段限速,设立红绿灯、减速带	李 蔓
28	关于加强城区街道树木管护	范碧莉
29	人民医院大门前及与之相交汇的各街道的交通拥堵严重问题	李 见
30	加强县城九洲江边路灯的管护利用	丘小波
31	关于尽快完善安装县城区小街小巷路灯的建议	刘 锟
32	关于治理通政西街泥浆污染的意见	何雄文
33	关于加强城区街道停车位施划和管理	徐英杰
34	加强陆川县城区公厕建设的建议	陈文兵
35	严肃整治陆川城区街道乱停乱放,占道经营违法行为	徐建瑞
36	关于尽快完善温汤路与温泉大道十字路口右转弯东道的提案	庞宗志
37	关于拓宽三峰西路的提案	庞宗志
38	关于加强完善三峰路与温泉大道十字路口右转弯东道的提案	庞宗志
39	关于请求有关部门整治疾控中心门口至三峰桥江边夜宵摊档的建议	黄 燕
40	我县机动车保有量增多,公共停车位偏少	钟诗博
41	关于加强我县城区主干道路两侧人行道规范管理的提案	雷高华
42	切实加强对乡村的环境卫生管理	谢 机
43	关于对石灰粉加工厂进行彻底整治提案	杨 龙
44	关于在沙坡镇成立百香果农民专业合作社的提案	吕伟璇
45	关于解决上俄贵水队与挖银坳队乡村路面硬化的建议	梁美艳
46	关于陆川县烟花爆竹要远离热闹市区销售的建议	陈 强
47	关于硬化县瓷厂路口道路的建议	范剑民
48	关于加强对生猪养殖技术、销售的指导	罗春贵
49	清湖镇医院医疗资质差,人才少,资金缺乏	黄海仁
50	关于提高农村医疗卫生的建议	李 妲
51	加强我县食品安全管理	李桂珍
52	故意伤害恶性暴力案件累治不鲜,多为执警不力、执法不公,造成恶性社会负面影响	徐锦光
53	关于增加社区工作人员编制问题的建议	李 珉
54	关于将横山镇中心校搬迁立项的提案	韦美色
55	关于打击中小学教师私自开展有偿补课行为的提案	谢仕强
56	关于令行禁止,强力治理中、小学校和在职中小学教师有偿补课的建议	黄治焕
57	关于平乐镇街道高压光身线改装成高压胶包线的提案	谢业妮
58	整改温汤桥头东侧路口的高压电杆	丘德良
59	关于提升龙珠湖风景区旅游品位的提案	杨 龙
60	加大村级政务服务中心建设力度,着力提高基层干部服务群众水平	李 莹
61	米场火车站至米场派出所街边整改	陈 广
62	关于良田镇圩镇建设的建议	庞 坚
63	尽快完善清湖街两边的亮化	温莲英
64	在古城街中建个公共厕所	王燕强

表11　　　　　　　　　　政协陆川县第八届委员会第六次会议议政发言情况

序号	议政题目	发言委员
1	链接寻常街巷 提升城市品位——关于我县城区小街小巷道路连接及硬化的建议	杨道静
2	关于加快县城区教育发展的建议	邹翠宣
3	关于加快东山旅游资源开发与保护的建议	赖仕冠

【县政协第九届委员会第一次会议】
2016年9月1日—3日在县城召开,出席会议的委员220人。县委、县人大常委会、县人民政府的领导,玉林市政协驻陆川县委员,县直及中直、区直、市直驻陆各单位的主要领导应邀出席和列席会议。县委书记蒙启鹏在开幕大会上做重要讲话;县政协主席李永金、副主席邱炎义分别代表县政协常委会做工作报告和提案工作情况的报告。会议选举产生县政协第九届委员会主席1人、副主席4人、秘书长1人、常务委员33人;通过县政协九届一次会议的政治决议、县政协常委会工作报告等决议。会议共收到委员提案65件,立案59件,办结59件。会议期间,出席会议的委员列席陆川县第十六届人民代表大会第一次会议,听取并讨论县人民政府县长潘展东所做的政府工作报告及其他重要报告。

2016年9月1日—3日,政协陆川县第九届委员会第一次会议在县城召开。图为大会选举会议现场　　　　　　　　　　　叶礼林　摄

表12　　　　　　　　　政协陆川县第九届委员会第一次会议提案立案情况

序号	提案名称	提出提案人员
1	建议加强陆川县城区步行街整治的提案	吕卡锋
2	规划我县机动车与非机动车停放问题的提案	张艺胧
3	关于步行街路面维修维护的提案	林婉君
4	建议尽快改造完成温汤路(县交运局门口段)的提案	陈世锋
5	关于陆川新城建设用地规划的提案	吕廷军
6	建议陆川县路口的红绿灯晚上不要关闭的提案	陈伟秀
7	建议加强我县政策性农业保险 进一步促进农业持续稳定发展	刘 荣
8	关于整治县城区环境卫生的提案	罗泽武
9	建议在县城区中小学教育现实小班化的提案	苏 赞
10	建议在县城区加强幼儿教育建设的提案	李 欣
11	关于开心县城区商户入室经营综合整治行动的提案	林高程
12	建议加强城区道路建设的提案	冯贤荣
13	关于搬迁县城屠宰场,打造美丽陆川的提案	李成新
14	建议加强城区道路建设的提案	陈万颖
15	关于有效整治县城区客运三轮车的提案	李成新
16	关于加强农业技术人才队伍建设的提案	李华荣

续表

序号	提案名称	提出提案人员
17	关于提高辅警待遇的提案	邱树华
18	建议改进我县扶贫工作的提案	陈春梅
19	关于修建公共厕所的提案	李榆康　龚丽燕
20	关于开发陆川县客家民俗文化,促进幼儿健康成长的提案	王丽萍
21	关于大力发展本地原创歌曲的提案	黎艳荣
22	关于提高教师工资待遇的提案	严纪红
23	城区道路建设的提案	丘明亮
24	关于成立县广告协会的提案	黎纪宏
25	关于乡村道路硬化提案	庞宗志
26	关于建设美丽乡村要多一些文化元素的提案	冯迪
27	建议在温泉大道南和温泉镇政府十字交叉路口设置红绿灯的提案	韦如锦
28	关于整治县城区学校周边交通秩序的提案	简捷
29	关于肉牛养殖,集中管理,农民参股的提案	李依林
30	建议在县城区建立多个公司的提案	林国华
31	建议对偏远山村道路硬化的提案	丘燕子
32	建议加强医院周边环境管理的提案	曾文生　王举兰
33	建议成立陆川县北机电建材仓储配套中心的提案	黄大泉
34	关于加强乡镇卫生院基础业务用房建设的提案	王　礼　黄礼康
35	建议加强管理、修缮温泉镇新洲中路步行街的提案	李宗霞
36	建议加大农业产业化投入的提案	周茂信
37	建议购买村级畜牧防治员养老保险	李　荣
38	建议建设良田镇良田街主街道	彭春鹏　罗　尔　黄家平
39	加强村级文化服务中心设施建设的提案	刘利曼
40	建议在通校公路接入干线的公路入口设置路灯的提案	周云柱
41	关于把谢鲁山庄打造成陆川旅游龙头景区以及谢鲁山庄现在实际情况的提案	陈伟端
42	关于陆川县农村土地使用权流转的提案	罗勇升
43	关于加强龙珠湖管理的建议	杨　龙　林国华　莫路海　杨国美
44	关于加快县北工业园区周边搬迁的建议	杨国美
45	关于改善道路交通拥堵的建议	杨国美
46	关于新公园路口增设红绿灯的建议	邱炎义
47	改善陆川县人民医院门口堵车问题	伍思敏
48	建议在马盘二级公路米场旺同路口设置红绿灯	杨　龙　林国华
49	建议成立村级垃圾中转站	陈超孟
50	关于大力扶持发展农产品加工中小型企业的提案	罗忠发　李　蔓　廖　杏　陈伟秀　陈　强
51	关于改善县北部园区红绿灯路口拥堵的建议	杨国美
52	陆川—沙坡二级路段的北安出口处及没兴趣沙坡大水口处行车视线不好,没有安全警示标志,过往车辆较多,常出现交通事故	龙翔宇
53	陆川二环路沙坡十字路口安装红绿灯的提案	龙翔宇

续表

序号	提案名称	提出提案人员
54	关于规范通讯线路的建议	黄玉成
55	成立乡镇美的提案	陈振武
56	关于加强县城新洲中路、南路管理的建议	徐建瑞
57	关于解决乡镇卫生院供电问题的建议	陈梅兰
58	关于加快推进精准扶贫的提案	黄天福
59	关于《请陆川县委、县政府为林克武故居授予陆川县爱国主义教育基地》提案	林伟屏　池坤强 冯泽进　阮思鹏 范碧莉　庞云丽

2016年9月2日,政协陆川县第九届委员会委一次会议与会人员分组讨论
叶礼林　摄

【县政协常委会议】 2016年,县政协共召开常委会议5次,其中第八届委员会共召开常委会议3次,第九届委员会召开常委会议2次。

第八届委员会第二十一次常委会议 1月28日在县政协常委会议室召开,应出席会议委员31人,实到会委员23人。县政协主席李永金主持会议。会议协商通过,免去吕水涛县政协秘书长;协商增补姚泽民、江泽斌、钟诗博、吕俊生等为八届政协委员;协商通过县政协八届六次会议有关事项。

第八届委员会第二十二次常委会议 2月18日在陆川县中学礼堂召开,应出席会议委员30人,实到会委员25人。县政协主席李永金主持会议。协商通过《县政协第八届委员会常委会工作报告决议》《县政协第八届委员会六次全会政治决议》。

第八届委员会第二十三次常委会议 8月19日在县政协常委会议室召开,应出席会议委员30人,实到会委员28人。县政协主席李永金主持会议。会议协商通过李健武为县政协提案法制委主任,免去吕宗清县政协提案法制委主任;协商通过县政协第九届委员会委员、县政协九届委员会常务委员组成人员;协商通过县政协第九届委员会第一次会议有关事项。

第九届委员会第一次常委会议 9月1日在陆川县中学礼堂召开,应出席会议委员39人,实到会委员37人。县政协主席李永金主持会议。会议协商通过县政协第九届委员会常委会组成人员正式候选人、县政协九届委员会一次会议关于常务委员会工作报告的决议、县政协九届委员会一次会议政治决议;通过县政协第九届委员会第一次会议有关事项。

第九届委员会第二次常委会议 12月28日在县政协常委会议室召开,应出席会议委员39人,实到会委员31人。县政协主席李永金主持会议。会议传达学习中共十八届六中全会、自治区第十一次党代会精神;听取县纪委、县检察院、县环保局、县旅游局等单位的工作情况通报;协商通过《陆川县政协提案工作条例》以及有关调研报告。

【县政协主席会议】 2016年,县政协共召开主席会议7次,均由县政协主席李永金主持会议。1月25日,县政协主席会议传达学习2016年玉林市人大、政协"两会"精神;研究通过免去吕水涛政协秘书长、县政协常委职务,增补姚泽民、江泽斌、钟诗博、吕俊生等为八届政协委员;会议研究县政协八届六次会议的有关事项。5月25日,县政协主席会议研究通过县政协主席、副主席工作分工;部署县政协换届有关工作及布置安排调研、走访委员、"双联双助"、收集社情民意、提案办理等工作。7月5日,县政协主席会议研究通过县政协九届委员推荐和考核等工作事项;讨论成立县政协换届筹备工作领导小组,切实抓好换届工作。8月19日,县政协主席会议协商提交县政协八届委员会第23次常委会有关文件以及有关人事任命事项。9月23日,县政协主席会议研究继续融合"双联双助"开展精准扶贫活动等有关工作;通过县政协机关党支部8月进行换届;研究协商县政协各委室深入开展1~2个课题调研事项。12月2日,县政协主席会议传达学习中国共产党中央委员会第六次全体会议精神;研究部署县政协履职工作事项;研究通过县政协九届二次会议关于教育、城建、园区规划建设等方面议政发言主题。12月19日,县政协主席会议研究县政协九届二次常委会召开时间及议程等事项;研究县政协九届二次会议筹备工作事项;研究部署县政协工作任务、调研、议政发言、党报党刊征订、组织纪律以及谋划2017年县政协工作等事项。

重要活动

【委员助力精准扶贫活动】 2016年,县政协着眼发挥委员主体作用,搭建委员履职平台,激发委员参与扶贫活力。深度融合"双联双助"开展精准扶贫活动,组织动员政协委员深入基层农村,扶持落后村屯,帮扶困难群众。县政协班子助力开展资金整合、产业发展、教育扶持、设施建设、饮水工程、房屋修缮等扶贫工作。全县259名政协委员(含市政协委员)共联系帮扶贫困群众1000多名,帮助贫困群众解决难题1300多件,为贫困村、困难户送去米油、中药材及果树种苗、化肥等生活生产物资一批。

【专题调研】 2016年,县政协组织部分委员和政协机关干部组成课题专题调研组,深入乡镇、部门、现场开展专题调研,重点对县内旅游、电子商务、县城区交通情况进行调研。提出建议和意见20条,形成专题调研报告3份,并报送县委、县政府和有关县部门参阅,所提交的调研报告分别纳入县委、县政府和相关部门决策。

陆川县旅游业发展和前景专题调研 9月,县政协组织委员6人对县内旅游业发展情况进行调研,深入县旅游局、发改局、林业局、农业局、交运局和部分镇等单位开展专题调研,召开座谈会,广泛听取意见和建议,形成《关于我县旅游业发展和前景的调研报告》,分析当前全县旅游业现状和存在问题4个,提出推进县旅游业发展规划意见5条。

陆川县电子商务发展情况专题调研 10月,县政协组织委员对陆川县电子商务发展情况进行专题调研。由县政协经济联谊委牵头,组成专题调研组一行5人,采取走访相关部门领导和电商业主,召集社会各界人士代表座谈及实地察看等办法,对陆川县推进电子商务发展的方式、结构等进行调查研究,分析全县电商发展情况,提出下一步推进电子商务发展的建议和意见5条,形成《陆川县电子商务发展情况的思考》调研报告,为县委、县政府决策提供依据。

县城区交通拥堵情况专题调研 10月,为解决陆川城区交通拥堵问题,深度关注全县人民广泛关注、反映强烈的民生问题,由县政协科教文卫委牵头,深入县交通运输局、住建局、市政市容局、工商局、公安局交管大队等单位进行实地调查、走访调研,进行座谈交流,对城区交通现状、拥堵原因和

解决对策做深入调研,征求汇总各方面的意见和建议形成《关于我县城区交通拥堵情况的调研报告》。

【委员视察】 2016年11月23日,县政协组织玉林市政协驻陆川县委员、县政协常委、委员代表和政协机关领导干部等50人对全县的中心工作、民生热点等方面开展视察工作。重点对九洲江治理项目进行视察,委员先后到博世科固废天然气综合项目、滩面镇污水厂等地进行现场参观,听取情况介绍,协商讨论,提出关于加强环境综合整治、生活污水处理等方面的意见建议4条,以视察报告的形式报送县委、县政府。

【社情民意反映】 2016年11月—12月,县政协分4个小组深入基层走访委员、走访企业、走访群众,广泛收集社情民意,共收集涉及扶贫、教育、卫生、医疗、交通、市政等方面社会信息50条,意见建议39条。经梳理归纳后,通过《社情民意专报》报送县委、县政府领导参阅及有关部门办理,促使一些问题得到解决。如反映的"加快建立健全九洲江生态治理长效机制"社情民意得到采纳,建议推广"合作社+基地+贫困户"产业扶贫模式得到县委、县政府的高度重视,列入扶贫攻坚的工作内容。

(李文镇)

2016年11月23日,县政协组织政协委员对县中心工作、民生热点等方面开展视察。图为政协委员视察陆川县固体废弃物制备天然气综合利用项目

县政协 提供

人民团体

RENMIN TUANTI

2016年7月21日，共青团陆川县委员会、陆川县青年企业家协会联合在县市政广场举办
"精准扶贫　青春引航"专场招聘会　　　　　　　　　　　　　　　叶礼林　摄

陆川县总工会

【工会组织机构及概况】 2016年，陆川县有镇工会14家，基层工会434家，其中行政机关工会56家、事业单位工会127家、国有集体企业工会84家、非公企业工会167家；工会会员5.32万人。陆川县总工会内设办公室（挂财务部、女职工部牌子）、组织基层宣教文体部、法律保障生产保护部；编制9名，在职干部职工10人。对外挂职工服务中心、职工法律援助服务站、人民调解委员会、广西职工医疗互助保障活动陆川县代办点等牌子，下辖事业单位有工人文化宫、职工业余学校，驻会机构有县教育工会。年内，根据自治区总工会和玉林市总工会四届三次全委会议的工作部署，按照"固基层、强服务、促创新、谋发展"的工会工作总要求，县总工会加强组织职工、引导职工、服务职工工作，维护职工合法权益。

【总工会十四届十二次全委（扩大）会议】 2016年3月25日在县城区召开。县总工会十四届委员会全体委员、经费审查委员会全体委员及基层工会主席等200多人参加会议。会议由县人大常委会副主任、县总工会主席温文彪主持。会议听取、审议并通过吕立新代表县总工会十四届常委会所做的《开拓创新，锐意进取，团结动员全县广大职工为推进我县"十三五"发展贡献力量》的工作报告，总结2015年工会工作，部署2016年工作任务。

【工会组织建设】 2016年，县总工会抓好工会组织建设，完善"党建带工建、工建服务党建"工作机制，拓宽建会渠道。年内，全县组建工会19家，其中行政事业单位6家，国有集体企业2家，工会联合会1家，非公经济组织10家；发展会员3677人，其中农民工会员2067人。组建基层工会经审组织19个，女职工组织19个。全国工会基层组织建设工作管理系统建会率99%，入会率99%。

镇工委组织形式转变 按照玉林市总工会的统一部署，建立以温泉镇总工会为试点的乡镇地方总工会，实行同级党委和县级总工会双重领导、以同级党委领导为主的组织领导体制。9月28日召开温泉镇总工会第一届会员代表大会，来自全镇各战线、企业的57名会员代表参加会议，选举产生温泉镇总工会主席和副主席，配备完善工会组织机构，并以点带面全面推开。推进镇工会工作委员会向镇工会联合会转变，通过选举产生镇工会联合会主席、副主席及专门委员会，体现工会组织的民主性，促进新形势下工会组织自身建设，切实维护职工合法权益，更好地发挥工会作用。年内完成全县13个镇工会工作委员会向镇工会联合会转变。

开展"农民工入会集中行动"和"特色建会"活动 以玉林市开展争创自治区非公经济组织和社会组织工会建设示范市工作为契机，县总工会开展"农民工入会集中行动"和"特色建会"活动，重点抓好"五个一批"（开发园区工会、社区工会、农业产业化龙头企业和合作组织工会、专业市场工会、物流电商企业工会）工会和已建立党组织的"两新"（新经济组织、新社会组织）组织工会组建，把开发园区（工业园区）、建筑行业等作为吸纳农民工入会的重点。一是结合县精准扶贫工作，在县总工会挂点帮扶村大桥镇瓜头村分别组建成立大桥镇龙剑水产养殖专业合作社工会委员会和大桥镇利成灯饰加工厂工会委员会，引导周边农户和贫困户加入工会，共发展农户和贫困户加入工会363人，发挥农民会员在现代农业发展中的积极作用。二是结合县内的特色农业建设农业企业工会，建立广西神龙王农牧食品集团有限公司、陆川县君丰现代农业有限公司、广西丰兄农业开发有限公司等农业龙头企业工会。三是推进电商企业工会示范点建设。根据玉林市总工会"五个一批"工会组建要求，组建陆川县农村淘宝项目电子商务工会委员会，并列为玉林市电商企业工会示范点。6月1日，自治区人大常委会副主任、自治区总工会主席王跃飞到陆川县现场调研陆川县农村淘宝项目电子商务工会委员会，对陆川县开展农村淘宝项目电子商务建会工作予以肯定。年内，该工会已发展工会小组14个，覆盖14个镇63家农村淘宝服务站。四是完成华润水泥（陆川）有限公司工会组建。五是推进大型非公经济组织工会组建，分别组建广西远辰客家文化城投资有限公司、广西川海龙福投资

2016年3月25日，陆川县总工会十四届十二次全委（扩大）会议在县城召开
县总工会 提供

有限公司、陆川县长隆电子有限公司等工会组织。

开展"合格职工之家"创建活动 2016年,县总工会开展"合格职工之家"创建活动,434家基层工会参与活动,建成"合格职工之家"的基层工会391家,占全县基层工会总数的90.09%。

开展"会员评家"活动 基层工会每年将工会工作向会员(代表)大会报告和开展评议工会主席(副主席)履行职责情况,全县有391家基层工会开展"会员评家"活动,覆盖面达90.09%。

"三亮"活动 2016年,县总工会继续在非公企业工会中开展"三亮"(工会组织亮牌子、工会主席亮身份、职工之家亮品牌)活动,开展活动非公企业工会143家,覆盖面达85.63%。

【职工思想政治教育】 2016年,全县各工会广泛开展培育和践行社会主义核心价值观活动,在职工中培育和践行社会主义核心价值观,参加玉林市总工会组织开展的全市性职工宣传教育,宣传工人阶级伟大品格和劳模精神,宣传一线职工先进典型。加大工会工作的宣传力度,发行《工人日报》109份、《广西工人报》387份。向《广西工人报》等新闻媒体投稿25篇,有20篇工会工作报道被《广西工人报》《玉林日报》等媒体刊登。

【职工维权】 2016年,县总工会推进职工民主管理工作,落实职工民主权利。推动玉林市2014—2018年民主管理、职工代表培训五年规划实施;贯彻落实《中华人民共和国工会法》《企业民主管理条例》等,深化职代会和厂务公开民主管理机制,全面巩固职代会、厂务公开制度建制率,更好地维护职工群众民主权利。抓好工资集体协商,开展行业(区域)集体协商,年内签订集体合同、工资集体协商的企业504家,签订率85%;25人以上建会企业124家签订工资集体协商,建制率90%。签订女职工特殊权

益保护专项集体合同504份,占已建工会组织并签订集体合同单位数的100%。协调劳动关系三方机制、政府和工会联席会议制度,深化和谐劳动关系创建活动,研究解决劳动关系领域重大问题。县工会参与劳动争议调解、劳动争议仲裁4件(次)。为职工办理职工维权案件10件,有劳动仲裁申请书6份,裁结4件。做好职工信访,县总工会接待来访21人次,接访职工来信来访案件3件,参与安全事故调查处理1起。

【职工文化阵地建设】 2016年,县总工会抓好职工书屋、职工之家等系列职工文化阵地建设,年内建成市级职工书屋1家(广西永耀玻璃有限公司工会书屋),县级职工书屋2家:华润水泥(陆川)有限公司工会书屋、广西神龙王集团有限公司工会书屋。

【劳动竞赛活动】 2016年,县总工会围绕自治区总工会"十三五"劳动竞赛规划,开展劳动竞赛活动,建立和完善竞赛活动、竞赛评估、竞赛激励、竞赛保障、劳模选树等工作机制,动员广大职工发挥聪明才智和创造活力,组织国有企业、国有控股企业、规模以上非公企业、园区组织开展竞赛活动,引导职工广泛参与活动。全县有405家国有企业、国有控股企业开展劳动竞赛,参赛面100%,职工参赛率98%;143家规模以上非公企业开展劳动竞赛,参赛面90%,职工参赛率90%;2个园区组织开展劳动竞赛活动,参赛面100%,职工参赛率90%。按照广西"安康杯"竞赛活动要求,组织开展"安康杯"竞赛活动,重点开展规模以上非公企业竞赛活动,组织职工开展群众性隐患排查和安全文化普及教育活动,加强企业安全文化建设,增强职工安全健康意识和技能,推动企业安全生产管理标准化、科学化。全县53家企业参加"安康杯"竞赛活动,覆盖面90%。

【职工文体活动】 2016年,县总工会

在元旦、春节、"五一"劳动节、"三八"国际妇女节等重大节假日期间,组织开展丰富多彩的职工文体活动,丰富广大职工群众文化生活。在九龙山庄全民健身馆租用体育活动场地,提供给基层工会职工会员活动锻炼。举办庆元旦"脱贫攻坚 关爱职工"大型文艺晚会,组队参加玉林市总工会组织开展的文体活动2次;4月,组织职工群众参加玉林市职工书法作品比赛,获得奖励10人,其中一等奖1人,二等奖1人,三等奖8人。4月28日,县总工会组织120人的合唱团参加玉林市总工会举办的"五一·劳动者之歌"歌咏比赛获优秀奖。发行《工人日报》109份、《广西工人报》387份。各基层工会根据实际,组织举办形式多样文娱活动,丰富职工群众文化生活。

元旦职工乒乓球比赛 2016年元旦期间,县总工会与县文体广电局联合举办全县庆元旦"健身杯"职工乒乓球比赛,比赛项目有混合双打、女子单打、男子单打,全县各行业参加比赛职工104人。

春节游园游艺活动 2016年春节期间,县总工会在县人民会堂门口举办以飞镖夺果、太公钓鱼、喜送银球、金圈套饮料、喜点花炮等为主要活动项目的游园游艺活动,参与活动的职工、群众3500多人次。

"三八"妇女节女职工气排球比赛 "三八"国际妇女节期间,3月10日—15日,县总工会举办全县女职工气排球比赛,来自全县各机关、企事业单位的26支代表队参加比赛,比赛对前六名进行奖励。

"五一"职工拔河比赛 4月26日—28日,县总工会举办庆"五一"全县职工拔河比赛,比赛项目为男子、女子拔河,来自全县各行政机关、企事业单位共24个基层工会代表队参加比赛,比赛对男子前六名、女子前四名进行奖励。

"工会杯"农民工主题小说、散文、诗歌、摄影创作大赛 2016年5月,由县总工会组织举办,创作大赛以反映农民工工作生活、精神面貌为

主题，讴歌农民工在各项社会事业建设中所呈现出来的平民英雄形象和不屈不挠进取精神。大赛共收到摄影作品 638 幅、文学作品 98 篇。共评选出摄影类获奖作品 47 幅，文学类获奖作品 17 篇。8 月底召开表彰会议对获奖作者进行表彰，获奖的摄影作品并在县人民会堂门口进行展览。

【劳模工作】 2016 年 "五一" 国际劳动节期间，县总工会召开劳模座谈会，慰问困难劳模 35 人，发放慰问金 1.75 万元。组织开展自治区劳动模范生活状况调查和健康体检，共组织全国劳模、自治区劳模 15 人参加健康体检。组织 2 名自治区劳模参加疗休养。开展劳模创新工作室创建活动，在陆川县中学创建劳模创新工作室，围绕经济建设中心，弘扬劳模精神，提升劳模素质，发挥劳模作用，完成工作室、技术创新等方面的建设。年内，陆川县中学邹锋劳模创新工作室被玉林市总工会授予玉林市 "劳模创新工作室"。

【帮扶救助】 2016 年元旦、春节期间，县总工会走访慰问困难企业 12 家，慰问困难职工 496 人，发放款物 53.52 万元，其中，慰问困难农民工 196 人，发放款物 21.8 万元。慰问参加高考的困难职工家庭子女 65 人，发放慰问金 5.20 万元。县总工会领导班子成员到陆川县中学慰问全体后勤工作者。开展夏送清凉活动，深入走访企业、建筑工地、露天作业场所 28 家（处），共为 3960 名一线职工和农民工发放清凉饮料，价值 5.50 万元；开展金秋助学活动，共资助 34 户困难职工家庭子女上大学、高中，发放资助金 9.30 万元。开展临时救助、生活救助、医疗救助，共资助困难职工 98 人，发放资助金 42.20 万元。

【职工服务】 2016 年，县总工会配合县人社部门开展 "春风行动" 招聘会活动，发放宣传资料 235 份，现场解答外出务工人员一系列维护职工权益问

2016 年，陆川县举行 "工会杯" 农民工主题小说、散文、诗歌、摄影作品比赛。图为 8 月 31 日比赛表彰大会上获奖者合影　　　　县总工会　提供

题，提供免费咨询服务 63 人次，成功介绍农村劳动者就业 13 人。参与陆川县大中专毕业生就业招聘会，现场为应聘者免费提供就业相关政策咨询。开展 "安全生产月" 活动，在现场设立咨询点，为职工群众提供安全生产、劳动保护等方面的咨询服务，发放宣传资料、知识手册 200 多份。组织一线优秀职工 17 人参加疗休养活动。

【农民工服务】 2016 年春节前，县总工会配合县人社局开展保障农民工工资支付工作。出资 3.50 万元，与县人力资源和社会保障局联合举办陆川县第三届农民工技能大赛。开展农民工维权咨询服务，调解劳动纠纷 4 件，维护农民工合法权益。开展农民工劳动安全卫生专项检查，重点开展高危行业的职业安全和劳动保护监督，进行专项检查 12 次，主要检查用人单位按照工资支付有关规定支付农民工工资的情况、遵守最低工资规定的情况及依法支付加班工资的情况；企业经营者拖欠工资后逃匿的情况；用人单位与农民工签订劳动合同情况等。通过专项检查，确保拖欠农民工工资案件和涉及人数明显下降、因拖欠工资引发的群众性事件数量明显下降，确保发生的拖欠农民工工资案件基本结案、群体性事件得到妥善处置，维护广

大劳动者的工资报酬权益。

【职工医疗互助保障】 2016 年，县总工会开展工会职工医疗互助保障工作，加大职工医疗互助保障工作的宣传，发动职工参加职工医疗互助保障活动，扩大职工参保面，提高参保率。年内，宣传发动职工医疗互助保障 7636 份，因病给付保障职工 12 人，支付赔付金 13.82 万元。

【工会爱心驿站建设】 2016 年，县总工会在陆川县环卫站温泉镇罗庚塘中转站、万丈中转站建设 "工会爱心驿站" 2 个，围绕保障和改善户外劳动者的生产生活条件，配备卫生间、电风扇、取暖器、饮水机、微波炉、桌椅、应急医药、手机充电排插等，保证户外劳动者 "渴了能喝水，热了能乘凉，冷了能取暖"，为户外劳动者提供爱心。

【厂务公开】 2016 年，县总工会加强厂务公开民主管理，重点推进全县企事业单位的厂务公开民主管理制度规范化建设和非公有制企业厂务公开民主管理。加强对全县厂务公开工作领导，及时调整县推行厂务公开工作领导小组，厂务公开领导小组下设国有企业厂务公开、经贸系统厂务公开、非公有制企业厂务公开、校务公

开、院务公开 5 个具体工作组,各工作组职责明确。建立健全厂务公开规章制度,深化公开内容,拓宽公开领域,扩大厂务公开的覆盖面。县工会联同县厂务公开领导小组成员单位召开厂务公开年度工作会议,推广厂务公开民主管理示范点经验。190 家已建立工会组织的国有企事业单位实行厂务公开制度,建制率 100%;157 家已建立工会组织的非公企业实行厂务公开制度,建制率 99%。

【职工培训】 2016 年,县总工会加强全县工会干部教育培训,共选送工会干部 21 人参加玉林市级以上工会举办的各种培训班;县总工会举办工会干部培训班 4 期,培训工会干部 360 多人次。开展"送培创"(技能培训、创业培训、家政培训)工程,6 月培训农村淘宝项目电子商务人才 73 人,培训下岗失业人员(农民工)480 人。

(黄 聪)

共青团陆川县委员会

【共青团组织机构及概况】 2016 年,共青团陆川县委员会(简称团县委),内设办公室、组织部、宣传部、团务部,编制 4 名,实有人员 4 人。下辖青团陆川县直属机关委员会,基层团委 50 个(乡镇团委 14 个,学校团委 34 个,机关事业单位团委 1 个,公有制企业团委 1 个),团支部 710 个(其中"两新组织"团支部 16 个,县直机关团支部 47 个,乡镇、村、学校团支部 679 个)。各级团干部 764 人,其中专职 16 人,兼职 748 人。全县 14~28 岁青年 18 万人,团员 2.45 万人,团青比例 13.61%。年内,新发展团员 3000 人,推优入党 25 人。少先队辅导员大队部 182 个(包括县直小学大队 5 个、乡镇中心校大队 14 个、村级小学大队 163 个),少先队大队辅导员 219 人,

中队辅导员 2652 人,平均年龄 37 岁。组织青年、团员、少先队员开展活动 522 次,参与活动人员 1.68 万人次。

【共青团陆川县第十八次代表大会】 2016 年 1 月 24 日—25 日在县城区召开,出席会议的青年代表 208 人。大会以凝聚青年、服务大局为主题,听取并审议通过团县委书记李武所做题为《凝心聚力 奋发有为 走在前列 在我县全面建成小康社会中充分发挥生力军作用》的工作报告。会议对过去 3 年全县共青团工作进行总结回顾,明确后 3 年陆川县共青团工作的奋斗目标和主要任务;选举产生陆川县第十八届委员会委员 43 人,常务委员 7 人,书记李武,副书记刘卓、祝馨。

【共青团陆川县十八届二次全委(扩大)会】 2016 年 3 月 29 日在县党校阶梯教室召开,县委副书记周建洪出席会议并讲话。各镇团委书记、县直团支部书记、学校团队负责人、村(社区)团支书等 200 余人参加会议。周建洪对 2015 年各级团组织紧紧围绕党政中心工作,服务大局、服务社会、服务青年所取得的成绩予以肯定,对广大团员青年提出期望,对陆川县团的工作和青年工作提出明确要求。团县委书记李武传达共青团中央十七届五中全会、团区委十三届五中全

会、团市委四届四次全会的会议精神,总结 2015 年工作,部署 2016 年的工作任务。

【基层团员代表大会召开】 2016 年 1 月,陆川县 14 个镇分别召开团代会,选举产生新一届镇团委班子,共选举产生全县镇级团委书记 14 人,副书记 28 人,并选出出席共青团陆川县第十八次代表大会的青年代表 208 人。

【青少年思想政治教育】 2016 年,团县委加强青少年思想政治教育,坚定青少年团结奋斗的理想信念。

加强理想信念教育 以学雷锋活动月、纪念"五四"运动 97 周年、纪念长征胜利 80 周年、建党、建团周年纪念日等重大节日为契机,共举办各项主题活动 10 多场次,丰富青少年思想教育的形式和内容,培养青少年爱党、爱国信念。6 月 27 日,在团县委举行九洲江青年读书论坛"两学一做"专题会,各镇、学校团委书记 48 人参加会议,重点从"学好党史国史具有什么重要的现实意义"以及"如何正确学习党史国史"两个方面进行学习探讨。

开展青少年传统教育 利用入学、入队、入团、入党等时机,开展"青年学生 18 岁成人宣誓仪式""民族精神代代传"、学雷锋志愿服务月等主题

2016 年 1 月 24 日—25 日,共青团陆川县第十八次代表大会在县城召开

团县委 提供

实践活动,以优良传统感召青少年。5月4日,团县委、县教育局、陆川县中学联合在陆川县中学进行陆川县纪念"五四"运动97周年建团94周年18岁成人礼宣誓仪式暨陆川县中学学生毕业典礼,陆川县中学毕业班学生、各镇团委书记、中学团委书记等1200人参加活动。

【"青春扶贫"攻坚行动】 2016年,团县委实施"青春扶贫"攻坚行动,以服务贫困青少年为主,组织引导全县青年投入扶贫工作。一是推进贫困村青年驿站建设。以扶贫项目为载体,建立区域化整体推进团建的工作机制,建立以"带头就业脱贫,带头创业致富,带领群众致富"为主要功能的贫困村青年驿站2个。共举办农村青年创业培训5场次,培训农村青年2000人次,开展贫困青年人才招聘会16场次,服务贫困群众3万人次。二是号召社会各界为贫困户办实事好事。2016年春节期间,团县委、各镇团委开展"脱贫攻坚战·青春建新功"春节志愿服务活动,引导广大青年团员参与扶贫攻坚活动,组织青年志愿者200人下基层、进农村,开展走访慰问、扶贫救济活动,帮助农村贫困人群解决上学、就业等实际问题45件。7月21日,团县委、县青年企业家协会联合在陆川县市政广场举行"精准扶贫,青春引航"专场招聘会,引导各镇、村的贫困户以及非贫困户参加招聘会,招聘会提供岗位3000多个,其中达成用工意向的贫困户有1800多人。9月28日,联合县青年企业家协会开展"凝聚青年力量·助力扶贫攻坚"捐赠活动,共捐赠液晶电视86台、扶贫基金45万元,解决部分贫困户生活难题。10月18日,团县委、县地方税务局联合开展走访慰问高龄老人活动,到沙坡镇秦镜村幸福院看望当地老人,与老人聊天谈心,关心老人健康及生活,为老人赠送大米、食用油等慰问品、慰问金合计价值1.3万元。10月20日,团县委、县青年企业家协会在邮储银行陆川县支行会议室举行扶贫基金募捐活动,号召青年企业家协会为县扶贫基金会捐赠资金45.16万元。三是开创电商扶贫,借助"阿里巴巴农村淘宝"平台,举办陆川县第一期电子商务孵化培训班、"党旗领航·电商扶贫"职业礼仪大赛,引导广大青年了解电子商务、发展电子商务,促进贫困地区的电商发展,解决贫困户农产品销路的难题。

【青少年宣传教育活动】 2016年,团县委多渠道搭建活动平台,举办形式多样的宣传教育活动。组织开展青少年学生法制宣传教育、交通安全教育、预防艾滋病宣传教育、科普知识宣传教育等各种教育活动,加大全县的青少年学生法律法规和科学知识教育。团县委、县检察院、县妇联等单位到良田镇甘片小学王京头教学点开展"送法进校园"活动,给学生上法制教育课,提高学生自我防范的意识。开展宣传教育进社区活动,增强青少年宣传教育工作的针对性和实效性。团县委、县地震局联合在文昌社区开展地震应急演习,增强青少年的地震安全防范意识,提高青少年在地震中的逃生自救、互救能力和抵御、应对紧急突发事件的能力。开展大学生"1+1"基层培养计划工作,组织县内大学生进企业、进村屯、入农户开展调研工作,了解经济发展状况、解决暑期留守儿童留守问题,做好闲散青少年的访谈调查。引导广大青年学生在深入基层、服务群众、接受锻炼的过程中树立和践行社会主义核心价值观。

【青少年违法犯罪预防】 2016年,团县委优化青少年成长环境,建立有效阵地预防青少年违法犯罪。一是深化"平安校园"创建。深入开展社会治安综合治理宣传工作,组织各基层团组织维护校园周边安全,整治校园周边环境,增强青少年学法、守法、护法的意识和自觉性,维护青少年合法权益。二是建立有效支撑的预防体系。建立县、镇两级预防专职、兼职人员队伍,每个镇配备预防青少年违法犯罪专职人员1人,不少于10名兼职人员。各基层团组织制定完善预防青少年违法犯罪工作预案,发现不稳定因素和苗头及时分析研判上报。三是构建青少年维权工作体系。利用12355热线、微信公众号平台为接听渠道,及时组织志愿者对生活压力大、有心理障碍等问题的青少年,有针对性地开展心理干预,疏导理顺情绪,化解心理危机,引导问题青少年培养健康心态。在中小学建立维权阵地,利用校园橱窗、板报、校报、校园网站、红领巾广播站等宣传渠道,对《中华人民共和国未成年人保护法》《中华人

2016年,团县委联合陆川县青年企业家开展"凝聚青年力量·助力扶贫攻坚"捐赠活动。图为9月在沙坡镇向贫困户捐赠液晶电视机 团县委 提供

民共和国预防未成年人犯罪法》进行宣传。利用学校的资源开展预防未成年人犯罪的研究工作,加强对学生的法制教育。

【基层团组织建设】 2016年,团县委加强团的基层组织建设。推动团建工作向各类产业团支部发展,加快"两新"组织团建工作。年内,新建事业单位团支部1个、非公组织团支部4个、社会组织团支部2个。

【团干部队伍建设】 2016年,团县委加强团干部队伍建设,共举办团干部培训班3期,培训团干部300人次。3月29日在县委党校举行"青春引擎"培训班,各镇团委书记、县直单位团支部书记、学校团委负责人、村(社区)团支书等200多人参加培训。培训班组织学习中央群团工作会议精神、共青团与少先队基础知识、共青团宣传思想工作的创新与发展等方面内容,进一步加强团干部队伍建设,提升青年干部的理论知识水平以及工作能力。

【"送法进校园"活动】 2016年3月3日,团县委、县检察院、县妇联联合组织30多人在良田镇甘片小学王京头教学点开展"送法进校园"活动,为学生上法制教育课。活动主要从"法律知识、妇女维权、青少年权益保护"等3个方面进行宣讲,结合学生的好奇特性设置"有奖问答"环节与学生们互动,现场氛围十分活跃,并为学生赠送文具、蛋糕、雨伞、字典等文体用品一批。

【大学生"1+1"基层培养计划实施】 2016年7月,团县委实施大学生"1+1"基层培养计划,指导县内大学生进企业、进村屯、入农户开展调研工作,了解陆川经济发展状况,解决暑期留守儿童留守问题,开展对闲散青少年的访谈调查。引导青年学生在深入基层、服务群众、接受锻炼的过程中树立和践行社会主义核心价

2016年9月27日,共青团玉林市委在陆川开展全国青少年"绿色长征"公益健走活动。图为青少年参与健走活动 团县委 提供

值观。活动共走访各镇农民家庭、城镇低保户256户,进行实践调研,了解当地农户的家庭基本情况、人口、收入及社会保障情况等。宣传国家精准扶贫政策,特别是国家小额信贷贴息政策、助学圆梦的雨露计划等,让村民充分了解到国家的各种利民惠民政策。

【全国青少年"绿色长征"公益健走活动】 2016年9月27日,共青团玉林市委员会在陆川开展全国青少年"绿色长征"公益健走活动,陆川青年企业家协会会员、县第二中学学生200人参加活动。活动以纪念中央红军长征胜利80周年为契机,传承长征精神,引导广大青少年倡导绿色出行,参与全民健身活动,积极投身社会公益。

【"青聚文明城·绿护九洲江"主题植树活动】 2016年3月17日,共青团玉林市委员会在陆川九洲江畔开展"青聚文明城·绿护九洲江"主题植树活动,团市委书记陈天宇、中共陆川县委副书记周建洪及玉林市各条战线的青年代表120人参与植树活动,共植桃花树200多棵,

【"我为陆川代言"职业礼仪大赛】 2016年,团县委为推动全县职业人才队伍建设,展示服务窗口员工专业水平,提升新形势全县职业人员的新形象和精神风貌,搭建良好职业人员培养和就业平台。12月,陆川县举办"我为陆川代言"职业礼仪大赛,全县教育、银行、广告等行业、战线150人参加比赛,其中由唐芬、吕伊、缪凤霖、何琼海、李秋丽组成的阳光队获得冠军。

【全国税收宣传月演讲比赛】 2016年4月16日,陆川县在县党校阶梯教室进行全国税收宣传月演讲比赛(初赛)。由县地税局、县国税局主办,团县委与教育局承办。全县参加初赛100人,初赛共评选出复赛选手10人。4月25日晚,陆川县全国税收宣传月演讲比赛(决赛)在松鹤公园举行复赛。其中,成人组尹婉丽获一等奖,钟娜、陈永旋获二等奖,秦照国、刘屿获三等奖;青少年组李佳璇获一等奖,钟玉兰、何丽华获二等奖,李国林、万清秀获三等奖。

(刘桂丞)

陆川县妇女联合会

【妇女工作机构及概况】 2016年,陆川县有妇女51.01万人,少年儿童33.45万人。县妇女联合会1个,乡

镇妇联组织14个,妇女之家164个(其中区级妇女之家2个,玉林市级妇女之家15个,县级妇女之家147个),儿童家园149个(其中自治区级儿童家园54个,玉林市级儿童家园24个,县级示范性儿童家园71个),妇女活动中心2个,妇女儿童维权服务站15个,村街妇代会164个。女企业家联谊会1个。乡镇妇联干部14人,村街妇代会主任164人。县妇女联合会(简称县妇联)内设办公室、权益部、综合部,行政编制6名,在职人员5人。县妇女儿童工作委员会在县妇联挂牌,属县政府部门,没有独立编制和工作人员。年内,县妇联根据妇女、儿童需求,推进妇女、儿童事业发展与维权工作,加强妇女技能培训,支持妇女创业等,开展巾帼"脱贫"行动,为全县"脱贫攻坚"工作建功立业。

【庆"三八"国际劳动妇女节活动】
2016年,县妇联广泛开展庆"三八"国际劳动妇女节106周年纪念活动,先后组织开展妇女健身活动、女性综合素质专题讲座、文艺晚会演出等庆典活动。3月,组织气排球爱好者在玉林市体育馆参加玉林市妇联举办的庆"三八"第六届妇女运动会气排球比赛,陆川代表队获第一名。

庆"三八"国际劳动妇女节106周年健身活动 3月7日上午在县市政广场举行健身活动启动仪式。县直

有关单位、各镇妇联主席、女企业家、老年大学、温泉镇妇女干部代表等18个妇女代表队650多人参加活动。启动仪式结束后,全体妇女代表队进行绕县城区近2千米的健身走活动。

女性综合素质提升专题讲座 3月8日,在县第一会议室举办纪念"三八"国际劳动妇女节106周年暨提升女性综合素质专题讲座。全县各单位现职副科以上女领导干部和女工负责人、各镇妇联主席、巾帼文明岗岗长、女企业家联谊会代表等200多人参加。专题讲座邀请县委副书记陈基林主讲,主要讲授如何传承好家风、好家训,怎样做一个新时期的女性,做到清正廉洁等内容。

庆"三八"国际劳动妇女节106周年大型文艺晚会 3月7日晚在县市政广场举行,由县妇联和县文体广电局联合举办,晚会以"建最美家庭,创美丽陆川"为主题,表演内容有舞蹈、小品、诗歌朗诵等节目14个,观众2000多人。

【庆"六一"国际儿童节活动】 2016年,县妇联开展丰富多彩的"六一"系列庆祝活动,共开展各类活动20场(次);组织慰问农村留守儿童、贫困儿童20人,发放慰问经费8600元;组织开展"六送"活动15次,投入经费1.80万元,受益儿童850人,其中送文艺演出3场,送体育器材11件,

送法制教育、安全知识、家庭教育知识5场,送书籍礼物650份。5月27日,县妇联、县法院、中国建设银行陆川支行到横山镇高冲村开展关爱留守儿童活动,慰问儿童20多人,赠送学习文具、书包、牛奶一批,价值4000多元。5月31日,联合县公安局在县市政广场开展"关爱儿童,反对拐卖"宣传活动,发放宣传资料1000多份,接受咨询60多人次。

【"妇女之家""儿童家园"建设】
2016年,县妇联继续推进村(社区)"妇女之家""儿童家园"建设,开展关爱留守妇女儿童活动。加大"儿童家园"建设,按照"七个有"标准(有固定场所,有儿童娱乐、锻炼、游戏、学习设施设备,有管理制度,有固定管理人员,有明确组织架构,有明显标识门牌,有建设前、后的图片对比存档),推进自治区、玉林市级"儿童家园"创建,重点推进31所贫困村和19所非贫困村"儿童家园"建设,县财政支持"儿童家园"建设资金73.3万元,其中46所县级示范性"儿童家园"每所支持建设资金3000元,31个贫困村创建"儿童家园"每个村支持建设资金1万元,19个非贫困村支持创建"儿童家园"每个村支持建设资金1.5万元。年内,31所贫困村和19所非贫困村"儿童家园"建设已全部按照"七个有"标准进行创建,每个村"儿童家园"固定场所室内面积10平方米以上、室外活动场所50平方米以上;儿童娱乐、锻炼、游戏、学习设施设备配备室外滑梯1套,会议笔记本2本,档案盒1个,台式电脑1台,室外乒乓球桌1套,乒乓球拍、乒乓球各2套,教学用双面黑板1张,室内各有儿童桌椅、书架、玩具柜等2套,室内外单人摇马4个,双人摇马2个,羽毛球、羽毛球拍各3套,儿童图书300~500本,棋类8套,儿童手工制作类玩具各5套;工作人员职责、安全管理制度、设备管理制度上墙;定期开展儿童主题活动,活动开展有年度、季度活动方案,活动记录,活动照片

2016年3月7日,陆川县开展纪念"三八"国际劳动妇女节健身走活动。图为活动启动仪式
县妇联 提供

等;门牌标识明显,存档材料、图片等全面。

2016年,全县创建玉林市级示范性"儿童家园"6所,县级示范性"儿童家园"46所;自治区级贫困村"儿童家园"31所,自治区级非贫困村"儿童家园"19所。全县累计建设有自治区级"儿童家园"54个,玉林市级"儿童家园"24所;自治区级"妇女之家"2所,玉林市级"妇女之家"15所。

【基层妇女干部素质培训】 2016年10月13日,县妇联在县委党校举办基层妇女干部培训班。14个镇妇联主席和164个村(社区)妇代会主任参加培训。培训由县法院庞冬梅主讲,培训内容主要有反家暴法、新婚姻法、妇女维权及推进自治区级儿童家园建设工作内容等。

【镇妇联换届】 2016年,全县14个镇妇联任期届满,县组织部、县妇联组织开展换届工作。11月11日,召开妇联换届选举工作动员大会,各镇人大主席、组织委员、镇妇联主席等80多人参会。会议对换届工作的相关问题做详细说明,对换届选举工作提出建议。11月底,全县14个镇召开妇女代表大会,共选举产生镇妇女联合会委员106人,镇妇联主席14人,副主席28人。

【妇女儿童合法权益维护】 2016年,县妇联以"双维双促"(以维稳促维权,以维权促维稳)"平安家庭"创建活动为载体,加强妇女儿童维权工作。

开展妇女儿童维权及反家庭暴力法律宣传活动。3月,县妇联联合县综治办、司法局在人民会堂开展"三八"妇女维权周系列宣传教育活动,发放宣传资料6000多份,现场咨询服务100余人次。《中华人民共和国反家庭暴力法》(简称反家庭暴力法)于3月1日起正式施行。"三八"妇女节期间,县妇联、县法院联合开展反家庭暴力法律宣传活动,通过各

2016年10月26日,县妇联在温泉镇洞心村开展家政大篷车进村(社区)活动
县妇联 提供

单位部门、企业等的电子屏滚动播放反家暴宣传语和微视频,营造宣传声势帮助妇女提高依法维权意识,向全县发出反对家庭暴力的倡议,号召各相关单位履职尽责、依法坚决打击家暴行为,倡导每个家庭积极开展家庭美德建设,建立和谐家庭关系,呼吁全社会共同行动起来抵制家暴;县妇联开展反家庭暴力法制宣传进村25次、进社区4次、进企业2次、进学校15次,上街开展法律咨询3次,发放宣传单1.80万张。

推进"妇女儿童维权岗"创建。2016年,县妇联联合法院、检察院、公安局继续推进"妇女儿童维权岗"创建工作,全县累计建立"妇女儿童维权岗"8个,建立由女法官、女检察官、女警官、女律师等组成的巾帼普法志愿者队伍3支,发展"巾帼普法志愿者"21人,开展"送法进村、进企业、进校园"等普法宣传活动12场。年内,接待来电来信来访34件、41人次,办结33件,办结率97.06%。

【巾帼"脱贫"行动】 2016年,县妇联围绕县委、县政府开展精准脱贫攻坚工作,组织开展巾帼脱贫行动,重点加强妇女技能培训、支持妇女贷款创业等,动员妇女干部进村入户大力宣传精准脱贫攻坚系列配套文件中的各

项惠民政策,发放宣传资料,引导贫困妇女树立自力更生、勤劳致富意识,带动更多贫困妇女兴家立业。

家政培训"大篷车"进村(社区)宣传活动 2016年,自治区妇联实施广西"产业到家 牵手妈妈"巾帼脱贫行动,陆川县妇联以流动便捷的方式推进家政培训"大篷车"进村(社区)宣传活动,共开展宣传活动4场,参与群众2400多人。开展家政培训,共培训家政人员181人,其中建档立卡的贫困对象67人。

农村妇女技能培训 2016年,以巾帼现代农业示范基地为依托,加强对贫困妇女培训,重点培训种养技能。年内,共培训农村妇女460人。其中如位于米场镇的广西丰兄农业开发有限公司每周定期对米场镇旺荐村的贫困妇女进行养种植方面技术指导,带动留守贫困妇女82人脱贫。

妇女创业扶贫贷款 2016年,县妇联利用妇女小额担保贷款,帮助有需求并符合条件的贫困妇女实现创业就业,为有创业意愿的贫困妇女争取扶贫小额信贷,全县获小额担保贷款妇女9181人,金额8039.6万元。

"产业到家·牵手妈妈"巾帼脱贫行动 2016年,自治区妇联实施广西"产业到家·牵手妈妈"巾帼脱贫行动,陆川县妇联开展"产业到家·牵

手妈妈"巾帼脱贫行动,创建"巾帼创业"示范基地,发挥能人带动作用,互助合作扶贫,引导企业与农户联合创业,以"公司+基地+农户"和合作社的经营模式发展种养业,为广大农村妇女尤其是贫困妇女拓宽增收致富渠道,促进农村妇女共同增收致富,全力推动全县脱贫攻坚行动。4月29日,巾帼科技示范基地广西丰兄农业开发有限公司免费为100多位贫困留守妇女发放"苦楝树"木苗,获得木苗贫困妇女利用自留山种植,种植"苦楝树"66.67公顷,广西丰兄农业开发有限公司加强技术跟踪指导。

(温莲英)

陆川县科学技术协会

【科协工作机构及概况】 2016年,陆川县科学技术协会(简称县科协),内设综合部,编制5名,在职干部5人。全县有农村专业技术协会87个,企业协会2个,会员1万多人,科普志愿队伍400人。年内,县科协继续加强未成年人、农民、城镇劳动人口、领导干部和公务员、社区居民等重点人群的科学素质教育,广泛开展科普宣传活动,提高全县人民的科学素质。

【全民科学素质行动深入推进】 2016年,陆川县继续实施《全民科学素质行动计划纲要》,县科协发动成员单位和社会力量开展对提高"五大"重点人群(农民、未成年人、城镇劳动人口、领导干部及公务员、社区居民)科学素质行动。5月中旬,开展科普大篷车进村入户科普服务活动,县科协深入到联系点沙坡镇高庆村为种植户送去种植技术500多册。5月下旬,开展农村科技行动活动,县科协联合县农业局、科技局等成员单位深入到米场镇、良田镇开展中药材种植培训。举办培训班3期,培训农民群众600多人次,专家咨询1000多人次,免费发放科普宣传资料和科普读本6000份(册)。

【科普交流】 12月2日—4日,自治区科协举办广西"科普惠农兴村计划"特色农产品展销会,陆川县组织2008—2016年获全国"基层科普行动计划"、广西"科普惠农兴村计划"表彰奖励的9个基层农技协18个农产品参加。展销会展示、宣传、交流、推广"科普惠农兴村计划"实施成果与经验,扩大"科普惠农兴村计划"影响力。

【"科普大篷车进校园"活动】 2016年5月,玉林市科协和陆川县科协联合在沙坡镇高庆村小学举办"科普大篷车进校园"活动,活动展示生态环境、污染与健康等3D科普宣传画板。进行食品安全科普知识有奖问答、八桂科技英才风采展活动。全校500名师生踊跃参与各项活动,并为学生发放科普知识宣传书1600本及笔、橡皮擦、笔记本、羽毛球拍等学习文体用品。

【青少年科技创新大赛活动】 2016年3月,县科协与县教育局联合举办青少年科技创新大赛。全县各学校组织青少年学生积极参加大赛活动,参赛的项目主要有青少年科技创新成果项目论文、创新发明、科技实践活动、科幻画等;各类参赛科教作品600篇(件),经专家评委评审,共评出获奖作品291篇(件),其中特等奖87篇(件),一等奖143篇(件),二等奖50篇(件)。大赛还推荐优秀作品40篇(件)参加玉林市青少年科技创新大赛。青少年科普剧1部,DV2部,创新发明16件;科技实践活动4篇;科幻画13幅;科技辅导员科教作品4篇。其中,获玉林市级奖励40篇(件)。

【科普扶贫培训活动】 2016年,县科协结合县开展"精准扶贫"工作,县科协开展科普扶贫培训;利用全国"基层科普行动计划"、广西"科普惠农兴村"获奖单位及玉林市科协命名的农村科普示范基地的科普资源,指导科普示范基地和获奖单位结合生产和经营实际需要为会员和周边农民提供技术培训和技术指导服务。9月27日,县科协和乌石镇珍珠番石榴种植协会在乌石镇政府联合举办陆川县特色水果种植技术培训班,协会骨干、会员、周边农户、业务联系户80多人参加培训,培训班邀请县农业局专家授课,采取专家授课、学员交流形式进行培训,根据县内实际需求重点介绍9种特色水果种植技术,并针对种植过程中遇到的技术问题进行解

2016年5月,县科协与玉林市科协联合在沙坡镇高庆村小学举办"科普大篷车进校园"活动

县科协 提供

2016年9月27日,县科协、乌石珍珠番石榴协会在乌石镇政府联合举办特色水果种植技术培训班　　　　县科协　提供

答,学员相互交流番石榴、香蕉种养的经验和体会。

实施"五个一"农村实用技术培训。11月,县科协在沙坡镇高庆村委会举办"五个一"农村适用技能培训,高庆村126户贫困户参加培训。培训班重点介绍家畜养殖的科学方法,并对在养殖过程中遇到的技术问题进行解答。

【科普月大行动活动】 2016年11月19日,陆川县举行"科普月大行动"科普广场活动,县科协等20多个县直单位参与宣传活动。现场举行科普演示机器人操作表演、飞机航模表演展示、动物标本展示、科普知识有奖问答活动等。　　　　（陶晓艳）

"五个一"农村适用技能培训工程:2015年广西科协提出实施,纳入自治区党委组织部"百万农村党员大培训"工作计划。即每年培训10个农村科普带头人,100个农村专业技术协会会长、理事长,1000个农村专业技术协会副会长（副理事长）、理事、村支书,10000名（次）农村专业技术协会技术（业务）骨干、村干部,100000名（次）农村专业技术协会会员、农村党员、周边农户、业务联系户。

陆川县归国华侨联合会

【侨联工作机构及概况】 2016年,陆川县归国华侨联合会（简称县侨联）内设办公室,编制4名,在职人员5人。年内,县侨联以县精准扶贫为契机,开展为侨服务活动和慈善公益活动,维护归侨、侨眷权益,深入基层协调解决侨界群众反映的困难和问题。

【陆川县第十次归侨侨眷代表大会】2016年1月14日在县城区召开,参会的侨界代表73人。听取并审议通过万胜所做题为《凝聚侨界力量·建好侨胞之家为建设生态文明和全面建成小康社会做贡献》的工作报告;选举产生陆川县侨联第十届委员会成员,委员21人,常务委员15人,万胜当选为主席,丘益杆当选为副主席。

【侨界人士参政议政】 2016年,县侨联引导侨界人士积极参政议政,共推荐有县政协委员2人、县人大代表1人、市人大代表1人、市政协委员1人。

【侨务服务】 2016年2月,县侨联开展"送温暖、献爱心"慰问活动,走访慰问各镇扶贫联系村困难户、老归侨侨眷、侨商代表、侨联退休干部、下岗侨眷代表、侨眷特岗教师代表、侨眷学生代表、回乡创业侨眷青年代表等39人,共发放慰问金和慰问品约1.80万元。3月,陆川县侨联组织21名侨联委员到乌石镇吹塘村开展主题为"聚侨心汇侨力·绿护九洲江"的植树活动,共种植桃树100株。10月,协助马来西亚吉隆坡华人覃保发先生携家人一行4人回到祖籍陆川县乌石镇黎洪村,实现回乡寻亲梦。

2016年1月14日,陆川县第十次归侨侨眷代表大会在县城区召开。图为大会现场　　　　县侨联　提供

2016年，香港众善堂为陆川县残疾人捐赠爱心轮椅10台。图为9月17日县侨联在中山公园一角举行爱心轮椅发放仪式　县侨联　提供

【慈善公益活动】　2016年4月28日，县侨联在陆川县特殊学校开展"澳大利亚魏基成天籁列车"慈善公益活动，澳大利亚魏基成夫妇为残疾人发放儿童助听器43台，成人助听器370台，语言教学机1台，价值85万元。9月17日，县侨联举行香港众善堂为县残疾人捐赠价值8000多元的爱心轮椅10台发放仪式。

【侨务联谊活动】　2016年，县侨联继续开展侨务联谊活动，加强与港澳同胞、海外侨胞的交流合作。6月21日，县侨联主席万胜应邀赴香港参加香港广西同乡会第23届理监事就职典礼，并拜访香港广西社团总会、香港新界广西同乡会等侨社团，加强与香港广西同乡会的沟通联系、交流合作，拓宽招商引资渠道，为全县经济社会发展服务。　　（肖翠琴）

陆川县工商业联合会（总商会）

【工商联组织机构及概况】　2016年，陆川县工商业联合会（总商会）（简称县工商联）1个，镇商会10个，行业协（商）会9个。编制5名，在编人员7人。

年内，新增企业会员2家、个人会员69人，县、镇商会累计有会员668人。

年内，县工商联加强企业服务工作，引导会员企业参政议政，参与县精准扶贫活动。县工商联获自治区工商联评为广西"五好"县级工商联荣誉称号。

【县工商联（总商会）第九届四次执委会（扩大）会议】　2016年1月18日在温泉九龙山庄召开，执委61人参加会议。增补选举县工商业联合会（总商会）第九届执行委员会执委69人，常委34人，补选李蔓为第九届执委会主席（会长），副主席14人（其中专职副主席2人，兼职副主席12人），正副会长9人，秘书长1人。

【县工商联（总商会）第十次会员代表大会】　2016年12月29日，在温泉九龙山庄召开，到会会员代表140人，

表13　　　　2016年陆川县商（协）会情况

商会名称	成立时间	办公地址	会员（人）	会长姓名
陆川县总商会	1994年3月恢复	陆川县政务服务中心十三楼	36	李　蔓
马坡镇商会	2000年9月	马坡镇马坡街	102	林孝坚
平乐镇商会	2001年12月	平乐镇平乐街	42	何　金
珊罗镇商会	2001年12月	珊罗镇珊罗街	25	郑昭文
米场镇商会	2002年5月	米场镇米场街	32	庞　坚
沙湖镇商会	2009年10月	沙湖乡沙湖街	28	冯因飞
沙坡镇商会	2000年6月	沙坡镇沙坡街	83	姚伟其
乌石镇商会	2000年10月	乌石镇乌石街	49	李耀荣
良田镇商会	2001年8月	良田镇良田街	63	李英平
清湖镇商会	1996年10月	清湖镇清湖街	151	钟永红
古城镇商会	2012年5月	古城镇古城街	57	叶剑岚
陆川县铁锅协会	2007年6月	陆川县金川宾馆三楼	68	黎德坤
陆川县客家商会	2011年7月	陆川县东滨中路	86	何雄信
陆川县农业水产畜牧联合会	2004年7月	陆川县陆兴中路431号	205	龚昌权
陆川县运输协会	2000年11月	陆川县	178	李超华
陆川猪养殖协会	2011年7月	陆川县陆兴路565号	406	江庆儒
陆川县电子协会	2012年6月	陆川县陆兴路	38	李　浩
陆川县塑料协会	2009年12月	陆川县城长安街	120	梁德华
珊罗富农韭菜专业合作社	2008年5月	珊罗镇北街21号	136	莫易富
陆川县红砖协会	2010年8月	马坡镇	39	陈庆云

2016年12月29日，陆川县工商业联合会（总商会）第十次会员代表大会在九龙山庄召开　　　　县工商联　提供

玉林市工商联副主席梁瑞宗、县委副书记陈基林、县人大副主任丘玉梅、县政协副主席谢卡娜出席会议。听取李蔓代表县工商业联合会（总商会）第九届执行委员会所做的工作报告，选举产生县工商业联合会（总商会）第十届执行委员会执委67人，常委38人，李蔓当选为主席（会长），副主席15人（其中专职副主席2人，兼职副主席13人）；会长1人，副会长7人，秘书长1人。

【参政议政】　2016年，在县人大、县政协换届中，县工商联配合县委统战部向各级人大、政协推荐人选，为非公有制经济代表人士参与社会经济发展提供平台。其中当选为县人大代表的工商联会员19人，当选为政协委员的工商联会员31人。在县政协第九届一次会议上，会员提交涉及经济和社会发展等方面提案8件。

【光彩事业】　2016年，以开展精准扶贫工作为契机，县工商联引导会员企业参与社会福利事业和光彩事业，在精准扶贫、捐资助学、新春送温暖等方面捐献大量的财物。组织85家企业参加县委、县政府举办的"商行天下，情系陆川"招商推介恳谈会，200多名企业人士、爱心人士助力精准扶贫，为县扶贫基金会捐献爱心款1560万元。引导非公经济人士协助、支持普照禅寺建设，为普照禅寺建设捐赠资金800多万元。组织县非公企业家20人参与广西电视台第一书记活动，现场为清湖镇革命老区贫困村塘寨村捐资40多万元，为珊罗镇贫困学子完成学业捐资7万元。广东东莞市陆川商会"圆梦"工程捐资助学，共资助贫困大学生55人，捐助善款23万元，并为陆川籍贫困大学生36人提供寒暑假期零工岗位，解决贫困

大学生求学路上资金的短缺，为贫困生提供社会实践的机会。平乐镇商会连续三年春节期间慰问平乐街70岁以上的老人50多人，每年发放慰问品及慰问金2万元。马坡镇商会春节期间向五保户、贫困户、残疾户、留守儿童发放慰问金万元以上。陆洲机械制造有限公司在春耕期间，向大桥镇唐侯村的贫困农户捐赠微耕机10台，价值约2万多元。教师节期间，良田镇、古城镇商会捐资分别慰问全镇优秀教师。

【企业服务】　2016年，县工商联加强非公经济企业的领导及协调工作。1月，召开陆川县政银企合作交流座谈会，县委、县政府及政府职能部门一把手、各大银行负责人、各企业负责人参会，围绕如何突破经济下行压力、解决中小企业融资难问题进行探讨交流。县工商联参与县招商引资行动，到长三角、珠三角地区，利用商会平台开展招商推介，宣传陆川优秀资源，协助引进企业。为陆洲机械制造有限公司、陆川县志强电机厂等企业解决用地4公顷。为陆川县志强电机厂、广西喜爱家饮水设备有限公司、陆川县长隆电子有限公司等6家企业争取"助保贷"融资贷款1965万

2016年3月16日，陆川县陆洲机械制造有限公司向大桥镇唐侯村的贫困农户捐赠10台价值约2万多元的微耕机。图为捐赠现场　　　县工商联　提供

元。协助陆川县泓源食品有限公司获县农村信用社贷款 30 万元。引导非公企业参与"千企扶千村"活动,陆川县泓源食品有限公司在大桥镇建立番木瓜加工基地,推广种植番木瓜,与大桥镇贫困户联合种植番木瓜 1.60 万株。

开展以"守法诚信、坚定信心"为重点的非公有制经济人士理想信念教育实践活动,加强非公经济人士的学习培训。年内,利用县青年企业家协会等有效的平台,举办青年企业家中秋文化沙龙等联谊活动,培训非公有制经济人士 48 人次。县工商联组织非公经济人士、机关干部参加自治区、玉林市及陆川县非公经济人士各种培训班 18 期,参与培训 236 人次。建立 QQ、微信等网络平台,加强与非公经济人士联络,县工商联走访会员企业 130 多人次,及时传达中国共产党的路线、方针、政策,新增企业会员 2 家,个人会员 69 人。全国工商联开展"万企帮万村"精准扶贫行动台账管理系统录入工作,陆川县工商联录入工作成绩显著,被玉林市工商联评为优秀单位。

（林　勇）

陆川县
文学艺术界联合会

【文联组织机构及概况】　2016 年,陆川县文学艺术界联合会(简称县文联)内设综合部,在职人员 4 人;下设有作家协会、戏剧家协会、美术家协会、音乐家协会、舞蹈家协会、书法家协会、摄影家协会和诗词楹联学会,协会会员 224 人。年内,县文联坚持"二为"(为人民服务、为社会主义服务)方向和"双百"(百花齐放、百家争鸣)方针,加强联络、协调、指导、服务工作,开展形式多样的文学艺术活动。组织开展文化惠民义写春联活动 1 次,组织文艺志愿者慰问活动 2 次;组织文艺工作者深入基层或外出开展文艺

采风活动 6 次;举办各类文艺创作座谈会、笔会 3 期;开展赠书活动 4 次,捐赠图书 600 多册;县文联、县委宣传部、县总会、县党史办等部门单位联合举办文艺比赛、演出活动 2 场次;县文联及各协会开展采风、座谈、笔会、讲座、研讨、展览、汇演等文艺活动 30 次,参与活动的人员 3000 多人次。创作各类文艺作品 800 多件。在各级报刊发表文艺作品 50 余件,其中省级 10 多件,地市级 40 余件;获奖作品 92 件,其中获国家级奖励 10 件,省级奖励 12 件,地市级奖励 70 件。其他参展文艺作品 200 余件。

【文学创作】　2016 年,县文联、县作家协会开展学习、交流、创作等活动 6 次。7 月,组织县文学骨干创作微电影类作品、廉政公益广告类等文学剧本,协助县纪委出版反映陆川廉政工作微电影剧本 2 部。年内,县作家协会文学创作骨干创作文学作品 150 余篇(首)。其中,何燕的小小说《谁的电话》《谁的垃圾》分别在《小小说选刊》1 期、5 期转载,黄伟红的散文《咸情默默客家人》在《当代广西》第 11 期发表。

【书画创作】　2016 年,县书法、美术协会在全县各类文艺节庆活动及自治区、玉林市各级展览比赛活动中,开展书画创作活动,书法家协会、美术家协会会员创作书画作品 100 多幅。7 月 21 日,组织县美协骨干 10 人赴崇左市大新县参加由中国美协举办的公益性美术培训班,并开展文艺采风创作活动;9 月,在 2016 年"创文明城市,建美丽家园"玉林市国庆书法美术摄影大赛中,林柳的美术作品《静待花开花落》获一等奖;10 月 20 日,县文联组织书协、美协骨干会员到沙坡镇仙山村建设文艺园,文艺园设置注重融入陆川特色的乡村文艺气息。陆川协会会员 3 人创作的书法篆刻作品在"园丁杯"广西教育系统第一届书法篆刻作品展、"创文明城市,建美丽家园"玉林市国庆

书法美术摄影大赛中,均有多幅入展或入选。

【摄影创作活动】　2016 年,县摄影协会在全县各类文艺节庆活动、群众体育健身活动中开展摄影创作活动,创作摄影作品 350 多幅。3 月 8 日—9 日,组织协会成员到龙珠湖拍摄油菜花,赴玉林"五彩田园"拍摄樱花等采风创作活动;7 月 16 日—17 日,组织摄影协会到良田、乌石、滩面、马坡等乡镇及县城区开展相关生态、人文、景物拍摄,制作陆川县生态乡村现场会画册,宣传陆川、推介陆川。

摄影协会会员创作摄影作品,参加玉东新区"五彩田园杯"摄影大赛、首届广西戏剧文化摄影比赛、"美丽南方·广西故事"第十届广西摄影艺术展、《大众摄影》俱乐部全国联展 12 期、"富安居杯"玉林市艺术摄影大赛、"创文明城市,建美丽家园"玉林市国庆书法美术摄影大赛、由中国摄影报举办的荔浦摄影全国大赛、2016 年全国彝族摄影大赛、第 25 届奥地利特伦伯超级摄影巡回展等展览比赛,共入展、入选或获奖 42 幅。2 月,在 2016 年广西首届戏剧文化摄影比赛中,王洪亮的摄影作品《文化下乡惠民巡演》(组照)获优秀奖;9 月,在"美丽南方·广西故事"第十届广西摄影艺术展中,王洪亮的摄影作品《摆桌》(艺术类)、《魅力社区》组照(记录类)均获入选奖;11 月,在《大众摄影》俱乐部全国联展 12 期中,王洪亮的摄影作品《猪比赛》入展。

【"醉美·陆川"当地原创音乐】　2016 年 1 月,县音乐家协会协助县委宣传部、县文广局等部门联合开展"醉美·陆川"音乐创作活动。共收集到当地原创歌曲 100 首,其中第一集 20 首。县音乐家协会创作选送的《陆川有了金穗桥》《九洲江我的母亲河》《陆川山水任君游》《同学情》等歌曲,反映出陆川客家文化特色,乡土气息浓厚,曲调悠扬婉转朗朗上口,并入选为元宵晚会演出节目。

【征文创作大赛】

金穗桥征联比赛　3月，县文联与县住建局联合举办"金穗桥征联比赛"，共收到参赛作品1030幅。11月，评选结果经网上公示后已揭晓，共评出一等奖2幅、二等奖3幅、三等奖5幅、优秀奖30幅。

陆川县"工会杯"农民工主题创作大赛　5—8月，县文联与县总工会联合举办陆川县"工会杯"农民工主题创作大赛，比赛宣传弘扬农民工在各自岗位吃苦耐劳、自强不息的形象和不屈不挠的进取精神，共收到参赛作品634幅。8月中旬，共评出摄影类、文学类各一等奖2名、二等奖5名、三等奖10名、优秀奖30名，8月底举办表彰大会。

【新春文艺活动】　2016年2月，县文联开展新春节庆文艺活动。弘扬中华文化精粹，构建和谐幸福家园，营造热烈的节日氛围。

"文化惠民、义写春联"惠民活动　2月，县文联举行陆川县"文化惠民、义写春联"活动。组织县书协会员12人次，先后到大桥、温泉、乌石等镇义写春联，免费赠送春联2000余对。

新春书画摄影展　1月1日—25日，2016年新春书画展在新都国际大厦举行。书展由县文联、县美术家协会承办，共展出书画摄影作品120多件。参观展览5000多人次。

【文艺志愿者服务活动】　2016年，自治区文联部署开展到人民中去—广西文艺志愿者深入基层主题服务活动，县文联深入基层农村，积极开展文艺下乡、"种文化　结对子"、文艺辅导和培训、慰问演出等多种形式的文艺志愿服务活动6次，参与的文艺志愿者70多人次。

送书活动　2016年5月23日"中国文艺志愿者服务日"期间，县文联组织县各文艺协会的文艺志愿者，开展文艺志愿服务活动9次，为珊罗初级中学赠送书籍150本。6月2日，县文联组织文艺志愿者送欢乐下乡

2016年12月20日，玉林市摄影家协会公益性"摄影基础知识"讲座（陆川站）在陆川县开讲　　　　　　　　　　　县文联　提供

活动，深入温泉镇凤淳村为当地人民群众赠书160多册。6月3日，陆川县文联开展"到人民中去"文艺扶贫志愿者服务活动，到温泉镇长河村为群众赠书100册；12月1日，县文联给沙坡镇留守儿童送书包、文具、送书等慰问品20件（套）。

公益性摄影讲座　2016年12月20日，玉林市摄影家协会组织的全市巡回公益性讲座在陆川举行。由玉林市摄影家协会、陆川县文联、陆川县摄影协会联合举办，讲座在县信用联社会议室举行，由玉林市摄影家协会主席、摄影师刘展雄主讲，重点讲授摄影基础知识，并分享摄影创作心得。参加讲座的摄影爱好者80多人。

诗词知识讲座　2016年9月—11月，县文联在学校组织开展诗词楹联培训。先后在陆川县二中、实验中学、温泉中学、县第一小学等学校共举办诗词楹联培训班11期，由县诗词楹联学会副会长黄伟红主讲，受训师生3000多人；在县城中小学校、社区举办诗词朗诵辅导讲座3次，由县诗词朗诵协会主席黄伟红主讲，参与讲座人员1000多人次，促进提高师生、社员的诗词朗诵水平及诗词素养。

诗词朗诵沙龙　2016年5月26

日，县文联在家家福超市举行"陆川县诗词朗诵沙龙"活动，活动以"诗与人生"为主题，参与活动30人。

文艺支教　2016年7月3日，县音乐协会主席黄琳琳等人到县第五小学上音乐辅导课1次；7月4日，县书法协会主席林柳到各小学校开展文艺辅导工作2次，为书法爱好者上课，指导爱好者绘画技巧。

【《九洲江》期刊出版】　2016年，县文联主办的《九洲江》季刊正常出版。季刊开设走南闯北陆川人、小说世界、散文随笔、诗歌长廊、古韵新声、小荷初露、曲苑舞台、客家歌台等栏目（根据需要，每期适当调整部分栏目）。年内，出版《九洲江》期刊4期，刊发小说、散文、诗歌、诗词、客家戏剧、歌曲、书画摄影等文艺作品425篇（首、幅），30多万字。集结陆川县"工会杯"创作大赛获奖作品，出版《九洲江》增刊1期，刊发作品64篇（首、幅）。

【《陆川诗联》编印】　2016年11月，县文联推出陆川诗联作品集，作品集收集全国各地作者100多人创作的关于陆川的诗词楹联共1000多首（对），县文联集结出版诗集2期（第1、2期），

2016年6月29日,陆川县庆祝中国共产党成立95周年诗词吟诵会在陆川县第二中学举行
　　　　　　　　　　　　　　　　　县文联　提供

每期印刷出版2000册,为申报"中国楹联文化县"奠定基础。

【庆祝中国共产党成立95周年诗词吟诵会】 2016年6月29日晚,陆川县庆祝中国共产党成立95周年诗词吟诵会在陆川县第二中学举行。诗词吟诵会由县文联、县党史办联合主办,陆川县小金指琴行、陆川县红豆红传媒公司协办。县委宣传部、县文联、县党史办、县人社局、县诗词楹联学会领导出席活动,县文广局、县妇联、县电视台、县广播电台、县诗词楹联学会有关人员以及县二中师生共100多人参加活动。活动以庆祝中国共产党成立95周年为主题,讴歌党的丰功伟绩,继承和发扬党的优良传统和作风,参与朗诵23人。县文广局、县妇联、县电视台、县广播电台、县诗词楹联学会、红豆红传媒公司演出人员以及县二中师生代表登台吟诵。

【首届乡村书画摄影展】 2016年10月28日,乡村首届书画摄影展在沙坡镇仙山村举行。由文联主办,书画摄影展以"乡村文明"为主题,作品有书法、美术、摄影等,共展出书画摄影作品100多件,观展村民群众300多人次。

【作家协会第三届工作会议】 2016年12月30日,在金川宾馆六楼会议室召开。协会会员代表24人参加会议,会议听取并审议通过何燕所做的题为《立足本土,扎根人民,开创作协新局面》的工作报告,选举产生陆川县第三届作家协会理事19人,其中主席为何燕,副主席为彭伟成、黄伟红。

【陆川县诗词学会更名】 2016年3月18日,陆川县诗词学会更名为陆川县诗词楹联学会,并在县文昌中学挂牌成立。3月29日举行揭牌仪式。县文昌中学无偿提供办公室2间作为县诗词楹联学会创作工作室使用。

【陆川县诗词朗诵协会成立】 2016年9月23日,在县经贸局三楼会议室召开陆川县诗词朗诵协会成立大会,会议讨论通过陆川县诗词朗诵协会章程,选举产生诗词朗诵协会成员33人,主席黄伟红,副主席黎纪宏、叶旋、邱春丽。

【文艺人才学习培养】 2016年,县文联举办各类文艺创作培训、座谈会3次,组织人员参加玉林市级以上文学创作培训、采风活动等8次,组织

文艺采风6次,考察1次,参与活动1200人次。3月13日,组织作协骨干参加玉林市作协考察北流新农村文艺建设先进活动;3月15日—17日,作协骨干随市诗词学会一行到防城、北海学习交流创作经验;4月22日—24日,组织文艺者随县乡村办一起到大新县考察生态乡村建设经验;5月11日—13日,组织文艺者随玉林市诗词学会赴凌云县、兴业县、玉州区学习考察创建"中华诗词之乡"先进经验;5月17日,在金川宾馆六楼会议室举办文艺创作、文艺志愿者工作座谈会;5月20日,在县委党校举办第一期诗词培训班,邀请玉林市诗词学会副会长罗陆艺授课;6月4日,组织文艺者参加玉林"五彩田园"诗人节;6月24日,在陆川中学举办第二期诗词楹联培训班,邀请玉林市诗词学会副会长丁冬、陆川县诗词楹联学会顾问黎小明授课;8月9日—18日,县文学骨干2人赴北京参加"中华诗词"培训班学习;9月20日,组织美协、书协会员赴玉林群艺馆,听专家对玉林市国庆书画摄影展的参展书画作品的点评;10月15日,组织文艺者赴玉林参加博雅大讲坛第92讲—青年作家谈文学创作与就业创业;10月18日,组织文艺者赴玉州区城北街道高山村参加玉林市妇联组织的"建设好家风 树立好家训"采风活动。

【陆川县获"中国楹联文化县"称号】 2016年,陆川开展"中国楹联文化县"创建活动。4月2日—3日,中国楹联学会会长蒋有泉、副会长肖良平到陆川考察楹联文化,指导陆川县创建"中华诗词之乡"工作。深入乌石镇谢鲁山庄、吹塘村、龙化生态园及良田镇文官村、滩面镇伏波庙等地考察楹联文化,与当地干部群众交流、了解陆川楹联文化情况;并指导楹联文化爱好者创作楹联,蒋有泉、肖良平等人为谢鲁山庄题词和书写楹联。10月,县文联在网上举办陆川县参与全国诗词楹联大赛活动,共征集到来自

2016年，陆川县开展创建"中国楹联文化县"活动。图为12月9日"中国楹联文化县"验收汇报会现场　　　　　　　　　县文联　提供

全国各地的应征诗词楹联800余首（对）。12月9日，中国楹联学会领导到陆川县检查验收创建工作。经验收，陆川县被正式命名为"中国楹联文化县"，中国楹联学会会长蒋有泉为陆川授予"中国楹联文化县"牌匾。

（林波　阮小露）

陆川县残疾人联合会

【残疾人工作机构及概况】　2016年，陆川县残疾人联合会（简称县残联）内设秘书股、康复就业股、综合股，编制6名，实有干部职工7人。下辖事业单位有县残疾人劳动服务站、残疾人康复中心。全县有镇残疾人联合会14个；县级残疾人协会5个（陆川县盲人协会、陆川县肢残人协会、陆川县聋人协会、陆川县智力残疾人及亲友协会、陆川县精神残疾人及亲友协会）；村社区残疾人协会164个，协会委员845人。年内，县残联加强残疾人教育培训、残疾人康复服务，开展残疾人动态信息调查，加大残疾人维权工作等，办理残疾人证2000本。

【残疾人康复服务】　2016年，县残联对残疾人提供白内障复明手术、低视力康复、聋儿语训、肢体康复训练、假肢装配、用品用具供应等康复服务。年内，为贫困白内障患者免费实施复明手术244例，其他白内障手术432例。培训低视力人员家长15人。开展盲人定向行走训练50人。县残疾人劳动服务站聘请教师2人，日间照料精神残疾、智力残疾和肢体重度残疾人16人，实行全日托养照料、医疗康复、生活技能培训等各种康复服务。

【残疾人教育与培训】　2016年，陆川县残疾人特殊教育学校招收残疾人学生3班43人，其中听力障碍班4人，智力障碍培训康复班2班共39人。加强残疾人种养技术培训，共举办残疾人种养技术培训班8期，每期培训为期5天，共培训人员710人，对参加培训的人员每人赠送复合肥100千克或种鸡10羽，共送化肥10吨、种鸡2100羽。

【惠残政策实施】　2016年，县残联实施阳光扶贫基地项目、阳光家园托养项目、农村贫困残疾人无障碍改造项目、"党员扶残　温暖同行"工程、残疾人无障碍改造工程等建设，发放惠残项目资金86万元。其中，在大桥镇、清湖镇推进阳光扶贫基地项目建设，支持阳光扶贫基地项目资金20万元，辐射带动100名（其中大桥镇三善村50名、清湖镇水亭村50名）贫困残疾人养猪脱贫，每户送种猪苗1头、饲料4包160千克。阳光家园托养项目资金34.5万元，用居家托养的形式为204名精神残疾人、智力残疾人和重度肢体残疾人实行家庭监护人托养，每户1500元；农村贫困残疾人无障碍

2016年，县残联深入到各镇开展残疾人农村实用技术培训班。图为良田镇培训现场　　　　　　　　　　　县残联　提供

改造项目资金16万元,为40户贫困残疾人进行无障碍项目改造,每户支持改造资金4000元。"党员扶残 温暖同行"工程资金16万元,为160户(每户1000元)贫困残疾人开展种植、养殖项目,脱贫致富。

【残疾人服务宣传】 2016年,县残联组织各镇开展白内障知识宣传和白内障调查活动,发放白内障知识宣传1万多份;配合县政务中心开展政务服务一条街宣传活动3次,发放宣传资料4000多份。在各类新闻媒体发表残疾人工作的信息10条。5月15日,开展第26次全国助残日宣传、服务活动,活动以"关爱孤残儿童,让爱洒满人间"为主题,开展残疾人游园活动,参加活动人员80人;慰问贫困残疾人393人(户)。

【残疾人信访与维权】 2016年,县残联加强残疾人信访维权工作,完成残疾人信访工作制度。年内,有效解答残疾人的来电咨询65件次,接待来信3件,来访23件,回复办结率98.9%,有效保障残疾人合法权益。2月,自治区残联召开全区残疾人工作会议,陆川县在会上做《敢于担责,依法维权》的残疾人维权工作经验交流发言。

【全国残疾人动态信息调查】 2016年7月1日—9月30日,县残联开展全国残疾人基本服务状况和需求动态信息更新调查,按照《全国残疾人基本服务状况和需求信息动态更新工作方案》的指标要求,陆川县需要调查和数据采集信息的残疾人2.80万人,实际完成调查和数据采集2.50万人。其中,入户调查2.49万人,电话调查166人,未完成调查2938人(死亡2669人,外出192人,搬迁46人,空挂户15人,查无此人16人)。残疾人基本服务状况和需求信息动态更新数据采集率97.16%,残疾人基本服务状况和需求信息动态更新入户调查率99.33%。 (陈桂彩)

陆川县社会科学界联合会

【社科联工作机构及概况】 2016年,陆川县社会科学界联合会(简称县社科联)编制3名,实有人员2人。年内,开展社会科学知识宣传交流活动,加强社科知识普及,促进社会科学研究。

【社会科学知识普及】 2016年,县社科联采取开展广场科普活动、举办社科知识专题讲座等形式加强社会科学知识普及。5月,组织参与县举行的广场科普宣传一条街活动,重点宣传中国共产党的方针政策、法律法规、婚姻家庭、健康生活常识等与群众生活息息相关的知识,发放社科知识宣传资料300多份。开展送科技、信息、政策等社科知识到农村活动。9月,县社科联在马坡镇靖西村开展社科知识宣传活动,重点宣传中共十八届五中全会、六中全会精神及扶贫政策、农村生产生活实用技术等,分发社科知识宣传资料200多份,书籍300多本。年内,共印发社科宣传资料2000多份,知识读本1000多本,出版宣传板报8版,宣传横标10条。举行社科知识专题讲座。11月15日,在县信用联社举行弘扬优秀传统文化与社会主义核心价值观专题讲座,金融系统单位的职工200多人参加讲座,讲座邀请广西现代东盟教育研究院副院长黄启标作题为"中国优秀传统文化与社会主义核心价值观"的报告,宣扬社会主义核心价值观,重点宣传弘扬"诚信、敬业、责任、合规"这一核心价值观,加强干部职工职业道德教育,发挥核心价值观对广大干部职工的引导、约束、激励作用。

【社会科学研究】 2016年,县社科联立足陆川农业大县实际,突出农业转型升级发展的重点,对农业产业化发展进行课题研究及申报,重点对陆川县如何引导农村土地有序流转、助推农业产业化发展进行调研,研究课题"陆川县土地流转的调查与思考"获自治区社科联立项,并已结题上报自治区社科联。 (龙韵岚)

2016年11月15日,优秀传统文化与社会主义核心价值观走基层活动在陆川县举行,图为广西现代东盟教育研究院副院长黄启标作题为"中国优秀传统文化与社会主义核心价值观"的报告 县社科联 提供

法　　治

FAZHI

2016 年,陆川县开展创建"全国青少年普法教育示范县"活动。图为 11 月 18 日在县委党校举办创建"全国青少年普法教育示范县"业务培训会　　　　　　叶礼林　摄

社会治安综合治理

【政法工作机构及概况】 2016年,陆川县政法系统机构有县委政法委、县人民法院、县人民检察院、县公安局、县司法局,乡镇综治信访维稳中心14个,调解室14个,村(社区)综治信访维稳工作站164个,行业矛盾纠纷调处机构5个,村(社区)治保委员会164个。县委政法委内设秘书股、人事股、执法监督股,县社会管理治理综合管理委员会、县委维护稳定领导小组办公室、县防范和处理邪教问题领导小组办公室,编制20名,实有人员21人。下属事业单位有县信息网络指挥中心。县法学会与政法委合署办公。年内,县委政法委按照"维护社会大局稳定、促进社会公平正义、保障人民安居乐业"三大任务要求,围绕中心,服务大局,全力推进法治建设、平安建设,全县社会平安稳定,群众安全感和满意度稳步提升。陆川县连续11年被自治区评为平安县。

【群众安全感和满意度提升】 2016年,中共陆川县委政法委牵头组织开展提升群众安全感和满意度工作,加强和创新社会治理,实施"七抓七提高"(指抓宣传,提高知晓率;抓教育,提高参与率;抓防范,提高见警率;抓打击,提高安全感;抓服务,提高满意率;抓测评,提高精准率;抓督查,提高执行力)工作机制,多措并举推进平安陆川、法治陆川建设,加强社会治安防控体系建设,进一步优化社会治安环境,化解一批信访积案和矛盾纠纷。着力解决群众关注的热点、焦点、难点问题,切实为民办好事、办实事,群众上访现象减少,提升群众安全感和满意度。年内,在广西群众安全感和满意度民调测评中,陆川县在第一季度全区排名第26位,第二季排名

第31位,第三季度排名第33位。比上年有所提升。

【维护社会稳定】 2016年,中共陆川县委政法委着力抓信访维稳工作,加强信访案件调解及信访积案化解。实施"三看两包"信访维稳机制(看诉求、看部门单位、看分管领导或联系领导;包化解、包不出现第二次上访),克服信访积案和矛盾纠纷单位之间互相推诿现象,有效化解信访积案。年内,全县共受理调解案件4475件,调解成功4261件,成功率95.22%。在全国人大、政协"两会"和中共的十八届六中全会期间,全县实现群众到玉赴邕进京零"非访"目标。"三看二包"的经验和做法在自治区、玉林市工作会议作经验介绍。开展"三官一律"进村活动,从县公安、检察院、法院、司法局等部门抽调80人组建"三官一律"工作队44个,分别进驻14个镇40个村(社区),开展法律咨询、援助,法规宣传、化解矛盾纠纷。从源头上预防和化解矛盾纠纷、信访积案,共调处纠纷126起,化解矛盾纠纷53件。

【社会防控整治】 2016年,陆川县加强对繁华地区、重点路段等的巡逻,深化社会治安防控体系建设,实施科技强警,有效提升社会治安技防水平。公安机关严厉打击违法犯罪行为,先后开展"神剑1号""神剑2号"及缉枪治爆专项行动,有效打击各类违法犯罪活动,立刑事案件1532起,破773起,破案率50.46%;破获犯罪团伙75个264人,抓获犯罪嫌疑人725人,刑拘713人,逮捕654人;命案立9起,破9起,破案率100%。破涉毒案件117起,抓获涉毒人员1611人,逮捕127人,强戒吸毒人员328人。

【"网格化"建设】 2016年,陆川县推进县城区、社区"网格化"建设。全县共划分网格905个,其中县城区6个社区划分为57个网格。投资268万元,建成陆川网格化管理指挥中心和

文昌、新洲等6个社区网格化管理平台。全县共落实专兼职网格管理员965人,其中县城区6个社区网格管理员61人。城区社区网格化管理工作逐渐进入常态化。

【铁路护路联防】 2016年,陆川县综治委铁路护路联防工作领导小组办公室与铁路沿线9个镇、28个村、47所学校签订护路联防工作目标责任书。定期开展道口专项整治行动,整治非法设置道口3个,疏通积水涵洞20多次,对铁路防护栏内可能影响运输安全的植物进行清理。开展"铁路在我心中"主题宣传活动,向广大群众和中小学生普及铁路法律法规、爱路护路、铁路安全等知识。全县没有发生较大的铁路安全责任事故和刑事案件。

【平安建设宣传】 2016年,陆川县加大平安创建宣传。投资23万元在松鹤公园建设大型LED显示屏,每晚播放政法部门在平安建设、法治建设等工作动态。在主要公路路口、地段利用宣传牌、横幅、标语进行宣传;在主要商场、银行、宾馆LED屏滚动播放平安建设标语;定期向手机用户发送平安建设信息90多万条。开展宣传车宣传。每个季度定期派出宣传车深入各镇宣传平安建设、法治建设和提升群众安全感的有关内容。政法干部(干警)走街串巷深入群众进行宣传,发放资料43万份,发放宣传水杯6.20万个。

（王福鼎）

政府法制

【政府法制机构及概况】 2016年,陆川县法制办公室(简称县法制办)内设政秘股、业务股;行政编制4名,在职人员4人;后勤服务事业编制1名,在职人员1人。挂县人民政府行政复

议办公室、全面推进依法行政工作领导小组办公室、县行政执法监督局、县人民政府法律顾问室等4个牌子。年内,陆川县推进职能科学、权责法定、执法严明、公开公正、廉洁高效、守法诚信的法治政府建设,县法制办深入实施依法行政,加快推进法治政府建设。县法制办被自治区人民政府授予广西2013—2014年度依法行政先进单位荣誉称号。

【法治政府建设】 2016年,陆川县推进法治政府建设。县全面推进依法行政工作领导小组办公室印发法治政府建设工作要点,重点推进简政放权、放管结合、优化服务,加强规范性文件监督管理,继续推进政府法律顾问,执行行政执法公示制度,强化执法监督,推进行政复议规范化建设,落实法治教育培训,加强法治政府建设信息报送,推行行政机关负责人出庭应诉制度等。

2016年年初,对上年全县法治政府建设情况进行清查,清查出法治政府建设存在重视、支持和配合不够,职欠明确,规范性文件报备工作重够,政府法律顾问制度有待进一全等问题7件。7月,对全县法政府建设存在的问题进行整改,陆川依法行政办公室制定整改措施,8台陆川县法治政府建设专项考标和评分标准,规范考核工作,突反映年度法治政府建设的重点领关键环节和动态发展,并在指标和评分标准列明需供的材料。11月,按照考评和评分标县法制办组织考核各镇人民政和县直(中直、区直驻陆)各单2016年法治政建设工作进行考,并通报考核各单位以建设治政府为目好地完成法治政建设考核指求的各项工作任

【行政合法性】 2016年,县法制办据《广族自治区重大行政决策规定明确界定县政府重

大行政决策事项的主体、范围、流程、程序和责任。参与县政府做出的重大行政决策103件,并进行公开征求意见、合法性审查及集体讨论决策,并听取法律顾问的意见,按照规定向社会公布决策结果。年内,审查县政府规范性文件1件,并及时报玉林市人民政府备案,加强各镇以及县政府部门规范性文件的备案工作监督,各镇各部门没有出台规范性文件。

【行政执法监督】 2016年,自治区人民政府办公厅实施建立行政执法公示制度,陆川县按要求落实行政执法公示制度实施。8月,县成立实施行政执法公示制度工作领导小组,印发《陆川县建立行政执法公示制度工作方案》。全县共有行政执法主体167个,其中法定行政机关41个,法律、法规授权的组织71个,依法受委托行使行政执法权的组织53个,集中行使行政执法权的组织2个。11月,县政府及各镇、各部门公布行政执法主体、依据、流程等。县法制办加强行政执法监督,重点对卫生计生、农机等单位进行行政执法专项监督检查,检查发现部分单位行政执法文书不够规范,立卷归档案卷纸张不统一,档案材料没有按照标准纸张封面装订。对各镇政府、执法部门等的专项执法工作任务落实情况进行专项监督检查,共检查县政府部门15个,镇政府2个,检查发现行政执法文书不规范等问题5个,并落实有关单位限期整改。开展行政执法案卷评查,各单位组织自查自评。县法制办分别对县卫生计生局、县农机局、县国土局等15个单位进行抽查,各单位行政执法案卷能正确反映实施行政执法的事实和法律依据,符合法定程序,适用法律正确;对事实证据、法定程序和适用法律等方面存在问题予以通报。

【行政应诉】 2016年,县政府办制定《陆川县行政机关负责人出庭应诉工作规则》,建立健全行政机关负责人出

庭应诉制度。年内,县政府负责人出庭应诉5人次,县政府部门负责人出庭应诉7人次。

【行政复议规范化建设】 2016年,县法制办开展行政复议规范化建设活动,制定《陆川县行政复议案件办理规则》《陆川县行政复议案件归档查阅查制度》《陆川县行政复议案件集体讨论制度》和《陆川县行政复议听证制度》等制度,进一步完善审理方式,改变过去重"书面审、材料审"的做法,强调"实地审、事实审",对所有的"三大纠纷"都实地勘查现场、调查取证;行政复议决定书格式规范并且注重说理性阐述,做到说理清楚,论证严密,逻辑性强。年内,共收到行政复议申请5件,受理行政复议案件5件,结案5件;履行行政复议被告申请人答复职责,依法代理县政府行政复议答复3件;履行行政诉讼应诉职责,依法办理出庭应诉县政府行政诉讼案件16件。

【法律顾问制度建设】 2016年,陆川县推进政府法律顾问制度建设,县法制办建立健全全县法律顾问制度。建立以政府法制机构人员为主体,吸收法学专家和律师参与的法律顾问制度。全县建立法律顾问室60个,专职法律顾问134人,聘请法律顾问62人。加强县政府法律顾问管理与服务,将法律顾问工作经费纳入县级政府财政预算。制订《陆川县政府法律顾问管理服务规定》,加强县政府法律顾问日常管理、议事规则、考核监督等。

【法制教育培训】 2016年,陆川县加强领导干部、公务员的法律知识培训,采取法制讲座、培训班等形式加强法制学习教育。11月8日,邀请玉林市政府法律顾问、市调处办主任覃新崇到陆川县进行法治专题培训,全县副科级以上领导干部等300人参加培训。加强对公务员初任培训,重点加强法律知识培训等,提升领导干部法治思维和依法行政能力。按照自治

区法制办的部署,组织全县行政执法人员参加年度行政执法人员资格(续职)培训考试,共培训117人,获行政执法人员上岗证资格96人。

【法制知识宣传】 2016年,县法制办开展各类宣传教育咨询活动,以政务公开宣传日、禁毒宣传日、公共机构节能宣传周、防艾滋病宣传活动等为契机,深入社区、企业、村屯、街道等开展依法行政、法治政府建设及相关法律知识宣传,发放宣传资料10万份,为群众义务提供法律咨询服务。在陆川广播电视台报道法治政府建设、领导干部法治专题培训等法治新闻100多篇,在《广西日报》、广西政府法制网等发表法制信息40多条。

(江 城)

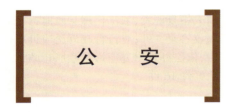

公 安

【公安机构及概况】 2016年,陆川县公安局成立技侦技术情报大队,全局共有职能部门49个,其中局机关内设机构26个(8个室、2个中心和16个大队),分别是办公室、政工室、纪检监督室、宣传室、警务保障室、机要保密室、刑事科学技术室、禁毒委员会办公室、指挥(情报)中心、科技信息化大队、警务督察大队、国内安全保卫大队、法制大队、刑事侦查大队、经济犯罪侦查大队、治安管理大队、网络安全保卫大队、互联网管理中心、户政管理大队、出入境管理大队、巡逻防控大队、交通管理大队、禁毒大队、预审大队、便衣大队、技侦技术情报大队;监管场所3个:看守所、拘留所、强制隔离戒毒所;派出机构18个,即珊罗、平乐、马坡、米场、沙湖、沙坡、白马、新洲、陆城、温泉、大桥、横山、乌石、月垌、滩面、良田、清湖、古城18个派出所;其他机构2个:森林公安局和消防大队。

年内,县公安局围绕推进平安陆川、法治陆川建设的要求,加强科技强警和过硬队伍建设,严厉打击各类刑事犯罪,维护全县社会大局稳定。全年,执法质量考评成绩位居玉林市第一位,其中案件质量考评连续九年居全市第一。2月,县公安局被自治区公安厅命名为全区公安机关执法示范单位;5月,县公安局获2015年度广西县级公安机关执法质量优秀单位称号,执法质量连续第八年被自治区公安厅评为优秀。

【维护社会稳定】 2016年,陆川县公安机关围绕县委、县政府的中心工作,加强春节、清明节、国庆节及全国人大、政协"两会"和中共十八届六中全会等敏感期间的安保维稳。开展严厉打击邪教违法犯罪活动。年内,共破获邪教案件2起,抓获4人,行政拘留2人,刑事拘留2人,逮捕2人。网上社会平稳可控,没有发生重大以上涉警舆情。继续推进应急队伍建设,健全完善处突机制,强化反恐信息收集和研判,严格信息即时报送制度;广泛开展反恐宣传,提升人民群众的反恐防范和公共安全意识,提高人民群众遭遇恐怖袭击自救能力和参与打击暴恐活动积极性;开展涉疆涉藏人员排查;落实人防物防技防措施,加强重点目标安全防范,开展常态化的武装巡逻、公开示警、走访查缉。全县未发生涉恐案事件。

【打击各类违法犯罪】 2016年,陆川县公安机关全面开展打击各类违法犯罪,实现命案全破;刑事案件总量下降,破案率上升;"两抢一盗"案件下降,逮捕人数上升。年内,立刑事案件1532起,破773起,破案率50.46%,比上年立案数下降12.71%,破案率上升8.63%。其中,立命案9起,破9起,破案率100%。打击多发性侵财犯罪,全县立"两抢一盗"案件1006起,破477起,破案率47.42%,立案数比上年下降19.7%,破案率上升10.6%。破获犯罪团伙75个264人,抓获犯罪嫌疑人725人,刑拘713人,逮捕654人,逮捕比上年多102人。7月14日,县公安局在县城区九洲市场门口召开打击"盗抢骗"犯罪专项行动新闻通报暨退赃返赃大会,追缴涉案小车10辆,摩托车、电动车56辆,耕牛2头,金银首饰、电脑、手机等涉案物品一大批,为群众挽回直接经济损失100多万元。

开展"神剑"专项行动 重点开展打击涉枪涉爆、盗抢骗、涉黑涉恶、

2016年,陆川县严厉打击各类违法犯罪。1月25日,县公安局召开会议部署岁末年初打击整治违法犯罪工作　　　　　　　县公安局　提供

涉毒、涉黄涉赌等行动。全县共立涉枪涉爆刑事案件11起,破12起(其中积案1起),缴获各类枪支16支、子弹134颗、手雷2枚、成品炸药206千克,原材料和涉案工具一批。抓获违法犯罪嫌疑人15人(其中网逃1人)。7月29日晚,按照玉林市委、市政府及上级公安部门统一部署,陆川县开展缉枪治爆集中统一设卡查缉行动,出动警力390人次,设卡6个,收缴枪支2支,手雷2枚,管制刀具2把,查扣无牌无证摩托车27辆;盘查可疑人员280人,抓获公安部A级通缉令在逃人员1名,非法持有枪支嫌疑人1名,吸毒人员5名。3月,开展"神剑2号"专项行动,打击盗抢骗案,共破盗窃、抢劫、抢夺、诈骗、掩饰隐瞒犯罪所得等5类侵财案件583起;破获团伙28个,刑拘217人,逮捕207人。开展打击涉黑涉恶活动,共破故意伤害、强迫交易、敲诈勒索、寻衅滋事、聚众斗殴、非法拘禁、故意毁坏财物、破坏生产经营、聚众扰乱社会秩序、聚众扰乱公共场所秩序、组织卖淫、强迫卖淫、开设赌场等13类涉恶案件35起,打掉团伙35个,刑拘124人,逮捕103人。打击涉毒活动,破涉毒案件117起,抓获涉毒人员1611人,逮捕127人,强戒吸毒人员328人。开展打击涉黄涉赌活动,共查处破获涉黄案件62起(其中刑事案件4起),刑事拘留7人,行政拘留132人;查破涉赌案件227起(其中刑事案件12起),刑事拘留47人,逮捕34人,行政拘留812人,捣毁赌博窝点52个,收缴赌博游戏机490多台。

打击涉林违法犯罪活动　年内,森林公安局共立各类破坏森林资源案件157起,其中立刑事案件39起,破32起,刑拘29人,逮捕27人;查处行政案件126起,破126起,收缴木材124.32立方米,涉及擅自改变林地用途面积160.65公顷,为国家和集体挽回直接经济损失9.30万元。打击非法开采和"两违"犯罪活动。共出动警力300多人次,捣毁非法采矿

2016年7月29日,陆川开展缉枪治爆专项整治行动。图为陆川县缉枪治爆专项整治暨提升第三季度群众安全感满意度工作会议　　县公安局　提供

点7个、违章建筑10多处,取缔非法采砂点17个,抓获网逃人员2人,刑拘2人,缴获涉案工具一批。

【社会治安管理】　2016年,陆川县加强社会治安综合治理,促进社会治安秩序稳定。

加强矛盾纠纷排查化解　主动做好不稳定因素的排查,及早发现、化解矛盾纠纷,努力使初始矛盾纠纷不出村、不出乡镇,严防矛盾纠纷引发的非法上访案件、"民转刑"案件,及时发现、化解、处置个人极端暴力犯罪行为,依法依规配合处理"工闹""医闹""拆迁闹剧"等问题。年内,调解纠纷574件,调解成功527件,调解率91.8%,没有发生因调解不当引起民转刑案件、群体性事件。

开展治安突出问题排查整治　以城乡接合部、"城中村"为重点,深入排查整治治安乱点和群众反映强烈的突出治安问题,以人民群众反映强烈的突出治安问题和治安混乱地区、单位、行业为重点,采取挂牌警示等有效措施,适时组织开展重点整治打击行动,营造良好治安环境。

开展"缉枪治爆战役"行动　年内,共召开炮竹厂厂长和矿业业主会议6次,举办培训班4期、培训人员76人次,提高业主和从业人员的安全生产意识。对配枪单位、涉爆涉危单位开展安全检查9次,检查配枪单位12家次、涉爆单位252家次,检查整改安全隐患0个。批准使用雷管5万枚,批准使用炸药780吨。

【监所安全管理】　2016年,县公安局强化监所安全管理,开展公安监管场所集中整顿,推进监所看守所"五化建设"(勤务模式科学化、执法行为规范化、管理方式精细化、监管手段信息化、设施保障标准化),重点推进看守所AB门、群众接待大厅、办案接待大厅、值班室、伙房、医疗室、巡控室、视频会见室、监室等场所的改建。其中,群众接待大厅配置有饮水机、一次性水杯、空调、沙发、储物柜、留言簿等,悬挂警务公开栏和提供警务公开手册;各监区风场添置安装不锈钢储物架,规范在押人员的生活用品、衣物有序摆放;按标准改建单独关押室;改建管教室、监区谈话室、办案接待大厅;落实在押人员食品留样制,厨房添置存储在押人员食品留样的专用冰箱1台,完善食品留样制度和留样登记。规范制作和安装看守所

各区域及功能用房称谓、标牌标识式样、监室内张贴内容、栏板样式;统一张贴各民警工作岗位制度、职责和工作流程图等。完善AB门建设,并派驻武警上岗。12月,自治区公安厅监管总队检查考核组到陆川县看守所进行二级看守所保级考评,检查考核组对陆川县看守所开展的等级工作予以肯定。年内,全县监管场所没有发生脱逃、自杀、牢头狱霸打伤打死在押人员等事故,县看守所连续16年安全无事故,连续5年被公安部评为二级看守所。

【出入境管理】 2016年,县公安局办理公民因私出国(境)证件3.43万人次,没有发生因证件办理问题引起群众投诉的现象。

【户政管理】 2016年,县公安局推进户口登记管理专项清理整顿。年内,共受理核发第二代居民身份证8.32万张,办理第二代临时身份证1.13万张,办理审批业务3889件,政府信息网录入办件数7156件,接待群众咨询1.85万人次。

【消防安全管理】 2016年,陆川县组织开展重大火灾隐患专项整治行动,加强工作领导,落实职责分工,强化"网格化""户籍化"管理,加强消防安全隐患排查和整治,采取自查、普查、夜查、复查、暗访等方式,摸清火灾隐患存量,共排查各类火灾隐患772处,并及时查处各类火灾隐患。年内,发生火灾40起,无人员伤亡,直接财产损失295.78万元。发生火灾事故比上年上升66.70%。

【警务实战化建设】 2016年,县公安局组建技侦技术情报大队,投资400万元建设专区区域、专区安全管控体系、实战指挥决策辅助系统、配套综合研判软件,11月经自治区公安厅验收通过。加强网安大队建设,实行网安、信息中心合署办公,并与县公安局指挥(情报)中心、技侦技术情报大

队及各办案单位合成作战。投资200多万元更新"天网"高清视频探头、指挥调度监控大屏幕、人脸识别系统等设备,完善技侦技术情报大队、网侦、图侦等部门信息的会商研判和综合应用机制。年内,网安部门抓获违法犯罪嫌疑人33人,侦破案件49起,其中抓获国际红色通缉犯李某某,破获米场"9·4"故意杀人案。

【公安基础信息化建设】 2016年,陆川县推进"天网"工程、"地网"工程建设。7月6日,举行"地网"工程启动仪式,全面推进"地网"工程建设。年内,共新装"天网"治安卡口5个、视频摄像点202个。全县累计有高清双向智能抓拍治安卡口67套,治安监控摄像头4297个(其中高清探头696个)。查询应用天网视频3182次,为查破案件提供线索31起,协助破获刑事案件52起,抓获违法犯罪嫌疑人23人。推进县城区"地网工程"建设。7月"地网工程"动工建设,在县城区建设信息采集点143个,安装平安卡1450个。年内,利用"地网工程"抓获违法犯罪嫌疑人3人,破获各类案件6起,追回被盗电动车21辆。推进人脸识别、精神病人动态管控等大数据新技术应用,健全基础信息采集机制,加大反恐等信息的采集和录入,共录入各类反恐信息91.46万条。

【公安基础设施建设】 2016年,陆川县加强公安业务技术用房建设,投资1113万元,新建公安业务技术用房1幢96间,建筑面积5300平方米,配置110指挥中心大屏、技侦、网安、法医专业技术等设备,5月建成投入使用。推进县强制戒毒所扩建项目建设。一期扩建工程项目,建筑面积1232平方米,9月竣工投入使用,完成投资259万元;二期扩建工程项目,计划投资1211万元,建筑面积5768平方米,已完成土地、立项、可研、建设规划等前期工作。实施平乐、陆城派出所置换工作,平乐派出所已完成评估,新

建派出所的征地工作;陆城派出所已获自治区发改委下拨资金150万元。推进北部工业园区派出所和陆城派出所业务技术用房建设,建筑总面积2612平方米,计划投资757.48万元。年内,已完成立项、可研、建设规划等前期工作,建设项目已上报自治区发改委审批。推进基层派出所小型移动警务工作站建设。县公安局向18个基层派出所配置小型移动警务工作站。3月17日,在局停车场举行小型移动警务工作站发放仪式,共发放小型移动警务工作站27个,有效增强各镇辖区治安巡逻防范能力。

【监管场所医疗卫生专业化建设】 2016年8月,县公安局率先在玉林市实施推进公安监管场所医疗卫生专业化建设,由县人民医院在县看守所设立医务室,由县人民医院、县中医院、县骨科医院分别派驻医生和护士到看守所医务室值班坐诊,负责看守所、拘留所、强制隔离戒毒所的在押人员医疗卫生工作。在县人民医院设置安装安全防护设施的特殊病房,保障在押人员基本医疗需求,确保收治患重大疾病在押人员安全。实现"公安监管部门负责监管安全,卫计部门负责医疗卫生"的专业化运作模式。年内,县看守所医务室接诊2400人次。

【维护社会治安宣传】 2016年,县公安局广泛开展维护社会治安宣传活动,提高人民群众安全意识。1月8日,在城区中医院门口开展"110"宣传月"向人民报告、请人民监督、让人民满意,'110'走进千家万户"主题活动,指挥(情报)中心、办公室、户政管理大队、治安管理大队、禁毒委员会办公室、出入境管理大队、法制大队、交通管理大队、消防大队等单位人员参与活动,重点开展"110"接警处警工作范围、接处警程序、接警要素、处置要求和"110"接处警工作等宣传。6月26日,在县实验中学举行禁毒志愿者"禁毒火炬"传递启动仪式暨

"6·26"国际禁毒日禁毒宣传活动,县禁毒委员会全体领导和各成员单位分管领导以及师生代表5000多人参加宣传活动,制作宣传板30块,发放宣传资料2万份。12月2日,县交通安全联席会开展"12·2"全国交通安全日主题宣传活动,在县人民会堂广场举行主题宣传活动启动仪式,县人民政府分管领导与县公安局、精神文明办、团县委、安监局、交运局、市容市政局、司法局、教育局、农机局、交管大队等交通安全联席会议成员单位及保险协会、汽车总站、客货运输企业代表80余人参加启动仪式。活动号召人人要"从我做起、从现在做起",严格遵守交通法规,自觉摒弃交通陋习,拒绝交通违法,人人践行文明交通,共建共享陆川文明交通环境的良好风尚。

【公安队伍建设】 2016年,县公安局加强队伍管理,提升公安民警形象。以提升民警的履职能力为根本,以"七个坚持"(即坚持政治建警、坚持素质强警、坚持规范执法、坚持以民为本、坚持严格育警、坚持典型励警、坚持强化保障)为引领,创新公安队伍教育培训。年内,重点开展"两学一做"学习教育,开展"两争一创"(支部争先、党员争优、工作创新)活动,加强公安机关党风廉政建设。6月,围绕"两学一做"学习教育,开展"讲政治、有信念"的专题学习讨论,要求党委班子成员要在学习教育中做好表率,带头加强对党章党规、习近平系列讲话的学习。6月25日,应广西警察学院邀请,县公安局党委委员、副局长李轶聪为广西警察学院学生做先进事迹报告,参加报告会师生2000多人。组织开展"两学一做"教育实践活动、中共十八届六中全会精神学习、"双亮双争双评议"活动、"严格执法、周到服务"专项活动,举行学习培训班81期,培训人员2174人次;开展强警训练,重点开展"轮训轮值、战训合一"培训、警务实战技能战术专项培训、法制教育培训、政工干部

培训、执法办案培训、财务管理培训、刑侦业务和信息录入培训、网安业务培训、110接处警工作机制培训等,全面提升全县公安机关执法能力和为民服务水平。年内,9个单位立玉林市公安机关集体三等功,46名民警立个人三等功,1人立个人二等功,20名个人和13个集体受到县级以上表彰奖励。　　　　　　(陈斯莉)

道路交通安全管理

【"两站两员"建设】 2016年,自治区人民政府办公厅出台文件要求加强农村道路交通安全。3月,陆川县推进镇交通安全管理站、农村交通安全劝导站及镇交通安全员、农村交通安全协管员(简称"两站两员")建设,协助农村交通安全管理。至年底,全县14个镇、154个建制村均设置"两站两员"机构,人员326人。县公安局交通管理大队开展以辖区中队为主,对乡镇交通安全员、农村交通安全协管员进行交通安全业务培训,并不定时在农村群众赶集日组织"两站两员"人员上街协助开展交通安全宣传活动,春运、"三月三""五一""十一"等重要节日期间组织"两站两员"人员看守辖区重要平交路口,维护交通秩序等。6月,良田公安"交通安全执法服务站"建成投入使用,工程总投资155万元。

【重点车辆管控】 2016年,县公安局交通管理大队加强重点车辆管控。在全县200多辆客运车辆车厢内张贴交通安全及安全行车的提示标语。联合县交通局运管所、县安监局等部门深入客运、货运企业开展交通安全大检查5次,发现整改违规问题2个。联合安监等部门组织各客运企业对驾驶人开展集中约谈活动2次。利用城区南、北2个出口固定执勤卡点、良田"交通安全执法服务站"及流动检查点加强对过往的客运班车、旅游

包车、大客车、危化品运输车、农村面包车的检查工作,重点查处超员、超速、疲劳驾驶等违法行为,对抓拍到客车超速违法行为一律按规定处罚。组织各路面中队每天开展夜间检查行动1次。

【交通整治大行动】 2016年1月25日,陆川县城区发生一起重大道路交通事故,造成5死1伤。事故发生后,有关部门按照县委、县政府的要求迅速投入抢救伤员,善后处理以及事故调查,开展交通安全集中整治大行动。县公安局交通管理大队迅速召开专题会议部署相关整治行动措施,印制宣传酒驾危害的宣传资料1万份,利用夜晚餐饮高峰时段组织警力深入城区各主要餐饮街道、酒吧、KTV等场所开展酒后禁驾宣传活动等,并于1月29日、30日和2月3日三个晚上集中警力和警车、酒精检测仪等装备在县城区和各乡镇重点开展以整治酒后驾驶等严重交通违法行为的集中统一整治行动。1月24日—2月22日,成立专门的小分队,以农村道路为主阵地,开展为期一个月的重点整治摩托车及学生接送车辆不按规定载人、面包车超员、货车违法载人、酒后驾驶、无证驾驶等严重违法行为的集中整治。2月8日—22日以城区餐饮娱乐场所周边道路和城乡结合部道路为重点,开展酒后禁驾集中整治行动。

【道路交通秩序专项整治】 2016年,县公安局交通管理大队抓好日常道路交通秩序管理整治及重大节假日道路交通安全管理。重点开展春运道路交通安全管理、预防重特大道路交通事故专项整治、电动车交通违法行为专项整治、城市工程运输车和农村学生接送车辆交通违法行为集中整治、暑期道路交通安全隐患集中整治、突出道路交通违法犯罪行为专项整治、客车超员等严重交通违法行为集中整治、危险化学品运输及车辆运输车专项治理专项行动等,共查处

交通违法行为 8.96 万起,暂扣违法车辆 7100 多辆,行政拘留无证驾驶违法人 77 人,查处酒后驾驶违法人 109 人。

春运道路交通安全管理 春运期间,开展为期 40 天(1 月 24 日—3 月 3 日)的春运道路交通保畅通工作,县公安局交通管理大队在交通流量大的城区通政路、陆兴路等街道和公路主干线的马坡一级公路入口平乐路口、米场乐宁路口、乌石谢鲁路口、储木场路口、良田龙口路口、石垌路口等路段均摆放锥筒实行车辆分道行驶。春运高峰期间,各镇党委、政府派出镇村干部与县交通管理大队警力联合整治圩镇街道,把守 212 省道的马坡朱砂路口、米场街口、大桥街口、乌石紫恩、谢鲁山庄路口、石垌路口等事故易发点段和交通流量大的交叉路口协助疏导交通。在县城区采取拍照、警告等方式加大对乱停乱放的机动车、电动车整治;联合城管部门每天对新洲路、陆兴路等主要路段开展占道摆卖妨碍交通车辆清理处罚。在县党校路口、二运站下侧、三峰桥头等 3 个红绿灯处,安排警用摩托车或警用巡逻车,有效遏制车辆、行人乱闯交通信号和客车在各红绿灯处随意上落客等违法行为,腊月二十七开始至年初六交通高峰时段,在各易堵点段实行 12 小时值守指挥疏导制;春节前后事故处理中队全警上路,及时处理各种轻微交通事故。春运期间,城区和各公路主干道没有发生过长时间、大面积的交通堵塞问题。

预防重特大道路交通事故专项整治行动 4—6 月,玉林市公安交管部门在全市开展第二季度预防重特大道路交通事故专项整治行动,陆川县以“大劝导”“大曝光”“大联播”“大通报”为突破点迅速开展专项整治行动。开展集中清理包括逾期未检验、未报废、找不到车主或企业的机动车辆工作。会同交通运输、安监部门排查各运输企业未按规定粘贴车身侧后反光标识重中型货车并下发整改通知书等。排查驾驶证被注销或降

级、有严重交通违法未处理、违法记分满 12 分、逾期未提交身体条件证明或换证的驾驶人。组建执法小分队依托“两站两员”网络开展农村地区道路交通违法集中整治行动,重点查纠面包车、校车和学生接送车辆、摩托车、电动车超员、低速载货汽车、三轮汽车和拖拉机违法载人、驾驶摩托车不戴头盔等严重交通违法行为。集中警力、警车、装备开展整治酒驾毒驾统一行动 15 次,查处酒后驾驶人 51 人,查处量分列玉林市第一名和自治区第三名,公路现场查处率名列玉林市交警部门第一名,酒驾专项整治行动工作成绩及措施做法获广西交警总队、玉林市公安局交警支队通报表扬。

电动车(含自行车、行人)通行交通违法行为专项整治 5—12 月,在全县开展城区电动车(含自行车、行人)通行交通违法行为专项整治行动,针对县城区电动车数量庞大、交通违法行为突出的实际,加大宣传教育和专项整治。分别在城区悬挂整治电动车交通违法的宣传横幅 50 条;利用 5 月 13 日的政务公开宣传日在街上发放相关整治电动车交通违法的宣传资料,营造宣传整治氛围。开展重点整治。5 月 21 日起集中警力、警车以日常整治、集中整治的形式开展重点整治电动车、自行车、行人未取得号牌上道路行驶、不遵守交通信号、闯红灯、逆行、不按规定车道行驶、醉酒驾驶、乱停乱放、随意调头、随意穿行机动车道、跨越道路隔离设施、横过道路未走人行横道等违法行为的专项整治行动,查处教育一大批各种交通违法行为。

暑期道路交通安全隐患集中整治 7—8 月,开展为期 2 个月的暑期道路交通安全隐患集中整治行动,重点对客车、旅游包车、危化品运输车“两客一危”车辆超速、超员、疲劳驾驶、酒后驾驶“四种违法行为”进行整治。组织民警联合交通运输、安全监管、旅游等部门深入“两客一危”企业开展重点检查和约谈工作,重申

客运车辆凌晨 2 时至 5 时必须停车休息的硬性规定。设置固定和流动检查站卡查扣辖区已注销报废仍违法上路行驶的三类重点车辆,对使用伪造变造号牌或使用其他车辆号牌的车辆坚决查扣。汛期期间,开展夜间巡逻管控,通过鸣警报、喊话等方式提醒驾驶人保持安全车距,督促驾驶人及时擦洗被污泥遮挡的尾灯、号牌和反光标识。在 4—6 月份期间,每周组织开展一次以查处酒驾为重点的集中统一整治行动。根据暑期摩托车、电动车的活动规律和特点,以落实民警整治工作任务,把守重点时段、重点路段,拘留加罚款等措施重点整治摩托车无牌无证无保险、二轮电动车未按规定悬挂号牌等交通违法行为。暑期期间,辖区爆胎、碰撞、燃烧、追尾、翻坠“五种形态事故”明显减少,重特大道路交通事故零发生。

【交通安全执法规范】 2016 年,县公安局交通管理大队推进执法全程记录工作,为民警配发执法记录仪,执勤执法和处理交通事故工作一律使用执法记录仪全程录音录像。按人数比例为民警和协管员配发执法执勤工作对讲机。加强交管大队办案区的规范化建设管理,对无证驾驶违法人和交通肇事犯罪嫌疑人的拘留办案工作一律在办案区进行。年内,共办理被处以行政拘留的无证驾驶人 77 人,刑事立案查处 26 人,处以刑事拘留 24 人,批准逮捕的交通肇事和危险驾驶犯罪嫌疑人 22 人。

【交通事故处理】 2016 年,全县共发生道路交通事故 1720 起,死亡 21 人,受伤 1070 人,直接经济损失 132 万元。其中,1 月 25 日发生 1 起 5 死 1 伤的重大交通事故。交通事故 4 项指数与上年相比均有上升,其中事故起数上升 2.26%、死亡人数上升 5%、受伤人数上升 11.64%、直接经济损失上升 22.32%。交通事故处理刑事立案 26 人,刑事拘留 24 人,逮捕 22

人，每一起事故做到接警准确，处警迅速，实行依法依规公正阳光处理。加强交通事故维稳工作，其中妥善解决"2016.01.25"5死1伤的重大道路交通事故的各种矛盾纠纷。年内没有发生因交通事故引起的群体性事件。

【车辆管理】 2016年，县公安局交通管理大队车管所坚持周一至周五天天巡回下乡为群众办理车驾管业务，车管所与宣传中队、综合工作中队等联合开通"短信评警"和"陆川交警微信公众号"平台，针对平台上群众的各种咨询和诉求做好解释、整改工作，提高群众满意度。年内，车管所办理各类车辆注册登记、转入、转移、抵押、注销、变更、补换牌证、核发检验合格标志等业务11.11万辆，业务办理准确率100%。全县汽车注册登记3683辆，摩托车注册登记6526辆，低速车注册登记27辆，二轮电动车注册登记3.52万辆，转入业务776辆，转移登记936辆，抵押登记305辆，注销登记3121辆，变更登记970辆，补换牌证合格标志2089辆，核发汽车检验合格标志2.93万辆，核发摩托车检验合格标志2.53万辆，核发免检汽车检验合格标志2920辆。

【驾驶员管理】 2016年，陆川县办理驾驶人驾驶证申领、增驾、审验、补换证、注销登记等业务3.51万件。其中，初次申领摩托车驾驶证2630人，增驾摩托车驾驶证638人，驾驶证审验1.59万人，驾驶证补换证1.57万本，注销登记230本。业务办理准确率100%。

【交通安全宣传】 2016年，县公安局交通管理大队结合春运、"三月三""安全生产月""全国交通安全宣传日"等重大节假日及宣传活动日，开展大型交通安全宣传活动，采取悬挂宣传横幅、发放宣传资料，深入到学校、单位、企业上交通安全教育课，利用手机短信、天气预报广播等形式广泛宣

传交通安全常识；12月2日在全国交通安全宣传日仪式上正式开通"陆川交警微信公众号"，该微信公众号具备交通安全常识提示、交安法律法规普及、车驾管违法查询、车驾管业务办理规定、全区道路交通实时状况查看等功能。县公安局交通管理大队单独或联合相关部门开展交通安全宣传活动28场，组织学生、志愿者开展文明交通义务劝导活动7次，悬挂各种宣传横幅386条，散发宣传资料7万多份，发送交通安全手机提示短信21条，到企业、学校上交通安全课25场次，组织陆川电视台、电台等媒体记者随警行动18次，拍摄制作交通安全管理动态信息、宣传稿件、交通秩序整治专题片43条，并在电视台、电台播放，"陆川交警微信公众号"发布交通违法整治、交通事故处理、道路交通出行提示、车管业务办理等信息23条。年内，县公安局交通管理大队被评为玉林市公安机关和谐警民关系建设示范单位。

【交通管理基础设施建设】 2016年，县公安局交通管理大队加强各中队办公用房设施建设，配备完善交通管理业务工作设备。投资20多万元改造良田、马坡、乌石等中队的办公楼照明设施，美化绿化办公场所。投资50多万元建设公安道路交通指挥中心用房和装修改造交通管理大队办公用房。投资90多万元完善良田交通安全执法服务站路面改造、办公用房和相关设备建设。投资24万元为各个中队共配置对讲机75台。投资10万元为一线民警、协警，一线执法民警、协警配置执法记录仪53台。投资15万元购置事故处理无人机拍摄设备、安全预警设备。投资15万元为4个路面中队执法办公场所安装视频监控设备。投资6万元购置活体指掌纹仪、信息采集仪、同步录音录像机。投资25万元购置移动警务车、警用摩托车增加城区中队执法装备。投资100多万元改造三峰路口、疗养院路口电警抓拍系统及完善县公安

局交通管理大队交通指挥中心建设。新增设的大社、元安元、龙化路段测速电警系统已投入使用。 （吴甲锋）

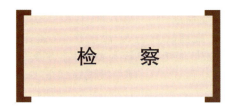

检 察

【检察机关及概况】 2016年，陆川县人民检察院（简称县检察院）内设办公室、侦查监督科、公诉科、反贪污贿赂局、反渎职侵权局、民事行政检察科、控告申诉检察科、监所检察科、检察技术科、政工科、人民监督工作办公室、职务犯罪预防局、监察科、案件管理中心、司法警察大队、未成年人刑事检察科。派出机构有派驻乌石检察室、派驻马坡检察室、派驻清湖检察室。全系统在职干警66人，工勤人员6人。检察委员会委员14人；检察员44人，助理检察员12人，法警4人，其他5人。年内，县检察院查处职务犯罪、批捕起诉、法律监督等工作排在玉林市前列，县检察院被玉林市人民检察院评为先进基层检察院。

【职务犯罪查处】 2016年，县检察院共立查贪污贿赂犯罪案件14件19人，其中大案3件4人，侦结12件17人，移送审查起诉12件17人，起诉12件17人；立查渎职侵权犯罪案件3件4人，移送审查起诉3件4人。立查危房改造、农村低保等涉农领域职务犯罪案件5件12人，为国家和集体挽回直接经济损失131.84万元。

【职务犯罪预防】 2016年，县检察院为全县人事任命、干部录用、金融信贷等领域提供行贿犯罪档案查询5162件次。对职务犯罪案件开展案例分析15件次，开展预防调查14次，对案发单位进行职务犯罪预防约谈18次，开展警示教育15次。拍摄廉政沙画公益广告和《抉择》微电影，建

立陆川县涉农资金职务犯罪警示教育基地,加大职务犯罪案例警示教育力度。

【批捕起诉】 2016年,县检察院依法批捕故意杀人、故意伤害、强奸、抢劫、贩卖毒品等各类刑事犯罪案件497件637人,其中批准逮捕危害公共安全类犯罪34件35人、破坏社会主义市场经济秩序犯罪4件4人、侵犯公民人身和财产权益犯罪289件380人、妨害社会管理秩序犯罪170件218人。依法惩治生产、销售不符合安全标准食品犯罪1件1人。年内审结案件后依法提起公诉447件583人,出庭履行职务435件573人,法院审结429件572人,共收到法院有罪判决367件472人。

【刑事诉讼监督】 2016年,县检察院对不构成犯罪、证据不足、无社会危险性或无逮捕必要37件67人中犯罪情节轻微的做出不起诉决定9件14人;监督侦查机关立案20件,纠正侦查活动违法行为16件,纠正漏捕28人,分别比上年上升23.07%、21.10%、24.19%。对庭审活动违反法定程序提出检察建议5份,对审判活动中违法行为提出纠正建议10起,对认为裁判错误的刑事案件提出抗诉并获法院改判1件。

【民事行政检察】 2016年,县检察院受理审查民事行政申诉案件4件,其中依法对生效民事行政裁判、调解书提请抗诉或提出再审检察建议2件,开展民事行政审判活动违法监督2件。建立公益诉讼制度和行政执法检察监督制度,形成民事行政检察多元化监督格局。维护审判权威,对法院裁判正确的3件民事行政申诉案件予以和解息诉。

【监所检察】 2016年,县检察院对社区服刑人员脱管、漏管等进行专项检查,监督纠正监管活动违法5件,对在押人员进行谈话教育400余人次,对

2016年12月8日,为陆川县检察院首个检察开放日　　县检察院　提供

监管不规范、存在安全隐患提出纠正意见20条。对羁押必要性审查的案件按照受理、立案、审查、结案的流程办理,对逮捕后犯罪情节较轻、羁押必要的在押人员,书面建议有关单位变更强制措施27件39人,并获采纳27件39人。联合镇司法所检查社会矫正工作3次,开展集中教育12次,开展社区矫正2次。

【控告申诉检察】 2016年,县检察院受理群众来信来访86件次。与县委政法委、县财政局等单位沟通协调,加强申报、审核、核查等环节工作,对15名生活确有困难的被害人或其近亲属提供救助金4.40万元,参与社会矛盾调解和解9件。依法立案审查国家赔偿案件1件,赔偿金额12.33万元。开展以"加强举报人保护,惩治群众身边腐败"为主题的"举报宣传周"活动,发放宣传资料3500余份,接受群众咨询30多人次。

【未成年人检察】 2016年,县检察院创新以传授型、体验型、参与型、救济型、帮教型为主题,推广"五型"普法教育,组织人员到8所学校上法制课12次,发放宣传手册5000多份,受教育学生1.50万余人。9月,县检察院、

妇联、企业等联合,在广西陆洲机械制造有限公司创立玉林市首家未成年人观护基地,该基地已对1名涉罪未成年人进行教育考察、心理疏导、行为矫正、技能培训及就业指导。

【玉林市首个职务犯罪警示教育基地建设】 2016年10月,县检察院在乌石检察室建立以涉农领域职务犯罪为主题的职务犯罪警示教育基地,为玉林市内首个职务犯罪警示教育基地。基地占地面积400多平方米,分"严以立廉　洁己奉公""惩防并举　明辨笃行"两大部分,设立3个展厅八大展区,警示教育案例15例,均为陆川县内职务犯罪案例,涉案人员36人。年内,接待干部群众参观教育12批次550人次。

【检察监督】 2016年,县检察院通过听取人大代表对2015年及2011年以来检察工作报告意见,征集人大代表意见建议18条,办结人大交办督办案件9件,及时回复9件。12月,举办"检察开放日"活动,邀请24名驻桂全国人大代表、自治区人大代表、市及县两级人大代表及政协委员、人民监督员参加开放日活动,向代表们汇报侦查监督工作,收集代表意见建议

8条。年内,为人大代表、政协委员和人民监督员免费订阅《检察日报》《公诉人》《人民监督》等报纸杂志350多份。在检察公众微信平台、官方微博发布信息354条;在检察门户网站发布案件程序性信息1153件、重要案件信息48件、法律文书210件,法律文书公开率100%。

【检察队伍建设】 2016年,县检察院培训检察人员247人次,选派11名干部到国家检察官学院轮训。发表宣传稿件400余篇。年内,获全国性奖励1项、自治区级奖励28项;反贪污贿赂局、未成年人刑事检察科、检察室等工作分别在玉林市检察机关职务犯罪侦查预防工作、未成年人刑事检察工作座谈会和乡镇检察室规范建设推进分析会议上做经验介绍;信息宣传在全区检察机关会议上做经验交流,获2016年全国检察宣传先进单位;连续5年被评为玉林市检察理论研究组织奖单位;乌石检察室被评为玉林市先进基层检察室;县检察院获玉林市检察院授予集体三等功;5名干警被玉林市检察院记三等功;2名干警获自治区检察机关业务能手称号;2名干警入选自治区检察机关人才库等。　　　　　　(李桂田)

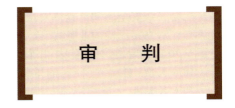

审　判

【审判机关及概况】 2016年,陆川县人民法院(简称县法院)内设办公室、政工科、立案庭、刑事审判庭、民事审判第一庭、民事审判第二庭、行政审判庭、审判监督庭、执行局、研究室、审判管理办公室、司法警察大队、监察室、行装科、信访科;下设马坡、乌石、清湖等3个人民法庭。政法编制106名,事业编制12名;实有人员167人,其中聘用人员49人;员额制法官38人。年内,县法院强化各项审判工作,加强队伍建设、审判基础设施建设等。全年受理各类案件4305件,比上年增长22.06%;审结案件3787件,增长20.33%;结案率为87.97%,下降1.26%。

【刑事审判】 2016年,县法院共受理刑事案件463件,比上年增长11.83%;审结440件,增长11.39%;结案率为95.03%,上升8.32%。依法从重从快惩处杀人、爆炸、投放危险物质等严重暴力犯罪以及黑社会性质等有组织犯罪和多发性犯罪,其中判处3年以上有期徒刑72人。严厉打击侵害民生的犯罪,共审结职务犯罪案件15件29人。开庭审判在社会上有较大影响的生产、销售假药和开设赌场、赌博案2件,审判23人。

【未成年人审判】 2016年,县法院贯彻"寓教于审、惩教结合"的审判方针,探索未成年人审判工作规律,推动未成年人审判工作的开展。利用青少年活动中心、留守儿童帮扶基地、法院公众开放日等载体开展未成年人法治宣传活动,提高未成人法律意识。年内,审理未成年人犯罪案件34件45人。对适用缓刑或非监禁刑的未成年被告人,案件生效后开展回访帮教,县法院、司法局、教育局等部门联合回访帮教未成年罪犯43人次。

【民事审判】 2016年,陆川县审判机关根据民商事案件的特点,坚持程序公正与实体公正并重,依法维护各方当事人的合法权益。全年,共受理民商事案件3069件,同比增长17.36%;审结2690件,同比增长16.65%;结案率为87.65%,同比下降0.53%。一是简化简单民事案件的审判程序,针对业主与房地产公司之间的不当得利纠纷案件、民间借贷案件、金融借款合同纠纷案件和买卖合同案件激增的情况,根据案件繁简程度采取分流措施,对较为简单的案件采用简化程序、快速审判等方式处理。适用简易程序审理案件1799件,占民事案件结案数66.88%。二是合理配置审判资源,将案件进行专业化集中审理,金融借款合同纠纷案件、机动车交通事故责任纠纷案件实行专人审理,配备相对固定的审判员和书记员,尽量缩短审理周期,简化财产保全手续,确保快速实现当事人的合法债权。由交通巡回法庭审结机动车交通事故责任纠纷案件165件,结案标的额1772.37万元;审结金融借款合同纠纷案件85件,结案标的额3555万元;审结婚姻、家庭、继承及其他亲属关系纠纷的家事案件结案1135件,结案率为89.09%,其中调解571件,撤诉144件。三是配齐配强诉前调解人员和办公设备,邀请人民调解员进驻诉讼服务中心,并加强与村委会、居委会、工会、共青团、妇联、侨联等组织的联系,诉前调解案件359件,比上年增加29件,上升8.78%。调解案件789件,增长22.13%,调解率34.35%,上升0.55%;撤诉案件300件,下降1.63%,撤诉率11.15%,下降0.35%。

【行政审判】 2016年,县法院加强与县公安局、县烟草局、县食品药品监督管理局、县公路局、县社会保险事业管理局等行政执法部门的联系,对执法的程序、事实的认定和处罚所适用的法律进行沟通和交流,提高行政机关执法水平。年内,共受理行政案件13件,比上年上升18.18%;审结12件,结案率92.31%,下降7.69%。经协调,原告主动撤销赔偿申请1件,撤诉率8.33%,比上年上升8.33%;维持政府的决定1件,判决驳回原告的诉讼请求4件,判决行政机关履行法定职责的2件,快速审结行政非诉案件4件。

【案件执行】 2016年,根据自治区高级法院的部署要求,县法院开展阳光司法、涉民生案件、涉执信访案件、执行案款清理活动及"执行案件集中清理月"活动。年内,全县执行收案758件,结案643件,结案率84.83%。其中,执行和解结案32件,自动履行23

件,强制执行结案126件,终结该次执行程序结案521件,总收案标的2亿元,执结标的1.94亿元。在县电视台、该院诉讼服务中心户外电子彩屏、县信用联社各网点公布失信黑名单560人次。

开展阳光执行活动 2016年,推进司法公开三大平台(审判流程公开、裁判文书公开、执行信息公开)建设。执行案件信息同步发布,方便当事人实时跟进。邀请党委、政府、人大、政协、公安、村委等部门派员参与案件的执行,接受监督,其中邀请党委、政府现场执行2次,邀请人大、政协观摩1次、现场执行1次,邀请公安、村委会现场执行3次。

开展涉民生案件、涉执信访案件清理活动 2016年,清理出涉民生执行案件56件,执结标的额860.38万元,化解涉执信访案件11件,化解金额23.3万元。

开展执行案款清理活动 2016年,清理执行案款154笔,金额165.65万元,发放101笔,发还金额43.31万元。

开展"执行案件集中清理月"活动 5月、11月,分别开展"执行案件集中清理月"活动,共清理案件279件,申请执行标的4915.34万元,执结

463件,实际执行到位标的额1878.49万元,标的额到位率87.61%。上报玉林市中级人民法院大案要案7件(涉金融1件,其他案件6件),其中3件大案要案上报自治区高级人民法院,已执结6件,进入拍卖程序1件。采取司法拘留强制措施2案3人,移送公安机关侦查6案6人,公布失信被执行人员91人,司法救助6案6人,金额3.20万元。

加强信贷案中清理 2016年,县法院成立专案工作组进驻县信用联社,协助清理、执行信贷案件,共执行县信用联社中清理案件122件,标的560多万元,已执行103件,标的430多万元。

集中化解"执行难"问题 2016年,县法院加强与国土局、房产管理所、金融部门、车管所等执行联动单位的沟通联系,实行专网连接,集中查控解决"执行难"问题。年内,网络查控2816人次,对房屋产权采取执行措施123次,对车辆采取执行措施98次,扣划存款1280万元。

【诉讼服务】 2016年,县法院共立案诉讼案件3925件,其中适用立案登记制的案件当场立案3309件,一次性告知补正材料137件。当场立案率

96.24%,为经济困难的当事人减交、免交、缓缴诉讼费2225件276.73万元。收到信访件30件,接待信访当事人及相关人员来访56人次,对来信来访案件做好解释疏导工作,及时答复处理,促进息访息诉。

【审判监督】 2016年,县法院自觉接受县人大及其常委会的法律监督、政协的民主监督。邀请人大代表、政协委员到法院视察工作5次,邀请人大代表、政协委员旁听庭审8次。加强宣传舆论引导,增强群众对法院工作的了解,年内撰写法院要闻、案件快报、情况反映、队伍建设等方面信息367条,在各类媒体上发表文章575篇次,其中被国家级媒体采用203篇,被省级媒体采用41篇,被地市级媒体采用331篇。利用审判流程公开、裁判文书公开、执行信息公开三大平台,推进司法庭审、执行、立案、审务、听证、裁判文书六项公开,裁判文书上网2368篇,实行网络庭审直播61件,召开新闻发布会5次,举行公众开放日6次,邀请群众500余人次。主动接受人民群众、新闻媒体的社会监督。

【审判职能延伸】 2016年,县法院开展"三官一律"进村、进社区活动,以提升社会公众安全感和群众满意度,组织有丰富办案经验的业务骨干、中层领导20人先后走访村、社区40个,走访305人次,对村委、社区的工作人员和人民调解员进行法律知识培训128人次,接受群众咨询1108人次,化解矛盾纠纷95件,进村、进社区开展法律宣传251次,受教育群众2.98万人次,发放宣传资料4万多份。县法院、县教育局联合开展"青年法官讲故事"校园普法活动,为42所中小学校的近万名师生讲授法律知识,赠送法律书籍300多本,展示宣传版画30多幅。

【法官综合素质提升】 2016年,陆川县推进"学习型"法院创建,开展

2016年5月18日,玉林市中级人民法院院长梁文华(前右二)到陆川县人民法院检查诉讼服务中心执行推进情况　　　　县法院 提供

精品案件、优秀裁判文书、优秀示范庭审等评比活动，强化案件评议，促进庭审规范，提高庭审能力，精练审判技能，不断提高办案质量和工作效率。加强法官对新法、新解释、新规定及审判业务的学习和调研，使干警及时掌握新的司法动态，更新知识和观念。年内，共组织法官讲坛、业务培训培训15场次，培训800多人次；开展调研课题2篇，学术论文13篇，案例分析10篇，其中1起行政案件入选自治区高级人民法院"精品案件"，1篇民事判决书获自治区高级人民法院优秀裁判文书三等奖。

【"司法体制改革推进年"活动】 2016年，全国推进司法体制改革，县法院开展"司法体制改革推进年"活动，主要推进员额法官、领导办案制度建设。年内，首批入额法官38人，法官入额占县法院公务员的35.85%，占原有法官的58.46%；实施法院、法庭领导办案制度，鼓励综合部门审判人员回归审判一线，主动参与办案，法院、法庭领导办结案件2416件，占全县法院办结案件63.79%。

【法院基础设施建设】 2016年，县法院抓好"两庭（人民法庭、审判庭）建设"，加强马坡、乌石、清湖等人民法庭修缮建设，结合陆川本土文化特色和法院文化的内涵设置文化墙，实行国家政策、法庭文化、法律知识等内容上墙。在马坡法庭建设"法制文化教育、家事审判、青少年法制教育"基地。加大信息化建设投入，县法院共建成高清科技法庭6个，标清科技法庭1个，科技法庭实现全面覆盖，案件庭审"逢开必录"，庭审同步录音录像视频内网同步直播、外网点播视频及时更新。在看守所内设立远程科技法庭，与法院内部的科技法庭进行远程对接，将数字法庭技术和远程会议技术相结合，在控辩双方及法官与被告人物理隔离的情况下完成庭审程序。在诉讼服务中心旁边增建办公室作为调解委员会工作站，为人民调解员

开展调解工作提供物质保障。在县法院本部完善体能训练室的硬件建设和制度建设，添置跑步机、拉力器、举重器、二十四功能综合训练器等训练器材，实行法警训练常态化。推进公车改革，加强公务用车管理，封存淘汰公车2辆，将7辆取消公务用车集中拍卖，与县公车办置换公车4辆。

（李贞娴）

司法行政

【司法行政机构及概况】 2016年，陆川县司法局内设政工秘书股、法制宣传股、公证律师管理股、基层司法工作股、法律援助工作股、社区矫正和安置帮教工作股。下辖乡镇司法所14个，县法律援助中心1个，公证处1个，律师事务所4个（华锦律师事务所、泰盛律师事务所、九州事务所、桂立恒事务所）；村（社区）人民调解委员会164个。全县司法行政系统编制51名（其中行政47名，工勤2名，事业2名），在编干部职工47人，其中局机关15人，工勤2人，司法所28人，法律援助中心2人；法律工作者35人，

人民调解员1255人。年内，县司法行政工作重点推进社会矛盾化解、社会管理创新、公正廉洁执法三项工作。

【普法教育】 2016年，陆川县围绕法治建设，全面加强法治宣传教育工作。一是推进"七五"普法谋划工作，制定全县"七五"法治宣传教育规划，县委、县人民政府出台《关于在全县公民中开展法治宣传教育的第七个五年规划（2016—2020年）》。二是突出抓好青少年普法。县司法局、教育局联合开展"法制进校园"专题法制宣传教育活动，举办法制进校园活动60场次，受教育学生3万人次；组织开展"关爱明天、普法先行"青少年普法教育活动，开展活动5次，参与教育的青少年1.20万人次。三是推进法治文化阵地建设，利用县城区松鹤公园的LED法治宣传大屏幕，在早晚时段开展普法宣传。在全县二级公路沿线及村屯设立法治宣传竖标45块。开展"法治文化进乡村"专题活动，在温泉、沙坡、米场、珊罗4个镇47个村设立法治宣传专栏141个。四是法制宣传主题活动。举行"12·4"国家宪法日暨全国法制宣传日系列宣传活动，全县37个普法成员单位在县市政广场开展法律宣传一条街活动，出版宣传板报37版，发放法律

2016年9月22日，县司法局司法人员在陆川中学上法制课

县司法局 提供

宣传资料 2 万多份，接受群众法律咨询 3000 多人。结合社会安全感和满意度宣传活动，每季度出动宣传车深入到镇、村、社区开展法律宣传活动。五是加强领导干部和公务员学法用法，县普法办出台《陆川县国家工作人员学法用法制度》，促进各级干部学法用法；开展领导干部学法用法联系点活动，建立联系点 20 个，受教育人员 300 人次。组织全县机关事业单位干部职工 1.4 万人参加自治区无纸化普法考试。

【人民调解】 2016 年，陆川县围绕化解社会矛盾，全面推进人民调解工作。一是加强村（社区）调委会建设。调整充实全县 164 个村（社区）调委会，成员 1100 人，建设村（社区）调解室和法律顾问室 15 个。二是加强人民调解员队伍培训，开展人民调解员千人大培训活动。县司法局与县人社局联合举办劳动争议人民调解员培训班，以镇为单位，共举办镇、村（社区）人民调解员培训班 4 期，培训 1100 多人。三是加强矛盾纠纷查处。围绕社会难点、热点以及各种重大节假日，开展定期不定期矛盾纠纷排查调处，各镇、村、社区对调解案件实行量化考核，每月一报，每季度一分析。年内，全县共排查矛盾纠纷 4802 件，调处 4802 件，调处率 100%。四是加强交通、劳动、医疗等行业性、专业性人民调解工作的指导和协调。五是继续完善"以案定补"制度（指对调解成功的案件进行补助）。提高"以案定补"补贴标准，补助按调解案件的难度分简易、一般、疑难、重大 4 种情况进行补贴，每件案件简易案件补贴由 20 元提高到 40 元，一般案件补贴由 100 元提高到 150 元，疑难案件由 150 元提高到 250 元，重大案件由 200~500 元提高到 300~500 元，激发人民调解员的工作积极性。年内全县共办理"以案定补"案件 3596 件，补贴金额 35.07 万元。六是提高各镇调委会的办案质量，开展人民调解案件质量评查活动。全县共受理调解案件 4802 件，调解成功 4575 件，调解成功率 95.27%。其中，司法所调解 903 件，村调解委员会调解 3899 件。

【社区矫正与安置帮教】 2016 年，陆川县围绕社会管理创新，加强社区矫正和安置帮教工作。一是加强在册服刑人员监管。落实社区矫正服刑人员报告、居住地变更、外出请销假等制度，强化刑罚执行意识。利用手机定位管理社区服刑人员，在册服刑人员 209 人，对服刑人员实行手机定位管理 190 人，占在册服刑人员的 90.91%。年内共接收社区矫正服刑人员 119 人，解除社区矫正 146 人。累计接收社区矫正人员 701 人，解除社区矫正人员 492 人。没有出现脱管漏管和重新违法犯罪现象。二是加强安置帮教工作。鼓励刑释解教人员通过灵活多样的形式实现就业，对一些老弱病残刑释解教人员，想方设法为其解决生存之道。使刑满释放人员顺利回归社会，年内共接收刑释解教人员 588 人。

【法律服务】 2016 年，陆川县大力开展法律服务工作。一是推进"一村（社区）—法律顾问"工作。有 74 个村（社区）聘请法律顾问，占全县村（社区）的 45.12%，派驻律师 20 人，基层法律服务工作者 3 人。二是推进法律服务向社区、乡村延伸，组织法律服务工作者解决涉及人民群众切身利益的问题，做好拆迁、就业、医疗卫生、社会保障、劳动争议、安全生产等方面的法律服务工作。全年办理法律援助案件 304 件，接受法律来电来访 2000 多人次。三是积极参与县重大项目建设协调工作。年内，参加县重大项目建设协调会 19 次，提出法律意见 25 条；参与打击非法采砂、二级路沿线违章建筑拆除等工作，围绕经济建设项目、交通建设项目，组织司法干警、律师深入镇、村做好征地拆迁等法律宣传和维护现场施工安全等工作 23 次，发放法律宣传资料 1.20 万份。

【司法业务用房建设】 2016 年，陆川县推进中央政法基础建设项目，改善县司法局司法业务用房条件。该项目于 2015 年 12 月 30 日开工建设。项目位于县城区纪念公园西侧，占地面积 2338 平方米，建筑面积 1080 平方米，总投资 228 万元。2016 年 10 月建成投入使用，改善县司法局业务用房办公条件。 （林 垦）

2016 年 5 月 19 日，县司法人员对社区服刑人员进行训诫 县司法局 提供

国防建设

GUOFANG JIANSHE

2016年12月28日,陆川县开展党政领导干部过"军事日"活动　　县人武部　提供

陆川县人民武装部

【人民武装概况】 2016年,陆川县人民武装部(简称县人武部)下设军事科、政工科、后勤科。年内,省军区系统转隶起步和深化国防动员系统改革,县人武部贯彻中共中央、中央军委以及上级党委决策部署,围绕强军目标,强化正风肃纪和安全管理,提高备战保障动员能力,圆满完成年度各项任务。县人武部被自治区党委、自治区人民政府、广西军区评为"拥政爱民模范单位",被玉林军分区评为"安全工作四无"(无事故、无案件、无失泄密事件、无严重违纪事件)单位。

【思想政治教育】 2016年,县人武部按照上级部署安排,把学习贯彻中央军委主席习近平系列重要讲话做为首要政治学习任务,抓好中共十八届六中全会精神学习宣传贯彻,推动古田全军政工会精神落实,组织参加党委中心组带机关理论学习、"改革强军主题教育活动"和"两学一做"学习教育,强化维护核心的政治自觉。围绕改革进程开展"三关爱"(关爱生命、关爱健康、关爱战友)教育和"学新规、守纪律、严自律、树形象"为主题的党风廉政教育,抓好重大改革出台的政策解读和学习贯彻,引导干部职工不听、不信、不传谣言,自觉支持改革、拥护改革、投身改革。彻底肃清郭徐(郭伯雄、徐才厚)案件流毒影响,在祛遗毒、纠宿弊、除潜规、治陋习上取得明显成效。严格落实核心涉密人员政治考核、干部职工家庭互联网报批登记制度。深入纠治违规使用智能手机、违规上网、涉密场所管理不规范等问题,进一步提高部队防范失泄密能力。

【民兵整组】 2016年2月,县人武部召开全县整组工作会议,开展民兵整组工作。根据中央军委国防动员部关于加强后备力量建设指示要求,贯彻编组出战斗力的思路,按照"编实、编精、管用、高效"原则进行编组,加强调查摸底,制定可行的调整方案,完成应急、支援、储备3大类基干民兵队伍组织整顿,在玉林军分区组织的抽查点验中,人员到点率90%以上,年龄合格率、退伍军人比例有较大提升。全县年满18周岁男性公民兵役登记率100%。

【军事训练】 2016年,县人武部按照中央军委主席习近平"能打仗、打胜仗"要求,以"军事基础扎实、业务技能优良、能力素质过硬"为总体目标,推进广西军区"防控边海防、守住家门口"的核心任务落实,准确分析、实施人武部所担负的使命任务,规范部队转隶后的战备值班秩序,加强防范暴恐袭击设施建设和应急演练,进一步推进备战工作向应急应战聚焦。开展常态化军事训练,首长机关坚持每周训、每月考,参加干部岗位能力素质考核;组织民兵训练,构建县级民兵教练员数据库;按要求完成年度民兵训练任务,有效提高县民兵应急力量遂行多样化军事任务能力。12月,县民兵应急分队接受上级军事考核和检查,总成绩在玉林市排名第一。加强军事训练场地建设改造,投资112万元完成陆川县民兵训练外场(射击场)维修及规范化建设,并成为玉林市民兵训练场规范化建设的样板,受到玉林军分区的表扬。按照"柳州会议"精神,推进营区常驻应急力量的建设,落实营区应急力量要求。

【征兵工作】 2016年,县人武部围绕征兵制度调整改革和征集高学历兵员的重点,注重抓好征兵宣传发动,按照自治区和玉林市的统一部署及"一季征兵,全年准备"工作要求,加强征兵工作的组织领导,开展宣传发动工作。4月起,县人武部领导带队深入县城高中进行宣传发动,通过板报、宣传单等方式,讲明征兵政策法规,弄透各项优抚政策,鼓励高中毕业生报名应征。开展征兵宣传"一条街"活动、设置宣传咨询点,开通征兵宣传公众号,帮助适龄青年网上报名等,调动适龄青年参军热情。按照优先选送学历高、身体素质好、思想觉悟高的原则,坚持依法征兵、廉洁征兵,严把体检政审关,顺利完成年度新兵征集任务。

【拥政爱民】 2016年,县人武部推进拥政爱民工作,组织所属人员及民兵预备役人员参与社会维稳、抢险救灾

2016年9月20日,陆川县举行新兵入伍欢送大会。图为欢送大会现场

叶礼林 摄

等急、难、险、重任务,发挥民兵预备役人员在地方经济社会建设中的生力军作用。组织人武干部、专武干部、职工和民兵预备役队伍参加县"美丽陆川·生态乡村"活动,组织即将入伍新兵在乡镇、车站等公共场所开展"为家乡做贡献"公益活动。开展国防教育宣传,组织地方领导1300多人次过"军事日"活动,帮助陆川中学、第二中学、第三中学、实验中学、玉林师范学院等学校8000多名新生进行军训。营造当兵光荣的氛围,县人武部领导为立功受奖官兵家庭送去喜报,协助调解涉军纠纷5起。参与县委、县政府脱贫攻坚工作,支持经费19万元帮助贫困村解决村屯道路建设和路灯安装等实际问题;为沙湖镇官山小学打水井解决生活用水问题;资助陆川中学贫困学生5人。

(夏　微)

2016年12月28日,陆川县开展"军事日"活动。图为县委书记蒙启鹏(前左三)在过"军事日"期间检查人武部新营院建设情况　县人武部　提供

武警陆川县中队

【武警中队概况】　中国人民武装警察部队陆川县中队(简称武警陆川中队)主要负责陆川县看守所外围武装警戒任务、驻地安保工作。2016年,按照武警广西总队、武警玉林支队两级党委的工作部署,围绕强军目标,确立"坚定维护核心,聚力稳中求进,以第一方阵标准强固标兵底基"的年度目标和"维护核心铸军魂、练兵备战谋打赢、依法从严促正规、精益求精抓规范、全面从严正风气"的工作思路,加强部队全面建设,圆满完成驻地执勤处突、反恐维稳、抢险救灾、演习演练、巡逻抓捕等任务。年内,武警陆川中队连续12年被武警广西总队评为基层建设标兵中队,立集体三等功4次。

【思想政治建设】　2016年,武警陆川中队坚持维护核心铸牢忠诚,着力强基固本厚实发展底蕴,通过解读要点、辨析热点、标兵评选等形式,组织学习中央军委主席习近平系列重要讲话精神;加强改革强军主题教育,开展纪念长征胜利80周年活动,开展"读红色书籍、看红色电影、融红色血脉、承红色基因"活动,立足网络平台,组织学习"习近平主席系列重要讲话典型风采""人生最美是军旅"系列报道等,着力发掘身边典型、讲好战友故事、传递中队好声音;紧密联系官兵思想和工作实际,查现象、挖根源、论危害、除积弊。不断夯实官兵思想根基,中队内部关系氛围和谐融洽。借助驻地文化资源开展学习成才活动,县图书馆半年定期给中队捐赠图书一批,并为官兵无偿开设书法业余培训班,年内已累计为中队捐赠图书300余册、价值5000元。

【军事训练】　2016年,武警陆川中队继续规范编携配装,投资12万元配备反恐装备、规范编携配装,落实以车代库,并与驻地公安、安全部门建立情报互通、共享机制,掌握处突维稳主动权。强化器械、木马等弱项科目训练;研究解决勤训矛盾,加强应急班建设,引入"魔鬼周"训练方法,逐级分训、逐项过关、逐步升级,建立考核评比档案,搭建"龙虎榜"分层次评比竞争平台,有效激发官兵热情,提升训练质量;按照中央军委主席习近平提出的"能打仗、打胜仗"要求,从难从严抓好全天候、全课目、全员额训练,突出快速出动和编携配装训练,组织官兵开展红蓝对抗演练,提升防逃制逃能力。在武警玉林支队组织的勤训轮换中保持名列前三。

【安保工作】　2016年2月12日,武警陆川中队协同看守所成功处置一起精神病患者企图冲闯执勤目标事件;8月30日,协助县公安局组织社会面综合整治行动;11月21日,协助县政府参与道路塌陷救援行动。年内,实现看守所连续34年安全无事故目标。自治区总队司令员、政委等8位军、师级主要领导先后到武警陆川中队检查指导,均对中队的全面建设予以肯定。

(袁新宇)

武警陆川县消防大队

【消防概况】　2016年,武警陆川县消防大队(简称县消防大队)下辖消防中队,配备消防车5辆,消防宣传车1辆。年内,县消防大队落实年度工作计划,推进防火、灭火和抢险救援等各项工作。获玉林市公安消防支队先进大队、玉林市公安消防支队先进大队党委、玉林市公安消防支队先进消防监督执法单位等荣誉称号;在武警玉林消防支队消防业务比武竞赛中获第五名。

【思想政治教育】 2016年,县消防大队把政治建警放在首位,坚持开展中国特色社会主义理论学习,加强当代革命军人和人民警察核心价值观教育,引导官兵在政治上、思想上、行动上自觉与党中央保持高度一致,要求做到"讲政治、听指挥、顾大局",做党和人民的忠诚卫士。组织学习中共中央总书记习近平系列重要讲话精神和中共十八届六中全会精神,开展"两学一做"主题教育活动,采取集体学习、自学等方式,加强党章党规、各级领导系列讲话内容,增强教育实效。年内,开展思想政治教育课110课时,经常性思想教育145人次,学习参观社会单位10家,组织群众性主题实践活动4次。

【部队管理】 2016年,县消防大队注重部队干部的作风建设。严格实施公安部"三项纪律"(指公安民警绝不允许面对群众危难不勇为;绝不允许酗酒滋事;绝不允许进夜总会娱乐)、"十条禁令"(一严禁违反法定程序、时限开展消防监督检查,办理消防行政案件,受理有关场所使用,开业或者举办活动前的消防安全检查;二严禁在火灾事故认定中弄虚作假、隐瞒真相或工作失职;三严禁故意拖延、刁难、推诿应当受理和服务的消防监督行为;四严禁违法实施消防处罚或者对违法行为不予处罚,违反规定收缴罚款;五严禁在建筑工程消防审核、施工检查、竣工验收中违反国家法律法规和技术标准;六严禁指定任何工程施工,消防产品销售及消防设施检测、维修单位;七严禁向

上级提供虚假工作情况和基础数据;八严禁丢失、损毁各种档案;九严禁直系亲属涉足消防工程和消防产品经营活动;十严禁利用工作便利收受单位或个人财物、接受馈赠、报销票据)等条令条例及各项的规章制度,督促官兵在生活、工作中严格遵守,做到有令必行、有禁必止、违者必惩;及时学习传达武警广西消防总队、武警玉林市消防支队转发的各类违纪事件的通报,在广大官兵中开展警示教育活动,促进部队正规化管理、纪律作风、精神面貌等方面明显好转。围绕开展"创五无(指无交通安全事故、无违反"十条禁令"事件、无违法违纪案件、无失泄密事件、无自杀事件)保平安"和"严纪律、转作风、保安全、树形象"专题学习,开展"条令条例学习月"活动及安全教育活动,成立安全工作领导小组,完善安全措施,定期召开安全形势分析会、分组讨论,开展安全知识竞赛,进一步增强官兵宗旨意识和安全意识,增强官兵安全防范技能,强化遵章守纪意识,自觉依据"规定"规范安全管理工作和官兵的安全行为。坚持抓好一日生活制度、每日交接班制度,每晚干部查铺查哨2次以上;严格官兵请销假制度,加强官兵8小时外的管理等。

【执勤岗位练兵】 2016年,县消防大队严格落实武警广西消防总队出台的正规化执勤训练管理规定、作战安全管理制度、灾害事故信息报告等制度,规范经常性战备工作,重视加强实战化训练和体能训练,注重强化战士、干部的体能、技能训练,对官兵的体能进行"每周一小考、每月一大考",做为评优评先的依据,有效强化官兵的体能和业务技能;每周开展实战化训练2次以上;开展对重点消防单位的熟悉与演练,每月对重点消防单位不少于6次的熟悉演练,其中夜间演练不少于2次,并将演练视频及图片上传至武警玉林市消防支队;每月对辖区的消火栓进行全面检查,并

录入系统。年内,完成58个重点单位预案更新及15个类型预案的录入,全县无消防安全责任事故。

【站房建设】 2016年,县消防大队旧营区因场地狭小、训练设施不全等原因,已无法满足官兵的日常生活和训练。新消防站房于2012年立项,2015年10月开工建设,2016年年底竣工。新消防站位于城北新区,占地面积约1公顷,主要建设有中队执勤综合楼、大队办公楼、训练塔、家属楼,配设有篮球场、网球场、羽毛球场等娱乐设施等,总建筑面积7269.78平方米,工程总投资1800多万元。

【消防执法规范化建设】 2016年,县消防大队推进消防执法规范化建设,按要求坚持利用执法记录仪并配齐配全移动执法终端和执法记录仪,在开展各项执法审批工作中确保100%使用执法记录仪进行现场记录,提高执法公信力。加强消防行政审批,按照武警消防玉林市活动支队《消防监督执法集体议案程序规定》,共举行集体议案22次,进一步规范消防行政执法工作。共办理建设工程消防设计审核18项,建设工程消防设计备案18项,建设工程消防竣工验收备案12项。

【派出所消防监督】 2016年,县消防大队加强派出所消防监督,印发相关文件进一步明确公安派出所重点单位、监督职责,并纳入绩效考核,开展考核评比,积极推进派出所消防监督管理工作;加强派出所消防监督培训,共开展实地指导64人(次),极大提高派出所消防监督执法能力及工作积极性。全县16个派出所共出动警力2392人(次),检查单位场所1196家(次),下发《责令限期改正通知书》《责令立即改正通知书》共605份,发现和督促整改火灾隐患605处,警告62人。罚款1人。

【"网格化""户籍化"管理】 2016

年，县消防大队推进消防安全"网格化""户籍化"管理。将全县辖区行政性地划分为一个个的"网格"，建立政府管理基层社会的单元。加强社会单位消防安全户籍化管理（简称"户籍化"），为每个重点消防安全单位设置专用账户，建立消防安全"户籍化"管理档案，单位负责将本单位基本情况、每幢建筑消防安全基本信息、消防安全管理制度、逐级消防安全责任落实情况、员工消防安全教育培训及灭火和应急疏散预案等录入消防安全"户籍化"管理档案；及时记录日常动态消防安全管理、开展消防安全"四个能力"建设等工作，并根据重点单位消防安全"户籍化"管理档案自动统计分析功能反映出的工作薄弱环节和问题，采取针对性工作措施；定期向当地公安机关消防机构报告备案有关消防工作开展情况，全面规范自身消防安全管理；公安机关消防机构对重点单位消防安全"户籍化"管理实行动态监督，严格审查重点单位报告备案文件，及时录入消防监督情况，定期统计分析本地区重点单位消防安全管理情况，有针对性地开展消防监督检查，提高消防监督工作的有效性。召开乡镇街道消防安全负责人会议、重点单位消防安全责任人或管理人会议的形式，细化落实各项专项整治工作任务，推动各级各部门落实街道、乡镇消防安全"网格化"管理，实行网格长负责制，落实网格员每日巡查、宣传工作任务。同时大队对辖区内消防安全重点单位的严格实行"户籍化"管理，定期抽查通报"三项报告备案"（指消防安全重点单位的消防安全管理人员报告、建筑消防设施维护保养报告、"四个能力"自我评估报告）及互联网"户籍化"管理系统录入情况，经抽查消防安全重点单位"户籍化"管理100%达标、"四个能力"（指提高社会单位检查消除火灾隐患能力、组织扑救初起火灾能力、组织人员疏散逃生能力、消防宣传教育培训能力）建设100%达标。

【消防控制室标准化管理达标创建专项行动】 2016年，县消防大队严格落实《全区消防控制室标准化管理达标创建活动实施方案》的要求，强化消防控制室标准化管理达标创建工作，重点解决消防控制室设置不符合消防技术标准要求；消防设置设备不齐全，保养不到位；日常管理制度不健全，工作记录不规范；专人值班制度不落实，无证上岗等问题，全面提升消防控制室管理水平。年内，全县共有消防控制室4个，其中实行消防控制室标准化管理的2个，标准化管理达标率为50%；持证上岗19人，持证上岗率79.17%。

【消防安全整治】 2016年，陆川县开展消防安全各项专项整治活动。县政府将消防工作纳入目标责任考核体系，并逐级签订目标责任书；召开消防工作会议4次。组织县安监、住建、工商等部门进行集中排查整治，共开展消防安全检查行动14次，对重大火灾隐患陆川县百民供气有限责任公司存在重大火灾隐患进行政府挂牌督办。县消防大队召开联席会议4次，督促行业部门开展"电动车停放充电消防安全管理""消防控制室标准化管理达标创建""易燃易爆危险品场所"及今冬明春火灾防控暨专项行动

"回头看"等专项整治工作，进一步净化全县消防安全环境。年内，共出动警力2118人次，检查单位场所1059家次，发现和督促整改火灾隐患772处，下发《责令改正通知书》611份《重大火灾隐患整改通知书》1份，办理行政处罚案件54起，责令"三停"14家，处罚金额32.80万元，行政拘留10人。

【电动车停放充电管理专项整治】 2016年，武警广西消防总队开展加强电动车停放充电管理专项行动，陆川县消防大队提请县公安局召开专项会议，下发专项行动方案，联合县公安局、综治办、住建局、安监局、工商局、质监局等部门联合开展专项整治行动。推广集中停车棚、智能充电器、独立式感烟探测器、简易喷淋设施、悬挂式智能灭火装置等设施，全县建设有集中停车棚的单位、小区4个，努力遏制电动车火灾发生。年内，全县共发生电动车火灾2起，无人员伤亡。

【消防宣传】 2016年，县消防大队继续加大消防宣传教育，利用驻地媒体资源优势和消防宣传车等载体开展消防宣传。共举办培训班10次，组织社会单位开展灭火疏散演练30余次，培训派出所民警、社会单位员工和师生4000余人次；悬挂消防宣传横幅

2016年5月4日，陆川县消防大队开展文物建筑消防安全知识培训班

县消防大队 提供

30 余条,印发放消防宣传图册 3 万多份,发放消防短信 15 余万条。通过电视播出消防公益广告 30 余条次,发放消防宣传品和资料 2.5 万余份,发送知识短信 15 万条,悬挂条幅标语 30 余条,设置展板 20 余块;消防安全知识宣传惠及群众 7 万人次;消防站开放 50 次,受教育群众约 3000 人。

【拥政爱民活动】 2016 年,县消防大队开展拥政爱民活动,加强"军地共建""从优待警"等工作,开展"争创青年文明号"活动,加强与地方单位的联系,开展扶贫结对、助学帮教活动。在元旦、春节、清明、国庆等节日组织开展"双拥共建"活动。年内,大队官兵参与政府及各部门活动执勤 20 次;开展消防志愿者活动 10 次;为群众做好事(拉水、摘马蜂窝、取钥匙、冲水等)50 件次;开展看望慰问孤寡老人活动 4 次,慰问孤寡老人 23 人次;打扫革命烈士纪念碑 8 次;为单位冲洗地板 1500 平方米;为驻地清洁道路 30 多千米,与共建单位举行场篮球友谊赛 10 次。 (吕彩霞)

人民防空

【人民防空工作机构及概况】 2016 年,陆川县人民防空办公室(简称县人防办)在县住房和城乡建设局挂牌,内设综合股、业务股,有编制 5 名,实有人员 8 人。年内,开展人防建设,取得较好的工作成绩。3 月被县全面推进依法行政工作领导小组评为 2015 年度依法行政优秀单位。

【人防工程建设】 2016 年,县人防办注重抓好人防工程建设,加强人防行政审批。抓好对人防工程的审批工作,年内报建防空地下室项目 1 个,已发放《人防工程建设许可证》,完成项目建设用地征地工作,已办理用地选址意见书,国有土地使用证正在办理中。加强"结建"项目执法监督检查,开展检查活动 6 次;加强县人防办政务服务窗口的管理,提高行政效率和服务质量;配合法制办做好县人防办行政执法人员清理及行政审批案卷评查;建立单独档案柜存放办理完结的人防工程档案,并按标准进行整理分类。年内,县人防办共办理"结建"行政审批 130 件。1 个防空地下室在建。

【人民防空专业队建设】 2016 年,县人防办加强人防专业队组训工作。结合上级年度民兵整组的工作安排,对人防专业队伍进行整组,共组成人员 150 人。7 月 12 日组织人防专业队员 33 人参加县人武部组织的民兵军事训练,提高人防专业队伍应急救援能力。

【人防指挥通信建设】 2016 年,县人防办加强人防指挥通信建设。组织防空警报统一试鸣,按照全区、全市防空警报统一试鸣的要求,组织"9·18"防空警报统一试鸣,加强城市居民防空国防教育,结合防空警报统一试鸣活动,在温泉镇初中开展的防空袭紧急疏散演练,收到良好效果。

【人防疏散地域建设】 2016 年,县人防办加强人防疏散地域建设工作。做好人防疏散地域普查、统计、上报工作,对 1 个基地示范点的人防工作站办公室进行修缮维护。按照玉林市级人防部门的要求及人防疏散地规范化建设要求,对县内 3 个疏散地域进行建设。

【人防法规政策宣传】 2016 年,县人防办加大人防法规政策宣传。开展上街宣传咨询活动 2 次;结合县第四届政务公开日活动及"国防教育日"等活动,出版宣传板报 2 期,印发宣传资料 500 份;向陆川信息投稿 1 篇,向《广西人防》投稿 1 篇并被刊登;结合《中华人民共和国人民防空法》颁布 20 周年开展系列宣传活动。

【人防知识教育】 2016 年,陆川县开展好人防宣传教育"五进"(进党校、进学校、进社区、进机关、进企业)活动,受教育人员 1.50 万人次。8 月 30 日,召开县城区初级中学人防知识教育动员会,城区四所初中 3200 名学生接受人民防空知识教育;县人防办、温泉镇政府联合在新洲、长安等社区积极开展居民人防知识教育,受教育人员 5000 多人。 (陈永杰)

2016 年,陆川县人防办开展人防专业队训练。图为 7 月 12 日训练现场

县人防办 提供

财政·税务

CAIZHENG SHUIWU

2016年4月25日，陆川县举行第25个全国税收宣传月演讲比赛。图为比赛颁奖仪式

县地税局　提供

财 政

【财政工作机构及概况】 2016年，陆川县财政局内设秘书股、预算股、行政政法股、综合股、国库股、教科文股、经济建设股、社会保障股、农业股、农村财政财务管理股、企业股、金融管理股、国资股、会计管理股、人事教育股、法规税政股、商粮贸股、监察室，行政编制32名，工勤人员4名，实有人员25人（其中工勤人员3人）；下辖县财政稽查局、县民族经济发展资金管理局、县国库支付中心、广西中华会计学校陆川函授站（县财政干部教育中心）、县政府采购管理办公室、县财政预算编审中心、县农业综合开发办公室、县财政信息网络管理中心、县财政投资评审中心、县非税收入征收管理局及14个镇财政所，局二层事业单位在职职工68人，镇财政所职工105人。年内，加强财政征管，挖掘增收潜力，严格依法理财治税，加大组织财政收入，强化支出预算管理，加大对重点支出的保障等，全县财政运行基本平稳。全县公共财政预算总收入50.29亿元，总支出48.42亿元，年终滚存结余1.87亿元；全县基金预算总收入6.53亿元，基金预算总支出6.14亿元，基金滚存结余3880万元。

【财政收入】

全县财政总收入 2016年，陆川县公共财政预算总收入50.29亿元，比上年增加7.65亿元，增长17.94%。其中，地方公共财政预算收入11.21亿元，上级补助收入34.19亿元，地方政府债券收入2.63亿元，待偿债置换一般债券结余4500万元，上年结余收入1.56亿元，调入资金收入2492万元。

表14　　　　　　　　　　　　　　　　2016年陆川县财政总收入情况

科　　目	2015年收入（万元）	2016年收入（万元）	增减额（万元）	增减率（%）
一、公共财政预算收入	101264	112137	10873	10.74
1.税收收入	58317	65035	6718	11.52
增值税	3380	4087	707	20.92
改征增值税	772	2810	2038	263.99
营业税	6358	4222	-2136	-33.60
企业所得税（30%部分）	3740	3281	-459	-12.27
个人所得税（25%部分）	676	943	267	39.50
资源税	506	924	418	82.61
城市维护建设税	1692	1663	-29	-1.71
房产税	752	857	105	13.96
印花税	333	354	21	6.31
城镇土地使用税	291	496	205	70.45
土地增值税	9318	14632	5314	57.03
车船使用税	896	1119	223	24.89
耕地占用税	25563	25552	-11	-0.04
契税	4040	4095	55	1.36
2.非税收入	42947	47102	4155	9.67
专项收入	3418	2843	-575	-16.82
行政性收费收入	9483	11515	2032	21.43
罚没收入	2427	4173	1746	71.94
国有资本经营收入	25060	26285	1225	4.89
国有资源（资产）有偿使用收入	2167	1907	-260	-12.00
捐赠收入		192	192	0.00
政府住房基金收入		128	128	0.00

续表

科　目	2015年收入（万元）	2016年收入（万元）	增减额（万元）	增减率（%）
其他收入	392	59	−333	−84.95
二、上级补助收入	257853	341856	84003	32.58
1.税收返还收入	8572	8427	−145	−1.69
上划中央"两税"返还收入	3946	3801	−145	−3.67
上划中央所得税返还收入	1066	1066	0	0
上划自治区"四税"返还收入	2017	2017	0	0
油价税费改革收入返还	1543	1543	0	0
2.一般性转移支付收入	170461	175112	4651	2.73
原体制补助收入	1584	1543	−41	−2.59
均衡性转移支付补助收入	30400	38705	8305	27.32
调整工资转移支付补助收入	10495	10495	0	0
农村税费改革转移支付补助收入	3908	2901	−1007	−25.77
县级财力保障机制奖补资金	23557	27306	3749	15.91
结算补助	3103	2803	−300	−9.67
成品油改革转移支付补助	862	255	−607	−70.42
基层公检法司转移支付补助	2027	1880	−147	−7.25
农村义务教育转移支付补助收入	17593	16412	−1181	−6.71
新型农村合作医疗转移支付补助收入	35941	37561	1620	4.51
农村综合改革转移支付补助	3690	5520	1830	49.59
基本养老保险和低保等转移支付补助	28157	11621	−16536	−58.73
革命老区及民族和边境地区转移支付补助收入	3569	11314	7745	217.01
固定数额补助	4850	4879	29	0.60
其他一般性转移支付补助	725	1917	1192	164.41
3.上级专项转移支付收入	78820	158317	79497	100.86
三、政府债券收入	32500	26300	−6200	−19.08
四、在建项目债券收入				
五、待偿债置换一般债券结余	0	4500	4500	0
六、上年结余收入	32059	15626	−16433	−51.26
七、调入资金收入（含基金调入）	2738	2492	−246	−8.98
收入总计	426414	502911	76497	17.94

县本级财政收入　2016年,全县组织财政收入14.41亿元,比上年增加1.07亿元,增长8.06%。按职能部门分解:国税部门收入3.14亿元,增收1657万元,增长5.58%;地税部门收入6.65亿元,增收4922万元,增长7.99%;财政部门收入4.62亿元,增收4164万元,增长9.91%。按预算级次分解:地方公共财政预算收入11.21亿元,增收1.09亿元,增长10.74%;上划中央税收收入1.35亿元,减收1469万元,下降9.84%;上划中央所得税收入8854万元,减收275万元,下降3.01%;上划自治区"四税"收入9611万元,增收1614万元,增长20.18%。按收入性质分解:税收收入9.70亿元(含地方税收收入、上划中央税收收入、上划中央所得税收入、上划自治区"四税"收入),增收6588万元,增长7.29%;地方公共财政预算非税收入4.71亿元,增收4155万元,增长9.68%,占地方公共财政预算收入比例为42.01%,下降0.41个百分点。

表15   2016年陆川县本级财政收入结构情况

收入分类	科　　目	2015年收入（万元）	2016年收入（万元）	增减额（万元）	增减率（%）
预算收入	一、公共财政预算收入	101264	112137	10873	10.74
	地方税收收入	58317	65035	6718	11.52
	非税收入	42947	47102	4155	9.67
	二、上划中央税收收入	14932	13463	−1469	−9.84
	增值税	14912	8411	−6501	−43.60
	改征增值税	0	4823	4823	0
	消费税	20	41	21	105
	营业税	0	188	188	0
	三、上划中央所得税收入	9129	8854	−275	−3.01
	企业所得税	7506	6590	−916	−12.20
	个人所得税	1623	2264	641	39.49
	四、上划自治区"四税"收入	7997	9611	1614	20.18
	增值税	1590	1669	79	4.97
	改征增值税	515	2710	2195	426.21
	营业税	4239	3572	−667	−15.73
	企业所得税	1247	1094	−153	−12.27
	个人所得税	406	566	160	39.41
职能部门组织收入	国税局	29700	31357	1657	5.58
	地税局	61616	66538	4922	7.99
	财政局	42006	46170	4164	9.91
按性质分解收入	税收收入	90375	96963	6588	7.29
	非税收入	42947	47102	4155	9.68
合计		133322	144065	10743	8.06

地方公共财政预算收入　2016年，地方公共财政预算收入11.21亿元，比上年增长10.74%。其中，地方税收收入6.50亿元，增长11.52%；非税收入4.71亿元，增长9.67%。

政府性基金总收入　2016年，全县政府性基金预算总收入6.53亿元。其中，政府性基金预算收入3.87亿元，比上年增加3817万元，增长11.31%；上级补助收入6328万元，比上年减少1907万元，下降23.16%；上年结余收入6504万元，比上年增加1618万元，增长33.12%；专项政府债券转贷收入1.38亿元，比上年净增1.38亿元。

社会保险基金收入　2016年，全县社会保险基金预算收入6.09亿元（机关事业单位保险基金收入预算除外，下同），比上年增长4.84%。其中，城乡居民社会养老保险基金收入1.40亿元，下降2.46%；新型农村合作医疗基金收入4.69亿元，增长7.23%。

【财政支出】　2016年，全县公共财政预算总支出48.42亿元，比上年增支7.79亿元，增长19.17%。其中，地方公共财政预算支出47.56亿元，增支8.69亿元，增长22.37%；上解支出1415万元，增支158万元，增长12.57%；地方政府债券还本支出7200

万元，减支9200万元，下降56.1%。

全县财政增支的主要原因：国家工资改革，7月起全县行政事业单位增人增资（含警衔增资）、住房公积金等增支7243万元；加大教育投入，对农村中小学薄弱校舍改造建设、新建小学和职业教育等支出增支8930万元；加大社会救济、社会保障投入，城乡人员基础养老金增支2993万元，五保户、低保户等农村社会救济和社会福利支出增支1829万元；加大医疗卫生领域的投入，公立医院改革、基本公共卫生增支1779万元，加大基层医疗卫生机构投入增支3770万元；加大扶贫脱贫工作投入，扶贫增支2.54亿元、农村综合改革增支 2695 万元、普惠农村金融增支 2078 万元、农村水利设施建设增支 8265 万元;加大生态乡村建设、九洲江流域整治、风貌改造、节能环保增支 4849 万元;加大农村公路建设增支 1.20 亿元;加大农村危房改造、维修投入,保障性住房支出增支 8335 万元。全县财政减支的主要原因:受国家政策影响,企业扶持资金支出减支 1951 万元;城乡社区公共设施建设和管理支出减支 1032 万元;压缩"三公"经费,减支 325 万元,下降 12.8%。

地方公共财政预算支出 2016 年,地方公共财政预算支出 47.56 亿元。其中,一般公共服务支出 4.44 亿元,下降 5.51%;国防支出 513 万元,增长 75.09%;公共安全支出 1.85 亿元,增长 34.32%;教育支出 10.69 亿元,增长 12.56%;科技支出 4105 万元,增长 0.76%;文化体育与传媒支出 3167 万元,增长 5.04%;社会保障和就业支出 4.46 亿元,增长 6.39%;医疗卫生支出 6.30 亿元,增长 10%;节能环保支出 4.31 亿元,增长 12.68%;城乡社区事务支出 1.07 亿元,增长 1.08%;农林水事务支出 8.54 亿元,增长 80.34%;交通运输支出 1.85 亿元,增长 182.8%;资源勘探电力信息等事务支出 1714 万元,下降 53.23%;商业服务业等事务支出 2241 万元,增长 93.52%;金融监管等事务支出 53 万元,下降 3.64%;国土资源气象等事务支出 2991 万元,下降 3.76%;住房保障支出 2.22 亿元,增长 67.89%;粮油物资储备事务支出 1401 万元,增长

53.62%;债务付息和发行费支出 1506 万元,增长 179.93%;其他支出 652 万元,下降 34.73%。

政府性基金支出 2016 年,全县政府性基金总支出 6.14 亿元,比上年增支 2.10 亿元,增长 50.14%。其中,全县政府性基金支出 4.76 亿元,增支 8108 万元,增长 20.67%;债务还本支出 1.38 亿元;调出基金 60 万元,减少 1071 万元,下降 94.69%。

社会保险基金支出 2016 年,全县社会保险基金支出 5.21 亿元,增长 2.26%。其中,城乡居民社会养老保险基金支出 1.14 亿元,增长 2.13%;新型农村合作医疗基金支出 4.07 亿元,增长 2.30%。社会保险基金预算收支相抵结余 8739 万元,年终滚存结余 3.44 亿元。

表 16   2016 年陆川县财政支出结构情况

预算科目	2015 年财政支出（万元）	2016 年财政支出（万元）	增减额（万元）	增减率（%）
一、公共财政预算支出	388631	475571	86940	22.37
1. 一般公共服务	46990	44400	−2590	−5.51
2. 国防	293	513	220	75.09
3. 公共安全	13768	18493	4725	34.32
4. 教育	94966	106896	11930	12.56
5. 科学技术	4074	4105	31	0.76
6. 文化体育与传媒	3015	3167	152	5.04
7. 社会保障和就业	41914	44593	2679	6.39
8. 医疗卫生	57263	62991	5728	10.00
9. 节能环保	38248	43097	4849	12.68
10. 城乡社区事务	10556	10670	114	1.08
11. 农林水事务	47352	85393	38041	80.34
12. 交通运输	6548	18518	11970	182.80
13. 资源勘探电力信息等事务	3665	1714	−1951	−53.23
14. 商业服务业等事务	1158	2241	1083	93.52
15. 金融监管等事务支出	55	53	−2	−3.64
16. 国土资源气象等事务	3108	2991	−117	−3.76
17. 住房保障支出	13209	22177	8968	67.89
18. 粮油物资储备事务	912	1401	489	53.62
19. 债务付息和发行费支出	538	1506	968	179.93
20. 预备费			0	0
21. 其他支出	999	652	−347	−34.73

续表

预算科目	2015 年财政支出（万元）	2016 年财政支出（万元）	增减额（万元）	增减率（%）
二、上解支出	1257	1415	158	12.57
1.集中城建税上解	68	76	8	11.76
2.出口退税专项上解	24	24	0	0
3.外贸出口退税上解	35	35	0	0
4.税务经费上解	592	592	0	0
5.农垦管区企业税收增量上解	25	25	0	0
6.粮食风险基金上解			0	0
7.工商系统经费上解	263	263	0	0
8.技术监督局经费上解	36	36	0	0
9.药品监督系统经费上解	19	19	0	0
10.代征代扣代缴手续费上解	195	195	0	0
11.农村合作金融机构所得税上解		150	150	0
12.预算稳定调节基金			0	0
13.其他上解			0	0
三、地方债券还本支出	16400	7200	−9200	−56.10
四、待偿债置换一般债券结余	4500		−4500	−100.00
五、在建项目债券支出			0	0
六、年终滚存结余	15626	18725	3099	19.83
支出总计	426414	502911	76497	17.94

表 17 **2016 年陆川县政府性基金预算支出执行情况**

预算科目	2015 年支出（万元）	2016 年支出（万元）	增减额（万元）	增减率（%）
一、基金预算支出	39227	47584	8357	21.30
1.教育附加及基金支出			0	0.00
2.文化事业建设费支出			0	0.00
3.社会保障和就业支出	4716	5228	512	10.86
4.城乡社区事务	32066	40213	8147	25.41
5.农林水事务	1263	341	−922	−73.00
6.新型墙体材料专项基金支出	342	47	−295	−86.26
7.债务发行费用支出		14	14	0.00
8.其他政府性基金支出	840	1741	901	107.26
二、转移性支出			0	0.00
三、债务还本支出		13755		
四、调出基金	1131	60	−1071	−94.69
五、年终结余	−1131	3880	5011	−443.06
基金支出合计	39227	65279	12297	31.35

【财政支持县域经济发展】 2016年，申请自治区转贷地方政府债券规模，争取资金推进县交通、城建、水利、保障性住房等重点领域基础设施建设。申请政府债券4.01亿元，支持重大项目建设和重大产业发展；投入九洲江流域综合治理资金3.80亿元。

【财政支持民生事业发展】 2016年，全县民生事务发展支出40.82亿元，占地方公共财政预算支出的85.83%。

建设教育强县投入 2016年教育支出11.18亿元，比上年增支1.68亿元，增长17.72%。发放义务教育阶段家庭经济困难学生资助及各类资助金额3749.56万元。生源地信用助学贷款金额915.29万元。加大教育校舍建设投入，其中学前教育建设项目投资456万元，义务教育建设项目投资2.05亿元，高中教育建设项目投资4686万元。

社会保障体系建设投入 全县社会保障和就业支出4.40亿元，比上年增支2129万元，增长5.08%。

公共卫生体系建设投入 2016年，医疗卫生与计划生育支出6.30亿元，比上年增支5728万元，增长10%。健全新农合基本医疗保障制度，推进城乡居民大病保险实现全覆盖。新型农村合作医疗保险人均政府补助标准由上年的380元提高到420元。

农村危房改造工程建设投入 2016年，农村危房改造、修缮加固4500户，补助资金1.07亿元。其中，上级资金8297.64万元，县级配套资金2402万元。

农业综合开发投入 2016年，农业综合开发资金支出3285万元，其中高标准农田建设支出1860万元，产业化项目建设支出1425万元。

【财政支持脱贫攻坚】 2016年，县财政局围绕开展脱贫"摘帽"攻坚工作，加大扶贫专项资金投入，统筹整合涉农资金5.82亿元，其中县本级财政安排扶贫资金5400万元。投入财政专项扶贫资金1.21亿元，其中中央财政专项扶贫资金6216.16万元，比上年增加4601万元；自治区级资金5906.37万元，比上年增加5026万元。加大小额信贷投入，共发放扶贫小额贷款3.28亿元；建立县级扶贫小额信贷款风险补偿金4630万元；继续实施农资综合补贴政策，重新核定农业综合补贴水田面积，补贴水田面积1.97万公顷，原补贴水田面积2万公顷，核减征（占）水田面积365.93公顷，拨付农资综合补贴专项资金4191万元。

【财政改革】 2016年，陆川县继续完善财政管理体系改革。一是继续完善政府预算体系，进一步推进预决算公开和"三公"经费公开，加强预算绩效管理，建立跨年度预算平衡机制，编制2017—2019年中期财政规划。加大政府性基金预算与一般公共预算的统筹，2016年1月1日起水土保持补偿费、政府住房基金、无线电频率占用费、铁路资产变现收入、电力改革预留资产变现收入等五项政府性基金列入一般公共预算。二是继续深化和完善财政国库各项改革，不断完善国库支付中心各项管理制度。年内，共发生国库集中支付资金43.04亿元，其中直接支付业务量1.15万笔，支付金额22.75亿元，占集中支付总额52.86%；授权支付业务量9.14万笔，支付金额20.29亿元，占集中支付总额47.14%。三是继续深化政府采购管理改革。实行政府采购备案制，加强对政府采购代理机构的监督。完成政府采购申报项目791项，累计采购金额14.25亿元，比采购预算金额14.68亿元节约资金4305.57万元，节约率2.93%。四是推进公务用车制度改革，全面取消一般公务用车，实行公务交通补贴制度。对未列入应急公务用车辆公开拍卖，全县公开拍卖公车60辆，拍卖所得96.2万元。五是做好金融部门涉农奖补类资金申报，推进政策性农业保险工作向纵深发展，提高农业防灾减灾水平。全县农业保险总保费3834.96万元，其中中央和自治区财政配套资金2637.92万元、县级配套农业保险资金273.40万元。六是继续深化农村公益事业"一事一议"财政奖补制度改革，支持完善农村基础设施，促进农村发展、农业增收。年内共批复"一事一议"财政奖补资金项目534个，落实奖补资金4838万元。

【财政监督】 2016年，陆川县继续加大财政投资评审，规范政府投资项目管理，纠正工程项目存在"低中标、高结算"现象。年内共评审完结项目936个，累计送审金额18.89亿元，审定金额17.16亿元，审减金额1.73亿元，审减率7.41%。依法开展财政监督，突出抓好重大财税政策落实、重点民生资金管理使用及财经纪律执行落实等情况的监督检查；开展专项资金检查，开展全县扶贫、涉农资金专项检查，加强对扶贫、农村危房改造、棚户区改造等重点民生资金的监督检查，促进财政资金安全、规范、有效使用。

（黎　泉）

国家税务

【国家税务机构及概况】 陆川县国家税务局（简称县国税局），位于县城温泉北路32号。2016年，县局机关内设办公室、政策法规股、税源管理股、收入核算股、纳税服务股、征收管理股、财务管理股、人事教育股、监察室、机关党办，下辖信息中心、稽查局二个直属单位。下设有陆城税务分局、马坡税务分局、乌石税务分局、良田税务分局。编制137名，在编干部职工104人。全县有纳税人8794户。年内，县国税局加强增值税、所得税、消费税税收征管，继续实施营业税改增值税（简称"营改增"），加强税收管理，全县国税收入增加。

【国税收入】 2016年,全县经济税收总体运行平稳,税收增收,但原有重点税源企业减收,致使全县税收增长幅度不大。年内,全县国税系统累计组织各项税收收入3.37亿元,比上年增加2371.71万元,增长7.56%。其中,累计组织区局考核口径税收收入3.12亿元,比上年增加1514.09万元,增长5.09%;组织政府考核口径税收收入3.14亿元,比上年增加1656.77万元,增长5.58%;完成政府考核任务3.65亿元的85.91%,完成政府调整后工作目标3.13亿元的100.08%。"营改增"税款累计入库1.02亿元(其中建筑业、房地产业、金融业、生活服务

2016年2月23日,县国税局召开全县国税工作会议　　县国税局　提供

表18

2016年陆川县国税收入结构情况
(按重点行业划分)

行业	2015年度税收收入 (万元)	2016年度税收收入 (万元)	增减额 (万元)	增减率 (%)
一、第一产业	34.98	14.51	−20.47	−58.51
二、第二产业	19513.42	18658.84	−854.58	−4.38
(一)采矿业	39.97	196.01	156.04	390.40
(二)制造业	17217.59	11277.34	−5940.25	−34.50
(三)电力、热力、燃气及水的生产和供应业	1937.85	1947.52	9.67	0.50
(四)建筑业	318.01	5237.97	4919.96	1547.11
三、第三产业	11808.08	15054.84	3246.76	27.50
(一)批发和零售业	6276.39	4200.49	−2075.90	−33.07
1.批发业	4131.73	1733.95	−2397.78	−58.03
2.零售业	2144.66	2466.54	321.88	15.01
(二)交通运输、仓储和邮政业	392.25	811.17	418.92	106.80
(三)住宿和餐饮业	0.36	82.17	81.81	22725.73
(四)信息传输、软件和信息技术服务业	783.14	346.39	−436.75	−55.77
(五)金融业	2083.23	3380.89	1297.66	62.29
(六)房地产业	405.70	2876.05	2470.35	608.91
(七)租赁和商务服务业	74.07	235.75	161.68	218.29
(八)科学研究和技术服务业	101.16	208.62	107.46	106.23
(九)水利环境		500.15	500.15	
(十)居民服务、修理和其他服务业	1145.19	252.70	−892.49	−77.93
(十一)教育	17.60	18.18	0.58	3.31
(十二)卫生和社会工作	4.08	2.50	−1.58	−38.70
(十三)文化、体育和娱乐业	0.74	7.71	6.97	941.43
(十四)公共管理、社会保障和社会组织	513.82	1479.65	965.83	187.97
(十五)其他行业	10.35	652.40	642.05	6203.43
合计	31356.48	33728.19	2371.71	7.56

表19	2016年陆川县国税局税收收入完成情况				
考核口径	总收入（万元）	比上年增加（万元）	增长率（%）	占年度考核任务（万元）	占全年任务（%）
总局口径	33728.19	2371.71	7.56	30000	112.43
区局口径	31214.76	1514.09	5.09	31000	100.69
年初政府口径	31357.26	1656.77	5.57	36500	85.91
调整后政府口径	31357.26	1656.77	5.57	31332	100.08

业四大行业的分别收入4934万元、2302万元、1466万元、232万元，合计收入8934万元），占增值税入库总额2.44亿元的41.91%。

【纳税服务】 2016年，县国税局全面推行"税务网厅"办税模式，实现纳税人网上办税服务厅直接办税、足不出户微信办税、自助服务轻松办税、整合资源一窗办税、排队叫号等多种办税方式。深入开展"便民办税春风行动"，推行实名办税、办税事项"二维码"一次性告知、24小时自助办税、"互联网＋办税服务"等服务措施，把纳税服务贯穿于税收工作的各个环节。深化国税、地税合作，实行国税、地税互派人员挂职、互设办税窗口、互上党课等，联合开展税收宣传、纳税人培训、稽查办案、委托邮政代征代开、"三证合一，一照一码"（营业执照、组织机构代码证、税务登记证）（营业执照、组织机构代码证、税收登记证、社会保险登记证、统计登记证、印章准刻证）等工作，完成"每月一篇"的国地税合作项目，实现平台共用、数据共享、审批同步。

【国税税收法治】 2016年，县国税局落实各项税收优惠政策，做到"应抵则抵、应退则退、应减则减、应免则免"。全县享受各项减免税收优惠纳税人169户，减免收入5192.60万元，减免所得税额1298.15万元。开展税收执法督察和各项专项风险企业核查，加强税收优惠政策落实情况、取得财政性资金和不征税收入等情况的税收检查，共检查企业38户，补缴税款（所得税）922.62万元，调整减亏额1241.62万元；开展专项风险核查，核查企业12户，补缴税款17.18万元，加收滞纳金7200元，转出进项税额55.30万元，调减亏损额3690.61万元；强化税收专项检查和重点税源检查，共立案检查企业14户，组织企业自查21户，查补入库税额、滞纳金、罚款共计1068.80万元，比上年增加351.80万元，增长49.07%。

【税收改革】 2016年，县国税局全力推进"营改增"改革，与地税部门密切配合，做好接管750户营改增纳税人的数据交接、征管衔接、业务对接、系统运维等基础性工作，及时解决试点前后可能出现的各类问题。实现"营改增"的有序接管、平稳过渡、成功开票、顺利申报和相关业务的办理。

【国税队伍建设】 2016年，县国税局加强干部教育培训工作，组织开展培训8期，培训干部677人次，培训天数1061天。开展拥军优属活动和创建"青年文明号""巾帼文明岗"活动。县国税局办税服务厅获玉林市青年文明号称号，陆城税务分局、良田税务分局获玉林市文明单位荣誉称号，1人被评为玉林市2015年度双拥工作模范个人。

（陈显达）

地方税务

【地方税务机构及概况】 2016年，陆川县地方税务管理局（简称县地税局）内设办公室、法规税政股、征管和科技发展股、征收服务股、收入规划核算和财务管理股、人事股、纪检组（监察室），编制85名，实有人员175人。下辖重点税源管理税务分局，有温泉、米场、沙坡、马坡、珊罗、大桥、乌石、良田、清湖、古城等镇税务分局10个。县地税局在册纳税登记户7472家（户）。其中国有企业95家，集体企业101家，联营企业6家，有限责任公司776家，私营企业1151家，其

2016年，陆川县营业税改增值税工作全面启动。5月1日，县国税局局长阙堃（左）和税务干部开出首张营改增税票　　　县国税局　提供

他纳税户5343户。全县地税收入6.94亿元。地税收入总量占陆川县财税收入总量的46.20%。

【地税收入】 2016年，县地税局共组织地方税收6.94亿元，比上年增加3919.55万元，增长5.98%。其中，税收收入合计6.70亿元，比上年增收3939.27万元，增长6.25%；其他各项收入合计2392.61万元，比上年减收19.92万元，下降0.78%。累计组织自治区地税局口径收入6.54亿元，比上年增加3627万元，增长5.67%。累计组织县级收入6.65亿元，比上年增加4922万元，增长7.99%，完成玉林市政府考核任务6.65亿元的100.06%。

2016年，在地税部门组织收入的13个税种中，除营业税、城建税和耕地占用税减收外，其余10个税种实现增收，增收总量前三的税种分别是土地增值税、个人所得税、资源税，分别增收5313.90万元、1067.83万元、418.46万元，分别比上年增长57.03%、39.47%、82.78%；营业税减收3748.49万元，下降28.83%；城建税减收28.69万元，下降1.70%；耕地占用税减收11.36万元，下降0.04%。在有收入的7个费或基金中，除工会经费、残疾人就业保障基金实现累计增收，其余的教育费附加、文化事业建设费、水利基金、地方教育费附加、价格调节基金等5个费或基金因政策因素均出现不同程度的减收，其中价格调节基金下降85.08%、文化事业建设费下降44.06%。第一、二产业税收收入合计实现增收，第三产业税收收入合计下降幅度较大。

2016年，县地税局加强企业税收管理。4月20日，县地税局与企业开展共话税收活动
县地税局　提供

年内，第一产业实现税收收入104万元，比上年增收8万元，增长8.33%，占全部税收收入的0.16%；第二产业实现税收收入2.32亿元，比上年增收1.22亿元，增长110.46%，占全部税收收入的34.83%；第三产业实现税收收入4.37亿元，比上年减收8536万元，下降16.46%，占全部税收收入的65.02%。

税收增收因素　居民收入增加拉动地税收入增长。2016年，全县经济运行总体平稳，就业形势稳定，居民可支配收入持续增长，机关事业单位的工资、绩效奖励标准提高并逐步发放到位，促进居民工薪收入进一步增长。加强个人所得税全员全额申报管理和清理核查，促进个人所得税增加，比上年增收1067.83万元，增长39.47%。其中，个人工资薪金个人所得税入库1818万元，比上年增收692万元，增长61.42%。

税收代征、代收、代扣、代缴成效明显。2016年，县地税局加强对代征单位的跟踪管理、服务，使代征单位代征的税款及时足额入库。年内，代征资源税比上年增收418.46万元，增长82.78%；车船税比上年增收223.50万元，增长24.96%。

税收减收因素　2016年，贯彻落实各项税收优惠政策，进一步完善扶持中小企业、微型企业发展，全面推开"营改增"（营业税改增值税），政策性减收效应显现，导致随营业税征收的企业所得税大幅减少。"营改增"试点全面推开后，地方附加税费的征管，尤其是对从事跨区域建安经营业务的项目，随增值税征收的地方附加税费管控难度较大。年内，营业税同比减收3748.49万元，下降28.83%。

表20　　　　　　　　　　　　2016年陆川县地方税务分税种入库情况

项　目	2015年税收入库（万元）	2016年税收入库（万元）	比上年增减额（万元）	比上年增减率（%）
地税收入总计	65489.89	69409.43	3919.55	5.98
一、税收收入合计	63077.56	67016.82	3939.27	6.25
1.增值税	0	142.66	142.66	100
2.营业税	13000.19	9251.70	−3748.49	−28.83

续表

项　目	2015年税收入库（万元）	2016年税收入库（万元）	比上年增减额（万元）	比上年增减率（%）
金融保险	2402.94	1268.96	−1133.98	−47.19
交通运输	0	0	0	0
建筑业	4861.80	4104.79	−757.01	−15.57
电信	0	0	0	0
住宿餐饮业	264.13	119.17	−144.96	−54.88
租赁和商务服务业	712.33	282.50	−429.83	−60.34
房地产业	4523.20	2791.88	−1731.32	−38.28
其他	235.80	684.40	448.60	190.25
3.企业所得税	3982.51	4157.46	174.95	4.39
4.个人所得税	2705.47	3773.30	1067.83	39.47
5.资源税	505.48	923.94	418.46	82.78
6.土地使用税	290.56	496.49	205.93	70.88
7.城建税	1691.57	1662.87	−28.69	−1.70
8.印花税	333.24	354.01	20.77	6.23
9.土地增值税	9318.16	14632.06	5313.90	57.03
10.房产税	752.30	856.99	104.69	13.92
11.车船税	895.33	1118.83	223.50	24.96
12.耕地占用税	25563.09	25551.73	−11.36	−0.04
13.契税	4039.66	4094.78	55.12	1.36
二、教育费附加	941.37	932.64	−8.73	−0.93
三、文化事业建设费	7.34	4.06	−3.28	−44.66
四、水利基金	261.36	206.28	−55.08	−21.07
五、地方教育费附加	626.14	619.56	−6.59	−1.05
六、工会经费	367.37	403.25	35.87	9.76
七、残疾人就业保障基金	71.49	201.97	130.48	182.51
八、价格调节基金	137.05	20.45	−116.61	−85.08
九、罚没收入	0.20	4.40	4.21	2157.50

【税收改革】　2016年，县地税局全面推进国税、地税征管体制改革、营业税改增值税、资源税改革、商事制度改革，税收改革工作在玉林市前列。

国税、地税征管体制改革　2016年，自治区党委、自治区政府推进国税、地税征管体制改革，陆川县地税局进一步推进国税地税合作，整合国税、地税资源，建立业务联办、宣传联动、信息联通、联合执法、联合税收分析、联合惩戒、联合培训"七联"模式，推动国税、地税合作升级。

营业税改增值税改革　2016年，县地税局全面推开"营改增"工作，主要开展"营改增"数据移交和委托"双代"（代征二手房交易和个人出租不动产增值税、代开增值税发票）工作，3月14日全县地税系统向国税部门移交771户营业税纳税人的信息，5月1日开出增值税发票。

资源税改革　2016年7月1日起，全国推行资源税改革，改革内容主要扩大资源税征税范围，开展水资源改革试点，其他自然资源纳入征收范围；加强矿产资源税收政策管理，提高资源综合利用效率等。陆川县加大资源税改革政策宣传，实行绩效考核，各部门协作，推进全县资源税改革。年内，资源税累计入库923.94万元，增长82.78%。

商事制度改革　2016年，县地税局继续深化商事制度改革，在企业"三证合一、一照一码"的基础上全面

2016年,陆川县国税、地税局开展青年干部办税服务挂职锻炼。图为国地税两局举行挂职锻炼交流仪式   县地税局　提供

实施"六证合一、一照一码"和个体工商户"两证整合"(营业执照、税务登记证)登记制度改革,年内发出证照90个。

【社会综合治税】　2016年,陆川县加大社会综合治税,建立"党委政府带头抓,税务部门专业抓,职能部门协助抓、社会各界共同抓"的社会综合治税体系,促进全县税收征管提质增效。县地税局不断优化信息采集、深化数据应用,落实考核奖惩等。年内,全县综合治税各成员单位共报送涉税信息1.12万条,其中有效利用9300条,信息利用率83.04%,比上年提高10%,入库税款3.77亿元。

【纳税服务】　2016年,陆川县推进国税地税联合办税,全县共互派窗口4个,地税"双代"窗口3个;推进办税便利化改革,在实现24小时自助办税终端的基础上,重新修正精简商品房申报契税、二手房申报增值税、契税以及代开发票等涉税业务需求提供的房屋买卖合同、身份证、首套房证明等资料。优化星级办税服务,争创"五星级办税服务厅",优化硬件配置,悬挂电子标识,更换便民服务设施,设立绿色服务通道,完善等候休息区、咨询服务区、辅助功能区,增设导税员,新配置复印机,简化行政审批28项,简并涉税报表资料等优化举措,进一步优化办税环境和服务水平,提高办税效率,办税时间减少30%以上。年内,玉林市地税局开展"星级办税服务厅"评比活动2次,县地税局先后获"四星级"办税服务厅、"五星级"办税服务厅,5名办税人员获玉林市"文明服务之星"。落实税收优惠政策,抓好小微企业、房产新政等税收优惠政策实施,加强税收宣

传、政策落实跟踪问效等工作,为纳税人释放政策红利,全县累计减免各项税费5545.56万元,进一步提升纳税人获得感和满意度,在委托第三方满意度调查中陆川县地税局排玉林市第一名。开展"岗位大练兵、业务大比武"活动,组织人员参加玉林市地税系统"业务大比武"考试,2人获行政管理类"岗位能手"称号、2人获纳税服务类"岗位能手"称号、3人获征管评估类"岗位能手"称号。

【法治税务示范基地建设】　2016年,县地税局推进法治税务建设,开展"法治税务示范基地"创建活动,推进相关配套改革措施,提高人员素质,加强制度建设,规范执行行为,加强执法监督,加强纳税人权益保护,逐渐形成权责清晰、行为规范、监督有力地税收执法体系,提升全县地税系统依法行政能力,实现党风廉政与纳税服务"零"投诉,违规违纪与执法考核过错追究"零"记录,政策执行、税收优惠"零"差错,税务行政"零"复议、"零"诉讼,行政行为"零"撤销。6月23日,玉林市地税系统法治税务示范基地创建培训班在陆川县地税局举行,各县(市)的9个征收单位的100多人参加培训,并实地参观陆川县地税局法治示范基地。　　(杨　曼)

2016年3月9日,县地税局召开税务工作暨党风廉政建设工作会议。图为表彰仪式   县地税局　提供

金 融

JINRONG

2016年1月8日，陆川县政银企合作交流座谈会在县第一会议室召开　　叶礼林　摄

银行业综述

【银行业概况】 2016年,陆川县国家金融管理派出机构1家,为中国人民银行陆川县支行。银行业监督管理机构有:陆川县银监办事处。银行业金融机构有8家,其中,国有股份制商业银行有中国工商银行股份有限公司陆川县支行、中国农业银行股份有限公司陆川县支行、中国建设银行股份有限公司陆川支行、中国银行股份有限公司陆川支行、中国邮政储蓄银行股份有限公司陆川县支行5家;国家政策性银行有中国农业发展银行陆川县支行1家;地方法人银行机构有陆川县农村信用合作联社、广西陆川柳银村镇银行2家。全县有银行业机构网点77个,从业人员863人。

年内,全县各银行业金融机构贯彻执行稳健的货币信贷政策及稳增长政策措施,合理配置信贷资源,努力盘活存量,扩大增量,满足"三农"、小微企业和扶贫、消费等民生领域的信贷需求。年末,全县银行业金融机构人民币各项存款余额165.13亿元,增长15.05%,增幅上升2.92个百分点;各项贷款余额90.66亿元,增长13.26%,增幅上升0.99个百分点。

【存款快速增长】 2016年年末,全县金融机构人民币各项存款余额165.13亿元,比上年增加21.60亿元,增长15.05%,增速上升2.92个百分点;全年新增存款21.60亿元,比上年增加6.07亿元,增长39.11%。

个人存款继续主导各项存款的增长。2016年,个人存款增加较多,是推进各项存款增长的主力。年末,全县广义政府存款余额13.55亿元,比上年增加2.66亿元,增长24.36%;个人存款余额142.10亿元,新增存款15.30亿元,增长12.07%,占全部新增存款的70.84%。

陆川农信用联社、邮政储蓄银行新增存款占比较大。年内,陆川农村信用联社新增存款8.62亿元,占全县新增存款的39.88%;邮政储蓄银行新增存款4.31亿元,占全县新增存款的19.94%;农发行陆川县支行新增存款3.52亿元,占全县新增存款的16.31%;工行陆川县支行新增存款6135万元,占比2.84%;农行陆川县支行新增存款1.34亿元,占比6.18%;中行陆川支行新增存款5765万元,占比2.67%;建行陆川支行新增存款1.22亿元,占比5.64%;陆川柳银村镇银行新增存款1.32亿元,占比6.11%。

活期存款增速高于定期存款。2016年,全县新增储蓄存款为15.30亿元。其中新增定、活期储蓄存款分别为6.33亿元、8.97亿元,分别占全部新增储蓄存款的41.39%、58.61%,余额同比增速分别为9.13%、15.61%。活期储蓄存款增速比定期储蓄存款增速快6.48个百分点。

存款季度变化回落较大。2016年,第一季度新增存款占全年新增存款的较大份额,前三季末冲高特征仍存在,12月存款大幅回落。1—4季度,新增存款分别为16.39亿元、4.30亿元、3.23亿元、−2.32亿元,余额增速分别为11.42%、2.69%、1.97%、−1.38%。其中,1—3季末冲高特征明显,12月呈现存款大幅回落,为20年来首次出现年末存款回落的异常现象。12月存款环比下降3.52亿元,其中陆川信用联社下降3.33亿元。存款回落的原因为基本养老保险基金等社会保险资金存款上划归集体所致。

表21　　2016年陆川县银行金融机构各项存款月度变化情况

月份	存款余额(万元)	当月新增存款(万元)	当月存款增幅(%)
1月末	1448767	13512	0.94
2月末	1544785	96018	6.63
3月末	1599190	54405	3.52
4月末	1592857	−6333	−0.39
5月末	1588696	−4161	−0.26
6月末	1642144	53448	3.36
7月末	1634166	−7978	−0.49
8月末	1649151	14984	0.92
9月末	1674479	25328	1.54
10月末	1676624	2145	0.13
11月末	1686446	9821	0.59
12月末	1651288	−35158	−2.08

注:陆川县邮政局并入中国邮政储蓄银行有限责任公司陆川县支行统计

表 22　　　　　　　　　2016 年陆川县各银行机构存款业务情况

银行机构	2015 年各项存款总额（万元）	2016 年各项存款总额（万元）	2016 年比2015 年增加（万元）	占全县银行存款比率（%）
工行陆川县支行	76706	82841	6135	5.02
农行陆川县支行	241215	254576	13361	15.42
中行陆川支行	60795	66560	5765	4.03
建行陆川支行	114898	127093	12195	7.70
农业发展银行陆川支行	781	36014	35233	2.18
陆川县农村信用联社	612635	698788	86153	42.32
邮储银行陆川县支行	313342	356418	43076	21.58
陆川县柳银村镇银行	13220	26417	13197	1.60
其他	1663	2581	918	0.15
合计	1435255	1651288	216033	100

注：邮储银行陆川县支行各项存款总额未包含对公存款余额。

【外汇存款增长】 2016 年年末，陆川县辖区金融机构外汇存款 69 万美元，比上年增加 31 万美元，增长 81.58%。外汇存款为储蓄存款，其中，中行陆川支行存款 61 万美元，建行陆川支行存款 2 万美元，农行陆川县支行 6 万美元。辖区金融机构尚未有外汇贷款业务。

【贷款增长加速】 2016 年年末，全县金融机构人民币各项贷款余额 90.66 亿元，增长 13.26%，增幅上升 0.99 个百分点；全年新增贷款 10.62 亿元，比上年增加 1.86 亿元，增长 21.28%。

陆川农信用联社新增贷款占全县各项贷款的比重排首位。2016 年，经营性贷款增加较多，陆川信用联社小额扶贫贷款投放量较大。年内，陆川信用联社新增贷款 6.47 亿元，占全县新增贷款的 60.98%；建行陆川支行新增贷款 2.44 亿元，占全县新增贷款的 23.01%；中行陆川支行新增贷款 3032 万元，占全县新增贷款的 2.86%；邮政储蓄银行新增贷款 5023 万元，占全县新增贷款的 4.73%；农发行陆川县支行新增贷款 8973 万元，占全县新增贷款的 8.46%；陆川柳银村镇银行新增贷款 7812 万元，占全县新增贷款的 7.36%。工行陆川县贷款下降 4139 万元，农行陆川县支行贷款下降 3719 万元。

经营性贷款成为拉升各项贷款的主力。2016 年，经营性贷款增加较多。一是经营性贷款新增较多。2016 年年末，经营性贷款余额 57.43 亿元，比上年增加 5.48 亿元，占全部新增贷款的 51.63%，较大程度上满足中小微企业生产经营贷款的有效需求。二是涉农贷款稳步增长。年末，全县涉农贷款余额 73.50 亿元，同比增长 11.53%，增速低于各项贷款 1.73 个百分点，涉农贷款占比为 81.07%，年内新增涉农贷款 7.60 亿元，占比 71.59%，涉农贷款中农户贷款余额 35.13 亿元，比上年增加 5.29 亿元，

增长 17.72%。三是投放小额扶贫贷款。2016 年年末，陆川信用联社扶贫贷款余额 3.36 亿元，全年累计放扶贫贷款 7072 户，发放金额 3.10 亿元，其中 5 万元以下的小额扶贫贷款 6978 户、金额 2.93 万元。四是固定资产贷款增加。建行陆川支行投放陆川县工业投资有限公司固定资产贷款 9000 万元，用于陆川至马坡二级路技术改造。

中长期贷款增量增速均高于短期贷款。年末，短期贷款余额 36.12 亿元，比上年增长 10.89%，年内新增 3.55 亿元，短期贷款占全部新增贷款的 33.42%；中长期贷款余额 54.54 亿元，同比增长 14.99%，年内新增 7.11 亿元，中长期贷款占全部新增贷款的 67.02%。

新增贷款季度间波动较大。2016 年，4 个季度间新增贷款变化较大，第三季度贷款增加较多，第四季度增加最少。第一至第四季度新增贷款分别为 3.03 亿元、2.64 亿元、4.39 亿元、5565 万元，增速分别为 3.78%、3.18%、5.12%、0.62%。

银行再贷款投放。2016 年年末，人行陆川县支行支农再贷款余额 6000 万元，比上年减少 1500 万元。其中，对陆川信用联社扶贫再贷款余额 5000 万元，对陆川柳银村镇银行支农再贷款余额 1000 万元。

表 23　　　　　　　2016 年陆川县各银行机构贷款业务情况

银行机构	2015 年各项贷款总额（万元）	2016 年各项贷款总额（万元）	2016 年比2015 年增加（万元）	占全县银行贷款比率（%）
工行陆川县支行	70846	66707	-4139	7.36
农行陆川县支行	77025	73306	-3719	8.09
中行陆川支行	39585	42616	3032	4.70
建行陆川支行	47570	71990	24420	7.94
农发行陆川县支行	34466	43440	8973	4.79
陆川县农村信用联社	483408	548123	64715	60.46
邮储银行陆川县支行	29043	34066	5023	3.76
陆川县柳银村镇银行	18529	26341	7812	2.90
合计	800472	906589	106117	100

【国有银行机构流动性资金充裕】2016年年末，全县国有银行机构流动性资金整体较充裕，国有银行余额贷存比例为47.94%，比上年提升0.33个百分点；新增贷存款比例为52.31%；农信社准备金存款余额9.67亿元，余额贷存比例为78.44%，比年初下降0.47个百分点，新增贷存比例为75.12%。陆川柳银村镇银行准备金存款余额2780万元，余额贷存比例为99.71%。

【不良贷款略有反弹】2016年年末，全县银行业金融机构不良贷款余额2.77亿元，比上年增加4328万元，不良贷款率为3.06%，同比上升0.14个百分点，其中，国家银行机构不良贷款余额1757万元，比上年增加1210万元，不良贷款比例为0.69%，同比上升0.46个百分点；陆川信用联社不良贷款余额2.52亿元，比上年增加2889万元，不良贷款比例4.59%，下降0.02个百分点；陆川柳银村镇银行不良贷款余额451万元，比上年减少10万元，不良贷款比例1.71%，下降0.78个百分点。2016年，全县银行业金融机构账面结益1.97亿元，比上年减少596万元，下降2.94%。其中，国有商业银行机构账面结益8501万元，比上年减少1243万元，下降12.76%；陆川信用联社账面结益7029万元，比上年增加148万元，增长2.15%；农发行陆川县支行账面结益839万元，比上年增加625万元，上升292.06%；邮政储蓄银行账面结益2928万元，比上年减少25万元，下降0.85%；陆川柳银村镇银行账面结益361万元，比上年减少101万元，下降21.86%。　　（伍达勇）

银行监管与服务

【银行监管工作机构及概况】2016年，陆川银行监管机构有中国人民银行陆川县支行(简称人行陆川县支行)、中国银行业监督管理委员会玉林监管分局陆川办事处(简称陆川银监办)。人行陆川县支行内设办公室、综合业务股、会计国库股，职工22人。陆川银监办职工2人。年内，人行陆川县支行、陆川银监办加强县域法人机构监管，推动农商行组建，提升服务实体经济质效、守住风险底线，促进陆川银行业稳健运行和可持续发展。

【货币政策实施】2016年，人行陆川县支行继续贯彻传导货币政策，落实信贷政策措施，助推地方经济稳增长。一是贯彻执行货币信贷政策，引导辖区银行业金融机构把握政策导向，保持货币信贷适度增长，提高金融支持效率，为陆川县经济稳增长提供有效的金融服务支持。二是加大对辖区地方法人金融机构扶贫再贷款，共投入贷款5000万元，县农村信用联社投向扶贫小额贷款资金3亿元，促进金融扶贫政策的力量释放。三是信贷政策执行效果明显。辖区金融机构贯彻落实2016年信贷政策措施，加强和改进涉农信贷服务，支持辖区现代特色农业示范区、中药健康产业发展，增加新型农业经营主体、农业产业化项目贷款及农村土地承包经营权贷款、农民工创业担保贷款的投放。年内，全县农村承包土地经营权抵押贷款502万元，农民工创业担保贷款30万元，现代特色农业示范区贷款2950万元，中药健康产业贷款1850万元，乡村旅游贷款1050万元。

【金融扶贫】2016年，全县金融机构主动参与县扶贫攻坚工作，成立金融扶贫工作小组，加强与县扶贫办等相关职能部门的沟通与联系，指导和督促辖区金融机构贯彻落实金融精准扶贫的政策措施，引导涉农金融机构与扶贫龙头企业、农民专业合作社和建档立卡贫困户的三方对接，做好扶贫信贷资金投放安排的金融服务，助推全县扶贫脱贫。年内，已完成建档立卡贫困户扶贫贷款授信17961户，金额8.22亿元；已发放扶贫贷款7777户，贷款金额3.36亿元；授信使用建档立卡贫困户扶贫贷款资金企业、新型农业经济组织79家，金额3.24亿元；已到位68家，金额2.36亿元。

【金融服务】2016年，全县银行金融机构注重金融服务。人行陆川县支行加强金融宣传、金融统计，强化资金安全和业务系统运行安全，加强反洗钱工作、反假币管理，推进农村支付服务环境建设、农村信用体系建设。

加强金融宣传。组织开展"3·15"国际消费者权益日"6·14"征信宣传

2016年县金融系统积极为贫困户开展扶贫贷款。图为9月26日县信用联社在温泉镇举行扶贫贷款分红发放仪式

陆川信用联社　提供

日"9月金融知识普及月"等常态化金融知识宣传活动,联合辖区金融机构开展"普及金融知识,助推脱贫攻坚"宣传和"金融精准扶贫政策大宣讲"等活动,参与社会公益服务活动100多人次,为民服务600多人次,发放宣传资料、宣传物品5000多份(件)。

加强金融统计。提升金融统计工作效能,金融统计增值运用明显。加强新增加精准扶贫、互联网金融等专项统计业务的辅导,全年金融机构统计信息采集、上报数据的准确度明显好转。加强金融统计数据增值运用,为辖内财政部门提供金融机构申报财政涉农贷款、中小企业贷款增量奖励的涉农信贷、中小企业信贷统计数据;为地方政府相关职能部门监测分析经济运行形势提供金融统计数据。加强与地方统计局等职能部门的沟通交流,做好辖区经济运行指标的跟踪监测。

加强资金安全和业务系统运行安全。2016年,人行陆川县支行加强ACS系统的日常操作及监测,降低业务差错率,确保资金安全。严把国库资金安全关口,完成系统参数维护,调整期账务核算、报表编制核对等各项工作,定期做好国库业务系统和设备的日常运行监测与维护,严防系统运行和资金风险。规范国库业务操作,持续实现国库资金运行管理"低风险,零案件"的目标。

加强现金管理和反假货币管理。年内,开展反假人民币宣传,组织辖区金融机构进行反假人民币宣传4次,提高群众识别能力。年内收缴假币21.80万元、假美元2万元。继续做好加大残损人民币回收工作,提高陆川县流通中人民币的整洁度。强化银行业金融机构反假货币对货币清分操作进行定期或不定期督促现场检查。加强普通纪念币发行管理。

推进农村信用体系建设。继续推进县农村信用体系建设的四级联创工作。年内,创建信用户3.89万

2016年,全县金融系统加强反假币宣传。图为6月14日,县信用联社工作人员向群众传授如何辨别真假人民币　　　　陆川信用联社　提供

户,占比21.43%;创建信用村37个,占比24.03%;创建信用镇3个,占比21.43%。62个建制村挂牌并建立起金融服务室,启动"农村金办"(农村金融服务村级办理)的农村金融服务。农户信用信息系统建设到位资金180.2万元。

改善农村支付服务环境。2016年年末,陆川县金融机构已布放POS机1339台,自动柜员机163台,设立助农取款服务点、惠民支付服务点479个、金融综合服务站10个。人行陆川县支行与县公安局联合成立陆川县联合整治支付结算重大违法犯罪办公室,建立支付结算重大案件通报和协查机制,打击非法从事支付结算业务的违法犯罪行为。

加强反洗钱日常监管。督促农信社和村镇银行开展自定义可疑交易报告标准工作,引导金融机构正确区分可疑交易报告和异常交易报告,做好重点可疑交易报告的处置工作。配合人民银行玉林市中心支行依法开展对县农村信用联社的反洗钱现场检查,提高反洗钱工作成效。

【银行监管政策实施】　2016年,陆川银监办加强全县银行机构监督管理,引导辖区银行业加大信贷投放,支持重点经济领域;盘活存量、用好增量,提高信贷投放精准度;创新信贷产品、改进服务模式,降低企业融资成本;督促引导辖区银行机构加强县域金融服务工作等。要求辖区银行机构加强风险可控和商业可持续发展,加大对县域"三农"和小微企业的信贷投放,确保小微企业信贷投放达到"三个不低于"(即小微企业贷款增速不低于各项贷款平均增速,户数不低于上年同期户数,申贷获得率不低于上年同期水平)的监管要求。陆川银监办参加县委、县政府召开的各种会议,了解地方经济发展规划、经济发展状况及对银行业金融机构的信贷、服务等需求,配合县政府开展防范和打击非法集资宣传教育活动。

【县域金融法人机构监管】　2016年,陆川银监办加强县域金融法人机构监管工作,重点推动陆川信用联社加快农商行改制,多次走访陆川信用联社,了解组建农商行推进工作情况、业务经营情况和不良贷款清收情况,加强政策宣导和沟通协调,加大改制达标工作。要求陆川信用联社严控新增不良贷款,重点巩固隐性不良贷款清收处置成效,防范和化解信用风险。开展陆川信用联社、陆川柳银村镇银行2015年监管评级,评级结果符合监管规定。及时了解陆川柳银村镇银行业务经营发展情况,重点关注流动性风险,协调化解业务经营的困难

和问题,督促完善内控制度,依法合规经营。加强非现场监管,对主要监管指标进行对比分析,关注其变化趋势,对变化较大的及时查明原因,跟踪监管。协助玉林银监分局对陆川信用联社、陆川柳银村镇银行进行监管会谈。

【金融稳定】 2016年,人行陆川县支行加强金融系统风险监测,强化金融机构重大事项报告制度的落实执行,陆川监管办加强金融安全检查。元旦、春节期间,陆川监管办、县公安局联合对全县8家银行金融机构39个营业网点和离行式ATM设备开展金融安全大检查,提高各金融机构安全风险防范意识,加强春节期间金融服务和安全保卫,全县银行金融机构安全有序运行。3月,陆川县某某等3家民营企业(同一法人)因法人代表突然死亡,导致3家企业7914万元贷款信用风险突显。人行陆川县支行组织辖区各银行及时排查涉险3家企业贷款情况,相关银行机构加强与涉险企业利益关系人的沟通协商,采取必要措施保全有效资产和抵押品,努力控制和化解信用风险。对县内2家地方法人金融机构经营风险状况的进行跟踪监测。11月,人行陆川县支行组织工作组对辖区10家金融机构重大事项报告制度贯彻落实情况进行现场走访督查,强化涉险问题企业的金融风险排查和监测。

(伍达勇 罗贤昆)

银行金融机构

中国工商银行股份有限公司陆川县支行

【工行陆川县支行工作机构及概况】 2016年,中国工商银行股份有限公司陆川县支行(简称工行陆川县支行)内设综合管理部、客户经理部,下辖支行营业厅和陆兴路支行2个营业网点,自助银行网点有北街自助银行、温汤路自助银行、温泉北路自助银行,ATM自动存取款柜员机13台、自助服务终端机5台、自助智能终端机2台、自助产品机1台、自助网银机5台、回单打印机2台、自助发卡机1台、反假货币宣传机1台、排队机2台;有员工36人。年内,工行陆川县支行加强风险管理,抓好内控案防工作,推进金融服务与经营,实现拨备前利润2080.92万元,同比减少87.88万元。

【存款业务】 2016年,工行陆川县支行各项存款稳定增长,各项存款余额8.28亿元,比上年增加6135万元,增长7.99%。其中,对公存款余额3.20亿元,比上年增加1212万元,增长3.93%;储蓄存款余额为5.08亿元,比年初增加4923万元,增长10.73%。

【贷款业务】 2016年,工行陆川县支行各项贷款余额6.67亿元,比上年减少4139万元,下降6.62%。个人贷款增量1080万元,其中个人住房贷款增量5292万元。

【中间业务收入】 2016年,工行陆川县支行发放信用卡1681张,借记卡4.27万张;不良透支清收比率为74%;中间业务收入504.06万元,同比减少207.83万元。

【电子银行】 2016年,工行陆川县支行推进电子银行发展,升级完善金融服务、电子商务、支付、社交生活的互联网金融整体架构,新增融e行移动端动户6873户,融e联客户注册数4066户,融e购B2C交易额18.93万元,优化支付产品功能,推出二维码支付、推广一键支付,工银e支付客户数突破5万户。在同业中首先开展Apple Pay线上收单业务,推出三星Pay、华为Pay、小米Pay等手机移动支付产品。

【结算与现金管理业务】 2016年,工行陆川县支行借助工商企业通、小微企业平台、工银e商贸、工银e缴费以及大额资金监控等5大平台扩大客户规模,创新全球现金管理服务,为客户提供涵盖账户信息、收付款、流动性管理、投融资和风险管理5大产品线的综合金融解决方案。年内,新增对公结算账户数量70户,新增现金管理客户35户。

(林葵)

中国农业银行股份有限公司陆川县支行

【农行陆川县支行工作机构及概况】 2016年,中国农业银行股份有限公司陆川县支行(简称农行陆川县支行)内设公司业务部、个人金融部、综合管理部、运营财会部、风险管理部,下辖马坡、米场、通政、营业室、新洲、乌石、良田、清湖等8个网点,共有员工110人。年内,农行陆川县支行优化网点布局,推进网点文明标准服务和营销技能,推进零售业务转型;开展不规范经营专项治理,强化业务操作合规意识;抓好农户不良贷款清收;加强内控管理和风险防控,提升全行基础管理工作水平。

【存款业务】 2016年,农行陆川县支行各项存款余额25.46亿元,比上年增加1.34亿元,增长5.54%。其中,储蓄存款余额23.63亿元,增加1.66亿元,增长7.56%;对公存款余额1.83亿元,减少3261万元,下降15.15%。

【贷款业务】 2016年,农行陆川县支行各项贷款余额7.33亿元,比上年减少3719万元,下降4.83%。不良贷款余额为267万元,不良贷款率为0.36%。其中,农户小额不良贷款15万元,比年初减少10万元,不良贷款率为3.14%。

【中间业务】 2016 年,农行陆川县支行实现中间业务收入 1454 万元,比上年增加 349 万元,增长 31.58%。

（吴　丽　文信鸿）

中国银行股份有限公司陆川支行

【中行陆川支行工作机构及概况】 2016 年,中国银行股份有限公司陆川支行(简称中行陆川支行),内设营业部、业务发展部、办公室,在职员工 27 人。年内,中行陆川支行围绕中行自治区分行"积极践行四大发展观,努力实现最好中行梦"的总体工作要求,强化金融管理和服务,存贷款业务经营取得成效。网点业绩综合排序在广西中行辖内县域支行排名第一。2016 年被中国银行总行授予"文明单位"、中行陆川支行被玉林分行党委授予"先进基层党组织"荣誉称号。

【存款业务】 2016 年,中行陆川支行存款余额为 6.65 亿元,比上年增加 5765 万元,增长 9.48%。其中,企业存款 2.45 亿元,比上年增加 3310 万元,增长 15.62%;储蓄存款 4.20 亿元,比上年增加 2455 万元,增长 6.20%。外币存款 61 万美元,比上年增加 26 万美元,增长 74.86%;外币存款以美元、港币、英镑币种为主,外币业务有存款、取款及买卖、结售汇等。

【贷款业务】 2016 年,中行陆川支行各项贷款余额 4.26 亿元,比上年增加 3310 万元,增长 8.42%。其中,公司贷款余额 3089 万元,比上年增加 779 万元,增长 33.72%;消费贷款余额 3.98 亿元,比上年增加 2531 万元,增长 6.79%。

【中间业务】 2016 年,中行陆川支行重点抓中银信用卡、保险、基金、手机银行、网银的营销工作,年内中间业务收入 179.88 万元,比上年减少 60.03 万元,下降 50.09%。

（阮东全）

中国建设银行股份有限公司陆川支行

【建设银行工作机构及概况】 2016 年,中国建设银行股份有限公司陆川支行(简称建行陆川支行),在职员工 29 人。下辖支行营业部和九洲市场支行 2 个网点,有离行式自助银行 3 个、CRS 自动存取款柜员机 9 台、自助服务终端 3 台、自助发卡机 1 台、移动终端机 3 台、电子银行体验机 3 台、排队机 2 台、智慧柜员机 7 台。年内,建行陆川支行加强金融服务,获评为中国建设银行广西区分行先进单位,营业部获中国建设银行股份有限公司"客户营销百佳网点"称号。

【存贷款业务】 2016 年年末,建行陆川支行各项存款余额 12.71 亿元,比上年新增加 1.22 亿元,增长 10.61%,新增额在全自治区建行县支行中排前列。其中储蓄存款余额 9.38 亿元,比上年增加 6840 万元,增长 7.87%;企业存款余额 3.33 亿元,比上年增加 5355 万元,增长 19.15%。各项贷款余额 7.20 亿元,比上年增加 2.44 亿元,增长 51.33%。无不良贷款。

【中间业务】 2016 年,建行陆川支行加强代理保险、理财产品的销售,重点抓好信用卡发卡、分期付款业务、贵金属和电子产品营销,实现中间业务收入 723 万元,比上年增加 366 万元,增长 102.52%。实现利润总额 2466.8 万元。

（黄艳娟）

中国农业发展银行陆川县支行

【农发行陆川县支行工作机构及概况】 中国农业发展银行陆川县支行(简称农发行陆川县支行)是国家农业政策性银行。2016 年,内设办公室、信贷部、会计出纳部,在册员工 20 人。年末,各项贷款余额 43440 万元,比上年增加 8973 万元,增长 26.03%;各项存款余额 3.63 亿元,比上年增加 3.53 亿元,增长 36.74%。中间业务收入 2.76 亿,比上年减少 3656 元。贷款利息收回率 99.95%;账面利润 839 万元;无不良贷款。

【粮食收购资金供应和管理】 2016 年,农发行陆川县支行继续坚持和完善支农惠农政策,做好粮食收购资金供应和管理工作。年内,自治区下达陆川县储备粮订单收购任务 1700 万千克,需收购资金 4726 万元。农发行陆川县支行加强与相关部门联系沟通,配合政府和粮食部门做好订单粮食收购工作,做好收购资金预测和调度,确保收购资金及时足额供应到位,全年发放储备粮订单收购贷款 4726 万元。

【项目贷款】 2016 年,农发行陆川县支行重点支持农村人居环境建设、异地搬迁扶贫项目建设、农村路网及贫困地区公路建设、整体城镇化建设及旅游发展等项目的贷款。其中,支持农村路网项目,贷款 1.5 亿元;完成县城区东部整体城镇化建设项目一期工程 5 亿元贷款的评估工作;加强对东西山森林生态旅游区项目信贷服务跟踪,项目可行性报告已报农发行广西壮族自治区分行初审。

【粮食风险基金监管】 2016 年,农发行陆川县支行做好全年财政补贴资金到位和拨补情况的测算,加强财政补贴资金管理,做好对粮食财政补贴资金的专户管理,及时督促到位,监督拨付,配合财政部门按政策做好专户管理,完善审批手续,确保专款专用,按照粮食风险基金使用范围、标准,用好、管好粮食风险基金。年末,已从粮食风险基金专户拨付到各镇财政所农资综合补贴 4212 元,种粮农民直接补贴 461 元,直补工作经费 13 万元。

（梁建聪）

陆川县
农村信用合作联社

【信用联社工作机构及概况】 2016年,陆川县农村信用合作联社(简称陆川信用联社)有理事会成员9人(其中非职工理事6人),监事会成员5人(其中非职工监事2人)。内设办公室、人力资源部、经营核算部、信贷管理部、市场开发部、稽核审计部、保卫部、资产风险管理部、内控合规部、电子银行部、监察室。下设联社营业部、信用社16个,分社29个,在职员工433人。

2016年,陆川信用联社按照打造"精品银行、活力银行、普惠银行、稳健银行、长远银行"的规划目标要求,加强职工技能培训,强化金融服务,推进金融精准扶贫工作,推进广西陆川农村商业银行股份有限公司改革,促进各项业务稳步发展。年末,各项存款余额69.88亿元,各项贷款余额54.81亿元,中间业务收入563万元。新资本充足率9.08%,比上年下降0.63个百分点;不良贷款率4.59%;拨备覆盖率106.32%,比上年下降24.99%。成本收入比54.95%,比上年上升0.97个百分点。

【存款业务】 2016年,陆川信用联社各项存款余额69.88亿元,比上年增加8.62亿元,增长14.06%。其中,对公存款4.98亿元,比上年增加63万元,增长0.13%;储蓄存款64.90亿元,比上年增加8.61亿元,增长15.29%。各项存款日均为69.19亿元,比上年日均存款增加3.12亿元。

【贷款业务】 2016年,陆川信用联社重点推出"扶贫小额信用贷款""个体工商户贷款""个人消费类贷款""农房贷""公务贷""猪保通"等普惠金融信贷及农户土地承包经营权贷款。各项贷款余额54.81亿元,比上年增加6.47亿元,增长13.38%。

其中,涉农贷款52.18亿元,占各项贷款余额的95.20%,比上年增加5.69亿元,增速为12.24%;小微企业贷款为16.60亿元,占贷款总额的30.29%,比上年减少5817万元,下降3.38%;对公贷款22.21亿元,比上年增加5900万元,增长2.73%;个人类贷款32.59亿元,比上年增5.87亿元,增长21.97%。各项贷款存量、增量市场份额分别占全县金融机构的62%、77%。

【中间业务】 2016年年末,陆川信用联社桂盛卡新增24.60万张,总量累计63.42万张;手机银行存量1.15万个,有效总量2.78万个,有效增量1.63万个;特约商户(含便民服务点)与终端数量511户、536台,其中桂盛通便民服务点156户、覆盖154个建制村;自助设备总量80台,其中取款机25台、存取一体机38台、自助服务终端17台;现金类自助设备开机率90%,卡余额占比53.80%,电子银行替代率68.90%,电子银行中间业务收入308万元,比上年增加36万元,增长13.24%。

年内,陆川信用联社创新分社、南都分社设立ETC一站式服务点。至年末,全县已办理安装ETC999个。全县信用联社累计实现中间业务收入563万元,比上年增加67万元,增长13.51%。

(谢 浩 何思蓉)

2016年县信用联社加强职工业务技能管理,3月14日举办员工业务技能比赛活动。图①为职工进行点钞比赛;图②为员工业务知识技能大比拼汉字录入考场

陆川信用联社 提供

中国邮政储蓄银行股份有限公司陆川县支行

【邮政储蓄银行工作机构及概况】 2016年,陆川邮政金融分为中国邮政储蓄银行股份有限公司陆川县支行(简称邮储银行陆川县支行)和中国邮政集团公司陆川分公司代理金融网点(简称邮政集团陆川分公司金融网点)。其中:邮储银行陆川县支行设综合管理部、三农金融部,下辖营业室、新洲南路、米场镇3个自营二级支行,在职员工49人。邮政集团陆川分公司金融网点有马坡镇、珊罗镇、平乐镇、乌石镇、清湖镇5个代理二级支行;有峨眉路、大桥镇、横山乡、良田镇、古城镇、沙坡镇6个代理营业所。

【存款业务】 2016年年底,全县邮政金融各项存款余额37.70亿元(含对公存款余额2.06亿元),比上年增加6.36亿元,增长20.31%,县辖内存款市场占有率为24%。其中,邮储银行陆川县支行各项存款余额11.77亿元,邮政集团陆川分公司金融网点储蓄存款余额25.93亿元。邮储银行陆川县支行个人储蓄存款余额9.71亿元,比上年增加7300.47万元,增长8.13%;对公存款余额2.06亿元,比上年增加1.04亿元,增长102.30%。

【贷款业务】 2016年,邮储银行陆川县支行信贷品种不断增加,信贷业务不断优化,为广大城乡农商户和中小企业提供融资服务。年内,共发放贷款2.94亿元,比上年增加9483.11万元;结余贷款4.78亿元,比上年增加1.24亿元,增长34.99%。其中,担保类小额贷款2539.7万元,结余贷款2824.24万元;房产抵押类个人商务贷款4511.9万元,结余贷款7653.04万元;房产抵押类个人消费贷款1.05亿元,结余贷款2.36亿元;小企业贷款1.19亿元,结余贷款1.37亿元。

【金融服务】 2016年,邮储银行陆川县支行以服务"三农"、服务社区、服务中小企业为主,支持陆川生猪养殖行业农户、小微养殖企业的信贷需求,为生猪养殖行业的场地集约化、设备现代化、排放环保化提供有效的资金支持,促进养殖产业转型发展。推广电子银行和信用卡业务发展,提高柜面业务替代率,年内加办网上银行2422户,手机银行5293户,信用卡发卡1068张。理财业务销售8176万元,代理保险保费85.39万元。不断扩大客户的金融理财服务需求。

(周永健)

广西陆川柳银村镇银行

【柳银村镇银行工作机构及概况】 2016年,广西陆川柳银村镇银行股份有限公司(简称陆川柳银村镇银行)内设业务发展部、运营管理部、综合部、风险管理部、稽核部,下设有总行营业部、通政支行、清湖支行3个营业网点,员工49人。年内,陆川柳银村镇银行积极拓展存款、贷款等金融业务,坚持以支农支小(小微企业)的市场定位,加强"三农"(农业、农村、农民)、小微企业服务。推出业务主要有店面通、定活宝、循环贷、微小贷、保贷通、小额种养担保贷、林权抵押贷、POS贷、政企精英贷、取息宝等业务。

【存款业务】 2016年,陆川柳银村镇银行存款业务稳健发展,储户存款、对公存款、基础储户大幅增加。各项存款比上年增加1.32亿元,增长99.82%。其中,对公存款1.31亿元,比上年增加9319万元,增长245.93%;储蓄存款1.33亿元,比上年增加3878万元,增长41.12%。

【贷款业务】 2016年,陆川柳银村镇银行贷款2.63亿元,比上年增加7812万元,增长42.16%。其中,涉农贷款2.39亿元,占贷款余额90.64%,下降5.59%;农户贷款1.81亿元,占贷款余额68.67%,下降14.40%;农户贷款户数占总贷款户数72.18%;小微企业贷款占贷款余额97.84%。 (李春晓)

保险业综述

【保险业概况】 2016年,陆川县开办保险业务主要有财产保险和人寿保险两大类,分支机构17家。其中,经营财产业务的保险公司有10家:中国人民财产保险股份有限公司陆川支公司、中国人寿财产保险股份有限公司陆川支公司、中国大地财产保险股份有限公司陆川支公司、中国太平洋财产保险股份有限公司玉林中心支公司陆川营销服务部、安邦财产保险公司陆川营销服务部、华安产险陆川营销服务部、平安产险陆川营销服务部、阳光财产保险公司陆川营销服务部、北部湾财产保险陆川支公司、鼎和保险陆川营销服务部;经营寿险业务的保险公司有7家:中国人寿保险股份有限公司陆川支公司、中国人民人寿保险股份有限公司陆川县支公司、太平洋人寿保险陆川营销服务部、新华人寿保险公司陆川营销服务部、泰康人寿保险公司陆川营销服务部、平安人寿陆川营销服务部、阳光人寿保险公司陆川营销服务部。

中国人民财产保险股份有限公司陆川支公司

【人保财险陆川支公司工作机构及概况】 2016年,中国人民财产保险股份有限公司陆川支公司(简称人保财险陆川支公司)内设经理室、综合管理部、车险部、非车险部、营销服务部、农险部、理赔分部,在编人员29人,业务员70多人。辖区内有城区服务点2个、镇营销服务部2个、服

人保财险陆川支公司办公大楼　　　人保财险陆川支公司　提供

务站 12 个。主要经营财产保险业务、车险业务、责任保险、信用保险、农业保险、意外伤害保险及上述保险业务的再保险业务，不断拓展大病保险、农民等民生保险领域和政策性农房、能繁母猪、育肥猪、甘蔗、水稻、林木、香蕉等"三农"保险领域，创新保险服务，服务民生能力持续提升。

【保险业务收入】 2016 年，人保财险陆川支公司保费收入 6667 万元，比上年增加 302 万元，增长 4.75%，成为玉林市实收保费、签单保费最大的经营单位。其中车险保费收入 2887 万元，比上年增加 249 万元增长 9.44%；非车、非农保费收入 1638 万元，比上年增加 128 万元，增长 8.48%；农业险保费收入 2142 万元，比上年增加 245 万元，增长 12.91%。利润收入 1170 万元。

【保险理赔】 2016 年，人保财险陆川支公司坚持中国人保财险 95518 服务专线服务，24 小时全天候、全年提供全方位保险服务，加强理赔服务，做到快速、便捷、高效地服务于广大客户。年内，保险赔款金额 2217 万元。

（廖　雄）

中国人寿保险股份有限公司陆川支公司

【人寿保险陆川支公司工作机构及概况】 2016 年，中国人寿保险股份有限公司陆川支公司（简称人寿保险陆川支公司）内设经理室、综合管理部、客户服务中心、个险销售部、银行保险部、团体业务部。员工 29 人，业务人员 680 人。年内，人寿保险陆川支公司向客户推出人身保险、健康保险、人身意外伤害保险和分红保险等 4 大类 200 多个业务品种，涵盖生存、养老、疾病、医疗、身故、残疾等多种保障范围，以满足客户在人身保险领域的保险保障和投资理财需求。继续拓展农村业务，加强推进五保对象、民政优抚对象人身意外伤害综合保险、计划生育家庭爱心保险及校园系列保险业务。

【保险收入】 2016 年，人寿保险陆川支公司保费总收入 1.25 亿元，比上年增加 2337 万元，增长 22.95%。其中，寿险新单保费收入 4862 万元，比上年增加 539 万元，增长 12.47%；续期保费 6316 万元；短期保费收入 1344 万元，比上年增加 296 万元，增长 28.24%。

【贫困户意外人身伤害保险建立】 2016 年 6 月，人寿保险陆川支公司支持县委、县政府开展扶贫攻坚工作，与县政府合作，各出资 171.95 万元，为全县建档立卡的 8.60 万贫困户，投保人身意外伤害保险。至年底，共为贫困户 102 人支付医疗费用 21.40 万元，为 17 人支付死亡金额 34 万元。

【理赔服务】 2016 年，人寿保险陆川支公司开展出险 3 日报案制，理赔案件保持 4~5 天结案率的时效，主要赔付险种为学生险附加险及农村小额意外伤害保险。短期保险累计赔款支出约 900 万元，短期险综合赔付率约 67%。

【保险管理】 2016 年，人寿保险陆川支公司加强保单各要素的健全、财务的事后监督复核，加强理赔、新契约、单证、回访等业务基础管理工作，做好风险监控与防范工作，严把从"进口"到"出口"等系列流程，确保业务健康发展。执行内控标准制度，公司每个月按时对员工进行内控标准学习、非法集资专项教育、反洗钱培训等，并组织员工考试，撰写执行和学习的心得体会。按照岗位执行标准，定期对各部室和各岗位进行检查，开展综合柜员评比活动，确保每个岗位的工作规范有序，及时解决工作中出现的问题。开展对外活动，增强员工活力，6 月开展"牵手国寿，绿动中国"少年儿童绘画作品展活动。加大"反洗钱""非法集资"宣传，制定年度反洗钱、非法集资宣传活动方案和培训计划，分阶段开展"反洗钱""非法集资"宣传活动，每个季度在公司营业大厅悬挂横幅、张贴宣传海报、发放宣传资料，组织相关人员进行培训学习，及时向人行陆川县支行报送宣传活动各阶段相关材料、文件、总结等。

（李　沛）

经济管理与监督

JINGJI GUANLI YU JIANDU

2016年，县社保局加大社保政策宣传。图为8月6日在县人民会堂前设点宣传

吴佩微　摄

县域经济管理

【国民经济管理】 2016年,陆川县实现地区生产总值234.03亿元,比上年增长6.6%;实现财政收入14.41亿元,增长8.06%;完成固定资产投资203.08亿元,增长14.3%;社会消费品零售总额58.07亿元,增长9.93%;外贸出口总额491万美元,比上年增长2.71%。三大产业结构调整为14.59∶47.77∶37.64,服务业占比比上年提高1.04个百分点。居民人均可支配收入18319元,增长9%;城镇登记失业率控制在3.19%。全县各项主要经济指标保持平稳增长,实现"十三五"良好开局。

【第十三个五年规划纲要编制】 2014年底,陆川县启动编制《陆川县国民经济和社会发展第十三个五年规划纲要》(简称《规划纲要》),由县发改局牵头组织编制。开展重大课题研究、意见建议征集、纲要草案起草、反复论证修改、县委和政府常务会议审议等各工作,2016年2月完成编制,并提交2月18日县第十五届人民代表大会第六次会议审议批准通过。

《规划纲要》总结"十二五"的发展成就和成功经验,贯彻县委关于"十三五"全县经济和社会发展的总体思路,分析"十三五"面临的形势,提出今后五年经济和社会发展的指导思想、发展目标和主要任务。"十三五"规划要求,紧抓国家实施"九洲江跨省区生态补偿试点"的发展机遇,深入实施"工业强县、旅游活县、生态美县"发展战略,将生态文明贯穿"十三五"发展全过程,以马盘二级公路沿线产业园区、示范基地、重点乡镇为载体,构建生态优美、产业发达、开放合作、共享共赢的生态产业经济带,全面提升陆川生态水平、推进陆川经济转型升级、改变九洲江沿岸群众生产生活方式,打造跨省区小流域治理的典范、产业转型升级的典范、生态文明的典范,推进脱贫攻坚,努力建成生态文明示范区、粤桂经济生态合作试验区和广西现代特色农业示范县,实现与全国、广西、玉林市同步全面建成小康社会。"十三五"期间要实现经济保持较快增长,地区生产总值年均增长8%以上,比2010年翻一番以上;财政收入年均增长7%,固定资产投资年均增长14%,规模以上工业增加值年均增长9%,社会消费品零售总额年均增长9%。居民人均可支配收入年均增长8%,比2010年翻一番以上。"十三五"规划共设13篇,即:第一篇美丽陆川启新章,引领全面建小康;第二篇交通优先强基础,构筑跨省大通道;第三篇工业强县助跨越,绿色体系创品牌;第四篇农业稳县促发展,示范引领显特色;第五篇旅游活县添活力,现代服务呈新态;第六篇统筹城乡化二元,客家城镇展新貌;第七篇创新驱动育引擎,经济发展增动能;第八篇生态美县保持续,绿色文明共繁荣;第九篇打赢扶贫攻坚战,脱贫摘帽奔小康;第十篇共建共享惠全民,均等服务增福祉;第十一篇改革开放激活力,合作发展添动力;第十二篇治县理政树新风,社会和谐享太平;第十三篇强化实施绘蓝图,富民强县有保障。

【年度计划编制】 2016年初,县发改局结合新常态下陆川县的发展特征,研究提出全县年度经济社会发展思路和目标任务,完成《陆川县2016年国民经济和社会发展计划》制定,提交县第十六届人民代表大会第一次会议审议批准通过。计划提出2016年全县经济社会发展的主要预期目标为:地区生产总值增长8%左右;财政收入增长7%;规模以上工业增加值增长9%;固定资产投资增长14%;社会消费品零售总额增长9%;居民人均可支配收入增长9%;城镇化率46%;城镇登记失业率控制在4%以内;节能减排控制在上级下达指标以内。

【重大项目建设】 2016年,陆川深入实施"项目带动"战略,全县强化措施推进项目建设。全县3000万元以上重大项目续建210项、新开工建设104项、竣工13项,年度计划投资265亿元,实际完成投资170亿元,占全县投资比重81.1%。其中,纳入自治区层面统筹推进项目7项,年度完成投资5.9亿元,占年度目标任务的105%;纳入市级层面统筹推进的亿元以上重大项目56项,累计完成投资46.2亿元,占年度计划目标任务的101%。其中,实现新开工项目20个、竣工项目5个。积极争取中央预算内投资,年内共争取到中央预算内投资项目31项,获得中央补助资金1.5亿元,是玉林市获得中央补助资金最多的县(市、区)。抓好重大项目融资。年内,县城市建设投资有限公司、小城镇建设有限公司、工业投资有限公司三大融资平台累计融资到位资金14.40亿元。重大项目建设取得进展,玉林至湛江高速公路(广西段)、县城东环路扩建、滩面35兆瓦光伏发电、中医院暨妇幼保健院整体迁建项目开工建设;长隆电子、美盛塑料、川迪机械、鸿生源环保设备项目竣工投产;世客城项目获2016中国优质人居金奖。强化中央预算内投资项目的政府管理,加强跟踪协调和监督检查,重点推进2014—2016年上级下达陆川县的257个中央预算内投资项目建设,至2016年底,累计完工项目210个,项目完工率81.71%;累计拨付中央预算内资金2.31亿元,中央资金拨付率56.48%。

【经济体制改革】

推进供给侧结构性改革 2016年,陆川县推进"三去一降一补"(去产能、去库存、去杠杆、降成本、补短板)五大重点改革。拆除宏达铸造物料有限公司208立方米高炉及其配套设备,化解过剩产能 20 万吨。完成商品房销售 3138 宗,面积 28.9 万平方米,比上年增长 19.1%。持续加大小微企业金融服务力度,年度新增贷款 12.8 亿元,比上年增加 4.62 亿元,增长 56.37%。降低全县一般工商业销售电价 1.5 分/千瓦时,减轻工商业户电费负担 110 多万元。推进新型城镇化、生态环境、基础设施、脱贫攻坚、公共服务等方面建设获得新的改善。

推进"四所合一"改革 撤销乡镇规划建设站、国土所,将乡镇国土、建规、环保、安监职能进行实体化整合,全县 14 个镇全部按照要求设立国土规建环保安监站,加挂综合行政执法队牌子。2016 年 9 月 29 日,召开全县乡镇"四所合一"改革推进工作会议暨签订下放权力事项委托书仪式,县国土、住建、环保、安监等部门与各镇签订权力下放委托授权书。12 月,全县各镇国土规建环保安监站均落实"六有",即有机构、有班子、有队伍、有场所、有制度、有保障,整合组建后的机构正常开展工作。

实行"六证合一、一照一码"登记制度 新登记注册企业(个体工商户)2669 户,比上年增长 10.6%。

推进公务用车改革 按自治区、玉林市公务用车制度改革要求,全县保留一般公务用车 105 辆,拍卖 60 辆,封存停驶 25 辆;拍卖的公务用车总体拍卖成交价翻 4 倍左右。首批公务用车改革单位的公务交通补贴于 2016 年 5 月发放到位。

推进公立医院改革 2016 年,陆川县启动分级诊疗工作,实行医保、医疗、医药三医联动,药品全面实现零差率销售,对医疗服务项目收费按改革调整后的执行。全县 4 家县级公立医院药占比为 30.02%,比改革前下降 5%;业务收入比改革前增加 1.28%,药品收入减少 16.7%,门诊诊疗人次增加 8.41%,门诊人均费用下降 1.67%,每出院人数次均费用仅增加 0.1%。医疗服务质量和服务能力得到提升,病床使用率上升到 85%,医务人员人均收入增加 2.8%。

【产业发展】

工业回稳增效 2016 年,陆川实现规模以上工业总产值 347.32 亿元,比上年增长 5.6%,增速比上年同期高 4.19 个百分点;实现规模以上工业增加值 90.87 亿元,比上年增长 6.8%,增速比上年同期高 4.3 个百分点。新增规模以上企业 3 家、上限企业 4 家、上亿企业 1 家,主营业务收入亿元以上工业企业 63 家。工业投资三项指标平稳增长,其中工业投资完成 114.54 亿元,比上年增长 2.8%;技改投资完成 112.29 亿元,比上年增长 5.5%;制造业投资完成 111.8 亿元,比上年增长 4.9%。

农业产业化进展加快 2016 年,陆川县实现农业总产值 59.26 亿元,比上年增长 2.85%。新增土地流转面积 533.33 公顷,全县累计完成农村土地承包经营权流转面积 1.38 万公顷,占耕地面积的 40%。涉及农户 9.06 万户,占农户数的 49.1%,其中实现 6.67 公顷(100 亩)以上规模经营的面积达 3200 公顷。粮食播种面积 4.39 万公顷,总产 26.85 万吨。水果生产面积 1.41 万公顷,产量 6.72 万吨,比上年增长 9.02%。种植中药材 9840 公顷,其中橘红种植面积 3800 公顷。水产畜牧业保持平稳增长。全年肉类总产量 11.39 万吨,比上年下降 2%;水产品产量 2.72 万吨,比上年增长 4.73%;肉猪出栏 102.59 万头,比上年下降 4.05%;家禽出栏 2130.64 万羽,比上年增长 1.93%。全县新增农民专业合作社 52 家,累计 536 家;新增家庭农场 20 个,累计 78 家;有 15 个农民专业合作社获评为 2015 年度广西农民合作社示范社。创建自治区级现代特色农业(核心)示范区 1 个,自治区认定的县级示范区 1 个,乡级示范区 2 个。

服务业稳健发展 2016 年,陆川县实现第三产业增加值 88.09 亿元,增长 7.9%。实现社会消费品零售总额 58.07 亿元,增长 9.93%,增速在玉林市排名第 3 位。房地产业稳健发展,实现建筑业总产值 36.17 亿元,增长 17.06%;房地产开发经营投资 4.13 亿元,增长 11.2%;商品房销售面积 28.9 万平方米,增长 19.1%。旅游业持续活跃,谢仙嶂普照禅寺开工建设,世客城获 2016 年中国优质人居金奖,谢鲁山庄获自治区旅游发展委员会批准认定为 AAAA 景区;新开设陆川客家之旅、陆川葡萄采摘观赏、陆川九洲江旅游等旅游线路,促进旅游商品开发销售和餐饮住宿业的企稳回升。年内接待旅游 325.4 万人次;旅游总收入 36.2 亿元,增长 20.8%。电子商务加快发展,村邮乐购发展到 55 家、电商企业 200 余家、农村淘宝服务站 56 家。

2016 年,县发改局加强企业调研。图为 6 月 22 日,局长黄平越(左二)等领导人员深入机电企业调研

县发改局 提供

【区域交流与合作】 2016年，陆川县建立完善粤桂（广东、广西）区域合作协调工作机制，联合推进九洲江治理。3月底，粤桂三县一局（陆川县、博白县、廉江市、湛江市运河局）九洲江综合整治联席会议在陆川召开，会议明确联手推进九洲江治理工作要求，进一步加强协作配合，做好信息、数据共享，建立健全各项联动机制，落实资金、人力、物力保障，加大联合执法等，确保九洲江水环境安全。探索建立九洲江流域粤桂合作示范区。提出在九洲江流域设立粤桂合作示范区的建议，玉林、湛江两市签订《共同推进建设九洲江流域粤桂合作示范区框架协议》，联合改善九洲江流域环境质量，促进流域内的生态环境建设与经济建设的可持续发展。建立"大招商、大服务、大兑现"工作机制，主动融入泛北、泛珠及东盟经济圈，参与玉林市"东靠南下、通江达海"和东部产业合作，机械、建材、生猪及农产品等商品外销规模不断扩大，促进外贸出口企稳回升。新引进广西鸿生源环保股份有限公司、广西玉林市兴源环保科技公司、广西中宜环境科技有限公司3家环保设备生产企业。

【节能减排】 2016年，陆川县万元GDP能耗下降7.33%，超额完成年度节能目标任务，其他主要节能减排指标均控制在自治区下达的指标以内。持续推进九洲江生态环境治理，年内清拆九洲江流域养殖场68家、面积6.30万平方米，拨付补偿资金2184万元。9家涉水工业企业整治基本完成。新建的9个镇污水处理厂已全部正常运行。48个农村环境连片综合整治项目均完成验收。加大非法采砂打击，采取24小时巡查机制，设置15个限高架，摧毁采砂船只106艘、行政查处18人，共整治非法砂场130家。投资200多万元购置巡逻船1艘、水浮莲打捞船2艘。建立健全"河长制"，实行县、镇、村三级全覆盖。持续对九洲江流域内的产业进行生态化改造。制定实施九洲江流域规模养殖场标准化改造实施方案，完成14家规模养殖场标准化改造，改建高架网床153家、25万平方米，建成生态养殖示范场6个。九洲江环保产业园完成2万平方米标准厂房建设，引进鸿生源和兴源环保企业，首批入园的10家塑料企业规划厂房布局。农村污水处理项目全面推进。投资6917万元动工新建沙湖、米场、珊罗、平乐、清湖等5个镇级污水处理厂；投资1亿元动工新建50个村级污水处理设施；投资2000万元动工新建5个片区垃圾处理中心；投资1600万元动工新建20个村级垃圾处理设施；投资1963万元对已建成的9个镇级污水处理厂新增纳污管网延伸建设。扎实推进生态补水工程建设。规划新建秦镜、石峡、陆选、六潘等水库4座，用于九洲江枯水期补水，确保九洲江水质长期稳定达标。年内完成4个水库的项目可研报告编制。生态乡村"三化"建设扎实有效。投入1578.55万元，完成示范村屯绿化73个、一般村屯绿化980个。投资8264.37万元，完成道路硬化287.19千米。完成饮水净化项目4个，受益人口5873人。　　（程欢武）

经济贸易管理

【经济贸易管理机构及概况】 2016年，陆川县经济贸易局（简称县经贸局）内设政秘股、经济运行股、商务股、项目投资股、中小企业股、资源利用股、发展改革股；公务员人员编制22名、工勤人员编制3名，实有人员28名。下辖事业单位有县商务行政执法大队、县节能监察中心、县中小企业服务中心；下属国有企业28家。县中小企业服务中心与县节能监察中心实行一套人马、两个牌子。年内，县经贸局加强工业及商贸经济运行的监控、指导、协调和服务；开展工业企业节能降耗监管，推进节能降耗和工业去产能；做好工业技改项目备案登记服务工作，协调推进工业项目建设；协调帮助企业融资，培育发展规模以上企业；加大企业上市培育；加强商务行政执法，推进"菜篮子"工程建设，做好生猪活体储备工作；推进陆川县电子商务发展及阿里巴巴农村淘宝项目建设，加强九洲江流域食品屠宰企业污染治理等。县经贸局被玉林市商务局授予玉林市商务工作综合奖二等奖，县电子商务服务中心被玉林市商务局授予玉林市电子商务先进企业。

【国有企业改革】 2016年，县经贸局对县磁选厂实行处置资产安置职工改制。年内，完成县磁选厂企业改制的财务审计、清产核资等工作。11月，县磁选厂召开职工大会，通过企业改制方案。

加大国有企业固有资产处置。5月，公开处置县南方陶瓷厂废旧设备一批；12月，公开拍卖县化肥厂的废旧设备，县化肥厂国有土地类别由工业用地变更为商住用地。年内，县经贸局所属的金山酒楼及原经委宿舍区等纳入县棚改范围，旧房全部拆除，并通过招拍形式处置土地资产。

【中小企业"助保贷"活动】 2016年，陆川县推进中小微企业"助保贷"（助保金贷款）。第一批放贷的陆川县三隆电子厂、广西喜爱家饮水设备有限公司、广西三零一机械制造有限公司、陆川县志强电机厂、陆川县华鑫电子厂等5家企业共获建设银行放贷1505万元。第二批放贷的陆川县长隆电子有限公司、陆川县陆洲机械有限公司、广西桂能铁塔有限公司、陆川县广鑫电子厂等4家企业共获放贷1415万元。加强对企业直接债务融资的扶持，陆川县（百汇百货）在广西北部湾股权交易中心挂牌，自治区免收挂牌费20万元。

【生猪活体储备】 2016年，县经贸局加强县级生猪储备，全县生猪活体储备承储企业有大塘坡猪鸡场、陆川县振兴养殖场等 2 家。推进"菜篮子"工程建设，加强猪肉市场调控，完善生猪储备管理办法、制定储备计划、签订承储合同。年内，全县落实储备生猪活体每轮 3200 头，每 4 个月进行一次分三次轮换储备。生猪活体储备在活猪供应紧张时保障县内猪肉市场不脱销、不断档，保障市场鲜猪肉供应。

【电子商务扶贫】 2016 年，陆川以电子商务建设为契机，实施推动农村电商精准扶贫，帮助农村贫困户实现脱贫。年内，完成 16 个贫困村农村淘宝服务站建设，占全部贫困村（67 个）的 23.88%，覆盖贫困村人口 16 万人。村级淘宝服务站合伙人，优先选择贫困家庭的知识青年。村级淘宝服务站促进贫困村的物流快递服务业加快发展，主要把本地的特色农产品通过网络销售帮助农产品上行，入驻电商企业网上销售的产品中，陆川猪系列产品、陆川橘红位列前二位。运营方式采取互联网＋合作社＋农户、互联网＋农业＋基地、公司＋联营商等运营模式，带动农村贫困户共同创业致富。通过农村淘宝，实现贫困户通过电子商务平台购买生产用具和生活用品，大大降低生产成本和消费成本。贫困户在网上购物，实行优惠政策，贫困户通过电商平台购买电视机，每台在网络平台价格基础上还可以享受厂家特殊政策，即同一类型电视机贫困户购买优惠金额每台 400元。年内，贫困户通过农村淘宝平台网购 TCL 电视机 206 台，通过优惠政策贫困户少支出 8.24 万元，减少贫困户经济负担。开展"党旗领航，电商扶贫"活动，通过网络服务点带脱贫、平台带脱贫、信息带脱贫等方式实现电子商务富民、电子政务便民、电子商务惠民。

【贸易市场环境治理】 2016 年，陆川县加强屠宰废水治理。完成九洲江流域 9 家重点工业企业治污或设施升级建设。加大生猪屠宰场废水治理，县食品公司、温泉食品站、乌石食品站、滩面食品站、良田食品站、沙坡食品站中心屠宰场、横山食品站等 7 家屠宰场污水接入城市污水管网工作全部完成。大桥食品站、古城食品站等 2 家企业环保污水处理设施升级改造建设竣工，并通过县财政部门验收，县食品公司完成搬迁重建前期工作及项目征地，沙坡食品站木梗桥屠宰场已完成环保污水处理设施升级改造土建工程建设。

3—4 月，开展严厉打击环境污染违法犯罪专项行动，重点查处养殖场、点养殖废水排放；生活污水处理及运行，沿江河直排、偷排；河道采砂、区域采洗山砂等违法排污、超标排污行为。重点对县道一级、二级路沿线两侧可视范围，九洲江主干、支流两侧及生态示范带、点附近，各圩镇及县城周边等地进行整治。

加大二手车市场、典当、单用途商业预付卡执法检查。2016 年，陆川县商务行政执法大队加强二手车市场、典当、单用途商业预付卡日常执法检查工作，督促企业落实有关制度和相关数据报送。年内，对二手车市场检查 9 次，其中对陆川县全顺二手车交易市场有限公司、陆川县瑞利二手车交易市场有限公司下达责令整改通知书；对典当行业检查 1 次，对单用途商业预付卡检查 3 次。进一步规范二手车市场、典当、单用途预付卡的管理。

【成品油市场秩序专项整治行动】 2016 年 5 月—6 月，陆川县开展成品油市场秩序专项整治，县人民政府办公室印发成品油市场秩序专项整治工作方案，组织县公安局、经贸局、工商局、安监局、质监局、交通局、环保局、宣传部、公安交警大队、公安消防大队单位联合开展成品油专项整治行动，重点对城乡结合部及县、镇公路沿线和镇、街道非法建设经营的加油窝点、流动加油车辆（含改装的加油车），各大型停车场内非法经营成品油行为，非法私设的油库、储油罐或以自用油名义建设从事成品油经营活动的油库（站、点）、储油罐，假借运输危险货物而销售成品油的车辆等进行整治。共出动车辆 27 辆次，人员162 人次，共封存储油罐 7 个，柴油储量约 20.50 吨；扣押改装无牌流动加油车 1 辆、油罐车 1 辆，柴油储量 4 吨；实施行政处罚 3 万元。

【安全生产"打非治违"】 2016 年，陆川县在经贸系统行业领域开展"打非治违"（打击整治各类非法违法生产经营行为）专项行动。以民用爆炸物品、非煤矿山等高危行业领域为重点，集中进行打击和整治。对广西玉林市桂宁民用爆炸物品有限责任公司陆川分公司每月进行安全检查 1次，主要检查超员、超量等行为控制情况，电子监控系统落实情况，企业外部安全距离符合要求情况，库房定员定量标识及控制落实情况，库房防雷设施符合情况等。对公司的《民用爆炸物品销售许可证》《民用爆炸物品运输许可证》及员工的上岗证、培训证、资格证等进行专门检查。敦促陆川县铅锌矿每月进行安全生产自查 1 次，县经贸局对矿区的主要设备、主要系统、安全生产隐患情况、安全培训情况、《安全生产许可证》《企业法人营业执照》《采矿许可证》《排放污染物许可证》《水土保留方案合格证》及员工的上岗证等进行监督检查。

（陈 智 罗成志 黎明强）

招商引资

【招商引资工作机构及概况】 2016年，陆川县招商引资促进局（简称县招商局）内设政秘股、招商股、项目信息协调股；编制 8 名，在职人员 7 人。年内，围绕县委、县政府实施"一城一地一支点"发展战略，以提升陆川生态水平、推进陆川经济转型升级、注重调结构兴产业发展等，拟定招商引资总体目标，推进招商引资工作。年内,全县新签约实施引资项目(含续建项目)建设35个,计划投资总额110.13亿元,实现到位资金73.55亿元,完成全年计划目标任务73亿元的100.75%,比上年增长0.40%。

【招商引资项目签约】 2016年,陆川县加大招商引资工作。落实招商引资工作任务。玉林市下达陆川县招商引资区外境内项目到位资金目标任务73亿元、实际利用外资1050万美元。年初,将玉林市下达陆川县招商引资的目标任务分解下达到各镇各有关部门。制订陆川县招商引资总体目标,落实各镇各有关部门招商引资目标任务。加强投资软环境建设,完善招商引资服务的政策,营造良好的招商服务环境。加强招商引资工作督查,实行重大项目每月一督查一通报,其他项目一季度一督查一通报。并利用信息宣传网络服务平台进行信息发布宣传。加强招商引资绩效考核,提高招商引资考核分值,实现年度目标任务。年内,县级层面签约项目8个,计划投资58.26亿元。其中,澳之山欢乐本草农业生态园项目总投资1.96亿元,红木家具生产项目总投资1.50亿元,建筑机械生产设备项目总投资1.10亿元,广西南方健康园项目总投资1.80亿美元,世客城客家温泉文化旅游艺博城项目总投资5亿元,世客城亲子文化主题公园项目总投资3.40亿元,陆川县环境综合治理PPP投资项目总投资30亿元,陆川县九洲江综合治理微生物酶环保砖项目总投资4.50亿元。

【招商引资活动】 2016年,县招商局围绕实施"一城一地一支点"发展战略,开展重点精准招商活动6次。4月下旬,由县主要领导带领招商小分队赴云南开展液态肥项目招商考察活动。6月中旬,由县主要领导带领招商小分队参加由玉林市委市政府在浙江省宁波市举行的投资项目推介会,县政府与宁波象山尚农科技有限公司成功签约生态农业项目1个,

2016年,陆川县加大招商引资工作。10月28日在县城召开陆川县"商行天下·情系陆川"招商推介恳谈会 叶礼林 摄

项目总投资15亿元。7月4日—19日,玉林市开展在广东驻点招商行动,陆川县派出招商小分队赴广东省(江门、中山、佛山、东莞、惠州、深圳等市)开展粤桂合作驻点大招商行动,采取上门拜访、召开座谈会的形式进行招商行动。期间,走访企业31家(如江门百得利包装材料公司、中山友利玩具城公司、佛山亚太西奥电梯制造公司、东莞市高能电池有限公司、金坤林业投资有限公司、百炼实业(香港)有限公司、博罗县嘉晨机械有限公司、深圳市清宇橡胶制品有限公司等)和两个县(区)的综合服务中心,拜访中山市广西商会、东莞市陆川商会和惠州市广西商会,并在走访的市、县、区召开企业负责人座谈会,重点介绍陆川县的经济发展情况、投资优势,推介陆川需要引进的项目情况以及发展前景;了解广东企业的发展状况及对企业的扶持政策等。招商行动中了解有投资意向的项目有:油茶种植基地和纯天然日用品生产项目;锂电池生产项目;建设艺术幼儿园项目;马达和电机生产项目;宝利能源光伏发电项目;玩具生产项目;环保检测和环保工程运营项目;一体化废弃动物无害化和生活垃圾无害化处理设备机项目;建设水上

乐园项目等。7月15日—22日,由县分管招商的领导带领招商小分队参加由玉林市政府带领在长三角地区开展驻点招商行动。驻点城市在台州市,主要开展小分队上门拜访,走访推介洽谈,跟踪推进在谈项目等招商活动。9月10日—12日,由县主要领导带队参加广西举办的第十三届东盟博览会和参加玉林市委、市政府在容县举办的海外华侨华人玉林恳亲会。在第十三届东盟博览会上,陆川县共签约项目2个:香港公爵控股有限公司总投资额1.8亿美元的广西南方健康园项目,由远辰(北京)国际投资集团有限公司总投资额5亿元的世客城客家温泉文化旅游艺博城项目。在容县举办的海外华侨华人玉林恳亲会上,陆川县签约由广西远辰客家文化城投资有限公司总投资额3.4亿元的世客城亲子文化主题公园项目。11月9日—12日,由县主要领导带队参加玉林市政府组织到浙江杭州、江苏宜兴开展精准招商工作,共签约项目3个:陆川县九洲江流域区域生态环境综合整治项目、中宜生态土研究院广西(陆川)分院筹建项目、陆川县九洲江流域区域生态环境综合整治技术咨询与服务项目。 (庞家胜)

劳动管理

【就业扶持】 2016年,陆川县贯彻落实促进就业的政策措施,加大就业扶持,促进就业。加大就业扶持政策宣传,引导企业加快发展,提供创业帮扶服务,创造就业机会。顺应产业转移和结构调整需要,整合各类培训资源,加强职业技能培训,增强就业能力;推进创业孵化基地的建设;开展下乡培训,为农民提供技术和服务,鼓励农民就业,扶持农民工返乡就业,促进各种形式的灵活就业。年内,全县新增城镇就业4362人,下岗失业人员再就业600人,大龄就业困难人员再就业75人,新增农村劳动力转移就业8048人;城镇登记失业率控制在3.19%,比目标控制率4%低0.81个百分点。

【公共就业服务平台建设】 2016年,陆川县抓公共就业服务平台搭建,拓宽就业服务渠道,开展就业援助、"春风行动"等各项公共就业服务专项活动,为就业、用人双方搭建沟通平台,为求职者与用人单位实现有效对接,选择就业门路,推进就近就业。年内,共开展企业用工招聘会8场,会上有230多家用人单位入场,招聘的岗位有240个,招聘人数2.15万人,免费职业介绍人数670多人,政策咨询1310多人,发放就业创业手册、宣传单等资料5.13万份,达成就业用工协议1340人。

【农民工创业担保贷款】 2016年,陆川县落实农民工创业担保贷款惠民政策。县人社局出台《陆川县农民工创业担保贷款实施办法》,开展农民工创业担保贷款服务,促进创业带动就业。落实好创业担保基金50万元,年内发放创业担保贷款11笔,贷款金额107万元,扶持农民工创业50人,

实现带动就业近200人,促进农民工自主创业,推动全民创业。

【农民工职业技能培训】 2016年,陆川县加强农民工职业技能培训。广西柳州商贸技工学校、玉林市飞翔职业技能学校、陆川县海德科技专修学校等3家定点培训机构,开展就业技能培训(C类)培训班14个(其中家畜饲养工5个班、育婴员3个班、保育员6个班),创业培训班3个;共培训人638人。7月,在珊罗镇长纳村开展创业培训(SYB),培训人员27人;大桥塘镇侯村开办家畜饲养班,培训人员42人。

【劳动者合法权益保护】 2016年,县人社局加强农民工权益维护。年内,共处理劳动争议调解仲裁案件112件,案前调解73件,立案受理39件,结案39件,结案率100%。按照《工伤保险条例》的规定,做好工伤案件的受理、调查核实和认定结案工作,认定工伤50起。加强劳动人事争议调解仲裁工作。2016年,受理和协调处理案件41件,涉及金额257万元,涉及人数176人,结案率100%;签订企业劳动合同52份,签订集体劳动合同6份。

【劳动保障监察】 2016年,陆川县建立重大欠薪案件通报制度,实行县发展改革局、公安局、司法局、财政局、住房和城乡建设局、市政市容管理局、交通运输局、水利局、人民银行陆川县支行、经贸局、工商局、总工会等部门联动,加大县辖区内建筑领域拖欠农民工工资问题的查处,组织开展农民工工资支付情况及清理整顿人力资源市场秩序专项检查行动2次。向各类用人单位送发《关于开展2016年劳动保障监察书面材料审查工作的通知》,检查用人单位177家,未发现违反法律法规等规章制度情况,各类用人单位上交单位用人材料42家。推进劳动保障监察"两网化"建设。全县劳动保障监察投诉举报45件,办结44件,结案率97.78%,共追发劳动者工资492.7万元,涉及人数280人。推进集体合同制度实施,明确劳动用工备案操作程序,全县规模以上企业劳动合同签订率100%。

【广西第三届农民工技能大赛陆川县选拔赛】 2016年6月,县人社局在县职业技术学校举办广西第三届农民工技能大赛选拔赛,选拔赛共设中式烹调师、汽车维修工、家政服务员、钢筋工、砌筑工等5个工种,报名参加选拔赛选手100多人。经选拔,共有参赛选手95人,其中中式烹调师20

2016年10月28日,陆川县举行秋季企业用工招聘会。图为招聘会现场一角

县人社局 提供

2016年6月15日，陆川县举行农民工技能大赛选拔赛。图为农民工技能大赛开幕式

县人社局　提供

人，汽车维修工19人、家政服务员20人、钢筋工19人、砌筑工17人。9月，陆川县组织选拔选手95人参加在南宁举办的广西第三届农民工技能大赛，其中获中式烹调师一等奖1名、二等奖2名、三等奖3名；汽车维修工一等奖1名、二等奖2名、三等奖3名；家政服务员一等奖1名、二等奖2名、三等奖3名；钢筋工一等奖1名、二等奖2名、三等奖3名；砌筑工一等奖1名、二等奖2名、三等奖3名。

（庞全富）

社会保险事业管理

【社会保险事业管理机构及概况】2016年，陆川县社会保险事业管理局（简称县社保局）内设综合股、财务股、信息技术股、基金征缴股、待遇发放股、机关事业单位养老保险管理股、职业年金管理股、基金稽核股、城乡居民社会保险股、退管服务股、定点管理股、档案管理股，编制56名，实有人员48人。年内，执行社会保险各项政策，重点突出抓好社会保险扩面、征缴、清欠、保发放等工作，扩大全县社会保险覆盖面，规范社会保险事务管理，促进社会保险事业健康发展。完成全县社会保险扩面征缴目标，全县城镇职工基本养老保险、基本医疗保险、失业保险、工伤保险和生育保险参保人数21.73万人，保险征缴收入2.58亿元。全县城乡居民社会养老保险参保人数为28.41万人，参保率达99.53%，支付各类保险费用5.08亿元。

【城乡居民社会养老保险一体化工作】2016年，陆川县推进城乡居民社会养老保险业务系统、财务系统和银行端实现三方联网，缴费全部实行财务系统代扣代缴。把城乡居民社会养老保险工作列为县政府为民办实事和绩效考核的重点项目工程，强化政府在城乡居民社会养老保险体系建设中的责任，对开展城乡居民社会养老保险工作起到积极助推作用。强化城乡居民社会养老保险宣传。按时足额发放城乡居民社会养老保险待遇，以保发放促参保。开展城乡居民养老保险领取待遇人员实地查访核验，实地查访14个镇100个村，查访核验领取城乡居民养老保险待遇的3.77万人，实地查访核验率为40.52%。

【机关养老保险改革】2016年，陆川县推进机关养老保险改革。3月，县社保局内部抽调8人成立机关事业养老保险管理股和职业年金管理股，建立业务经办窗口，完善办公场所和办公设备。召开全县机关事业单位养老保险制度改革及政策培训班2期：第一期宣传和解释有关机关事业养老保险的政策和参保资格确认业务培训，参加培训460多人，印发相关文件和业务资料800份；第二期对参保单位和参保人员基本信息采集系统操作进行培训。年内，全县共有机关事业单位710个，应参加该次养老保险制度改革的机关事业单位699个，完成数据采集并审核通过的单位544个，完成2014年10月至2016年12月基数申报并审核通过的单位429个。

【基本医疗保险和生育保险同城化政策实施】2016年，陆川县执行北部湾基本医疗保险和生育保险同城化政策，严格审核医疗报销材料，材料齐全、真实，计算准确，未检查出有违反审批程序，每月按时足额、准确支付。从2014年年末开始实行基本医疗保险付费总额控制，全县共有3家公立医院实行付费总额控制，按指标拨付。

【城镇居民大病保险试点】2016年，陆川县实施城镇居民大病保险试点，全县有5家二级以上（含二级）定点医疗机构实现城镇居民基本大病保险"一站式"即时结算，参保人员只需支付个人自付费用，完成率95.77%。

【全民参保登记】2016年，陆川县全面开展全民参保登记计划工作。开发建立全民参保登记系统（含基层登记经办客户端），7月25日全民参保登记信息系统（正式）上线。建立全县完整的参保数据库，基本实现全县社保数据的集中和对比。加大全民参保系统业务培训，9月组织城乡股工作人员参加玉林市社保局举办的全民参保系统业务培训。加强全民参保专项宣传,利用新闻媒体、宣传片、海报、标语等多种形式,全县全民参保进行多渠道、全方位的专项宣传。至年底,各镇、村、社区全民参保登记进入入户调查工作阶段。

【保险基金安全监管】 2016年,陆川县加强基金安全监管工作。一是加强社保基金规范管理。完善社保基金预算管理制度,增强基金管理的计划性和约束力;健全社保经办规范管理机制,确保各科室、各岗位之间权责分明、相互制约;强化社保经办稽核工作,到死亡退休人员户籍所在地开展冒领、重复领取养老保险待遇核查工作,有效防范养老保险基金的流失;强化"两个定点"(定点医疗机构、定点零售药店)的监管,严厉查处各种违规行为;探索基本医疗付费方式改革,促进医疗基金平稳运行和健康发展;完善内控机制,提升防范基金风险能力。二是加强社保基金行政监督。建立社保基金运行定期报告制度和要情报告制度,实现全面、动态、适时监管。加强社保基金联网监管,利用社保基金监管软件,及时处理重复参保、重复领取待遇等疑点信息。三是加强社保基金社会监督。推进社保基金信息披露工作,按照"阳光社保"的要求,定期公布社会保险运行信息,及时披露各项社会保险基金政策调整情况。建立多方联动基金监督机制,自觉接受人大、政协、纪检、社会、司法和审计监督,及时化解基金风险。

【便民认证服务平台建设】 2016年,陆川县推进便民认证服务平台建设。2015年起开始采用"人脸识别"技术开展领取职工基本养老保险待遇资格认证,首次建模即采集退休人员人脸信息成功后,对居住在国内外的退休人员只要有连接互联网的电脑和视频摄像头的地方,即可以足不出户完成资格认证,方便单位和群众资格认证。对于年老体弱不能到现场建立脸模的人员,由工作人员实行上门建模、认证。至2016年,全县办理企业职工基本养老保险待

2016年1月4日,县长蒙启鹏(后右三)等领导到县社保局服务网点调研

叶礼林 摄

遇资格认证2.02万人,财政统发领取待遇资格认证5641人。 (李小雁)

物价管理

【物价管理机构及概况】 2016年,陆川县物价局内设综合股、价格收费审批股、价格监测股,编制12名,在职干部职工10人。下属单位有县物价检查所、县价格认证中心。县物价检查所编制8名,在职干部职工8人,县价格认证中心编制17名,在职干部职工15人。年内,加强价格收费管理,落实降低电价政策,减轻工商业用户电费负担110.68万元;开展价格专项检查;拓展价格认定领域,价格认定618件,标的额309.25万元。全年CPI指数运行平稳,1—12月居民消费价格指数涨幅控制在3%内。县物价局获玉林市物价工作先进单位称号。

【价格收费管理】 2016年,县物价局改进价费监管方式,减轻群众和企业价费负担。年内,清理取消农用机动车二号保养维修费、燃气综合治理服务费等10项收费项目,减轻企业和群众负担1.53万元;减免对企业征收的城市园林绿化补偿费、国内植物检疫费等收费19项,减轻企业和群众负担3.59万元;降低9项行政事业性收费收费标准,减轻企业和群众负担3.57万元。落实降低电价政策,从2016年1月1日起,降低全县一般工商业销售电价1.5分/千瓦时,减轻工商业用户电费负担110.68万元。

【价格收费项目审批】 2016年,县物价局对政府定价、政府指导价项目的审批,坚持严格程序,按规定在县政务服务中心窗口办理,审慎出台。年内,对2家公司的机动车安全技术检验收费进行审批;在自治区物价局规定的公费医疗机构病房床位费幅度内,结合县财政定项补助、已报和新农合支付政策、医药总收支等情况,制定县医疗机构病房床位价格,联合县卫生和计划生育局、县人力资源和社会保障局下发《关于我县公立医院、区总工会陆川温泉疗养院病房床位价格的通知》(陆价发〔2017〕27号)。

【价格改革】 2016年,县物价局实施国家完善价格改革方案及政策。一是放开县内客车客运票价,实行市场调

节价的客车客运票价，由相关经营者根据生产成本、市场供求等因素自行定价，要求经营者发售、预售班车客票，并在各售票窗口及客车的醒目位置向社会公布具体执行票价，自觉接受社会监督。二是加强电价管理，推进电价改革，降低实体经济企业电力成本。改进企业减产停产期间基本电费计费方式，自2016年5月1日起至2017年12月31日，企业办理用电减容手续的不受次数限制。降低高可靠性供电费用，从2016年1月1日起至2017年12月31日，对用户自建的两路及以上多回路供电用电户，按现有高可靠性供电费标准的70%执行。

【价格认定】 2016年，县价格认证中心开展价格认定工作，配合县九洲江整治、九洲江转移产业园建设、政府征地拆迁补偿等，出动人员60多人次，实施价格认定6件，认定金额148.85万元；调解价格矛盾，处理价格纠纷。出具价格咨询证明15份，标的金额1975.43万元。

涉案财物价格认定 2016年，县物价局协助公安等部门加强涉案财务价格认定，对发生盗窃、损坏公私财物案，与县价格认证中心及时进行现场勘验、价格认定。完成涉案财物价格认定618件，认定金额309.25万元。

应税物价格认定 2016年，县物价局加强与县地税、国税等部门的协调。2016年完成应税物价格认定249件，认定金额2.36亿元，比申报价格7693.84万元，增加1.59亿元，增加率206.23%。

国有资产处置价格认定 2016年，县价格认证中心开展国有资产处置价格认定，开创国有资产处置价格认定工作先河。对每宗国有资产的价格认证，不管其他评估机构是否评估过，须进行实地(实物)勘验，市场调查，测算，严格按照认定工作流程进行，防止认证结果失实。年内，完成国有资产价格认定23件，认定金额2.98亿元(其中直接价格认定15件，中介评估后再认定8件)。其中，8件经中

介评估后由县价格认证中心再认定，交由市场竞拍，实现增值，共增加财政收入2457.32万元。有效防止国有资产拍卖出现串标、围标现象，确保国有资产处置保值、增值，防止国有资产的流失。

【市场价格监管】 2016年，全县物价涨幅控制在3%左右的调控目标。加强价格监测，大部分商品价格运行与2015年相比稳中有升，在正常范围内波动，供求大体平衡。其中，粮油零售价格基本持平；当令鲜菜价格总体稳中略升，季节蔬菜有升有降，升降幅度不大；猪肉价格上升较大；瓶装液化气价格与上年同期相比略有下降。

加强商品价格巡查。2016年，县物价局在节假日期间派出人员对3家平价超市等大型超市及九洲市场、友爱市场、旅游景点门票、停车收费、娱乐收费开展巡查，加大商品价格明码标价宣传，有效地制止价格欺诈。节假日期间没有出现乱涨价、乱收费的行为。

【价格执法检查】 2016年，县物价局加强县内餐饮行业价格行为专项整治，制定专项整治方案，并于5月1日—5日在陆川电视台播放公告。年内，共检查餐饮经营单位53家，发放宣传资料100份，下达《整改通知书》5份，规范全县餐饮行业的价格行为。

涉农涉企价格收费专项检查 2016年，县物价局派出检查组抽查2个镇供销社，与县纪委联合抽查18所学校收费情况，对发现存在的问题已实行责令整改。对水电、供电、质量技术监督、气象、房产等涉企收费的单位进行检查，没有发现违价收费行为。

药品价格专项检查 2016年，县物价局对县内19家非营利性医院的药品价格及大型药品零售企业如：大参林、裕康药业等6家零售店进行药品价格检查。非营利性医院的药品实行零差率销售，部分常用药品在医院的醒目位置进行价格公示，零售药店采用企业自制的统一标价签进行标价，没有发现违价行为。

价格举报咨询服务 2016年，县物价局共受理的价格举报问题35件，主要是反映房地产代办证收费问题、水电费问题、交通事故等扣押车辆保管收费问题、强制收取企业会员服务费问题、小车驾驶证补考收费问题、客运票价过高问题、小区物业收费问题等。加强价格举报值班制度，12358电话全天候受理群众投诉举报。对举报件做到及时回复，化解价格矛盾。

(邓 凝)

工商行政管理

【工商行政管理机构及概况】 2016年，陆川县工商行政管理局(简称县工商局)内设办公室、法规与行政执法督察股、反不正当竞争执法与商标广告监督管理股、消费者权益保护股、市场与合同规范管理股、企业与个体私营经济监督管理股、人事股、财务股、监察室；编制136名，实有人员116人。下辖县城区工商所4个、镇工商所14个，全县工商系统在编在职人员116人。全县有个体工商户13792户，私营企业3108户，内资企业1014户，微型企业910户，农民专业合作社538户，家庭农场81户。立案查处案件152件，罚没款36万元。

【工商制度改革】

"六证合一""两证合一"登记制度改革 2016年，县工商局推进"六证合一"、"两证合一"工商登记制度改革，加大改革宣传，设立咨询服务台，加强与部门沟通协作，采取信息共享等措施，实现注册登记便利化。10月1日起实行企业注册登记"六证合一"，到11月底颁发营业执照96户；12月1日起实行个体工商户注册登记"两证合一"，"六证合一""两证合一"登记制度改革后，县工商局共发放"一照一码"营业执照2669户。

"先照后证"改革 2016 年，县工商局推进"先照后证"改革，执行企业登记前置审批改后置审批，先办照后办理相关许可证件，严格执行企业登记前置，除前置目录保留的 37 项前置审批事项及 30 项企业变更登记、注销登记前置审批事项，其他全部改为后置审批。履行"双告知"（书面告知申请人需要申请审批的经营项目及其相应的审批办理部门，将市场主体登记注册信息及时告知同级相关审批部门）职责，实施"双告知"1760 户，促进市场主体信息的共享应用。

【服务经济社会发展】 2016 年，县工商局实施"抓大壮小扶微"工程，鼓励、支持、引导非公有制经济发展，对 913 户微型企业进行跟踪扶持服务。鼓励具有一定实力的个体工商户实施"二次创业"，推进"个转企，小升规，规改股，股上市"，年内全县有 5 户个体工商户转型升级为企业。做好动产抵押登记服务，便利企业融资，年内共办理企业动产抵押 31 件，企业融资 10305 万元。为申办农民专业合作社执照开设绿色通道。年内，全县新办农民专业合作社 171 户。

开展经纪活农活动。2016 年，县工商局在全县举办农村经纪人培训班 6 期，主要培训农村党员经纪人、党群致富联合体、农民专业合作社、农村行业协会、龙头企业负责人、村"两委"干部中的经纪人、贫困户中的代表等，参与培训人员 350 人，有针对性地开展业务指导，搞活农村经济，带动贫困户脱贫、农民增收致富。

【"品牌兴企"战略实施】 2016 年，县工商局开展"一所一标"（指每个工商所年内至少发动一个企业申请注册一个商标）活动，加快培育、发展注册商标，年内全县发展注册商标 30 件。指导、帮助企业争创著名商标 2 家，在 5 家获得广西著名商标的企业建立商标品牌指导服务站，帮助提升企业的知名度和市场竞争力。加强企

业信用体系建设，开展"守合同、重信用"活动，陆洲机械制造有限公司、桂川集团建设有限公司 2 家企业成功申报为 2015 年度自治区守合同重信用公示企业。

【市场经济秩序维护】

节日市场整治 2016 年，元旦、春节、清明节、"五一"、端午节、中秋节、国庆节等节日期间，县工商局开展节日市场专项整治，共出动执法人员 1623 人次，出动检查车辆 431 台次，检查市场 122 个次，超市 276 个次，检查经营户 5343 家次。加强各工商所之间开展区域联片市场检查，维护全县节日市场秩序的稳定。

红盾护农行动 2016 年，县工商局开展红盾护农工作，协助推进九洲江流域环境治理。对农资生产经营企业和农户关于农药化肥的正确使用进行教育指导和宣传，农资生产经营企业和农户对九洲江流域的生态保护有正确的认识。组织开展红盾护农、农资打假集中整治行动 3 次，出动执法人员 512 人次，执法车辆 83 台次，检查市场 18 个次，农资经营主体 342 家次，规范农资市场主体。加强农资商品质量监测，抽检化肥样品 6 个，配合自治区工商局抽检化肥样品 14 个，检测出不合格样品 9 个，立案查处经营不合格化肥产品的经营户 5

家，罚没款 3.01 万元。

网络商品交易监管 2016 年，县工商局运用广西网络商品交易监管系统平台，开展网络商品监管工作。检查网站网店 96 个次，实地检查网店 51 个次，没有发现违法商品交易信息。指导陆川县电子商务中心做好阿里巴巴农村淘宝网站的建设，促进商品流通，维护消费者合法权益。年内，全县有 53 家农村淘宝网站、200 多家网店实行网上销售。

合同监督管理 推广适合涉农企业和农民需求的《农产品订购合同示范文本》，共指导涉农企业签订订单合同 500 份，金额 386 万元。对拍卖活动实施检查监督。对在陆川境内开展的拍卖活动实行现场监拍，共备案 5 起。开展合同格式条款专项整治行动。着力解决与人民群众切身利益密切相关的"霸王条款"问题，出动执法人员 108 人次，执法车辆 40 台次，检查旅行社 14 家次、电信营业点 101 家次、供气经营单位 115 家次，检查合同 614 份，没有发现合同格式条款违法行为。

专项市场秩序整治 开展打击制售假冒伪劣商品和侵犯知识产权行动，立案查处商标侵权案件 3 起。加强对广告市场的监管，加强对广告主、广告经营者和广告发布者的检查、监测，规范广告经营行为，重点加

2016 年 3 月 10 日，县工商局开展农资市场整治　　　　县工商局　提供

强医疗药品保健品虚假违法广告和房地产广告专项整治。加强成品油市场监管。年内共出动执法人员280人次、车辆36车次，检查加油站（点）28个次，查封油罐7只、柴油12吨、加油机2台，扣押加油机1台、运输车辆2辆、柴油1.5吨，立案查处涉嫌非法经营成品油案件6件，已结案1件，罚款3万元。

实施事中事后监管 2016年，陆川县实施先照后证改革后，加强事中事后监管，县政府印发《陆川县实施先照后证改革后加强事中事后监管工作方案》，建立事中事后监管联席会议制度。4月，举办专题培训班，研究解决监管中存在的问题，按照上级部门事中事后监管目录，明确各部门监管职责，开展事中事后监管工作，推进建立"双随机，一公开"抽查机制。县工商局制定"双随机一公开"实施细则，工商系统随机抽查事项清单、随机抽查市场主体名录库、随机抽查执法人员名录库（简称"一单两库一细则"）。一是开展虚户企业清理，沥青企业总数水分。对2013年度未年检及2014年、2015年度未年报、经营异常的197户企业列入清理对象，经过深入走访查找核查，依法吊销企业73户，引导企业注销5户，办理企业变更74户，此项工作排在玉林市工商系统的前列。二是开展市场主体年报信息抽查。10月，抽查市场主体84户，其中71户检查结果正常，9户失联，已列入经营异常名录；4户企业不予配合检查情节严重，信息公示已标注不予配合检查。三是宣传发动指导企业开展年报工作，到6月30日关闭年报系统止，全县2015年度企业年报率90.04%，个体工商户年报率83.78%，农民专业合作社年报率93.96%。

"无传销县"建设 2016年，县工商局按照"打防并举，重在治本"原则，建立健全"打、防、控、管"长效机制，坚决打击违法传销活动，进一步规范直销企业。年内全县辖区内无传销组织、无传销网络、无传销人员活动，陆川县被自治区打击传销工作领导小组认定为"2014—2016年广西无传销县"。

"扫黄打非"专项行动 2016年，县工商局配合县公安、县文广局等部门开展"扫黄打非"联合整治行动，开展整治行动5次，出动执法人员71人次、执法车辆23台次，检查网吧26家次，KTV娱乐场所12家次，检查图书、音像及文化经营场所123家次，有效地维护全县文化市场的经营秩序。

【消费维权网络建设】 2016年，全县有"一会两站"消费者协会分会，消费者投诉站、"12315"联络站197个，"12315"维权服务站144个。开展消费投（申）诉、举报的处置，深化行政调解与司法调解衔接，县工商系统、县消委会共接到消费者来电来访139人次，其中咨询122人次，投诉23件，成功调解投诉23件，调解成功率为100%；处理举报案件9件，办结率100%，为消费者挽回经济损失6.19万元；投诉转为立案查处2件。

【安全健康消费环境建设】

消费教育引导 2016年，县工商局加强面向消费者、经营者的消费教育引导。建立消费教育和咨询服务体系。利用"3·15"消费者权益日，发挥政府有关部门、社会组织、新闻媒体的优势，加大消费安全制度。县工商局在县老人大学、清湖镇老人活动中心等消费教育基地举办巡回讲堂5次，发放宣传资料3000多份，接受消费教育396人次。针对投诉的热点及老年人消费市场的旺点，选择宣传有关消费维权法律法规，在电视台发布消费警示信息，传授识假辨假知识，印发防范老年人消费受骗知识。开展专门的市场检查，保护老年人消费权益。开展"诚信经营·放心消费"街区创建工作，提升消费水平。年内，县工商局在县城区新洲中路创建放心街区，在镇一些经营户中开展诚信创建活动。

3月15日，县工商局、县消委会联合24个部门，在县人民会堂门前开展"3·15"国际消费者权益日宣传活动，共受理消费者咨询618人次，消费投诉6件，发放消费维权宣传资料1.20万份。县工商局主要领导及分管领导到"12315"中心参与热线电话的接线工作，现场接听电话，解决百姓关注的民生问题。发布消费维权典型案例和消费警示。县工商局收集整理2015年全县消费维权典型案例并筛选近期全县消费投诉的热点及难点问题，在县电视台和广播电台发布消费警示，营造经营者守法经营、消费者正确维权的良好氛围。

针对消费者对电商企业申诉举报数量日益突出的情况，县工商局对米场镇多家网络科技有限公司负责人进行集中约谈，引导其在经营服务中进行自查自纠，加强和改进服务，主动履行维权社会责任。

开展消费维权乡村行动 3月14日，县工商局到乌石镇陆龙村开展"消费教育大讲堂"活动，发放宣传资料300多份，助推农村消费者树立绿色、文明、节约资源和保护环境的消费理念，指导农村贫困户发展绿色农产品和生态农产品。

【流通领域重点商品质量监测】 2016年，县工商局开展手机商品抽样检测工作，依法委托法定检验机构对销售手机的经营户进行质量抽检，抽样检测手机5组，其中有2组检测结果为不合格，已立案查处，没收不合格手机2台，罚款5400元。

【工商队伍建设】 2016年，县工商局加强干部队伍建设。组织县工商系统公务员学习中共十八届六中全会精神、党章、党规和习近平总书记系列重要讲话精神，加强教育培训，年内举办业务培训班8期，培训公务员400人次。重点培训行政诉讼法暨行政处罚信息公示、企业年报公示制度、消费维权知识等。强化网络培训，并列入公务员年度考核，参与网络培训230人次。 （黄飞声）

审 计

【审计工作机构及概况】 2016年,陆川县审计局内设政工秘书股、行政事业审计股、综合经济审计股、经济责任审计分局、固定资产投资审计股;编制15名,实有人员14人。下辖县政府投资审计办公室,编制10名,实有人员9人。年内,完成审计项目83个,其中预算执行审计2个,财政资金收支1个,地税征收审计1个,专项资金审计2个,政府投资审计68个,经济责任审计9个,违规金额11.87亿元,管理不规范金额2416.29万元,核减政府投资结算造价1725.35万元。提交审计工作报告、信息96篇,被玉林市审计简报采用信息8篇。

【预算执行审计】 2016年,县审计局完成县财政预算执行和部门预算审计项目2个,针对财政收支管理和制度、机制方面存在的6个问题,提出关于加强预算管理工作、加强财政往来款的清理、积极推进公务卡结算制度、完善债务管理制度、防范和化解财政风险等方面管理的意见和建议5条,加大问题整改的监督,促进预算执行的规范化和科学化。

【固定资产投资审计】 2016年,县审计局完成县城区温汤东路市政道路建设工程、温泉大道人行道铺装工程、县中学学生食堂扩建工程等68个项目的审计工作,送审金额2.35亿元,审定金额2.18亿元,核减金额1725.35万元,审减率7.34%,保障重点项目建设和资金"双安全"。

【经济责任审计】 2016年,县审计局围绕领导干部贯彻落实县委、县政府重大决策部署、重大经济决策、财政财务收支真实性、合法性、效益性、内

2016年3月23日,自治区审计厅厅长何小聪(前排中)到陆川调研。图为县审计局在汇报工作   县审计局 提供

部控制制度建设和廉政建设等方面要求,根据县委、县政府中心工作和群众关心的"热点""焦点"开展党的领导干部经济责任审计。年内,纳入经济责任审计单位8个,审计领导干部9人,查出主要问题金额521.46万元。提出审计整改及合理化意见建议21条。

【专项资金调查与审计】 2016年,县审计局加强民生专项资金审计,围绕县重大民生工程,重点对2014—2015年义务教育专项经费、2016年度"美丽广西·生态乡村"活动财政专项资金开展专项审计调查,共查出主要问题金额24.87万元。在义务教育专项审计调查中发现部分学校存在超范围使用教育专项经费、套取经费、食堂管理存在虚报实物采购数量等问题6个,督查相关部门对存在问题进行整改。

【审计调研】 2016年3月23日,自治区审计厅厅长何小聪一行3人到陆川县就"如何适应审计新常态,践行审计新理念"进行调研审计,在县审计局召开调研工作汇报会。与会人员并参观指导审计新办公楼规划建设。
                                         (吕陆宾)

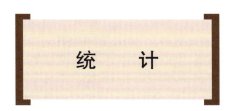

统 计

【统计工作机构及概况】 2016年,陆川县统计局(简称县统计局)内设政秘股、综合与国民经济核算股、工业与投资统计股、服务业调查股、农村统计股,编制20名,实有人员17人。年内,县统计局加强统计基础建设,健全统计管理制度,完成年度工业、农业、固定资产投资、建筑及房地产、能源、商贸等各行业数据的收集、审核、汇总和上报工作,按月、季编写各类统计信息资料,编印《陆川县2015年国民经济和社会发展统计公报》《陆川县2015年县卡》《陆川县2016年统计年鉴》等,完成全国1%人口抽样调查收尾工作和全国第三次农业普查的前期工作等。全县经济运行平稳,主要经济指标基本达到预期的目标。

【统计年报】 2016年,县统计局采取措施加强统计年报工作。一是强化组织实施。专门召开年报、定期报表工作会议,明确总体思路,制定实施

方案,提出年报、定期报表组织方式及操作规程、质量控制、数据处理和总结考核等各环节工作要求,加强年报、定期报表组织工作。二是明确目标责任。制定工作目标责任制,明确各专业人员工作目标责任落实到人。三是落实规范标准。落实统计工作规范,要求每个专业人员按照统计工作规范要求,严把数据质量关。四是加强沟通协调。加大专业间的协调力度,及时准确收集基层基础数据;加强与相关部门和上级部门的沟通、衔接、掌握第一手资料,确保统计数据有理有据。五是完善评估机制。完善统计数据质量评估机制,确保各项经济指标客观反映全县经济运行情况。年内,完成年度的统计年报、定期报表和各项定期统计调查工作,并加强对统计数据的审核、评估、分析工作。

【统计服务】 2016年,县统计局围绕县委、县政府的中心工作,开展统计调研,收集统计信息,提出意见和建议,发挥"咨询台"作用,提高统计服务的时效性、敏锐性,提升统计服务水平。年内,发布《陆川县2015年国民经济和社会发展统计公报》和《陆川县2015年县卡》,组织编印2015年《陆川县统计年鉴》,每月编印《统计月报》和《经济运行分析报告》等统计信息,为领导决策和引导部门抓好落实提供较好的统计服务。

【固定资产投资和"四上"企业申报】 2016年,县统计局加强项目申报入库统计,督促项目单位按照规范要求完善申报资料,确保5000万元以上项目及时入库,做到完成投资应统尽统。加强对投资完成情况的考核,每月对当月重大项目建设情况进行通报,对项目开工应开未开、进度缓慢、未按期竣工的项目及时督查督办。按照新增规模以上工业企业申报工作及规模以上企业和限额以上商贸企业培育工作的要求,要求每个镇至少应完成"四上"企业(即规模以上工业企业、限上商贸企业、规模以上服务业企业、房地产企业及资质等级建筑业企业)各1家的申报工作。共召开调度会3次,部署推进固定资产投资和"四上"企业申报工作。年内,全县有28个5000万元以上项目成功入库,完成投资20.80亿元,有3家规模以上工业企业、1家商贸企业、1家商贸个体户已申报成功,并通过国家审批。

【统计普查】 2016年,县统计局推进第三次农业普查、人口抽样调查等重大普查调查工作。

第三次全国农业普查 根据国家和自治区的部署,做好第三次农业普查工作。选聘普查指导员、普查员1200人。加强县、镇级农业普查培训,县统计局加强对14个镇的农业普查业务培训指导;全县共举行培训4期,培训普查指导员、普查员5000余人次,分发《农户普查表》《规模户普查表》《快速登记表》《致农户的一封信》《宣传画》等普查资料20万份。利用气象显示牌、宣传标语等形式开展农业普查的宣传。开展第三次农业普查遥感测量工作,完成14个镇2112个抽中普查小区的划分、小区图绘制、数据摸底录入、审核上报等工作。

1%人口抽样调查 2016年,陆川县部署开展1%人口抽样调查人口变动工作,对九龙社区和桥鲁、良厚、平乐、三善、月垌、水花、甘片、车田、水亭、谭村、滩面等11个村的3000余人变动情况进行调查。根据人口抽样调查数据汇总结果显示,全县常住人口79.54万人,城镇人口33.92万人,城镇化率为42.65%。 (龚二勇)

质量技术监督

【质量技术监督机构及工作概况】 2016年,陆川县质量技术监督局(简称县质监局)内设办公室、综合管理股、法规监督股(稽查大队)、特种设备安全监察股,编制15名,实有人员14人;下辖县计量检定测试所,实有人员15人。年内,县质监局继续加强产品质量安全监管,保障特种设备安全和危化品安全运行,全年无安全生产事故发生。

【计量监督】 2016年,县质监局共检定辖区内各类计量器具2745台(件),其中衡器1591台、压力表534块、加油机501枪、天平94台、砝码25个,为实施计量监督提供技术支持。完成业务总收入40.45万元。

2016年,开展第三次全国农业普查。12月28日,陆川县召开第三次全国农业普查方案及PDA操作培训班　　县统计局　提供

【产品质量监管】 2016年，县质监局加强企业产品质量监督检查，开展对人造板、化肥、农药、水泥、机械等行业的18家企业进行日常监督检查。对纤维板、水泥、农资、陆川铁锅等20批次产品进行抽样检验，合格率100%。对获得工业产品生产许可证的企业，按照质量安全风险等级分类，进行定期监督检查，共检查企业32家次。

【执法监督】 2016年，县质监局开展儿童用品、家用电器、电子产品、食品相关产品，智能手机、床上用品、家具等消费品、特种设备等专项和日常执法检查活动，共出动执法人员680人次，出动执法车辆212台次，检查企业、门店237家次，办理行政执法案件3起，立案3起，结案3起。受理投诉举报5起，办结5起。抽取化肥样1个、合格1个，砖样20个、合格20个，水泥样3个、合格3个，胶合板2个、合格2个。

烟花爆竹、危险化学品企业安全专项整治 2016年，县质监局制定检查方案，明确检查工作重点。共检查单位7家，查处隐患2处，当场整改2处。对烟花爆竹企业产品质量进行抽样检查，抽取样品5个，合格样品2个，不合格样品3个；对不合格样品进行立案调查，对3个不合格企业进行处罚，并在县政府网站公开3起烟花爆竹抽检不合格案件。

建材、重点消费品、成品油等专项执法行动 2016年，县质监局、公安局、工商局、经贸局等部门联合开展执法行动，派出执法人员40多人次，查获9个窝点，移交给有关责任部门立案查处。

加强对液化石油气市场监管 2016年，县质监局共抽检液化石油气样品5个，合格率100%。

开展建材生产领域质监利剑行动 巡查木板厂5家；抽查检验烧结普通砖样品14个，合格率100%。

认证实验室监管 2016年，县质监局对县内7家获得认证的实验室（陆川县华通机动车辆安全技术检验有限公司、陆川县永盛机动车检测有限公司、玉林市桂顺机动车辆检测有限公司、陆川县交通开发公司运输车辆综合性能检测站、陆川县疾病预防控制中心、广西陆川县永泰建设工程检测有限公司、陆川县环境监测站）开展检验检测机构资质认定专项监督检查，督促实验室开展自检，引导实验室参加检验检测统计填报工作。

【特种设备安全监察】 2016年，县质监局加强特种设备的日常巡查，加强对特种设备安全隐患的检查，整改安全隐患。年内，共出动特种设备监察执法人员240余人次、车次80余次，巡查特种设备使用单位80多家，检查特种设备150多台，发现特种设备一般隐患57处，实行当场整改；发现重大隐患5处，下达指令书5份，已全部整改完。对辖区内所有危险化学品仓储企业进行全面排查。排查液化石油气充装单位5家、液氨仓储危化品仓储企业1家，排查发现个别液化石油气充装单位存在气站在充装前后检查记录及充装记录不够完善的问题，已限期整改。开展特种设备百日攻坚战、电梯安全大检查、燃煤锅炉检查等专项整治。共检查电梯120台，其中登记使用15年以上的老旧电梯4台，按时做好日常维护和记录；检查在用工业燃煤锅炉11台，管理人员持证上岗率100%；全县无特种设备安全责任事故发生。

【"质量兴陆"战略实施】

首届县长质量奖评选 2016年，陆川县启动首届县长质量奖评选工作。邀请获中国质量奖提名奖、自治区主席质量奖和玉林市市长质量奖的玉柴股份有限公司质量专家到陆川进行质量巡讲活动，营造良好的宣传氛围。向社会征集县长质量奖标志，收到全国各地作品12件，评选出前三名。组织引导县内各行业6家企业申报陆川县首届县长质量奖，经过材料审查、现场审查、评审委员会评审、公示等程序，评选出广西聚银牧业集团有限公司和陆川九鼎牧业有限公司两家企业获得首届县长质量奖，发放奖金各10万元。

推进技术标准发展战略 2013年12月，陆川地方品种猪养殖综合标准化示范区项目列入国家第八批农业标准化示范项目。至2016年，已完成项目建设。11月初，以90.82分通过自治区专家组验收。

名牌产品培育 2016年，陆川县组织开展陆川铁锅地理标志产品保护申报，年内已通过自治区质监局专家初审，自治区质监局已向国家质检总局申报。开展广西名牌产品培育申

2016年，陆川县开展首届县长质量奖评选活动。11月22日，陆川县县长质量奖评审暨2016年度实施质量兴桂战略绩效考评工作会议在县政府二楼会议室召开

县质监局 提供

报工作，共发动培育企业5家，推荐铁锅、矿泉水、生猪等产品进入2016年度广西名牌产品目录。陆川九鼎牧业有限公司申报的"猪配合饲料"产品获2015年度"广西名牌产品"称号。

【特种设备应急演练】 2016年7月5日在金川宾馆举行，县质监局、县安监局、金川宾馆、维保单位等有关人员参加特种设备（电梯困人）事故应急救援演练。重点开展电梯受困人救援演练，提高参演人员的安全意识和对电梯困人事件的应变能力。12月15日，在百民气库开展特种设备重大危险源突发事故应急演练，县质监局、县安监局、县市政局、百民供气、陆威液化气公司、诚信液化气公司、龙珠液化气公司、木花山液化气相关人员参与应急演练，模拟演练项目主要有充装台充装系统发生液化石油气泄露、阀门发生液化石油气泄露、储罐第一道阀门或安全阀等处发生液化石油气泄露和发生液化石油气泄露引起火灾。演练明确救灾的流程，参演人员分工合作，按要求完成特种设备重大危险源突发事故的应急救援，进一步提高各液化石油气充装单位对特种设备突发事故的应急处置能力。 （叶曼蓉）

食品药品监督管理

【食品药品监督管理机构及概况】 2016年，陆川县食品药品监督管理局内设政秘股、行政审批股、综合协调股、政策法规股、食品生产监管股、食品流通监管股、食品餐饮监管股、药品医疗器械监管股、保健食品化妆品监管股，编制25名，实有人员25人；下辖县食品药品执法大队及14个镇食品药品监督管理所，编制89名，实有人员73人。县食品安全委员会办公室设在县食品药品监督管理局。年

内，县食品药品监督管理局加强食品药品日常监管和专项整治，全县没有发生食品药品安全事故，县食品药品监督管理局获玉林市食品药品安全工作一等奖。

【食品生产安全监管】 2016年，县食品药品监督管理局加强食品生产日常监管，抓好源头防范管理。一是严格落实企业和食品生产加工小作坊的主体责任，实行网格化管理，与监管的29家获证企业和200多家食品生产加工小作坊签订《食品安全生产责任书》；二是开展日常巡查和专项检查。年内，开展重大节假日食品专项检查，重点开展食用植物油专项检查、肉制品专项检查、鲜湿米粉专项检查等，共出动执法人员2300多人次，执法车辆750多车次，检查食品生产企业102家次，食品生产加工小作坊520多家次，责令整改共性问题30多个，跟踪落实整改问题20多个。在食品生产环节没有发现有违法添加和滥用食品添加剂的情况。

【食品流通安全监管】 2016年，县食品药品监督管理局开展食品安全整治大行动，重点加强节假日、学校、市场等方面专项整治，确保食品流通环节的安全。

重大节假日食品安全整治 2016年元旦、春节、中秋、国庆等重大节假日期间，开展食品安全专项大检查，共出动执法人员976人次，检查食品经营户2508户，检查发现问题经营户36户，整改36户。

学校及周边食品安全专项整治 2016年，加强学校及周边食品安全整治，共出动执法人员1570人次，执法车辆530车次，检查学校及周边食品经营单位954户次，责令整改253户，发放宣传资料1260份，签订食品经营者食品质量安全责任状130份。

走私冷冻肉品和进口食品防控 2016年，县食品药品监督管理局加强走私冷冻肉品监控，组织开展防控走私冷冻肉品流入市场及进口食品

质量安全专项整治，共出动执法人员1142人次，执法车辆384车次，检查农贸市场10个，学校食堂及大型餐饮服务单位279家，进口食品经营户223家，经营冷冻肉类食品冷库6家，共查处违法经营无中文标签、中文说明书进口食品（奶粉）案件4起，查扣无中文标签、中文说明书进口食品（奶粉）89.80千克，涉案货值1.40万元，罚款金额3.17万元。

清查河豚及其干制品专项整治行动 2016年，县食品药品监督管理局加强河豚及其干制品整治，共出动执法人员41人次，执法车辆21车次，检查全县水产品（干制品）销售点63家、农贸市场10个、超市31家，在检查过程中没有发现销售河豚及其干制品的行为。

食用农产品市场监管 2016年，按照《食品农产品市场销售质量安全监督管理办法》要求，加强农贸市场开办者和农产品销售者监管，监督进货查验、台账登记和索证索票等情况，开展食用农产品监督抽检和快速检测。开展食用农产品快速检测115批次，快速检测全部合格；开展食用农产品监督抽检240批次，合格238批次，检验不合格食用农产品2批次，其中检验出红米椒因镉超标不合格，芹菜因农药毒死蜱超标不合格。通报日常监督检查、监督抽检及快速检测情况，确保全县农贸市场销售的食用农产品来源可靠、质量基本安全。

【餐饮消费安全监管】 2016年，县食品药品监督管理局对餐饮消费安全监管重点开展日常监管、临时抽查、跟踪督查等，督促餐饮服务单位规范化管理，排查各类餐饮风险隐患，共出动检查人员1965人次，执法车辆336辆次，监督检查961户次，发放监督意见书261份，日常监督表980份。检查单位覆盖7种业态，共902户。年内，全县持证餐饮服务单位498家，应年度评定的餐饮单位294家，100%实施量化分级年度评定。完成总体动态评定餐饮服务单位392家（部分餐

饮单位已停业或正在申请撤销及少量卫生条件评分过低不予评定),应评定完成率100%。

食品餐饮安全专项整治行动 2016年,县食品药品监督管理局注重学校饮食安全,开展春季、秋季学校食堂及学校食品安全隐患排查治理行动,共检查中小学、幼儿园及职业学校食堂308家次,出动执法人员924多人次,执法车辆268辆次。责令改正15家,罚款1家。开展重大节假日期间食品安全等专项检查,出动餐饮执法人员1125人次,检查餐饮服务提供者605家,其中重点检查68家,责令整改37家,下发监督意见书415份。对全县中小学、幼儿园(含持教育许可证的民办幼儿园)食堂餐饮持证情况进行大检查,重点检查学校食堂的设施设备建设、卫生条件等。年内,学校食堂持证率由原来的90%提升至98.5%。开展明厨亮灶工作检查,全县辖区内的持证餐饮服务提供者498家,完成持证餐饮服务单位明厨亮灶建设的135家,覆盖率为27.11%。

重大活动食品安全保障 2016年,县食品药品监督管理局加强县人大、政协"两会"、中小企业商机博览会(玉林)及县中考、高考等重大活动餐饮食品安全保障,按要求做好饮食安全保障方案,向活动地点派驻工作组,重点对食品原料来源、餐饮食品制作过程、食堂的环境卫生等进行检查,利用快速检测仪器对食品样品进行安全检测。年内,完成自治区政府主要领导到陆川调研工作等多次重大活动饮食安全保障工作22次,对食品、食品原料及餐饮具等快速检测8类样品110个,饮食安全保障人数2.60万人次,全县重大活动期间餐饮食品安全"零"事故。

食品安全监督抽检 2016年,县食品药品监督管理局共抽检食品506批次(食品生产环节181批次,食品流通环节289批次,餐饮消费环节32批次,保健食品4批次),完成快速检测1308份(食品生产环节93批次,食品流通环节715批次,餐饮消费环

节500批次),品种涉及饮用水、月饼、鲜湿米粉、花生油、酱油、大米、饼干、肉制品、食用农产品等。抽检药品20批次、化妆品6批次。

【保健食品监管】 2016年,县食品药品监督管理局加强保健食品监管,共检查保健食品经营户204户,按照自治区食品药品监督管理局要求,开展以灵芝等为原料的保健食品流通领域"蓝健行动"专项整治,检查保健食品经营企业的经营资质、产品合法性、制度的建立执行等内容,重点检查企业15家,其中6家被列为自治区重点检查企业,检查结果均为合格。

【化妆品监管】 2016年,县食品药品监督管理局开展化妆品日常监管,检查化妆品销售企业192户。开展进口化妆品专项检查行动。重点检查进口化妆品的产品合法性、产品标签、进货渠道、索证索票和产品质量等方面,进一步增强经营企业守法诚信经营意识,规范进口化妆品经营市场秩序。开展化妆品不良反应事件监测,全县监测上报化妆品不良反应81例。

【药品管理】 2016年,县食品药品监督管理局与相关单位签订药品安全生产责任状。加强药品医疗器械、药品流通的安全检查。元旦、春节期间,开展药品医疗器械安全大检查、整治药品流通领域违法经营行为专项检查及特殊药品、含特殊药品复方制剂专项检查等,共出动执法人员700多人次,执法车辆284车次,检查药品生产企业3家次,药包材生产企业2家次,医疗器械生产企业2家次,药品医疗器械经营、使用单位598家次。开展非法经营疫苗专项检查,共出动执法人员242人次,执法车辆116车次,检查县疾病预防控制中心、各医疗卫生单位的疫苗采购及储存等情况,未发现非法经营疫苗的行为。配合玉林市食品药品监督管理局开展《药品经营许可证》、GSP证书换发工作,完成药品经营企业换发证247家。

【药品医疗器械不良反应事件监测】 2016年5月,县食品药品监督管理局与县卫计局联合开展药品医疗器械不良反应事件监测,主要对镇卫生院以上医疗机构药械化妆品不良反应事件和药物滥用监测。年内,共上报药品不良反应709例(其中新的、严重的不良反应报告366例,占比药品不良反应的51.62%),医疗器械不良反应事件283例,化妆品不良反应事件105例。

【食品药品安全宣传】 2016年,县食品药品监督管理局加大新修订的《中华人民共和国食品安全法》(简称《食品安全法》)和食品药品安全宣传。开展"12331投诉举报宣传日""政务公开日""科技宣传日""食品安全宣传周""全国安全用药月"等宣传活动,加大食品药品安全宣传,共悬挂宣传横幅100多条,摆放宣传展牌100多块,发放宣传材料5.10万份,接收群众咨询6500多人次;开展食品药品安全宣传进社区、进农村、进学校等宣传活动,发放宣传资料1.50万份;利用电视、广播、网络、报纸、宣传手册、拉横幅等多种宣传形式宣传新《食品安全法》和食品药品安全知识,开展行风热线讲解食品药品安全知识,发放宣传手册1万多份,悬挂横幅400多条,宣传板块500多块;举办食品药品管理人员、技术人员、从业人员等各类食品药品培训班39次,共培训人员2830多人次,发放宣传资料5020份。在各类网站、微博等平台发布食品药品安全宣传教育信息600多条。

【食品药品突发事件应急演练】 2016年11月17日,县食安办、县食品药品监督管理局联合举办食品安全突发事件应急演练和药品安全突发事件应急演练,县卫计局、县农业局、县水产畜牧局等部门组织人员参加演练,分别模拟食品中毒事故、药品安全事件的完整应急处置过程,各部门都按照既定部署应对突发事件的发生。

(朱明润)

安全生产监督管理

【安全生产监督管理机构及概况】 2016年,陆川县安全生产监督管理局(简称县安监局)内设政秘股、协调救援股、企业矿山股、危化股、烟花爆竹股,下设安全生产监察大队、职业卫生监督管理所;行政编制12名,参公编制7名,工勤人员1名,实有人员20人。县安全生产委员会(简称县安委会)办公室设在安监局。年内,县安监局对全县安全生产工作实施综合监督管理,加强安全监管,依法实施行政许可,严肃查处违法行为,全县安全生产形势继续保持稳定发展。

2016年,全县共发生道路交通事故13起,死亡11人,受伤5人(其中,交通事故11起,死亡10人,受伤5人;铁路事故1起,死亡1人;火灾事故2起,无人员伤亡),经济损失199.95万元。工矿商贸企业、农机、水上交通无伤亡事故。全县没有发生较大以上生产安全事故,安全生产实现事故起数和死亡人数双下降,连续4年工矿商贸企业没有发生安全生产事故。

【重点行业领域安全专项整治】 2016年,县安监局加强非法生产经营、非法运输烟花爆竹、危险化学品、非煤矿山、水上交通、采砂等重点行业的打击。全县共检查持有安全生产许可证的非煤矿山40家,排除隐患25处。年内,取消不符合条件烟花爆竹经营点21个,打击取缔废弃轮胎炼油点1个,配合相关部门开展打击非法采砂行动5次,对安全隐患治理不力、不听劝告的企业予以重罚全县通报。加强对危险化学品运输、储存、经营销售环节的安全排查,强化加油站的安全管理,落实生产、储存剧毒化学品的单位专人值班看守制度。共检查持证生产经营使用的危化品企业25家,

排除隐患12处。检查烟花爆竹生产经营企业7家,落实烟花爆竹生产经营企业负责人带班制度。开展反"三违"杜绝"三超一改"活动;加强烟花爆竹生产、储存、运输、销售等环节的安全管理,共查出安全隐患23处并责令其整改。12月,全县有5家烟花爆竹生产企业书面申请退出烟花爆竹生产行业。开展职业病危害防护网上申报工作,全县申报企业273家。

开展销毁收缴非法烟花爆竹产品活动。6月29日,县安监局、县公安局联合在马坡镇良厚村的空旷地带销毁2015年、2016年收缴的非法烟花爆竹产品1000多件,其中烟花300多件,爆竹700多件,案值10万多元。

【"安全生产月"活动】 2016年6月,第十五届"安全生产月"期间,陆川县广泛开展安全生产宣传活动。6月14日,在县人民政府门前市政广场举行"安全生产月"专题晚会。通过晚会节目的表演,传播法治文化,普及安全生产知识宣传。6月16日,在新洲路举行"安全生产月"咨询日活动,县安委会43个成员单位参与宣传活动,共悬挂宣传标语280多条幅,发放宣传资料1.30万份,接受群众咨询2000多人次。6月18日,县安监局在良田镇清玉石场组织非煤矿山企业(露天矿山)坍塌事故应急救援演练。玉林市安监局、陆川县委、县安监局等领导到现场观摩指导,全县43家非煤矿山企业负责人及周边县市安监局领导等85人观摩。参加演练人员120人,设企业自救队、救援支队2组,演练全程1个多小时,主要提升非煤矿山企业安全生产应急救援水平和应变能力,进一步增强抗灾救援技能。

【安全生产领域"打非治违"行动】 2016年,陆川县开展"打非治违"专项整治行动,县安监局出专项整治工作方案,把打非治违和专项整治等工作结合,县安监局联合各镇人民政府、县公安局、国土局、经贸局、住建局、交管大队、消防大队等部门,在全县范围内开展安全生产领域"打非治违"大行动。全县共检查单位912家,发现隐患452处,完成整改430处,立案7起,行政处罚金额8.25万元,责令限期整改106家,停产整顿6家,打击非法行为33次,打击违法行为3015次,其中取缔非法冶炼厂1家。对检查中发现的各类问题和隐患,分类进行整改,要求企业做到隐患整改措施、资金、人员、时限、预案"五落实",行业主管部门跟踪督办整改。

(李飞燕)

2016年,陆川县加强非法烟花爆竹整治。6月29日,县安监局在马坡镇良厚村的空旷地带销毁非法烟花爆竹产品
县安监局 提供

农林水牧渔业

NONGLINSHUI MUYUYE

2016年9月21日,玉林市金融扶贫政策大宣讲在陆川举行   叶礼林 摄

农业综述

【农业概况】 2016年，陆川县农业和农村工作围绕县委、县政府实施"一城一地一支点"发展战略，发展现代农业、特色农业，推进农业产业化及美丽乡村建设，全县农业和农村经济实现持续稳定发展。年内，全县农林牧渔业总产值55.16亿元，比上年增长2.74%。其中，农业产值20.01亿元，增长4.68%；林业产值3.33亿元，增长7.77%；牧业产值27.01亿元，增长0.28%；渔业产值2.98亿元，增长4.36%；农林牧渔业服务产值1.83亿元，增长8%。农民人均纯收入11980元，增长10.2%。全年粮食播种面积4.39万公顷，粮食总产量26.83万吨。年内，陆川县土壤肥料工作站获农业部颁发的耕地质量提升技术示范推广三等奖、陆川县获全国农村集体"三资"管理示范县称号。

2016年，陆川县农业局内设政工秘书股、农业生产与科技教育股、经营管理股、市场与经济信息股(农产品质量安全监管股)、政策法规与农村改革股、农业区划办(农业遥感站)，编制24名，实有人员23人。下辖事业单位有县农业技术推广站、县土壤肥料工作站、县植保站、县种子管理站、县农民科技教育培训中心、县农业环保站、县农村全优经济经营管理指导站、县蚕业技术指导站、县农业科学研究所、县农业行政综合执法大队、县农产品质量安全区域检测站、县农村土地承包经营权流转服务中心及14个镇推广站，事业单位编制153名，实有人员130人。

【农业劳动力】 2016年，全县有农业人口85.87万人，农村劳动力55.69万人，占农业人口总数的64.85%，平均每个劳动力负担耕地0.06公顷(0.9亩)。外出务工青年劳动力23.25万人，占农村劳动力的41.76%。

【农业产业扶贫】 2016年，陆川县加大农业产业扶贫力度，重点对水果(葡萄)、中药材、食用菌、蔬菜、粮食种植及陆川猪、肉牛养殖和农业旅游等8大产业进行扶贫。清湖镇民富葡萄种植专业合作社采取"党支部＋基地＋合作社＋农户"模式，联结贫困户25户，在清湖镇塘寨村建设葡萄产业示范园33.33公顷，年内吸引游客3800多人次，入园采摘葡萄8000多千克，销售收入16万元。陆川县君丰投资有限公司在马坡镇新山村、大兴村、雄英村建设的千亩橘红基地，面积228.66公顷，种植橘红133.33公顷，间种牛大力26.67公顷、火龙果13.33公顷、粉蕉4万株。陆川县绿丰农业专业合作社采取"公司＋基地＋合作社＋贫困户"模式，联结贫困户248户，贫困户可通过出租土地、务工、分红增加收入。广西神龙王农牧食品集团有限公司实施陆川猪扶贫合作试点养殖，在良田镇良田村、大桥镇大塘村、珊罗镇六燕村、温泉镇安宁村建设养殖示范基地4个，覆盖贫困村18个，贫困户1170户、贫困人口5440人，采取"公司＋基地＋贫困户委托公司集中养殖参与分红"运作模式，年内出栏陆川杂交土猪4.86万头，养猪收入1458万元，利润收入145.80万元，保底基金新增纯收入43.20万元。陆川县陆宝食品有限公司牵头在横山镇良塘村、潭村、陆洪村、清平村投资建设陆宝肉牛养殖基地，实行"公司＋基地＋贫困户家庭饲养"的运作模式，联结贫困户207户参与肉牛养殖。广西丰兄农业开发有限公司的食用菌生产基地，采用"灵活劳务挣薪金＋劳务承包大棚分现金＋小额信贷入股变股金"等模式助农脱贫，涉及米场镇5个村贫困户93户、贫困人口346人，贫困户年纯收入4000~7500元。广西桂菜园生态观光农业产业园示范带动全县蔬菜产业发展，全县蔬菜种植面积9266.67公顷，辐射并带动贫困村5个、贫困户502户。陆川县金丰源水稻专业合作社牵头带动的粮食产业，辐射温泉镇洞心村、安宁村周边的贫困农户168户积极种粮，促进全县粮食增产。以谢鲁山庄、谢仙嶂、龙颈瀑布、龙珠湖、绿丰橘红产业(核心)示范园、乌石龙化中药材种植专属区、乌石镇吹塘至龙化村十里河画(湿地公园)、九州江两岸万亩有机田园等为轴心的旅游观光业，年接待游客100多万人次，总收入4.80亿元。

【现代特色农业示范区建设】 2016年，陆川县推进现代特色农业示范区

桂菜园蔬菜产业示范区花生基地　　　　　　　县农业局　提供

建设,成立现代特色农业示范区建设工作领导小组,出台优惠扶持政策,支持龙头企业、合作社、家庭农场发展,从用地、用人、用电给予优惠,优先安排项目、资金。鼓励民间组织积极参与,创造良好环境,吸引更多社会资金、技术、人才等资源投入现代特色农业示范区建设。加大陆川中药材产业发展,县政府出台《陆川县中药材种植奖励扶持办法》,对规模化中药材种植进行补助。年内,全县投入示范区建设资金3.23亿元,其中市、县扶持资金7330万元。全县建成现代特色农业示范区20个。年内,现代特色农业示范区通过自治区、玉林市验收4家,其中陆川绿丰橘红产业(核心)示范区被评为玉林市现代特色农业(核心)示范区,陆川县桂宝生猪产业示范区被评为广西县级现代特色农业示范区,陆川县桂菜园蔬菜产业示范区、陆川县春旺橘红中药材产业示范区被评为广西乡级现代特色农业示范区。

陆川绿丰橘红产业(核心)示范区,核心区面积228.67公顷,拓展区面积666.67公顷,辐射区面积1666.67公顷,计划投资1.50亿元。

2016年陆川县获玉林市级以上龙头企业和农业示范区(社、家庭农场)名录

玉林市农业产业化重点龙头企业(4家):

广西明发有限责任公司	广西桂菜园生态农业有限公司
陆川县金田源农业有限公司	陆川县君丰现代农业有限公司

自治区级农业示范区社(15家):

陆川县风光养种专业合作社	陆川县嘉顺养羊农民专业合作社
陆川县陆宝园区养殖专业合作社	陆川县年丰水稻种植农民专业合作社
陆川县中兴水稻制种农民专业合作社	良田镇春旺橘红种植专业合作社
良田镇耀辉养鱼专业合作社	陆川县易水养鱼专业合作社
陆川县野人原生态养猪农民专业合作社	陆川县里光牧业专业合作社
良田镇集邦养殖专业合作社	米场叹可养殖专业合作社
陆川县致富养猪专业合作社	陆川县一品养殖专业合作社
古城镇福粘农机专业合作社	

玉林市级示范社(8家):

陆川县恒伟养殖专业合作社	陆川县悦盛杠杆种植专业合作社
马坡镇农大砂糖桔专业合作社	陆川县林海种养农民专业合作社
陆川县陆菜园种养专业合作社	陆川县绿丰农业专业合作社
良田镇新街养猪专业合作社	陆川县金丰源水稻专业合作社

玉林市级示范性家庭农场(6家):

陆川县悦心家庭农场	陆川梨木寨家庭农场
陆川县誉丰家庭农场	陆川县苏媛芳家庭农场
马坡镇伟其家庭农场	陆川县秀霞家庭农场

年内,完成投资7430万元(其中业主投入5030万元,政府整合项目投资资金2400万元),建成鱼塘6.67公顷;硬化水泥路14千米;建成综合性办公楼1600平方米、餐厅和住宿区3300平方米、加工厂和仓库2200平方米。示范区以陆川县君丰投资有限公司、陆川县绿丰农业专业合作社、陆川县

表24　　　　　　　　　　　　　　　　**2016年陆川县农业规模基地建设情况**

基地名称	类别	地址	占地面积(公顷)	主要品种
陆川县绿丰橘红产业(核心)示范基地	种植	马坡镇新山村	229	橘红、牛大力、粉蕉
陆川县桂菜园蔬菜产业示范基地	种植	清湖镇旺山村	67	毛豆、马铃薯、西瓜
陆川县丰兄农业休闲示范基地	种养	米场镇五柳、乐宁村	233	百香果、西瓜、食用菌、田螺
陆川县满地金农业开发有限公司示范基地	种植	良田镇竹山村	133	橘红、粉蕉
良田镇英平生猪养殖基地	养殖	良田镇文官村	33	猪、鱼
横山镇陆宝养牛示范基地	养殖	横山镇良塘、潭村	140	牛、鱼
滩面悦心农业示范基地	种养	滩面镇新旺村	233	百香果、芒果、养鹅、养鱼
清湖塘寨葡萄基地	种植	清湖镇塘寨村	33.33	葡萄
珊罗田龙韭菜基地	种植	珊罗镇田龙村	80	韭菜
乌石谢鲁淮山基地	种植	乌石镇谢鲁村	66.67	淮山
大桥火龙果基地	种植	大桥镇三善村	30	火龙果
沙坡白马湾沟砂糖橘基地	种植	沙坡镇白马村湾沟	60	砂糖橘
平乐砂糖橘基地	种植	平乐镇平乐村凤凰园合作社	30	砂糖橘

君丰现代农业有限公司为主,采用"公司+合作社+基地+农户"模式,依托农业部认证的陆川橘红农产品地理标志,发展橘红特色产业,是全国唯一一家集橘红科研、育苗、种植、加工、销售、文化为一体的产业基地,辐射华南橘红种植地区;成立的陆川橘红试验站,是广西壮族自治区内唯一的橘红科研基地。示范区引进广西龙头企业广西神龙王农牧食品集团公司、陆川县银湖橘红种植专业合作社,发展农业观光、休闲旅游、家庭农场等产业,年内种植橘红133.33公顷,牛大力26.67公顷,粉蕉20公顷(套种),火龙果13.33公顷。

【新型农业经营主体(农业产业化)建设】 2016年,陆川县发展粮食、果蔬生产和生猪、水产养殖为主的新型农业经营主体,创建各类新型经营主体先进单位。全县获得市级农业产业化重点龙头企业4家,自治区级示范社15家,市级示范社8家,市级示范性家庭农场6家。陆川县绿丰农业专业合作社、广西神龙王农牧食品集团有限公司、陆川县良田镇春旺橘红种植专业合作社、广西桂菜园生态农业有限公司等4家农业企业(合作社)和王永成种植大户等单位(个人)获自治区粮食及农林水优势产业扶持项目资金280万元,陆川县银湖橘红种植专业合作社、米场叹可养殖专业合作社、陆川县致富养殖合作社等4家合作社获中央财政农民专业合作组织发展资金合计37万元。

2016年,全县累计在县工商局登记注册农业企业115家,农民专业合作社566家,家庭农场83家,种养微型企业670家;在县民政局登记注册的农村经济协会105家,在县水产畜牧兽医局备案的养殖大户1482家,在农业局备案的种植大户259家,在县林业局备案的种林大户81家,被自治区人民政府认定为优秀"一村一品"村屯3个(古城镇陆因村、大桥镇陆透村、温泉镇中屯村)、"合作之星"

的合作组织1个(陆川县农业水产畜牧联合会)。全县累计获自治区农业产业化重点龙头企业6家,市级农业产业化重点龙头企业32家,国家级示范社4家,全国农民合作社加工示范单位1家,自治区级示范社30家,市级示范社46家,市级示范性家庭农场23家。陆川县被农业部认定为第三批全国农村集体"三资"(资金、资产、资源)管理示范县。

【生态乡村(新农村)示范建设】 2016年,陆川县生态乡村建设以打造跨省区小流域治理的典范、产业转型升级的典范、生态文明的典范"三个典范"为目标,把生态乡村建设和江河治理、产业发展、群众教育相结合,加大九洲江综合治理、发展生态产业,加大乡村人居环境改造建设、发展生态旅游业等,推进生态乡村示范点建设。建设温泉镇安宁村岭排村民小组生态乡村示范点,财政投入扶持资金25万元,扶持修建排水渠950米,美化、绿化村容村貌,改善人居生态环境,培育新型农业经营主体,拓宽农民增收渠道。全县建成生态乡村(新农村)示范点23个,其中县财政投入建设的示范点18个,分别为马坡镇马坡村大桥头、沙坡镇沙坡村茶子山庄、滩面镇新旺金茂新村、沙坡镇仙山村

元村、马坡镇硃砂村车田队、沙湖镇新街村陆子塘、马坡镇新山村马坡塘、沙坡镇高庆村、温泉镇长河村、良田镇文官村、乌石镇龙化村、沙湖镇新街村茂岭、马坡镇雄英村月亮塘、横山镇稔坡村、清湖镇三水村坡禾地、沙坡镇仙山村历山新庄、清湖镇旺山村、滩面镇佳塘村,自治区农业厅项目建设5个,分别为乌石镇紫恩村、沙坡镇横山村、马坡镇硃砂村卢屋村民小组、温泉镇安宁村岭排村民小组。

【休闲旅游观光示范建设】 2016年,陆川县推进休闲旅游观光业发展,培育以橘红、韭菜、葡萄、蔬菜、名特优种养、森林氧巴、度假山庄等为主导产业的休闲旅游观光点,建成陆川绿丰橘红产业(核心)示范园、谢鲁山庄、谢仙嶂、龙颈瀑布、龙珠湖、乌石龙化中药材种植专属区、乌石镇吹塘至龙化村十里河画(湿地公园)、九州江两岸万亩有机田园等生态农业示范为主体,融休闲度假、生态观光、生态餐饮、休闲垂钓、自主采摘、科技科普、休闲购物、乡土民俗等于一体的生态休闲观光旅游农业产业发展格局。全县休闲旅游观光示范点100多个,年接待游客100多万人次,经营收入4.8亿多元。乌石镇龙化村(十里河画)获广西休闲

2016年6月16日,位于乌石镇龙化村的陆川县中药材种植基地
县扶贫脱贫攻坚指挥部办公室 提供

农业与乡村旅游示范点，陆川县十里河画被自治区农业厅、旅游发展委员会评为广西休闲农业与乡村旅游示范点。

【农村土地承包经营权确权】 2016年，在滩面镇、良田镇、古城镇开展农村土地承包经营权确权工作，涉及29个村、826个村民小组、2.70万农户，耕地面积7564.71公顷。年内，完成入户调查、外业测绘及第一轮、第二轮公示工作。印发《陆川县农村土地承包经营权确权登记颁证试点工作手册》《便民服务手册》各6.19万份，印发宣传画册5.30万本，培训农民群众11.20万人次，培训县、镇、村干部1.50万人次。

【农村土地流转】 2016年，陆川县完善土地流转长效工作机制。建立县、镇、村三级信息网络平台，镇土地流转中心、村服务站将需要流转的土地进行收集、分类并登记在册，上报县农村土地流转服务中心统一向外发布，土地流转面积13.33公顷以下由镇备案，13.33公顷以上由县备案，流转土地经营大户由县农村土地流转服务中心引导到条件成熟的村镇流转。建立土地流转纠纷调处机制，县成立农村土地承包纠纷仲裁委员会，设立仲裁庭，调解土地流转纠纷。拓展土地流转服务平台功能，强化管理系统信息搜集、登记发布、电子档案权证管理、咨询查询以及动态监管等功能，在全县建立起农村土地流转信息资源共享机制。

探索土地流转新模式。一是政府引导型。由县政府和镇村组织统一规划，将流转的土地归集委托县农村土地流转中心管理，引导企业进行集约化生产经营，如乌石镇龙化村、滩面镇滩面村、良田镇文官村等中药材种植专属区千亩生态示范基地，引进规模经营。二是集体引导型。由村民委员会、村民小组和农户签订土地流转合同，再以土地入股的方式与企业联合开发经营，如马坡镇新山村绿丰

2016年6月，马坡镇新山村绿丰合作社的火龙果基地
县扶贫脱贫攻坚指挥部办公室 提供

农业合作社228.67公顷橘红基地，整合生产要素，壮大集体经济。三是土地合作社引领型。农民将土地统一流转到合作社，由专业合作社统一运作、制定规划进行流转。如横山镇旺坡村土地合作社经营模式。四是经营大户带动型。由农户将土地流转给经营大户、家庭农场集中经营，经营者每年支付一定的承包金。如珊罗镇六燕村永成家庭农场、平乐镇平乐村浩源家庭农场，经营规模均在13.33公顷以上，并获广西种粮大户称号。五是龙头企业带动型。由龙头企业统一流转农户土地，或依托龙头企业，建立规模种植、养殖基地，如马坡镇新山村绿丰农业合作社流转土地228.67公顷。2016年，全县新增流转面积543.76公顷，累计农村土地承包经营权流转面积1.38万公顷，占镇耕地面积的40%，涉及农户9.06万户，占农户数的49.1%。其中，政府引导、参与主导流转面积5753.33公顷，农户自发流转面积8026.67公顷，全县实现6.67公顷（100亩）以上规模经营的面积3200公顷。全县土地流转交易签证86宗，交易面积966公顷，合同成交金额近亿元。其中，有2户农户通过市农村产权交易中心出具的《产权交易鉴证书》，获农村土地承包经营权

质押贷款共计229.80万元，因抵押物不足而利用流转的土地贷款有新突破。马坡镇新山村绿丰农业合作社新增流转土地120公顷，累计获流转土地228.67公顷，达到自治区级现代特色农业核心示范区的200公顷标准面积。全县形成蔬菜、水果、粮食、中药材四大产业格局。以九洲江生态农业经济带为龙头的万亩生态农业示范基地，培育种植大户、家庭农场新型经营主体，引导合作组织、龙头企业进入中药材种植专属区规模经营，获玉林市现代特色农业（核心）示范区的荣誉称号。

【农业生态环境建设】 2016年，陆川县开展清洁田园活动，建设生态农业。实施九洲江流域、南流江流域生态农业建设，开展"美丽陆川、清洁田园"活动，208个自然村制定村规民约，投资5.90万元，清捡农业田园面积3.07万公顷，清洁田园示范点5个，回收农药瓶4.60万个，清捡废弃物（秧盘、薄膜等）152吨，发放资料3.40万份。发展生态农业，建成马盘公路沿线1.33万公顷水稻高产示范长廊；建设珊罗千亩韭菜绿色生态农业示范园、乌石千亩淮山观光农业示范园、万亩珍珠番石榴观光农业示范

园、良田迈塘、马坡新山千亩橘红种植基地,清湖塘寨葡萄等特色农业基地的绿色生态观光农业示范长廊,推动生态农业发展。加强九洲江综合治理,对九洲江主干200米、支流300米的猪场进行拆除补偿,改种橘红、何首乌、佛手、淮山等中药材。

【农业支持保护补贴项目实施】 2016年,广西壮族自治区范围内农作物良种补贴、种粮农民直接补贴和农资综合补贴等三项补贴政策合并为"农业支持保护补贴"。年内,陆川县补贴种粮农民15.02万户,补贴面积1.97万公顷,补贴资金4188.23万元。

【种子生产管理】 2016年,县种子管理站加大种子生产、经营市场管理及种子质量纠纷调处,检查人员出动150多人次,对种子生产、经营市场进行检查,共抽查样品120个,合格率100%,做好新品种对比试验工作,对比试验品种180个。广西桂穗种业有限公司制种面积200多公顷,生产种子450多吨。

【农产品质量安全检测】 2016年,陆川县加强以水果、蔬菜等农产品为监管重点的农药残留检测,共抽检蔬菜水果基地20个、农贸市场和超市15个,检测蔬菜水果样品13951个,合格样品13926个,合格率99.82%。全县没有发生重大农产品安全事故。县农业局连续三年获县食品安全生产先进单位称号。加大农产品质量安全知识培训,组织农业执法人员和检测人员参加自治区、玉林市检测中心组织的技术培训,受训30人次;各镇开展农产品质量安全生产知识培训,共举办专业技术、农民培训班26期,培训农民2400人次,普及和提高农民对农产品质量安全生产意识。参与食品安全事故演练,11月17日,陆川县食品安全委员会组织县食品药品安全监督管理局、县农业局、县公安局、县工商局、县畜牧水产局、县教育局、县卫生局等7个食品安全成员单位开展食品安全事故应急实地模拟演练,主要开展预警预防、宣传培训和演练、报告程序、应急处理、纠正和完善等科目演练,提高应对食品安全突发事件能力。

【农业行政综合执法】 2016年,陆川县加强农业生产安全、农产品质量安全、生态环境安全和农民用药、用肥、用种安全等综合执法。以种子、农药、化肥等农业投入品监管为重点,坚持着力治本、标本兼治、打防结合、综合治理和属地受理原则,抓农资市场源头治理和日常监督。加大农业普法宣传,全县开展以"放心农资下乡,维护农民权益"为主题的农业法律法规普及宣传。陆川县农业局与经营农资单位和个人签订农资诚信经营责任书275份。开展农资市场执法检查26次,出动执法人员240人次,检查种子、化肥、农药经销摊点175家,农药厂2家,化肥厂1家,立案查处案件2起,结案2起,罚款2500元;调处农资纠纷2起,抽检送检化肥样品7个均为合格。设立高毒农药定点经营门店16家,有效控制高毒农药风险,限制高毒农药使用。清缴甲胺磷等23种国家明令禁止生产使用的高毒农药,确保不发生大的水源污染和农产品质量安全事件。加强农业执法学习培训,组织农业执法人员参加自治区农业厅法规处的执法培训13人次。

【陆川橘红获国家地理标志认定】 2016年,陆川县注重橘红中药材种植及产业发展,为打造陆川橘红产业,县委、县政府出台一系列政策措施,大力推广标准化生产技术,加强陆川橘红产品质量管理,做好产地保护工作。2016年,陆川橘红种植面积5333公顷,产量3.20万吨,获农业部农产品地理标志登记。

【农业局门户网站建设推进】 2016年,陆川县农业局门户网站建设完成后,及时更新门户网站动态信息,加强对"三农"工作的资讯服务,方便广大农民了解农业新政策及全县农业的动态情况,对病虫、恶劣天气等进行及时预告、预警。年内共发布《陆川县2016年病虫情报》16期,对病虫防治及时播报。

【"农技宝"云平台建设】 2016年,县农业局与中国电信陆川分公司联合开办农技宝云平台项目,利用农技宝项目,农技人员与农户即时沟通,了解农情信息,遇到问题向农技人员咨询、反馈。农技宝云平台开通后县农业局、电信陆川分公司加强农技宝后台日常维护,及时更新农情信息、发布工作日志、推广农技知识。年内,农技宝共更新农情信息96条,发布工作日志2408篇,农技员与农户交流38人次,反馈问题信息38条。

粮食生产

【粮食生产概况】 2016年,全县粮食播种面积4.39万公顷,比上年减少430公顷,下降1%;粮食总产量26.83万吨,减产3852吨,下降1.41%;平均每亩产量407.27千克。其中稻谷、玉米种植增产,豆类、薯类作物种植减产,减产因素主要为撂荒田面积逐年增多,粮食播种面积有所减少。此外,种粮生产成本上涨,粮食价格稳中略降,粮农的积极性受挫,也导致粮食播种面积减少。部分农民种粮管理粗放,粮食单产水平降低,粮食总产量也略有减少。

【稻谷生产】 2016年,全县稻谷播种面积3.73万公顷,比上年减少470公顷,下降1.24%。稻谷总产量24.64万吨,减产4025吨,下降1.68%;每亩产量439.87千克。其中,早稻面积1.85万公顷,比上年增加20公顷,增长0.10%;总产量12.27万吨,减产1278吨,下降1.04%;每亩产量441.33千克。晚稻面积1.88万公顷,比上年减少 490 公顷，下降 25.38%；稻谷总产量 12.37 万吨，减产 2927 吨，下降 2.31%；每亩产量 438.40 千克。

【玉米生产】 2016 年，全县玉米种植面积 2320 公顷，比上年增加 40 公顷，增长 1.75%；玉米总产量 1.15 万吨，增产 618 吨，增长 5.7%；每亩产量 329.20 千克。年内，光、温、水条件好，利于春、秋玉米生长；市场前景好，农民田间管理积极性高，玉米种植面积及单产提高。

【豆类生产】 2016 年，全县豆类包括大豆、绿豆和其他杂豆，全年播种面积 980 公顷。豆类总产量 1748 吨，减产 107 吨，下降 5.77%；每亩产量 118.93 千克，减产 7.27 千克，下降 5.75%。其中：大豆播种面积 420 公顷，总产量 824 吨，减产 76 吨，下降 8.4%；每亩产量 130.80 千克。绿豆播种面积 200 公顷，总产量 311 吨，减产 4 吨，下降 1.27%；每亩产量 103.67 千克。其他豆类播种面积 360 公顷，总产量 613 吨，减产 27 吨，下降 4.2%；每亩产量 113.53 千克。

【薯类生产】 2016 年，全县薯类生产品种主要有红薯、马铃薯。全年种植面积 3270 公顷，总产量 8694 吨，减产 157 吨，下降 1.77%；每亩产量 177.27 千克（5：1 折稻谷计，下同）。其中，红薯播种面积 2790 公顷，比上年增加 120 公顷，增长 4.49%；总产量 6501 吨，增产 350 吨，增长 5.7%；每亩产量 155.33 千克。全县马铃薯播种面积 480 公顷，比上年减少 120 公顷，下降 20%；总产量 2193 吨，减产 507.6 吨，下降 18.8%；每亩产量 304.59 千克。在马坡镇、乌石镇建立马铃薯示范区，示范面积 233.33 公顷，总产量 6300 吨（鲜薯）折粮薯总产为 1260 吨，平均亩产 1800 千克（鲜薯），折粮薯平均亩产为 360 千克。推广种植费乌瑞它、大西洋等脱毒马铃薯良种，推广应用马铃薯高产高效栽培技术，加强田间管理，促进马铃薯增产。

经济作物生产

【经济作物生产概况】 2016 年，全县经济作物种植面积 7238 公顷，比上年增加 367 公顷，增长 5.34%；种植面积、产量增长较大的是花生、油菜籽、木薯。

【油料作物生产】 2016 年，全县油料作物包括花生、油菜籽、芝麻、葵花籽。全年播种面积 2593 公顷，比上年增加 180 公顷，增长 7.5%；总产量 6391 吨，增产 326 吨，增长 5.38%；每亩产量 164.33 千克。花生播种面积 1760 公顷，比上年增加 52 公顷，增长 3.04%；总产量 5359 吨，增产 262 吨，增长 5.1%；每亩产量 203 千克。油菜籽生产播种面积 777 公顷，比上年增加 32 公顷，增长 4.3%；总产量 902 吨，增产 106.96 吨，增长 13.45%；每亩产量 77.4 千克。其他油料播种面积 28 公顷，总产量 84 吨，每亩产量 200 千克。

【甘蔗生产】 2016 年，全县甘蔗作物包括糖蔗、果蔗。甘蔗种植面积 1481 公顷，比上年减少 76 公顷，下降 4.88%；总产量 10.94 万吨，减产 5225 吨，下降 4.56%；每亩产量 4926.47 千克，增产 16.73 千克，增长 0.34%。糖蔗种植面积 1089 公顷，比上年减少 64 公顷，下降 5.6%；总产量 7.6 万吨，减产 4433 吨，下降 5.5%；每亩产量 4926.47 千克，比上年增加 274.80 千克，增长 5.9%。糖蔗种植主要集中在马坡镇新山村、雄英村及珊罗镇、平乐镇。果蔗播种面积 392 公顷，比上年减少 12 公顷，下降 2.97%；总产量 33424 吨，减少 792 吨，下降 2.3%；每亩产量 5684.33 千克。果蔗种植主要分布在大桥镇，其他镇零星种植。

【木薯生产】 2016 年，全县木薯播种面积 2741 公顷，比上年增加 263 公顷，增长 10.6%；总产量 1.26 万吨，比上年减少 31 吨；每亩产量 339.87 千克。

【蔬菜生产】 2016 年，全县蔬菜生产面积 9488 公顷，比上年增加 208 公顷，增长 2.24%；总产量 31.61 万吨，增产 1.47 万吨，增长 4.88%；每亩产量 2221.24 千克。

【水果生产】 2016 年，全县水果主要品种有蕉类、柚子、柑橘、金桔、梨、荔枝、龙眼、芒果、枣子、柿子、葡萄、李子、桃子、菠萝、百香果等。葡萄种植主要集中在清湖镇、良田镇、温泉镇，水果新增品种主要有火龙果、葡萄、香水柠檬、三华李等。果园总面积 1.41 万公顷，比上年增长 2.17%；总产量 6.72 万吨，增产 5566 吨，增长 9.02%；平均每亩产量 4774 千克，比上年增加 301 千克，增长 6.73%。

【西瓜生产】 2016 年，全县西瓜种植面积 205 公顷，比上年增加 6 公顷；总产量 6100 吨，增产 292 吨，增长 5.02%；每亩产量 1983.73 千克。西瓜种植主要集中在乌石镇双垌村、沙坡镇秦镜村等地。

【蚕桑生产】 2016 年，全县蚕园面积 400 公顷，比上年减少 130 公顷，下降 25%；养蚕种 1.10 万张，每张产茧（鲜）30 千克；年产茧 6600 担（1 担=50 千克），比上年减少 2000 担，下降 23%。蚕桑生产主要集中在温泉镇风淳村、洞心村，清湖镇塘寨村，古城镇清耳村、长径村、古城村，乌石镇塘域村、双垌村，滩面镇新旺村等地。

【中药材种植】 2016 年，全县中药材种植面积 693 公顷，比上年增加 90 公顷，增长 25%；总产量 4341 吨，比上年增加 540 吨，增长 14.2%。中药材种植示范基地集中在马坡、乌石、良田等 3 个镇，中药材基地有陆川县绿丰橘红产业示范基地、良田镇车田迈塘橘红示范基地、乌石镇谢鲁淮山基地等。

农业科技推广

【农业技术推广】 2016年,陆川县抓好粮食、蔬菜、果树等农作物种植技术推广。推广测土配方施肥面积5.50万公顷,涉及农户14.76万户,全县推广配方6个,配方肥施用总量2.98万吨。全县推广超级稻面积2.01万公顷。超级稻新品种有丰田优553、特优582、深两优5814、深两优6839、H两优991、永丰优8563;实施耕地保护与质量提升项目,推广商品有机肥3.73万公顷,种植绿肥1.40万公顷,建立耕地质量监测点4个。进行新品种、新技术实验,水稻方面早晚两稻分别引进21个、25个新品种开展对比试验。开展马铃薯品种对比试验和高产攻关试验,引进费乌瑞它、大西洋进行品种对比试验。马铃薯高产攻关实验完成面积233.33公顷,平均亩产1800千克,比大田平均亩产高55.41千克,高18.19%。

【土肥水技术推广】 2016年,陆川县加强测土配方施肥、耕地保护与质量提升、耕地质量监测。全县推广测土配方施肥面积5.50万公顷,涉及农户14.76万户,发放施肥建议卡3.20万份,推广配方6个(水稻产量高于600千克N：P：K比例17：5：13;水稻产量500~600千克N：P：K比例15：4：9;水稻产量400~500千克N：P：K比例12：3：7;水稻产量低于400千克N：P：K比例7：2：5;玉米产量500千克N：P：K比例15：4：14;柑橘产量2500~4000千克N：P：K比例45：30：28),配方肥施用总量2.98万吨。按测土配方建议卡施肥与技术指导入户率100%,肥料利用率提高5个百分点以上,每亩节本增效30元以上,总节本增效2400万元以上。土壤重金属风险排查取样

950个,其中耕地土壤900个,土壤背景样品50个。农作物化肥使用量增幅控制在1.4%以内,新建耕地质量监测点4个。举办测土配方技术培训班5期次,培训技术骨干360人次,培训农民7350人次,培训营销人员250人,发放技术资料9580份。运用测土配方施肥、增施有机肥、水肥一体技术,开展积制农家肥活动,全年积制利用农家肥56万吨,秸秆还田面积14万公顷,种植专、兼用绿肥4700公顷,推广节水农业1.20万公顷。陆川县土壤肥料工作站获农业部颁发的耕地质量提升技术示范推广三等奖。

【生态农业技术推广】 2016年,陆川县推广应用生态农业技术模式,推广以沼气为纽带的"猪—沼—果—灯—鱼""猪—沼—灯—菜""猪—沼—稻—灯"等生态农业模式,发展种养结合型、物质循环型生态农业,实现资源多级循环利用。推广频振式杀虫灯等物理防治和生物防治技术、水稻免耕抛秧栽培技术、测土配方施肥技术等节能降耗栽培技术,减少农田环境污染。推广病虫害综合防治面积3.67万公顷,推广水稻免耕抛秧栽培技术2万公顷,推广测土配方施肥技术5.50万公顷。

【清洁生产技术推广】 2016年,陆川县减少农业投入品用量。年内,增施农家有机肥1600吨,减少施用农药700吨(商品量);推广秸秆快速腐熟还田、堆积腐熟还田和过腹还田技术模式11.67万公顷,提高土壤有机质,改善团粒结构,增加粮食产量。平均每亩减少不合理施肥1.73千克,全县共减少不合理施肥8653.5吨。

【农民科技教育培训】 2016年,陆川县开展农业实用技术培训、农村中等专业实用人才培养、农村党员大培训、新型农民培育工作,共培训人员1445多人次。

加强农村中等专业实用人才培养 2016年,广西农业广播电视学校

毕业学员123人,其中畜牧兽医专业毕业63人、农村经济综合管理专业毕业60人。新型职业农民中等职业教育招生50人。

加大新型职业农民培育 2016年,在温泉镇双垌村、清湖镇塘寨村2个特色产业村,培育生产经营型新型职业农民131人;在温泉镇风淳村培育特种养殖新型职业农民36人;遴选农场主15人参加广西现代青年农场主培育。年内,累计培育新型职业农民182人。

开展农村党员大培训 结合新型职业农民培育工程以及农村中等实用人才培养工作,举办农村党员培训班16期,共培训农村党员800人次。

开展"专家服务基层"活动 2016年,开展"专家服务基层"活动,加强农民工创业培训,邀请自治区农业厅、玉林市农业委员会蔬菜、中药材、葡萄种植专家3人指导农民260次。

农技人员知识更新培训 2016年,县农业局分3批次组织县、镇基层农技推广人员参加自治区、玉林市农技人员知识更新培训,培训人员30人次。

农业植保

【农作物病虫害综合防治】 2016年,陆川县在温泉镇洞心村、米场镇乐宁村、珊罗镇六燕村建立水稻病虫害综合防治及农药零增长行动示范点3个,示范面积100公顷。推广应用农业防治、物理防治、生物防治、统防统治、毒饵站控鼠等植保技术;在清湖镇旺山村、马坡镇新山村建立部级绿色防控与统防统治融合示范基地2个,示范面积300公顷,作物分别为蔬菜、橘红;在沙坡镇白马村、清湖镇塘寨村建立县级绿色防控与统防统治融合示范基地2个,示范面积73.33公顷,作物分别为砂糖橘、葡萄。全县在水

稻、蔬菜、果树、甘蔗等作物完成绿色防控面积 3.38 万公顷次，完成统防统治面积 4.78 万公顷次。

【病虫害监测】 2016 年，陆川县着重对水稻纹枯病、稻飞虱、稻纵卷叶螟、稻细条病、鼠害进行系统监测。年内，全县水稻病虫鼠草发生总面积 10.37 万公顷次，占种植面积 274.5%。发布《病虫情报》16 期，综合平均准确率 95.9%，乡镇覆盖率 100%，村级覆盖率 95% 以上。

【植物检疫】 2016 年，全县开展杂交水稻产地检疫 96 公顷，生产合格水稻种子 450 吨，实施调运检疫种子 75 批次 4350 吨。加强红火蚁疫情监控，加大县城周边温泉镇泗里村、中屯村、官田村、东山村、米场镇南中村发生红火蚁疫情监控，全县发生面积约 100 公顷。开展柑橘黄龙病、香蕉枯萎病、葡萄根瘤蚜等有害生物的普查与防控，全县柑橘黄龙病发生面积约 20 公顷，加大柑橘黄龙病的危害性宣传，发放柑橘黄龙病防控技术资料，督促果农抓好黄龙病防控工作，防止黄龙病蔓延危害。 （钟桂新）

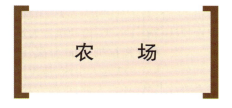

农 场

【五星总场机构及概况】 广西农垦五星总场位于陆川县南部，国营中型区直单位，隶属广西壮族自治区农垦局，总场场部设于乌石镇铜锣岭，距陆川县城 16 千米。辖总场本部（原五星农场）、红山农场、马坡农场 3 个分场，43 个农业生产队。2016 年末，全场总人口 1.35 万人。土地属丘陵山地，全场占地面积 4002.60 公顷，分布于马坡、乌石、月垌、滩面、良田、清湖、古城 7 个乡镇，大部分土地位于马盘二级公路旁。辖区内矿产资源丰富，主要有铁、钛矿、高岭土。农场经

营以农业为主，主要种植剑麻、橡胶、荔枝、龙眼、甘蔗、发财树、速生桉等经济作物；畜牧业养殖有瘦肉型猪、三黄鸡；工业以蚕丝加工、灯饰制作、钛矿开采、红砖生产、木业加工等为主。

2016 年，完成生产总值 12.60 亿元，比上年增加 7000 万元，增长 5.88%；经营总收入 34 亿元，比上年增加 2.20 亿元，增长 6.92%；固定资产项目投资 3.35 亿元，比上年增加 8400 万元，增长 33.47%；招商引资 2 亿元，比上年增加 1.10 亿元，增长 122.22%；从业人员人均收入 33000 元，比上年增加 2760 元，增长 9.13%。

【农场农业】 农场农业以剑麻生产为主。2016 年，农业总产值 3.23 亿元，比上年增加 11193 万元，增长 53%。年内，全场种植有剑麻 402.6 公顷、水果 263.47 公顷、甘蔗 116.33 公顷、林木 353.47 公顷、发财树 66.67 公顷、橘红 66.67 公顷。年生产剑麻片 3.51 万吨，纤维入库 2092 吨；水果产量 1050 吨，甘蔗产量 1.09 万吨，砍伐林木 1.80 万立方米。全场有猪场 34 个、鸡场 42 个。年出栏肉猪 7.63 万头，出售小猪 8.86 万头，出栏肉鸡 49.35 万羽。

【农场工业】 农场工业经营以私营为主，主要工业企业有蚕丝厂、灯饰厂、钛矿厂、红砖厂、木业加工厂等 33 家。2016 年，完成工业总产值 24.58 亿元，比上年减少 1308 万元，下降 0.53%。

【项目建设】 2016 年，农场推进光伏发电、农业综合示范区、万头种猪场建设等招商引资项目建设 4 个，完成投资 3.25 亿元。

“光伏发电项目”第四期工程项目建设 位于清湖镇。年内，完成桩柱、钢架焊接、光伏板安装等项目建设，完成投资 2 亿元。

广西农垦红山红现代特色农业综合示范区建设 位于清湖红山农场，规划建设面积 1000 公顷，其中核心面积 200 公顷，拓展区面积 266.67 公顷，辐射区面积 533.33 公顷，计划

投资 7316 万元。2016 年 2 月动工建设，年内已完成土地测量、拆迁、平整工作，道路、农业示范园区、职工宿舍楼等基础设施正在建设，完成投资 3500 万元。

陆川县陆丰农业合作社农业综合示范区建设 位于马坡镇，规划建设面积 233 公顷，计划投资 1.5 亿元。2016 年 8 月动工建设，年内，完成土地测量、拆迁、平整工作，建设园区道路、职工宿舍，机械设备等基础设施，完成投资 8500 万元

五星万头种猪场建设 位于清湖镇，计划投资 1400 万元。2016 年 1 月动工建设，完成土地测量、拆迁、平整工作，建设猪舍、排污、水塔、水井等基础设施，完成投资 500 万元。

【基础设施建设】 2016 年，农场加强总场道路、饮水等基础设施建设。投资 500 万元，硬化 3 队、2 队、6 队、7 队、9 队、14 队及猪场内等道路 7 条、长 10 千米；投资 370 万元建设饮水工程，在 6 队、14 队、15 队、场部（3 口）共打井 6 口，铺设管道 2000 米。（万荣钦）

农业机械化

【农业机械化工作机构及概况】 2016 年，陆川县农业机械化管理局（简称县农机局）内设政工秘书股、财会统计股、农机管理股、农机技术推广股，下设县农机安全监理站、农机技术推广站、农机学校等 3 个事业单位和 1 个企业单位（县农机修造厂），下辖温泉镇农机技术推广站等 14 个镇农机技术推广站，职工总人数 374 人，其中：局机关 13 人，下属事业单位 109 人，企业职工 252 人（企业破产已下岗）。全县农村农机户 38714 户，农机从业人员 78216 人。年内，陆川县贯彻落实国家和自治区人民政府有关农业机械化政策，推进农业机械化工

作,实施农机购置补贴,加快农机装备结构优化调整,大力推广先进、适用的农业机械化技术,全县农业机械化水平全面提升。县农机局被玉林市农机局评为玉林市农机化工作先进单位、水稻生产全程机械化工作先进单位、农机购置补贴工作先进单位、农机化技术推广体系建设先进单位、农机化信息宣传工作先进单位。

【农业机械装备】 2016年,陆川县农业机械装备总量持续增长,全县农机总动力达56.19万千瓦,其中柴油机动力29.29万千瓦、电动机动力8.64万千瓦、汽油机动力18.24万千瓦,其他0.02万千瓦。农机总原值42228万元,农业机械净值20443万元。进一步优化农机装备结构,全县拥有大中型拖拉机42台,小型拖拉机1691台,农用运输车957辆,小型多功能拖拉机1913台;水稻联合收割机327台,水稻插秧机145台,各类拖拉机配套农具1305台。

【重要农时机械化作业】 2016年,全县水稻机耕面积3.89万公顷,机插面积0.91万公顷,机收面积3.77万公顷。机械脱粒面积3.77万公顷,机电排灌面积1.27万公顷,农副产品初加工22.7万吨。农业机械化水平进一步提高,农机成为拉动农业增加值增长的重要力量。

【农机培训】 4月6日,县农机局在温泉镇开展基层农机推广人员现场培训,县农机技术推广站及各镇农机技术推广站全体人员等50多人参加培训。主要培训基层农机推广人员的科学理论知识和实际操作能力。

11月8日,县农机局举办基层农机推广人员培训班,全县农机推广人员、农机专业大户、种粮大户、农机合作社、农机科技示范户等130人参加培训。重点培训水稻烘干技术、联合收割机使用与维修、保养等方面的知识;学习农机安全生产方面的法律法规和水稻机收作业安全注意事项等知识。

【农机新技术推广】 2016年,陆川县推进机械化试验示范基地建设,把陆川县金丰源农机专业合作社建设成为县农机科技人员教育培训基地、水稻生产全程机械化试验示范基地,为玉林市唯一的标准化水稻生产全程机械化试验示范基地,在自治区水稻生产全程机械化示范基地中名列前茅。金丰源合作社并列为县产业扶贫的龙头企业,在冬种马铃薯扶贫工作中,金丰源合作社发动贫困户800多户,冬种马铃薯200多公顷。

推进水稻机械化育插秧技术的

试验示范及应用推广,开展农机技术骨干培训,结合实施基层农机推广体系改革和建设项目,县农机局组织农机技术人员到温泉、乌石、珊罗等镇召开水稻机插秧播种、插秧演示会2次,开展水稻机械化烘干技术现场培训1次,全面提升基层农机推广人员的理论知识和操作水平。

【农机安全监理】 2016年,陆川县抓好农机安全生产,加强安全隐患排查治理,推进农机安全监理科学化、规范化、信息化进程,提升农机安全监理能力,建立完善农机安全生产防范体系。一是开展农机安全生产执法行动,完善农机安全监管的长效机制,提高农机执法人员的业务水平。二是开展农机安全生产专项治理行动,严查拖拉机违法载客、酒后驾驶、无证驾驶、无牌行驶、人货混装等违法违章行为,排查事故隐患。三是开展农机安全生产宣传教育活动。"安全生产月"组织农机手"安全日"学习,确保农机安全生产意识深入人心。四是开展重特大农机安全生产事故应急演练活动,提高农机安全生产工作应急水平、现场处理能力、应急应变能力。年检拖拉机1988台,新入户拖拉机17台,新增驾驶员96人。农机安全执法检查126天,出动执法人员782人次,检查拖拉机2966台次,纠正和处理违章822起。年内,拖拉机安全事故起数、死亡人数、重伤人数、经济损失均为零。

【农机购置补贴实施】 2016年,陆川县落实农机购置补贴,加大国家强农惠农政策宣传,激发农民投资购买农机的热情。严格执行农机购置补贴管理工作制度、监督管理制度,依法依规开展农机购置补贴各项工作,确保项目资金落到实处。年内,农机购置补贴项目使用资金318.72万元,其中中央财政资金298.72万元,自治区财政资金20万元。购置补贴各类农业机械2125台,受益农户2013户。

(丘 超)

2016年11月8日,县农机局举办基层农机推广人员培训班

县农机局 提供

林 业

【林业工作机构及概况】 2016年，陆川县林业局内设政秘股、营林股、林政股、绿化股、森林防火办公室，编制21名（行政编制19名、工勤编制2名），实有人员16人。下辖县森林公安局（含城南派出所）、县农村能源办公室、县森林病虫防治检疫站、县林业工作总站、国营陆川县林场、县林业技术推广站、县专业森林消防队、县清湖木材检查站、县盘龙木材检查站、县林业调查规划设计队、县森工站（企业），全县林业系统干部职工200人。年内，林业总产值74.89亿元，其中第一产业24.66亿元，第二产业48.98亿元，第三产业1.26亿元。陆川县被评为"全国绿化模范单位"。

【林农增收工程】 2016年，陆川县扶持、指导林农开展林下种养，完成林下经济发展面积3.31万公顷，实现林下经济产值25.98亿元。通过发展林下经济实现人均增收1000元以上的

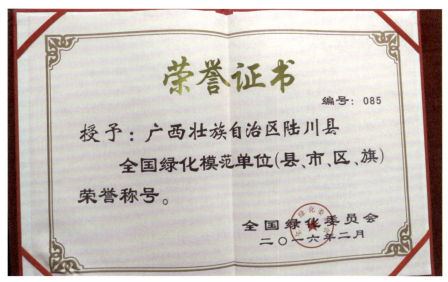

2016年2月，陆川县获全国绿化模范单位　　　　县林业局　提供

林农46万人。扶持、指导林农成立家庭林场1个、专业合作社2个。服务林权业主办理林权抵押贷款9起，抵押林木766.18公顷，贷款余额1566万元。

【造林绿化】 2016年，陆川县继续推进绿化造林，完成山上造林4467.87公顷，其中荒山造林170.38公顷；迹地更新人工造林307.92公顷；完成珍贵树种造林42.26公顷；义务植树102.70万株。

2016年8月，国家林业局到陆川开展森林资源管理情况检查。图为8月21日召开管理情况检查反馈会　　　　叶礼林　摄

【森林资源】 2016年，全县土地总面积15.57万公顷，其中林地面积9.13万公顷，非林地面积6.44万公顷。在林地面积中，有林地7.69万公顷，国家特别规定灌木林面积8859.10公顷，其他林地面积462.80公顷。非林地面积中，农地乔木、经济林、竹林、四旁树面积5313.10公顷。全县森林面积91242.40公顷，森林活立木总蓄积量324.32万立方米。森林覆盖率58.61%。

【种苗培育】 2016年，全县有个体苗圃19个，育苗面积81.27公顷，培育各类苗木520万株。其中桉树苗100万株，沉香苗314.30万株，降香黄檀苗8万株，松类苗0.30万株，油茶57万株，其他苗木40.40万株。

【中幼林抚育】 2016年，全县完成幼林抚育5466.67公顷。其中，县林场完成2015年度中央财政森林抚育补贴项目696.67公顷。

【园林花卉培育】 2016年，陆川县有园林花卉基地16个，总面积36.33公顷，主要培育黄槐、紫荆等绿化苗木。年内，园林花卉产业产值3100万元。

【森林防火】 2016年，陆川县开展

春、秋季森林防火宣传月活动,利用电视播放森林防火宣传标语、公益广告 168 次,出动宣传车 168 车次,发放宣传资料 25 万份,张贴宣传标语 1.84 万条,翻新固定宣传牌 170 块。县林业局将县城东山、西山林区及谢鲁山庄景区划为森林防火重点林区,落实专职护林员,加强火源管理,投资 125 万元,完善森林防火基础设施设备的建设。年内,全县发生森林火警 6 起,过火面积 40.90 公顷,受害森林面积 1.70 公顷,森林火灾受害率 0.02‰,低于玉林市森林火灾受害率 0.8‰ 的控制指标。

【林业有害生物防治】 2016 年,陆川县林业有害生物发生的主要种类有松突园蚧、湿地松粉蚧、桉蝙蛾、桉树枝瘿姬小蜂、桉树焦枯病、油桐尺蠖、薇甘菊等,无成灾面积。推广应用生物防治、人工防治和无公害药剂进行无公害防治,应用白僵菌粉预防松毛虫,利用 BT 粉防治油桐尺蠖,利用无公害药剂紫薇清等除治薇甘菊,施放真菌粉 100 千克,BT 粉 401 千克,草甘膦胺盐 1700 千克,紫薇清 950 千克。年内,林业有害生物防治作业面积 4446.73 公顷,比上年上升 42.9%。其中,实际防治面积 2049.33 公顷,重复防治 1549.33 公顷,预防面积 848.07 公顷。无公害防治率 100%。

【薇甘菊监测与除治】 2016 年,全县薇甘菊实际发生面积 1228.20 公顷,全县累计除治薇甘菊作业面积 2738.73 公顷(其中,实际防治面积 1150.67 公顷,重复 780.00 公顷,预防面积 808.06 公顷),平均覆盖度由防治前的 21.30% 下降到防治后的 8.90%。

【林业植物检疫】 2016 年,全县调运检疫木材 10.76 万立方米;苗木产地检疫 27.33 公顷,检疫率 100%。完成国家级中心测报点项目主测对象监测调查等,预测发生面积 1.61 万公顷,实际发生面积 1.59 万公顷,测报准确率 99.7%。

【林政执法】 2016 年,陆川县规范林木采伐审批程序,研究发放林木采伐许可证 2853 份,发放采伐面积 3865.03 公顷,发放林木采伐蓄积 34.94 万立方米,材积 26.21 万立方米(均为商品材),采伐蓄积占年度森林采伐限额 76.63 万立方米的 45.60%,批准采伐林木控制在年度森林采伐限额内。开展“打击非法占用林地等涉林违法犯罪”“保护候鸟和其他野生动物资源”“冬季破案战役”等在内的“神剑 2 号 3 + X(“3”指打击猎捕候鸟和破坏濒危野生动植物资源犯罪、打击非法占用林地犯罪、打击团伙犯罪;“X”指森林火灾案件等涉林案件)专项行动”,保护森林资源安全。年内,共受理查处各类破坏森林资源案件 157 起。其中,立刑事案件 37 起,破案 31 起(刑拘 27 人,逮捕 23 人,取保候审 7 人,起诉 21 人);林政案件 120 起,破 120 起,收缴木材 110.24 立方米,查处案件涉及擅自改变林地用途面积 159.09 公顷,依法收缴、放生野生动物一批等,为国家和集体挽回直接经济损失 77.23 万元。加强木材经营(加工)场点监督管理,全县 207 家木材经营(加工)场点均凭证经营(加工)。

【林地管理】 2016 年,县林业局严格执行林地保护利用规划,依法对占用征收林地项目进行监管,为依法使用林地的项目业主办理林地报批手续 10 宗,面积 35.60 公顷;开展非法侵占林地清理排查专项行动,查处违法使用林地案件 34 宗,查处面积 92.54 公顷,罚款 72.17 万元。

【山林纠纷调处】 2016 年,县林业局共处理山林纠纷 7 起(其中积案 6 起),信访案件 52 件,其中口头解释答复走访 43 件、书面答复 4 件、网上答复 5 件,接待群众来访 43 批次、200 多人次,立案 1 起。积案调查结案 2 起,调查结案 2 起;参加一审应诉 2 起,参加二审 2 起,调解率 90%。

【农村能源建设】 2016 年,陆川县推进自治区下达陆川县中央投资大中型沼气项目建设 13 个,总投资 4516 万元(其中中央投资 1568 万元)。年内,良田镇海强畜牧水产养殖园沼气工程、陆川县桂康公司沼气工程、陆川县鸿海猪场沼气工程、陆川县恒益养殖场沼气工程、陆川县三联种养专业合作社沼气工程、良田镇尚贤种养农民专业合作社沼气工程、陆川县泰任养殖有限公司沼气工程、陆川县裕林农牧有限公司沼气工程、良田镇祖龙养殖场沼气工程、横山伟旺猪场沼气工程、陆川县裕民养殖场沼气工程、滩面南园农民专业合作社沼气工程、广西盛隆牧业有限公司等 13 个农村能源项目开工建设,完成投资 1885.0 万元,其中完成中央投资 323.81 万元。

【林业产业】 2016 年,全县有林业产业企业 207 家,其中中纤板厂 1 家、胶合板厂 8 家、单板厂 31 家、木片厂 4 家、锯材加工厂 50 家、杉木经营店 24 家、其他家具及门窗框等木材加工门店 89 家。主要林业企业有九洲人造板公司、三力木业公司、力恒木业公司、金旗木业公司等。年内,木材采伐量 47.53 万立方米;竹材 256 万根;八角 35 吨,油茶籽 23 吨,胶合板材 24.5 万立方米;松脂 30 吨,竹笋干 17 吨。

(覃崇敏)

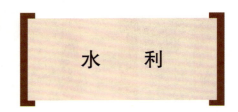

水 利

【水利工作机构及概况】 2016 年,陆川县水利局内设政工秘书股、项目技术股、计划财务股、水政水资源调处股、农田水利电力股、工程建设管理与质量安全监督股、防汛抗旱指挥部办公室、监察督查室,编制名 15 名(含工勤人员 1 人),实有人员 13 人;下辖县水利工程管理站、水土保持站、水政监察大队、九洲江灌区工程管理处、水电勘测设计队及 13 个国营水库、水坝管理所,事业单位人员 110 人。2016 年,全县完成早晚两糙农田灌溉面积 16.68 万公顷,节水科学灌溉面积 2.64 万公顷;完成水利投资 1.93 亿元。水库除险加固 22 座,农村饮水安全工程项目建设 55 个,新解决农村饮水不安全人口 2.38 万人。

【水库水闸除险加固】 2016 年,陆川县继续推进病险水库除险加固工程建设。续建、新建水库除险加固 12 座,其中续建 11 座,新建 1 座。12 月 30 日,新建的东成水库除险加固工程开工建设,概算总投资 2572.48 万元,年内完成投资 870 万元。续建的 11 座水库除险加固工程中,茶园水库、吊鱼冲水库、榄冲水库、良甫塘水库、白粉塘水库、车头塘水库、筛箕塘水库、桃子坪水库、竹瓦水库等 9 座水库已蓄水验收,清湖水库、大良水库已竣工待验收,完成投资 3236.74 万元。

2016 年,推进九洲江大桥水闸、大垌水闸除险加固项目建设,其中大桥水闸除险加固工程(续建),总投资 1823 万元,年内已完成投资 1200 万元;大垌水闸除险加固工程(新建工程),总投资 1881 万元,年内完成招标工作。

【补水工程项目建设】 2016 年,陆川县推进水利补水工程建设,九洲江流域规划建设秦镜水库、石夹水库、六潘水库、陆选水库 4 座,列入县"十三五"发展规划实施,其中秦镜水库列为自治区重点项目,石夹、六潘、陆选 3 座水库列为玉林市重点项目,计划总投资 7.70 亿元。年内,完成 4 座水库外业勘察、项目可行性研究报告编制等前期工作。秦镜水库基础设施重大项目开工建设。

【农村饮水安全工程建设】 2016 年,全县建设农村饮水安全工程 55 个,项目总投资 1219.46 万元,其中农村饮水安全工程巩固提升建设项目 34 个,饮水净化、异地搬迁、整村推进饮水安全工程项目 12 个,农村饮水安全工程维修养护项目 9 个。解决不安全饮水人口 2.38 万人。

【小型农田水利建设】 2016 年,县水利局实施小型农田水利建设项目 5 个,其中续建项目 4 个,即良田灌片、沙湖灌片改造修复工程及车田村高效节水灌溉工程、横山镇旱塘村石啤岗陂灌片节水灌溉工程等已全部竣工;新建项目 1 个,即马坡镇新山村绿丰专业合作社橘红种植基地节水灌溉工程,总投资 325.39 万元,10 月开工建设,年内完成投资 260.30 万元。

【中小河流治理项目建设】 2016 年,全县推进中小河流整治项目 3 个。其中续建项目 1 个,即九洲江温泉段、车田河段防洪整治工程,重点推进东山河段、四良河段、文车桥河段 3 个标段建设,年内车田河文车桥河段、四良河段已完工并验收,东山河段正在建设,已完成投资 1100 万元。新建项目 2 个,即九洲江滩面圩河段防洪整治二期工程及丽江米场镇、马坡镇河段防洪整治工程,计划总投资 3969 万元;10 月 22 日丽江米场镇、马坡镇河段防洪整治工程开工建设,12 月 30 日九洲江滩面圩河段防洪整治二期工程开工建设。

【冬春水利设施建设】 2016 年,县水利局推进冬春水利设施建设,计划总投资 6379.34 万元。年内,全县冬春水利设施建设完成加固堤防 380 米,河道疏浚 5.60 千米,农村饮水 21 处,水毁修复 11 处,渠道防渗 16.42 千米,解决饮水困难人口 4500 人,改善和恢复灌溉面积 1320 公顷,治理水土流失面积 7.47 平方千米。

【水土保持综合治理】 2016 年,县水利局推进六高河小流域水土保持综合治理,投资总额 249.27 万元。2 月 29 日开工建设,6 月 20 日竣工,治理崩岗 3 座,引水坝 7 座,引水渠 770 米,道路维修 1000 米,营造水土保持林 54 公顷,种植经济林 63 公顷,实施封育治理 630 公顷,设置宣传牌 12 座、公示牌 2 座,治理水土流失面积 7.47 平方千米。

【小型水利工程产权制度改革】 2016 年,全县农村小型水利工程产权制度改革重点推进确权登记颁证,主要在

2016 年 3 月 11 日,县长蒙启鹏(中)等领导到沙坡镇新建秦镜水库现场办公

叶礼林 摄

大桥镇开展水利工程确权颁证工作。7月,大桥镇142处小型水利工程初步调查摸底,其中水库山塘75处、陂坝40座、电灌站7座、人饮工程20处。8月10日,与广西全景数码科技有限公司签订勘测合同。10月,对大桥镇权属清晰、无纠纷的小型水利工程进行实地勘界、权属登记等工作。11月25日后,先后2次对完成权属清晰、无纠纷的小型水利工程进行产权人公示,无纠纷、无异议。12月12日已颁发小型水利工程产权颁证书35本。

【水政水资源管理】 2016年,陆川县实施水资源管理制度考核工作。建立水资源监控系统,加快入河排污口的评审。县污水处理厂入河排污口设置论证报告通过广西玉林水利电力勘察设计研究院专家评审5家(即珊罗镇污水处理厂、沙湖镇污水处理厂、清湖镇污水处理厂、平乐镇污水处理厂、米场镇污水处理厂),新上报水资源监控系统4处(即陆透水库、马兰径水库、坡脚水库、陆川县水利供水有限公司)。加大水资源费征收,年内共征收水资源费49.33万元,比上年增收24.60%。

【水政执法】 2016年,陆川县加大水政执法检查,水政监察大队执法人员坚持每周执法巡查2次以上,联合有关职能部门开展联合执法。采用陆路、水路巡查方式,加强江面执法船的巡查,不定期加密河道巡查次数。重点打击河道设障、非法采砂、破坏水工程、偷逃水资源费等水事违法行为,查处水事违法案件。

加强河道采砂管理,开展集中整治河道非法采砂行动,成立打击河道采砂工作组,县水利局、县国土局、县公安局、县交通运输局、县安监局等23个职能部门联合开展打击行动。年内,开展日常执法巡查197次,发出责令停止违法行为通知书152份;县政府组织执法部门联合开展打击非法采砂行动31次,两广三市(广东、广西、陆川县、博白县、廉江市)联

合执法4次,共整治非法砂场130家,拆除工棚48间,捣毁抽砂管约1345米、砂场私拉电线杆17根、砂筛31具,夷平砂池84座,摧毁船只106艘,扣押铲车5台、运输车1辆及砂斗、电瓶、马达、柴油机等抽砂机具一批,平整砂场2.64万平方米;由公安局办案区行政调查问话18人,实施行政处罚6例、行政罚款5.50万元。在良田收费站设卡4次,对过往运输非法河砂的车辆进行检查、扣押;在各砂场运砂车辆出入必经之路设置限高架15座。

【防汛工作】 2016年,全县有水库管护人员300人,防汛抢险队伍17支、930人。防汛物资有编织袋7.60万只,编织布200平方米,铁铲655把,救生衣200件,冲锋舟2艘,备用电源1台套,木桩28.6立方米,照明应急灯2台套,照明手电25支,汽油抽水机4台等。加强水库、水电站值班,县、镇防汛指挥部及水库、水电站实行24小时值班制。年内,全县共布雨情、水情预警233次,山洪灾害预警平台、协同通信短信平台共发布预警短信3597条。

【水情及水利设施受灾情况】 2016年2月—4月,全县降雨普遍偏少;5—11月,降雨次数较多,出现较强降雨13次,特强降雨7次;生成台风26个,影响陆川的台风有第8号台风"妮姐"和第21号台风"莎莉嘉"。7月4日—6日,陆川县出现强降雨过程,降雨量超100毫米的镇有4个,其中降雨量最大为温泉镇212.5毫米,全县水利设施直接经济损失242万元;各镇农作物灾情面积124.67公顷,直接经济损失29.10万元。8月2日—3日,受4号台风"妮姐"影响,陆川县普降暴雨到大暴雨,降雨量超100毫米的镇有2个,其中降雨量最大为沙坡镇130.3毫米,全县水利设施直接经济损失195万元。11月20日17时—21日,陆川县出现强降雨过程,降雨量超100毫米的镇有7个,其中降雨量最大为温泉镇308.5毫米,强降雨造

成倒塌房屋110间,损坏房屋20间,转移安置群众12户,冲毁损坏渠道1920米,冲毁损坏陂坝44座,损坏桥梁4座,损毁在建水利工程12项,水利设施直接经济损失851万元。年内,全县降雨与正常年景相平,至12月31日止,水库降雨在1706~2471.5毫米之间,最小降雨量为东山水库1706毫米,最大降雨量为王沙水水库2471.5毫米。县城区降雨2429毫米,比上年同期多54.5毫米,比多年同期平均值多521.6毫米。11月20日,县城区出现最大降雨308.5毫米的强降雨过程。全县有效蓄水4027.67万立方米,占总有效库容的36.53%,比上年同期少1182万立方米,比多年同期平均值多23万立方米。 (李羽恒)

水库移民

【水库移民工作机构及概况】 2016年,陆川县水库移民工作管理局(简称县移民局)内设政工秘书股、规划开发股、计划财务股,编制10名,实有人员10人。全县有水库移民11.3万人,其中建档立卡贫困移民8556户6.81万人。年内,继续落实国家大中型水库移民后期扶持资金政策,推进库区移民基础设施建设,加强移民技能培训,强化移民信访工作,改善移民居住环境,提高移民收入,维护移民生产生活稳定。

【国家大中型水库移民后期扶持资金落实】 2016年,县移民局按时发放国家大中型水库移民后期扶持资金1021.12万元,共扶持移民农户1.68万户8.10万人,全部发放到移民户,解决水库移民的基本生活困难。

【鹤地水库陆川库区移民基础设施建设】 2016年,县移民局向自治区水库移民工作管理局争取移民项目资

2016年11月16日，广东省水库移民工作管理局副局长熊良鹏（左一）一行到陆川调研鹤地水库移民遗留处理问题　县移民局　提供

金2111.19万元。加强库区移民村屯道路、桥梁及旧房改造建设。其中，投资1184.3万元，对古城、良田2个镇63个村民小组，硬化村屯道路63条，里程42.37千米；投资586.53万元，硬化村内道路20条，里程21.73千米；投资61万元，新建古城镇北豆村瓦瑶田组、北豆村流冲坡组、北豆村大塘面组等新建梁桥3座；投资9.6万元，对古城镇北豆村那沙组、那口组等2个移民村屯8户倒流移民进行旧房改造，改造旧房8间（套），改造面积800多平方米。

【移民培训】　2016年，县移民局加强水库移民劳动技能培训，依托学校实施水库移民劳动力培训，利用县、镇农业学校对水库移民进行劳动技能培训。年内，培训移民4期200人次。加强移民干部培训，县移民局组织干部参加自治区、玉林市举办的各类培训班6期，培训人员30人次。

【移民信访维稳】　2016年，县移民局加强各个重大敏感期库区信访维稳工作，改进干部工作作风，搭建与库区群众交流平台，畅通信访诉求渠道，设立县长和局长热线电话、举报

箱等平台，每月的5日定为移民来访接待日，县移民局班子成员各挂钩联系10个村、蹲点移民户10户、帮扶移民特困户10户。年内，共接到热线电话60人次，接待移民来访38人次，化解移民热点难点问题2件，有效解决移民信访诉求，库区信访总量比上年下降83.9%。

（王瑞莽）

扶贫开发

【扶贫开发机构及概况】　2016年，陆川县扶贫开发办公室（简称县扶贫办）内设综合股、业务股，编制6名，在职人员7人。全县有贫困村67个，贫困户1.90万户，贫困人口8.58万人。年内，贯彻落实中央、自治区、玉林市打赢"十三五"脱贫攻坚战的重大决策部署，按照"四个切实"（切实落实领导责任、切实做到精准扶贫、切实强化社会合力、切实加强基层组织）、"四个一批"（扶持生产和就业发展一批、通过移民搬迁安置一批、通过低保救助兜底一批、通过医疗救助扶持

一批）、"六个精准"（扶贫对象精准、项目安排精准、资金使用精准、措施到户精准、因村派人精准、脱贫成效精准）的扶贫开发要求，全面推进脱贫摘帽攻坚工作。年内减贫人口6.25万人，减贫人数位居广西第一位，贫困发生率由10.14%下降到2.74%，全县贫困户、贫困村、贫困县脱贫摘帽31项指标全部达标，通过自治区核验和国家第三方评估，成为广西2016年脱贫摘帽4个县（市、区）中唯一的一个县。

【贫困人口精准识别】　2015年10月，根据自治区的工作部署，陆川县开展贫困人口精准识别工作。抽调县直单位干部633人会同自治区、玉林市、镇、村干部组织精准识别工作队1200人，组建精准识别工作组154个，分成工作小组616个，分别到14个镇154个村、4529个村民小组开展贫困户贫困村精准识别行动。至2016年1月，共精准识别10.79万户、人口51.16万人。

加强识贫调查方法、程序培训　召开县、镇、村、屯四级精准识别动员培训会，对识别工作队员进行全面动员培训，组织学习自治区《精准识别贫困户贫困村实施方案》《100问和"三讲"提纲》等文件，明确识别方法步骤、操作程序、原则要求和时间节点等内容要求。建立县、镇、村、屯四级"每周汇总、研讨、学习、上报"机制，确保每个工作队员对精准识别政策应知应会，按照精准识别指标体系及程序方法开展工作。利用电视广播、短信、微信、QQ群等多种宣传形式加大精准扶贫政策宣传，提高群众思想认识。

开展好大规模的精准识贫调查　根据自治区、玉林市的要求，组织1200名干部进村入户识贫调查，对全县10.79万户51.16万人的家庭经济状况进行全面调查，逐户打分计量贫困程度。建立精准识别纠错机制，增加查户口本、查房产证、查林权证、查车辆登记证、查工商营业执照、查残

疾证"六查"环节,进一步弥补工作中的漏洞。根据县贫困人口的规模,划定63分为2016年贫困分数线;共建档立卡贫困户2万户、贫困人口8.60万人。

建立扶贫数据管理平台 对识别出来的贫困户逐村逐户逐人建档立卡登记,做到"人有卡、户有档、村有册、镇有簿、县有库"。建立精准扶贫动态管理平台,构建县、镇、村精准扶贫信息网络,规范贫困人口信息采集、整理、反馈工作。完善贫困村信息,做到有村情档案、有问题台账、有需求清单、有村级规划、有帮扶记录等"五有要求"。建立完善动态监测管理机制,建立贫困村、贫困户管理系统,做到户有卡、村有册、县有管理系统;确保扶贫对象真实、致贫原因清楚、建档立卡规范,逐户逐人分析,动态监测贫困户和扶贫项目运行情况,不断完善精准扶贫台账。

【帮扶责任落实】 2016年,陆川县推进帮扶责任落实,创新行之有效的精准扶贫措施,按照因村因户帮扶的要求,建立短期攻坚与长期扶贫的制度,解决贫困人员、贫困村实际困难。12月,自治区组织的核验结果显示,陆川县帮扶工作满意度为100%。

实施"五挂作战"法 2016年,实施"五挂作战"法,推进脱贫攻坚工作落实。一是挂职作战。落实县委统揽责任、部门落实责任、干部帮扶责任"三个责任"。县委成立由县委书记、县长及分管联系扶贫的县委副书记、县人大常委会副主任、县政府副县长组成的扶贫攻坚问题5人研判小组,针对扶贫实践中出现的新情况、新问题及时发现、及时研判、及时出台措施下发文件,引领扶贫攻坚工作深入有效开展。成立由县领导担任组长的资金政策、基础设施、产业开发、移民搬迁、公共服务、金融服务、综合协调、组织保障、督查验收等9个专责小组,整合部门资源,支持全县扶贫攻坚工作。成立14个脱贫摘帽攻坚队和154个攻坚分队,县四家班子

2016年7月16日,陆川县召开脱贫攻坚"五挂作战"精准帮扶工作加温会

叶礼林 摄

领导和县直部门领导担任队长、分队长。三是强化干部的帮扶责任。根据全县脱贫户数确定"653"帮扶标准,处级干部每人帮扶6户,科级干部帮扶5户,一般干部帮扶3户,确保每户贫困户都落实有帮扶责任人。二是挂图作战。把自治区出台的脱贫户"八有一超"、脱贫村"十一有一低于"、脱贫县"九有一低于"等"三张表"31项指标列为全县精准扶贫作战路线图。以《精准扶贫作战图》形式在县、镇、村公布"三张表"31项指标进度执行情况,各镇攻坚队对落后指标逐项研判、精准发力、精准落实,对已达标的指标任务进行巩固提升,对未达标的指标任务进行重点跟踪推进、补齐短板。指挥部对31项指标实行清单式管理,每月公布进度情况,每月召开脱贫攻坚赶队会,先进镇介绍经验,落后镇检讨发言。三是挂牌作战。实行帮扶干部"亮身份、亮责任、亮帮扶措施"等"三亮"帮扶。贫困户的脱贫计划、脱贫时限、具体帮扶措施等内容与帮扶干部的身份信息在贫困户家门口挂牌公布,加大各项帮扶措施及落实情况监督,强化干部帮扶责任。四是挂联作战。重点做好联资金、联产业、联政策"三个联"工作。

联资金,推进小额信贷、财政资金、帮扶部门及帮扶干部捐助资金、扶贫基金会捐助资金等资金联结帮扶,成立县扶贫基金会,募集社会捐资1600多万元,为脱贫攻坚提供资金保障。联产业,推进实施"一户一产业"脱贫计划,为贫困户支持产业扶持。用好农村土地集体所有权、农户承包权、土地经营权"三权分置"改革政策,把贫困村、贫困户与创建现代特色农业示范区、建设中药材种植专属区以及家庭农场、专业合作社、农业龙头企业等新型农业经营主体联结,全县贫困村实现农村专业合作社100%覆盖,60%贫困户加入合作社。联政策,把农村最低生活保障、危房改造、新型农村合作医疗保险、义务教育保障等政策与贫困群众挂靠,推进农村低保应保尽保,全县低保"重合率"75.6%;创新实施住房修缮、加建等模式,为5100多户贫困户解决住房问题,住房保障达标率达100%;贫困户全部纳入新型农村合作医疗保险,参保率100%;建立完善贫困学生资助体系,全县资助贫困学生1万人,政策性资助覆盖率100%;32个贫困村农村留守儿童关爱率100%。五是挂账作战。做好精准扶贫计划账、进度账、奖罚

账"三本账",提升扶贫管理水平。抓好计划账,把干部帮扶计划做为扶贫账单抓落实,帮扶干部围绕"八有一超"9项指标,摸准贫困户的贫困短板和扶贫需求,量身定制帮扶计划账单。抓好进度账,对全县贫困户统一印制档案盒,做到"一户一档",全县帮扶干部边扶贫边建档,确保每一个脱贫指标、每一个时间节点、每一项工作进度有佐证材料。抓好奖罚账,加强帮扶干部出勤出力账单记录,定期编发"红榜,黑榜"通报,鼓励先进、鞭策后进,对于连续2次督查都落后的实行问责;已编发"红榜,黑榜"通报5期,电视通报3期,共约谈8人次,诫勉谈话3人,党内警告处分1人,党内警告、免职1人。

推行"双向协作"精准帮扶 2016年,陆川县实行"双向协作"(指帮扶干部、贫困户相互协作,商定帮扶措施,制定帮扶计划,推进开展一对一、多对一的帮扶活动)。一是因村因户选派帮扶人员。根据贫困村、贫困户的实际情况,全县67个贫困村每村安排第一书记1名;落实结对帮扶干部6601名,结对帮扶贫困户1.90万户(与组织部数据帮扶干部1.40万名,结对帮扶贫困户2万户有出入),实现结对帮扶全覆盖。二是因村因户征求需求和意见。帮扶干部重点围绕贫困户"八有一超"9项脱贫指标,引导贫困户讲短板、讲需求、讲想法。2016年,累计收集全县8万多贫困户需求和意见20多万条。三是因村因户定制帮扶计划。帮扶干部梳理贫困户的意愿,结合上级有关帮扶政策,列出帮扶计划书、时间表,帮扶干部做好帮扶的参谋员、操作员、联络员。在发展"一户一产业"中,帮扶干部鼓励、引导贫困户发展蔬菜、食用菌以及鸡、鸭、鹅等短平快产业,做好种养技术的培训,协调农产品的销售渠道。

推行"四级平台"帮扶管理 2016年,陆川县建立县、镇、村、户等四级责任平台,实行统一指挥、统一协调、统一部署,构建上下贯通、横向到边、纵向到底的责任体系。一是加强县级

责任平台建设。成立县级脱贫攻坚指挥部,下设专责小组9个,组长为县级第一责任人,落实扶贫工作经费352万元,确保全县扶贫工作运转顺畅。二是建设完善镇级责任平台。每个镇建立完善镇扶贫站,配备扶贫助理3~4名;落实镇级平台建设经费25万元。三是建设村级责任平台。每村按贫困人员比例配足村级扶贫信息员,全县落实村级扶贫信息员138人,每人每月补助900元;细化落实帮扶措施及村级台账管理。四是建立户级责任平台。以贫困户档案为户级建设平台,帮扶干部帮助贫困户理清脱贫思路,落实脱贫措施,确保帮扶对象按时按质脱贫。按每个贫困户落实平台建设经费100元。

推行"五同帮联"工作法 2016年,陆川县开展干部和群众同生活、同谋划、同劳动、同担当、同教育,提高帮扶群众满意度。一是"同生活"。要求全县各级党员领导干部主动到贫困村和贫困户家中,与村"两委"班子和困难群众零距离谈心,交流感情。二是"同谋划"。党员领导干部主动进村入户与群众结成一心,共同谋划脱贫大计。共列出帮扶计划2.10万条,落实帮扶措施1.90万条。三是"同劳动"。帮扶干部深入田间地头与群众一起劳动,清洁家园,解决生产生活中的实际困难。四是"同担当"。在脱贫攻坚工作中,把贫困户认不认可、满不满意作为评价帮扶干部工作的标准。五是"同教育"。着力引导、教育和团结群众,加深群众政策知晓率,唤醒群众自立、自强意识,不等不靠发展生产,让群众真正成为脱贫主力军。

建立县、镇、村、户"四级调度平台" 成立县级脱贫攻坚指挥部,县委书记、县长担任总指挥长,指挥部下设专责小组9个,组长由县处级领导担任,推动到村到户脱贫攻坚各项决策部署落实到位。各镇成立镇级脱贫攻坚指挥部,镇党委书记、镇长为镇级层面总调度责任人,并落实一名副镇长专职负责脱贫攻坚推进工作,落实镇人大主席负责协调脱贫攻坚工作,

每个镇落实镇级平台建设经费25万元;建立完善镇扶贫站,配备扶贫助理3~4名,实行专人专岗、专岗专责工作制度。建立村级调度平台,以驻贫困村第一书记、村委会和攻坚分队长为村级调度责任人,细化落实帮扶措施及村级台账管理;每村按贫困人员比例配足村级扶贫信息员138人,每人每月补助经费900元;驻村第一书记、驻村攻坚分队、村委会三支力量积极融合、协同配套、互为促进,构建党建助推、帮联行动、扶贫攻坚"三位一体"的精准扶贫工作新格局。推进户级调度平台建设,与贫困户结对帮扶的干部为户级调度责任人;每个贫困户落实平台建设经费100元。负责落实各类帮扶政策,帮助贫困户理清脱贫思路,引导困难群众发展特色致富产业。

【资金帮扶】 2016年,全县加大扶贫资金的整合和筹集,加大扶贫资金投入,通过产业资金、小额信贷、人身保险的支持,县建立完善扶贫项目立项、审批、实施、验收、评估等管理制度,确保资金使用精准、安全、规范运行,实现扶贫资金使用效益最大化。

加大扶贫资金的筹集 2016年,全县筹集脱贫攻坚工作资金5.83亿元,其中筹集专项资金3.23亿元(上级专项扶贫资金1.21亿元;新增债券资金1.36亿元,用于扶贫基础设施;玉林市级安排扶贫资金799万元;县财政实际安排扶贫资金5400万元,县收回存量可统筹使用资金430万元);整合全县各部门各单位财政涉农资金2.45亿元,用于扶贫开发建设。各行业、社会各界捐助资金1500万元成立陆川县扶贫基金会。

加大产业扶贫资金投入 2016年,陆川县支持扶贫产业链的发展,安排"一户一产业"扶持资金及其他产业扶持资金约4000万元,每户贫困户安排产业扶持资金1000元。开展扶贫小额信贷,建立金融扶贫特惠机制,先后出台《陆川县金融扶贫实施方案》《陆川县农村产权抵(质)押融资试点工作实施意见》等金融扶贫

政策文件。对有需求的贫困户实现"5万元以内、三年期限、无担保、免抵押、全贴息"贷款全覆盖,解决贫困户贷款难、贷款贵的问题,使广大贫困户通过信用贷款入股合作社发展生产,每年每户获得8%以上的分红。参与贷款贫困户7666户,发放扶贫小额信贷资金3.08亿元;设立扶贫小额信贷风险补偿资金,投入资金4630.25万元。创新"政府出资+专项扶贫+保险公司让利+贫困户参与"的模式,投资436.95万元,对建档立卡贫困人口实行小额人身保险。

加强扶贫资金使用管理 加快资金拨付,年内扶贫专项资金支出3.02亿元,涉农统筹整合用于扶贫开发资金支出2.09亿元,保障扶贫项目的推进。开展财政专项扶贫资金清查,清查出结转结余历年财政专项扶贫资金637.19万元,清理消化资金472.19万元。建立完善扶贫项目和资金管理制度,健全扶贫资金国库集中支付和审核程序,对扶贫资金使用进行全程监控,确保资金安全高效运行。

【扶贫项目建设】 2016年,陆川县根据贫困户和贫困人口分布的实际需要及资源优势,实行产业项目安排与农民意愿相结合,"造血式"扶贫与"输血式"救济相结合,实施短期、中期、长期项目配套措施,以短养长,长短结合。

推进易地扶贫搬迁项目建设 2016年,玉林市下达陆川县易地扶贫搬迁任务为88户350人。年内,建设滩面镇、珊罗镇2个扶贫搬迁安置点。滩面镇安置点规划建设安置房9栋49套(户),至年底,已完成9幢楼、便民服务管理中心、便民商店主体工程建设,完成地台硬化及水电安装,49户均已签订购房协议。珊罗镇安置点规划建设安置房7栋74套(户),7幢楼已开工建设,年内完成1、2号楼主体工程建设,进行室内装修。

推进"薄弱基础设施"建设 2016年,全县累计投入扶贫基础设施建设资金2.28亿元,新增政府债券扶贫资金1.36亿元,用于扶贫基础设施建设;落实3523户农村危改指标,住房修缮、加建1700户。开展"双百工程"(百村攻坚、百村示范)建设村级公共服务设施百日攻坚大行动,投资3000多万元,对37个贫困村、革命老区村进行拆旧重建,对41个基础较好的村进行提档升级,全县154个建制村的基层组织活动场所建筑面积均达到300平方米以上,改变偏远山区村级公共服务场所落后的面貌。盘活整合各类涉农资金2.49亿元,硬化村屯道路建设615条299.86千米,农村饮水工程项目364个,推进32个贫困村的服务设施、通水通电、道路硬化等建设。

推进旅游扶贫项目建设 根据贫困村所处的地理位置、旅游交通基础设施条件、旅游扶贫项目开发的基础、贫困村民俗风情等特点,建设旅游扶贫项目25个,发展生态乡村旅游区开发、红色旅游区项目、中药材生态观赏农业、葡萄采摘观赏互动、特色休闲农业、旅游商品基地建设、四季大面积花卉观赏基地建设、九洲江乡村旅游区开发、民俗文化旅游等,带动贫困村3600多户2.50万人群众迈上旅游脱贫的道路。

推行电商扶贫项目建设 2016年,陆川县利用淘宝电商平台优势推行电商扶贫,采取"互联网+合作社+农户""互联网+公司+联营商""互联网+农业+基地"三大模式推进电商精准扶贫,银湖橘红合作社在清湖镇6个村种植橘红266.67公顷,合作社以市场价每千克24~32元收购农户的生果进行加工销售,年产值1.50亿元,网店销售额150万元,该橘红种植项目覆盖贫困户90户380人。年内,全县共有电商企业(含网店)2013家,农村淘宝服务站52家,覆盖33%建制村,农村人口16万人;电子商务平台的农村淘宝网上交易额3108万元。

【产业扶贫】 2016年,县扶贫办按照县"一区三节点"(中药材种植专属区,北部、中部、南部三大布局节点)扶贫模式,建设绿丰合作社、龙化中药材基地、迈塘橘红基地三大产业扶贫核心示范区。沿着马盘二级公路及九洲江走向规划建设中药材种植专属区,按北部、中部、南部布局三大重要节点,打造百里中药材产业扶贫示范长廊,全面推进中药材专属区扶贫产业向规模化、产业化、示范化发展。推行"造血式"产业扶贫,实施"双千计划",为每户贫困户扶持产业发展资金1000元,并通过帮扶干部回购、龙头企业回购等方式,帮助贫困户解决农产品销路。已发放"一户一产业"扶持资金2305.2万元,受益贫困户2.31万户。贫困户达标脱贫后每户奖励发展产业资金1000元,确保扶贫产业

2016年5月27日,滩面移民扶贫搬迁安置小区项目开工建设。图为开工仪式现场

县发改局 提供

持续增效。鼓励引导农业产业化龙头企业参与产业扶贫,其中清湖镇民富葡萄种植专业合作社及绿丰农业专业合作社、广西神龙王农牧食品集团有限公司、陆川县陆宝食品有限公司等4个产业帮扶示范点共联结贫困户1702户、贫困人口7776人。社会各界支持帮扶资金692.14万元(含帮扶物资价值4.80万元)用于贫困村、贫困户发展产业。全县有市级以上农业龙头企业32家,农民专业合作社536家,家庭农场78家,现代特色农业(核心)示范区19个,带动农户加盟特色产业种植6万多户,带动1430户贫困户脱贫致富。

发展中药材种植专属区,实现产业扶贫长效化 2016年,陆川县以九洲江列入国家生态补偿试点为契机,结合67个贫困村的分布情况,沿着马盘二级公路和九洲江流域走向规划建设中药材种植专属区1.33万公顷,全县已实施中药材专属区种植面积6667公顷,覆盖带动贫困人口8.60万人。加快推进九洲江沿岸传统养殖业向特色种植业转型升级,引导贫困户流转土地入股合作社,为中药材种植专属区建设提供土地保障。全县累计流转土地1.40万公顷;县出台系列政策扶持中药材种植产业发展,提高贫困户参与种植中药材的积极性,全县千亩以上中药种植基地6个,百亩以上中药种植基地19个。

打造以绿丰合作社为核心的北部橘红扶贫产业示范区 2016年,陆川县借助自治区现代特色农业示范区政策,在马坡镇新山村规划建设橘红扶贫产业示范区200公顷。采取“贫困户+合作社+基地”的精准扶贫新模式,争取自治区十百千扶贫示范工程项目资金300万元,并动员贫困户流转土地建设橘红基地14.67公顷。贫困户通过联租、入股、租赁经营等形式将土地等资源流转给合作社,获得合作社分红。合作社为部分村民提供日聘农业工人岗位。2016年底,116户521名贫困人员纳入合作社,可提供就业岗位320个。

2016年10月10日,陆川县脱贫攻坚基础设施建设暨产业扶贫推进工作现场会在良田镇召开　　　　　　县扶贫办 提供

打造以龙化中药材基地为核心的中部中药材扶贫产业示范区 2016年,陆川县借助玉林市南方药都辐射带动力,在乌石镇龙化村、吹塘村连片规划建设现代化生态中药材种植示范基地667公顷,打造陆川中药材种植专属区的核心区,引导群众发展中药材等生态种植产业,促进农业转型升级。基地主要种植何首乌、藿香、佛手等中药材,每亩年产量约1500千克,年产值超万元。中药材收成后,依托陆川县电子商务中心、农村淘宝站等平台,通过“互联网+”等网络销售方式进行产品销售,为龙化村及周边的吹塘村、沙江村、谢鲁村解决中药材销售问题。

打造以迈塘橘红基地为核心的南部产业扶贫示范区 2016年,陆川县借助粤桂合作治理九洲江流域机遇,推进九洲江沿岸贫困村、贫困户由传统养殖向特色种植转变,做到产业扶贫与环境保护两不误、双促进,在良田镇车田村规划建设橘红种植基地133.33公顷。该基地于2013年10月创建,采取“合作社+基地+农户”模式运作,由良田镇春旺橘红种植专业合作社牵头联合53户农户种橘红。基地采用规范化种植技术,选用正毛橘红嫁接苗种植,套种巴戟等中药材,

并建成自动化灌溉系统,实现病虫综合防治,实行水肥一体化管理。陆川县发挥迈塘橘红种植基地的辐射带动作用,引导农户在房前屋后、林地、荒岭、空闲地种植橘红,打造车田村、文官村、清平村、永平村等一批“橘红村”,形成辐射范围广、参与贫困户多、带动能力强的南部产业扶贫示范区。

(丘 强)

畜牧渔业

畜牧渔业综述

【畜牧渔业机构及概况】 2016年,陆川县水产畜牧兽医局内设政工秘书股、防疫股、渔业股、畜牧与饲料股、法规监督股、医政药政管理股、屠宰行业管理股;直属二层机构单位有县畜牧站、县动物疫病预防控制中心、县动物卫生监督所、县水产养殖技术推广站、县渔政管理站、县良种猪场;镇水产畜牧兽医站14个。全县水产

畜牧兽医系统行政编制 22 名,实有人员 15 人;参公事业编制 32 名,事业编制 120 名,在岗人员 171 人。获自治区水产畜牧兽医局颁发的无公害化产地认定、产品认证规模猪场 22 家;大型饲料加工厂 4 个,畜牧机械制造厂 3 个,通过国家 QS 认证的陆川猪产品加工企业 7 家。自治区级龙头企业 17 家,市级龙头企业 13 家。陆川县连续 10 年获得生猪调出大县奖励,是广西畜牧业十强县。全县渔牧业总产值 32.9 亿元,比上年增长 10.43%;肉类总产量 11.63 万吨,增长 0.06%;水产品产量 2.78 万吨,增长 6.97%。投入水产畜牧业各项建设资金 3.47 亿元,增长 20.14%。

2016 年 5 月 18 日,陆川县委副书记、代县长潘展东(左二)到陆川英平畜牧有限公司了解生态养殖情况　　叶礼林　提供

【水产畜牧惠农政策实施】　2016 年,陆川县获全国生猪调出大县奖 678 万元,国家生猪良种补贴 320 万元。生猪调出大县奖励资金主要用于龙头企业、标准化园区、规模养猪场扩建项目贷款贴息和生猪调出贡献奖励;良种补贴直接用于供精补贴。年内,免费向农民发放良种猪精 25.35 万瓶,配种母猪 6.34 万头次,良种覆盖率 95% 以上,为农民增加收入 2100 多万元。免费供应良种牛精 4340 支,人工配种产杂交牛 1520 头,良种化程度 63.6%,通过牛品种改良,每头牛增收 1320 元以上。

【基层农技推广项目建设】　2016 年,陆川县获广西基层农技推广体系改革工程。年内,县水产畜牧兽医局整合科技培训资源,多形式、多渠道开展新型农民技术培训,实施新型农民、农村党员科技培训和村"两委"干部培训工程。组织科技人员 540 人次深入村、屯开展强基惠农政策实施,推进科技示范镇、村、户建设。发放示范户惠农物资 12.25 万元。加大科普宣传、教育培训,举办或参与各类技术培训班 9 期,受训人员 401 人次,其中基层农技推广示范户培训 4 期,培训人员 288 人次;县级农技推广技术人员培训 1 期;自治区级农技推广技术人员培训 4 期,参加培训 113 人次。为 144 户示范户发放饲料等物化补贴 12.25 万元;广西海宇牧业有限公司、陆川县大桥镇龙剑水产养殖专业合作社、陆川县万氏水产专业合作社等 3 个科技试验示范基地发放购买畜禽水产种苗饲料等费用补贴 5 万元。印发各类养殖科技培训材料 1 万余份。

【病死畜禽无害化处理厂及畜禽污粪处理有机肥厂建设】　2016 年,陆川县加强养殖废弃物的综合利用,推进 3 个有机肥厂和 1 个无害化处理厂项目建设。其中,广西博世科生物质科技有限公司投资 1 亿元在滩面镇建设日处理固体废弃物 600 吨有机肥厂,广西穗宝有机肥有限责任公司投资 5800 万元在沙湖镇新街村建设日处理固体废弃物 500 吨有机肥厂,广西银农有机肥有限责任公司投资 1 亿元在大桥镇建设日处理固体废弃物 600 吨有机肥厂。其中,广西穗宝有机肥厂已建成投产,无害化处理厂位于沙湖镇新街村,占地面积 3.33 公顷,投资 2830 万元,年可处理病死畜禽 3000 吨。

【畜禽渔业标准化养殖示范场建设】　2016 年,陆川县抓好县畜禽渔业标准化养殖项目建设。投资 100 万元,对陆川县欣桂牧业有限公司、陆川县宏瑞水产养殖场、陆川县滩面南园农民专业合作社等 3 家示范场进行标准化建设,主要推进畜禽标准规模示范、水产健康养殖示范技术推广应用,增强畜禽产品综合生产能力,带动周边养殖户进行标准化健康养殖。年内,该项目已通过自治区水产畜牧兽医局验收。

【生态养殖示范点建设】　2016 年,陆川县整合生猪调出大县奖励资金、九洲江综合治理资金 8800 万元及业主自筹资金 2500 万元,在全县推进生态养殖示范点建设,已建设生态养殖示范场 6 家,推进高架网床建设,完善环保设施,绿化周边环境,建设美化的花园式生态养殖示范场。至年底,已改建高架网床 153 家,面积 25 万平方米。对九洲江流域 139 家规模场进行"高架网床 + 益生菌"模式改造,配套建设储液池、储粪屋,改造工作实施,改造面积 22 万平方米;投资 50 万元,在 5 家试点养殖企业推广微生物狐尾藻养殖和养殖污染处理,年内完成项目建设,并在全县推广。

【南方现代草地畜牧业建设】　2016 年,陆川县投资 216.3 万元(其中中央扶持资金 180 万元),在横山镇良塘村建设标准化肉牛养殖基地,年内已改良草地 46.67 公顷,正在建设储料棚库、青贮池、沼气池,建成后年可存栏母牛 265 头、出栏肉牛 200 头。

【农民专业合作组织建设】 2016 年,陆川县培育新型生产经营主体,提高农业生产组织化程度。经业主自愿申报,县推荐玉林市评审,对符合直接补助、先建后补和贷款贴息条件的合作组织给予资助补助。年内,陆川县获广西农民专业合作社组织发展资金补助 28 万元,其中米场叹可专业合作社 9 万元、陆川县宏泰原生态养殖农民专业合作社 9 万元、陆川县致富养猪专业合作社 10 万元。

【小散养殖污染治理】 2016 年,陆川县针对小散养殖数量大,分布广,环保设施有待改善的状况,从生猪调出大县奖励中投入 800 万元在县内各小散养殖集中区建设环保设施,改善养殖环境。乌石镇谢鲁村列为全县小散养殖污染治理示范场(点),共建设养殖环保设施点 6 个,有效解决 35 户小散养殖污染。大桥镇三善村马鞍塘列为产业转型升级示范点,将原来养猪改为发展草食类,养牛、羊。大桥镇雅松村建设片区集中养殖示范点,该示范点汇合附近已清拆养殖场的 16 户小散养殖农户,采取“合作社(或公司)+ 农户”模式共同养殖,建设高架网床 5 条 5000 多平方米,配套建设沼气池、固液分离等排污设施。镇级示范点乌石、滩面、横山、良田、古城、大桥、温泉、沙坡等 8 个镇完成 41 个示范场(点)建设。

【九洲江养殖污染治理】 2016 年,陆川县大力推进九洲江流域综合治理,拆除九洲江流域养殖场 68 家,面积 6.28 万平方米。推广节能减排—高架网床生态养殖模式,全县累计有高架网床养殖场 153 家,面积 25 万平方米。

【全国畜牧业绿色发展示范县创建活动】 2016 年,陆川县成功申报第一批全国畜牧业绿色发展示范县项目。年内,开展畜牧业绿色发展示范县创建活动,县委办、县政府办制订创建活动实施方案,在全县规模养殖场推广高架网床 + 益生菌生态养殖,推广率 90% 以上,基本确立生态循环绿色畜牧业发展方式,逐步实现生态养殖、农牧结合、种养对接、资源利用,粪污处理利用模式全面推广,养殖场畜禽粪污综合利用 90% 以上,病死畜禽无害化处理率 100%,养殖污染治理取得成效。

【养殖产业扶贫】 2016 年,陆川县推进畜牧产业扶贫发展。因地制宜,因村选项,科学规划,推进养猪、鸡、牛等特色扶贫产业发展,实施“小额信贷提前分红”制度,引导贫困户入股参与养殖,加大产业扶贫,年内养殖业共发放小额贷款 1.22 亿元;推进物化补贴扶贫,降低贫困户参与养殖成本,增加贫困户脱贫出路,获良种补贴贫困户 1.30 万户,发放补贴资金 52 万元;发放动物疫病疫苗、兽药、饲料一批价值 13.80 万元。

【陆川县获中国地方猪保护与利用第十二届年会优秀经验交流奖】 2016 年 11 月 28 日—30 日,中国地方猪保护与利用第十二届年会在北京召开,年会以“地方猪遗传资源保护和开发利用新思路”为主题,主要是国家级保种单位开展业务交流与研讨。陆川县水产畜牧兽医局主要负责人、陆川县良种猪场(为国家级两广小花猪——陆川猪保种场)负责人参加年会,县水产畜牧兽医局主要负责人在会上做陆川猪的保种工作汇报,并获国家农业部颁发“中国地方猪保护与利用第十二届年会”优秀经验交流奖。

禽畜与特种动物养殖

【禽畜养殖概况】 2016 年,全县能繁母猪存栏 15.41 万头,肉猪出栏 105.39 万头,家禽出栏 2148.7 万羽。生猪产值占畜牧业的比重在 65% 以上。年出栏 300 头以上规模猪场 635 个,生猪规模养殖比重 75% 以上;规模牛场 5 家;年出栏 5000 羽以上的规模禽场 867 个;年出栏 1.50 万羽以上的规模禽场 12 家。

【陆川猪养殖】 2016 年,陆川县存栏纯种陆川猪 6.34 万头,其中基础母猪 2.06 万头、种公猪 280 头。国家级保种场有陆川县良种猪场,存栏基础母猪 228 头,种公猪 17 头;保种基地 1 个,存栏基础母猪 256 头,种公猪 18 头;划定有大桥、乌石、清湖、良田、古城等 5 个镇保护区,存栏基础母猪 8860 头,种公猪 172 头。

【其他家畜养殖】 2016 年,全县存栏养殖牛 2.29 万头,其中能繁母牛 0.62 万头;出栏牛 1.06 万头。存栏养殖羊 0.37 万头,其中能繁母羊 0.13 万头;出栏羊 0.33 万头。存栏养殖兔 0.22 万只;出栏兔 0.36 万只。

【家禽养殖】 2016 年,全县家禽养殖存栏 944.31 万羽、家禽出栏 2148.70 万羽。黄羽鸡的饲养量占主导地位,主要以饲养肉鸡为主,年内存栏养殖 748.06 万羽、出栏 1564.47 万羽;鸭存栏养殖 41.63 万只、出栏 272.47 万只;鹅存栏养殖 29.56 万只、出栏 96.73 万只。

【蜜蜂养殖】 2016 年,陆川县内养蜂产业以“专业合作社 + 农户”形式,带动发展蜜蜂养殖。成立养蜂专业合作社 10 家,主要以养殖中华蜜蜂为主。全县养殖蜜蜂 3840 群,其中中华蜜蜂 3720 群、意大利蜂 120 群;产出蜂蜜 35.28 吨,产值 278.64 万元。

水产养殖

【水产养殖概况】 2016 年,陆川县是广西四大鱼(青鱼、草鱼、鲢鱼、鳙鱼)

鱼苗繁殖基地之一。全县水产养殖面积 4680 公顷，名特优水产养殖面积 1527.33 公顷。水产品产量 2.98 万吨，产值 2.64 亿元。

【鱼苗培育】 2016 年，陆川县有鱼种场 32 家。全县亲鱼培育面积 128.67 公顷。全县有鱼苗孵化规模场 52 家，鱼苗年产量 710 亿，增长 14.51%。以繁殖销售鱼苗、养殖罗非鱼出名。鱼苗远销国内各省以及泰国、缅甸等国家。

【特种水产养殖】 2016 年，县水产畜牧兽医局大力推广罗非鱼、黄沙鳖、水蛭等特种水产养殖，特种水产养殖面积 1527.33 公顷，产量 2.98 万吨，产值 2.64 亿元。其中罗非鱼养殖基地 41 个，养殖面积 1501.33 亩，年产量 2.96 万吨；黄沙鳖养殖基地 8 个，养殖面积 12.67 公顷，年产量 195 吨；水蛭养殖基地 1 个，养殖面积 1.33 公顷，年产量 5 吨。

动物免疫

【动物疫病检测平台建设】 2016 年，陆川县推进畜禽健康养殖及疫病快速检测诊断技术平台的建设。由广西兽医研究所牵头的广西科学研究与技术开发计划项目，于 2014 年 1 月立项，2014 年 4 月启动实验室改造，对原有实验设施设备进行改造。建设病原分子学实验室 30 平方米，建设分样品处理区、核酸抽提区、PCR 加样实验区、电泳分析区等多个功能区，配置实验室仪器设备及用于检测不同疾病血清抗体和分子病原学用的检测试剂和耗材一批。2016 年，开展临床检测诊断工作有血清学监测：分别采集监测牛、猪、禽、羊血清样品 7561 份。其中，家禽抗体检测 6758 份，家畜抗体检测 803 份；病原学 PCR 检测共采集检测样品 248 份（其中猪扁桃体、淋巴结等样品 146 份，鸡棉拭子样品 102 份）。项目实

施期间，出动 362 人次深入养殖企业采集样品，在健康养殖和疾病防控方面为企业进行技术指导。派遣科技特派员 1 人，到米场镇运丰猪场提供疫猪健康养殖与疫病诊断技术服务，受援对接单位取得效益 35 万元。项目实施后，提升县兽医实验室对动物重大疫病快速检测能力及兽医实验室工作人员的技术水平。2014—2016 年，共完成项目投资 60 万元。2016 年 12 月该项目已通过自治区科技厅验收。

【动物卫生监督平台建设】 2016 年，陆川县推进动物卫生监督视频监控平台建设，县动物卫生监督所及 14 个镇产地检疫申报点、陆川县科环畜禽处理公司、陆川县国环病害动物无害化处理有限公司已安装好监控平台设备，并落实专人实时监控。

【动物疫病防控】 2016 年，县水产畜牧兽医局采取措施加强春、秋季重大动物疫病防控，实行镇、村、户（规模场）分片包干工作责任制，落实防控工作经费 279 万元，做好疫苗、消毒药、防护服、消毒器械等应急物资储备。完善冷链设施、设备。年内新配置冷库系统 1 个，冷库分为冷藏库（2~8℃，约 22.5 立方米）和冷冻库（-15~-20℃，约 11.5 立方米）两个库间。9 月 9 日，冷库完成验收投入使用。加大各种防疫物资组织，其中猪瘟高效细胞苗 516 万头份、猪 O 型口蹄疫灭活疫苗 565 万毫升、猪蓝耳病疫苗 250.4 万头份、重组禽流感病毒灭活疫苗 883 万毫升、禽流感—新城疫重组二联活疫苗 216 万羽份、口蹄疫病毒 O 型—亚洲 I 型二价灭活疫苗 13 万毫升、兽用狂犬病活疫苗 3.36 万头份、小反刍疫苗 0.89 万头份、猪链球菌疫苗 42 万毫升、消毒药 0.73 吨、猪免疫标识 101 万套、牛免疫标识 1.34 万套。年内，接受养殖户技术咨询 2925 人次，检验、诊断畜禽疾病 1968 例（其中猪病 883 例、牛病 62 例、禽病 951 例、犬病 72 例），提出疫病处

置方案，有效地预防控制各种疫病的发生、扩散。

2016 年，加强动物疫病监测，共出动人员 1026 人次，分别采集牛、猪、禽、羊病料组织及血清样品 1835 份，分别送自治区和玉林市动物疫病预防控制中心进行猪瘟、口蹄疫、高致病性猪蓝耳病、猪繁殖和呼吸综合征、猪伪狂犬病等的检测分析。完成自行监测样品 7561 份。其中，家禽抗体检测 6758 份，家畜抗体检测 803 份；应急处置动物疫情 5 起。开展动物疫病流行病学调查，共调查 10 个镇、17 个规模养猪场、16 个规模养鸡场，调查猪 3.54 万头，鸡 5.54 万羽，未发现重大动物疫情。

加强禽畜动物免疫，全县完成猪瘟免疫 232.2 万头次，猪口蹄疫免疫 254.25 万头次，牛口蹄疫免疫 5.85 万头次，猪蓝耳病免疫 225.36 万头次，高致病性禽流感免疫家禽 1766 万羽次，狂犬病免疫犬 3.02 万头次，羊小反刍疫 8010 头次。

【动物卫生监管】 2016 年，陆川县实施动物产品质量安全追溯体系，加强从投入品（饲料、兽药）到餐桌（肉食品）全程监管，健全防疫、料药使用、检疫、畜禽无害化处理等档案，确保上市肉食品健康安全。办理动物卫生监督案件 13 起。出动执法人员 2468 人次，检查规模猪场 1283 家次，规模禽场 71 家次，养牛场 8 家次，饲料生产企业 16 家次，饲料兽药经营企业 246 家次，水产畜牧产品市场 33 个次。对 1 家奶牛场生鲜乳进行"三聚氰胺"等违禁药物检测，抽检生鲜乳 1 批次，对 105 家规模养殖场进行"瘦肉精"等违禁药物检测，抽检猪尿 315 头份，在 15 家屠宰场抽检猪尿 75 头份，生鲜肉质量安全监测 6 批次，检测结果均为合格。抽检兽药经营企业 13 家，抽检兽药品种 40 个，抽查饲料生产经营企业 18 家，饲料品种 40 个。加大对规模养殖场病死猪无害化处理监管，监督无害化处理病死猪 15.63 万头。

（陈旭锋）

工　　业

GONGYE

2016 年 8 月,广西鸿生源环保设备有限公司环保设备项目竣工投产。图为 8 月 26 日举行竣工仪式

县龙豪创业园区管理委员会　提供

工业综述

【工业经济发展概况】 2016年，陆川县工业发展重点推进工业经济稳增长、工业投资、工业节能、新上规模以上（主营业务年收入2000万元以上）企业培育等方面工作。年内，县经济贸易局加强工业服务，协调推进工业项目建设、工业技改，加大企业上市培育，开展工业企业节能降耗，加强九洲江流域重点工业企业废水污染治理，推进国有企业改革等，各项工作取得成效，全县工业经济保持增长。年内，新上规模以上工业企业3家，全县有规模以上工业企业107家。全县工业总产值362.18亿元，增长5.50%，比上年提升3.8个百分点。其中，规模以上工业总产值347.32亿元，比上年增长5.61%，比上年提升4.2个百分点，总量居玉林市第三位，占玉林市比重为20.72%；规模以下工业总产值14.86亿元，增长2.90%。全部工业增加值96.52亿元，增长6.70%。其中，规模以上工业增加值90.87亿元，增长6.80%，比上年提升4.3个百分点，总量居玉林市第三位，占玉林市比重为19.33%；规模以下工业增加值5.65亿元，增长4.10%。完成工业投资114.50亿元，比上年增长2.80%，总量居玉林市第三位，占全市工业投资总量的14.91%，比上年提高1.61个百分点；完成技术改造投资112.3亿元，增长5.50%，总量居玉林市第一位，占全市技改投资总量的20.5%，比上年提高2.4个百分点；完成制造业投资111.8亿元，增长4.90%，总量居玉林市第三位，占全市制造业投资总量的15.86%，比上年提高2.06个百分点。工业投资总量占全县固定资产投资总量的56.4%，比上年下降6.3个百分点。规模以上工业实现销售产值346.97亿元，增长

6.78%，产销率99.9%。规模以上工业实现利税20.64亿元，增长7.27%。其中，实现利润总额14.61亿元，增长10.31%；实现税收总额6.03亿元。工业增加值占全县地区生产总值的比重为41.25%，拉动全县GDP增长1.44个百分点，对GDP增长的贡献率为20.9%，比上年提高1.15个百分点。

【工业产业集群经济发展】 2016年，陆川县工业产业形成机械制造、农林产品加工、新型建材、健康食品、有色金属、化工、塑料和橡胶、陶瓷、电子信息、造纸、供电供水、新能源等产业体系。机械制造、农林产品加工、新型建材、健康食品、有色金属等五个产业成为支撑陆川工业发展的支柱产业，2016年五大产业完成规模以上工业总产值291.81亿元，占全部规模以上工业总产值的84%，占全部工业总产值的80.6%。其中，机械制造产业实现规模以上工业总产值100.03亿元，增长1.37%；农林产品加工产业实现规模以上工业总产值103.05亿元，增长22.55%；新型建材产业实现规模以上工业总产值45.57亿元，下降4.28%；健康食品产业实现规模以上工业总产值30.30亿元，增长1.21%；有色金属产业实现规模以上工业总产值14.83亿元，增长0.85%。其他

单位：亿元

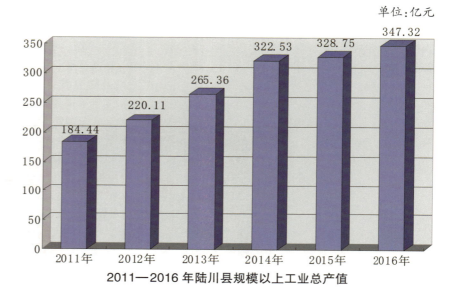

2011—2016年陆川县规模以上工业总产值

单位：亿元

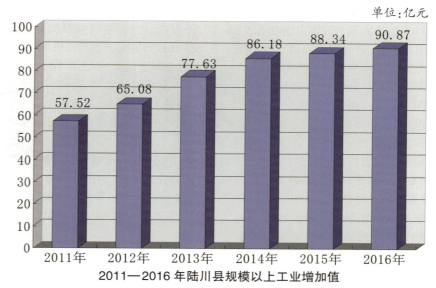

2011—2016年陆川县规模以上工业增加值

产业中，化工产业实现规模以上工业总产值7.06亿元，下降7.28%；塑料和橡胶产业实现规模以上工业总产值5.55亿元，下降53.47%；陶瓷产业实现规模以上工业总产值19.33亿元，增长11.83%；造纸产业实现规模以上工业总产值2.94亿元，增长24.70%；电子产业实现规模以上工业总产值12.08亿元，增长62.24%；纺织与服装产业实现规模以上工业总产值0.25亿元，增长9.94%；供电供水产业实现规模以上工业总产值6.34亿元，下降5.84%。产值10亿元以上企业有开元机器、广南机械、兴宝金属、玉林正邦、玉林双胞胎、九鼎牧业、永耀玻璃、高峰九洲人造板、隆田制丝等9家，开元机器、兴宝金属、玉林正邦等3家企业年销售收入超20亿元。

【重大工业项目建设】　2016年，陆川县加大重大工业项目建设，阿赖门业科技有限公司项目、广西宇航塑业制品有限公司塑料制品生产项目、广西漫山红投资有限公司红木家具物流项目、陆洲机械制造有限公司数控自动化发电机组生产项目、玉林市娃哈哈桶装水项目等5个重大工业项目开工建设，计划投资3.95亿元。

全县竣工投产的重大工业项目7个：玉林市美盛塑料制品有限公司塑料制品项目、玉林市川迪机械制造有限公司机械零配件项目、广西宝康源投资有限公司中药饮片项目、玉林市泰华工程设备机械有限公司机械制造项目、广西鸿生源环保设备有限公司保专用机械设备制造项目、广西西江环境能源科技产业有限公司20万瓦光伏发电项目、陆川博世科生物能源科技开发有限公司制备天然气综合利用项目。

开展前期工作的重大工业项目有：陆洲机械有限公司数控自动化发电机生产项目、清湖镇35兆光伏并网发电项目、大桥镇新型环保墙体材料项目、广西穗宝有机肥有限公司远景能源陆川风电项目、广西桂冠电力陆川风电项目、陆川县中药材种植及深加工生产线项目、陆川县志强新型发电机自动化生产线项目、陆川县千业汽车通用配件生产项目、陆川县蓝正药业中药材深加工项目、陆川新天地饲料生产项目、陆川县永业旺门不锈钢铝合金铜门系列产品自动化生产项目等。年内，全县新上规模以上工业企业3家：华润混凝土（陆川）有限公司、广西喜爱家饮水设备有限公司、陆川县吉业混凝土有限公司。

【工业转型升级】　2016年，陆川县加大工业项目技术改造，促进传统产业转型升级。广西陆洲机械制造有限公司由原生产农用微耕机和陆用发电机逐步转型生产船用发电机和船用生活污水处理装置；陆川县顺达机电设备有限公司由原来生产电子设备转型生产净水设备；陆川县永大汽车配件有限公司加快产品结构调整，把分散的市场经营方向逐步调整为重点向五菱公司配套产品；广西开元机器制造有限责任公司因挖掘机产能过剩，投入资金转型生产旋挖钻机；玉林市兰科汽车环保材料有限公司更名为广西安耐哲新材料科技有限公司，4月启动年产5000吨纳米磷酸铁锂电池材料自动化生产线建设，主要产品为磷酸铁、磷酸铁锂等，为新能源电动汽车和储能电池的正极材料，该项目与澳大利亚卧龙岗大学合作，为该公司在汽车环保材料领域转型升级的重要举措。

【工业新兴产业培育】　2016年，陆川县培育发展壮大新兴产业，优化产业结构，重点在节能环保、新能源、高端制造、医药健康等新兴领域积极布局。发展新能源（光伏发电）项目，推进滩面镇3.50万千瓦光伏并网发电项目、清湖镇4万千瓦光伏并网发电项目一期2万千瓦建设。引进节能环保项目发展，广西鸿生源环保有限公司废塑料造料及污水垃圾处理设备项目，博世科固体废弃物制备天然气综合利用项目。发展医药健康项目，推进广西宝康源药业有限公司中药饮片项目、玉林市蓝正药业有限公司医药制造项目建设。

【工业企业上市培育】　2016年，陆川县加大工业企业上市培育，推进企业上市（挂牌）。选择一批主营业务突出、产品竞争力强、具有良好发展前景和增长潜力的优势企业进行重点培育扶持。年内，陆川县永大汽配有限公司、广西永耀玻璃有限公司、广西神龙王农牧食品集团、广西开元机器制造有限责任公司、陆川县陆洲机械制造有限公司、陆川县长隆电子有限公司、陆川县三零一机械有限公司等7家企业备案纳入玉林市上市后

单位：亿元

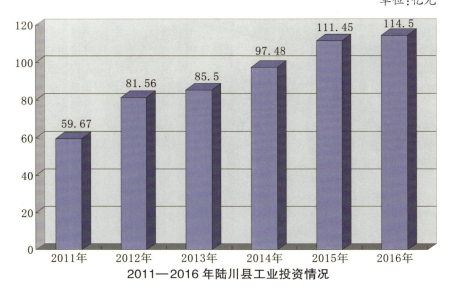

2011—2016年陆川县工业投资情况

备企业资源库。4月,陆川县陆洲机械有限公司、陆川县长隆电子有限公司、陆川县三零一机械有限公司、陆川百汇百货有限公司等4家工商企业在北部湾股交所成功挂牌;5月,广西净水先生水处理设备有限公司在上海股权交易中心Q板成功挂牌。

【重点企业发展环境优化】 2016年,陆川县精选30家规模以上企业进行重点扶持,落实企业生产计划,落实具体负责帮扶领导和干部。实施县四家班子领导联系服务企业机制,对全县规模以上企业实施精准帮扶,加大企业服务,支持企业扩大生产,解决企业发展难题,重点帮助企业解决办证难、融资难、纠纷难、招工难、用电用水难、排水难、道路难、找部门办事难、用地难、产品销售难等"十难"问题,努力优化企业发展环境。做好降企业成本工作,引导企业加快融入电力市场化改革,参与电力直接交易,降低企业电力成本,组织陆川县兴宝金属制品有限公司(电压等级35千伏以上、年用电量3000万千瓦时以上,下同)进行广西第二批电力直接交易,华润水泥(陆川)有限公司、广西高峰九州人造板有限公司进行广西第三批电力直接交易,通过市场化交易促进用电增量在销售电价基础上每千瓦时下降0.15元,减轻企业负担。

【规模以上工业节能】 2016年,陆川县规模以上工业企业综合能源消费总量为42.94万吨标准煤,比上年下降8.32%。规模以上万元工业增加值能耗比上年下降14.19%。自治区跟踪考核的重点用能企业有华润水泥(陆川)有限公司、陆川县嘉顺工艺品有限公司、陆川县华林陶瓷有限公司、广西永耀玻璃有限公司、陆川县兴宝金属制品有限公司、陆川县云鹏特种水泥有限公司(原玉林市宏昌特种水泥有限公司)、广西高峰九州人造板有限公司等7家企业,年内实现总节能4021吨标准煤;玉林市跟踪考核重点用能企业有陆川县明志铁锅有限公司,实现节能4178吨标准煤。

【钢铁行业过剩产能化解】 2016年,陆川县贯彻落实《国务院关于钢铁行业化解过剩产能实现脱困发展的意见》(国发〔2016〕6号)精神,推动钢铁产业结构调整,推进供给侧结构性改革,着力推进陆川宏达铸造物料有限公司化解钢铁行业过剩产能,9月,整体拆除该公司锅炉208立方米,化解钢铁过剩产能20万吨。10—11月,先后通过陆川县、玉林市及自治区级验收。11月29日,国家化解钢铁煤炭过剩产能验收检查工作小组完成检查工作。

【国有企业改革】 2016年,陆川县对县磁选厂实行处置资产安置职工改制。年内,完成县磁选厂企业改制的财务审计、清产核资等工作。11月,县磁选厂召开职工大会,通过企业改制方案。

加大国有企业固有资产处置。5月,公开处置县南方陶瓷厂废旧设备一批;12月,公开拍卖县化肥厂的废旧设备,县化肥厂国有土地类别由工业用地变更为商住用地。年内,县经贸局所属的金山酒楼及原经委宿舍区等纳入县棚改范围,旧房全部拆除,并通过招拍形式处置土地资产。

【工业废水污染治理】 2016年,陆川县持续推进工业废水治理。完成九洲江流域9家重点工业企业治污或设施升级建设。3—4月,开展严厉打击环境污染违法犯罪专项行动,重点查处工业企业废水、废气排放;加强工业园区周边环境整治,县经贸局、环保局、林业局、安监局、工商局、公安局、文广局、墙改办及供水、供电、属地镇政府等部门组成联合工作组,摸排涉废水、废气工业企业133家,责令立即予以停产77家,限期整改39家,停止施工建设1家,现场拉闸停电8家,依法传唤1人。

开展环境污染督查。7—9月,中央环保督查小组到陆川县开展环境污染督查。县经贸局联合相关单位处理的群众举报案件29起(包含多次重复举报交办案件)。加大中央环保督查组交办环境问题案件处理,及时协调、组织相关单位及相关人员到案件现场进行处置,对涉及环境污染违法的工业企业采取断电停产等措施,并督促企业限期整改。

【全县工业发展大会】 2016年3月1日,陆川县召开工业发展大会,县四

2016年11月29日,国家化解钢铁煤炭过剩产能验收检查小组到陆川宏达铸造物料有限公司检查化解钢铁过剩产能情况　　　　县经贸局　提供

家班子领导及各镇、各单位主要负责人参加会议。会议对陆川县工业发展形势和面临的问题进行分析,对谋划陆川县工业转型升级发展做出部署。会议出台《陆川县在政府采购活动和政府投资类项目建设中优先采用本地企业产品(商品)实施方案》《陆川县2016年存量土地盘活利用工作方案》《陆川县政银企合作对接机制实施方案》等3个规范性文件。

机械工业

【机械工业概况】 机械工业是陆川县工业支柱产业,基本形成以工程机械、农业机械、机电制造、机械配件、汽车配件等5大行业为主的产业格局。2016年,全县规模以上机械工业制造企业33家(其中停产5家)。重点企业有广西开元机器制造有限责任公司、陆川县永大汽车配件有限公司、陆川县电机厂、陆川县三零一机械有限公司、陆川县志强电机厂、陆川县永发机械有限公司、陆川县强力机械厂、陆川县陆洲机械制造有限公司、陆川县智能机电制造有限公司、陆川县机电设备厂、陆川县威达机械制造有限公司、玉林市广南机械配件制造有限公司、玉林市彤合机械有限公司、陆川鑫生机械配件厂、陆川县建富机械厂、广西开元农用机械制造有限公司、陆川县三柏李铸造有限公司、广西桂能铁塔有限公司等。机械制造产业完成规模以上工业总产值100.03亿元,增长1.37%,占全县规模以上工业总产值的28.80%,占比与上年持平,占玉林市机械制造产业规模以上工业总产值的38.44%,比上年提高1.34个百分点。年产值超亿元企业19家,比上年减少2家;年产值超10亿元企业2家。机械工业实现主营业务收入98.05亿元,实现税收2.55亿元,实现利润2.14亿元。

【工程机械】 陆川县工程机械行业的主要企业以广西玉柴重工有限公司、广西开元机器制造有限公司等2家为主。广西玉柴重工有限公司是中国500强企业的分支,企业产品以土方机械与桩工机械为主导。产品兼顾国内市场和国外市场,国外市场以欧洲传统市场,以亚太、非洲等地为新兴市场。2016年,玉柴重工工程机械面临产能过剩、市场萎缩的局面,工业生产持续下降,比上年下降36.70%,降幅比上年收窄39.6个百分点。广西开元机器制造有限责任公司产品以小型挖掘机和小型煤巷掘进机为主导,产品以国内市场为主,开元机器工业生产稳步增长,比上年增长23.69%,提高6.09个百分点。全县工程机械行业实现规模以上工业总产值32.56亿元,增长22.87%,比上年提高11.17个百分点。

【农业机械】 2016年,陆川县农业机械行业规模以上企业7家,主要有陆川县荣森机械厂(停产)、陆川县骏马拖拉机有限责任公司、广西陆川县永发机械有限公司、广西三零一机械有限公司、广西陆洲机械制造有限公司、广西开元农用机械制造有限公司、广西恒伟电气科技有限公司等。农业机械主要产品有多功能拖拉机、碾米机、碎粉机、发电机、抽水机、耕作机、耕整机、微耕机、微型收割机等,产品畅销周边县、市及区内外,远销东南亚、印度、非洲等。陆川县永发机械有限公司经济型多功能系列微耕机的专利成果产业化项目获玉林市科学技术进步奖三等奖。年内,全县农业机械行业实现规模以上工业总产值14.16亿元,增长15.59%。

【机电制造】 2016年,陆川县机电制造行业规模以上工业企业7家,主要企业有陆川县电机厂、陆川县智能机电制造有限公司、陆川县志强电机厂、陆川县温泉机械制造厂(停产)、陆川县强力机械厂、陆川县机电设备厂、广西沙湖蓄电池有限公司等。主要产品为电动机、发电机、蓄电池。全县机电制造行业实现规模以上工业总产值14.96亿元,比上年下降7.02%。

【机械配件】 2016年,陆川县机械配件规模以上企业13家,主要有陆川鑫生机械配件厂、玉林市彤合机械有限公司、玉林市广南机械配件制造有限公司、陆川县威达机械制造有限公司、陆川县建富机械厂、广西桂能铁塔有限公司、玉林市兰科铸造材料有限公司、陆川县金润机械制造有限公司、玉林市森盛机械有限公司、陆川县三柏李铸造有限公司、陆川县万九机械有限公司(停产)、陆川宏达铸造物料有限公司(停产)、陆川县华西铸造厂(停产)等。主要生产农机配件、工程机械配件、柴油机配件、电力铁塔、垃圾箱等各种配件。年内,机械配件行业实现规模以上工业总产值27.53亿元,下降8.05%。

【汽车配件】 2016年,陆川县汽车配件行业规模以上企业4家,分别是广西金创汽车零部件制造有限公司、陆川县永大汽车配件有限公司、陆川县同力压铸有限公司、陆川县雄远机电制造有限责任公司等。以生产汽车零部件为主,主要产品有油底壳、气缸盖、低速汽车车架等。年内,汽配行业实现规模以上工业总产值10.82亿元,增长4.14%。

【机械工业技术改造】 2016年,陆川县机械工业企业主要技术改造项目有2个,计划总投资1.41亿元,全年实际完成投资4800万元。广西陆洲机械制造有限公司卧式船用生活污水处理技术装置产业化项目利用原有的检测设备、生产设备,并购进部分先进设备和工装模具,自制非标设备和专用模具等,完成卧式船用生活污水处理技术装置的研发、制造及批量生产,计划投资2100万元,年内完成投资800万元。陆川宏达铸造物料有限公司钢铁转型升级项目专业铁锅内胆、煤气炉头、铁锅机械化智能化生产项目,计划投资1.20亿元,年内完成投资4000万元,年末电饭煲生铁内胆生产线一期项目实现试产。

【机械工业项目建设】 2016年,陆川县机械工业新建项目有3个,总投资2.10亿元。玉林市川迪机械制造有限公司机械零配件项目建设厂房、宿舍、办公楼等,投资1.20亿元;玉林市泰华工程设备机械有限公司机械制造项目建设厂房、仓库、办公楼等,投资0.40亿元;广西鸿生源环保设备有限公司专用机械设备制造项目,投资0.50亿元。

【机械工业转型升级】 2016年,陆川县机械工业转型升级项目4个。广西陆洲机械制造有限公司由原生产农用微耕机和陆用发电机逐步转型生产船用发电机和船用生活污水处理装置;陆川县顺达机电设备有限公司由原来生产电子设备转型生产净水设备;陆川县永大汽车配件有限公司加快产品结构调整,把市场经营方向多面化逐步调整为重点向五菱公司配套产品;广西开元机器制造有限责任公司由生产挖掘机转型生产旋挖钻机。

建材工业

【建材工业概况】 陆川县建材工业主要包括水泥、混凝土、空心砖、加气混凝土砌块、建筑钢材、石灰制造、红砖石材等产品生产行业,以水泥生产为主。2016年,规模以上企业8家,其中亿元企业5家。华润水泥(陆川)有限公司、华润混凝土(玉林)有限公司2家企业生产持续下滑。红砖厂主要集中马坡、珊罗两镇,全部为小微企业或个体户。石灰生产小微企业30家。年末,建材工业新增规模以上

2016年5月26日,陆川县委副书记、代县长潘展东(前左二)到华润水泥有限公司(陆川)检查工作 叶礼林 摄

企业2家,即华润混凝土(陆川)有限公司、陆川县吉业混凝土有限公司。年内,建材工业规模以上企业实现工业产值45.57亿元,下降0.91%,占当年玉林市建材产业规模以上工业总产值的46.96%。实现主营业务收入38.63亿元,实现税收0.31亿元,实现利润4.52亿元。

【水泥工业】 陆川水泥工业依托县内丰富的石灰石资源。2016年,水泥企业7家:华润水泥(陆川)有限公司、陆川县明珠水泥厂、陆川县珠砂水泥有限公司、陆川县银隆建材有限责任公司、广西新基建材有限公司、玉林市云鹏特种水泥有限公司、玉林市宏昌特种水泥有限公司。年内,实现规模以上工业总产值14.97亿元,比上年下降10.75%。实现税收1.11亿元,实现利润1.03亿元。

【红砖工业】 陆川红砖生产起于20世纪80年代,90年代中期进入鼎盛时期,时有红砖厂116家,普遍为24、25门轮窑红砖厂,全部生产实心黏土砖,年生产能力达12亿块。2016年,全县有红砖厂94家,除小部分厂生产少量空心黏土砖和水泥砖外,大部

分红砖厂仍然生产实心黏土砖。年内,全县红砖产量7.23亿块,实现工业产值2.53亿元,缴纳税金430万元。

【石灰工业】 2016年,陆川县有轮窑石灰厂30家,主要分布在县北部珊罗、马坡、平乐3个镇,其中珊罗镇23家、马坡镇3家、平乐镇4家,年产石灰(粉)20万吨,实现工业产值7000万元,上缴税金98.52万元。

【建材工业技术改造】 2016年,华润水泥(陆川)有限公司实施水泥生产线窑头窑尾电除尘技改项目,6月开工建设,主要建设布袋除尘系统,新增变频电机2台(配套西门子进口变频器),完成项目总投资1500万元,实现窑头窑尾烟气粉尘排放浓度均低于30毫克每标准立方米,年减少粉尘排放量124.2吨以上,节电量1192.7万千瓦时,年节省生产成本达700万元。

【预拌混凝土推广应用】 陆川县积极推广使用预拌混凝土。2016年,预拌混凝土规模以上企业3家:华润混凝土(玉林)有限公司、华润混凝土(陆川)有限公司和广西陆川县吉业

混凝土有限公司。预拌混凝土产量35万立方米。

金属制品工业

【金属制品工业概况】 陆川金属制品产业包括铁锅铸造、金属包装品、铝制品、小五金生产等行业。铁锅制造业是主要行业，企业集中在温泉镇。金属包装品生产重点企业是陆川裕镁金属制品有限公司，铝制品生产重点企业是陆川县沙湖铝制品厂。2016年，全县金属制品产业有规模以上企业9家，即陆川县南发厨具有限公司、陆川县中兴炊具有限公司、陆川县四良铸造厂、陆川县明志铁锅有限公司、陆川县四良铁锅有限公司、陆川县焕然铁锅有限公司、陆川县坚艺厨具有限公司、陆川裕镁金属制品有限公司、陆川县沙湖铝制品厂。年末，新增规模以上企业1家，即广西喜爱家饮水设备有限公司。年内，实现规模以上工业总产值20.68亿元，增长7.99%；实现税收0.15亿元，实现利润0.43亿元。

【陆川铁锅】 2016年，全县铁锅制造行业规模以上企业有陆川县南发厨具有限公司、陆川县中兴炊具有限公司、陆川县焕然铁锅有限公司、陆川县明志铁锅有限公司、陆川县四良铁锅有限公司、陆川县四良铸造厂、陆川县坚艺厨具有限公司等7家。主要生产稀土合金铸铁锅、铸铁搪瓷锅、平底锅、电炒锅、不锈钢包边铸铁锅、电磁炉专用铸铁锅、汤锅、煎锅、不粘锅、全能保健锅、真不锈无涂层铸铁锅等，主要品牌有铁人、明志、桂岭、兴兴、铁都等品牌。年内，铁锅行业实现规模以上工业总产值19.40亿元。比上年增长10.10%，占玉林市铁锅加工产业的95.01%。实现税收0.14亿元，实现利润0.41亿元。

矿冶工业

【矿冶工业概况】 陆川县主要矿产资源有钛铁、钼、滑石、石灰石、高岭土和黏土等，其中钛铁矿探明储量400多万吨。陆川矿冶工业有色金属冶炼、选矿2个行业，有色金属冶炼以生产微铬、硅铬合金、镍铁、钛铁等为主，选矿行业主要是原料的采掘、加工和精选，产品以铁、铅、锌、铜精矿和高岭土、球土等为主。企业主要分布于温泉、大桥、清湖、滩面等镇。2016年，全县矿冶工业规模以上企业7家，即陆川县清秀山选矿厂、陆川县清湖宏泰选矿厂、陆川红叶矿产有限公司（停产）、陆川县清湖华钛选矿厂、陆川县祥泰矿业开发有限责任公司、玉林经纬矿业有限公司、广西金之岳矿业有限公司。年内，矿冶工业实现规模以上工业总产值14.83亿元，增长2.42%，占玉林市矿冶产业规上工业总产值的12.35%。实现主营业务收入12.99亿元，实现税收0.74亿元，实现利润1.91亿元。

【矿冶工业企业治理】 2016年，根据工业治污要求，陆川红叶矿业有限公司依法关闭停产，进行生产设备拆除。陆川县祥泰矿业开发有限责任公司、陆川县三林矿业有限公司治污设施完成升级改造。

食品工业

【食品工业概况】 陆川县食品工业主要是食品加工制造，包括鲜肉加工、矿泉水生产、酱油酿造、酒类、制饼等。2016年，规模以上食品加工工业企业有5家，即广西元安元食品发展有限公司、广西神龙王集团陆川猪肉食品加工有限公司、广西远邻集团食品有限责任公司、广西茶花山矿泉水饮料有限公司、陆川县皇花山矿泉水厂。实现工业总产值8.53亿元，比上年下降10.77%，占玉林市该产业规上工业总产值的2.22%。实现主营业务收入8.68亿元，实现税收415.9万元，实现利润0.62亿元。

【食品工业新建项目】 2016年，食品工业新上重点项目1个（广西金润饮用水有限公司娃哈哈饮用水生产项目），11月开工建设，项目占地0.28公顷，主要生产桶装应用水，建设年产饮用水21万吨的生产线，项目投资2000万元。

木材加工业

【木材加工业概况】 陆川县木材加工业主要生产各种预制板材（密度板、胶合板）、木片、家具制造等。2016年，规模以上企业5家，即广西高峰九洲人造板有限公司、陆川县三力木业有限公司、陆川县杨湖木材有限公司、陆川县良田木片加工厂、陆川县顺得木材加工厂。年内，实现规模以上工业总产值24.15亿元，比上年增长26.64%，占玉林市木材加工产业规上工业总产值的18.82%。规模以下企业主要有陆川县恒誉木业有限公司、陆川县绿源木业有限公司、陆川县金旗木业有限公司、陆川县金驹木材加工厂、陆川县乌石镇蓝利木业有限公司、陆川县冠林木业有限公司、陆川县力恒木业有限公司、陆川县合通木片有限公司等。全县木材加工业实现税收0.26亿元，实现利润0.30亿元。

【"高林"牌中密度纤维板】 "高林"牌中密度纤维板是广西高峰九洲人造板有限公司主打产品，标准幅面

1220×2440 毫米,厚度为 9~30 毫米。获"广西优质产品""广西名牌产品""国家免检产品"等称号,产品主要销往广东、上海、四川等全国 20 多个省市,少部分出口越南等东南亚各国。广东、西南等多家知名家具、家电生产厂家指定为专用材料。2016 年,产量 5.52 万立方米。

陶瓷工业

【陶瓷工业概况】 2016 年,陆川陶瓷工业规模以上企业有广西永耀玻璃有限公司、陆川县大兴瓷业有限公司、陆川县嘉顺工艺品有限公司、陆川县华林陶瓷有限公司等 4 家。年内,完成规模以上工业总产值 19.33 亿元,增长 11.83%,占玉林市陶瓷工业规上总产值的 12.91%。实现主营业务收入 17.23 亿元,实现税收 1.24 亿元,实现利润 1.14 亿元。

【服务型陶瓷工业加工】 2016 年,县内服务型陶瓷工业加工企业主要有广西永耀玻璃有限公司 1 家,以玻璃瓶及玻璃工艺品制造为主,配套纸箱生产,为国内外啤酒、白酒、葡萄酒、罐头等著名食品品牌提供优质包装材料的专业公司。主要客户为广东、广西啤酒及饮料生产商,服务客户有玉林燕京啤酒、广东燕京啤酒、广东珠江啤酒、天地一号饮料、华润啤酒、青岛啤酒、百威英博等啤酒生产商。年内,生产玻璃酒瓶 1.93 亿个,实现税收 1050 万元,实现利润 850 万元。

医药工业

【医药工业概况】 陆川县医药工业规模较小,主要产品为医药制药和制剂。2016 年,医药工业规模以上企业只有广西德联制药有限公司 1 家,位于温泉镇双龙街北区 61 号,主要产品是复方黄藤洗液、玉面星除湿酊、百柏擦剂、阿米卡星洗液等。年内,企业生产回升,实现工业产值 1.09 亿元,比上年增长 7.71%,占玉林市该产业工业产值的 3.24%。实现主营业务收入 9000 万元,实现税收 227.70 万元,实现利润 395.80 万元。

【医药工业项目建设】 2016 年 3 月,广西宝康源药业有限公司中药饮片生产和仓储项目开工建设,位于陆川县北部工业集中区。广西宝康源药业有限公司是一家集种植、生产、经营、科研于一体,以加工生产优质中药饮片为主的现代化企业,中药饮片生产和仓储项目年生产能力 3000 吨以上,厂区建筑面积近 3 万平方米,生产车间面积 3000 多平方米,库房面积 3000 平方米,质量部质检中心 800 平方米。项目计划总投资 1 亿元,主要建设厂房、仓库、综合展示楼(办公楼)、生活宿舍、配套供水供电设施以及化粪池等环保设施,拟配备先进的仪器设备。

饲料工业

【饲料工业概况】 2016 年,陆川县饲料工业规模以上企业有玉林双胞胎饲料有限公司、玉林正邦饲料有限公司、陆川九鼎牧业有限公司、陆川县广东温氏畜禽有限公司、广西神龙王农牧食品集团有限公司等 5 家,主要生产畜禽饲料。玉林双胞胎饲料有限公司和玉林正邦饲料有限公司是中国 500 强企业在陆川的分支,玉林双胞胎跻身广西饲料企业 30 强。年内,饲料工业生产实现规模以上工业总产值 62.89 亿元,增长 20.80%。玉林正邦、玉林双胞胎、九鼎牧业等 3 家企业工业产值超 10 亿元。实现主营业务收入 50.68 亿元,实现税收 40 万元,利润 7215 万元。

【饲料工业龙头企业】 陆川饲料工业的龙头企业有玉林正邦饲料有限公司,成立于 2010 年 5 月,位于陆川县北部工业集中区,占地面积 2.67 公顷,拥有 4 条美国 CPM 膨化、制粒生产线,年生产能力 36 万吨,是广西区内技术最新、规模最大的现代化农牧饲料企业之一。2016 年,工业产值占全部饲料规模以上工业产值的 43.55%,利润 665.4 万元。

化工工业

【化工工业概况】 2016 年,陆川县化工工业规模以上企业有陆川钛白粉厂(停产)、陆川县古城镇爆竹厂、玉林市纷兰化肥有限责任公司、广西国泰农药有限公司、平乐金安烟花爆竹厂、平乐镇李林烟花爆竹厂、清湖兴旺爆竹厂、清湖龙岭爆竹厂等 8 家,主要生产化肥、农药、化工中间剂、炮竹。年内,化工工业规模以上工业总产值 7.06 亿元,比上年下降 7.35%,占玉林市该产业规上工业总产值的 8.52%。实现税收 93.50 万元,实现利润 864.80 万元。

【化工工业重点产品】 玉林市纷兰化肥有限责任公司专业生产复合肥料,主要产品有高浓度复合肥,普通型复合肥,瓜果菜复合肥,水稻、香蕉、果树专用肥料等,产品远销湖南、广东、海南及区内各地,2016 年,化肥产量 6.02 万吨。广西国泰农药有限公司主要生产 3% 甲基异柳磷颗粒剂、3% 克百威颗粒剂、3% 甲柳克颗粒剂、20% 异丙威乳油、磺化木质素等,产品畅销区内外。

塑料工业

【塑料工业概况】 2016年,全县塑料工业规模以上企业有陆川县桂冲塑料制品有限公司、陆川新盛实业有限公司、陆川县诚信包装材料厂、陆川县宏兴塑料有限公司、陆川县文力塑料制品有限公司、陆川普利橡胶制品有限公司等6家,其中新盛实业、宏兴塑料等2家企业停产。年内,全县塑料工业实现规模以上工业总产值5.55亿元,比上年下降53.48%。实现主营业务收入5.31亿元,实现税收1956.60万元,利润1361.30万元。

【塑料工业项目建设】 2016年,陆川县塑料工业新上项目2个,总投资0.80亿。2016年5月,广西美盛塑料制品有限公司塑料制品项目竣工投产,项目总投资3000万元,年产值达4000万元,创税150万元,解决劳动就业300余人。年内,广西宇航塑业制品有限公司塑料制品生产项目开工建设,计划投资5000万元。

纺织工业

【纺织工业概况】 陆川县纺织工业包括茧丝加工、针织服装加工、制绳等行业业。茧丝加工产业主要分布于古城、清湖2个镇,针织服装加工以温泉、马坡、古城3个镇为主。2016年,纺织行业规模以上企业有陆川县隆田制丝有限公司(原陆川县宏旭制丝有限公司)、陆川县联昌茧丝有限公司、玉林市长青剑麻有限公司、陆川县伟业茧丝发展有限公司、陆川县坤元服饰有限公司等

5家。年内,实现规模以上工业总产值16.25亿元,增长25.29%,占玉林市纺织服装业规模以上工业总产值的35.28%。实现主营业务收入15.83亿元,实现税收164.30万元,实现利润1.43亿元。

【高尔夫球服加工】 陆川县坤元服饰有限公司生产高尔夫球服,2016年产量达4万套,产品主要销往广东,部分产品远销欧美市场。

电子工业

【电子工业概况】 2016年,陆川县电子工业规模以上企业有陆川县志诚电子元件厂、陆川县三隆电子有限公司、陆川县长隆电子有限公司、陆川县广鑫电子厂、陆川县银星电子有限公司、陆川县华鑫电子厂等6家,主要从事电子生产和半成品加工,主要电子产品有工字型电感、环型电感、色码电感、磁芯、漆包铜线、磁珠、磁环、色环电感、磁棒、空心线圈、船型开关、拨动开关、按键开关、电源变压器、贴片电感等。规模以下电子工业企近20家。年内,全县电子工业实现规模以上工业总产值12.08亿元,比上年增长62.24%,占玉林市电子信息产业规模以上工业总产值的15.09%。实现主营业务收入11.43亿元,实现税收2900万元,利润5200万元。

【电子工业新上项目建设】 2016年1月,陆川县长隆电子有限公司电子终端产品项目竣工投产,主要研制新型电子元器件、电子材料、电子专用配套部件等电子信息产品,是玉林市最大的电子研制企业之一。项目占地面积20公顷,标准厂房3万多平方米,年产值超1.50亿元,可解决3800多人就业。

其他工业

【造纸工业】 2016年,全县造纸工业规模以上企业2家,即陆川县荣丰纸业有限公司、陆川县远强花纸厂。主要生产高级生活用纸、工业用纸(陶瓷花纸、陶瓷颜料)等瓷用花纸、颜料。年内,实现规模以上工业总产值2.94亿元,增长24.7%。实现主营业务收入3.01亿元,实现税收691.50万元,利润2800万元。

【新能源工业项目建设】 2016年,陆川县新能源工业新建项目4个,总投资4.21亿元。

3月,清湖镇40兆瓦光伏并网发电项目开工建设,项目由中设国联无锡新能源发展有限公司的项目公司——陆川中设国联新能源投资有限公司申报投资建设。第一期总投资约1.50亿元,装机容量为2万千瓦,年均发电量2000万千瓦时,年均赋税30余万元,可解决城乡就业100多人。

广西西江环境能源科技产业有限公司陆川光伏发电项目位于龙豪创业园区南部临海产业园,计划总投资1.40亿元,年内完成投资3000万元。

玉林市兰科汽车环保材料有限公司年产5000吨纳米磷酸铁锂新能源材料项目于4月开工建设,新建生产车间、配电房和硬化道路等,总面积3655.40平方米,购进及安装合成设备系统、结晶系统、纳米机组、RO膜纯水机、X光谱仪与衍射仪等生产和试验设备一批,计划总投资5000万元。项目建成投产后,年均销售收入3.59亿元,年均利润总额1.35亿元,年均税金总额8379万元。

广西博世科环保科技股份有限公司投资建设固体废弃物制备天然气综合利用项目,建设1座固废综合处置系统。2016年1月开工建设,年

底竣工投产。采用中温全混式厌氧发酵工艺、沼气纯化及生物燃气制备、沼渣制肥等先进成熟技术，实现畜禽养殖废弃物等资源化处理。日产沼气3.60万立方米（厂区锅炉日用沼气约2000立方米），日产生物燃气2万立方米。项目总投资8066万元，创造就业岗位65个，年产沼气1190万标准立方米（年产天然气700万标准立方米），有机肥2.28万吨，液态肥8750立方米；年均销售收入2681.84万元，年均利润总额130.66万元，年均销售税金及附加30.35万元。

（罗成志 黎明强）

供 电

【供电机构及概况】 2016年，陆川县内供电网区管辖单位主要有陆川供电公司、陆川县水利电业有限公司，其中陆川供电公司负责陆川县行政区内除古城镇以外的13个镇的电网建设运维和电力供应，陆川县水利电业有限公司营业区负责古城镇电力供应。全县有500千伏变电站1座，总容量1000万千伏安；220千伏变电站3座，总容量63万千伏安；110千伏变电站7座，总容量43.90万千伏安；35千伏变电站9座，总容量13.145万千伏安。全县供电用户24.42万户，供电量8.06亿千瓦时，售电量6.95亿千瓦时。

陆川供电公司供电网区内有500千伏变电站1座，总容量1000万千伏安；220千伏变电站3座，总容量63万千伏安；110千伏变电站6座，总容量40.75万千伏安；35千伏变电站8座，总容量11.265万千伏安（属于陆川供电公司资产110千伏变电站3座，35千伏变电站8座）；公用配电变压器1604台，配电变压器总容量309.63万千伏安；输电线路总长度239.29千米，配电线路长度1653.37

千米；公司固定资产原值1.31亿元。2016年，陆川供电公司有用电客户22.66万户，供电量7.46亿千瓦时，比上年增长2.76%；售电量6.95亿千瓦时，比上年增长3.15%；综合线损率为6.75%，比上年降低0.36个百分点；电费回收率100%。实现电网连续安全生产1827天。输变电管理所变电修试班被自治区总工会评为广西工人先锋号；公司办公室、城区供电所获玉林供电局先进集体荣誉称号。

陆川县水利电业有限公司（简称县水利电业公司）为广西农村投资集团有限公司下属二级子公司的广西水利电业集团有限公司控股的三级子公司，负责陆川县鹤地库区的供电业务。2016年，有110千伏变电站1座，变电容量3.15万千伏安，文地—旺峒110千伏安备用输电线路1条，长19.2千米；35千伏变电站1座，变电容量1.88万千伏安，35千伏线路1条19.2千米；10千伏配电线路6条275千米；配电台区259个，配电变压器总容量2.01万千伏安。其中，公用变压器174台，容量为8320千伏安，厂矿企业专用变压器85台，容量为1.18万千伏安。供电用户1.76万户。年内，完成供电量6015.22万千瓦时，比上年增长16.44%，年供电量首次突破6000万千瓦时，创历史新高。营业总收入为2764.90万元，增长12.82%。利润总额亏损116.52万元，比上年减亏12.95%。综合网损率为10.92%，比上年降低0.93个百分点。全年电费回收率99.48%。县水利电业公司在广西农村投资集团有限公司绩效考核评比中获二等奖。

【电网规划】 2016年，陆川供电公司编制"十三五"中低压配电网规划报告（2016年修编版）、"十三五"农村电网改造升级规划库、新一轮农村电网改造升级规划大纲、2016—2017年中心村（机井通电）项目实施计划。

【电网建设】 2016年，陆川供电公司继续推进城网、农网建设，续建、新建

项目566个，年内项目竣工355个。其中，城网建设续建、新建项目21个，竣工项目19个。2015年度开工建设第四、第五、第六批农网建设项目295个，已全部竣工投产。2016年第一批农网41个项目全部完工；2016年第一批中心村209个项目开工建设，完成进度35%。其他各工程项目按建设计划推进。

【电力工程建设】 2016年，陆川县水利电业公司工程建设重点推进2015年农网升级改造及新增项目工程建设，完成概算总投资1033.93万元。2013—2014年度农网升级改造工程通过玉林市发改委组织的验收。

2016年，推进2015年度农网改造升级工程古城镇八角街配电台区改造工程等项目15个。新增或更换变压器15台，容量4760千伏安；新增、改造10伏安分支线路长度0.23千米，新建及改造0.4伏安线路25.36千米，新建及改造0.22伏安线路4.98千米，总投资380.44万元，改造一户一表3717户。推进农村电网改造升级工程建设，2015年度新增投资计划古城镇北豆村向阳配电台区等项目27个，新增或更换变压器21台，容量4460千伏安；新建（改造）10伏安主干线路6条，长度35.70千米；新建（改造）10伏安分支线路3.87千米；新建（改造）0.4伏安线路29.51千米，新建及改造0.22伏安线路13.28千米，概算总投资为653.49万元，改造一户一表2366户。

【生产设备管理】 2016年，陆川供电公司加强电网设备运行、设备规范化管理，加强风险管控和安全监督。加强设备运行工况分析。及时组织人员对良田站35千伏开关、马坡站10千伏开关等电力设备家族性缺陷进行分析，并落实针对性管控措施，年内累计消除紧急缺陷21次、重大缺陷13次、一般缺陷111次，及时率为100%，综合消缺率98.62%。推进设备规范化管理，推进一体化作业标准

再修编再完善,跟踪落实设备规范化管理31项53条提升计划,以问题为导向抓好评审发现问题的持续整改,将设备规范化管理SECP各环节输出到设备规范化达标指引表并融入日常工作,提升设备规范化管理水平,年内设备规范化管理得分率90.01%,转化体系得分率67.81%。加强电网监督检查,改进风险管控和安全监督工作方法,与玉林供电局、北流供电公司联合开展交叉督察和驻点督察,加强电网抢修、农网施工现场薄弱环节的监督,共发现问题23项,五级及以上事件风险管控13起。严格执行周、月的安全监督计划,加大违章查处,年内出动监督1523人次,查处违章13起,杜绝人身事故。

【电网安全生产】 2016年,陆川供电公司继续加强安全生产工作。建立"46692"(体系遵循的4项制度标准、分6个类型开展电网风险辨识、按照6个时间维度开展风险辨识、建立9方联动协调管控机制、2套电网风险管控系统支撑)电网风险管控体系,下达运行方式单29份,发布主网电网风险预警15项,有效化解四级事件风险15次、五级事件风险27次,风险闭环管控率达到100%。根据中国南方南网有限责任公司和广西电网有限责任公司风险防控要求,研究制定防范和化解陆川电网系统运行风险的重点项目1项。推进35千伏变电站备自投项目建设,完成沙湖站、马坡站、米场站、平乐站、乌石站5个站设备安装。优化、合理安排运行方式,降低电网安全风险,成功应对玉林电气化铁路配套工程建设、马坡站长时间单主变运行、陆城一线电缆故障和中兴一线电缆分接箱故障运行方式调整,化解高考保供电的电网风险。持续完善配网网架,实现10千伏龙化线、10千伏南中线线路手拉手倒供,改造升级线路4条,提高配网供电可靠性。

【市场营销】 2016年,陆川供电公司抓实增供扩销,开展低电压及重过载台区改造,充分释放潜在用电需求,城乡居民生活用电比上年增长14.34%。落实自治区降低电力成本9条措施,全力支持实体经济企业发展,促成高峰、兴宝公司参加第二批增量直接交易,缩短停产客户的复产时间,由此增加公司售电量5272万千瓦时。做好业扩投资界面延伸工作,主动跟进各工业园区的用电需求,实行新增项目"一对一"服务,年内投运专变客户57户,新增容量8060千伏安。抓严线损管理,建立线损异常线路、台区排名通报机制,执行排名前20位高损台区"一台区一报告"制度;重抓线损异常管控,年内整治高损线路41条,高损台区86个,查处计量故障约200起,追补电量265万千瓦时。建立线损异常和落后的供电所专题"说清楚"制度,对降损工作不力的单位进行约谈,并跟踪督办考核其整改情况。落实线损异常分析与用电检查联动的常态化机制,普查处理问题112宗,追补电量14.42万千瓦时,追补电费37.36万元,收取违约使用电费12.75万元。抓紧电费回收,落实电费回收风险预警、划小交费周期、重大欠费报告、预付费打卡等措施,重抓预付费装置覆盖率提升,对新增专变用户100%安装使用预付费装置。推广网上缴费、微信、支付宝等远程缴费方式,便捷客户缴费。进一步协调、理顺市政路灯、政府办公电费缴交流程。每月均超额完成电费回收任务,全年电费回收提前一周结零。

【电网节能降耗】 2016年,陆川供电公司加大农网升级改造和城网改造,完善主网架构,解决网架薄弱、局部"卡脖子"设备陈旧老化等问题。电网升级改造,有效提高配网的运行能力,有效地降低损耗,综合线损率6.75%。厂站、专变、配变三类计量自动化终端覆盖率100%。引进计量自动化装置,提高营业抄、核、收工作效率,可以及时监测和处理发生异常的计量点,有效地降低损耗。

【人力资源管理】 2016年,陆川供电公司加强全体人员培训。实行分专业、分工种和形式加强员工专业知识、业务技能培训。主要抓好供电所员工"6+1"(协同协公、财务、营销、资产、人力资源、综合管理系统及决策支持系统)信息系统应用能力培训。开展员工培训评价,提高培训实效。年内,共举办各类培训班38期,

2016年,陆川供电公司加强生产设备管理。10月28日,变电修试班组织人员到东山站开展冬检预试工作 县供电公司 提供

培训员工2960人次；外送培训136期，送培人员387人次。

（蔡仕学　苏贞帅）

水力发电

【水力发电概况】　2016年，陆川县有发电站33家，其中国营14家，集体15家，私营4家；装机容量12535千瓦；年发电量为1873.87万千瓦时，比上年增加399.36万千瓦时，增长27.08%。

陆川发电分公司归属广西水利电业集团有限公司管理。下辖县东山、西山、文龙等3座水电站。2016年，陆川发电分公司实有人员171人。年内，加强安全生产、经营管理、防台风防汛抢险等工作，安全生产指标完成良好，实现全年安全生产。全年发电量1455万度，同比增长16%；供水量为891万立方米，同比增长4.95%；发电销售收入521.35万元，同比增长20.54%；供水销售收入82万元，同比增长3.43%；供电线损率3.1%，同比减少0.1个百分点；实现总收入650.66万元，同比增长4.62%；上缴税金24万元，同比增长34%。发电量、营业收入均创历史最高水平。

【设施设备维护】　2016年，陆川发电分公司筹资5万元对公司总部及各电站的生产、生活环境进行修缮。对文龙水电站进行增效扩容改造，车间铺设地板胶，生产生活环境面貌一新。下半年，开展线损的专项治理，聘请陆川供电公司业务人员对所有的供电线路进行线损专项检查；针对检查出来的存在问题开展专项的整改，有效降低线损。年冬，开展文龙电站前池和渠道清理，彻底清理电站渠道，完成前池清理60%，整治后文龙电站发电效率提高30%，最高可发电负荷由原来的1600千瓦提高到2200千瓦。年内文龙电站发电量755万千瓦时，接近历史最高水平。

【安全生产优秀班组创建】　2016年，陆川发电分公司积极参与自治区级安全生产优秀班组创建活动，组织东山水电站、文龙水电站、巴马所略四级等3个站、所申报自治区级安全生产优秀班组并通过验收，有效提高企业安全管理水平，企业安全生产工作稳定向好，实现全年安全生产无事故。

【安全隐患排查治理】　2016年，陆川发电分公司继续落实"一月一检查、一月一通报、一月一考核"的安全隐患排查治理制度，加强安全工作中的隐患排查治理。年内，共查找出安全隐患600多条。投资30万元，整改安全隐患590条，隐患整改率95%。

（李　梅）

二轻集体工业

【二轻集体工业机构及概况】　陆川县二轻工业联社是参照公务员管理单位。2016年，内设秘书股、行业指导管理股、资产财务管理股，编制9名，在职人员9人。全系统直属企业10家，联社成员单位38家，职工1905人。年内，县二轻工业联社加强企业的指导、维护、协调、监督、服务工作，各项经济指标稳步增长，实现轻工业总产值1.62亿元，比上年增长8.51%；轻工业增加值5323万元，比上年增长8.22%；实现税收323万元，比上年增长4.39%。

【工艺美术创作】　2016年，县二轻工业联社继续加强工艺美术创作。年内，二轻工业系统制作传统工艺美术作品有木根雕工艺、榄核雕工艺、城市雕塑工艺、金属工艺、陶瓷工艺等20件。4月，组织木根雕、榄核雕、城市雕塑、陶瓷等工艺美术作品13件参加自治区、玉林市工艺美术展览，其中陆川韦日斌工作室制作的"神牛泽露"、陆川智元工作室制作的"十八罗汉：长耳罗汉"工艺美术作品获玉林市工艺美术展览银奖，县二轻联社获组织二等奖。9月，组织木根雕、榄核雕、城市雕塑、陶瓷等工艺美术作品12件参加自治区工艺美术展览，其中陆川大勇陶艺工作室制作的"观音赐福"、陆川国彪工作室制作的"财神爷"工艺作品获自治区工艺美术展览铜奖，陆川韦日

2016年4月玉林市举行工艺美术展。图为自治区二轻工业联社主任陈家权（前右二）到陆川展馆参观　　　　　　　县二轻工业联社　提供

斌工作室制作的"神牛泽露"、陆川智元工作室制作的"喜报多福"工艺作品获自治区工艺美术展览优秀奖。

【企业经营与管理】 2016年,陆川县做好企业内部管理、新产品开发、技术改造和节能降耗等工作,降低企业生产成本,提高企业的经济效益。年内,县二轻工业联社协助铁锅行业开发铸铁内胆电饭锅、铸铁汤锅、铸铁干锅、不沾炒锅、搪瓷汤锅新产品5个,增加产值1500多万元;新增安排就业人员50多人;帮助企业解决原材料供应问题5个,解决生产上问题12个,解决销售问题10个,涉及金额1500多万元。

【集体资产管理】 2016年,县二轻工业联社继续做好企业的集体资产盘活工作,确保集体资产保值增值。1995年下属企业轻工机械厂以土地232平方米作为抵押物向工商银行陆川县支行贷款88.5万元,用于生产发展。由于经营和市场的原因,所贷款款项没有按时还款,至2005年欠款本息342.5万元。同年5月工行陆川县支行将债务转让给中国华融资产管理股份有限公司(简称华融公司),并将土地抵押物同转给该公司。2016年,为盘活轻工机械厂资产,县二轻联社与华融公司协商。6月底以20万元重组该厂债务,回购该厂232平方米的土地,占债务总额的5.5%,盘活企业资产180多万元。

【广西发明创造成果展览交易会参赛活动】 2016年10月,第六届广西发明创造成果展览交易会在贵港市举行,县二轻工业联社组织陆川特色行业"陆川铁锅"产品参加全区传统手工业板块展,其中陆川县中福厨具有限公司生产的"铸铁汤锅"获第六届广西发明创造成果展览交易会传统手工业创新成果奖,县二轻工业联社获第六届广西发明创造成果展览交易会传统手工业板块组织三等奖。

(刘育辉)

2016年9月,广西举行工艺美术展。图为陆川根雕展馆

县二轻工业联社 提供

工业园区

【园区概况】 陆川县有北部工业集中区、龙豪创业园、南部临海工业园等三大工业园区,工业园区总规划面积56.04平方千米。2016年,园区企业工业总产值322.36亿元,比上年增长11.61%;工业增加值88.06亿元,增长16.21%;工业投资27.56亿元,增长18.62%;完成基础设施投资1.66亿元,增长10.06%;创税6.62亿元,增长16.75%。

北部工业集中区 北部工业园位于陆川县北面,距县城区26千米,纳入县城总体规划。2003年3月规划筹建,规划面积26.04平方千米,产业定位为先进制造业基地、新型建材基地及现代商贸物流产业。2008年获评为自治区A类产业园区,2012年获评为自治区招商引资项目大兑现示范园区。2016年,园区入园项目48家,其中投产企业30家,在建企业12家,占地面积27.84公顷,总投资7.10

亿元;已有土地未建设企业6家,占地总面积16.93公顷。

龙豪创业园 位于县城区西面,分设龙豪物流园区(A区)、九洲江上游流域中小企业产业转移园(B区),规划面积21.3平方千米,产业定位以机电制造、农业机械为主,电子电器、铁锅厨具、针织服装、健康食品、中医制药为辅,兼有物流业、商贸服务业,打造成集工业、物流、商贸、科技于一体的综合性城市功能区。2016年,园区累计入园企业28家,其中规模以上企业16家。年内,完成园区固定资产投资20.8亿元,园区总产值90亿元(数据含南部临海产业园)。其中A区(龙豪物流园区)位于县城铁路以西通政西路,规划面积18公顷,园区产业定位为劳动密集型企业。入园企业有广西元安元食品发展有限公司、陆川九鼎牧业有限公司、陆川兴宝金属制品有限公司、陆川县永发机械有限公司、陆川县南发厨具有限公司、陆川县长隆电子有限公司、陆川县华鑫电子厂等20多家。B区(九洲江上游流域中小企业产业转移园)位于沙湖镇官山村花果山,坐落在米场、温泉、沙湖三个乡镇交界处。总体规划面积3.33公顷,总投资约5亿元。浦宝二级公路紧邻园区通过,距离陆川县城9千米,距离沙湖镇政府3千米,距离米场镇4千米。园区产业定位以环保产业为主。2016年入园企业有广西鸿生源环保设备有限公司等。

南部临海工业园 位于陆川县南部乌石镇、滩面镇马盘二级公路旁,距陆川县城约20千米,交通便利,规划面积8.70平方千米,园区定位机械制造、健康食品、新型建材、林产品加工、有色金属等5个行业。2016年,已入园投产企业有广西博世科环保科技股份有限公司、广西西江环境能源科技产业有限公司2家。

【园区工作机构】 2016年,中共陆川县工业园区工作委员会(简称县工业园工委)为中共陆川县委员会的派出机构,陆川县工业园区管理委员会(简称县工业园区管委会)为陆川县人民政府派出机构,行政级别为正科级。核定编制11名,其中行政编制10名、后勤服务编制1名,实有人员6人。下辖县工业园区服务中心,事业编制10名,实有人员8人。

中共陆川县龙豪创业园区工作委员会(简称县龙豪创业园区工委)为中共陆川县委员会的派出机构,陆川县龙豪创业园区管理委员会(简称县龙豪创业园区管委会)为县政府管辖的事业单位。内设党政办公室、招商引资、企业规范管理办公室、统计办公室、项目建设办公室、财务办公室;事业编制15名;实有人员20人,其中在编人员15人,领导4人(不占编),公益性岗位人员1人。管辖龙豪创业园、南部临海产业园。

【工业项目建设】 2016年,陆川县境内有玉林市川迪机械制造有限公司、玉林市娃哈哈桶装水项目、玉林市美盛塑料制品有限公司、玉林新晖电器设备机械有限公司、陆川县长隆电子有限公司等企业建成投产;玉林市三源机械制造项目、永大汽车配件有限公司、漫山红木家具商贸物流项目有限公司、广西阿赖门窗科技有限公

2016年11月,陆川西江光伏发电项目一期建成并网投产发电

县工投公司 提供

司、玉林市中科有限公司、玉林市中柴有限公司、玉林福罡复合材料生产项目、玉林市申子龙红木家具项目、玉林市泰华工程设备机械有限公司、广西新天地饲料项目、玉林市蓝正药业有限公司、华杰物流项目12家企业在建;安排用地未开工建设的园区企业项目6家,总投资4.35亿元,占地面积16.93公顷。

【园区基础设施建设】 2016年,陆川县北部工业园区重点推进园区道路、水电网管及排污管道等基础设施及配套设施建设。主要抓园区"两纵三横"(两纵:即马盘二级路和民主南路延长线(陆川段)建设,三横:即北流塘岸至福绵新桥二级路(陆川县北部园区段)连接玉柴重工配套产业园道路建设,鹤山大道二期连接民主南路延长线工程建设和玉林市规划三环路)路网建设。年内,已完成两纵路网建设。推进三横建设,其中北流塘岸至福绵新桥二级路(陆川县北部园区段)连接玉柴重工配套产业园道路完成建设,硬化和绿化经一路,岐山口环村路,链接新天地、华杰物流、蓝正药业项目地块的便道修建完成,鹤山大道(二期)正在建设;完成玉柴配套产业园供水工程建设;完成平岭大道排水、排污管道,经一

路至六燕河排污工程,开元排污管道工程建设;完成平岭工业大道10千伏线路迁移工程线杆架设;完成绿燕110千伏变电站农网改造供电工程电线架设。园区基础设施逐步完善,区容区貌整体提升。

龙豪创业园区推进园区征地拆迁及基础设施建设。其中,龙豪物流园区完成征地5.37公顷,完成1号路延长线道路硬化工程及道路两旁排水排污沟建设,西环路北面延长线、2号路已完成路基土方工程;完成陆洲机械用地土方平整。九洲江环保产业园已完成一期工程8栋标准厂房主体工作建设,建筑面积2万平方米;硬化园区815米主干道路面及标准厂房周边所有通道路面,完成路边绿化和亮化、雨污分流管道及消防管道的埋设等。完成园区供电、供水工程建设。南部临海产业园重点推进光伏发电及能源综合利用项目建设,其中广西西江环境能源科技产业有限公司在陆川实施35兆瓦光伏发电项目,11月完成一期工程20兆瓦项目建设,已并网发电;陆川博世科生物能源科技开发有限公司投资9738万元建设陆川生物质能源综合利用项目,已完成3个共1万立方米的厌氧发酵罐安装,完成消防水池、进厂道路建设。

(陈 诚 黄考生)

商贸 · 旅游

SHANGMAO LVYOU

2016 年 7 月 19 日，全县粮食直补暨储备粮订单收购挂钩工作会议在县第二会议室召开

县粮食局　提供

国内经济贸易

【国内经济贸易概况】 2016年，全县社会消费品零售总额58.07亿元，比上年增加5.24亿元，增长9.93%。全县有限上贸易企业19家，销售总额11.91亿元，限上批发业商品销售额9.32亿元，比上年减少4.57亿元，下降33.92%；限上零售商品销售额1.97亿元，比上年增加0.27亿元，增长16.38%；限上住宿业营业额0.38亿元，比上年增加0.07亿元，增长22.4%；限上餐饮业营业额0.24亿元，比上年增加0.05亿元，增长26.44%。县电子商务服务中心及农村淘宝电子商务平台的64家农村淘宝服务站交易额3379.36万元，完成交易额总量位居广西县域第四位，电子商务物流仓储中心快递量38.45万单。县碧桂酒楼、广德副食批发部、汉生商贸等3家企业完成上限申报。陆川县获"农村淘宝广西'双11'（11月11日）先进县域"。

【电子商务发展】 2015年12月，陆川县开始发展电子商务。2016年，推进农村淘宝电子商务建设，县人民政府与阿里巴巴（中国）软件有限公司联合建设农村淘宝陆川运营中心。投资850万元，在县城建设电子商务服务中心，村设立农村淘宝村级服务站。电子商务服务中心为广西第三个、玉林第一个阿里巴巴农村淘宝县级运营服务中心。年内，全县开业运营村淘宝服务站65个，覆盖村民人数40多万人。举行农业生产资料招商会2次，意向加入网上销售企业12家。6月底，引进以销售为主导的"我连网"平台进入陆川，7月开业运营。11月，县客家商会对县内陆川猪系列产品、橘红、铁锅等特色农产品进行区域品牌的打造、包装、资源整合、上行销售。11月10日，陆川县村邮运营中心投入营运。年内，先后举办农村淘宝合伙人启程培训班、电商技能培训班、电子商务培训班，共培训电子商务人员250多人次。全县电子商务交易和农村淘宝交易额4059.36万元。

【陆川县电子商务服务中心建设】 位于陆川县城区东环路君丰开发区，2015年12月筹建，政府投入项目资金520万元，合作方（君丰公司）投入资金330万元。2016年1月13日开业运营。由陆川县君丰投资有限公司提供项目场地，建筑面积4000平方米，一楼占地2200平方米，共设接待区、特色产品展示区和仓储物流区等3个功能区。二楼共设办公区域（县电商办、阿里巴巴办公室）、多媒体培训室、大学生创业基地、青年创业孵化区、电商企业入驻区5大功能区。全县14个镇共有34种特色农副产品及30多家企业的产品入驻陆川特色展示厅进行展示销售。电子商务物流仓储中心快递量48.45万单，入驻服务中心的电商企业交易额680万元。电商企业网上销售前两位的产品为陆川猪和陆川铁锅的系列产品，其中陆川猪产品交易额400万元；

铁锅产品销售2万多件，交易额180万元。

【阿里巴巴农村淘宝落户陆川】 2016年，陆川县实施阿里巴巴农村淘宝项目，推进农村淘宝服务站建设。全县开业运营村淘宝服务站65个，覆盖村民人数40多万人。全县共招聘阿里巴巴农村淘宝合伙人140人。至年底，全县65家农村淘宝服务站年交易额为3379.36万元；农村淘宝服务站代购产品位于前十名的主要有液晶平板电视、汽车、白酒、电动整车、洗衣机、冰箱、空调、卫浴、洗车器、干果等。

【陆川香港盛大百货购物中心项目建设】 陆川香港盛大百货购物中心是陆川县实现桂港澳CEPA合作的项目，为玉林市内唯一服务业对外开放桂港澳CEPA合作项目，项目由广西嘉亿房地产开发有限公司陆川分公司与香港盛大百货集团合作。中方负责投资，港方负责品牌输出和管理，建设大型购物中心，实行百货批发零售，引进国际时尚知名品牌服装等利用香港盛大百货集团品牌效应，打造名牌商城。2016年7月动工建设，项目位于县城区三峰中路5号，占地面积1000多平

2016年1月13日，陆川县电子商务服务中心建成开业。图为电子商务服务中心外景
叶礼林 摄

方米,建筑面积 4200 万平方米,建立现代购物设备,总投资 2750 万元,项目建设列入自治区 2016 年绩效考核目标。年内已完成 4D 电影院、超市、服装城等工程,完成投资 2700 万元。

【贸易促销活动】 2016 年,陆川县开展贸易促销活动,举办百店大促销活动、农村淘宝家电网络节等,拉动市场销售,带动餐饮住宿等行业同步发展。

百店大促销活动 2016 年,百店大促销活动由自治区商务厅主办,广西区内各市县具体实施,零售、餐饮、住宿等限上企业参与。1 月 1 日—11 月 30 日,陆川县百汇百货有限公司、陆川县家家福商贸有限公司、陆川县天天超市、陆川县金川宾馆、陆川县君丰大酒店等限上商贸企业参与促销活动。活动内容包括百货主题活动——广西欢乐购;超市主题活动——惊喜大搜罗,好货抢先购;家电、数码主题活动——更新换代;汽车及汽车相关用品主题活动——"新车"驾到;餐饮、住宿主题活动:畅游广西,美食共享等,促销活动期间发生的广告宣传、场地租金、现场布置和新闻报道等费用经自治区商务厅、财政厅审核给予补贴。通过开展形式多样的促销活动,以促进居民消费,拉动经济增长。

陆川县第二届汽车展销会 2016 年 6 月 17 日—19 日在陆川县城区松鹤公园举办,由玉林市商务局主办,陆川县经贸局、陆川县市政市容管理局协办,玉林广播电视报社、玉林广播电视报文化传媒有限公司承办,30 多家车商近 40 个汽车品牌参展,参展新车 120 多台,包括东风日产、东风日产启辰、一汽—大众、上汽大众、东风本田、广汽本田、通用别克、长城汽车、北京现代、斯柯达、雪佛兰、东风标致、风行汽车、江铃汽车、北汽幻速、江淮汽车、昌河汽车、奇瑞汽车、吉利汽车、东风雪铁龙、北汽威旺、众泰汽车、广汽丰田、起亚汽车、哈弗汽车、猎豹汽车、宝沃汽车、东风小康、广汽传祺、长安福特、中国一汽、众泰大迈等合资和自主品牌。陆川御景园、都豪大厦、德利·藏

龙世家等房地产项目,陆川台铃电动车、陆川京东帮、陆川阿里巴巴、玉林市三点水商贸有限公司等商家参与活动。展销期间销售新车 106 台,销售额 1137 万元,意向成交 150 多单;房产意向成交 10 套;美的净水机销售 6 台,销售额 18000 元;陆川京东帮空调冰箱销售 10 台,销售额 2 万元。活动进一步拉动内需,刺激消费,搞活经济。 （陈 智 罗成志 黎明强）

对外经济贸易

【对外经济贸易概况】 2016 年,全县有进出口企业 3 家:广西玉柴重工有限公司、广西陆川县嘉顺工艺品有限公司、广西陆川裕镁金属制品有限公司。主要贸易伙伴为东盟国家、日本、美国、澳大利亚、智利、新西兰。外贸进出口总额 3799 万元,增长 21.92%,增幅排名玉林市第 3 位。

【进口贸易】 2016 年,陆川县进口企业有广西玉柴重工有限公司,主要进口产品主要有液压泵、液压阀。主要进口国家有日本、美国。进口额 118 万元,比上年增长 2321.7%,增幅排玉林市第 2 位。

【出口贸易】 2016 年,陆川县出口企业有广西陆川裕镁金属制品有限公司、广西玉柴重工有限公司、广西陆川县嘉顺工艺品有限公司,主要出口产品有日用陶瓷、工程机械、铁

罐制品。主要出口国家有东盟国家、日本、美国、澳大利亚和地区、智利、新西兰。年出口额 3681 万元,增长 24.2%,增幅排玉林市第 3 位。

（陈 智 罗成志 黎明强）

市场服务管理

【市场服务管理机构概况】 2016 年,陆川县市场服务中心内设办公室、人教股、市场股、财会股、物业股、稽查股,下辖城北、城关、九洲、珊罗、平乐、马坡、米场、沙湖、沙坡、温泉、大桥、横山、乌石、良田、清湖、古城等市场管理所 16 个,全系统干部职工 189 人。县市场服务中心经营管理国有农贸市场 21 个,其中县城区市场 4 个。有砖混结构市场 17 个,砖瓦结构市场 4 个。有临时市场 9 个。市场总建筑面积 6 万平方米,市场经营户 3000 户,所辖市场摊位利用率 95%。年内,市场服务费、设施租赁费收入 1590 万元,比上年增加 117 万元。

【市场建设】 2016 年,县市场服务中心加强市场设施建设与维护,投资 90 多万元,对设施落后市场进行改造改建,重点加强乌石农贸市场、米场市场鞋行改造,改造面积 1600 平方米。

乌石农贸市场改造 2016 年 4 月,对乌石农贸市场进行规划改造,主要对市场一楼天面进行重新刷白,地面贴瓷砖,其中刷新面积 1200 多平方米。对市场东、西面进行规划改

表 25　　　　2016 年陆川县企业对外贸易进出口情况

单位:万元

进出口企业	进出口额	出口	进口
广西陆川裕镁金属制品有限公司	1238.64	1238.64	
广西玉柴重工有限公司	1756.65	1638.57	118.08
广西陆川县嘉顺工艺品有限公司	803.37	803.37	
合计	3798.66	3680.58	118.08

建,重新布局市场摊位。对市场西面原来的熟菜、猪肉摊台全部拆除,集中到市场东面摆卖,新建熟菜、猪肉水泥结构摊台30张,并贴白色瓷砖。调整出来的市场西边改建为鞋行,共建铺面18间、面积1300平方米。6月建成投入使用,总投资50多万元。

米场市场鞋行改造 2016年11月,投资40多万元对米场市场鞋行的铁皮市场拆除改造,改造成一楼为混凝土结构、二楼为铁皮结构市场,建设面积460平方米。改造后一楼设鞋行、二楼经营成衣,共有摊位40多个。腾空出来的市场二楼西边整体出租经营。

【市场安全管理】 2016年,县市场服务中心注重视市场安全管理。一是加强市场安全管理工作领导。成立市场安全管理工作领导小组;层层落实市场安全责任,县市场服务中心与各市场管理所签订的市场安全管理工作责任状,各管理所把安全责任落实到各管理员。二是加强消防知识培训。8月25日,县市场服务中心在县人社局会议室开展消防安全知识专题讲座,县市场服务中心系统中层以上管理人员70多人参加讲座,聘请消防专业教官授课,利用图片、视频、消防器材等进行消防知识培训。县市场服务中心成立消防宣传小组,分期分批分片区对基层市场服务工作人员进行培训,共培训基层工作人员150人次。三是开展"平安市场"创建活动,以县政法委关于深化基层系列平安创建活动的有关要求,深化拓展农贸市场平安建设。下半年,在县城区九洲市场、城关市场开展"平安农贸市场"创建活动,对2个市场重点加强安全、创新等方面的建设,努力推进农贸市场安全稳定、有序经营。四是加强市场安全检查。县市场服务中心采取不定期的方式深入市场进行检查,重点检查滩面、大桥、横山、白马等砖瓦结构的危旧市场,发现问题及时整改,共开展检查4次,发现问题3个,并及时整改。

清湖市场"5·8"火灾事件及处置。2016年5月8日凌晨0:20时,清湖市场二楼发生火灾,造成市场一楼部分、二楼全部物品烧毁,1名值班人员受伤,直接经济损失239.70万元,涉及市场经营户88户、市场周边住户15户。火灾发生后,县市场服务中心迅速开展善后工作,加强对被烧货物经营户的思想安抚。及时开展经营户烧毁物品调查评估,采取经营户个人申报,并联合县消防、工商、物价、清湖政府组成工作组对清湖镇周边的马坡、沙坡、乌石镇及县城区九洲市场同类经营户的商品进行调查评估。再由第三方广西评值价格事务所有限公司对经营户烧毁物品进行评估。9月底,县市场服务中心对受灾的经营户及市场周边住户进行赔偿,签订赔偿协议,共计赔偿损失182.70万元。期间,县市场服务中心、清湖镇政府及时落实临时市场,安置原在市场经营的经营户。

清湖市场"5·8"火灾事件处置后,为降低经营风险,提高市场经营户防范灾难能力,县市场服务中心在全县市场经营户中推行购买财产保险服务,率先在九洲市场经营户中开始试点,从10月起凡在市场经营的业主购买财产综合保险,保险费缴纳为每个摊位每年100元、每个铺面每年200元,赔保费金额为2.5万元至5万元不等。购买财产综合险的摊位有二楼成衣布匹、小百货、鞋类及市场周边铺面业主共325户。

(陈宗活 伍伟平)

供销经营

【供销机构及工作概况】 2016年,陆川县供销合作社联合社(简称县供销社)内设政秘股、综合业务股、财会基建股,编制8名,实有人员20人;下辖温泉、米场、沙湖、马坡、平乐、珊罗、沙坡、大桥、横山、乌石、月垌、滩面、良田、清湖、古城等15个基层供销社,直属企业有陆川县土产公司、县农业生产资料公司、县日杂废旧物资公司,股份制企业有陆川县第一农业生产资料有限公司(龙头企业)、广西龙珠再生资源有限公司、陆川县广泰供销资产管理有限公司、陆川县科朗电子商务有限公司、乌石瑞元投资有限责任公司、陆川县绿峰山投资有限公司;全县供销系统有农资配送中心2个,农资加盟店71家,连锁配送网点288个;农民专业合作社联合社8个;有万村千乡市场工程农家店154家,其中日用品农家店85家(镇级10家、村级75家),农资农家店69家(镇级9家、村级60家),建制村覆盖率66.23%。供销系统行业协会3个,农民专业合作社42家(其中养殖业合作社22个,种植业合作社17个,种桑养蚕合作社3个)。全系统在册职工200人。

2016年,全县供销系统实现商品购进总额8.64亿元,比上年增加1.08亿元,增长14.24%。其中,农副产品购进1.54亿元,比上年增加2281万元,增长21.1%。实现商品销售总额10.32亿元,比上年增加1.05亿元,增长11.37%。其中,农业生产资料销售额2.20亿元,比上年增加1420万元,增长6.90%;消费品零售额3.47亿元,比上年增加5593万元,增长19.20%。实现利润428万元,比上年增加20万元,增长5.17%。

【农资销售】 2016年,全县供销系统销售各种化肥9.69万吨,其中碳铵2.68万吨、尿素2.15万吨、磷肥1.20万吨、钾肥9752吨、复合肥2.56万吨;农药1856吨,农膜246.50吨。

【农副产品购销】 2016年,全县供销系统农副产品购进1.54亿元,销售额2.19亿元。其中,棉麻茶类购进1万元,销售42万元;中药材类购进179万元,销售277万元;粮油类购进951万元,销售4563万元;干果干菜类购进 8 万元,销售 35 万元;鲜果类购进 654 万元,销售 769 万元;鲜菜类购进 3805 万元,销售 4384 万元;肉禽蛋类购进 9263 万元,销售 1.12 亿元;水产品类购进 19 万元,销售 22 万元;其他类购进 506 万元,销售 582 万元。生猪出栏 2.49 万头,销售额 7968 万元;全县供销系统有社办、租赁、联办猪场 8 个,年底生猪存栏 1.35 万头。

【日用消费品销售】 2016 年,全县供销系统日用消费品销售总额 3.62 亿元。其中,纺织类销售 7211 万元,家电销售 8294 万元,烟花爆竹类销售 722 万元,其他类销售 2 亿元。

【供销服务体系与服务网络建设】 2016 年,县供销社继续推进供销社服务网络建设,重点完善农民专业合作社联合社、综合服务中心(社、站)、农贸市场等建设。年内,组建并完善农民专业合作社联合社 8 个,完善农民专业合作社 7 个,组建各级综合服务中心(社、站)9 个,建成农贸市场 1 个、超市 1 个,新建再生资源废旧回收网点 2 个;发展电子商务服务点 4 个;成立企业公司 4 个。

【供销保险业务拓展】 2016 年,县供销社与人寿保险陆川县支公司联合开展人寿保险业务,建立保险业务服务网点 4 个(珊罗供销社长纳村综合服务社代理保险服务点、马坡供销合作社综合服务站代理保险服务点、米场镇合美种养专业合作社联合社代理保险服务点、乌石供销社综合服务站代理保险服务点),并以 4 个保险业务服务网点为基础,扩展下属基层服务单位 17 个,配备人员 37 人,所涉险种有“新农合惠民卡”“百万身价”“学平险”“鑫享至尊”“仁安卡(B1)”等 5 项,年内投保险金额 15.30 万元。

【农业产业化经营】 2016 年,县供销系统扶持发展农产品种植基地 5 个:分别是温泉泗里蔬菜种植基地、珊罗韭菜种植基地、马坡界垌大白菜种植基地、乌石谢鲁益众淮山种植基地和米场镇合美种养专业合作社联合社食用菌基地。米场镇合美农民专业合作社联合社(米场供销社组建)以成员社一品养殖专业合作社为载体,开展“承租型合作”模式托管,与邻近的 4 个村 18 个村民小组签订土地租赁流转合同,土地流转面积 151.53 公顷,其中已种植食用菌 4.33 公顷、火龙果 4.33 公顷、百香果 28.53 公顷、芭乐 2.80 公顷、木瓜 0.40 公顷、柠檬 0.20 公顷;养殖田螺 18.40 公顷。食用菌、百香果、田螺已有收成。珊罗富农韭菜专业合作社的“富农韭菜”、米场新英食用菌专业合作社的食用菌进入玉林城区各大超市,实现农业生产与超市对接。全县供销社系统以各种方式联结和带动农户 5.60 万户发展农业生产,助农实现收入 3.65 亿元。

【供销系统项目建设】 2016 年,全县供销社系统社办企业、招商引资项目 38 个,总投资额 4710 万元,年产值 1.64 亿元,利润 1016 万元,安排农民工就业 1450 人,助农增收 1132 万元。土建开工、续建项目 7 个:县土产公司农产品交易中心、温泉供销社万丈铺商住综合大楼、温泉供销社洞心社区服务中心、沙坡供销社商住综合大楼、滩面供销社商住综合大楼、县供销社综合大楼棚户区改造项目、清湖三水专业合作社生猪标准化规模养殖改建项目等工程,计划总投资 3.23 亿元,预计 2018 年年底全部竣工。2016 年完成工程项目建设投资 7056 万元。

【供销为农服务】 2016 年,全县供

2016 年陆川县供销社系统建立和完善的服务组织体系

一、组建农民专业合作社联合社 8 个:①陆川县广泰种养供销农民专业合作社联合社;②乌石镇供丰农民专业合作社联合社;③珊罗镇联结农民专业合作社联合社;④温泉镇翔龙养殖农民专业合作社联合社;⑤沙坡镇益丰种养农民专业合作社联合社;⑥马坡镇丰泰种养农民专业合作社联合社;⑦米场镇合美种养专业合作社联合社;⑧良田镇强盛养殖专业合作社联合社。

二、完善农民专业合作社 7 个:①良田镇春旺橘红种植专业合作社;②沙坡镇陆瑞西瓜专业合作社;③陆川县旺林毛橘种植农民专业合作社;④陆川县新英食用菌专业合作社;⑤陆川县绿野蔬菜种植农民专业合作社;⑥马坡镇宏创农机专业合作社;⑦马坡镇珠砂海昆鱼专业合作社。

三、成立企业公司 4 个:①陆川县广泰供销资产管理有限公司;②陆川县科朗电子商务有限公司;③乌石瑞元投资有限责任公司;④陆川县绿峰山投资有限公司。

四、发展电子商务服务点 4 个:①珊罗供销社长纳村综合服务社电子商务服务点;②马坡供销合作社综合服务站电子商务服务点;③米场镇合美种养专业合作社联合社电子商务服务点;④乌石供销社综合服务站电子商务服务点。

五、组建综合服务中心(社、站)9 个:①陆川县供销合作社联合社综合服务中心;②陆川县乌石供销社综合服务站;③珊罗供销社综合服务站;④马坡供销社综合服务站;⑤沙坡供销社综合服务站;⑥温泉镇洞心村综合服务社;⑦沙坡镇白马村综合服务社;⑧珊罗镇长纳村综合服务社;⑨清湖镇塘寨村综合服务社。

六、建成农贸市场 1 个:乌石供销社农贸市场。

七、建成现代超市 1 个:月垌供销社家惠日用品超市。

八、新建再生资源废旧回收网点 2 个:①乌石供销社农资废弃物品回收店;②珊罗供销社长纳村综合服务站农资废弃物回收点。

销社系统各农资经营单位筹集资金2458万元,从广西壮族自治区内外生产厂家、公司组织购进各种优质化肥9.20万吨、农药1700多吨、农膜200多吨、育秧托盘210万片、种子、农具等农资商品一大批,充分满足市场需求。陆川县第一农业生产资料有限公司积极开展农资连锁配送业务,各基层供销社通过农民技术学校、专业技术讲座、现场讲解免费培训农民工4334人次,各农资终端网点、庄稼医院为农户印发各种农技资料6490多份,为农民提供技术咨询服务12.89万人次。供销社系统派出帮扶干部24人,定点扶贫村20个,帮扶对象46户,投入贫困村的扶贫资金24万元。

【安全生产】 2016年,县供销社加强全县供销系统安全生产,县供销社、镇供销社、企业、经销点等层层落实安全生产责任制。年内,开展安全生产大检查4次,出动参检人员280人次,投入整治安全隐患资金132万元,实现全系统安全生产无事故。

(吕伯仁 陈仕嫒)

粮食经营管理

【粮食经营管理机构及概况】 2016年,陆川县粮食局在县发展和改革局挂牌,内设政工秘书股、调控计财股、监督检查股;行政编制12名,在编人员9人。下辖粮食购销企业有县粮食购储公司、城区粮所、县直属粮库及14个镇粮食管理所,附营企业有县粮油贸易总公司、县粮油贸易中心、县大米厂及14个镇的粮油贸易中心。全县粮食系统聘用干部职工99人。年内,县粮食局推进储备粮直补订单收购,加强标准粮食储备库建设,全县国有粮食企业收购粮食1.92万吨,销售粮食(原粮)1万吨,实现利润20万元。

【储备粮直补订单收购】 2016年,全县组织收购直补订单粮1.92万吨,其中地方增储购粮2200吨。在广西64个直补订单县中率先完成储备粮收购任务和地方增储任务。年内,粮食订单收购价格为每千克2.68元(普通早籼稻),自治区粮食直接补贴资金为每千克0.24元,全县共发放粮食直补资金460.8万元,直补资金由各镇财政所通过农补网"一折通"兑付给售粮农户。

【粮食仓储设施建设】 2016年,县粮食局继续推进县粮食仓储设施建设,重点推进大桥镇储备库、马坡储备库的建设。大桥储备库计划投资1463万元,已完成主体工程建设,新建仓容1.5万吨,配套设施待建设;马坡储备库完成项目的挡土墙、土方、围墙等"三通一平"前期工作。

【储备粮安全管理】 2016年,县粮食局开展粮食库存检查和秋季粮食安全普查,粮食库存检查存粮点9个、仓房93间,秋季粮食安全普查存粮点12个、仓房128间。经检查,全县库存粮食全部符合无虫粮要求,粮食库存实物的数量、品种、性质情况与保管账、统计账、会计账、银行台账相吻合,相关账务处理规范、准确。

【农户科学储粮项目推广】 2016年,继续实施农户科学储粮推广,自治区粮食局下达陆川县科学储粮仓的推广任务7100套。项目采取政府引导、农户自愿、共同出资的方式,由农户出资90元即可获得价值450元的科学储粮仓1个。县粮食局加大科学储粮仓宣传推广,组成3个工作小组分片区到各镇与当地粮所职工深入到各村屯或利用街圩日,向农民广泛宣传农户科学储粮的好处,开展储粮仓实物展示,出动宣传车宣传,发放《广西农户科学储粮专项建设简介》等,提高农户的感性认识,调动广大农户科学储粮的积极性和主动性。4月13日,广西农户科学储粮专项培训班在陆川举行,全区各县、市、区粮食系统的有关领导等60多人参加培训学习,自治区粮食局副局长杨斌出席培训会,陆川县粮食局领导在培训班上就如何做好农户科学储粮工作做交流发言。5月19日,自治区粮食局在温泉镇风淳村举行科学储粮仓发放仪式。至6月,全县共推广科学储粮仓7100套,全县14个镇受益农户7100户。

【"星级粮库"创建】 2016年,自治区粮食局开展"星级粮库"创建活动。陆川县积极推进"星级粮库"创建工作,加强粮库综合管理、计划管理、仓

2016年5月19日,自治区粮食局在温泉镇风淳村举行农户科学储粮仓发放仪式

县粮食局 提供

储管理、仓储设施的建设。年内，经自治区专家综合考核评价，良田粮食管理所被评为广西三星级粮库。

（吕海平）

烟草专卖

【烟草专卖机构及概况】 2016年，陆川县烟草专卖局(营销部)内设综合股、专卖股、内管组、客户服务部，下辖稽查中队、城区专卖管理所、马坡专卖管理所、乌石专卖管理所、良田专卖管理所、中转站、零售店等部门，实有员工60人。全县有卷烟零售客户2818户。

【卷烟销售】 2016年，县烟草专卖局加强卷烟营销，注重烟草品牌培育，创新营销方法，销售10元以上真龙牌香烟1805.23箱，比上年增长18.97%，品牌培育劳动竞赛考核得分在玉林市排名第二；挖掘农村市场发展和重点品牌上柜潜力，开展"642"上柜工程，即零售户上柜品牌规格县城60个、镇40个、农村20个，推动一二类烟下乡，促进消费结构梯次上移，实现单箱销售额2.58万元，比上年增长5.93%；推进终端建设，引导客户进行标准烟柜改造提质，共改造零售户标准烟柜489户，占客户总数的17.35%。新建现代终端41户，累计建成现代终端292户，发挥终端引领和示范作用，终端建设在玉林市烟草专卖局(公司)评比中获三等奖。年内，全县累计销售卷烟1.33万箱，卷烟销售规模基本保持平稳。销售金额为2.93亿元，实现利润8483万元，上缴财政收入1577万元。

【卷烟专卖市场整治】 2016年，县烟草专卖局开展"百日行动""雷霆""国门利剑2016"及各类节假日期间的专项行动，共查获案件77起，其中1~5

万元假非私烟案件4起、1~5万元其他类案件8起，移送县工商局处理的无证户案件61起。查获违法卷烟22.94万支，查获物品案值34.04万元。推进"APCD+E"(APCD考核办法指：A信息分析规范、P计划制定规范、C市场检查规范、D信息处理规范、E指卷烟市场监管体系)市场监管，强化明码实价维护，加强持证户和无证户的综合整治，辖区持证经营率93.02%，条价吻合率91.5%，持证户守法经营率100%，移交县工商局无证经营案件结案率100%。

（蓝春丽）

石油经营

【石油经营网点及概况】 2016年，中国石油化工股份有限公司广西玉林石化分公司陆川片区更名为中国石化销售有限公司广西玉林陆川石油分公司(简称中石化陆川石油分公司)。年内，全县石油供应企业有陆川片区管理中心中石化陆川石油分公司、中国石油天然气股份有限公司广西玉林销售分公司(简称中石油玉林销售分公司)等2家企业。全县有加油站34家，其中中石化公司加油站12家，中石油公司加油站5家，民营加油站17家。

中石化陆川石油分公司在职职工83人，其中正式职工8人，劳务工75人。加油站网点主要分布在城区、马盘二级公路旁，经营加油站12座，其中城区网点有大社加油站、城北加油站、城中加油站、城南加油站、官田加油站5座；乡镇网点有珊罗加油站、朱砂加油站、马坡加油站、米场加油站、乌石加油站、清湖加油站、盘龙加油站。中石油玉林销售分公司经营网点有平乐加油站、温泉加油站、官田加油站、良田加油站、六燕加油站。

【石油销售】 2016年，全县销售各类成品油约8万吨。中石化陆川石油分

公司销售油品、非油品继续由玉林分公司统一调拨。主要经营轻油有汽油、柴油。汽油主要销售92号、95号、98号汽油。年内，销售各类成品油4.23万吨，其中92号汽油1.56万吨、95号汽油5100吨、98号汽油400吨、0号柴油零售量2.12万吨。轻油销售金额2.01亿元。非油品销售主要经营烟、酒、食品、饮料、汽车服务、便民服务等，非油品销售总额926万元。

【经营管理】 2016年，中石化陆川石油分公司继续加强对加油站的消防管理及安全监督管理，实行安全工作承诺制度，加强对员工职业道德教育及业务培训，提高员工的服务素质。继续实行IC卡服务，IC卡充值2.66亿元。

（谢志斌）

爆炸物品经营

【爆炸物品经营机构及概况】 2016年，陆川县物资总公司内实有职工16人。下设废旧金属回收公司、燃料公司(1997年停业)。有民用爆炸物品储存仓库1个，资质等级为甲级，其中工业炸药库1座，容量为30吨；工业雷管库1座，容量为20万发。年内，销售工业炸药800吨，销售工业雷管5万发；销售利润40万元，比上年增长60%。全系统维持稳定正常运转。

【民用爆炸物品储存仓库设施建设】 2016年，县物资总公司加强对民用爆炸物品储存仓库的设施建设，投资12.68万元修建排水系统，加固挡土墙500米，购置防洪防汛设备5套。投资10.50万元，改造升级监控系统，购置更新视频设备。

【爆炸物品储存安全管理】 2016年，县物资总公司加强爆炸物品储存及进出库存安全管理。落实民爆行业

"五统一"（统一管理、统一标准、统一制度、统一培训、统一考核）要求，严格按照《民用爆炸物品生产、销售企业安全管理规程》进行管理和操作，推进爆炸物品储存及进出库存精细化安全管理。改进和完善现场安全生产管理方式，严格安全隐患排查治理和隐患"闭环式"管控，不断提高安全生产标准化水准；严格执行民用爆炸物品储存规范要求，产品按要求摆放整齐，保证库房内干湿度适宜，禁止超量储存及混存等违规行为发生，加强产品进出库制度管理，对外来车辆进行严格检查及登记备案，坚决不给予不符合规定的车辆及人员进入库区，确保爆炸物品储存及进出库安全。

【安全生产教育培训】 2016年，县物资总公司加强安全生产教育。组织职工观看《安全生产典型事故案例解析》等主题宣教片，提高全体职工的防范意识及安全生产素质。进行消防安全知识教育和消防技能培训，6月14日—15日邀请玉林市桂宁民用爆炸物品有限公司总经理冯汉常对全体员工进行安全生产法律法规知识培训，并对仓管人员进行考试。

【应急预案演练】 2016年6月18日，陆川县在横山乡良塘村民爆物品仓库（外围）进行应急预案演练，县经贸局、县公安局治安大队、横山镇政府、横山镇派出所、横山镇良塘村、横山镇安全生产工作委员会等单位部门的有关领导、人员等26人参加演练。应急事件演练假设事故为：6月18日9时55分在民爆物品仓库周边农户烧田埂草引发火灾，火势向民爆物品仓库蔓延，初步判断火灾级别为Ⅲ级，火势直接威胁民爆仓库安全。公司行政办公人员、仓库人员立即进行应急预案救援处置，实施应急救援信息报告、应急处置和应急资源调配等，所有人员在最短的时间内赶赴现场，由总指挥统一指挥，全体人员分工合作，在最短的时间内将火扑灭排除隐患。对突发事件发生时能进行及时、合理、有效地进行处置，演练达到预期效果，有效提高事故应急救援能力。

【企业安全生产标准化管理达标验收】 2016年11月4日，玉林市工信委、陆川县经贸局及有关专家组成企业安全生产标准化管理验收组，对进行企业安全生产标准化管理工作达标考评及储存库变更核定存量。验收组审查有关资料，查验民用爆炸物品储存仓库及有关设施，对照国家工信部《民用爆炸物品企业安全生产标准化管理通则》《广西区民用爆炸物品企业安全生产标准化管理考评细则》的规范标准，具备安全生产标准化管理达标验收条件，通过企业安全生产标准化管理工作达标考评验收，并将储存仓库最大储存量由原来的20吨调整为30吨。 （李良生）

旅　游

【旅游工作机构及概况】 2016年，陆川县有国家AAAA级旅游景区、AAA级旅游景区各1个；旅行社网点7个、星级旅游饭店5家。陆川县旅游局内设政工秘书股、规划资源股、旅游业务股，在职人员9人。下辖谢鲁山庄景区管理所、龙珠湖风景区管理所、陆川县旅游公司、九洲旅行社。年内，陆川县推进自治区层面重大旅游项目、休闲农业与乡村旅游项目、九洲江乡村旅游区项目建设，推进旅游厕所建设、星级酒店建设，实施旅游扶贫村项目建设，抓好乡村旅游规划、旅游商品发展、旅游市场开发、文明旅游建设等，促进全县旅游产业的快速发展。接待国内游客287.47万人次，比上年增长21.49%；国内旅游消费29.61亿元，增长35.52%；入境游客1.33万人次，增长9.71%；国际旅游（外汇）收入621.39万美元。岭南世界（陆川）客家温泉文化城（简称世

客城）获中国优质人居金奖，谢鲁山庄获评为玉林市文明景区，金川宾馆获玉林市文明酒店称号。

【旅游规划】 2016年，陆川县组织编制《陆川县乡村旅游发展规划》，委托广西旅游规划设计院编制，规划以市场需求为导向，以乡村旅游产品开发为核心，以乡土民俗文化为内涵，突出乡村旅游主题，树立乡村旅游形象，重点推进乡村旅游景区景点的开发与旅游线路的培育，将乡村旅游作为陆川旅游业发展的重要内容。重点打造农耕文化体验旅游产品、生态山水观光旅游产品、客家文化体验旅游产品、生态温泉体验旅游产品等4大类乡村旅游产品。规划范围包含全县14个镇，面积1551平方千米。4月26日，召开专家评审会，该规划获玉林市、陆川县与会专家、领导和代表通过评审。

6月4日，由玉林市旅游发展委员会聘请的"十三五"旅游规划调研组一行9人到陆川进行考察调研。主要考察陆川在"十三五"期间能够展开的旅游建设项目推进情况，为编制玉林市"十三五"旅游规划提炼出可以提供借鉴的经验和做法，加快推进陆川重大旅游项目建设进程。调研组先后到陆川谢仙嶂民俗文化生态旅游风景区、世客城、九龙山庄温泉、谢鲁山庄、九洲江乡村旅游区等，实地了解项目建设推进情况，考察陆川旅游资源整合和规划编制、项目招商引资、重大旅游项目建设等过程中的措施、做法及遇到的难题。调研组对陆川重大旅游发展过程中存在旅游基础设施和旅游服务接待服务设施建设不足、旅游产品开发品种少、旅游产品特色不够等方面的问题提出改进的意见和建议。

【旅游项目建设】 2016年，陆川县重点推进世客城项目建设，九洲江"十里河画"景区建成营业，谢鲁山庄4A复核通过验收，金川宾馆、锦华温泉大酒店星级饭店复核通过验收，7个村旅游扶贫项目全面推进，旅游厕所

建设按计划开展，文明旅游建设获得奖励。6月29日，自治区政协副主席刘君率督察组到陆川督查重大旅游建设项目建设推进情况

世客城旅游项目建设 世客城旅游项目属于国家优选旅游项目和自治区层面统筹推进建设的重大旅游项目，总面积200公顷，总投资63亿元，总建筑面积250万平方米，是集客家历史文化旅游、温泉休闲旅游、温泉健康养生、客家旅游小镇、温泉欢乐谷、酒店宾馆、酷贝拉青少年亲子教育、养老、保健、医疗、小学教育、商业中心、农副产品市场、旅游地产等于一体的大型城市旅游综合体项目。2016年已进行温泉欢乐谷土方及土地平整、婚庆广场土地平整、旅游交通基础设施建设、旅游厕所、游客服务中心、客家别墅区一期主体、临湖商品楼建设等，开展客家旅游小镇全球招商工作、客家文化旅游庆活动等；陆续举办各类中国传统文化讲座、旅游美食节、旅游投资讲坛、亲子教育日等活动；成功申报建设玉林市未成年人思想道德文化教育基地。至2016年年底，已投入资金11亿元，完成征地173.33公顷，建成客家历史文化展示馆、客家文化公园广场、客家样板展示区、客家旅游小镇一期、1.50千米的远辰大道(旅游城南北主干道)、风尚驿家一期主体外墙装修、客家风格别墅展示区等项目。

陆川普照禅寺开工建设 2016年，陆川县推进谢仙嶂民俗文化生态旅游景区建设，主要建设普照禅寺。普照禅寺是以建设"南方佛都"为目标的大型佛教文化寺院，得到自治区、玉林市政府各级部门的批准，规划面积11.87公顷，建筑面积20多万平方米，总投资4.60亿元。4月28日开工建设，景区寺院建筑依山而建，设计有山门、天王殿、大雄宝殿、藏经阁、千佛殿、观音殿、钟鼓楼、放生池、讲经堂等。年内已实施大雄宝殿主体工程建设。

九洲江"十里河画"景区建设 "十里河画"位于乌石镇九洲江吹塘—龙化河段，北起吹塘码头，南至龙化码头。2016年，陆川"十里河画"列为自治区层面统筹推进的重大旅游建设项目，由广西博途旅游发展有限公司投资开发建设。结合当地的实际，用生态艺术主题，创意打造陆川的旅游形象，用废旧轮胎设计成各种各样的造型设计，安装在九洲江沿岸的两边，废弃的采砂船改造成海盗船等景观，与涂鸦墙互成美景，打造风情多彩的"十里河画"景观，与谢鲁山庄AAAA级景区、粤桂跨省生态乡村旅游试验区建设成为乡村生态休闲观光旅游带，实现休闲农业与乡村旅游产业的提质增效。4月28日，"十里河画"景区开园营业，景区管理由吹塘村、龙化村派人管理。

谢鲁山庄景区维修改造 2016年，对谢鲁山庄办公楼进行修缮。谢鲁山庄办公楼建于20世纪80年代初期，办公楼共2层，建筑面积为460平方米。因房屋老化，存在有渗水、漏雨、漏电、连电、失火等安全隐患，导致办公室潮湿、墙皮脱落。年内，县政府拨款49万元对谢鲁山庄办公楼进行全面的维修改造，主要是更换铝合金窗、安装防盗网、地面重新铺贴仿古砖、复合木地板、卫生间翻新改造、给排水改造、用电线路的重新布置、走廊重新安装铝合金栏杆、外墙立面安装中式雕花仿木纹铝合金装饰、更新黏土瓦面等。改造后的办公楼与山庄原有的建筑风格相协调，形成有机的统一。

"西山人家"水上乐园项目建设 属于陆川九州江旅游开发的上游游乐项目。位于县城西郊西山景区山脚下，距离县城2千米。由当地村民投资兴建，利用西山水电站发电后的清洁水和西山游览区的资源，二次综合利用。水上乐园占地面积3800平方米，建设有游泳池、儿童水上游乐滑水梯、农家乐餐厅、烧烤场、西山水利历史文化游览观光、登山运动等游乐项目。其中水上游乐项目的游泳池水源于西山水库，经过西山电站发电后接引过来，澄澈清凉。7月2日"西山人家"水上乐园开园营业。

旅游厕所建设 2016年，推进旅游厕所建设，在全县范围内新、改扩建旅游厕所10座，其中新建9座(世客城4座、九洲江十里河画1座、田园假日生态农业1座、绿丰农业合作社1座、冠树种养专业合作社1座、锦华温泉大酒店1座)，谢鲁山庄景区改建厕所1座。景区新建旅游厕所按照AAA级景区标准化管理的要求进行日常维护及管理，每个厕所配置管理人员2人，随时清理保洁，定期更换厕所内隔板、老化便池及便器，购置新增卫生纸、洗厕精、洗手液、隔板挂钩、门板锁、隔断把手、纸篓等厕所用品，并对冲水不畅的小便池进行及时维修，水龙头保证时时有水；根据旅游淡旺季、节假日，随时增加管理人员，加大清理清扫工作次

世客城休闲活动区一景　　　　　姚明仿　摄于2016年6月29日

数,做到始终保洁。

【旅游培训】 11月4日,陆川县在锦华温泉大酒店会议室举办陆川乡村旅游暨旅游扶贫培训班,全县乡村旅游区、旅游农家乐、旅游扶贫村及旅游企业代表等单位代表90人参加培训。培训班由县委办、县政府办和县旅游局联合主办。进行重大旅游项目建设申报知识、广西乡村旅游区质量等级划分与评定、农家乐质量等级的划分与评定、A级旅游厕所建设管理硬指标等课程学习,以提高全县乡村旅游区、旅游农家乐及旅游厕所的管理者的建设管理水平。学习结束后,参训人员统一到兴业、福绵等县(市、区)的星级乡村旅游区、星级旅游农家乐进行观摩与学习。

【旅游线路开发】 2016年,陆川县旅游线路主要有陆川客家之旅、温泉健康休闲之旅、谢仙嶂民俗文化之旅、龙珠湖荷花观赏之旅、九州江乡村旅游、夏季葡萄采摘观赏之旅、世客城之旅等7条。端午节前,开启陆川夏季葡萄采摘观赏游、世客城旅游文化节庆游、陆川客家之旅、陆川温泉休闲游、九洲江之旅等旅游线路,并加大一系列宣传推介,这些旅游产品得到周边各县市区和邻近广东等客源地短途游客的青睐。陆川温泉、世客城、谢仙嶂、谢鲁山庄、龙珠湖、塘寨红色生态乡村旅游区、九洲江十里河画等成为游客首选的热点景区。端午节3天小长假期间,陆川县游客15.60万人次,比常年增长10.5%。陆川葡萄采摘观赏之旅带动清湖镇塘寨村、温泉镇洞心村、长河村以及旅游线路沿途公路两旁的葡萄、甘蔗、玉米、火龙果、当地西瓜等休闲农业产品的销售,提高农民参与休闲农业与乡村旅游建设的积极性,为陆川旅游扶贫村"一村一品"产业项目建设推进提供新的经验。

【谢鲁山庄人文历史文化宣传】 2016年7月,广西网络电视台记者到谢鲁山庄景区采访,拍摄谢鲁山庄旅游风景区的人文历史文化片。记者通过采访景区负责人和导游、实地拍摄山庄古建筑、研究楹联等方式,加大对谢鲁山庄客家建筑艺术风格、客家历史文化及庄园主人的发展历史、谢鲁山庄生态旅游文明建设和旅游发展情况等了解。对庄园建设者的教育建设、生态乡村建设的初衷及陆川客家人传承中原汉族传统文化的精髓表示认同。记者将采访谢鲁山庄的影像录制成旅游宣传片,在广西网络电视台、央视网视频新闻进行播发宣传。

【塘寨红色生态乡村旅游】 2016年,塘寨村为桂东南抗日武装起义打响第一枪的革命老区,为陆川县红色革命传统教育基地,塘寨红色生态乡村旅游区建设项目列为陆川九州江生态乡村示范带建设项目之一,列入县旅游扶贫示范村。塘寨村把红色文化旅游、生态农业休闲观光、农村产业项目建设、农耕文化建设、扶贫项目开发、旅游项目建设等融为一体。并规划三华李果树种植、龙潭生态农业园等休闲农业项目发展,增加乡村旅游休闲观赏项目,实施乡村旅游区整体开发,加快红色生态乡村旅游区建设。年内,推进塘寨村葡萄采摘观赏旅游基地建设,建立原始的生态优美乡村风光,推出客家美食、农耕文明文物展示等。葡萄园建设面积33.33公顷。开辟陆川葡萄采摘观赏旅游线路线路,每天均有很多的外地游客前往游览光观、采摘葡萄、进行乡村休闲游乐、参观革命历史展览、参观农耕文明展示、体验乡村客家农家乐美食等。全年接待游客25.30万人次。

【旅游扶贫】 2016年,陆川县贯彻落实《自治区人民政府关于脱贫攻坚贫困村发展旅游业实施方案》的要求,推进陆川县旅游扶贫工作,实施旅游脱贫"五个一批"(旅游企业就业帮扶脱贫一批、扶贫村屯旅游开发帮扶脱贫一批、以旅游技能培训引导进行就业帮扶脱贫一批、以旅游大项目建设带动帮扶脱贫一批、鼓励自主创业参与旅游服务帮扶脱贫一批),全面推进沙坡镇仙山村、温泉镇洞心村、大桥镇陆透村、乌石镇子良村和黎洪村、良田镇石垌村、清湖镇塘寨村7个贫困村旅游扶贫工作,促进贫困农户增收脱贫。年内,良田镇石垌村、清湖镇塘寨村、沙坡镇仙山村3个旅游扶贫村获玉林市旅游发展委员会旅游设施建设补助经费18万元。其中,石垌村获经费10万元,推进旅游基础设施建设;塘寨村获经费4万元,完善红色旅游基础设施建设;仙山村获旅游厕所建设补助经费4万元。7个旅游扶贫村共筹集资金3400多万元,进行农村基础设施建设、农村共服务设施建设、重大旅游项目、乡村旅游项目建设等113项;动员旅游企业参加各类招聘会,招聘贫困户群众,加大旅游扶贫培训,开展休闲农业观赏旅游宣传推介;指导贫困群众参与旅游业及旅游服务,2000多农民参与乡村旅游开发,促进乡村旅游发展,带动贫困群众实现增收。旅游项目带动旅游扶贫工作取得成效。

【旅游市场秩序整治】 2016年9月,玉林市开展"十一"假期旅游市场秩序专项整治。9月23日,由玉林市旅游发展委员会牵头组织市旅发委、工商局、质监局、商务局、消防等单位的人员组成检查组到陆川检查和指导旅游市场秩序工作。对陆川旅游景区景点、星级饭店、旅行社等旅游企业进行消防、安全生产、食品卫生、相关证照、旅游市场、旅游交通等方面的实地检查,检查景区景点旅游安全警示牌、警戒线等安全防范措施,旅行社的旅游应急预案,宾馆酒店的客房、餐厅消防设施、餐饮卫生等。对发现的问题发出整改通知书。陆川县按照旅游市场秩序整治的要求,及时开展整改工作,消除安全隐患。
(姚明仿)

国土资源·城建·环保

GUOTU ZIYUAN CHENGJIAN HUANBAO

2016年,陆川县开展创建县城严管街活动。图为11月16日县召开创建城区严管街动员会

叶礼林　摄

国土资源管理

【国土资源管理机构及概况】 2016年,陆川县国土资源局(简称县国土局),内设政秘股、土地利用股、政策法规与监察股、地籍测绘股、耕地保护股、财务股、规划科技股、矿产开发管理股、地质环境地勘与储量管理股、信访调处股、纪检监督室。编制19名,实有人员14人。下辖二层机构有县土地开发收购储备中心、技术服务站、土地整理中心、地质灾害防治中心、国土资源信息中心、国土资源执法监察大队、地价评估事务所、土地交易中心、矿产资源管理服务中心、县不动产登记局,全县国土资源局系统在职职工265人。年内,加强耕地保护,盘活存量土地,推进不动产登记改革,加强土地监察执法、矿山安全生产管理、地质灾害防治。推进"四所合一"(镇国土所、村镇规划站、环境保护和环境卫生、安全生产监管所)改革,9月14个镇国土所人财物及职能工作移交各镇管理。全县实现国土资源经济总收入3.91亿元。

【用地指标与土地供应】 2016年,陆川县共获得市级以上下达新增建设用地指标121.22公顷。其中陆川县获国土资源部第三届节约集约模范县,获上级奖励新增建设用地指标66.67公顷,自治区玉林市两级下达陆川县新增建设用地指标54.55公顷。年内,土地一级市场开展土地挂牌出让土地33宗,挂牌出让土地总面积55.13公顷,成交价款3.12亿元;二级市场划拨补办出让35宗,总面积3.03公顷;办理土地使用权转让227宗,抵押75宗,为远辰集团公司世客城项目等重点工程提供用地保障。

【存量土地盘活】 2016年,根据自治区国土厅要求,陆川县开展存量土地盘活年活动,县政府出台存量土地盘活利用工作方案。全县共有存量土地306公顷。年初,玉林市级下达陆川县盘活存量土地35公顷(525亩),陆川县本级盘活存量土地计划任务112.27公顷(1684.05亩)。

2016年,开展闲置土地清查,对照土地市场动态监测与监管系统中涉嫌闲置的宗地进行调查核实,清查后发现属于系统误判的闲置土地30宗,面积207.13公顷,及时对土地市场动态监测与监管系统进行数据补录和更新。初步核查出闲置土地10宗,面积26.45公顷。清查处置闲置土地完成率91.47%(90%达标)。

2016年12月,根据国土资源部《土地市场动态监测与监管系统》数据显示,陆川县盘活存量建设用地131公顷(1965亩)。其中,挂牌出让土地33宗,面积55.13公顷(827亩),土地价款3.12亿元;划拨土地12宗,面积67.20公顷(1008亩);补办出让22宗,面积8.67公顷(130亩);保障县世客城等重点项目用地,居玉林市各县市第一。

【土地整治】 2016年,陆川县实施乌石镇、良田镇基本土地整治项目2个,整治面积917.32公顷,投资总额3063万元。年内已完成2个项目工程量的95%;完成投资2300.54万元,完成投资额的75.11%。为陆川县农业生产提供有利条件。

乌石镇土地整治主要实施陆河村、黎洪村、陆龙村等3个村土地整治项目,整治面积277.74公顷,投资总额1063万元。2016年,已完成灌溉与排水工程、田间道路工程及其他工程整治,新建沟渠11.78千米、水坝1座、道路9.48千米、晒场4118平方米,完成投资622.54万元。

良田镇土地整治主要实施龙口村、甘片村、莲塘村等3个村土地整治项目,实施面积639.58公顷,总投资2000万元。2016年,已完成土地平整工程、灌溉与排水工程、田间道路工程、农田防护与生态环境保持工程整治,完成土地平整183.60公顷,耕地开垦0.44公顷,新建沟渠18.51千米,新建道路16.94千米,新建涵管368米,流溢坝3座,下田坡道30座,错车台23座,池塘1座,晒谷场4个,完成投资1678万元。

【土地执法监察】 2016年,陆川县重点打击非法占用地、非法采矿行为。加强非法占用地执法监察。年内,县国土局进一步规范动态巡查职责,推行土地执法监察联动机制,县国土局与相关部门联合执法38次,依法制止非法占地272宗,其中制止在萌芽状

2016年,陆川县推进土地整治项目建设。图为6月5日土地整治项目施工现场　　　　　　　　　　　　　　　县国土资源局　提供

态 39 宗,强制拆除违法占地建筑 210 处、面积 3.19 万平方米,立案查处土地违法案件 8 宗。开展打击矿产资源违法采矿行为,县国土局、县公安局、县水利局及各镇政府等相关部门联合执法 30 次,打击整治非法采矿 7 起,打击整治非法毁田采砂场 75 个(次),立案查处无证采矿 3 宗。

【矿山安全生产管理】 2016 年,县国土局开展矿产资源开发利用年度检查,全县持证有效矿山 36 个,应年检矿山企业 36 个,共进行年检的矿山 36 个,年检率为 100%,抽检率为 100%,各矿山"三率"(年检率、抽检率、合格率)达标。加强矿山日常监管检查,出动监督检查人员 1000 多人次,日常监督检查持证矿山 100 多家次,形成检查工作记录 136 份,对检查中发现的问题发出《责令整改记录卡》142 份,发出《责令停止矿产资源违法行为通知书》5 份。协助县安监局开展非煤矿山安全生产大检查、隐患大排查 4 次;协助县环保局开展环境安全大检查、大排查 2 次。

【地质灾害防治】 2016 年,县国土局共排查出全县各类地质灾害隐患点 205 处。制订地质灾害防治方案,及时完善突发性地质灾害应急预案,各镇制订地质灾害防灾预案,并对重要隐患点制订防灾应急预案,做到"一点一预案"。加强镇、村干部及 185 名监测员的业务培训,加强地质灾害预警信息报告,县国土局与县气象局联合通过手机短信、气象预警喇叭等形式发布地质灾害预警报告信息。年内投入地质灾害防治经费 70 多万元,有效防御地质灾害,实现地质灾害防治人员"零伤亡"目标。

【不动产统一登记工作】 2015 年 4 月成立陆川县不动产登记局,11 月成立陆川县不动产登记中心。2016 年 6 月,在县政务服务中心在县政务大楼设置不动产登记受理业务窗口。不动产登记主要负责集体土地所有权,房

2016 年 5 月 10 日,陆川县地质灾害防治培训班在九龙山庄召开

县国土资源局　提供

屋等建筑物、构筑物所有权,森林、林木所有权,耕地、林地、草地等土地承包经营权,建设用地使用权,宅基地使用权,地役权,抵押权等不动产的确认登记发证。7 月 26 日,经县人民政府同意,开始实行办理不动产统一登记,停止土地、房屋分离办证的模式。在"新开旧停"前,完成土地登记发证 372 本,其中国有土地使用权证书 291 本(变更登记 221 本,初始登记 70 本),集体土地使用权证书 75 本,补发土地证书 6 本。"新开旧停"后,全县完成颁发不动产权证 120 本,不动产权证明 698 份。

【乡镇"四所合一"改革】 2016 年,陆川县根据自治区党委办公厅、自治区人民政府办公厅推进乡镇"四所合一"改革的要求,开展"四所合一"改革,将镇国土所、村镇规划站、环境保护和环境卫生、安全生产监管所等职能整合,不再保留国土资源管理所和乡镇规划建设站,组建镇国土规建环保安监站,加挂综合行政执法队牌子。机构性质为乡镇人民政府直接管理的财政全额拨款事业单位,实行乡镇政府管理为主、县级业务主管部门监督指导。9 月 29 日,县国土部门完成各镇国土所职能及人、财物移交。

（陈 丹）

城乡建设与管理

城建综述

【城乡建设概况】 2016 年,陆川县以建设区域性新兴城市为目标,推进新型城镇化进程。加快推进城东新区建设。东环路扩建、世客城、中浩地王国际、碧桂城、锦源物流城、教育集中区、文体中心等项目进展顺利。推进棚户区改造。完善城区交通网络,新建或改造完成远辰大道、陆兴南路、莲花二路、君安南路、万官中巷、讯和路等道路,罗庚塘人行桥、中山公园桥、文昌风雨桥、陆中南路改造等工程。实施亮化绿化工程,建成东滨中路金穗桥、塔楼。投资 310 万元实施温泉大道(铁路桥—九龙山庄)路段、九洲江两岸夜景亮化。投资 38 万元对锦源大道、九龙路、凤凰一巷、文昌街等道路进行太阳能路灯改造,安装太阳能路灯 76 套。完成温泉路、松鹤公园、东环路、西滨北路绿化补植。

县城区常住人口 15.71 万人，建成区面积 14.71 平方千米。全县城镇化率 42.65%。

【城乡建设机构】 2016 年，陆川县住房和城乡建设局(简称县住建局)内设政秘科、政策法规股、房地产业管理和住房制度改革股、财统股、规划股、村镇股、城建股、建工股、城镇房屋征收管理办公室、项目办，编制 14 名，实有人员 20 人。下辖县建设工程质量安全监督站、县房产管理所、县建设工程招标投标管理站、县墙体材料改革办公室、县建筑安装劳动保险费管理站、广西客家工程设计有限公司、陆川县桂东南城乡规划设计有限公司、县城市规划综合技术服务中心、县建筑工程交易中心、县房产公司、县第二房产公司、广西桂川建设集团有限公司、广西建大建设集团有限公司等企事业单位 13 个。

陆川县城市建设投资有限公司(简称县城投公司)为隶属于县住建局管理的国有企业，主要开发城镇土地，推进市政工程建设等。2016 年，县城投公司内设办公室、财务部、工程部、投资部、资产部、人事部、融资部、发展规划部、项目用地部、群工维稳部，员工 35 人。拥有土地面积(商住用地)21.90 万平方米，房屋面积 1.14 万平方米，固定资产总值 3.33 亿元。

陆川县工业投资有限公司(简称县工投公司)主要负责市政公用设施建设、工业园区及配套设施建设等。内设办公室、征地拆迁部、项目建设部、资产经营管理部、财务部，在职员工 31 人。2016 年，完成固定资产投资 5.19 亿元，比上年增长 0.9%。完成土地征收 7.62 公顷，下降 18.79%；在建项目 22 个，其中新开工项目 11 个，竣工项目 7 个。年内，县工投公司收储陆川县职业技术学校位于乌石镇大塘坡国有土地使用权及地上附着物，宗地面积 3.12 公顷，价值 1150 万元；广西万象镍铬有限公司位于滩面镇滩面村土地及地上附着物，宗地面积 6.02 公顷，价值 720 万元。公司资产

总值比上年增长 211%。完成征收土地 7.62 公顷，其中龙豪园区 A 区 0.55 公顷，广州路片区 7.07 公顷；迁移坟墓 224 座，拆迁房屋面积 150.33 平方米，发放各种补偿款 796.64 万元。

陆川县小城镇建设有限公司(简称县小城镇建设公司)负责县政府授权的城镇公共基础设施等项目的融资、投资、建设、运营和管理。内设行政部、财务部、工程技术部、资产管理部、维稳工作部、投资发展部、妇女工作部，实有职工 35 人，下辖陆川县蓝宇房产地开发有限公司、陆川新农投资有限公司等 2 个子公司。2016 年，完成固定资产投资 6.80 亿元，招商引资 1.50 亿元，融资贷款到位资金 3.91 亿元。年内，县小城镇建设公司以 1090 万元竞得马坡粮食管理所、马坡粮油贸易中心、陆川县粮食储公司等 3 宗土地，面积 4130.08 平方米；收购中国农业银行玉林分行位于陆川县绿华食品厂等 57 户的债权资产，资产价值 9088 万元。

【城乡规划】

规划编制 2016 年，陆川县启动陆川县城总体规划和大桥镇控制性详细规划、良田镇控制性详细规划、马坡镇城北控制性详细规划、米场镇城南控制性详细规划、乌石镇城北控制性详细规划等 5 个控规编制。《陆川县保护性建筑专项规划》完成初步方案编制，《广西陆川橘红产业(核心)示范区总体规划》通过专家会评审。

规划实施陆川县中心城区控规、城南新区(二期)控规、龙豪创业园区(一期)控规、龙豪创业园区(二期)控规、龙豪创业园区(三期)控规和横山镇城北区控规等 6 个控规获县政府批复实施。年内，出具项目规划选址意见 47 件，出具规划条件 95 件；召开专家论证会 19 次，规划论证项目 34 个；召开县城乡规划委员会会议 4 次，审议通过规划 29 项。办理建设用地规划许可证 66 份，用地面积 108.33 万平方米；办理建设工程规划许可证 353 份，建筑面积 85.95 万平方米。

城乡设施建设

【市政基础设施建设】 2016 年，陆川县重点推进东环路扩建、世客城、中浩地王国际、碧桂城、锦源物流城、教育集中区、文体中心等项目建设。投资 1700 多万元完成陆兴南路(县水利局至五金公司)改造工程、九洲江两岸夜景亮化工程、东滨中路塔楼等 10 多个市政基础设施项目。讯和路建设项目完成主体工程，罗庚塘人行桥、中山公园桥、文昌风雨桥、陆中南路改造工程等项目正在施工建设。远辰大道全线硬化贯通，开通九龙路 1100 多米。县小城镇建设公司推进锦源家居建材市场项目市政基础设施道路建设，已平整 1~5 号道路的土方，并硬化 3 号和 4 号路，完成 3 号路美化、亮化工程，5 号路雨污管埋设、排水井和雨水井正在建设。完成碰塘小学挡土墙、校内运动场、排水沟及大门等工程建设。锦源农民安置用地的土方平整约 1.02 万立方米。机动车辆安全检测站项目土方平整 9600 立方米。

县文体中心建设 陆川县宣传文化体育中心位于县城东新区，由广西一建公司承建。文化体育中心占地面积 23.33 公顷，工程计划投资 6021 万元。于 2011 年 8 月动工建设；2016 年 10 月，县宣传文体中心综合楼竣工交付使用，建筑面积 2.19 万平方米；完成篮球馆、游泳馆主体工程建设，正在装修；田径场、羽毛球馆在建。已完成投资 4000 万元。

教育集中区建设 陆川县教育集中区位于县城东新区，占地面积 35.51 公顷。2016 年，推进高中校区建设，高中校区占地 21.67 公顷，建筑面积 13 万平方米，工程计划投资 1.90 亿元，由广西川海龙福公司承建。于 2015 年 12 月动工建设，主要建设综合教学楼、行政办公楼、艺术综合楼、学生宿舍楼、食堂、图书馆和

会堂等。年内,已完成综合教学楼、艺术信息楼、行政办公楼主体工程建设,建筑面积1.34万平方米,正在装修,完成投资1亿元。

锦源家居建材市场项目 2016年,县小城镇建设公司推进锦源家居建材市场项目建设,投资1.35亿元,征地26.63公顷,迁坟256座,拆除房屋面积2560.64平方米,项目一期工程初具规模,4幢电梯式商住楼已封顶,余下3幢正在开展基础工程建设。

消防大队新营区项目 2016年,县消防大队新营区大楼(共3幢)的主体工程及装修工程已竣工并交付使用,完成投资约2100万元。

县检察院档案和技术用房项目 2016年,已完成县检察院档案和技术用房项目办公大楼(2幢)的主体工程与外墙装修工程建设,项目内2条道路的基础设施及附属工程正在建设,完成项目投资约1800万元。

城北锦源农贸市场项目 2016年,县小城镇建设公司实施城北锦源农贸市场项目建设,已完成土地平整6007平方米,完成投资约1200万元;项目土地已进入挂牌出让程序。

东环路扩建工程 陆川县东环路扩建工程(官田村—碰塘村)是自治区、玉林市推进的重大工程项目,计划总投资5.15亿元(含征地拆迁费用等),2016年4月12日开工建设,建设工期2年。道路起点北接碰塘村铁路桥,终点南接官田村万官路。道路全长7.30千米,红线宽40米,设计为双向四车道;主要实施道路、桥涵、排水、照明、交通和绿化等工程项目建设。项目首期分为二个施工标段进行施工建设,其中一标段工程(城北铁路立交桥至修竹庵路口),长3.17千米,投资1.05亿元,由广西冶金建设公司中标建设;二标段工程(修竹庵路口至三峰东路),长3.53千米,投资约1.42亿元,由广西建工集团第一建筑有限公司中标建设。年内,正在推进路基土方平整、雨污管安装等工程建设。

县城区桥梁建设 2016年,由县城投公司投资在县城区建设文昌风雨桥、罗庚塘人行桥、中山公园桥等3座桥,桥梁横跨九州江,并于11月16日开工建设,工期为330天,均由广西桂川建设集团有限公司承建。计划总投资1930.08万元。年内,3座桥已完成桥墩、桥台施工,正在进行桥面设施建设或装修。

文昌风雨桥位于县城区东、西滨中路,以方便小型机动车、非机动车及行人过江而设。西起文昌街,东接东滨中路,桥墩采用桩柱一体墩,桥面总宽12米,全长53.04米,总投资781.53万元。

罗庚塘人行桥位于县城区东、西滨北路,以方便行人及非机动车过江而设。西起西滨路北路,东接凤凰一巷,桥墩采用柱式台,桥梁总宽5米,长44.04米,项目投资总额369.52万元。

中山公园桥位于县城区东、西滨中路,为方便各类机动车、非机动车及行人过江而设。西起中山公园旁西滨路,东接东滨五巷,桥墩为桩柱式墩,桥梁总宽17.6米,全长44.04米,项目投资总额779.03万元。年内,已完成桥墩、桥台施工,正在进行箱梁吊装及桥面建设。

图①为县文体中心效果图,图②为教育集中区效果图

县城市建设投资有限公司 提供

【保障性安居工程建设】 2016年,全县分配入住保障性住房272套,已建成公共租赁住房583套,其中教师公租房200套,卫生系统公租房383套。年内,有5个镇教师公租房已竣工验收,2个镇卫生系统竣工验收。新增廉租住房租赁补贴200户,纳入保障1589户,共发放补助资金272.49万元。

【棚户区改造】 2016年,陆川县采取货币化补偿和旧住宅综合整治相结合的改造方式加快推进县城区棚户区改造,重点推进"四纵四横"("四纵"即陆兴路、新洲路、九洲江一江两岸、温泉大道,"四横"即通政路、温汤路、三峰路、万通路)旧住宅区改造,涉及住户1477户。年内,完成货币化补偿金额3158万元;完成棚户区改造可研调整修编及可行性研究评估报告;县供销社棚改点、经贸局棚改点动工建设;完成杨屋队棚改点项目招商及测量工作。

推进陆中南路、陆兴南路、政府黄楼等项目建设。其中,九洲江两岸县城区四纵、四横主要街道的房屋外立面装修改造由县城投公司投资建设,由广西桂川建设集团有限公司承建。

【园区基础设施建设】 2016年,县工投公司重点推进龙豪创业园A区、C区水、电、路网基础设施建设及县城区广州路片区建设。龙豪创业园区A区水电路网等基础设施在建项目13个,其中新开工项目5个,竣工项目2个。中央投资项目廉租住房配套道路建设项目1号路、1号路延长线、2号路总长556米,宽16~25米,总投资975万元。年内,已完成1号路道路硬化,1号路延长线完成土方平整,2号路开展征地拆迁工作。

C区南部临海产业园引进广西西江环境能源科技产业有限公司投资2亿元建设陆川35兆瓦光伏发电项目,占地面积26.67公顷,一期20兆瓦光伏项目已建成并网发电;广西博世科环保科技股份有限公司投资9738万元已建设陆川生物质能源综合利用项目,年内主体工程建设基本完成。

广州路片区项目建设 2016年,输变电工区陆川供电公司项目一期用地1.30公顷已交付使用。消防大队新营区完成挡土墙及挡土墙加固工程,总投资161.55万元。县地震局防震减灾科普教育基地、县劳动就业和社会保障服务中心、档案局、林业局等项目用地征地工作已基本完成,

正在办理青苗补偿和土方平整手续。

【易地扶贫搬迁项目建设】 2016年,县小城镇建设公司负责珊罗、沙湖、滩面3个镇及县城区东新区、龙豪创业园区等共5个扶贫搬迁项目安置点的建设,总用地面积26.27公顷,投资总额3.20亿元。年内,滩面镇扶贫搬迁项目已完成6幢(共11幢)楼的主体及装修工程,搬迁户陆续入住49户;珊罗镇扶贫搬迁项目搬迁安置房(共9幢)在建。

【村镇建设】 2016年,陆川县推进乌石镇百镇示范工程及横山、滩面、沙湖撤乡改镇工程(二期)项目建设。乌石镇百镇示范工程项目(二期)重点推进建设西路、建设东路、五星路、月垌开发区、南兴开发区街道北段道路、人行道拆除及铺设、1号路人行道底下排水沟、幸福花园排污工程等建设;横山撤乡改镇工程(二期)项目主要开展道路、排水、排水沟、绿化、桥梁等工程建设;滩面撤乡改镇工程(二期)项目产主要有新建道路工程、道路硬化及人行道面层铺设、排水工程、道路扩宽与挡土墙工程、路灯工程等;沙湖撤乡改镇工程(二期)项目主要开展道路硬化、路灯安装及小广场花架廊、铺装、桌凳、树池、体育建材、绿化、挡土墙、排水和1号路硬化、挡土墙建设等。完成马盘二级公路两旁第一排房子风貌改造工程、良田污水处理厂道路两侧绿化工程、高峰码头停车场工程、大桥镇桥旺路改造。投资320万元硬化村屯道路16条、里程9.5千米。

【城镇化市场体系建设】 2016年,县小城镇建设公司完成13个镇(除平乐镇外)征地40.87公顷,落实项目用地指标35.17公顷,与13个镇项目投资商签订建设框架协议书,滩面、沙湖、沙坡、温泉、良田、横山等6个镇的项目部分土地已挂牌出让,大桥、清湖等2个镇的项目已核算征地成本,进入挂牌出让程序。

2016年12月,正在建设的县供销社棚户区改造项目工程 县供销社 提供

【农村危房改造】 2016 年,陆川县继续推进农村危房改造,投资 1.14 亿元,完成农村危房改造 4930 户,其中贫困户重建改造 2344 户、维修加固改造 1395 户、人均不足 13 平方米增加建设面积改造 108 户;五保户、低保户、残疾户及其他贫困户改造 1083 户。全县人均稳固住房 13 平方米(含)以上的达标率为 97.7%。

【污垃项目建设】 2016 年,陆川县被列为全国农村生活污水治理示范县。3 月 14 日,县污水处理厂(一期)提标改建恭城开工建设。年内,温泉、马坡、沙坡、大桥、横山、滩面、乌石、良田、古城等 9 个镇级污水处理厂已全部正常运行。投资 3440 万元对已建成的 9 个镇级污水厂进行纳污管网延伸建设;投资 6917.34 万元,新建沙湖、米场、珊罗、平乐、清湖等 5 个镇级污水处理厂,投资 1 亿元新建村级污水处理设施项目 50 个,投资 2000 万元新建片区垃圾处理中心 5 个,投资 1600 万元新建村级垃圾处理设施 20 个。

(吕文成 吕观兰 徐 颖 黄 颖)

建筑业管理

【建筑项目施工许可核发】 2016 年,全县核发施工许可项目 107 个,建筑总面积 93.68 万平方米,合同总价 10.59 亿元。

【建筑市场管理】 2016 年,全县新增三级资质建筑企业有广西桂庭建设工程有限公司、广西万城建设工程有限公司 2 家,全县共有建筑施工企业 9 家,其中一级资质 1 家、二级资质 2 家、三级资质 6 家。年内,完成建筑业总产值 36.17 亿元,税收 1.70 亿元,安置就业人员 1.50 万人。县建筑行业获自治区建设工程施工安全文明标准化工地 3 个、自治区保障性安居工程建设劳动竞赛优秀工程项

图①为 2016 年 5 月 19 日,自治区巡视组到陆川检查。图为听取镇级污水处理厂建设情况汇报　　　　　　叶礼林　摄
图②为 2016 年横山污水处理厂内景　　县小城镇建设有限公司　提供

目 1 个,广西桂川建设集团有限公司获 2015 年度全国优秀施工企业荣誉称号。

【建筑招投标管理】 2016 年,全县办理工程公开招标项目 65 个,其中房屋建筑招标项目 55 个、市政公用设施招标项目 6 个、监理项目招标 2 个、设计项目招标 2 个;工程造价 7.12 亿元,建筑面积 13.68 万平方米,节约资金 129.28 万元;邀请招标项目 1 个,建筑面积 3.69 万平方米,工程造价 3990 万元;完成直接发包工程项目 19 个,建筑面积 67.12 万平方米,工程造

价 6.99 亿元。

【建筑施工安全管理】 2016 年,陆川县组织开展建筑施工安全生产大检查 5 次,抽查在建工程项目 150 个次,对相关责任企业、人员的违法违规行为实行动态扣分监管,全县工程建设施工安全和实体质量处于基本受控状态,没有发生重大建筑质量施工安全生产事故。年内,新受理报监项目 197 个,建筑面积 79.44 万平方米,工程投资 13.01 亿元;竣工项目 114 个,建筑面积 23.96 万平方米,均为一次性 100% 验收合格。

【建安劳保费管理】 2016年,共收取建安劳保费1564万元,拨付建筑施工企业劳保费806.60万元,受益建筑企业18家,帮助建筑施工企业购买职工养老保险、医疗保险等社会保险。

房产开发管理

【房地产开发】 2016年,全县从事房地产开发企业25家,房地产开发的项目有碧桂房地产开发、远辰客家文化城房地产开发、中浩房地产开发、都豪房地产开发、永鹏房地产开发、锦源房地产开发等,全县房地产业平稳发展。年内,完成商品房销售面积28.94万平方米,比上年增长19.08%;完成销售额9亿元,增长20%。全县办理商品房预售许可18宗,面积50.61万平方米;商品房预售网上合同备案2545宗;商品房现售合同备案321宗。

【房屋产权户籍管理】 2016年,陆川县实行房屋不动产统一登记改革。7月25日起,县房产管理所停止受理房屋登记申请等业务,房屋登记职责移交陆川县不动产登记中心。至7月25日,县房产管理所办理存量房买卖交易196宗,面积3.36万平方米;办理转移告知书236宗,面积1.71万平方米;办理房屋所有权现房抵押登记731宗;完成房屋测绘333宗,面积75.63万平方米。

【房屋白蚁防治】 2016年,县房产管理所加强白蚁防治管理与服务,年内房屋白蚁防治面积约18万平方米。

(吕文成)

征　地

【征地工作机构】 2016年,陆川县征地办公室(简称县征地办)内设综合管理股、业务管理股、法规宣教股,编制30名,在职人员40人。

【项目征地拆迁】 2016年,县征地办围绕县委、县政府项目建设的工作目标和要求,重点抓好世客城、东环路扩建工程、红星美凯龙、世客城小学、城市综合体、食品公司屠宰场、谢仙嶂民俗文化旅游项目、教育集中区、县联社金融大厦、各镇污水厂及县城区讯和路、三峰东路、经七路等项目的征地拆迁工作。年内,全县项目建设130个,完成各类土地征收面积85.83公顷(其中水田39.44公顷,非耕地25.96公顷,租地20.43公顷),支付各种补偿金额7636.68万元;拆迁面积1.17万平方米,支付拆迁补偿款851.64万元。

(林小清)

市政市容管理

【市政市容管理机构及概况】 2016年,陆川县市政市容管理局(简称县市政市容局)与陆川县城市管理行政执法局(简称县市政执法局)合署办公,实行一套人马两块牌子,在县住房和城乡建设局挂牌,内设综合股、市政市容管理股(行政审批办公室)、法制股,行政编制7名,机关后勤服务聘用人员编制1名。在职在编人员6人。下辖城建管理监察大队、园林管理所、路灯管理所、城区环境卫生管理站、生活垃圾卫生填埋场、九洲环卫公司。全系统干部职工460多人。

【城区LED路灯改造】 2016年,陆川县继续推进县城区街道LED路灯改造,由广西金岸桂物集团有限公司实行能源合同项目管理,路灯进行自动化控制。年内,重点对温汤东路、远辰大道、锦源大道、友好街、文苑路北段、四中实验中学、园西二路、秀林路的路灯进行改造,共更新改造路灯280盏。对九洲江"一江两岸"路树,九洲江上温汤桥、金穗桥、友爱桥、振兴桥、公园路桥、泗良桥,温泉大道(城北入口—通政路)两旁路树进行景观亮化。

【环境卫生建设】 2016年,陆川县健全完善县城环境卫生管理的长效机制,按照"六无四净"(六无:无堆积物、无果皮纸屑、无砖瓦沙石、无污泥积水、无食泼掀物、无人畜粪便。四净:人行道净、人资沟净、墙根净、树穴净)的清扫标准,实行"定人员、定地段、定时间、定质量、定奖罚"的"五定"措施,推进城区清扫保洁工作。年内,全县城区保洁面积165万平方米,及时清理路边、空地乱堆乱倒的基建垃圾、杂物、杂草和积沙积泥,共清理建筑垃圾、废弃物、杂物、杂草及积沙积泥645车。中转站压缩垃圾3390车。各个中转站运输垃圾4280车,约3.98万吨。做到城区生活垃圾"日产日清"。

为迎接自治区生态乡村现场会在陆川召开,从7月中旬开始,开展城区环境综合大清理、大整治,期间共清理查处游商摊贩和违章占道经营行为1300多起,取缔马路市场16个;拆除破损、过期和违规设置的各类广告452块,清除各类"牛皮癣"小广告2700平方米;拆除"两违"建筑38起、面积3200平方米;教育和纠正乱丢、乱吐、乱扔、乱倒行为250余人次,查处损坏花草树木、市政设施行为6起;查处城区建筑工地出入口车辆带泥污染路面、渣土撒落扬尘污染违法行为12起;开展城管法律知识宣传活动5次,发放宣传资料3000份。生态乡村现场会期间,市容市貌秩序良好。

【城区严管街创建】 2016年,陆川县以生态乡村建设为契机,在县城区开展严管街创建活动,建立市容秩序长效管理机制,营造整洁、文明、规范、有序的城区环境。11月,县委办、县政府办出台《陆川县创建城区严管街实施方案》,把城区温泉大道(城北入口至官田桥)和通政路(党校路口至陆兴路)列为严管街,完善长效管理机制,落实"十个严禁""五个规范"

要求,实行"门前三包"管理。成立由市政、工商、药监、交通、交警、农机、市场服务中心等部门单位组成的严管街专职管理联合执法队,负责日常管理。严管时段为每天7:30至22:30时,特殊情况实施全天候严格管理。逐步推进严管街经营规范化、交通有序化、整洁常态化。

【便民移动公厕设置】 2016年5月,陆川县在县城区东西滨路的两旁增设移动公厕5座,县城区累计有公厕17座,其中固定公厕12座,移动公厕5座。有效缓解公厕配备不足、居民如厕难的问题。

【马盘二级公路沿线违章建筑清理整治】 2016年,陆川县推进马盘二级公路沿线环境整治。6—7月,县市政市容、住建、交通、公路、国土、公安、城管等系统部门成立联合工作组,全面开展对马盘二级公路沿线的违法占地、违法建设、乱搭乱盖、乱堆乱放、乱摆摊点、招牌乱放等违章现象进行综合大清理、大整治,有效改善马盘二级公路沿线的乡村容貌。

【市容市貌专项整治】 2016年,陆川县开展市容市貌专项整治,采取执法

2016年建成的罗庚塘附近的公厕

县污水垃圾项目建设领导小办公室 提供

陆川严管街"十个严禁""五个规范"要求:

"十个严禁":(1)严禁店外经营、占道经营和在店门口加工产品,超出门窗、外墙摆卖物品或者开展宣传促销等经营活动。(2)严禁利用机动车、电动车、人力车等车辆载运商品沿街叫卖、占道摆卖和摆设马路市场。(3)严禁占道摆放各类灯箱、招牌和乱搭乱建、违章占道作业、占道堆放物品。经批准的临时占道施工、占道装修等维护作业必须规范打围。(4)严禁拉挂宣传标语,以及私自设置广告招牌。(5)严禁客运三轮车、客运电动四轮车进入严管街。(6)严禁乱贴、乱写、乱喷、乱画。(7)严禁乱丢乱扔乱吐、乱泼污水和破坏绿化、践踏草坪。(8)严禁机动车、电动车等车辆乱停乱放、占道维修。(9)严禁破坏护栏、路灯等公共设施设备。⑩严禁运输车辆"抛、洒、滴、漏"等违章行为。

"五个规范":(1)规范广告招牌,未经批准的广告招牌要全部拆除,字迹脱落、褪色的广告招牌要及时更换。(2)规范垃圾倾倒,垃圾要投进垃圾桶内,做到及时清运,垃圾桶内垃圾不外溢。(3)规范货物装卸,货物在店门口装卸,装卸后车辆要及时驶离,并打扫干净地面残留物。(4)规范商业促销,不准使用高音喇叭或发出其他高噪音招揽生意。(5)规范街道风貌,不准在护栏、树木、绿篱等设施上晾晒(吊挂)衣物和其他物品。

与教育引导相结合、突击整治与长效管理相结合的方式,规范城区市容管理。一是清理城区非法广告。年内,对城区"牛皮癣"小广告进行集中清洗28次,铲除张贴式广告5700多张,清洗喷漆式"牛皮癣"广告3200多平方米,跨街横幅350多条,查处教育张贴小广告当事人3人。二是集中治理夜市烧烤市场。引导夜市烧烤经营店入店经营,逐渐已基本集中到峨嵋街和美食街等指定地段规范经营。三是加大校园周边的市容环境整治,特别是学生上学、放学时段及高考期间,组织人员到现场管理,保障道路畅通,防范意外事故的发生。四是开展对温泉大道、新洲路、陆兴路、三峰路等重点路段的市容环境重点整治。安排轮值城管执法人员在重点路段蹲守,实行全天候监管,清理整治跨门槛占道经营、流动兜售等市容违章行为。五是坚持把清理占道经营作为日常监管工作的重点,年内共清理跨门槛占道经营1300个、流动摊点957个(户),取缔马路市场16个,清理夜市摊点38个,清理早餐摊点45个,查处乱扔垃圾250余人次。六是规范户外广告管理,加强广告设置的监管,对设置到期或破旧的广告牌督促责任人及时更换或更新。七是强化违章建筑监管,共查处违规建设28处,经说服教育,自行纠正未建的32起,建后自行拆除的26起,劝说无效而强制拆除的12起,规范区内建设秩序。八是加大渣土车违规拉运的查处,共整改建筑工地46处,渣土撒落扬尘污染违法行为12起,查处纠正散装未覆盖车辆25余台,有效降低城区扬尘指数。九是实施"门前三包"

（包门前环境卫生清洁、包门前绿化管护、包门前良好秩序）管理。成立"门前三包"中队，开展"门前三包"活动，所有临街门店、单位均签订"门前三包"责任状，加大"门前三包"活动的宣传，推动单位、居民、商场及店铺业主"门前三包"制度的落实；启动严管重罚行动，重点对乱丢乱扔垃圾、随地吐痰、乱贴乱画、乱停乱放、门店不履行"门前三包"义务等行为进行处罚。十是加强散土运输管理，对散土运输实行申报登记，拉泥车须设置防护措施，清扫车身，拉泥经过线路必须清扫、洒水、降尘。　　（丘茂东）

住房公积金管理

【住房公积金管理机构概况】　2016年，玉林市住房公积金管理中心陆川管理部（简称陆川住房公积金管理部）直属玉林市住房公积金管理中心管理，内设归集室、信贷室；编制4名，实有人员8人。

【住房公积金归集】　2016年，全县职工缴存住房公积金人数增长缓慢，由于县财政统发行政事业单位缴存职工已饱和，行政事业单位的住房公积金归集扩面不大。住房公积金归集扩面工作重点推进非公企业和单位合同工方面，加大住房公积金归集的宣传，加强相关部门联系，主动上门宣传住房公积金的有关政策和内容。年内，新增住房公积金归集单位14个，新增人员174人。

　　住房公积金归集额增长较大，由于县财政统发单位人员于2014年工资增加，住房公积金也相应增加，增资部分住房公积金集中在2015年年底及2016年年初划入到个人住房公积金账户；各镇卫生医院提高住房公积金缴存基数等，全县住房公积金归集额有大幅度的增长。全县职工缴存住房公积金人数2.17万人，比上年增加55人。归集住房公积金2.66亿

元，比上年增加8489.66万元，增长47.02%。累计归集住房公积金10.38亿元，归集余额为6.06亿元。

【住房公积金提取】　2016年，全县公积金提取额度比上年有较大幅度增长，主要原因是国家为刺激促进房地产的消费出台新的政策，使用住房公积金贷款首套房和第二套房首付成数、利率一样，异地购房也可以用住房公积金贷款，降低买首套房的契税，等等，吸引更多的人购买商品房，提取额度有75%用于购买住房或还住房贷款，为买房的职工减轻负担。年内，全县办理住房公积金提取3487人次，支取住房公积金1.44亿元，比上年增加5066.24万元，增长54.45%。累计提取住房公积金4.32亿元，占累计归集额的41.62%。

【住房公积金贷款】　2016年，由于县住房公积金的贷款利率相对于商业银行优惠，住房公积金个人贷款有所增加。年内，个人委托贷款1.23亿元，发放贷款451户，占归集额的46.46%，比上年增加1702.30万元，增长16.01%；信贷比为64.75%。累计发放公积金贷款4.71亿元，共发放贷款2101户，回收本金7897.15万元，利息4485.89万元，贷款本金余额3.92亿元，存量贷款1905户，无逾期贷款额发生。

【公积金灵通卡办理】　2016年，陆川住房公积金管理部继续推进住房公积金灵通卡办理。年内，为104个单位办理住房公积金灵通卡3304张，全县累计为298个单位办理住房公积金灵通卡1.40万张。灵通卡办理方便职工领取住房公积金，提高业务办理的时效。　　（简恒美）

城市供水

【城市供水机构及概况】　2016年，陆川县水利供水有限公司（简称县供

水公司）内设：经理工作部、财务会计部、人力资源管理部、生产技术部、安全生产监察部、营销部，实有人员260人。县城区供水设施日供水量达3万立方米。县城累计有水表入户1353户。年内，县供水公司加强供水管理及供水工程建设，注重供水安全生产，水质综合合格率99%，管网压力合格率99%。实现安全生产零事故目标。

【供水管理】　2016年，县供水公司开展精细化管理，提高水表计量准确度，降低产销差率。年内，新增水表入户1357户，改造水表出户1077户，总表分户484户。更换达到报废期限的水表有3222个。全年售水量736万吨，比上年增长6.51%。水费回收率99.72%，比上年提高1.14%。营业总收入2026万元。

【供水设施建设】　2016年，陆川县投资36.18万元对万丈坝截污管道进行修复。3月竣工，修复DN800截污管道38米，解决污水管道受损、污水进水浓度低等问题。投资34万元，实施东山水厂滤池的技术改造，提高东山水厂产能出水水质，提升滤池反冲洗的工作效率。由县财政投资140万元，开展东环路扩建工程的给水管道迁移，共迁移给水管道1100米；投资640万元，完成九洲江上游中小企业转移园给水安装工程，解决工业园区的供水问题。对县第二中学供水管道的技术改造，扩大供水管道口径，取消自备水源，重新布设供水管道；合理调控县城的供水压力等措施，增加供水量。投资18.65元，对县供水公司营业大厅开展迁移装修，3月竣工投入使用。陆川县东山水厂及配套给水管网工程项目已获陆川县发改局的立项批复。

【供水监察查处】　2016年，陆川县加大供水监察查处，降低损耗。对乱接、乱偷水的用户坚决查处，加强管网巡查，查处大小漏水点30多处。及时

抢修渗漏管道,维修漏水 DN400 供水管道 8 处、DN300 供水管道 6 处、DN200 供水管道 30 处、DN100–160 供水管道 38 处和多处 DN100 管以下供水管道;更换 DN400 阀门 5 只;完成中医院至人民银行陆川支行、老干一区至三峰桥等 DN200–DN400 管约 3 千米的新管网接入,确保供水管网的正常运行。

【供水安全生产】 2016 年,县供水公司抓好供水安全生产工作,不断完善安全管理工作机制,落实安全生产责任制和各项安全规章制度,安全管理工作纳入日常工作的重要议事日程。广西水利电业集团有限公司与陆川县水利供水(污水处理)有限公司、公司与员工逐级签订安全生产目标管理责任书、基层单位防火责任书,并缴纳安全生产风险抵押金。县供水公司按时出版、上报每月《安全生产简报》及各种安全生产汇报材料。如期召开安全生产工作例会。

强化应急救援管理,举行防洪专项应急预案、处置火灾事故专项应急预案等知识培训与演练,提高员工应对事故处置能力和救援能力。加大安全生产教育培训,举办班组(厂)长以上管理人员参加"创建安全生产优秀班组"知识培训班,强化安全标准,规范安全行为,提高管理人员安全生产管理水平。开展"安全生产月"活动,提高安全防范意识。加强县人大、政协"两会"期间安全生产、安全保障供水等。组织开展各项安全隐患排查整治,县供水公司一线班组共进行安全生产隐患排查 2800 多项次,整改安全隐患 60 多个,整改率 100%。

污水处理

【污水处理机构及概况】 2016 年,陆川县污水处理有限公司(简称县污水处理公司)内设经理工作部、财务会计部、人力资源管理部、生产技术部、安全生产监察部、营销部,实有人员 28 人。全县共有污水处理厂 10 家,其中县城 1 家、镇 9 家。县污水处理公司日污水处理能力 2.5 万吨。年内,县污水处理公司完成污水处理量 830 万吨,比上年增长 8%。营业总收入 900.71 万元,比上年增加 175.26 万元,增长 24.16%。污水排放合格率 100%。

【污水工程设施建设】 2016 年,陆川县处理厂一期提标改造及配套完善工程已获得玉林市发改委的立项批

复,获财政部支持建设资金 5500 万元。县污水处理厂二期运营财政补贴每年 165 万元。 (黄秀娴)

环境保护

【环境保护机构及工作概况】 2016 年,陆川县环境保护局(简称县环保局)内设政秘股、自然生态项目股、监督管理股、法规和宣传教育股,下辖县环境监察大队、县环境监测站;在编干部职工 40 人。年内,县环保局获自治区环保厅评为"十二五"污染减排先进集体、记集体二等功、玉林市环境监测系统现场分析比武先进单位三等奖等荣誉称号。

【建设项目环境管理】 2016 年,县环保局审批建设项目 198 个,相应投资 41.75 亿元;因不符合国家和地方产业政策、城市总体规划及没有环境容量等原因否决或劝退 23 个,相应投资 4300 万元。共受理建设项目竣工环保验收申请 8 个,通过验收项目 3 个,因未达到验收条件不通过 5 个。

【环境监测】 2016 年,县环保局加强九洲江河流水质监测,重点对九洲江主干道及支流汇入口 39 个断面、县城内其他 5 条主要河流 7 个断面共 17 个水质断面的监测,共监测 670 次。污染源监测 350 次,其中监督性监测 100 次,接受委托监测 250 次。配合玉林市环境监测站对九洲江长河桥、大桥坝、滩面桥、良田桥和飞蛾岭等 5 个断面采样;完成县城区环保目标责任制和城区饮用水水源地原水监测全年监测。监测数据表明,九洲江跨省断面全年有 11 个月水质达到三类水标准,城区饮用水水源地原水水质达标率 100%。

2016 年 3 月 14 日,陆川县污水处理厂(一期)提标改造工程项目开工建设。图为开工剪彩仪式 叶礼林 摄

【应急能力建设】 2016 年,县环保

局按照玉林市环保部门的统一部署，加强应急能力建设，成立专门应急机构，建立应急物资储备仓38平方米，增加应急设备27台（套），主要有：充气艇2艘，A级防化服3套，C级防化服6套，电导仪2台，便携式COD快速测定仪2台，激光测距望远镜2台，彩色打印机1台，台式电脑2台，便携式打印、扫描、复印一体机1台，照相机3台，摄像机3台。

【环境监察执法】 2016年，县环保局开展环境专项执法行动4次。一是开展镉污染大排查。分县南、县北2个组，共排查企业47家，重点排查辖区内重金属污染物排放、危险化学品生产、贮存危险废物处置和涉水、涉酸等重点行业企业及其周边区域环境隐患，排查存在违法建设、超标排放等方面问题165件，集中整治违法建设、超标排放等违法行为165件，其中行政处罚22件，罚款金额73.73万元。二是开展古城河酸碱值异常排查。取缔古城镇盘龙村一山窝塘水边非法生产的造纸厂，取缔后对古城河周边进行排查并取样监测，水质

2016年6月23日，陆川县召开打击整治环境违法问题联合执法专项行动部署会
县环保局 提供

酸碱值全部达标。三是开展环保违规建设项目清理整顿，排查发现违法违规建设项目118家，其中淘汰关闭109家，整顿规范2家，完善备案7家。年内，全县118个环保违规项目，已完成清理整顿115个，完成率97.46%。四是开展工业企业排污口规范化整治。对全县所有排放污染

物的工业企业（含在建的新、扩、改和技术改造项目）的排污口进行规范化整治，进一步强化对污染源的现场监控管理，实现污染物排放的科学化、定量化管理，规范化整治后的排污口安全可靠，便于采集样品、计量监测、日常现场监督检查等，利于自动监控设施安装、采样和维护。

【环境污染纠纷及信访处理】 2016年，县环保机构共接到信访投诉件306件，办结297件，正在办理9件，办结率97.06%。在上述信访投诉件中，陆川县收到中央环境保护督察组交办的环境问题29批113件（含重复件），办复113件，办复率为100%，均在中央督察组规定时限内办结。其中，立案处罚9家，罚款47万元；责令立即改正2家，限期整改57件（含重复件），停产整改31件（含重复件），关停取缔企业5家。县纪委监察局对相关责任单位和责任人进行问责。年内，113件中央转办案件已整改完成73件，正在整改40件。

（禤卫清　陈虹求）

2016年11月30日，自治区环保厅九洲江流域水环境综合整治服务推进会在陆川县召开。图为与会人员在良田镇听取九洲江流域养殖污染整治情况汇报
叶礼林 摄

交通运输

JIAOTONG YUNSHU

2016 年 6 月 23 日，铁道部领导到陆川调研动车开设情况　　　　　　　叶礼林　摄

铁路运输

【铁路运输概况】 黎(塘)湛(江)复线铁路纵贯陆川县南北,境内里程85千米,途经珊罗、马坡、米场、温泉、大桥、乌石、滩面、良田等8个镇。火车站点设有陆川、米场、吹塘3个,双线自动化闭塞行车。仅陆川站办理客运、货运业务。2016年陆川段电气化改造在建。黎湛铁路陆川段列车最高时速达110千米/小时,每天的通过能力为130对列车。

陆川火车站隶属南宁铁路局玉林车务段,属三等中间站,内设运转班组、客运班组,干部职工57人;货运业务归梧州货运中心陆川营业部管辖,货运营业部内设货运、委外装卸、劳动服务公司,实有人员60人。年内,陆川火车站围绕中国铁路总公司"高标定位、推进创新、加强融合、扩大效应"和玉林车务段"关爱职工、强教提素、高标保安、创新融合、优质服务、提效增量"工作思路,加强安全风险管理和环境建设,推进铁路电气化改造工程建设,车站各项工作安全平稳发展。至2016年12月31日,陆川火车站实现安全生产9839天。

2016年6月15日,南宁铁路局副局长黄一宁(前右一)到陆川火车站对开通动车方案进行实地考察

县火车站 提供

【电气化改造工程建设】 2016年,陆川火车站推进黎湛铁路电气化改造,其中陆川段电气化改造67.46千米。2015年5月开工建设,2016底完成征地4.47公顷,拆迁房屋4246平方米,已完成下穿涵洞、立交桥、通讯基站和变电所等27个项目建设;陆川火车站提级改造方案已上报中国铁路总公司审批。

【铁路客货运输】 2016年,陆川火车站每天接发列车152列,其中旅客列车38列、货物列车114列。火车站发送旅客53.3万人,比上年减少3000多人,下降0.56%;运输收入2200万元。因经济环境影响,发送货运业务有所下降,其中发送货物63车、3500吨,比上年减少3560吨,下降50.70%;由于县内养殖业发展,到站饲料等货物略有增加,到达货物1074车、7.80万吨,比上年增加6000吨,增长8.33%。

【铁路运输安全管理】 2016年,陆川火车站加强客运组织,抓好春运及各级人大、政协"两会"期间的客运组织工作,抓好清明、"三月三""五一"、端午、暑期、中秋、国庆等节假日客流组织,做好5月15日、7月1日等铁路调图日期客运宣传,积极应对小长假客流,提前安排人员,增开窗口,加强站台组织,组织党团员突击队参与客运组织工作,加强车站现场盯控检查,开展安全大检查活动,解决现场发现的问题,做好旅客乘降组织,旅客运输工作安全有序,确保旅客出行安全。中秋小长假、国庆小长假期间,客流再创年度新高峰,10月6日单日客流4813人,为全年最高峰值。加大客运营销宣传,与县委宣传部新闻中心、陆川生活网、陆川红豆网、陆

表26 　　　　　　　2009—2016年陆川火车站主要运输情况

年份	发送旅客		发送货物		到站货物	
	旅客人数(万人次)	比上年增长(%)	货物重量(万吨)	比上年增长(%)	货物重量(万吨)	比上年增长(%)
2009	52.00	−1.52	10.80	2.86	37.20	3.05
2010	53.10	2.12	11.00	1.85	37.80	1.61
2011	60.30	13.60	9.00	−18.18	23.90	−36.77
2012	60.80	0.83	8.90	−1.11	34.90	46.03
2013	45.48	−25.20	8.50	−4.49	32.50	−6.88
2014	45.40	−0.17	8.00	−5.88	35.00	7.69
2015	53.60	18.06	0.71	−91.25	7.20	−79.43
2016	53.30	−0.56	0.35	−50.70	7.80	8.33

川电视台新闻部、旅游局等单位部门联系,同步对外发布列车信息,县旅游局对当日到达陆川站的旅客可凭车票享受县景区门票优惠政策。做好应急处置工作,应对客车大面积晚点和停运的应急处置。针对汛期,火车站重点抓好三级雨量警戒办法的实施监控,对强降雨造成列车晚点或部分列车停运,车站及时做好客运公告,引导旅客办理退改签,确保应急处置安全规范。加强反恐防暴。8月18日,车站联合地方派出所、铁路派出所举行反恐联合演练,明确应急联系步骤,锻炼职工队伍。在"G20"(20国集团领导人峰会)、博鳌亚洲论坛及广西人大、政协"两会"期间,加强安全检查和危险品检查工作,加强实名制查验和封闭式管理,未发生安保问题。陆川火车站被玉林车务段评为春运先进集体。

加强施工安全管理。加强施工的管控,主要针对施工会议召开、施工计划核对、调度命令传达、施工现场监控等关键点进行强化监督,按计划开展施工作业,严防无计划、超范围施工,确保施工安全。对影响行车及行车方式改变的重点施工制定施工安全措施,实行施工现场监控。

【铁路运输队伍建设】 2016年,陆川

火车站加强铁路工作人员教育培训。一是加强安全形势教育,利用党支部会、团支部会集中学习,提高党员、团员对促标准工作的认识,发挥党员、团员的带头和示范作用。二是加强业务培训。按照玉林车务段促标准推进计划安排和促优化细化的一次(一班)作业标准,采取书面学习、视频学习、现场演练等方式进行学习培训;重点围绕春运、暑运、防洪、调图等季节性重点工作,开展教育培训,强化岗位作业技能,努力适应运输安全的需要;选拔、培训业务尖兵参加玉林车务段、南宁铁路局职工岗位练兵、技术比武活动,参加比赛人员15人,提高实际操作技能。三是加强应急处置能力培训。年内,开展事故救援演练、红光带等设备故障应急处置演练、消防演练、应急售票演练等活动46次,参与演练活动1564人次,提高铁路工作人员应急处置能力。年内,获玉林车务段春运先进个人3人、先进工作者6人,南宁铁路局先进工作者1人;获玉林车务段安全之星3人、学习明星5人、服务之星3人、优秀班组长1人、优秀共产党员1人;4人分别获玉林车务段抽考调车长第一名、背规赛车站值班员个人第一名、背规赛连结员个人第一名、背规赛接发车团体第一名;1人获南宁铁路局基干民兵调

车技术比武手信号第二名、观速观距第三名,客运班组获玉林车务段春运先进集体。 (刘 华)

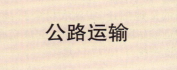

公路运输

【公路运输概况】 2016年,陆川县有公路里程1662.24千米,其中等级公路里程880.88千米(其中高速公路15.60千米,一级公路4.50千米,二级公路149.46千米,三级公路9.55千米,四级公路701.77千米);实现村村通水泥硬化路(路基宽4.5米、水泥路面宽3.5米)目标,村级硬化公路里程549.53千米。全县14个镇通客车率100%,148个建制村通客车,建制村通客车率96.10%。全县客运企业4家,汽车客运站6家;机动车维修厂416家,检测站2家,维修从业人员935人。有营运性公路运输车辆1.07万辆。完成道路客运量287万人,周转量2.07亿人千米;道路货运量4015万吨,货物周转量87.16亿吨千米。

2016年,陆川县交通运输局内设秘书股、计财股、法规股、综合股、审计股、公交股、规划股、行政审批办公室,编制16名,实有人员11人。下辖县公路管理所、运输管理所、交通行政执法大队、港航管理所、货运服务站5个事业单位及12个镇交通站。全系统在职干部职工202人。

陆川公路管理局是玉林公路管理局下属单位,内设养护与工程管理科、安全与国有资产管理科、财务科、办公室、政工科,下辖陆川路政执法大队及城南、城北、中心、良田、古城5个养护站,1个养护组(马坡养护组)。有干部职工111人,其中管理人员52人、养护工人59人,另安置收费站撤站后工作人员14人。

【公路设施建设】 2016年,陆川县重点推进玉林至湛江高速公路陆川

2016年7月12日,陆川火车站职工检修维护救援设备　县火车站　提供

段建设，北流清湾至浦北高速公路陆川段已列入广西县县通高速网规划建设方案，完成马坡至陆川二级公路"二改一"建设项目的前期融资工作，开展岑溪南渡至陆川二级公路陆川段的征地拆迁，实施农村公路、桥梁和运输站场等项目建设。完成交通固定资产投资10.77亿元。

玉林至湛江高速公路陆川段动工建设　玉林至湛江高速公路广西段全长74.86千米，工期4年，总投资68.5亿元。其中陆川段里程60.19千米，纵贯陆川南北，途径8个镇29个建制村，计划投资54亿元。8月23日，玉林至湛江高速公路（广西段）项目在温泉镇中兴村开工建设。

二级公路路网建设　岑溪南渡至陆川二级公路陆川段全长7.38千米，计划投资4500万元，由广西航务工程处承建，2016年12月动工建设，正在实施项目征地拆迁和路基施工；清湖至浦北石埇二级公路陆川段于12月12日开工建设。其中陆川段全长19千米，由广西翔路建设有限责任公司承建。

农村公路建设　2016年，县交通运输局负责建设的农村公路建设项目41个（其中续建项目17个），计划投资1.45亿元，已完成投资5260万元。

推进续建农村公路项目17个。其中危桥改造项目13个、联网路项目3个、公路安全生命防护工程1个，总投资6577万元。年内，已完成7个，其中完成危桥改造项目6个、联网路项目1个，累计完成投资3755万元。

新开工建设农村公路项目24个，总投资7910万元，已完成投资1505万元。其中，县乡联网路项目3个、长29千米，总投资5431万元，已完成投资240万元；危桥改造工程项目7个、长280.58米，总投资1378万元，已完成投资290万元；新建桥梁（荔枝园桥、陂面桥）2座、长55米，总投资187万元，已完成投资60万元；通达路线窄路面拓宽改造项目4个、长22.30千米，总投资366万元，

年底已竣工；通村硬化路项目（六中路口至大城校公路）1个、长1.70千米，总投资111万元，年底已竣工；路面大中修项目（大桥至横山公路、马坡至凉亭公路、吹塘至坡头公路）3个，总投资331万元，年底已竣工；公路安全生命防护工程项目4个、长12.4千米，总投资107万元，年底已竣工。

站场建设　2016年，投资4万元，建设良田石垌村便民候车亭、莲塘村便民候车亭。

【公路养护】　2016年，县交通运输局管养县乡公路699.62千米。年内，投入小修保养资金411.26万元，大中修资金331万元，水毁抢修资金127.80万元，安保资金107万元。维修路面2.51万平方米，修复路肩2.28万平方米，修复危涵10座共64米，修复挡墙607平方米，加固桥梁2座35.70米。路况指标良好，其中县道优良路率52.60%，中等路率85%以上，差等路率6%以下；乡道优良路率48.60%，中等路率76.60%以上，差

2016年，陆川县加强公路建设。

图①为8月23日，玉林至湛江高速公路（广西段）项目建设开工启动仪式在温泉镇中兴村举行　　　　　　县交通运输局　提供

图②为2016年10月，温泉镇碰塘村9队乡村道路竣工

县脱贫扶贫攻坚指挥部办公室　提供

等路率 12.50% 以下;村道优良路率 38.90%,中等路率 72.40%,差等路率 21% 以下。

2016 年,陆川公路管理局共管养公路 5 条:省道 103 南宁至宝圩线(新规划国道 359 佛山至富宁),省道 212 桂平至盘龙线(新规划省道 206 荔浦至廉江),县道 393 岭咀至盘龙、县道 405 朱市夹至文地线(新规划省道 313 清湖至科甲),北流至玉林(新桥)(新规划国道 G241 呼和浩特至北海),县道 403 隆盛至秦镜线(新规划省道 508 岑溪至陆川),养护总里程 147.32 千米。其中,二级公路 124.76 千米,四级公路 22.57 千米;水泥路面 105.24 千米,沥青路面 26.59 千米,沥青表处 15.49 千米。年底,参加自治区公路里程评比 124.76 千米,完成参评线路优良里程 90.91 千米,优良路率为 72.87%;差等路里程 3.3 千米,差等路率为 2.64%。加强公路绿化美化。2016 年,陆川公路管理局在省道 103 南宁至宝圩线、省道 212 桂平至盘龙、县道 393 岭咀至清湖、县道 405 朱市夹至文地线等路段,种植相思树 1.20 万株,绿化美化里程 20 千米。开展路面修复。陆川公路管理局完成 5 万元以上路面修复工程 6 个:省道南宁至宝圩沙坡涵洞 K235+100 涵身坍塌修复工程,县道 393 岭咀至清湖 K11—K12 沥青路面水毁工程,县道 393 岭咀至清湖 K10—K11 沥青路面中修工程,省道 103 南宁至宝圩线 K219+700 下边坡塌方水毁修复工程,省道 212 桂平至盘龙 K126+500—K126+600 路基挡土墙修建工程,省道 212 桂平至盘龙 K153+439 白土桥新旧桥连接修复工程。工程合格率 100%,自检工程优良品率 98% 以上。对细小裂缝的路面采取热油直接浇灌方式进行裂缝封闭修复养护,共灌缝面积 4.52 万平方米。年内,陆川公路管理局共修复路面 8.94 万平方米。加强路容路貌专项整治。以县委、县政府开展美丽陆川生态乡村建设为契机,加强路容路貌整治。7—8 月,陆川公路管理局组织人员对省道 212 桂平至盘龙线

2016 年,县公路管理局加强路面养护管理。图为 11 月 8 日养护站灌缝修复路面　　　　　　　　　　　　　　　　县公路局　提供

陆川马路圩至良田文官村路段,刷白路树和桥梁护栏,清理路肩杂草,平整路肩砂土,修剪路树,扶正示警桩,修补坑槽,重新补画已模糊的交通标线,整治路容路貌 112 千米。

【公路客货运输】

客运　2016 年,全县有营运客车 277 辆,总座位数 8675 座。开行班线 80 条。年内,客运量 287 万人次,比上年下降 3.56%;客运周转量 2.07 亿人千米,比上年下降 4.46%。春运期间,发送班次 4.80 万班次,加班 2373 班次,发送旅客 112 万人次。"十一"黄金周期间发送班次 8222 班次,加班 172 班次。发送旅客 16.8 万人次,增长 5.59%。

货运　2016 年,全县有货运企业 83 家,货运公司 46 家,货运信息部 10 家,零担货运托运部 4 家。有大小营运货车 8645 辆,总吨位 5.98 万吨;营运拖拉机 1549 辆。全年货运量 4015 万吨,比上年增长 8.87%;货运周转量 87.16 亿吨千米,比上年增长 8.96%。完成重型载货汽车(总质量 12 吨以上的普通货运车辆)以及半挂牵引车安装卫星定位装置 3980 辆,安装率 100%。

城市客运　2016 年,全县有出租汽车 100 辆,公交车 35 辆,营运三轮摩托车 55 辆。县城区开行公交路线 5 条。

【路政执法管理】　2016 年,县交通运输局开展"打非治违、六打六治"及治超工作,共检查车辆 3781 辆次,纠正违章车辆 308 辆次,处理运政案件 267 个,查扣"黑车"9 辆;查处超限运输车辆 131 辆,卸载 2347 吨。查处乱建乱搭案件 5 起,拆除违建面积 90

"打非治违、六打六治":指打击矿山企业无证开采、超越批准的矿区范围采矿行为,整治图纸造假、图实不符问题;打击破坏损害油气管道行为,整治管道周边乱建乱挖乱钻问题;打击危化品非法运输行为,整治无证经营、充装、运输,非法改装、认证、违法挂靠、外包,违规载装等问题;打击无资质施工行为,整治层层转包、违法分包问题;打击客车客船非法营运行为,整治无证经营、超范围经营、挂靠经营及超速、超员、疲劳驾驶和长途客车夜间违规行驶等问题;打击"三合一""多合一"场所违法生产经营行为,整治违规住人、消防设施缺失损坏、安全出口疏散通道堵塞封闭等问题。

平方米;查处损坏公路1起,暂扣车辆1辆;清理路障6起,调查处理投诉案件7起。

2016年,陆川公路局路政执法大队查处路政案件325起。其中,查处行政处罚案件274起,查处车辆损毁路产赔偿案和办理涉路许可案件51起。发生车辆损毁路产案件和人为损毁路产案件24起,查处24起。办理路政许可项目27起,超限管理出动执法人员3246人次,检查车辆1.04万车次,查处擅自超限超载运输车辆210起,被处罚210人次,卸载货物5651.81吨,其中擅自超限超载运输车辆后续案件查处64辆次,申请法院强制执行3起,立案率、催告率、结案率100%。清理路上堆积物21处521平方米;清理临时搭棚14处262平方米;共清理非交通标志牌83块(条);疏通人为堵塞水沟120米。

【交通运输安全管理】 2016年,县交通运输局共召开交通安全生产会议12次,县交通运输局与下属单位签订运输企业安全责任状60份,客运企业与所属营运责任人签订运输安全生产责任书2000多份,签订率100%;

2016年12月28日,陆川路政执法大队在省道南宁至宝圩沙湖镇官山村馒头岭路段责令业主清理路面污染物　县公路局　提供

出动检查人员418人次,出动检查车辆101辆次,检查运输企业75家,排查出事故隐患4次,提出整改意见40多条,均已整改完毕,整改率100%。

【驾校培训】 2016年,全县共有驾校11家,各类教练车635辆,教练员831人。年内,共培训小车学员1.31

万人,大车学员438人,摩托车学员437人。其中,参加诚信考核的驾驶员6158人。

(李思明　江彩慧　黄红梅　谢国恩)

水路运输

【水路运输业概况】 2016年,全县内河航道单程里程7千米,码头15座,渡口2个;有50座客钢质渡船1艘,渡工1人。年内,投资39.6万元,建成乌石镇紫恩村大古岭、吹塘村竹围便民码头2座。

【水上交通安全管理】 2016年,县交通运输局加强水上交通安全管理,开展安全检查114次,出动检查人员504人次,检查车辆114辆次,检查渡船24艘次、渡口48座次、码头60座次。全县水上交通无责任事故发生,水运客运秩序良好。

(李思明　江彩慧)

2016年1月29日,县政府、县交通运输局等领导到运美陆川汽车总站检查安全生产工作　县交通运输局　提供

邮政·通信

YOUZHENG TONGXIN

2016 年 1 月 26 日，中国移动陆川分公司召开年度工作会议　中国移动陆川分公司　提供

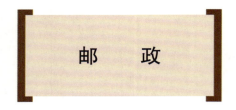

邮 政

【邮政工作机构及概况】 2016年,中国邮政集团公司广西壮族自治区陆川县分公司(简称中国邮政陆川分公司),内设办公室、市场与网运部,设邮务部、电商、金融部等生产工作部门3个,下辖城区邮政储蓄营业厅、城区储蓄所、镇邮政支局、所营业网点12个,镇储蓄营业厅10个,全系统从业人员176人,职业技能资格证持证率为60%。金融从业人员70人。全县有邮路156条,里程2650千米。县邮政经营业务主要有邮务类业务、代理金融业务、代理速递物流业务、农资配送分销业务等四大项。年内,全县邮政业务总量4541.98万元,比上年增加561.47万元,增长14.11%;邮政业务总收入5719万元,比上年增加577.91万元,增长11.24%。

【函件业务】 2016年,中国邮政陆川分公司抓好函件业务,主抓总部项目产品销售开发。上半年,利用里约奥运会为契机,销售里约奥运会纪念币150套、摇钱树100套、太阳的后裔100套、瑞猴呈祥100套,实现函件收入33万元。利用亚洲国际集邮展开展嘉年华活动,加大亚邮展活动的宣传,印制"美丽陆川"风光明信片4万枚,实现收入8万元,函件广告招商收入20.75万元。注重政讯通、视频媒体、LED户外显示屏、户外广告等平台建设,加强函件业务与社会传媒业务的融合发展。全县共建设政讯通平台420个,视频媒体平台11个,LED户外显示屏30个,便民服务站60个,村邮乐购100多个,邮件智能包裹柜自提点2个,通过利用这些平台和渠道进行粘贴宣传和发放宣传品等,开发有关单位的宣传折页、海报,实现收入97.20万元。年内,函件业务收入175万元,比上年增加50.10万元,增长40.11%。

【集邮业务】 2016年,中国邮政陆川分公司加强集邮业务发展,着力项目的开发、网点邀约会,举办邮票品鉴会,发展年度热销的邮票品种,跟踪走访客户,加大热销产品销售的宣传,重点抓好热点题材邮品的销售,中秋节期间举办"感恩回馈客户"集邮品鉴会,参会客户100多人,客户现场购买销售额5000元,并抓好新邮预订工作。年内,完成2015年度预订套票96套,年册89套,小版17套,大版2套,完成业务收入4.30万元;完成2016年度预订套票52套,年册83套,小版18套,大版3套,完成业务收入5.10万元。年内,全县集邮业务收入16.70万元,比上年下降14.19万元,下降45.94%。

【报刊业务】 2016年,中国邮政陆川分公司推进2017年度报刊收订工作,重点巩固党报党刊和校园刊物征订,开发行业报市场和私费订阅市场,主要征订刊物有《检察日报》《南方电网报》《人民法院报》《中国税务报》《南方科技报》《中国纪检监察报》,集中力量开展行业报营销和上门发展私费订阅,年度报刊大收订完成流转额458万元。鼓励校园类(含幼儿类)报刊及教材的开发,校园毕业期刊实现流转额1万元。年内,完成报刊流转额432万元,报刊业务收入141万元,比上年减少4.31万元,下降2.97%。

【快递包裹业务】 2016年,中国邮政陆川分公司推进快递包裹业务,制定快递业务发展方案,加大考核和激励力度,侧重二代身份证和协议客户的开发,鼓励各网点及营销员开发协议客户,通过快递资费改革,成功签订协议客户25个;"二代证"收回委托书累计录入3.04万份,实现收入66.9万元。年内,完成快递包裹业务业务收入145.30万元,比上年增加23.22万元,增长19.02%。

【邮政分销业务】 2016年,中国邮政陆川分公司继续开展农资配送业务,年销售种子1600千克,销售化肥2千吨,销售农药2万瓶,农资配送分销业务收入117.60万元,比上年增加94.44万元,增长367.41%。其中,思乡月饼销售43.6万元,移动积分兑换26.65万元。

【电商业务】 2016年,全县建设邮乐购平台(含便民服务站转型)共162个,基本覆盖陆川所有建制村。年内,中国邮政陆川分公司推进电商建设,利用陆川列为电商示范县为契机,建成陆川县邮乐购运营中心,已基本配备软件和硬件设施,实体展示店、淘宝店、微信商城已建成并对外营业,中国邮政陆川分公司建设专业电商队伍10人,实行专业化运作,实现全县邮乐购分销产品的快速配送,全县邮乐购快速配送物品100件次。

【代理金融业务】 2016年,中国邮政陆川分公司利用重大节假日、节气等契机,有序开展各季度的主题营销活动,开展"村邮乐购杯"务工返乡营销活动12场、小型网沙4场、"疯狂星期六"活动56场,举办网点保险沙龙89场,促进代理金融发展。利用全县各村已建设的131个助农综合服务点(其中邮乐购点、邮掌柜系统54个),为广大民众提供缴话费、电费等邮政服务,全县助农取款交易8694笔,交易金额810万元。年内,代理金融存款余额23.87亿元,比上年增加25383万元,增幅11.9%。代理金融业务总收入4749.66万元。其中,储蓄收入(利差+手续费)4164.95万元,同比净增396万元,增幅10.14%;代理保险收入148.08万元,增加11.95万元,增幅8.78%;短信业务收入436.63万元。

加强卡业务营销,以150个助农取款服务点为依托,加大邮政绿卡宣传;利用金晖卡、乡情卡、易汇通卡等特包卡品种和专属服务,对各类邮惠联盟商家开展邮惠联盟刷卡优惠活动,引导客户使用邮储绿卡刷卡消费，促进绿卡发展，累计发放邮政绿卡4.27万张;新增电子银行1.21万户，其中:电子令牌、UK4935户;代理保险销售4855万元，其中期缴本年新增805.35万元，趸交4049.65万元;新增加办储蓄短信4.12万户。

【邮政安全管理】 2016年，中国邮政陆川分公司注重安全生产和安全防范管理，按照"管生产必须管安全""谁主管谁负责"的原则，按时按频次召开安全生产分析会议，发现隐患及时决策和落实整改措施，对人防、物防、技防资金投入方面优先给予保障。每季进行邮银安全工作联合检查1次，不定期进行突击检查网点业务库情况。全年撰写安全检查报告书73份，检查发现和整改安全隐患问题41个。强化基层员工安全防范教育和安全管理，分期对分公司基层员工进行安全教育和安全培训，邮政支局所定期举行防恐防爆防抢应急预案演练。组织代理金融网点、支局、保卫班开展防抢、防盗等应急预案演练52次，参加演练人员428人次，组织广西鑫达陆川县运营部押钞、解款人员进行实弹射击演练1次。完善和健全各项规章制度，重新梳理各作业流程和业务系统，找出安全隐患点和漏洞，特别对资金风险加强监控，明确检查人员重点检查环节，明确邮政支局长（班长）重点监控环节，严格检查，强化隐患整改，实行检查与教育相结合，做到查一个、清一个、教一个、改一个。对生产部门、营业场所消防器材进行定期检查和更换。密切关注鑫达公司陆川运营部押送款人员、守库人员的思想动态，发现异常及时做思想教育，并跟踪监控执行押运任务的情况，确保资金和人员安全。

加强邮政监督检查。2016年，中国邮政陆川县分公司"两岗"履职人员能按照自治区邮政公司、市邮政分公司邮政通信质量、服务质量的相关规定履行职责，按照规定的检查频次、内容进行检查，重点对邮政通信质量、服务质量、邮政资金安全、邮件收寄安

全、规范经营、规范化服务、邮件作业计划执行情况、邮件全程时限管理、国内小包投递质量、投递邮件妥投信息反馈录入、平常商函外部投递跟段检查、名址跟段检查、代收货款邮件、二代身份证邮件、农资分销业务、用户投诉处理及执行各项规章制度情况进行监督检查。举办邮政支局长、营业员客户投诉工单处理培训班1期。视察员下基层检查266天次，检查邮路8条，检查城乡投递线路28条，填写视察检查报告书136份，每季度印发邮政通信质量、服务质量检查情况通报和用户投诉情况通报。走访客户192户，及时处理客户投诉。2月，开展国际小包业务专项稽查活动，重点对国际小包业务进行自查。6月，开展包裹快递邮件收寄质量专项检查活动。对邮政支局所、邮政营业网点开展包裹快递邮件质量专项检，填写检查报告书7份，下发整改通知书2份，检查发现存在问题2个，整改存在问题1个。无收寄有违禁寄物品类邮件。7月，开展无着邮件管理工作检查活动。共检查业务档案室、投递班、平乐邮政支局、马坡邮政支局、横山储蓄所、大桥邮政支局，对被检查的支局所部分单位收发室、村委邮件接转点平常邮件、给据邮件转投情况进行自查、清理。对久存无人认领的平常信件、给据邮件按规定及时催投或清退处理，共处理无着邮件60件。 （张小霞）

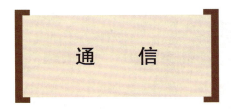

通 信

中国电信股份有限公司陆川分公司

【中国电信陆川分公司机构及概况】 2016年，中国电信股份有限公司陆川分公司（简称中国电信陆川分公司），下辖4个部门、8个支局、16个自营营

业厅，社会代理网点165个，在岗员工81人。主要经营固话语音通信、ADSL及高速光纤宽带接入互联网、天翼手机移动通信、数字电路、网络高清电视IPTV、综合信息应用平台提供等业务。业务服务范围覆盖城区及镇、村，固定电话客户4.60万户;手机用户8.20万户，其中3G用户3.4万户、4G用户4.8万户;互联网宽带用户4.81万户。

【电信业务拓展】 陆川电信天翼手机主营号段有"189、133、153、180、181、177"，除语音、短信、彩铃、气象短信、来电提醒、呼叫转移等单项业务外，结合天翼4G网络优势及智能终端的特性为用户提供189电子邮箱、流量包、翼支付、天翼视讯等多项综合信息业务，用户可享受简便、安全、随心的服务体验。推进电信宽带业务发展，从普通ADSL接入方式逐步向高速光纤转变，至2016年年底实现城区全光纤覆盖、乡镇80%区域光纤覆盖，老ADSL宽带用户可到营业厅办理免费线路升级到光纤，新宽带用户入户全面开启百兆光纤接入互联网，ADSL宽带业务逐步退出县电信通信业务舞台。随着电信光纤宽带发展，推进电信网络高清电视IPTV新兴的业务发展，这种基于高速带宽基础的网络电视具有直播、点播、回放等扩展功能，丰富的信息化服务受到用户的喜爱，年内有电信电视业务用户1.90万户。

【电信网络建设】 2016年，中国电信陆川分公司加强基础网络建设，重点加快县域内的光纤网络和天翼4G网络基础建设，推进宽带通信与手机通信网络发展。年内，加速推进"百兆光纤"宽带网络工程建设，"全光网"建设重点转向农村区域，全年竣工光网建设项目201个，提供H端口约3.1万个，全县有85.08%的宽带用户转换成光纤线路，至年底实现100%建制村、85%自然村开通光纤网络基础建设。

新建设开通天翼手机4G基站116个站点，累计有站点250个，天翼4G网络信号全面覆盖县城、各镇街

道、村、人口密集自然村、县境内高速路、旅游景点。

【电信信息化应用】 2016年,中国电信陆川分公司继续加强互联网信息化应用普及推广,推动全县各行各业信息化建设。对中小企业单位提供光纤专线、数字电路等宽带拓展业务,助力县内各行业综合信息化建设发展;对公众客户提供电信微商城、翼商铺、网上营业厅、翼支付等手机终端APP服务,让用户足不出户即可完成信息查询、水电话费缴纳等便民操作,尤其是翼支付作为新型的网络支付平台帮助市民在安全的网络环境中完成汽车加油、超市购物、商铺交易等线上支付,推动城乡信息化新生活的发展。

2016年,贯彻执行工信部提出的"入网实名制"要求,中国电信陆川分公司在各主营营业厅及社会代理厅店实行管控督查,加强系统流程稽核检查,杜绝无证、过期证件入网,并逐步清除在网无主号码,从源头上保障互联网信息安全。

(李俊蔓)

中国移动广西公司陆川分公司

【中国移动陆川分公司机构及概况】 2016年,中国移动通信集团广西有限公司陆川分公司(简称中国移动陆川分公司),营业服务网点14个,自营服务厅14个,指定专营店75个,特约代理点414个;员工125人。年内,中国移动陆川分公司继续抓好市场基本面,保持客户持续规模增长,加快4G规模发展和家庭客户市场拓展,推进信息化项目和重点产品发展,做好集团客户稳定和拓展。全县有移动电话客户34.30万户,其中4G电话客户17.60万户;互联网宽带客户1.70万户。

【客户市场建设】 2016年,中国移动陆川分公司加强客户渠道的建设和掌控,促进新增市场的发展。以终端销售促进4G发展,利用4G专区、终端成本、折扣折让、终端酬金等资源,全面提升星级网点终端销售效能和4G终端销售比例。落实终端销售5个100%工作:做到100%更换4G卡、100%开通4G功能、100%开通VOLTE功能、100%使用4G资费、100%安装软件,全面提升终端销售质量。对沉默4G终端客户开展4G功能修复、解锁、赠送流量等工作,激发客户流量需求,提升4G终端转化率。

2016年,中国移动陆川分公司推进家庭宽带站点建设,统一"和家庭"品牌形象,加强家庭宽带全渠道宣传,建设家宽精品示范小区,拓展宽带电视服务站和社区型代理商,组织开展家宽促销活动,协同铁通公司陆川分公司开展资源核查和端口清理,提高装机效率和维护及时率,做好IMS、魔百盒的捆绑营销,进一步拓展和巩固家庭宽带客户市场。进一步做好集团客户4G网络发展,稳定集团客户。拓展重点行业客户,挖掘信息化项目,推动专线、IMS、"和车宝"等产品发展,优化信息化收入结构。

(何海芬)

中国联合网络通信有限公司陆川县分公司

【联通通信机构及概况】 2016年2月,中国联合网络通信有限公司陆川县分公司(简称中国联通陆川分公司)合并移网中心、固网中心成立移固中心。年内,中国联通陆川分公司内设综合支撑中心、移固中心、集团拓展中心、清湖镇拓展中心、乌石镇拓展中心、米场镇拓展中心、珊罗镇拓展中心;有营业服务网点235个,其中自有营业厅15个,专营店78个,代理点142个,在职职工33人。

【通信业务】 2016年,中国联通陆川分公司主要业务经营:GSM移动通信业务130/131/132/155/156号段、3G/4G移动通信(WCDMA)、186高速上网、GPRS数据业务、互联网专线、数字电路专线、政企通信数据平台、行车管家、宽带上网、固话业务、电信增值业务。共建成宽带小区9498个,端口2.01万个,互联网宽带用户7334户;移动电话用户7.91万户,其中3G用户4.16万户、4G用户3.75万户。

【通信工程建设】 2016年,中国联通陆川分公司累计建成基站381个,其中GSM(2G)基站136个,WCDMA(3G)基站189个,FLE(4G)基站56个,基本实现陆川城乡区域网络全覆盖,无信号盲点,通信光缆、电缆、移动信号覆盖城区及各镇,信号覆盖率98%。

(李 佳)

2016年5月1日,中国移动陆川分公司举行"五一"促销活动

中国移动陆川分公司 提供

教　　育

JIAOYU

2016 年 4 月 12 日，陆川县召开高考备考座谈会　　　　　叶礼林　摄

教育综述

【教育概况】 2016年秋季期,全县有小学168所、初中29所(含文昌中学)、高中4所、职业学校1所、特殊教育学校1所、教师进修学校1所,全县学生18.42万人。有各类幼儿园322所(其中公办116所)。全县有公办教职工8976人,县代课教师43人。学前三年毛入园率80.6%;小学学龄儿童入学率100%,初中毛入学率100%;义务教育巩固率93.2%;高中(含职中)阶段毛入学率78.64%。年内,全县教育重点推进义务教育均衡发展等方面工作。

陆川县教育局内设秘书股、人事股、财务基建股(项目办)、基础教育股、职业教育与成人教育股、语言文字工作股、督导室、学校安全工作股、纪检监察股;编制15名,在编在职13人。下辖陆川县教研室、招生办公室、成人教育委员会办公室、勤工俭学办公室、电教仪器站、学生资助管理中心、教师进修学校、青少年活动中心。二层机构单位人员153人。

【全县教育工作会议】 3月9日在县实验中学学术报告厅召开。县委、县政府及两办、各镇分管或联系教育工作的领导,县直部门有关领导,县教育局中层以上领导、二层单位主要负责人,各镇初中、中心学校(含幼儿园)、村小学校长,县直各学校校长、幼儿园园长等290人参加会议。会议总结回顾2015年及"十二五"期间全县教育工作取得的新成绩;提出"十三五"期间县教育事业发展的总体目标及部署要求,重点抓好教育系统党建、德育工作、学校基础设施建设、优化各类教育结构、教师队伍建设、教育扶贫、教育领域综合改革、特色学校创建等8个方面的工作。

【教育经费收入与支出】 2016年,全县教育经费总收入12.50亿元,比上年增加1.85亿元。其中,财政拨款收入11.77亿元,预算外资金收入7184万元,其他收入146万元。教育经费总支出12.46亿元,比上年增支1.77亿元。其中,财政拨款支出11.74亿元,预算外资金支出7135万元;人员经费支出8.44亿元,商品和服务支出2亿元,基建支出2.02亿元,其他支出25万元。

【师资队伍建设】 2016年,全县有编制教职工8915人,其中幼儿园有240人,小学5041人,初中2587人,高中812人,职业学校73人,特殊教育机构9人,教研室等其他教育机构153人。研究生学历26人,本科学历4687人;高级职称549人,中级职称3968人;县级学科带头人35人,玉林市骨干教师15人,玉林市名师1人、自治区特级教师6人。

2016年,县教育局继续加强师资队伍建设。加强学校班子建设,根据工作需要,及时对全县各学校的领导班子进行调整和充实,共调整人员125人次。加大教师招聘,年内招聘教师201人,其中招聘特岗教师98人,公开招聘中小学校教师61人,公开招聘财务人员5人,双向选择招聘高中教师24人,双向选择招聘特殊教育教师2人,农村小学定向培养全科教师10人。加大师资培训,其中大规模培训全县中小学班主任601人次,农村小学全科教师培训149人次,选送校级领导参加玉林市校长任职资格培训班43人(初中18人、小学25人),选送教师参加中小学教师国家级培训计划、自治区级培训计划培训3000多人次,组织教师参加继续教育全员培训4000多人。做好教师资格认定,全县通过审核教师资格认定128人。

【办学条件改善】 2016年,陆川县获得上级教育项目总投资2.66亿元,建设面积14.81万平方米(含新建、改扩建),获项目建设学校103个,建设项目107个(含教学点、新建2所小学),其中,初中建设项目16个,投资3167万元,建设面积1.78万平方米;小学建设项目(含教学点)81个,投资17391万元,建设面积10.16万平方米;学前教学建设项目5个,投资456万元,建设面积2710平方米;高中建设项目5个,投资5636万元,建设面积2.60万平方米,塑胶跑道350米。

【教育惠民工程实施】 2016年,全县教育惠民工程实施主要有学生资助、困难教师扶助等。发放各项学生资助

2016年3月9日,陆川县教育工作会议在县实验中学学术报告厅召开。图为会场一角
县教育局 提供

款 3459.18 万元,受益学生 4.80 万人次。其中,高中国家助学金发放金额 992.75 万元,受益学生 7964 人次;高中库区移民免学费免除金额 92.82 万元,受益学生 2219 人次;中等职业技术国家助学金发放金额 6.9 万元,受益学生 69 人次;中职免学费免除金额 13.05 万元,受益学生 174 人次;义务教育家庭经济困难寄宿生生活费补助发放金额 2029.26 万元,受益学生 3.25 万人次;学前教育入园补助及免保教费发放金额 324.39 万元,受益学生 5126 人次。加强特困教师扶助,对 2015—2016 年因患重大疾病和因家庭遭受重大自然灾害损失巨大导致生活特别困难的村级学校及村级以下教学点教师进行救助,共救助特困教师 11 人,每人支持救助金 5000 元。实施"润雨计划",对家庭贫困的 15 名幼儿教师给予生活补助,每人补助 1000 元;实施"励耕计划",对家庭贫困的 51 名小学教师给予生活补助,每人补助资金 1 万元。

【教育扶贫惠民政策落实】 2016 年,县教育局围绕县扶贫攻坚工作,实施"精准建设、精准帮扶、精准资助、精准就业"的教育扶贫,全力推进教育"精准扶贫"工作。加强义务教育

2016 年,陆川县加大教育扶贫工作。8 月 17 日,陆川县召开贫困大学新生资助金发放暨教育精准扶贫工作会议　　罗　钊摄

阶段贫困生帮扶。建立贫困生资助认定档案,全县共建档立卡学生 1.56 万人,实施"一对一""面对面"帮扶计划。加大对非义务教育阶段贫困生资助。实施普通高中国家助学金、免除普通高中库区移民子女学费、资助贫困大学新生上学、免除中职学生学费、发放普惠性资金资助学前幼儿等政策。积极改善贫困村基本办学条件,项目建设资金向贫困村学校倾斜,年内共安排 9 个贫困村学校建设

项目,总投资 1214 万元,建筑面积 7209 平方米。推进教育系统帮扶工作落实,全县教育系统 60 多个单位、教师 9000 多人参与扶贫工作,投入扶贫资金 30 多万元及图书、电脑、办公桌椅等设备一大批,参与全县精准扶贫攻坚工作。县教育局支持给沙坡镇政府、沙坡镇大连村精准扶贫工作资金 2 万元,局机关干部为县扶贫工作捐赠专项扶贫资金 1.56 万元。

【德育教育】 2016 年,全县学生德育教育重点加强学生环保、爱国、爱家以及传承传统美德的思想道德教育。抓校园环境"四化"(绿化、美化、净化、文化)建设,打造优美整洁的校园。3 月 2 日,县教育局召开全县教育系统"和美陆川·和谐教育"现场观摩交流会,促进校园文化建设。年内,共建成"四化"特色校园学校 201 家,逐步形成各具特色的校园。开展形式多样的德育教育活动,先后举办"中华书写比赛""中华经典诵读比赛"活动、青少年爱国主义读书教育活动、法制教育巡回演讲等德育教育活动,参与活动学生 20 万人次,促进全县未成年人思想道德建设。5 日,编写出版《保护母亲河》乡土教材,乡土教材读本已进入到全县中小学课堂。

2016 年 5 月编写完成的《保护母亲河》乡土教材。图①为小学生版,图②为中学生版

【教育科研】 2016 年,县教育局实施"科研兴校·科研兴教"战略,加快推进以打造教育特色品牌为载体,整合全县教研资源,陆川教育发展结合全县中学、小学、幼儿园实际,成立以县教研室为主体,推进"一师一优课,一课一名师"工作(简称"优课"活动),县教育局成立"一师一优课,一课一名师"工作办公室,办公室设在县教研室。制订《陆川县"一师一优课,一课一名师"活动近期重要工作要点》,及时向全县各中小学通报活动进展情况。各参与活动的教师按要求在教育网上传优质课并进行晒课。截至 2016 年 10 月 12 日,全县晒课数 3249 节,其中小学 2014 节、中学 1235 节,位居玉林市前列。全县有 2 位老师的晒课被评为 2015—2016 年度"一师一优课,一课一名师"活动部级"优课",有 3 位教师的晒课被评为自治区级"优课"。进一步提升学校教学质量,促进学校优质、均衡发展。

3 月 31 日,由国家级课题"两先两后"(先学后教,先练后导)总课题组组织的中国南方省区"两先两后·学本课堂"赛课活动暨课改交流研讨会在广西凤山县中学举行,陆川县教研室组织珊罗初中李智洁、古城初中李瑞、古城初中李竹君、乌石初中吴瑞驹 4 人参赛,其中 2 人获南方

2016 年,陆川县开展义务教育发展基本均衡县创建活动。4 月 15 日,陆川县召开创建工作动员大会
县教育局 提供

省区一等奖,2 人获二等奖。

【体卫艺工作】 2016 年 12 月,陆川县举办全县中小学艺术教师优质课选拔赛,选拔出 3 名优秀教师参加自治区中小学艺术教师课堂教学比赛,其中马坡镇初级中学罗燕梅获自治区级一等奖,陆川县中学林柳、米场镇中心学校周梅获自治区级二等奖。

【义务教育均衡县创建】 2016 年,陆川县开展义务教育发展基本均衡县创建,以"一个核心—均衡,两大硬件—校舍、装备,五大软件—团队、教师、特色、管理、质量"建设为抓手,推进义务教育均衡发展。一是加强义务教育均衡发展的领导,成立陆川县义务教育均衡发展推进工作领导小组,县委书记、县长任组长,制订陆川县义务教育均衡发展推进工作方案,明确均衡发展目标,落实各相关部门责任。4 月 15 日在县实验中学学术报告厅召开全县义务教育基本均衡县创建工作动员大会,全县初中、中心学校校长(含村校校长)等 260 多人参加会议。县教育局、财政局、发改局、编委办做表态发言。二是加大校舍建设和装备配备。年内,全县各中小学校获教育均衡发展建设项目 103 个,项目总投资 2.05 亿元,建设面积 11.98 万平方米(含新建、改扩建),涉及项目建设学校 97 个(含教学点、新建 2 所小学)。三是加强教师综合素质提升。开展"一师一优课,一课一名师"、教师技能大赛、听课评课等活动,提升广大教师业务水平。

【学校安全教育】 2016 年,县教育局加强学校安全教育,强化安全工作培训,对全县中小学校(园)长及学校分管领导 300 人进行培训。强化安全教育与演练,全县学校共开展安全教育讲座 315 次,开展安全主题班会 836

2016 年,县教育系统开展安全进校园活动。图为 2016 年秋开展安全法制宣传
县教育局 提供

次,悬挂安全宣传标语 264 幅,共开展应急演练 268 次。强化安全隐患排查与整治,共排查出安全隐患 90 处,已全部整改落实,消除全部安全隐患。加大防溺水安全教育管理,出版宣传板报 660 个,开展安全教育 1000 多次,组织开展预防溺水和游泳安全知识宣传活动 300 多场次,印发游泳安全和预防溺水宣传单 18 万份。

【学校廉政建设】 2016 年,县教育局加强学校廉政建设。开展党员领导干部警示教育活动,组织局内机关中层以上领导干部、二层单位负责人、全县中小学校校长、幼儿园园长等 230 多人到县惩治和预防腐败警示教育中心(县看守所)接受警示教育,撰写心得体会。开展查处发生在群众身边的"四风"和腐败问题专项治理,立案调查涉嫌违纪违法 27 人,党纪政纪处分 25 人,免于处分 2 人,挽回经济损失 22 万元。加强教育系统公职人员违规领取民生资金稽查,教育系统共有 79 名公职人员的子女主动清退违规领取的学生困难资助金,清退金额 15.30 万元。退还教育系统公职人员多退缴的各类民生资金款项 8.06 万元。对 191 名有轻微违纪行为的人员开展诫勉谈话和约谈。开展在职教师违规参与有偿补课专项治理活动,全县共约谈教师 1200 多人。加强教育系统财务管理,县教育局、县财政局联合出台陆川县教育系统财务管理办法,进一步完善和规范教育系统财务管理。县教育局组织检查组对全县各学校食堂财务管理开展检查,发

2016 年 3 月 2 日,陆川县召开"和美陆川·和谐教育"现场观摩交流会。图为与会人员在县教育集中区现场参观   县教育局 提供

现问题及时纠正,不断规范学校食堂财务管理。

【"和美陆川·和谐教育"现场观摩交流会】 2016 年 3 月 2 日在陆川县实验中学学术报告厅召开。县委、县政府分管教育的领导,县教育局领导班子、各股长、二层机构负责人,全县各村校、中心校、初中校长及城区学校(幼儿园)校长、园长等 228 人参加会议。会议对陆川县教育系统在社会公众安全感和群众满意度方面的工作予以肯定;县实验中学、县初级中学、县第一小学校长在会上分别做经验介绍。县教育局长黎颜总结全县经济社会取得的辉煌成就,要求加强教育系统社会公众安全感和群众满意度,对创建

平安校园,打造和美陆川,创建和谐教育提出要求。会前与会人员参观乌石吹塘生态示范点、县一小、实验中学校园文化建设。

学前教育

【学前教育概况】 2016 年秋季,全县有各类幼儿园 322 所,其中公办幼儿园 116 所(含村小学附属幼儿园);在园幼儿 3.71 万人,其中公办幼儿园在园幼儿 7329 人;公办幼儿园教职工教师 399 人,其中幼师 199 人。学前三年毛入园率 80.6%。

表 27   2016 年陆川县公办独立办园幼儿园情况

名称	成立时间	入园幼儿(人)	教职工(人)	其中:幼师(人)
陆川县幼儿园	1945 年 8 月	717	38	37
陆川县第二幼儿园	1991 年 9 月	686	38	38
陆川县第四幼儿园	1995 年 12 月	661	27	15
温泉中心幼儿园	1997 年 4 月	677	37	15
米场中心幼儿园	1995 年 9 月	433	19	7
沙湖中心幼儿园	1994 年 3 月	220	14	5

续表

名称	成立时间	入园幼儿(人)	教职工(人)	其中:幼师(人)
马坡中心幼儿园	1973年9月	579	26	16
平乐中心幼儿园	1996年1月	457	27	3
沙坡中心幼儿园	1978年3月	470	23	10
大桥中心幼儿园	1980年9月	105	9	0
横山中心幼儿园	1996年8月	285	16	5
乌石中心幼儿园	1977年9月	610	37	6
滩面中心幼儿园	1997年3月	189	10	2
良田中心幼儿园	1979年9月	380	23	8
清湖中心幼儿园	1996年8月	164	17	12
古城中心幼儿园	1996年9月	225	18	6
珊罗中心幼儿园	1998年8月	471	20	14
合计		7329	399	199

【多元普惠幼儿园建设】 2016年,陆川县推进多元普惠幼儿园发展学前教育工作。年内,对2015年筹设的20所民办幼儿园进行评估验收,其中17所民办幼儿园获颁发办园许可证。被评为自治区多元普惠幼儿园38所(其中公办30所,民办8所),自治区示范幼儿园1所(陆川县幼儿园),玉林市示范幼儿园5所(县第二幼儿园、县第四幼儿园、珊罗镇中心幼儿园、温泉镇中心幼儿园、沙坡镇中心幼儿园)。申请2017年自治区多元普惠幼儿园的幼儿园有48所,并进行县级评估。全县基本形成"县城有示范幼儿园、乡镇有中心幼儿园、村有附属幼儿园(班)"的具有陆川特色的学前教育体系。全县学前一年入园率98%,学前三年入园率74%。

资料链接
　　普惠性幼儿园是指坚持公益普惠和科学保教的办园方向,为大众提供有质量的保教服务和合理收费的各类型幼儿园,含公办幼儿园、公办性质的社会单位举办的幼儿园和非营利性民办幼儿园。普惠性幼儿园必须具备以下条件:1.经县教委审批,取得办园许可证,依法办园且年检合格。2.办园水平达到省(市)幼儿园等级标准规定的三级及以上标准。3.收费合理,面向大众定价,接受政府指导价格。4.不得收取或变相收取与入园挂钩的赞助费或捐资助学等费用。5.符合教育法相关规定,依法为教职工购买医疗、失业、养老等社会保险。6.近3年内无违规办园行为。具备条件的幼儿园按照属地管理原则向所在乡镇教育管理中心提出书面申请,经县教委(教育局)进行资格核定后,对达到普惠性幼儿园条件的予以认定并颁发匾牌。

中小学教育

【中小学教育概况】 2016年秋季,全县有小学168所,村下属教学点295个,小学生8.87万人;小学教职工4770人,其中专任教师4661人;小学学龄儿童入学率100%。全县有初中29所(含文昌中学),初中生2.35万人;初中教职工2487人,其中专任教师2407人。初中毛入学率100%。全县有高中4所(自治区示范1所、立项建设1所),高中生1.67万人;高中教职工938人,其中教师743人。高中(含职中)阶段毛入学率78.64%。

表28　2016年陆川县小学发展情况

乡镇	学校(所)	教学点(个)	班数(班)	学生数(人)	教职工数(人)	其中:专任教师(人)
温泉镇	19	12	323	19979	753	739
米场镇	10	19	149	5463	315	309
沙湖镇	6	12	72	2129	161	155
马坡镇	14	26	214	8045	397	392

续表

乡镇	学校 （所）	教学点 （个）	班数 （班）	学生数 （人）	教职工数 （人）	其中：专任教师 （人）
平乐镇	8	15	120	4150	244	241
珊罗镇	7	13	142	4891	268	263
沙坡镇	13	28	198	6567	374	368
大桥镇	11	11	117	3305	238	225
横山镇	11	9	106	3280	198	189
乌石镇	24	26	258	9182	620	606
滩面镇	6	12	69	2242	167	161
良田镇	14	35	216	7583	415	407
清湖镇	13	46	193	6103	305	298
古城镇	12	31	170	5808	315	308
合计	168	295	2347	88727	4770	4661

表29 **2016年陆川县初级中学情况**

学校名称	成立时间	班数 （班）	在校生 （人）	教职工 （人）	其中：专任教师 （人）
陆川县初级中学	1966年9月	53	4116	193	173
陆川县第四中学	1995年9月	29	1982	153	139
温泉镇初级中学	1952年9月	34	2437	159	142
米场镇初级中学	1956年8月	24	1673	101	97
米场镇福达中学	1993年12月	25	1761	103	94
沙湖镇初级中学	1989年8月	9	369	48	44
马坡镇初级中学	1946年12月	47	2746	176	164
马坡镇第二初级中学	1992年4月	9	405	65	62
马坡镇第三初级中学	1997年8月	12	587	59	53
平乐镇初级中学	1968年9月	14	838	53	47
平乐镇第二初级中学	1993年9月	17	1179	61	58
珊罗镇初级中学	1988年8月	20	1406	86	80
珊罗镇第二初级中学	1996年8月	11	479	54	39
沙坡镇初级中学	1968年9月	18	1318	59	56
沙坡镇第二初级中学	1992年7月	11	682	52	51
沙坡镇第三初级中学	1996年5月	15	842	60	55
大桥镇初级中学	1968年9月	16	840	79	67
大桥镇第二初级中学	1991年7月	12	627	75	73
横山镇初级中学	1988年7月	17	1214	77	68
乌石镇初级中学	1987年8月	32	2596	161	139
乌石镇第二初级中学	1992年8月	15	831	73	71
乌石镇月垌初级中学	1980年8月	8	428	41	39
乌石镇低阳初级中学	1978年9月	6	263	23	22
滩面镇初级中学	2004年8月	13	626	57	56
良田镇初级中学	1931年7月	26	1676	109	105

续表

学校名称	成立时间	班数（班）	在校生（人）	教职工（人）	其中:专任教师（人）
良田镇第二初级中学	1994 年 4 月	24	1824	110	106
清湖镇第一初级中学	2007 年 7 月	30	2404	119	116
古城镇初级中学	1968 年 9 月	34	2712	136	125
陆川中学附属初级中学	1992 年 9 月	23	1536	81	66
合计		604	40397	2623	2407

表30　　　　　　　　　　　2016 年陆川县高中情况

学校名称	成立时间	班数（班）	在校生（人）	教职工（人）	其中:专任教师（人）
陆川县中学	1913 年 1 月	70	3743	269	244
陆川县实验中学	2005 年 7 月	62	5113	220	211
陆川县第二中学	1994 年 5 月	57	4674	215	171
陆川县第三中学	1994 年 5 月	24	1712	109	94
陆川县文昌中学		21	1492	25	23
合计		234	16734	838	743

【首次推行初中无纸化阅卷】 2016年，陆川县开始推行初中无纸化阅卷。10 月 11 日，在陆川县初级中学举办初中网上阅卷系统培训班，参加培训人员 100 多人。秋季期期中检测已启用初中网上阅卷质量系统，这是陆川县首次实行网上无纸化阅卷。

【高考成绩】 2016 年，全县参加高考 5094 人。其中，一本上线 923 人，比上年增加 138 人，一本上线率 18.1%；二本上线 3257 人，比上年增加 469人，二本上线率 63.9%。其中，陆川县中学参考人数 1469 人，一本上线率 869 人，比上年增加 136 人。理科最高分 671 分，位居广西 74 名，文科最高分 625 分，位居广西 201 名。文、理科总分 600 分以上 110 人。

其他教育

【职业教育概况】 2016 年，全县有中等职业教育学校 1 所，教师 73 人，秋季在校学生 875 人。年内，新招生 610 人；毕业学生 300 人，学生实习就业 280 人，毕业生就业率 90% 以上。

【特殊教育】 2016 年，陆川县特殊教育学校 1 所，位于温泉镇双龙路 50 号。共设 4 个年级，学生 63 人，教师 9 人。

【职业教育设施建设】 2016 年，陆川县加强职业学校基础能力建设，投资 230 万元，建成陆川县中等职业教育学校学生食堂，建筑面积 1050 平方米，2017 年 1 月投入使用，改善学生的就餐环境；投资 1100 万元，建设实训综合楼，建筑面积 5500 平方米，正在装修，预计 2017 年 6 月投入使用；投资 50 万元，建成校园局域网，在新教学楼安装智慧校园网。 （李裕权）

5 月 27 日，2016 年陆川县高考中考备考工作座谈会在陆川中学举行

叶礼林　摄

科学技术

KEXUE JISHU

2016年6月21日,陆川县召开2016年防震减灾暨创建自治区防震减灾示范县攻坚会

叶礼林　摄

科技工作

【科技工作机构及概况】 2016年,陆川县科学技术局(简称县科技局)内设政工秘书股、业务股、科技市场与财务股、知识产权股,编制7名,实有人员8人。下辖县科技情报研究所,实有人员6人。年内,县科技局推进科技创新驱动发展,加大自主创新工作,加强知识产权保护,全县各项科技工作取得成效。

【科技项目申报】 2016年,陆川县加强科技项目申报,加大玉林市科学研究与技术开发计划项目申报,在机械产业、工业新能源、新科技、农业科技攻关创新等领域项目申报给予优先支持。年内,全县共组织农业、工业企业申报自治区各类科技项目15项,加快以企业主体的技术创新体系建设。陆川县新英食用菌专业合作社与北京知名高校建立长期合作联盟,加强各类科技交流活动,促进企业成果开发和应用,企业创新能力不断增强。

【知识产权示范县建设】 2016年,陆川县推进广西知识产权示范县、玉林市知识产权试点县建设,立足县情,借鉴先进县经验,加强宣传和培训,提高企业创新能力,提升自主知识产权。引进广西中知创创知识产权代理有限公司进驻陆川品牌协助进行专利申请,设立办事处,有计划推进专利申请工作,加强专利申报速度和质量,加大专利知识培训。年内,县科技局举办专利知识培训班2期,邀请北京海虹嘉诚知识产权代理有限公司专家进行授课,参加培训企业100多家,参与培训人员400多人。加强普及专利知识宣传,在全国知识产权宣传周、科技活动周,组织县内有关单位在县城设立知识产权知识宣传点,开展知识产权

宣传活动,发放宣传资料3万多份,接受咨询200多人次。利用户外宣传设施进行知识产权知识宣传,租用县北工业园区户外广告宣传牌2个月,全天滚动宣传,在县政务中心电子宣传屏幕进行滚动宣传。组织宣传工作组到企业进行宣传,编制发放专利申报手册5000多份。针对县专利申请基础薄的弱点,注重培育基础较好的企业成为专利大户,培育玉柴重工、开元机器有限公司、陆洲机械制造有限公司、三零一机械制造公司、陆川永发机械公司、广西神龙王有限公司、广西银农牧业有限公司、陆川英平牧业公司等专利申请骨干企业。年内,全县完成发明专利、实用新型专利、外观专利等3种专利共357件,有效发明专利24件。做好原有发明专利维持工作,有效促进全县发明专利申请量和授权量持续快速增长。

【农业科技创新体系建设】 2016年,县科技局抓好农业创新体系建设计划的组织实施。引进农业科技新技术13项,广西神龙王农牧食品集团有限公司、广西英平牧业有限公司等引进粪污集中处理,利用沼气作生活用气、沼气发电,沼渣种植红薯等青饲料,构建生态循环生猪养殖系统。实施生猪绿色生态健康养殖模式与成果技术示范项目,推进养猪产业向"绿色优质陆川猪产业化企业"转型,实施雨污分离和建设大型沼气池的废液循环利用标准养殖,提高优化环保能力。引进推广种植优良葡萄新品种15个。县科技特派员、高级农艺师丘宗明自筹资金、与他人合伙创办优质葡萄种植基地,引进葡萄新品种12个,投入资金300多万元,种植葡萄13.33公顷,年亩产值预期达到100万元。

【科技科务】 2016年,陆川县推进科技特派员农村科技创业行动。全县获玉林认定农村科技特派员12人,科技特派员申报各类科技项目12项,带动投入科研经费880万元,创建创业链和培训基地10个,推动发展科技

新产品12个,培育科技新品牌20个。

【科学养殖技术培训】 2016年,县科技局加强科学养殖技术培训。全县开展沼气利用技术、优质水果种植、绿色优质养猪技术培训,共举办养殖技术培训班6期,培训群众1100多人次,印发种植技术资料1500多份;聘请自治区科技厅专家、教授到陆川农业种植基地进行技术指导3次,提高农民科学种养技术水平。

【科技扶贫】 2016年,县科技局围绕扶贫攻坚工作,实施科技扶贫,构建科技扶贫服务体系。在12个贫困村启动科技服务工程建设,为每个贫困户脱贫提供科技服务。一是培育推广一批新品种。以特色水果、绿色蔬菜、道地中药、生态畜禽为重点,推广优质、高产、专用的突破性新品种。以生猪、肉牛、山地土鸡等家畜家禽为重点,推广品种改良,培育壮大地方优势品牌,支持发展现代特色农业。二是集成转化一批新技术。加强贫困村种植业、养殖业及农产品精深加工业等成果转化,优化特色产业结构,培育新的经济增长点。三是探索完善一批新模式。建设产业特色鲜明、带动农民增收的示范基地,推进现代农业规模化发展。探索一、二、三产业融合的全产业链增值模式,加强技术链协同攻关,构建一、二、三产业融合产业技术支撑体系。探索企业带动技术脱贫模式,把贫困户做为重要对象,扶持龙头企业、农民合作社、专业大户、家庭农场、职业农民等新型农业经营主体,引导农户与龙头企业、合作社等建立合理的利益联结机制。加大科技人才支持,联合县相关部门和广西壮族自治区内大专院校、科研机构等,实施科技特派员计划,选派科技人员到贫困村提供科技服务。以67个贫困村为重点,组建由自治区、玉林市农业专家和县内涉农部门技术人员、镇农业技术人员、"土专家""田秀才"等组成的"农业专家顾问团",分类分片区全覆盖开展农业

技术扶贫行动。加强科学普及和技术培训，自治区科技扶贫培训项目支持，与县内有关单位开展科普活动10次，培训贫困户5000人次。（陈国燕）

气象事业

【气象事业工作机构及概况】
2016年，陆川县气象局下设办公室、监测预警中心、防雷减灾中心、人工影响天气办公室；编制8名，在编人员8人，编外人员8人。下辖陆川县气象防灾减灾中心和陆川县公共安全应急预警信息发布中心。年内，县气象局被评为玉林市气象工作综合目标管理考核优秀单位。

【气候事件】
2016年，陆川主要气候事件有低温冷害、霜冻、高温、暴雨、台风。

冷害 1月22日—28日受强冷空气影响陆川县范围出现低温冷害天气，未造成灾害。其中，24日最低气温下降至1.3℃，出现雨夹雪天气，不利于瓜果蔬菜生长和出行安全。

暴雨洪涝及热带风暴 4月22日，受南支槽、急流的共同影响，出现暴雨和大风天气，降水量为69.3毫米，风速为19.4米/秒，未造成灾害；8月2日—3日，受台风"妮妲"影响，出现强降水天气过程，其中3日出现暴雨天气，未造成灾害；10月19日—20日，受台风"莎嘉莉"影响，出现强降水天气过程，其中19日出现暴雨天气，未造成灾害；11月20日—22日，受锋面影响，出现强降水天气，其中20日出现暴雨，21日出现大暴雨天气。以上天气过程均无灾情上报。

【气象服务】
2016年，县气象局做好各项气象服务工作，加强重大灾害性天气预报，注重节假日的专项天气预报及关键性、灾害性天气预报。在灾害性天气过程中，定时或不定时用电话和手机短信向县委、县政府领导汇报天气实况和预报，利用广播、电视、新闻采访等方式发布预警信号、气象信息。年内，发布气象服务信息102期，重大气象专报8期，发布预警信号81次。

【气象科普宣传】
3月23日，陆川县开展"3·23"世界气象日宣传活动，围绕2016年世界气象日"直面更热，更旱，更涝"的主题，在县城市政广场设立宣传点，利用图片、板报向广大群众宣传气候变化趋势、雷电防护、天气雷达等气象科普知识，并发放气象科普知识资料。组织陆川县第二中学的部分师生到县气象局参观预警中心、观测场、人工增雨设备等；5月12日，县气象局组织参与"5·12"防灾减灾日宣传活动，宣传气象灾害的防御和避险自救知识。

（杨志华　罗雁飞）

陆川县气象自动观测站
县气象局　提供　摄于2016年5月19日

防震减灾

【防震减灾工作机构及概况】
2016年，陆川县地震局内设政秘股、科技监测与应急股、震害防御与法规股，编制9名（含抗震救灾应急服务中心），在编人员9人。全县有地震宏观观测点29个，观测员29人，全县镇村"三网一员"（地震宏观测报网、地震灾情速报网、地震知识宣传网，防震减灾助理员）300人。年内，推进地震监测预报、地震灾害预防、地震应急救援等三大工作体系建设，加大防震减灾科普宣传、建设工程抗震设防要求管理，创建自治区防震减灾示范县。陆川县地震局获全国县级防震减灾工作先进单位、广西县级防震减灾工作年度考核评比特等奖。

【地震监测台站建设】
2016年，陆川县建设地震监测台站项目3个。其中，北部湾中小学校烈度速报与预警系统台站（3处）建成试运行，建成滩面镇新旺地震基本站土建，良田车田GNSS（全球导航卫星系统）监测与跟踪预测项目基准站已完成设备安装等方面的建设。全县29个监测台站（点）落实专人负责管理，将地震监测台站及地震宏观观测点的正常运转及维护工作纳入各镇年度绩效考评，实行定期检查，全县强震台、地震监测数据分析平台（地震监测台网中心）、地震遥测地震台、地下断层CO_2（二氧化碳）观测井等地震监测设备工作运行正常，地震监测设施和观测环境保护良好。

【抗震设防管理】
抗震设防要求行政许可管理 2016年，陆川县加强建设工程抗震设防要求行政许可管理，严格基建管理抗震设防要求办理程序，共办理抗震设防要求行政许可142项。

防震减灾执法检查 2016年，陆

川县成立防震减灾执法工作领导小组，年内共集中开展联合执法检查活动6次，重点对全县的中小学危房改造项目、镇卫生院、棚户区等工程抗震设防要求检查，共检查工程建设项目6个，符合抗震设防要求的工程6个。

【防震减灾示范县创建】 2016年，陆川县作为广西防震减灾工作先试先行的标杆县，开展广西首个自治区级防震减灾示范县创建工作，县地震局按照示范县标准，从组织领导与保障措施、监测管理、震害防御措施、地震应急与准备等4个方面，推进示范县创建。6月21日，召开创建自治区防震减灾示范县攻坚工作会议，对创建工作进行动员部署，加大学习创建防震减灾示范城市的经验，派员到西昌市、阳江市等参观创建示范城市的成功经验，到唐山市参加全国防震减灾示范城市观摩会；加大既有建筑物抗震性能普查；进行地震示范县指示牌安装建设，在县城区地震应急避难场所安装指示牌，在全县11个临时避难场所安装指示牌；县城区松鹤公园、温泉中学等5个公共场所及人员密集场所安装防震减灾宣传橱窗。中国地震局地球物理研究所博士开发的建筑抗震性能普查APP软件以陆川县为试点，在全国首先使用开展既有建筑物抗震性能普查。

11月29日，自治区地震局局长苗崇刚率调研组到陆川县开展防震减灾工作调研，防震减灾示范县创建指导。

【防震减灾示范单位建设】 2016年，陆川县推进自治区级、市级防震减灾科普示范学校、示范社区建设。

陆川县实验中学成功申报广西首批自治区级防震减灾科普示范学校，古城中心小学申报玉林市防震减灾科普示范学校。

推进自治区级地震安全示范社区建设，文昌社区开展创建自治区级地震安全示范社区，县地震局投资3.50万元，布置防震减灾办公室、宣传专栏，赠送办公台桌、档案柜、宣传资料，印制居民联系卡等，组织实施社区地震应急疏散演练。文昌社区已成功申报自治区级地震安全示范社区。

【地震应急体系建设】 2016年，陆川县修订和完善地震应急预案。县政府及重要部门、各镇和大型企业、学校、医院、厂矿等企事业单位修订和完善《破坏性地震应急预案》《地震应急指挥系统细化方案》。全县各类型的地震应急预案有效衔接推进地震应急队伍建设，县地震局、团县委联合建立青年志愿者地震应急救援队。世客城应急避难场所、文体中心应急避难场所已开工建设。

快速有效应对处置地震事件、地震异常事件。6月，县热水厂3号温泉井水温异常，引起周边群众的恐慌。县地震局马上启动地震前兆异常处理程序，第一时间安排调查组赶到现场进行调查分析，并向自治区、玉林市地震局汇报，做好正面宣传，消除人们的恐慌心理，维护社会秩序的稳定。6月6日清湖镇发生2.7级地震、12月11日米场镇发生2.9级地震，依靠地震应急体系迅速处置地震事件，有效平息有感地震的影响。

【防震减灾宣传】 2016年，陆川县以"5·12"防灾减灾日、科普宣传周、"7·28"地震纪念日、十月科普大行动为契机，加大防震减灾宣传。举办各类宣传活动33场，展出展板、挂图250块（幅），发放材料2.30万份，设立咨询台18个，参与群众3万多人次。

推进地震信息发布平台建设。县地震局、县气象局联合开展地震信息联动发布，通过气象预警大喇叭建设地震信息发布平台，加大地震信息宣传，在全县154个建制村、30个地质灾害隐患点实现全覆盖，共同提高灾害预警能力。

推进防震减灾科普教育基地规划项目建设。县人民政府在县城北规划建设防震减灾科普教育基地项目，占地面积为0.67公顷。已完成项目方案、编制、土地许可证、环评、规划、设计等前期工作，年内正在进行土地平整。

【"平安中国"防震文化电影季在陆川巡映】 2016年5月5日—9日，中国地震局、地震灾害防御协会等单位联合举办的"平安中国"防震文化电影季活动在陆川巡回放映。巡映活动以"今天的准备，为了明天生命的延续"为主题，在陆川县第四中学、温泉初级中学等学校巡回放映2场。

【地震应急演练活动】 2016年，全县各中小学校开展地震应急疏散演练活动480多场次，参与演练活动师生12万多人次。全县各学校、机关部门开展地震应急演练223场次。（林伟雄）

2016年，陆川县在全国首先使用手机APP软件开展既有建筑物抗震性能普查。图为3月11日中国地震局地球物理研究所博士陈波教授在陆川授课

县地震局 提供

文化·体育

WENHUA TIYU

2016年8月8日，第八届广西体育节·陆川县全民健身系列活动启动仪式暨第三届陆川县全民健身运动会开幕式在松鹤公园举行。图为政法系统代表队进行健身走运动　　叶礼林　摄

文化综述

【文化概况】 2016年,陆川县文体广电局(简称县文广局)内设政秘股、文化艺术股、体育股、文化体育产业股、市场管理股、广电股、财务股。陆川县"扫黄打非"领导小组办公室(简称县"扫黄打非"办公室),设在县文广局,下辖县文化馆、县图书馆、县文物所、县体校、县文化市场综合执法大队、县人民广播电台、县电视台、县电影发行放映公司,镇文化广播电视站14个,村级公共文化服务中心106个,舞台106个,农家书屋169家,民间艺术团体110个。年内,全县举办各种文体、展览活动110场次;农村电影公益性放映1848场次;广播电台每天播出约18个小时,广播综合覆盖率98.83%;公共电视节目2套,每天播出时间16个小时,电视综合覆盖率97.82%,陆川电视台、电台稿件2200篇。县文广局获2015年全区体育系统集体二等功。陆川喃戏《白鹭归》获广西第五届基层文艺会演选拔赛戏剧类一等奖。

【"国家公共文化服务体系示范区"获文化部验收达标】 2016年,陆川县继续推进镇文化广播电视站规范化建设、社区公共文化服务规范化建设、村级公共服务中心建设,加快推进公共文化服务标准化、均等化和城乡一体化建设,文化设施软硬件建设达到部颁标准,4月陆川县"国家公共文化服务体系示范区"通过文化部达标验收。

镇文化广播电视站规范化建设 2016年,继续推进镇文化广播电视站规范化建设,实行"六统一,一特色"(即统一文化站标识、统一外立面装修、统一功能室设置、统一制度上墙、统一开放时间、统一设置宣传专栏,培育一镇一特色文化品牌),村实行"两室一品"(图书室或农家书屋、文体活动室,培育一村一文化品牌)。全县有11个镇文化站独立设置,建设面积350平方米以上,其中一级站1个,二级站2个,三级站3个。各镇配备图书室、电子阅览室、多功能室、培训室等功能室,藏书量均在3000册以上,电子阅览室电脑10台以上。

社区公共文化服务规范化建设 2016年,推进全县10个社区公共文化服务规范化建设,重点推进文体活动室、图书阅览室规范化建设。其中,文体活动室配置书画作品、书画用品、乐器、电子琴、棋牌桌、电视机、投影机设备、电脑、四方桌等,图书阅览室配置图书、借阅台桌(椅)、书架、阅览桌、椅子、报刊架、图书室艺术画等。

村级公共服务中心建设 2016年,陆川县加大村级公共服务中心建设。投资770万元,推进东山、珊罗、六平、乐宁、陆透、北桑、瓜头、高冲、陆龙、老圩、新旺、竹山、甘片、平安、陆坡15个村级公共服务中心建设,完善村级公共服务中心"五个一"(一幢160平方米以上综合楼、一个篮球场、一个舞台、一支业余篮球队、一支业余文艺队)标准建设,已建成15个村级公共服务中心,建成紫恩、石垌、三联双脉队、水亭、长榄、界垌、清秀、东西、滩面、新旺10个村级篮球场。

镇健身工程建设 2016年,投资20万元,在滩面镇建设健身工程,工程占地面积1000平方米,已建成标准篮球场1个、健身路径1条及健身器材一套。

【公共文化基础设施场所免费开放】 2016年,陆川县继续推进公共文化基础设施场所免费开放,自治区财政、县财政每年配套县文化馆、县图书馆免费开放经费各20万元,每个镇免费开放经费5万元。全县公共文化活动场所全面实行免费向群众开放,县图书馆、文化馆、镇文化广播电视站实行对公众每周免费提供服务56小时以上。

县图书馆免费开放 2016年,县图书馆做好借阅工作,报刊阅览室、电子阅览室坚持每周向读者开放,举办春节猜谜语活动、世界读书日活动,举办中小学生书法培训班2期、绘画培训班2期、读者座谈会2次;举办"农家书屋"管理员培训班1期;举办种植新技术、电子商务等培训班6期;图书馆下乡指导村镇图书室完善制度,实行图书分类上架。

县文化馆免费开放 2016年,县文化馆坚持每周对公众提供服务的开馆时间,馆内开放项目有声乐、器乐、美术、书法、摄影、舞蹈、戏剧、展览等项目;年内共组织大型文化活动13次,每次参与人数1000人以上;组织大型展览活动2次,各种理论研讨活动和对外交流活动4次;群众业余文艺创

2016年规范化建设后的良田镇文化体育和广播电视站 县文体广电局 提供

作和群众业余文艺作品推广活动3次；组织群众文化团队开展演出和辅导活动12个；馆办文艺团队下基层演出30场次；建设文化活动基地示范点8个，其中未成年人文化活动基地6个，外来务工人员文化活动点3个；举办文化站人员培训班2期、社会文化艺术培训班7期、未成年人文艺培训班16期、外来务工人员文化艺术培训班4期，培训人员1500人次。馆内人员深入基层培训、辅导、调研时间30天；编辑群众文化通讯资料6期。

镇文化广播电视站免费开放 2016年，全县14个镇公共文化设施全部免费开放，落实专人负责。图书阅览室、培训室、公共电子阅览室（文化信息资源共享服务室）、多功能活动室等4室实现免费开放，各镇文化站共接待到文化站借阅图书、浏览文化信息的群众1万多人次。组织开展丰富多彩的文体活动，各镇共组织文艺演出活动60多场次，组织篮球、气排球比赛40多场，每晚到各镇文化站开展广场舞锻炼、广场文娱活动的群众6000多人次。组织开展培训活动，各镇文化广播电视站结合工作实际，组织开展文化、农技、卫生防疫、法律等培训班共20多期，并与县文化馆合作，对各村的文艺骨干进行业务培训，共开展辅导活动40多次。

【农家书屋出版物更新】 2016年，自治区分配陆川县农家书屋出版物更新建制村50个。11月，自治区农家书屋出版物配置到位，县文广局、新华书店及时验收、配送，共配送150件、图书315种、1.58万册。

【全国戏曲普查】 2015年12月，全国开展戏曲普查。陆川县成立戏曲普查领导小组。2016年，全面推进戏曲普查工作，从县文体广电局、县文化馆抽调人员，深入到全县各乡镇开展普查工作。9月完成戏曲普查工作。经普查，陆川县地方戏曲发展相对稳定的剧种有陆川啀戏、木偶戏，发展一般的剧种有傩戏，濒危剧种有采茶戏、粤剧等。演出团体多为民间社办。戏曲人才培养方式主要是团带班、宗族传承等。戏曲存在的突出问题为戏曲的演出范围越来越窄、戏曲传承人少、从事传统戏曲保护专业人员匮乏。县内戏曲人才的来源主要是县文化馆和已经解散的县歌舞团。2008年，县文化馆组建客家啀戏艺术团。2016年，县文化馆有啀戏编剧2人、导演1人、演员12人，啀戏音乐创作作曲2人、舞美2人。民间啀戏社班以良田镇高山啀戏剧团为例，有编剧1人，导演1人，演员13人，器乐手4人，没有音乐作曲等方面的人才。戏曲人才培养结构单一化，大多数演员半路出道，演出的水平不高，且多数人为一角多用，编剧兼导演、作曲兼演员、演员兼器乐手等等。陆川啀戏代表性人物有良田镇良田村高山小组李桂瑶，木偶戏代表性人物有沙湖镇永旺村罗超瑞。

非物质文化遗产

【非物质文化遗产概况】 2016年，全县非物质文化遗产普查累计挖掘整理非遗项目共计2000多项，图片5000多张，录音录像40多张碟。其中县级非物质文化遗产名录192项；玉林市级非物质文化遗产名录15项（温泉传说、伏波将军的传说、龙岩由来传说、木偶戏、陆川铸铁锅流程、陆川猪饲养技术、花灯、客家山歌、唱木鱼、钱鞭舞、陆川客家采茶戏、客家天后诞、客家傩戏、陆川啀戏、乌石酱油制作技艺）；自治区级非物质文化遗产名录1项（陆川啀戏，2014年7月获自治区第五批非遗保护名录）。玉林市非物质文化遗产代表性传承人3人（唱木鱼陈志康，花灯郭家新，陆川啀戏李桂瑶）。

【非物质文化遗产保护】 2016年，陆川县加强非物质文化遗产保护，挖掘、搜集、整理、保护非物质文化遗产，开展非物质文化遗产收集整理5项。加大非物质文化遗产展示，4月28日—5月1日在横山镇天后宫开展客家天后诞民俗文化节，全面展示客家天后诞的民俗活动，还有客家八音、客家傩戏的展示；5月1日晚，县文化馆与横山镇文化站、天后宫庙联合在横山中心小学举办陆川县保护非物质文化遗产宣传文艺晚会，晚会以"保护非物质文化遗产·践行社会主义核心价值观·中国梦·客家情"为主题，表演的节目主要有客家歌曲《米筛籺筛团团圆》、客家山歌《天后赞歌》，陆川啀戏《清清龙泉河》及客家傩戏、客家天后诞的表演等，全面

资料链接

《清清龙泉河》为陆川啀戏，作品主题突出，以保护母亲河、建设生态新农村为大背景；人物性格鲜明，塑造憨厚老实的小河长七叔与朴实又聪明的养猪专业户八婶；戏剧性较强，七叔与八婶赶猪下河洗澡之间引发矛盾冲突和情感交集，最后七叔不但阻止八婶污染江河的错误做法，还动员八婶搬迁猪场，达到保护江河水源的目的；舞台画面美丽，表演生动，音乐、道具、表演形式富有较强的客家地方特色。该剧大处着眼，小事切入，是一部思想性、艺术性相统一的轻喜剧。

《白鹭归》为陆川啀戏，主要讲述九洲江畔白鹭村村支书妹丁与该村企业主陆叔之间围绕保护九洲江、企业转型发展的矛盾冲突，最终解决矛盾，展示九洲江生态美景的故事。该戏从拆采砂场情节切入，到十里画廊的展示，刻画基层干部和农民企业家的人物性格，表现人民群众的家园情怀。在语言、音乐和表演上具有鲜明的客家特色，是一出以小喻大、思想深刻、艺术上有新突破的小戏。

展示县非物质文化遗产的保护成果。6月12日国家文化遗产日,在县人民会堂门口广场举行陆川县非物质文化遗产宣传日图片展览,展览活动以"让文化遗产融入现代生活"为主题,展示非物质文化遗产收集成果图片300多张,主要展示的非物质文化遗产有获自治区第五批非物质文化遗产保护名录的陆川啀戏、玉林市级非物质文化遗产保护名录陆川铁锅制作、花灯制作、客家木鱼、客家天后诞,展示陆川猪全猪宴、乌石酱油等客家美食,发放宣传资料1000多份,接受相关咨询服务60多次。

【陆川啀戏表演获奖】 2016年11月,县文化馆制作啀戏《白鹭归》参加广

2016年6月12日,陆川县非物质文化遗产日宣传活动在县市政广场举行。图为县委常委、宣传部部长、副县长莫亚坤(前左二)及县文体广电局领导到现场参观展览
刘利曼 提供

资料链接

陆川啀戏为陆川县内的民间剧种,有完整的团队结构、表演程式、音乐声腔曲调,使用语言为客家话,融合本土传统的客家山歌、小调、客家八音、客家木鱼等艺术精髓于一体,充分反映陆川客家人的生活习俗、精神风貌、思想情感、伦理道德和价值观念,为传承和弘扬客家传统文化的载体之一,是认识客家历史、社会、生产生活、民风民俗的宝贵资料。陆川啀戏保留剧目有150个、新编剧目50个,目前可上演剧目有200个。全县共有经常性演出啀戏的文艺队12个,这些啀戏队伍常年活跃在基层农村,成为县内最为活跃的民间文艺表演队伍。陆川县文化馆啀戏艺术团以传承和发展传统文化为宗旨,致力创作表演现代啀戏,并积极参加自治区、玉林市、县内举办的各种比赛活动,先后创作《巧遇》《人保情》《懒婆娘变勤致富》《农民工的新打算》《客家坜来了文化人》《猪仙会猪神》《三访高山坜》等戏剧作品30多个,其中啀戏《情结》获2009年广西第十五届"八桂群星奖"戏剧类银奖,《闯山》获2012年广西第十六届"八桂群星奖"戏剧类金奖,《猪为媒》获广西第八届戏剧展"桂花铜奖";《恩怨猪缘》获2013年全区第二届基层群众文艺会演二等奖;《巴掌地的故事》获2014年广西以"中国梦"为主题的小品小戏大赛二等奖,《土地情深》获广西桂东四市客家小戏一等奖,《来福梦》获2014年全区第三届区基层文艺会演二等奖;《河长轶事》获2015年广西第十七届"八桂群星奖"戏剧类金奖,《清清龙泉河》获全区第四届基层群众文艺会演一等奖。2014年6月陆川县获自治区级"啀戏艺术之乡"称号,11月陆川啀戏申报成为自治区级非物质文化遗产保护名录。

木偶戏是一种集说、唱、舞为一体的艺术表演形式。相传陆川木偶是由楚汉战争时期刘邦的谋士陈平为守住被围困的城池大摆"空城计",斩木做成木偶扮成士兵,配以击鼓、制造兵多将广的氛围用来迷惑敌人,使敌人退兵的故事,经后人效仿,逐渐成为一种戏曲表演形式,一直在民间广为流传,传到陆川后,与当地的民间文化整合交融,融入当地的方言白话和客家话,逐渐发展为有陆川特色的木偶戏剧,成为陆川县内流传较广的戏剧之一。陆川木偶戏的演出内容主要是反映忠、孝、节义等为主的节目,人物众多,上分君王、将相,中有才子佳人,下有阎王、仆人,世间万象,喜怒哀乐皆在其中,角色鲜明,分文武生、花旦、正副帅、反派大花脸、走堂等多种角色,配以打击乐锣、鼓、钹来演唱,一般三人便可演出,一人多角,并模仿不同行当的声腔特色演唱,风格诙谐、幽默,活灵活现,惟妙惟肖,故事题材多贴近生活。主要剧目有《杨家将》《岳飞传》《薛家将》《狄青》等。演出时,艺人舞动木偶进行表演,并进行演唱,有时为单人演唱,有时为两人演唱,有时有多个角色出场,这时就需要一人分唱几个角色。演唱也因角色不同而有所区别。木偶戏除一些传统节目外,还有表现农村生活和习俗的,语言诙谐、幽默,贴近生活,由于用地方话演唱,受到当地群众的欢迎。陆川县解放前几乎村村都有木偶队。尤其是温泉、米场、大桥、沙坡、马坡等地,木偶演出十分活跃,民国时期和中华人民共和国成立后五、六十年代,上述地区基本上都有木偶队,当前温泉、米场、沙坡、沙湖等乡镇仍有木偶队活跃在社会上,为各种活动提供演出服务。随着网络文化的传播发展,年轻人对木偶兴趣不高,演出范围越来越狭窄,木偶戏市场逐渐淡出,当前留存下来的木偶戏只用于民间社庙演出,渐渐走向衰退。县内木偶戏演出团体多为民间社办。木偶戏保留剧目有300个,新编剧目有50个,可上演的剧目350个。

西第五届基层文艺会演玉林选拔赛获戏剧类一等奖。客家哑戏《清清龙泉河》被自治区文化厅推荐参加第十七届全国群星奖戏剧类复赛,为广西推荐参赛的唯一地方戏。

文化活动

【文化活动概况】 2016年,陆川县组织开展春节晚会、第五届元宵节广场舞、书画摄影展、中国梦文化惠民巡回下乡慰问演出、"两学一做"文艺演出、精准扶贫下乡专项演出等各种文艺活动,县文化馆组织或参与县内举办的各种群众文化活动,在节假日开展各类群众文化活动;县内各镇、各部门结合单位的实际,开展节日文艺庆祝活动等。全县举办节假日大型文化活动9场次,并开展多种群众性文化活动,丰富人民群众文化生活。

【重大文化活动】

春节联欢晚会 2016年2月2日,在陆川县高级中学礼堂举行,由中共陆川县委、陆川县人民政府主办,中共陆川县委宣传部、陆川县文体广电局等单位协办。晚会以"和美陆川"为主题,共演出节目16个,其中陆川哑戏《清清龙泉河》、客家歌曲《米筛粑筛团团圆》等精品节目成为晚会的亮点。参与观众1100人次。

春节猜谜游园活动 农历新年,在县市政广场举行。由县文体广电局主办,县文化馆协办,发放谜语2万多条,参与观众1万多人次。

春节书画摄影展 2016年2月5日,在县人民会堂举行,由县文体广电局主办,县文化馆、县客家书画院、县摄影家协会等单位协办。书画摄影展以"醉美九洲江、浓浓客家情"为主题,共展出书画200幅,摄影300幅,参观群众8000多人次。

第五届元宵节广场舞 2016年2月22日,在县城举行,由县文体广电局主办,县文化馆协办。县城区及各乡镇广场舞爱好者参加元宵节广场舞表演,参与表演300人次,参观群众1600人次。

"五一"职工广场文艺晚会 2016年5月1日,在县市政广场举行。由县总工会、县文体广电局主办,县文化馆、县客家书画院等单位协办,晚会以脱贫攻坚、关爱职工为主题,共演出节目12个,参与观众1200人次。

中共陆川县第十四次代表大会专题文艺晚会 2016年7月7日,在县城举行。由陆川县委、县人民政府主办,县文体广电局、县文化馆等单位协办,晚会以党代会为主题,共演出节目12个,参与观众1300人次。

中秋文艺晚会 2016年9月14日,在县市政广场举行。由文化志愿者团队、业余文艺队联合开展。晚会以"花好月圆"为主题,共演出节目12个,参与观众1300人次。

"两学一做"文艺演出 2016年5月13日,在县市政广场举行。由陆川县委、县人民政府主办,县委组织部、宣传部、县文体广电局等单位协办,文艺演出以"两学一做"学习教育为主题,共演出节目12个,参与观众1300人次。

精准扶贫下乡专项演出 2016年11月2日—12月18日,由陆川县委、县人民政府主办,县文体广电局、县扶贫办、县客家歌舞团等单位协办,在县内14个乡镇进行精准扶贫文艺会演,演出以脱贫攻坚为主题,每场演出节目12个,参与观众1.60万人次。

文物保护与管理

【文物概况】 2016年,全县有文物保护单位38个,其中国家级1个(谢鲁山庄)、自治区级1个(菁莪馆)、县级36个(中山纪念亭、茂园、大坑寨、庞石洲墓、八角楼、龙潭岩、革命烈士纪念碑、革命八烈士之墓、林虎将军旧居、廖磊将军旧居、肖道龙旧居、吕芋农旧居、桂东南游击区陆川人民抗日自卫军司令部、蚊丁二十四烈士墓、庞颖墓、黎可耕黎聪墓、李氏宗祠、龚氏宗祠、庞氏宗祠、厚庵吕公祠、吴氏宗祠、李让美公祠、锡善温公祠、天后宫、灵惠宫、爱菊堂、晴峰李公祠、天良黄公祠、定轩谢公祠、新城大夫第、宁培瑛烈士故居、肖湘汤将军旧居、革命活动旧址——慷正温公祠、革命活动旧址——松柏山陈氏宗祠、清秀私立初级中学旧址——显庭公祠、刘氏宗祠)。县文物所馆藏文物1000件。

【文物保护】 2016年,陆川县对谢鲁山庄保护进行规划编制,并通过国家文物局审核,获专项保护补助经费270万元,吕芋农旧居抢救性专项补助40万元。加大谢鲁山庄修缮。6月,吕芋农旧居抢救性维修项目完成财政评估、政府采购及招投标工作。

【名人故居修缮】 2016年,陆川县加强对名人故居的维修。县财政投资8万元对肖湘汤将军旧居危塌严重的一进瓦面、二进明间瓦面棚面及部分附屋进行落架维修;投资11万元对肖道龙旧居一、二进墙体、瓦面进行抢救性修复。

【文物安全检查】 2016年,陆川县加强文物消防安全检查,检查更新菁莪馆的用电线路,购置灭火器8个,安装应急照明2个。县财政投资3.20万元对县内27处具有火灾风险的砖木结构文保单位配备灭火器200件。

公共图书服务

【公共图书概况】 2016年,陆川县图书馆馆藏书14万册、电子图书30万册。全县有持证读者 3500 人。在县图书馆设立图书馆电子借阅室，配备电子图书 2.40 万本（套）。6 月 30 日，陆川县新图书馆建成开馆。年内，县图书馆报刊阅览室、电子阅览室正常免费开放，年接待读者 6500 人次，外借图书 1.30 万册次。

【图书服务】 2016 年，县图书馆送书台、书架进农村、进军营活动，为村、部队提供图书服务，共送图书 930 册，书架台一批。并安装电子书借阅机 2 台，实现县电子书借阅机零的突破。

【图书宣传活动】 2016 年，县图书馆开展读者图书宣传活动 2 次。2 月 13 日，在县人民会堂门前小广场举行阅读知识竞猜活动，悬挂竞猜题 600 条，参与活动 1000 多人，竞猜获前 10 名的读者，按"阅读之王""阅读之星""阅读能手"等次，分别颁发图书奖品和荣誉证书。4 月 23 日世界读书日期间，开展免费读书活动，先后在温泉镇万丈小学旁、九洲大市场旁、百汇超市对面、县第三中学分别设点宣传；并租用运美客车 2 辆、面包车 2 辆，从上午 8 时至下午 4 时，分别到以上 4 个点，免费接读者到到县新图书馆参观借阅，读者当中有县武警中队官兵、有师生、有社会各界人士，有工人、农民，当日到馆读者 900 多人。

图书发行

【图书发行机构及概况】 陆川县新华书店有限公司（简称县新华书店公司）是县内规模最大的图书发行机构。2016 年，内设经理室、经理助理室、办公室、业务科、财务科、储运科、综合门市部；在职职工 30 人，其中中级发行员 5 人、高级发行员 25 人。年内，加强免费教材征订配送，抓好全国青少年读书教育活动用书的征订

2016 年 3 月 30 日，陆川县新图书馆正式开馆。图为自治区图书馆馆长韦江（前右二）等领导参观新图书馆　　　　　　　叶礼林　摄

发行，加强图书销售服务。销售码洋 3391 万元，比上年下降 1.60%；实现劳动生产率 105.97 万元；营业总收入 3367 万元，下降 1.12%；利润总额 272 万元，下降 9.33%。完成一般图书、音像及文体用品销售码洋为 266 万元，增长 150.94%。

【免费教材配送】 2016 年，县新华书店公司继续推进免费教材征订配送工作，召开征订业务人员专题会议，落实各片区负责人，加强各个学校学生人数和教师用书统计上报，按时完成免费教材征订配送，确保"课前到书、人手一册"，中小学教辅销售码洋 1117 万元，下降 5.64%。

【非免教材教辅发行】 2016 年，县新华书店公司继续巩固和拓展非免教材和教辅发行市场，改善发行环境。通过以《致学生家长的一封信》的方式向学生推荐教材审查委员会审查通过的教辅读物和地方教材，扩大教辅新品种市场，新上《中小学生守则》和《中小学生心理素质教育》，地方教材增加码洋 52 万元。拓展高中教材市场，其中高中选用书目品种如《高中语文读本》《高中文言文》销售码洋为 101 万元。年内，非政府采购教材销售码洋为 644 万元，增长 21.74%。

【一般图书销售】 2016 年，县新华书店公司推进重点图书和店外团购寻求市场发展，增加一般图书销售，开展系列重点图书宣传征订活动，年内，重点图书销售码洋 20 万元。在城区单位内开展征订《习总书记文艺座谈会重要讲话》，共发行 127 册，码洋 2413 元。开展征订《习近平总书记系列重要讲话读本》(2016 年版)，共发行 1 万册，码洋 16.05 万元。在全县开展征订《胡锦涛文选》，共发行 249 册，码洋 3.46 万元。店外团购市场销售码洋约 16 万元，推销购书卡、券销售码洋 3 万元。

【读书教育活动】 2016 年，县新华书店公司开展读书教育活动，并做好活动用书发行工作。重点抓好全国青少年读书教育活动用书的征订发行，全力发行活动用书。4 月，按照全国、自治区读书活动组委会的统一部署，配合县委宣传部、教育局开展全县青少年"传承中华文化　共筑精神家园"和"依法治国——我做守法小公民"系列主题活动，共发行码洋 116 万元，学生覆盖率达 92%。与县教育局联合举办全县中小学生读书活动演讲、征文比赛，取得良好社会效果。2016 年 5 月 30 日，在县教育局举办"陆川县幼儿中华经典诵读、讲故事比

赛"，大赛的主题为"亲子共阅读、师幼同成长"，参赛幼儿30人，其中获一、二、三等奖幼儿15人，优秀奖15人，为幼儿提供展示语言才华的舞台，提高幼儿的语言表达能力，丰富幼儿的"六一"生活及展示幼儿教师的语言教学成果。秋季学期开学期间，开展"反哺教育 爱心进校园"为主题的献爱心活动，为乡镇各中学赠送录音机43台。5月，经招标，县新华书店公司取得陆川县乡土教材《乡村文明》的发行权，《乡村文明》乡土(学生)教材共5.15万册，码洋195.70万元。

【农家书屋货物配送】 2016年，县新华书店公司抓好农家书屋货物配送工作，落实专人负责，加强与县文广局沟通、对接，配合做好来货验收工作，并按照玉林市文体广电局要求，按时、按质、按量完成农家书屋配送工作，共为50个建制村农家书屋配送图书300件，码洋41.17万元。

【图书门市部实体店服务贯标建设】 2016年，县新华书店公司加强对新洲路书店门市部实体店设施贯标建设，重点推进实体店软件、硬件建设，对图书陈列布局进行整体、合理设置，其中一楼设置文体用品，二楼设置社科类、科技类，三楼设置少儿类、文教类等图书，陈列规范，分类标识统一；完善门店管理制度、服务细节，优化服务环境，提高门店服务水平，提升图书销售的整体形象，实现门店转型升级。8月，县新华书店公司门市部实体店贯标工作经全国新华图书发行协会审核验收达标。　　(陈丽萍)

文化市场管理

【文化市场概况】 2016年，陆川县有各种文化经营单位138家，其中KTV娱乐场所18家、网吧43家、电子游艺3家、书报亭35家、音像制品店9家、打字复印店26家、演出场所2家、印刷厂2家。年内，已完成全县文化市场、新闻出版经营单位年检换证工作。全县文化娱乐市场活跃。

【文化市场监管执法】 年内，县文化执法部门加强文化市场管理，重点加强新闻出版物市场、网吧市场的监管。春节及全国人大、政协"两会"、高中考期间，开展网吧、娱乐市场集中检查行动、文化市场专项行动，重点对音像、演出、网吧文化市场开展集中专项检查、整治。立案8件，结案8件，其中出版物市场2件、网吧违规接纳未成年人4件。

加强新闻出版物市场监管 开展"扫黄打非"的"清源""净网""秋风""护苗""固边"五大文化市场专项行动，共开展专项检查10次，检查印刷企业9家次，出版物摊场12家次，检查音像、图书、印刷、网吧等经营单位60余家次，收缴非法出版物2300张(册)，盗版音像制品1900多张，淫秽光碟300多张；检查音像、图书、印刷、网吧等经营单位60家次，收缴非法出版物"六合彩"码报资料9000多张(册)，封建、迷信类出版物100多张(册)，取缔"六合彩"码报地摊40多个。

加强网吧市场管理 县文广局加强网吧业主培训，根据《互联网上网服务营业场所管理条例》要求，落实网吧业主经营责任，规范网吧合法经营；借助社会各界、学校、新闻媒体的力量加大整治宣传，聘请关工委的老干部做文化市场义务监督员。开展网吧市场集中整治行动，县文广局会同公安、工商行政管理等部门联合对网吧进行集中整治5次、"零点行动"5次，出动车辆38辆次，出动执法人员600多人次，检查网吧100家次。对多次违规接纳未成年人并容留未成年人上网的网吧经营户，在新闻媒体上进行曝光。

开展非法使用安装销售卫星地面接收设施专项打击行动 加强关于卫星地面接收设施的相关法律知识宣传，利用播放新闻、通告、印发宣传资料和展板、宣传广播车等，发放宣传资料1.50万份。专项行动期间共出动车辆10辆次，执法人员100多人次，对未经批准，擅自安装使用卫星电视广播地面接收设施的单位和个人，依法责令限期拆除，限期自行拆除卫星接收设备16台(套)。

广播电视电影

【广播电视宣传栏目】 2016年，陆川电视台主要开办有《精准扶贫》《九洲江治理纪实》《创建国家公共文化服务体系示范区宣传专栏》《艾滋病宣传专栏》《防灾避险专栏》《抵制邪教宣传专栏》《老歌回忆录》《少儿故事》等节目，共播出节目200场次。

【公益广告宣传】 2016年，县电视台制作播出社会主义核心价值观公益广告5条6000多次；美丽陆川清洁乡村公益广告8条6000多次；创建国家公共文化服务体系示范区公益广告5条5000多次；制作播出精准扶贫宣传专栏6期300多次；环保公益广告3条3000多次；"双拥"工作(拥军优属，拥政爱民)公益广告2条2000多次。

【农村公益性电影放映】 2016年，陆川县把农村公益性电影放映"2131"工程工作列入县为民办实事工程，制订年度农村电影公益性放映活动实施方案，实行一村一月放映一场电影，全年内共放映公益电影1848场，观众44.85万人次。

【广电网络传输安全管理】 2016年，陆川县加强广播电视网络安全管理，县文广局与局(台)各科室、各乡镇层层签订《广播电视网络安全责任书》，制订完善广播电视安全播出预案、广播电视应急处理预案等。加强广播电视网络、播出机房、东山发射机站等重点部位的防雷等安全设施维护,加强安全隐患排查。加强元旦、春节等重大节假日及全国人大、政协"两会"、中共十八届六中全会等重要保障期的广播电视安全播出工作。年内,全县广播电视播出和传输安全,开展广播电视网络安全应急演练8次。

【广播电视行业管理】 2016年,县文广局加大虚假违法广告专项整治,对广告经营内容进行自查自纠,加强广播电视医疗药品广告监管。对非法安装、销售卫星电视广播地面接收设施的情况进行定期、不定期检查,每月对全县34个小网点进行巡查检查3次以上;打击非法生产、销售、安装、使用卫星电视广播地面接收设施行为。县社会治安综合治理委员会、县文体广电局、县公安局、县工商局等部门联合对县内使用销售卫星地面接收设施情况进行检查和清理,共查处非法销售电视地面接收天线269面、高频头236只、接收机68台、电视棒21个、电缆线400米。

广播电视信息网络建设

【广播电视信息网络机构及概况】 2016年,广西广播电视信息网络股份有限公司陆川分公司(简称广电网络陆川分公司)位于县城万通路39号,内设办公室、财务室、县南农网业务发展部、县北农网业务发展部、城网运维建设部、农网运维建设部、县南网格管理部、县北网格管理部、技术播出部,城网营业厅有温泉中路营业厅、万通路营业厅共2个,乡镇服务站14个,实有人员52人。全县建设光缆干线450多千米,实现村村通广播电视,至2016年底,全县共有电视网络用户31967户,宽带入网23711户。广电网络陆川分公司获广西广播电视信息网络股份有限公司授予"双

效"目标管理一等奖先进单位。

【网络改造建设】 2016年,广电网络陆川分公司城网项目有10个,其中有7个已经完工结算,有3个项目已申报;实施农网项目27个,其中有22个项目已批准建设,1个项目正在设计,4个项目已申报。年内,已向广电网络玉林市分公司申报建设城网、农网项目6个。

【农村网络建设】 2016年,广电网络陆川分公司重视农网工作,明确农网发展目标,继续整合私人网络,农网建设主要从新建设村点、网络升级改造和收购整合私人网等方式扩大覆盖面,推进电视用户和宽带用户发展。年内,共整合收购私网用户6500户,发展宽带用户1500户。

实施农网光纤到户工程建设。对农网新建设线路采取光纤到户的设计要求,采取先易后难、以点带面、逐步发展的战略思路推进农网线路建设,重点推进乌石、大桥等镇光纤到户项目建设。2016年,率先在乌石镇蒙村建设光纤到户试点。8月5日,乌石镇蒙村的农网光纤到户试点工程正式开通,全村申请安装宽带电视村民230户,其他村点村民申请安装宽带电视93户。

【镇服务站建设】 2016年,自治区网络公司农网工作部署推进乡镇广播电视服务站全覆盖建设,广电网络陆川分公司计划利用1~3年时间实施农网传统管理模式转向适应现代市场发展需求、主动、定量和系统的管理模式,推进网格化管理工作,将全县14个镇划分为县北、县中、县南三个片区。以县南乌石片区为网格化管理试点,主要负责乌石、滩面、大桥、横山4个镇农网的日常管理。5月,在乌石镇农机站建立广西广电网络乌石服务站,按照广西网络公司新建乡镇营业厅标准要求,设置业务办理服务窗口,并在服务站内配置广电家电商场,5月19日乌石服务站营业厅正式开业。在马坡、米场、古城3个镇建设广播电视服务站,年内3个服务站全部竣工并通过

验收,9月底古城服务站投入使用。

【网络安全生产】 2016年,陆川分公司注重安全生产、安全播出工作,成立安全生产工作小组,建立义务消防队,完善安全生产制度、层层落实安全检查,防患于未然。做好夏季消防安全生产专项检查,每月定期巡查。年内共开展检查16次,做好巡查记录,发现问题及时整改,确保电视网络安全播出。机房、网络线路、公共场所防火、防盗等安全检查45次,发现火灾隐患9次,落实整改9次。

加强消防安全知识培训,提高员工的消防安全意识及自防自救能力。年内,共组织消防安全知识培训3次,受训人员178人次。2月16日开展第一季度消防安全培训,邀请广西年安防火服务中心教官主讲,重点开展消防安全知识培训。 (李炎秀)

档案管理

【档案管理机构及概况】 2016年,全县有县级档案局1个,综合档案馆1个,自治区定级以上的机关档案室42个。县档案局与县档案馆合署办公,内设政工秘书股、业务管理股、业务监督指导股,编制8名,实有人员8人。县档案局馆藏档案资料主要有明清时期县志、民国档案、革命历史档案、中华人民共和国成立后各机关单位文书档案。馆藏档案以纸质档案为主,另有少量光盘、磁盘载体的录音(像)档案。其中,文书档案全宗152个,馆藏文书档案40705卷、14449件,专门档案631卷,照片档案56张,录像档案4件,实物档案120件。年内,县档案局开展"档案资源建设年"活动,加强档案基础建设,依法依规管档治档,加强档案服务。县档案局获玉林市国家综合档案馆业务建设先进单位二等奖、玉林市档案接收工作先进单位二等奖、玉林市档案编研工作先进单位、玉林

市档案数字化工作先进单位、玉林市档案抢救工作先进单位等荣誉称号。

【档案硬件设施建设】 2016 年,县财政投入档案事业经费 30.80 万元,改善馆所、库房保管条件。年内,更换不锈钢档案资料架 14 组,改造库房老化电源线路 1335 米,更换防爆节能灯管 20 支、安全空气能开关 12 个,维修改造库房屋顶防水隔热层 200 平方米;加强国家重点档案库建设,为馆藏国家重点档案库房设置特藏室,配置铁皮档案柜 30 套、专用空调 2 台、专用抽湿机 2 台及温湿度计等。

【档案安全管理与保护】 2016 年,县档案局加强馆藏档案安全管理,执行档案保管安全制度,实行库房温湿度每天记录制度,对馆藏的档案资料进行药物熏虫,确保档案资料的安全与完整;聘请 2 名专门技术工作人员对馆藏重点档案湿托裱糊修复,共消毒、修裱抢救 20 世纪 50 年代的各乡镇《土地证存根》83 卷。

【档案业务培训】 2016 年,陆川县加强档案业务培训。县委办、县政府办联合印发档案业务培训文件。11 月 30 日,在县实验中学举办档案业务培训班,玉林市档案局副局长顾伟荣、陆川县副县长吴祖强出席会议并讲话,县各部委办局,各人民团体、各企事业单位、中直(区直、市直)驻陆各单位、各镇政府分管领导和档案工作人员共 150 多个单位约 400 人参加培训班。市档案局、县档案局业务指导工作人员分别进行培训授课,重点学习广西乡镇档案管理办法,进行实物档案、照片档案、录音录像档案整理规则、归档文件整理规则等方面培训。

【档案监督指导】 2016 年,县档案局监督指导 51 个单位开展年度档案立卷归档,其中县政府办、县交通局、县食品药品监督管理局、县林业局、县农机局、县地震局、县财政局、县教育局、县扶贫办等 12 个单位完成年度档案立卷归档,共整理文书档案 8883 件、专业档案 926 件(973 卷)、会计档案 328 册、相片档案 254 张、科技档案 5 卷、录像档案 15 盒、实物档案 65 件、电子档案 872 件,各门类各载体档案合计共 1.10 万件又 1321 卷(册、盒)。

【档案执法检查】 2016 年,县档案局开展年度档案执法检查,严格按照《机关文件材料归档范围和文书档案保管期限规定》《企业文件材料归档范围和档案保管期限规定》等文件要求,对 118 个机关、企事业单位进行文件材料立卷归档工作检查,其中达到优秀的单位 51 个,合格的单位 85 个,不合格的单位 14 个。全县各机关单位档案整理归档达到优秀等次的单位比上年提高 5 个百分点,档案整理归档不合格的单位降低 3 个百分点。

【档案信息化建设】 2016 年,县档案局按照《全国档案信息化建设发展规划》的要求,继续加强数字化档案馆建设,完善档案馆库建设,加大资金投入,有计划地对馆藏档案开展数字化工作,对馆藏档案和现行文件录入案卷级目录 22 万条,纸质档案全文扫描图像约 30 万页。广泛推广使用"GD2000"档案管理系统软件,全县累计使用"GD2000"档案管理系统软件单位 28 个。

【档案利用服务】 2016 年,县档案局建立完善各项档案工作规章制度,加强档案管理和服务。年内,新增进馆到期档案 30 卷(404 件)。加强档案利用服务,到期应开放档案 1061 卷,接待查档人员 420 人次,提供利用档案资料 462 卷(册),查档内容以山林土地权属和干部职工工龄、学历及各企事业单位职工工作情况登记表等为主。

【"国际档案日"活动】 2016 年 6 月 9 日为第九届"国际档案日",县档案局广泛开展"国际档案日"宣传活动,档案日活动以"档案与民生"为主题,开展馆舍开放、互动体验、文化展示、咨询宣传、征文比赛等活动,活动当天县档案馆共接待各界群众 120 余人,发放陆川县档案局(馆)简介、档案法律法规等各类宣传品 200 多份,重点宣传档案法规、档案知识、档案利用、档案征集等多方面知识。　　　(傅浩哲)

地方志工作

【地方志工作机构及概况】 2016 年,陆川县地方志编纂委员会办公室(简称县志办)内设政工秘书股、资料征集编纂股、方志研究股,编制 5 名,在编人员 5 人。年内,推进第二轮《陆川县志》《陆川年鉴》编纂,完成《广西年鉴》《玉林年鉴》供稿工作。

【年鉴编纂】 2016 年下半年,县志办重点推进 2015 年卷《陆川年鉴》编纂,年内基本完成编辑工作,已进入总纂工作阶段。2016 年卷《陆川年鉴》稿件已收集完毕。

【陆川年鉴获全国地方志优秀成果二等奖】 2016 年 7 月,《陆川年鉴(2012)》被中国地方志指导小组评选为全国地方志优秀成果(年鉴类)二等奖,为广西区内获得奖项最高的县级年鉴。

【古籍旧志整理】 2016 年,陆川县首次展开古籍旧志整理,主要对清乾隆二十一年(1756 年)版《陆川县志》进行整理编辑出版。年内,已完成书籍材料的收集、录入,正在进行点校、编辑等,全书 10 多万字。

【第二轮《陆川县志》通过自治区评审】 2016 年,县志办继续加强第二轮《陆川县志》编纂。重点对第二轮《陆川县志》稿件材料及图片进行编辑、总纂等。6 月完成审查验收稿总纂工作,形成审查验收稿报玉林市地方志办公室复审,全志约 120 万字,图片 250 多张。8—9 月,根据玉林市地方志办公室的复审

2016 年 10 月 16 日,《陆川县志(1990—2005)》评审会在南宁召开

县方志办　提供

意见要求,组织人员进行查漏补缺、编辑修改,完善相关篇章的内容材料,9 月完成总纂,并报自治区地方志办终审,为玉林市内第一个上报第二轮三级修志评审稿的县(市、区)。10 月 16 日,《陆川县志(1990—2005)》审查验收会在南宁召开,经过自治区地方志审验专家评审,《陆川县志(1990—2005)》平均得分为 75.43 分,以良好等次通过审查验收。　　(姚紫燕)

体　育

【体育概况】　2016 年,陆川县有业余体校 1 所,县城区有商业经营健身馆 3 家,游泳馆 5 家;全县共有篮球场 335 个、排球场 5 个、羽毛球场 2 个、乒乓球场 60 个、田径场 3 个、小运动场 15 个、体育协会 2 个,业余篮球队 154 支。

全县各中小学校有篮球场 354 个,羽毛球场 119 个,足球场 5 个,田径运动场 59 个。年内,全县各中小学以达标争优、强健体魄为目标,全面实施《学生体质健康标准》,开展阳光体育运动、大课间体育活动,学生在校每天保持体育活动时间 1 小时,各学校完善《国家学生体质健康标准》数据并上报。

【体育设施建设】　2016 年,陆川县投资 20 万元,在滩面镇建设农民健身工程,占地面积 1000 平方米。投资 45 万元,建好村级农民篮球场 9 个。

【群众体育】　2016 年,陆川县开展各种体育活动 8 次,举办大型体育比赛 4 次,全县各种体育赛事 360 多场次,参与人数 7000 多人。春节期间,全县 154 个建制村均组织举办春节文体活动,县财政为每村划拨活动专项经费 3600 元,开展文体活动 500 多场次。每个村根据各村实际情况,开展篮球、拔河、跳绳、舞狮等文体活动。

【全民健身活动】　2016 年 8 月—11 月,陆川县开展全民健身系列活动。8 月 8 日,第七届广西体育节暨陆川县全民健身系列活动启动仪式在松鹤公园举行,县四家领导班子以及县城区各单位干部职工 500 多人参加启动仪式,启动全体人员进行登山健身运动。至 11 月,开展篮球、气排球、登山、拔河、羽毛球、乒乓球、中国象棋、扑克等各种体育健身活动,参加活动 2000 人。

【业余体育训练】　2016 年,县业余体校加强体育各项目训练,重点推进"拓生源,助苗子"工作,主要抓好运动员的选才、输送、参赛等工作。加大自治区第十四届运动会项目训练优秀运动

苗子选拔培养,在马坡初级中学等开展氛围较好的学校开设体育训练点,推动全县青少年业余训练竞技体育。参加业余的训练运动员有 130 多人。3—4 月,组织全体教练员到各镇进行优秀运动苗子选才,共选拔出优秀运动苗子 30 人。5 月,协助玉林市体校选才组到陆川县各中心小学进行选才,被选派到玉林市体校参加暑假培训集训运动苗子 20 多人。

【竞技比赛活动】　2016 年 5 月,陆川县组队 90 人参加玉林市青少年锦标赛,获金牌 23 枚、银牌 16 枚、铜牌 14 枚。其中田径获金牌 9 枚、银牌 12 枚、铜牌 11 枚,游泳获金牌 13 枚、银牌 4 枚、铜牌 1 枚,乒乓球获金牌 1 枚,篮球获铜牌 2 枚。田径获比赛团体总分第一名,游泳获团体总分第三名,篮球男队、女队均获第三名。7—8 月,陆川籍运动员 5 人代表玉林市参加自治区青少年锦标赛,其中梁美燕获女子举重 48 千克级抓举、挺举、总成绩 3 枚金牌,陈云获男子拳击甲组金牌,罗文平获女子摔跤甲组 57 千克级金牌,卢诗获女子射击甲组 2 枚金牌、2 枚银牌。

11 月 23 日—25 日,第十八届中学生田径运动会在陆川中学举行。全县 4 所高中、29 所初中分别组建参赛代表队 33 支,运动员 508 名,运动会共设比赛项目 13 大项、78 小项,比赛时间历时 3 天。初中甲 A 组第一名至第四名分别为县马坡镇初级中学、温泉镇初级中学、良田镇初级中学、平乐镇第二初级中学;初中甲 B 组第一名至第四名分别为陆川县初级中学、马坡镇第三初级中学、米场镇福达中学、大桥镇第二初级中学;高中组第一名陆川县中学、第二名陆川县实验中学、第三名陆川县第二中学、第四名陆川县第三中学。选拔出 32 名优秀运动员参加玉林市第二十届中学生田径运动会。

【体育彩票销售】　2016 年,全县共有体育彩票销售点 19 个,其中县城 11 个、乡镇 8 个。年内,体育彩票销售总额 3159 万元。　　(陈　洪　刘利曼　李裕权)

医疗卫生·计划生育

YILIAO WEISHENG JIHUA SHENGYU

2016 年 12 月 9 日，陆川县 2017 年新型农村合作医疗宣传发动工作会议在县城召开

叶礼林 摄

医疗卫生综述

【医疗卫生事业概况】 2016 年,陆川县有县级卫生计生行政管理部门 1 个(陆川县卫生和计划生育局);医疗卫生单位 32 家,其中县直医疗卫生机构 11 家(县人民医院、县中医院、县妇幼保健院、县中西医结合骨科医院、县新型农村合作医疗管理中心、县疾病预防控制中心、县卫生监督所、县皮肤病防治站、县卫生学校、县计划生育服务站、县流动人口计生管理办公室),乡镇卫生院(含中心卫生院 6 家) 16 家,广西总工会驻陆医疗卫生单位 1 家(陆川温泉疗养院),民营医院 4 家(沙坡精神病医院、茶花山医院、青山医院、万应医院)。政府办基层村卫生室 154 个,个体诊所 97 个。县直医院卫技人员 1189 人,乡镇卫生院卫技人员 1128 人,民营医院卫技人员 110 人,村医生 898 人,个体医生 97 人。

陆川县卫生和计划生育局(简称县卫生计生局)内设秘书股、人教股、法监股、医政中医股、考核督查股、疾控股、基层卫生股、计划生育服务和家庭发展股、流动人口管理股、妇幼健康股、监察室;行政编制 19 人,实有人员 17 人。年内,陆川县进一步完善新农合医疗保障体系,加强基本公共卫生服务项目实施,继续开展"一免二补"(免费婚前医学检查、补助孕产妇产前筛查和新生儿疾病筛查)幸福工程,推进国家基本药物制度和全面"两孩"政策实施及县级公立医院改革,加强重点传染病防控和防治艾滋病攻坚工程实施,加强医政药政管理,全县无重大疫情发生和流行。县卫生计生局获评为广西计划生育优质服务先进(示范)单位、玉林市人口和计划生育工作先进单位、广西东部地区消除疟疾工作先进集体。

表 31 　　　　　　　　　　2016 年陆川县医院人员和床位情况

单位名称	总人数（人）	其中:卫技人员（人）					床位（张）
		中医	西医	执业护士	其他卫技人员	合计	
县人民医院	884	10	196	387	103	696	420
县中医院	259	34	40	92	42	208	200
县妇幼保健院	132	4	30	42	35	111	47
县中西医结合骨科医院	225	21	34	83	36	174	198
陆川温泉疗养院	207	12	42	91	27	172	258
温泉镇卫生院	51	3	7	12	18	40	30
米场镇卫生院	121	5	29	36	42	112	100
沙湖镇卫生院	50	3	10	14	17	44	48
马坡镇中心卫生院	168	6	29	67	27	129	138
平乐镇中心卫生院	87	8	28	23	22	81	90
珊罗镇卫生院	92	6	13	33	26	76	98
沙坡镇中心卫生院	82	5	23	28	12	68	68
大桥镇卫生院	78	3	12	15	48	78	57
横山镇卫生院	61	2	11	18	30	61	45
乌石镇中心卫生院	139	8	43	43	27	121	99
乌石镇月垌卫生院	47	5	13	7	18	43	26
滩面镇卫生院	53	4	14	16	14	48	40
良田镇中心卫生院	154	9	36	47	38	130	118
清湖镇中心卫生院	100	2	13	17	9	41	88
古城镇卫生院	77	5	13	19	29	66	51
陆城卫生院	50	2	11	10	16	28	28
合计	3117	157	647	1100	636	2527	2247

【县级公立医院综合改革】 2016年，陆川县推进医保、医疗、医药"三医"联动，完善医院核算和节约运行成本等多方共担的补偿机制，全县4家县级公立医院纳入综合改革范围，实行分类指导、示范引领、整体推进。年内，县城4家县级公立医院药占比为30.02%，比改革前下降5%；业务收入比改革前增加1.28%，药品收入减少16.70%；门诊诊疗人次增加8.41%，门诊次均费用减少1.67%，住院次均费用增加0.10%；医务人员人均收入增加2.80%，优化医院的收入结构，调动医务人员的积极性。

【乡村卫生服务规范化管理】 2016年，陆川县推进村卫生室标准化建设，154个村每个村均建设标准化村卫生室1所，并投入使用。重点加强村卫生室信息管理系统应用，解决新农合基金即时结算出现的问题。通过再注册、校验等规范管理方式，稳定和充实乡村医生队伍。开展乡村医生签约服务，引导乡村医疗卫生机构创新服务模式，建立乡村医生与农村居民契约式服务关系，创新农村医疗卫生机构服务模式，强化基本公共卫生服务任务的落实。全县农村居民乡村医生签约服务21.84万人（以常住人口计算），签约服务率30%。其中，重点人群签约服务率50%，居民健康保障水平不断提升。

【医疗联合体试点建设】 2016年，陆川县推进全县实施医疗联合体试点工作，进一步完善医疗资源共享机制。10月，出台《陆川县县乡医疗服务一体化管理实施方案（试行）》，试点以县人民医院、中医院、骨科医院3家二级医院为龙头，良田、马坡、米场、乌石等4家镇卫生院为成员，签订工作协议。县人民医院与乌石镇中心卫生院、县人民医院与米场镇卫生院、县中医院与良田镇中心卫生院、县中西医结合骨科医院与马坡镇中心卫生院建立4个医疗联合体。医疗联合体的二级医院主要提供县域内常见病、多发病诊疗以及急危重症患者抢救和疑难复杂疾病向上转诊服务。镇卫生院提供预防、保健、健康教育、计划生育等基本公共卫生服务和常见病、多发病的诊疗服务以及部分疾病的康复、护理服务，向二级医院转诊超出自身服务能力的常见病、慢性病、多发病及危急和疑难重症病人，根据实际情况接收上级医院转诊的急性病恢复期患者、术后恢复期患者及危重症稳定期患者等，并提供治疗、康复、护理服务。

【分级诊疗机制建立】 2016年，陆川县开展分级诊疗工作。县人民政府办公室印发工作实施方案，明确总体要求、目标任务、工作原则、主要内容、部门职责、时间和步骤、工作要求，落实各方责任，为开展医联体工作指明方向。引导县、镇级医疗机构建立目标明确、权责清晰的分工协作机制，促进优质医疗资源下沉，推动医疗资源合理配置和纵向流动。

【卫生医疗项目建设】 2016年，陆川县推进县妇幼保健院、县中医院及部分镇卫生院项目建设，计划总投资1.03亿元。其中，新规划建设的县妇幼保健院位于县城北新区锦源家居城北侧，占地面积8500平方米，项目总投资2500万元，11月5日动工建设。新规划建设的县中医院位于县城区东环大道世客城东北侧，占地面积1.60万平方米，项目总投资7300万元，年内完成项目招标。完成珊罗、沙坡、滩面、古城等4个镇卫生院业务楼项目建设。推进108个村卫生室改造，项目建设总投资540万元（每个村卫生室改造资金5万元），年内完成卫生室设施等方面改建。制订良田、马坡、乌石等镇中心卫生院建设规划，纳入县"十三五"规划卫生项目建设项目库，并向玉林市发改委申报2017年项目。

【新型农村合作医疗管理】 2016年，陆川县参加新型农村合作医疗（简称新农合）人数86.45万人，参合率99.53%。财政配套资金到位率100%。参合农民缴款全部足额存入财政专户。提高政策性补偿，全县政策性补偿由77.33%提高到79.72%，超过自治区75%的要求。推进城乡居民基本医疗保险制度整合，加大新农合支付方式改革力度，探索实行"按病种付费为主，总额预付、按人头付费、按服务单元付费相结合"的复合型支付方式。年内，规范新农合定点医疗机构医疗服务行为，开展新农合基金集中检查2次。全县新农合基金支出3.80亿元，比上年增长4.21%。提高重大疾病保障水平，重大疾病保

2016年，陆川县卫生计生系统开展县乡医疗服务一体化管理。图为10月29日举行县乡医疗服务一体化管理签约仪式　　　　县卫生计生局　提供

2016 年,陆川县卫生计生系统开展健康扶贫工作。图为 3 月 1 日召开的健康扶贫工作会议 县卫生计生局 提供

障病种 27 种,补偿 3681 人次,比上年增长 9.48%;补偿金额 5959.90 万元,增长 14.32%。重大疾病补偿金额由上年同期的平均每人次 1.52 万元提高到 1.65 万元;加强大病医疗保险,全县获大病补偿 6774 人,补偿金额 2029.32 万元,其中获得 1 万元以下补助的有 2809 人,获 1~3 万元补助的有 304 人,获得 3 万元以上补偿的有 19 人。全县单一补偿额度最高为 13.09 万元。

【"群众满意的乡镇卫生院"活动】
2016 年,陆川县开展建设"群众满意的乡镇卫生院"活动。县卫生计生局制订"创建群众满意乡镇卫生院"实施方案。马坡镇中心卫生院获国家卫生计生委办公厅授予"2014—2015 年度群众满意的乡镇卫生院"称号。

【健康扶贫】 2016 年,陆川县在开展扶贫攻坚工作中,开展健康扶贫工作。对农村贫困人口住院治疗实行先诊疗后付费,让农村贫困患者能及早治疗疾病,减轻贫困人口的经济负担。在县级医疗机构设立"绿色通道"服务窗口,在收费窗口等位置设立"健康扶贫服务窗口"标志。免除农村贫困人口挂号费。对建档立卡农

村贫困人口实施免费救护车接诊。从技术力量、临床用血和药品等方面给予保障,保证贫困群众得到及时、有效的医疗救治。年内,免除农村贫困人口挂号费 1.10 万元,救护车免费接诊 260 人次。加强贫困人口卫生保健知识培训和疾病防控,县卫生计生局组织全县卫生医疗机构,对贫困人口实施卫生保健和健康教育培训,覆盖贫困人口 5.6 万人,提升扶贫对象卫生保健和抵御疾病能力。把基本公共

卫生与精准扶贫工作的有机结合,按自治区卫生计生委统一部署,5—6 月开展建档立卡农村贫困人口"因病致贫、因病返贫"入户调查工作;6 月底,完成调查并将数据录入国家信息系统。每户贫困家庭建立一个档案卡,安排一名医务人员提供日常健康跟踪帮扶,健康数据录入国家扶贫系统工作。加强农村贫困人口慢性病患者治疗全程规范化管理。年内,全县建档立卡贫困人员慢性病患者 2391 人、重性精神病患者 695 例,全部建档实施规范化管理。开展健康扶贫义诊服务活动,以"学习白求恩精神——做人民群众健康保护神"为主题,开展义诊服务活动,组织医疗小分队进村入户为群众提供医疗服务。出动医务人员 3000 多人次,服务群众 10 万多人次,发放健康宣传资料 11 万份,投入宣传经费 20 多万元。

基本公共卫生服务

【重大疾病防控】 2016 年,陆川县推进基本公共卫生服务建设。组织开

2016 年,陆川县卫生计生系统开展"学习白求恩精神,做人民群众健康保护神"主题教育活动。图为 4 月 13 日召开主题教育活动动员会 县卫生计生局 提供

展公共卫生服务项目专项资金检查。加强城乡居民健康档案规范化管理，为城乡居民建立规范化电子健康管理档案 63.35 万份，健康档案规范化电子管理率 80.96%（要求 75% 以上）；更新健康档案 25.64 万份，档案更新率 40.48%。糖尿病发病率 7%，完成上级控制指标（7% 以下）；高血压发病率 15%，完成上级控制指标（15%以下）。加强慢性病、地方病、职业病防治工作，做好手足口病、禽流感、肺结核、乙肝、登革热等重点传染病防控，传染病（甲、乙）类发病率 0.27%，地方病（碘缺乏病、地氟病）发病率 0。

【健康教育服务】 2016 年，陆川县投入健康教育经费 92.77 万元，举办各类知识讲座 209 期，开展健康咨询活动 156 次，参加健康教育讲座及接受健康教育咨询民众 4.03 万人次，发放各类宣传材料 21 种 76.20 万份，出版宣传专栏内容 777 版。结合开展产后访视、慢性病、重性精神病患者随访及老年人健康体检，累计进行个体化健康教育 84.70 万人次。

【传染病防控】 2016 年，陆川县完善传染病联防联控机制，加强疾病监测、疫情处置等工作，应对和处置突发公共卫生事件。实行政府主导、部门配合、社会参与的传染病防控机制，实行疾控和各部门单位的联动。全县各级医疗保健机构等责任疫情报告单位实行传染病全面报病，县疾控中心疫情室管理人员每天按时审核。强化宣传教育，加强传染病信息管理、报告、处理及免疫工作、健康教育培训等，提高人群防病知识知晓率。年内，全县举办健康教育培训会 310 多次，参加培训 4.50 万人；开展知识讲座 150 多场次，受益 2.80 万人次；悬挂宣传横幅 1200 多条，张贴宣传标语 3000 多条，展出画板 280 多次；发放健康教育宣传资料 5.80 万份，健康教育读本 1.50 万本。基层医疗卫生单位登记的传染病患者 362 例，填报传染病报告卡 362 份，报告及时率

100%，无传染病突发公共卫生事件发生。

【预防接种】 2016 年，陆川县开展预防接种规范管理专项活动，重点对预防接种告知和宣传行为、疫苗和冷链管理、预防接种单位设置和资质等进行规范；组织开展"山东非法经营疫苗"事件自查和专项督查，共核查 4 家县级机构和 15 家基层医疗卫生机构，规范二类疫苗管理；做好脊髓灰质炎疫苗策略转换工作。探索预防接种门诊规范化建设，加强免疫规划疫苗查漏补种和接种证查验工作，免疫规划疫苗以镇为单位，报告接种率保持在 90% 以上，全县报告确诊麻疹病例 1 例，无预防接种差错事故发生，疫苗针对性传染病控制在低发水平。年内，全县出生儿童建卡 1.76 万人，建卡率 100%；儿童预防接种主要加强乙肝疫苗、卡介苗、脊灰疫苗、百白破疫苗、麻疹疫苗、麻风腮类疫苗、A 群流脑疫苗、A+C 流脑疫苗、乙脑疫苗、甲肝疫苗等 10 种一类疫苗接种，接种 34.41 万剂次，接种率 98.36%。

【儿童健康管理】 2016 年，陆川县活产婴儿 1.86 万人，均建立儿童保健手册，建册率 100%；新生儿访视率 98.67%；辖区内应管理 0~6 岁儿童 12.63 万人，累计健康管理儿童 11.71 万人，儿童保健覆盖率为 92.70%；完成系统管理儿童 11.43 万人，系统管理率 90.55%。

【孕产妇健康管理】 2016 年，陆川县有产妇 1.86 万人。对怀孕 12 周之前的孕妇建册 1.83 万人，早孕建册率 98.37%；完成产前健康管理 1.84 万人，产前健康管理率 98.62%；住院分娩产妇 1.86 万人，住院分娩率 100%；产后 28 天内接受产后访视产妇 1.83 万人，产后访视率 98.49%；系统健康管理孕产妇 1.83 万人，系统管理率 98.25%。

【老年人健康管理】 2016 年，陆川县

加强老年人健康管理。全县 65 岁及以上常住老年人 6.26 万人，按照老年人健康管理规范要求，开展年度体检，免费开展辅助检查项目（内科、辅助检查血常规、血糖、肝功能、血脂、肾功能、尿常规、心电图）。年内，全县参与健康管理的 65 岁及以上老年人 4.39 万人，健康管理率 70.14%，超额完成全年 65% 的计划指标任务。

【慢性病健康管理服务】

高血压患者管理 2016 年，全县开展高血压筛查 13.39 万人，筛查率为 3804/ 万；新发现管理高血压病人 5897 人，累计确诊高血压患者 4.83 万人，开展健康管理的高血压患者 4.73 万例，健康管理率 40.30%。随访血压达标患者 2.54 万例，血压控制率 53.74%；按规范要求管理患者 3.43 万人，规范管理率 72.44%。

2 型糖尿病患者管理 2016 年，全县开展 2 型糖尿病（指成人发病型糖尿病）筛查 8.06 万人，筛查率为 2289/ 万。年内，新发现管理 2 型糖尿病 3189 人，累计确诊 2 型糖尿病 1.95 万人，进行健康管理 1.93 万例；随访血糖达标 9512 例，血糖控制率 49.40%，按规范要求管理患者 1.39 万人，规范管理率 72%。

【重性精神疾病患者健康管理】 2016 年，陆川县共检出重性精神疾病患者 3222 人，累计登记在册重性精神疾病患者检出率 4.10‰；完成规范管理 2693 人，规范管理率 83.58%。

【卫生监督协管】 2016 年，陆川县饮用水卫生安全监督单位 36 个，学校卫生监督单位 201 个，非法行医和非法采供血监督单位 422 个，公共场所 105 个，医疗废弃物监督单位 420 个。年内，开展培训 24 次，制作卫生宣传板报 23 次，开展农村人饮工程饮用水卫生宣传指导 5 次。开展卫生监管巡查 1898 家次，发现有非法行医和非法采供血异常情况等对人体健康造成危

害或可能造成危害的线索和事件信息报告 11 次，信息及时报告率 100%。全年无食品安全和职业卫生事件（线索）发生报告。

【中医药服务】 2016 年，陆川县中医院对全县各乡镇卫生院员进行中医药服务培训 12 次。全县 60 岁以上老年人 6.26 万人，其中列为老年人中医药健康管理 2.72 万人，老年人中医药健康管理率 43.43%；0~36 月龄儿童 5.76 万人，0~36 月龄儿童中医药健康管理 2.50 万人，儿童中医药健康管理率 43.37%。

疾病防控

【艾滋病防控宣传】 2016 年，陆川县卫计局加强防治艾滋病宣传教育，主要针对高危场所、流动人口和农民工开展全方位、多层次的宣传。年内，开展现场防艾宣传活动 17 次，出动防艾宣传车 4 天次，发放防艾宣传材料 8 种 20 万份，设防艾宣传专栏、展板 8 块，电子屏幕滚动播放防艾知识 2360 次，宣传覆盖各类人群 73 万人。

【禽流感防控】 2016 年，陆川县制订《陆川县人感染 H7N9 禽流感应急预案》，建立健全人感染 H7N9 禽流感领导小组、医疗救护组、疫情防控组、卫生监督组，各级医疗卫生单位成立领导小组，制定应急预案。年初，在全县卫生工作会议上对人感染 H7N9 禽流感防控工作做部署。在县疾控中心举办人感染 H7N9 禽流感培训班，全县各医疗卫生单位分管领导及公卫部主任参加培训。加强疫情监测，疫情管理员每天按时审核疫情信息报告网，每周定期对县人民医院门诊及住院发热病人进行疑似病例搜索，做到"早发现、早报告、早治疗、早隔离"防治疫情蔓延。加强宣传教育，提高

群众自我防护意识，县疾控中心印发人感染 H7N9 禽流感宣传单 3 万份，各医疗卫生单位均出版专栏。加强对各医疗卫生单位人感染 H7N9 禽流感防控工作督导，存在问题要求及时整改。年内，全县无人感染 H7N9 禽流感病例发生。

【手足口病防控】 2016 年，陆川县卫生计生部门与县教育部门联合印发《陆川县手足口病防控工作方案》；召开各医疗卫生机构负责人、公卫部主任防控工作会议；组织对全县 39 家医疗卫生机构、中心小学及中心幼儿园进行手足口病防控督导。开展手足口病防控宣传教育，印发手足口病宣传单 4 万份，宣传画 205 张。年内，全县报告手足口病 1467 例，比上年下降 21.55%，各小学、托幼机构无手足口病聚集性病例发生。

【结核病防治】 2016 年，陆川县卫生计生部门加强结核病防治，全县医疗单位对肺结核病人和可疑肺结核病人按规定报告，及时转到县疾控中心进行确诊治疗和管理。在"3·24"防治结核病宣传日，加大结核病控制宣传，发放宣传画 800 多张、宣传单 2.50 万份，悬挂标语 44 幅，出版宣传栏 25

期、板报 19 套。做好结核病人督导访视，县疾控中心到镇卫生院督导 90 多次，对村医及病人督导、访视 400 多人次。

妇幼保健

【妇幼健康服务】 2016 年，陆川县推进妇幼健康服务体系建设，实施妇幼健康服务机构标准化建设规划，提升妇幼健康服务技术水平，保障"两孩政策"与"体系建设"的实施，降低出生缺陷发生率，提高地中海贫血防治质量，加大妇幼健康宣传，优化妇幼健康信息管理，提高妇女儿童健康水平和出生人口素质。年内，全县的住院分娩率 100%，农村孕产妇住院分娩补助率 98.09%，孕产妇死亡率 15.32/10 万，无新生儿破伤风发生。婴儿死亡率 2.30‰，5 岁以下儿童死亡率 4.14‰，出生缺陷发生率 7.16‰。

【产前筛查和新生儿筛查】 2016 年，陆川县进一步做好产前筛查和

表32　　　2016 年陆川县 0~6 岁儿童免疫规划疫苗接种情况

单位：人

项目	应种数	实种数	接种率(%)
乙肝疫苗	52638	52279	99.32
卡介苗	18575	18512	99.66
脊灰疫苗	67469	66813	99.03
百白破疫苗	66579	65751	98.76
麻疹疫苗	16811	16618	98.85
麻风腮类疫苗	18713	18520	98.97
A 群流脑疫苗	31496	31108	98.77
A+C 流脑疫苗	23054	20462	88.76
乙脑疫苗	35900	35580	99.11
甲肝疫苗	18638	18504	99.28
合计	349873	344147	98.36

新生儿筛查补助。产前筛查和新生儿筛查补助项目到位资金213.56万元。产前筛查1.72万人,产前筛查率92.79%,筛查发现21-三体高危813人,18-三体高危4人,神经管畸形高危64人,阳性率5.11%;产前筛查补助9998人。新生儿疾病筛查1.83万人,新生儿疾病筛查率98.50%,新生儿听力筛查率99.53%,新生儿疾病筛查苯丙酮尿症阳性17人,先天性甲低阳性54人,阳性率0.39%,新生儿筛查补助1.66万人。

【地中海贫血筛查】 2016年,陆川县医疗保健机构孕妇建卡1.69万人,地中海贫血筛查率100%;对符合地中海贫血双阳性夫妇进行基因诊断补助315对,补助率100%;地贫产前诊断补助137例,补助率100%。

【"降消"项目实施】 2016年,陆川县继续实施"降消"项目(降低孕产妇死亡和消除新生儿破伤风发生),全县补助产妇1.63万人(其中正常产补助1.60万人,高危产救助271人),补助总金额668.78万元。住院分娩率100%;新生儿破伤风发生率为0;孕产妇产前检查率99.72%,孕产妇系统管理率98.25%,产后访视率98.49%。

【"育龄妇女叶酸补服"项目】 2016年,陆川县领取叶酸育龄妇女2.80万人,目标人群增补叶酸知识知晓率97.58%,叶酸服用依从率98.39%。

【母婴传染病阻断】 2016年,陆川县按照《全国艾滋病检测技术规范》要求,开展艾滋病病毒抗体检测。县妇幼保健院重点对孕产妇自愿咨询检测服务和阳性孕产妇的治疗及服务进行跟踪随访。年内,全县接受初次产前保健孕妇1.67万人,接受HIV咨询率100%,孕妇HIV检测率100%。住院分娩产妇1.72万人,接受HIV咨询1.72万人,咨询率100%;接受HIV检测产妇检测率100%;孕产妇接受

乙肝表面抗原检测、梅毒检测,检测率100%。

【《出生医学证明》管理】 2016年,陆川县卫生计生部门规范《出生医学证明》出入库登记、签发、换发、补发、废证管理、印章分开管理工作,进一步提高当年活产发证率、降低废证率和换证率。年内,活产儿发证1.53万人,发证率88.55%。严把助产机构外分娩出生证发放关,严格按文件规定的程序签发助产机构外分娩出生证,年

内签发助产机构外分娩出生证62张。

爱国卫生运动

【农村环境卫生】 2016年,陆川县以生态乡村建设为契机,加强农村环境卫生整治,全县农村卫生厕所普及率93.60%。

①

②

2016年,陆川县加强医疗卫生服务。

图①6月24日,县人民医院在温泉镇洞心村开展健康知识大讲堂活动

图②6月24日,医疗服务队在温泉镇洞心村开展义诊活动

县卫生计生局 提供

【病媒生物防治】 2016年，陆川县以城乡环境卫生综合整治为载体，开展病媒生物防治。全县举办知识讲座70次，干部职工出工5000多人次，发动群众50多万人次，清运垃圾15万多吨，清理卫生死角1.20万处，疏通沟渠2000多米，投放鼠药2500千克，其他消杀药品900多千克，消杀面积近2万平方米，出版宣传板报278期，接受宣教50多万人次。

【"2016年健康中国行——走进陆川"主题宣传活动】 2016年8月22日，"2016年健康中国行——走进陆川"主题宣传活动启动仪式在县市政广场举行。县人民医院、中医院、骨科医院、妇幼保健院、县计划生育服务站、县疾控中心等医疗卫生单位组织医疗专家和业务骨干20多人参与宣传活动，发放宣传资料、避孕药具等，开展免费咨询、健康义诊服务，医疗专家在活动现场为群众详细讲解防治高血脂、高血压、糖尿病、冠心病等慢性疾病的知识，发放《健康知识手册》《中国公民健康素养66条——基本知识与技能》及印有卫生计生知识的手提袋和围裙等宣传品。摆放健康教育宣传展板14块，各镇组织"卫生计生健康知识大讲堂"14节课，发放宣传资料15种5000余份、避孕药具300多盒，解答群众咨询500余人次，免费为群众义诊1200余人次。

医政管理

【基层中医科建设】 2016年，陆川县按照自治区人民政府加强壮瑶中医药健康服务发展要求，完善基层中医科建设。全县16家镇卫生院全部建设有中医科，均配备中药饮片200种以上，能开展10种以上的中医适宜技术服务，并开展常见病、多发病的中医治疗，同时运用中医药进行预防保

健服务。全县154个建制村卫生室均配备中医诊疗设备，其中有109家村卫生室的乡村医生能中会西，154个建制村卫生室配备中医诊疗设备，有89个村卫生室开展常见病用中医治疗和用中医进行预防保健服务，24个村卫生室可提供4项以上的中医适宜技术服务。年内，开展"中医名医名家走基层"活动，组织中医医师5人到各镇、村开展中医诊疗技术服务，诊疗病人2000多人次。县中医院定期组织专家组到各镇开展中医技术培训，主要针对常用方剂（中草药）、药线点灸等中医适宜技术在乡镇常见病、多发病的治疗应用方面进行相关知识讲解，并通过现场交流、实地操作演示等方式，让学员掌握多项适宜技术，共举办培训班3期，培训人员180多人次。

【专业技术人员培训】 2016年，县卫生计生局组织人员参加自治区、玉林市级以上各类医疗技术培训。县级中医临床技术骨干培训2人，玉林市打击"两非"综合治理出生人口性别比偏高工作培训2人，中央补助广西公共卫生专项资金中西部地区医疗机构药师培训16人，玉林市县级医院骨干医师培训项目培训2人，玉林市市、

县两级中医临床技术传承骨干培训2人，玉林市新筛项目管理及技术培训班18人，玉林市地中海贫血防治技术骨干人员培训24人，玉林市基本公共卫生服务项目技能培训班2人；参加广西艾滋病职业暴露培训班2人、广西卫生应急管理培训2人。年内，选派10名中医药人员到三级医院或医学院校进行培训、学习，乡、村两级选派16人到县级中医医院跟班学习。以县中医院为教学单位，举办培训班2期，共培训107人次。4月，邀请三级医院中医专家到县中医院和县中西医结合骨科医院进行讲学、带教。

【"三好一满意"活动】 2016年，陆川县卫生计生系统开展"进一步改善医疗服务行动"活动，实施"三好一满意"（即服务好、质量好、医德好、群众满意）工作，各医疗卫生单位贯彻执行医疗卫生管理的各项规章制度和法律法规，依法执业，对全体职工进行法律法规专项培训，培训率100%。健全并落实医院规章制度和人员岗位责任，贯彻落实《抗菌药物临床应用指导原则》，坚持抗菌药物分级使用，建立健全药品用量动态监测及超常预警机制。改进服务流程，改善就诊环境，方便病人就医。县卫生计生

2016年，陆川县开展"中医名医名家走基层"行动。图为6月24日，组织医疗队到贫困村开展卫生计生健康知识宣传培训　　县卫生计生局　提供

局抽调专家对各医疗单位服务流程、措施、病历、处方等进行经常性抽查2次，及时指出存在问题并限期整改。各卫生单位加强医德医风教育，大力弘扬高尚医德，严肃行业纪律，改善医务人员服务态度，优化服务流程，不断提升服务水平。

药政管理

【国家基本药物制度执行】 2016年，陆川县加强医疗卫生机构对药品集中采购政策的理解，开展新一轮药品集中分类采购，强化基本药物质量监管，抓好基层医疗机构基本药物的管理使用，按药品管理的规定进行管理，合理使用基本药物。各单位实行网上采购，采购价格执行中标价，无违规情况，没有采购非中标品种情况。县委、县政府加强医疗结构临床用药管理，印发《关于进一步规范医疗机构临床用药工作的通知》，县卫生计生局开展药品使用综合分析和重点跟踪监控，年内开展监督检查2次，并将其列入医德医风考核内容，作为基层医务人员竞聘上岗、执业考核重要内容。各卫生单位健全药事管理组织，完善药品使用管理制度，规范药品管理使用，重点对大处方的管理，制订具体的管控措施，在检查中未发现大处方等违规的现象。

【药品采购】 2016年，陆川县各镇卫生院建立健全基本药物采购制度，严格实行网上采购，价格执行中标价，无违规情况。各镇卫生院对药品的采购均通过规定的管理信息系统进行，采购流程为各镇卫生院编制药品采购目录，制作发送采购订单、对到货药品进行检查验收并进行网上确认，没有擅自采购非中标药品替代中标药品的现象，没有采购非中标品种情况。县直各医院通过自治区药品招标信息平台统一采购，按照采购流程进行采购，实现药品统一招标及采购配送互联网交易；民营医院为自主采购。各公立医院完善药品集中采购在自治区药品网上集中采购平台统一采购，加药品购销合同管理，规范药品货款支付，加强药品配送管理，加强医务人员合理用药培训和考核，收集分析药品供求信息，强化药品管理监测和预警。

【药品经营】 2016年，陆川县人民医院、中医院、骨科医院、妇幼院等4家县直医疗单位药品收入11.33亿元，16家基层医疗卫生单位药品收入4696.60万元。陆川县茶花山医院、沙坡精神病院、青山医院、万应医院等4家民营医院药品收入717.10万元。

卫生监督

【卫生监督信息报告】 2016年，陆川县按照网络直报要求，5个工作日内及时完成被监督单位、经常性卫生监督、案件处罚等数据的录入、审核工作。督促被监督单位底档。完善公共场所有效被监督单位录入271家，公共场所监督单位共346家，公共场所换发证112家，经常性监督录入470家次，监督覆盖率为77.75%；生活饮用水被监督单位录入3家，经常性监督录入8家次，监督覆盖率为100%；完善被监督单位学校卫生录入52家，学校卫生经常性监督录入63家次，监督覆盖率为100%；医疗卫生被监督单位929家，完善录入439家，医疗卫生经常性监督录入474家次，监督覆盖率为47.26%；完善被监督单位传染病防治录入32家，传染病防治经常性监督录入43家次，监督覆盖率为78.13%；完善被监督单位放射卫生录入16家，放射卫生经常性监督录入33家次，监督覆盖率为100%；完善被监督单位餐饮具消毒经营单位录入1家，经常性监督录入5家次，监督覆盖率为100%；血液安全被监督单位1家，经常性监督录入7家次，监督覆盖率为100%；案件处罚录入6起，其中消毒产品1起，无证行医5起。

【公共场所卫生监督】 2016年，陆川县有公共场所经营单位271家，其中宾馆旅店45家，美发美容店186家，商场20家，游艺室2家，沐浴场所9家，游泳场所2家，其他7家。年内，做好管理相对人建档工作，对所有公共场所经营单位建立监督档案。公共场所从业人员体检833人，持健康证人数833人，持卫生知识培训合格证833人。经现场卫生审查合格发放卫生许可证单位109家。加强公共场所经营单位日常卫生监督，进行巡回监督检查2次以上，监督560户次。重点对经营环境卫生状况、公共用品的消毒管理、从业人员的持证情况、卫生制度落实情况进行监督检查，对检查中发现的问题提出限期整改措施，督促其加强自身管理，监督覆盖率100%。实行公共场所卫生监督量化分级管理。全县有住宿业45家，实行量化管理45家。其中A级7家，B级7家，C级31家。游泳场所2家，实行量化管理2家。沐浴场所9家，持有卫生许可证9家，实施量化分级管理9家，均为C级单位。美容美发场所186家，持有卫生许可证186家，实施量化分级管理186家，其中A级1家，B级5家，C级180家。

【传染病防治监督】 2016年，陆川县重点对手足口病、H7N9流感、麻疹等传染病疫情防控工作和医院感控进行监督检查。监督检查医疗卫生机构和疾控机构等24家，主要检查各医疗机构的院内感染、消毒隔离制度执行情况、疫情控制措施执行情况和疫情报告工作等，未发现医院感染性疾病暴发流行事件发生。3—10月，对15家乡镇卫生院进行疫苗流通和预防接种工作监督检查，未发现违法购进的疫苗及过期失效疫苗。对县直4家医院、疗养院、县疾控中心、单采血浆站的疫情报告情况进行检查。传染病疫情按要求做好传染病疫情登记和报告,登记报告内容比较完整,乙类丙类传染病在24小时内网络报告,登记名称符合有关规定。县疾控中心疫情报告人员每天在网络查询、核实辖区内传染病信息,进行错项、漏项、逻辑错误等检查、审核,乙、丙类传染病24小时内实行网络报告。

【医疗废物处置监督】 2016年,陆川县对全县医疗卫生机构感染性、损伤性、病理性、化学性医疗废物处置工作进行监督检查,共监督检查医疗卫生单位28家,共出动汽车56辆次,出动人员112人次。大部分医疗卫生机构建立有医疗废物管理制度,制订有工作责任制,工作规范,应急预案并设有监控部门,落实有管理人员,把责任落实到人。各医疗卫生单位产生的医疗废物由玉林市爱民医疗废物处理有限公司集中运输处理。

【医疗服务市场监督】 2016年,陆川县加大医疗市场安全监管。对全县有B超机、妇产科、检验室的医疗卫生单位开展打击"两非"(指利用超声技术和其他技术手段进行非医学需要的胎儿性别鉴定以及非医学需要选择性别人工终止妊娠)工作,开展打击"两非"专项执法活动,立案1起,结案1起,罚款金额5840元,没收违法所得160元。打击非法行医,无证行医立案31起,结案31起,罚款9.80万元。

【采供血安全监管】 2016年,陆川县内采血浆单位有华兰单采血浆站1家。年内,对县华兰单采血浆站监督检查7次。未发现有冒名顶替、超采频采的违法行为,未发现有非划定区域供血浆者供浆。

【饮用水卫生监督】 2016年,陆川县集中式供水单位5家,其中县级集中式供水单位1家,乡镇集中式供水2家,二次供水2家;持有效卫生许可证3家。从业人员30人,持有健康证30人。严格督促供水单位加强卫生管理,落实各项卫生管理制度。对各供水单位加强日常卫生监督,年监督2次以上,市政集中式年监督4次,监督12户次,监督覆盖率100%。年内无生活饮用水卫生突发事件发生。

【学校卫生监督】 2016年,陆川县内中小学校卫生监督检查主要加强学校教学生活环境、生活饮用水和传染病防控工作检查。检查学校53所,各学校教室采光、黑板和课桌椅基本符合卫生要求;城区学校使用市政供水,镇区中学和中心学校为分散式供水,水源为井水,水井周围无污染源。中学均能为学生提供开水,小学部分提供;大部分学校制订有针对传染病防控预案和措施,落实专(兼)职人员负责传染病疫情报告。

【职业卫生监督】 2016年4月26日,陆川县卫生计生部门组织开展《中华人民共和国职业病防治法》宣传周活动,围绕"健康中国,职业健康先行"主题,主要针对用人单位和劳动者,特别是广大农民工,开展职业病防治法和职业病防治知识宣传教育,接受咨询120多人次,分发宣传资料300多份。

【放射性卫生监督】 2016年,自治区卫生计生委在自治区开展放射防护专项治理。陆川县卫生监督部门组织开展放射防护专项治理,对全县20家放射诊疗单位放射诊疗安全防护进行专项治理,完善放射诊疗管理制度,放射安全防护到位,有效保障放射工作人员、患者和公众的身体健康。经过专项治理,15家放射诊疗单位持有《放射诊疗许可证》,并建立健全放射诊疗安全与防护的管理规章制度和操作规程;20家放射诊疗单位成立辐射安全与防护管理机构,并设置放射防护设施;19家放射诊疗单位配备个人防护用品,20家放射诊疗单位在放射诊疗场所的入口处悬挂有警告标志。

【艾滋病防治卫生监督】 2016年,陆川县加强医疗卫生单位艾滋病防治卫生监督,对28家医疗卫生单位进行艾滋病防治监督检查。各医疗机构、采供血机构开展艾滋病防治知识和专业技能培训及个人防护措施培训;4家县直医院对孕妇开展艾滋病免费检测。设有艾滋病初筛实验室的医疗机构、采供血机构实验室人员持证上岗;医疗机构的临床用血进行艾滋病检测结果核查;采供血机构按有关规定对采集的人体血液、血浆进行艾滋病检测。没有向医疗机构和血制品生产单位提供未经艾滋病检测的人体血液和血浆,严格按有关规定处置阳性血浆。县妇幼保健院开展对婚前艾滋病的自愿咨询检测,对婚前检查人员提供艾滋病咨询和自愿艾滋病血清检测。加强公共场所艾滋病防治卫生监督。全县采取发证审查、日常监督检查与专项检查相结合,督促业主开展艾滋病防治宣传,出版宣传专栏,张贴艾滋病防治宣传画,摆放宣传资料,在客房放置安全套;督促公共场所进行从业人员健康检查和艾滋病血清检测。年内,有247家公共场所经营单位张贴有艾滋病防治宣传画,180家设置艾滋病防治知识宣传框架,45家宾馆旅社摆放有安全套和宣传资料。

(陈明晖)

陆川温泉疗养院

【陆川温泉疗养院概况】 广西壮族自治区总工会陆川温泉疗养院(简称陆川温泉疗养院)是自治区总工会管理的正处级公益二类事业单位,按二级医院管理,又称广西壮族自治区总工会职工医院;是城镇职工、城镇居民医疗保险定点医院、新型农村合作医疗定点医院、精神残疾鉴定医院、贫困精神病患者医疗救助项目实施医院;是自治区人民医院、玉林市红十字会医院(183医院)技术协作医院。医院建有温泉休养楼、温泉水池、沙池、小型温泉游泳池等设施。开设有神经内科、心血管内科、呼吸内科、消化内科、内分泌科、老年病科、中医科(颈肩腰腿痛专科)、皮肤科、风湿科、精神科、外科、医学检验科、医学影像科、门诊部等医疗科室,定编床位258张。2016年,在职干部职工207人,其中专业技术人员177人(副高职称4人、中级职称29人、初级职称111人),行政后勤人员30人。年门诊量2.61万人次,住院6437人次。

2016年6月30日,陆川温泉疗养院开展庆祝建党95周年进社区义诊活动
陆川温泉疗养院 提供

【医疗技术协作】 2016年,陆川温泉疗养院加强医疗技术协作,每月邀请自治区人民医院专家到疗养院进行业务查房、学术讲座、技术指导,每周邀请自治区人民医院专科业务骨干到对应科室进行指导,提升业务人员的医疗技术水平,年内共邀请专家指导157人次。选送医疗业务人员16批27人次到自治区人民医院接受培训;选送技术骨干外出参加学习65批155人次;院内开展业务培训22次、业务技能竞赛5次,受训人员1524人次。

【医疗科室增设】 2016年4月26

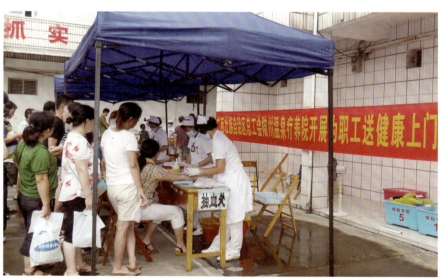

2016年7月17日—25日,陆川温泉疗养院到来宾市开展上门体检服务活动
陆川温泉疗养院 提供

日,陆川温泉疗养院挂牌成立陆川县精神卫生工作技术管理办公室(简称"县精防办"),主要负责陆川县范围内重性精神病患者的筛查、技术指导、监督检查和业务培训等工作。年内,免费进行精神残疾鉴定评级225例。

【上门体检服务活动】 2016年,陆川温泉疗养院按照广西职工保障互助协会部署开展上门体检服务活动,利用医疗流动体检车,组织医疗队到玉林市、贵港市、来宾市、梧州市等厂矿企业为一线职工和农民工开展上门体检送健康活动,参加体检一线职工和农民工有5000人。

【健康帮扶活动】 2016年,陆川温泉疗养院落实自治区总工会健康帮扶政策,帮扶接诊324名符合条件的住院患者,帮扶资金79万元;开展为贫困人口义诊活动14次,赠送药品2.07万元。实施自治区总工会定点扶贫工作,与河池市东兰县武篆镇鸾坡村建立"一帮一联"定点结对扶贫,派驻贫困村第一书记1人。9月,发动干部职工捐款3万元,实地走访慰问对应帮扶的47户贫困群众,为11户没有电视机的贫困户每户赠送电视机1台,为36户贫困户每户发放慰问金300元。

【职工疗休养】 2016年,陆川温泉疗养院继续开展广西全区一线骨干职工疗休养活动,接待一线骨干职工疗休养14批次656人。对来自广西各行业的一线骨干职工和自治区内外的温泉保健疗休养人员进行健康体检、温泉保健、讲解保健知识等特色服务,组织疗休养人员到陆川当地了解客家人的风土人情和客家文化,积极开展爱国主义教育。   (甘运婵)

计划生育

【人口计划生育概况】 2016 年,陆川县围绕实施全面两孩政策推进计划生育依法行政,加强社会管理和公共服务,人口计生工作持续健康发展。人口自然增长率 7.69‰,出生人口性别比 109.76(即每出生活产 100 名女婴相对应的男婴出生数为 109.76),政策外多孩率 4.85%,产前筛查率 93.52%,计划生育家庭奖励扶助政策落实率 100%,人口数据库信息准确率 97.79%,数据库信息及时变更率 97.79%。

【全面两孩政策实施】 2016 年,陆川县贯彻落实新修订的《广西壮族自治区人口和计划生育条例》和自治区党委、自治区政府《关于实施全面两孩政策改革计划生育服务管理的实施意见》。加强全面两孩政策宣传引导,2 月在县城区举办培训班,对各镇落实全面两孩政策有关规定、程序、注意事项等进行系统培训,加强政策解读。做好全面两孩政策实施前后的政策清理和衔接工作。年内,全面两孩政策平稳实施。全县共有 23 对再生育夫妇经过申请办理依法领取再生育子女证。

【计划生育服务管理】 2016 年,陆川县继续以目标管理责任制为重点,全面加强计划生育基础工作。严格执行人口和计划生育目标管理责任制,坚持计划生育基本国策不动摇,坚持"一票否决"制,坚持将人口计生工作摆在经济社会发展全局的战略性、基础性位置,与经济社会发展统筹考虑、综合决策、协调推进。4 月 13 日,县政府召开全县卫生和计划生育工作会议,县长蒙启鹏出席会议并讲话,会议部署 2016 年工作,并就稳妥实施全面两孩政策、稳步推进机构改革等工作提出意见和要求;县政府领导与相关单位主要领导签订目标管理责任书。加强教育、公安、民政、财政、人社、住建、工商行政管理、统计、扶贫等部门联动配合,完善领导和部门联系挂点制度、部门联席会议制度、信息通报制度、部门帮扶制度、部门配合制度等,加强部门配合,建立信息共享制度。各部门每月 5 日前向县卫生计生部门报送新婚、离婚、出生人口、收养、死亡和已婚育龄夫妇孕情、生育、节育等情况;建立健全全县人口计生目标责任考核数据共享直报制度,做好全县人口信息比对核实、录入上报、考核评估工作。县、镇人口与计划生育领导小组成员单位,每月定期通报本单位、本系统上月有关人口信息,为人口计生部门全面、准确收集人口相关信息和建立育龄妇女计划生育信息档案提供信息平台。年内,县卫生计生局县公安局、工商局、药监局、妇联等有关部门联合开展打击"两非"专项活动 4 次,出动行政执法人员 100 多人次,检查医疗机构、药店、诊所等 300 余家,查处并结案"两非"案件 1 例。

【计划生育家庭支撑体系建设】 2016 年,陆川县继续执行计划生育特殊困难家庭扶助、救助政策。结合县人口计生工作实际情况,在经济扶助、养老保险、医疗服务和社会关怀方面给予计划生育特殊困难家庭优生优惠,给予独生子女伤残、死亡家庭每年每人补助 10320 元。开展农村计划生育家庭部分奖扶对象的审核,按照自治区、玉林市要求,完成奖励扶助信息平台接轨和数据录入,做好奖扶对象的资金发放,年内新增奖励扶助对象 74 名全部上报,全县有 1118 人享受奖励扶助金,发放奖励扶助金 161.50 万元。做好计划生育家庭子女享受中高考加分审核,年内全县计划生育家庭独生子女和双女计划生育户女儿考生享受高考加分 14 人,享受中考加分 3 人;落实 66 名计划生育家庭退休职工享受退休工资增加 5% 待遇,各项奖励扶助政策落实率均达 100%。

【流动人口计划生育服务】 2016 年,陆川县加强流动人口计划生育服务管理,流动人口计划生育纳入相关部门工作职责。年内召开部门联席会议 2 次,组织公安、工商行政管理、人社、住建、财政等部门开展流动人口计划生育专项治理,促进流动人口计划生育服务管理。开展创建流动人口基本公共均等化示范镇活动,重点加强宣传教育均等化、计生技术生殖健康服务均等化、优生优育均等化、便民维权服务均等化、信息建设均等化的"五个均等化"方面建设,健全流动人口服务管理体制。开展流动人口计生主题宣传服务活动。健全完善"信息互通、管理互补、服务互动"的区域协作机制,进一步加强与流出地的联系协作,及时办理来电、来函和投诉案件。年内,全县流动人口 9.02 万人,其中流出人口 8.88 万人,流入人口 1362 人。流动人口免费技术服务覆盖率、免费孕环检率、免费药具发放率均达 100%;流动人口重点服务管理对象协查信息及时反馈率达 100%;流出成年育龄妇女办证登记率达 98.13%,流入已婚育龄妇女计划生育建档率达 100%;流出育龄妇女入库率达 99.99%,流入育龄妇女入库率达 100%。　　　　(陈明晖)

社会生活

SHEHUI SHENGHUO

2016 年 4 月 28 日，县侨联在陆川县特殊学校开展"澳大利亚魏基成天籁列车"慈善公益活动。图为捐赠仪式活动现场

县侨联　提供

婚姻·家庭

【婚姻登记】 2016 年,全县办理结婚登记 7529 例,离婚登记 1207 例,补领结婚证 1380 例,补领离婚证 28 例;出具婚姻登记记录证明 227 份,出具无婚姻登记记录证明 2036 份。

（范永锋）

【免费婚检】 2016 年,陆川县继续实施免费婚检,县财政落实配套婚检资金 82 万元,全县参与婚检 1.42 万人,婚检率 99.75%。

【妇幼健康服务】 2016 年,陆川县推进妇幼健康服务体系建设,实施妇幼健康服务机构标准化建设规划,提升妇幼健康服务技术水平,保障"两孩政策"与"体系建设"的实施,降低出生缺陷发生率,提高地中海贫血防治质量,加大妇幼健康宣传,优化妇幼健康信息管理,提高妇女儿童健康水平和出生人口素质。年内,全县的住院分娩率 100%,农村孕产妇住院分娩补助率 98.09%,孕产妇死亡率 15.32/10 万,无新生儿破伤风发生。婴儿死亡率为 2.30‰,5 岁以下儿童死亡率为 4.14‰,出生缺陷发生率 7.16‰。

（陈明晖）

妇女·儿童

【妇女儿童概况】 2016 年,陆川县有妇女 51.01 万人,占全县人口的 46.9%;0~17 岁的青少年儿童 33.45 万人,占全县人口的 30.77%。

【"送温暖"慰问活动】 2016 年 12 月,县妇联在全县 14 个乡镇 32 个贫困村组织开展"送温暖"慰问活动,主要慰问建档立卡贫困妇女、留守儿童、孤寡老人等,共慰问 480 人,发放慰问金 12.17 万元。

【"心手相牵"关爱困境妇女儿童行动】 2016 年 7 月,县妇联开展"心手相牵"关爱困境妇女儿童行动,共资助 7 名贫困女大学生上学,发放资助资金 5600 元。"六一"节期间,开展慰问留守、贫困儿童活动,慰问儿童 20 人,发放慰问金 8600 元。

【巾帼"脱贫"行动活动】 2016 年,自治区妇联实施广西"产业到家 牵手妈妈"巾帼脱贫行动,陆川县妇联以流动便捷的方式推进家政培训"大篷车"进村(社区)宣传活动,共开展宣传活动 4 场,参与群众 2400 多人。开展家政培训,共培训 181 人,其中建档立卡的贫困对象 67 人。

【贫困母亲"两癌"救助】 2016 年,陆川县继续实施贫困母亲"两癌"(乳腺癌、子宫癌)专项救助工作。年内,共筛查出"两癌"患者 122 人,采集好患病妇女信息,完善检查项目网上填报工作,全县获"两癌"救助金支持 55 人,扶持资金 55 万元。

（温莲英）

青　年

【青年概况】 2016 年,全县有 14~28 岁青年 18 万人,占全县人口的 17%;团员 2.45 万人,团青比例 13.61%。年内,新发展团员 3000 人,推优入党青年 25 人。组织青年、团员开展活动 522 次,参与活动青年 1.68 万人次。

【学雷锋系列活动】 2016 年 3 月 4 日,团县委组织开展学雷锋系列活动。各镇团委、县直单位团支部及驻县各公司代表 600 多名志愿者,组成"雷锋大军",在县人民会堂前广场、各镇主要街道开展法律、医疗、用电、卫生等常识咨询服务,提供家电、车辆等免费维修服务,发放"生活小助手"宣传单 12 万份,咨询 1 万多人次,累计服务群众 3.50 万人次。3 月 5 日,团县委、县青年企业家协会到沙坡镇和平村进行学雷锋爱心志愿服务活动。为和平村的孤寡老人、留守儿童发放大米、书包文具等慰问品,帮助老人、儿童剪头发,进行义诊等,了解老人、儿童生活所需、起居情况和身体健康状况。共慰问孤寡老人 25 人,留守儿童 80 人。

【社会公益事业活动】 2016 年,团县委发展公益事业,在陆川青年群体中倡导"奉献、友爱、互助、进步"的志愿者精神,组织青年参与志愿服务,开展留守儿童、家庭困难儿童、服刑在教人员未成年子女及孤残儿童关爱活动,营造和谐文明社会氛围。

"粉笔人·爱心冬令营"活动 2016 年春节前,平乐镇团委组织青年志愿者 30 人开展为期一周的"粉笔人·爱心冬令营"活动。活动为青年朋友搭建返乡志愿服务平台,为家乡留守儿童、贫困家庭孩子送知识、送温暖。培育儿童社会主义核心价值观,继承和弘扬中华优秀传统文化。受教育儿童 50 人;为儿童赠送书包、传统文化教材、文具等物品 50 件(套),价值 3000 元。

"青春扶贫·关爱童行"活动 2016 年 6 月,组织 60 名青年志愿者到各镇小学开展防火防盗自护教育课,并为留守儿童赠送文具盒、水彩笔、儿童水杯等生活学习用品 140 套。6 月 14 日,团县委组织县青年企业家协会成员到大桥镇慰问孤儿,为孤儿发放慰问金及米、油等生活用品。

"保护母亲河"活动 7 月,结合县九洲江综合治理工作,开展"清洁乡村·青年当先"暨"人人争做环保小卫士"主题活动、"美丽陆川·和谐家园"大学生志愿者三下乡(文化、科技、卫生)活动,倡导社会文明新风,进一步提高广大青年的文明意识,号召广大青少年争做环境保护的先行者、宣传者和维护者。

"远辰·圆梦助学"公益助学活动 2016年,广西远辰投资公司开展"远辰·圆梦助学"公益助学活动,支持活动资金4.8万元,资助贫困大学新生12人,每人获一次性助学金4000元。

【单身青年联谊活动】 2016年5月

2016年,团县委加强单身青年联谊。

图①9月10日,陆川县"相约金秋节·情定九洲江"感恩教师青年联谊会在陆川中学礼堂举行

图②5月20日,陆川县"青春有约·缘来是你"单身青年联谊活动在陆川县九龙山庄举行

团县委 提供

20日,陆川县在温泉九龙山庄举行"青春有约,缘来是你"单身青年联谊活动,由团县委、县妇联、县总工会主办,玉林市今世佳缘婚介服务有限公司、陆川县青年企业家协会承办,全县机关单位、企业单位单身青年100多人参加活动。9月10日教师节期间,在陆川中学礼堂举行"相约金秋节·情定九洲江"感恩教师青年联谊会。由团县委、县青年企业家协会主办,全县各行政企事业单位的未婚男女青年150多人参与活动。活动促成男女青年联婚2对。 (刘桂承)

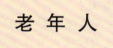
老年人

【老年人概况】 2016年,全县60岁以上的老年人13.60万人,占全县总人口的12.43%,比上年增加3336人,增长2.51%。其中,80~89周岁老年人1.53万人,90~99周岁老年人2118人,百岁老人85人。80周岁以上老年人均可享受高龄老年人生活津贴补助,全县共发放高龄老年人生活补贴78.78万元。

【老年人活动】 2016年,全县有老年人协会48个,老年人学校1个,老年活动中心1个。全县城乡老年人活动活跃,村级老年协会为农村老年人开展健身、娱乐活动,加强交流学习。老年大学开设时事政治、保健、书画、诗词、音乐、舞蹈等,天天有活动,春节、"五一"、国庆、元旦等重大节日举办老干部文艺晚会,组织开展门球、乒乓球、气排球、地掷球、麻将、象棋等各项比赛活动。老干部艺术团深入乡镇、社区宣传中共十八届五中、六中全会精神、"美丽陆川·生态乡村"和"两学一做"学习教育活动等文艺演出活动。

(县方志办)

残疾人

【残疾人概况】 2016年,全县有残疾人6.40万人,持证残疾人2.54万人。其中,肢体残疾人1.54万人,智力残疾人3615人,视力残疾人1万人;听力残疾人1.63万人,语言残疾人770

人,精神残疾人4220人,多重残疾人1.36万人,有康复需求的残疾人3.84万人。

【残疾人康复】

残疾人精准康复 2016年,陆川县人民政府残疾人工作委员会出台陆川县残疾人精准康复服务行动实施方案(2016—2020年),开展残疾人精准康复服务行动。年内,全县有康复需求的残疾儿童和持证残疾人接受基本康复服务1204人。

盲人定向行走训练 2016年7月,在大桥镇举办盲人定向行走训练,参加培训盲人50人,发放盲人播放器、盲杖等100件(台)。

【残疾人辅助器具供应与资助】

2016年7月31日,澳门广西玉林联谊会在县残疾人综合服务中心举行残疾人轮椅捐赠仪式。县委常委、统战部部长周林、澳门广西玉林联谊会会长汤玉婵、澳门广西玉林联谊会理事长黄佩群、澳门广西玉林联谊会秘书长黄佩青等领导出席捐赠仪式,共为50名残疾人发放轮椅50台。年内,全县免费赠送成人轮椅、助行器210

辆,为312人配发坐便椅、拐杖等其他辅具,为50名低视力残疾人配发助视器。

【残疾人机动轮椅燃油补贴】

2016年,全县符合发放残疾人机动轮椅燃油补贴条件的残疾人92人,每人发放燃油补贴260元。

【贫困残疾学生资助】

2016年,县残联对贫困残疾学生进行资助,其中资助高考残疾考生3人、残疾人子女考生16人,发放资助金2.40万元。

(陈桂彩)

居民生活

【城乡居民收入】

2016年,全县城镇居民人均可支配收入27158元,比上年增长7.10%;农村居民人均可支配收入11980元,比上年增长10.20%。

【商品价格变动情况】

2016年,陆川县居民消费价格总水平(CPI)控制在3%左右,比上年上涨2.6%,比广西平均高1.2个百分点,比全国平均高0.3个百分点;环比上涨0.2%,广西平均上涨0.3%,全国平均上涨0.1%;2016年累计上涨2.4%,涨幅比广西平均高0.8个百分点,比全国平均高0.4个百分点。县城主要商品价格运行平稳,商品价格在正常范围内波动。

粮油市场价格平稳 2016年,市场大米平均零售价格2.74元/500克,比上年下降0.72%;食用花生油(散装)平均零售价格为12.40元/500克,比上年下降1.12%。粮油零售价格基本持平,全县粮食储备充足,粮食供求相对稳定,粮食零售价格对居民生活影响不大。

蔬菜类价格稳中有升 2016年,当令鲜菜价格总体稳中略升,季节蔬菜有升有降。年均价格涨幅10%以上的有青瓜、菜椒、脉菜、甜玉米、西红柿等,其中涨幅最大的青瓜上涨32.85%,菜椒上涨19.25%。年均价格降幅10%以上的有丝瓜、莲藕、生姜,其中生姜降幅最大,下降50.77%,丝瓜下降13.38%。

肉类价格上升幅度大 2016年,猪肉价格上升较大。其中五花肉年均售价13.79元/500克,比上年上升3.04元,增长28.28%;一刀切猪肉年均售价14.50元/500克,比上年增加1.89元,增长14.99%。瘦肉每克价格上涨11.65%,排骨每500克价格上涨10.24%

鱼类价格稳定 草鱼8.11元/500克,比上年增加0.37元,增长4.78%;鲢鱼4.00元/500克,与上年价格持平。

蛋类价格下降 2016年,鸡蛋价格年均为5.10元/500克,比上年5.28元减少0.18元,下降3.41%;鸭蛋价格年均为5.97元/500克,比上年6.67元减少0.70元,下降10.49%。

液化气价格降幅较大 2016年,14.50千克瓶装液化气年均价72.88元/瓶(到户价),比上年下降26.11%。

2016年7月,县残联在大桥镇举行盲人定向行走训练培训班

县残联 提供

表33   2016年陆川县城区食品类价格指数

品名	单位	2015年均价格(元)	2016年均价格(元)	涨幅(±%)
大白菜	500克	1.71	1.79	4.68
生菜	500克	2.60	2.58	−0.77
韭菜	500克	3.08	3.07	−0.32
空心菜	500克	2.60	2.71	4.23
青瓜	500克	2.07	2.75	32.85
脉菜	500克	2.31	2.59	12.12
丝瓜	500克	2.69	2.33	−13.38
萝卜	500克	1.60	1.62	1.25
豆角	500克	3.09	3.19	3.24
大葱	500克	4.10	4.47	9.02
莲藕	500克	4.37	3.89	−10.98
绿豆芽	500克	2.00	2.00	0
水豆腐	500克	2.50	2.50	0
白菜花	500克	3.01	3.28	8.97
上海青	500克	2.55	2.48	−2.75
菜椒	500克	3.22	3.84	19.25
龙池桥	500克	2.70	2.70	0
面粉	500克	2.50	2.50	0
市场大米	500克	2.76	2.74	−0.72
晚泰香米	500克	3.70	3.70	0
甜玉米	500克	2.80	3.12	11.43
黄豆	500克	3.50	3.58	2.29
青绿豆	500克	5.70	6.00	5.26
粉豆	500克	4.50	4.17	−7.33
金龙鱼花生油	500克	101.87	105.00	3.07
鲁花花生油	500克	135.74	134.58	−0.85
食盐	500克	2.50	2.50	0
五花肉	500克	10.75	13.79	28.28
一刀切猪肉	500克	12.61	14.50	14.99
瘦肉	500克	18.62	20.79	11.65
排骨	500克	19.73	21.75	10.24
散装花生油	500克	12.54	12.40	−1.12
西红柿	500克	2.41	2.74	13.69
生姜	500克	5.85	2.88	−50.77
鸡蛋	500克	5.28	5.10	−3.41

(邓　凝)

社会保障

【城镇职工基本养老保险】 2016年，全县参加城镇职工基本养老保险4.19万人，征缴城镇职工基本养老保险费1.40亿元；累计发放1.83万名离退休人员（包括供养直系亲属）养老待遇4.36亿元。调整城镇职工基本养老待遇1.70万人，人均月增资144.25元。企业离退休人员按时足额发放率100%，社会化发放率100%。2016年5月起，单位缴费率由20%降至19%；其他产业园区由20%降至16%。

【城镇职工基本医疗保险】 2016年，全县参加城镇职工基本医疗保险11.04万人，征缴城镇职工基本医疗保险费9965万元；城镇职工基本医疗保险统筹支付住院待遇5944万元；城镇职工基本医疗保险结存976万元。

【城镇居民基本医疗保险】 2016年，全县参加城镇居民基本医疗保险5.65万人，征缴城镇居民基本医疗保险费3915万元；城镇居民基本医疗保险统筹支付住院待遇762万元。城镇居民基本医疗保险结存157万元。

【失业保险】 2016年，全县参加职工失业保险2.11万人，征缴职工失业保险费774万元；发放失业保险金633万元。职工失业保险结存7.47万元。

【工伤保险】 2016年，全县参加工伤保险2.13万人，征缴工伤保险费582万元；累计支付工伤待遇269万元。工伤保险结存256万元。

【生育保险】 2016年，全县参加生育保险2.27万人，征缴生育保险费440万元；生育保险累计支付生育待遇330万元。生育保险结存11万元。

【机关事业单位职工养老保险】 2016年，全县参加机关事业单位职工养老保险单位544个，参保人数2.20万人。首次与企业职工养老保险同步调整待遇，全县6637名机关事业单位退休人员上调基本养老金，人均月增加养老金254.6元。

【城乡居民社会养老保险】 2016年，全县参加城乡居民养老保险28.41万人，参保率99.53%，征缴城乡居民养老保险费1647.70万元；全县符合领取城乡居民社会养老保险待遇人员10.82万人，共发放养老待遇1.08亿元，发放率100%。　　（李小雁）

【社会福利】
　　孤儿救助　2016年，县民政局加大孤儿救助力度，县福利院收养孤儿弃婴27人。全县有孤儿935人。其中，社会散居908人，每人每月发生活补助费600元；机构抚养27人，每人每月补助1000元。全县共发放孤儿生活补助费697.26万元。
　　流浪乞讨人员救助　2016年，救助流浪乞讨人员782人次，发放救助资金71.15万元。
　　农村"两病"儿童医疗救助　2016年，县民政局继续对农村"先天性心脏病"和"白血病"儿童实行救助。年内，救助先天性心脏病儿童32人，支付救助金23.50万元；救助白血病儿童6人，支付救助金2.55万元。
　　残疾人"两项补贴"　2016年起，残疾人"两项补贴"（重度残疾人护理补贴、困难残疾人生活补贴）工作由县民政局受理发放。年内，全县需护理的重度残疾人4956人，发放护理补贴294.3万元；生活困难的残疾人9827人，发放生活补贴439.63万元，保障残疾人的合法权益。　（范永锋）

【残疾人社会保障】
　　重度残疾人护理补贴　2016年，陆川县对重度残疾人实行护理补贴。全县有4875人重度残疾人获得护理补贴，每人每年补贴600元，发放补贴资金292.50万元。
　　贫困残疾人生活补贴　2016年，首次实行贫困残疾人生活补贴，享受最低生活补助的残疾人们可享受残疾人生活补贴。年内，5517名残疾人享受生活补贴，每人每年补贴600元，共发放补贴资金331.02万元。
　　（陈桂彩）

表34　　　　2016年陆川县社会保险情况

保险类别	参保人数（人）	保费征缴（万元）	保费发放人数（人次）	保费发放（万元）	保费结存（万元）
城镇职工基本养老保险	41875	13968	18327	43645	3236.38
城镇基本医疗保险（包括职工和居民）	166890	13880	3760	6706	1133
职工失业保险	21064	774	3948	633	7.47
工伤保险	21255	582	353	269	256
生育保险	22742	440	539	330	11
机关事业单位职工养老保险	22000				
城乡居民社会养老保险	284100	1647.70	108200	10786.45	1847.35

注：机关事业单位养老保险改革从2014年10月至2016年12月属于准备期，与社保机构未产生有保险费的收支。

镇

ZHEN

2016 年 6 月 28 日，米场镇召开扶贫小额信贷工作业务培训会　　米场镇政府　提供

温 泉 镇

【温泉镇概况】 位于陆川县中部。黎湛铁路、马盘(马坡至盘龙)二级公路、浦宝(浦北至宝圩)二级公路、九洲江过境。行政区域面积123.27平方千米。是县人民政府驻地,镇政府驻文昌社区。全镇辖14个建制村、6个社区,404个村民小组、53个居民小组。2016年年末,总户数5.78万户,户籍人口15.7万,其中乡村人口8.29万;人口自然增长率8.15‰。耕地面积1946公顷,农田有效灌溉面积1207公顷;林地面积5817公顷,森林覆盖率51.89%。矿产资源有铁、锡、银、磁铁、硫铁、花岗岩石、石英石、大理石、河沙、高岭土、稀土、瓷土等。旅游资源有"温泉浴日"、龙颈瀑布、温泉疗养院、九龙温泉度假山庄、东震山、东山库区、西山库区等。

2016年,全镇工业总产值113.79亿元,比上年增长7.6%;农林牧渔业总产值4.30亿元,比上年增长6.5%;社会固定资产投资13.41亿元,比上年增长30%;财税收入1.37亿元,比上年增长16.86%。年内,温泉镇获自治区优秀公务员集体二等功、广西乡镇(街道)统计工作规范优秀单位。

【工业发展】 温泉镇工业以铁锅、塑料制品、机电产品、机械制造、玻璃制品、建筑材料、电子产品、纺织为主。塑料制品企业主要集中在泗里、涴塘、万丈、中屯等村;机电产品主要集中于涴塘村;铁锅企业主要集中在泗里村、中兴村,铁锅产品远销欧美、东南亚等地。2016年,完成规模以上工业产值27.80亿元,比上年增长59.60%;技术改造投资11.43亿元,增长26%;工业投资11.5亿元,增长25.3%。产值超2000万元的企业40个,工业总产值65.73亿元。

【农业农村工作】 2016年,温泉镇加强农业产业基地建设,新发展连片种植6.67公顷(100亩)以上示范点4个,其中东山村沉香基地5.33公顷,洞心村葡萄基地4公顷、风淳村橘红基地20公顷、长河村火龙果、柠檬10公顷。推广优质谷种植面积1400公顷,优质谷产量1.61万吨。全镇经济林种植面积1200公顷,改造中低产果园113.33公顷,植树造林160公顷。全镇生猪出栏8.8万头,家禽出栏162万羽,水产品产量2150多吨。对农村承包土地(除温泉村外)重新进行确权登记,共登记1.16万户、面积1452.93公顷。

【基础设施建设】 2016年,温泉镇投资60万元,改造修缮镇机关办公楼,美化政府大院环境等。投资200万元,改造升级建设新洲、文昌、温汤3个社区综合办公场所。投资900多万元,建设官田、安宁、白坭、东山等4个村党群服务综合体项目。利用县财政"一事一议"奖补资金,投资289.99万元(其中财政补贴276.43万元),硬化村屯道路28条8.88千米;投资125万元,安装路灯166盏。配合县政府推进城区世客城、城东教育集中区、桂东南批发市场、玉皇堂工艺品市场、讯和路、九龙路、污水厂二期工程、锦源物流城、城区四良河段和妙垌河段等20个重点项目建设。完成征用土地面积18.22公顷,发放征地补偿款2513万元。加大学校设施建设,投资524万元,建设白坭小学教学楼及温泉镇初级中学学生宿舍楼、教学综合楼,建筑面积3196平方米。县城东教育集中区规划在官田村黄竹冲组建设,其中陆川中学新校区办公楼、教学楼动工建设。

【生态乡村建设】 2016年,生态乡村建设重点加强环境整治。投资250万元,在各村、社区抓好垃圾投放点的建设,加大路面、河流、沟渠垃圾的清理整治,完善马盘二级公路过境段的美化。加大九洲江流域污染源的治理,县城区污水厂二期工程试水运营,建成洞心、长河2个村级环境联片整治点。清拆猪场23家、鸡场1个,清拆猪舍面积1.49万平方米,建成高架网床养殖场6家,标准化改造不符合排放标准的养殖场(户)10家,升级改造限养区养殖场16家。取缔辖区内3个沙场及火车站西边小煤场,对养殖场排污和德联制药厂排污进行整改,通过国家环保部工作组对九洲江相关问题整改落实情况的检查

2016年,温泉镇加大冬种农业发展。图为镇村干部参与冬季马铃薯种植。摄于2016年11月
温泉镇政府 提供

验收。

【扶贫攻坚】 2016年,全镇有贫困村6个,贫困户731户,贫困人口3144人。实施扶贫帮扶,组建县、镇扶贫工作队14个,落实帮扶干部297人。年内,全镇贫困户脱贫438户,脱贫人口1996人,贫困发生率由原来的4.98%下降为1.82%,通过自治区核验组和国家第三方评估组的评估验收。长河村、洞心村脱贫摘帽。

【民生保障】 2016年,全镇城乡居民参加养老保险1.81万人;领取养老金9047人。城镇居民参加医疗保险1.33万人。参加新型农村合作医疗保险农民8.07万人,参合率为96%;纳入农村最低生活保障2779户、3642人,发放最低生活保障金91.5万元;城市最低生活保障1145户、2120人,发放最低生活保障金119.48万元;发放救济大米18吨、棉被628床、衣物1310件。农村危房改造149户,扶助资金218.50万元。发放农资综合补贴271.50万元、良种补贴59.77万元,粮食直补36.72万元。

【社会管理创新】 2016年,温泉镇继续开展平安社会创建活动,建立健全镇村社会综治网络,逐步形成"防范、控制、打击"的工作体系。继续完善主要路口、城区街道口安装治安监控摄像头和视频监控系统(天网工程)建设。推进依法治镇、普法教育,开展法制宣传教育,提高公众安全感和群众满意度。坚持安全生产检查经常化,每季度组织开展全面性的安全生产检查1次,及时发现和消除安全隐患。加强各种来信来访处理,加强山林、土地和水利纠纷等矛盾纠纷调处化解,镇村调处化解"三大纠纷""坟山纠纷"、邻里纠纷等182件次,调解成功率96%。开展禁毒、"双抢"、盗窃、勒索、杀人等恶性案件专项严打整治斗争和查禁"六合彩"等赌博活动。年内,温泉镇获玉林平安乡镇称号。
（周全辉）

2016年9月28日,温泉镇举行扶贫小额信贷入股分红发放仪式。图为镇党委书记朱万勇在发放仪式上讲话　　　　叶礼林　摄

米 场 镇

【米场镇概况】 位于陆川县北部。黎湛铁路、马盘二级公路、米马河过境。行政区域面积90.11平方千米。镇政府驻米场村,距陆川城区10千米,离玉林市城区30千米。辖9个建制村,54个自然村,298个村民小组。2016年年末,总户数2万户,户籍总人口6.29万。耕地面积1738公顷,农田有效灌溉面积996公顷;林地面积5310公顷。矿产资源主要有瓷土、锰铁、花岗岩、金矿、河沙等。

2016年,全镇工业总产值15.19亿元;农林牧渔业总产值3.20亿元;社会固定资产投资8.63亿元,比上年增长3.98%;财政收入2825万元,增长10.18%。

【农业生产】 2016年,米场镇推进农业经济发展。利用乐宁村"全国高产水稻示范片",推广发展高产高效农业,全镇粮食种植面积2430公顷,粮食总产量1.46万吨。经济作物种植面积745公顷。推进现代特色农业示范区建设,打造集产业、休闲观光于一体的现代农业示范区,广西丰兄农业开发有限公司建立食用菌标准化生产基地。

畜牧业稳步发展。推广"公司+农户"的经营模式,全镇有规模以上养猪场11家、养鸡场1家,培育壮大广西均隆养殖有限公司。全镇生猪存栏4.50万头,出栏2.60万头;家禽存栏30万羽,出栏14.50万羽。

【基础设施建设】 2016年,米场镇加大村屯道路硬化建设,利用县财政"一事一议"奖补资金,投资268.48万元,硬化村屯道路33条、总长10.33千米,受益群众3万多人。推进新农村示范点建设。在米场村下山村民小组规划建设新产业、新生活、新风尚、新家园、新机制和新农民的"六新"农村,已开展征地。

【生态乡村建设】 2016年,米场镇推进新农村建设,对米马河流域进行系统改造提升,对二级公路沿线米场段的房屋外立面进行风貌改造。在过境公路设置绿化隔离带,沿线安装竹篱笆,美化公路沿线,改善人居环境。加大城镇综合治理,组织各村保洁员,国安站清洁工以及临时聘用清洁工等对各重点区域进行垃圾清理。组织督查组对各重点区域不定时的巡逻检查,不断改善农村环境。

【扶贫攻坚】 2016年,全镇有贫困村4个,贫困户1613户,贫困人口6596人。年内,开展精准扶贫工作。实行整村推进、扶贫搬迁、小额信贷、雨露计划扶持等,实施专项扶贫。一是扎实抓好整村推进工作。启动实施4个贫困村整村推进和7个老区重点村项目建设工作,实施水、电、路、气、房和环境改善"六到农家"工程。全镇4个重点村,实施村组道路、产业化、基础设施、人畜饮水等扶贫工程一批,项目工程投资4600多万元。整村推进重点村的贫困人口人均收入比上年增长18.2%。推进"雨露计划"培训,"雨露计划"实施改革试点项目补助1300人,人均补助标准1500元;农村贫困劳动力转移培训6000人,农村实用技术培训和农村扶贫干部业务培训1.50万人次。推进贫困户小额贴息贷款,发放贷款资金1300万元。年内,全镇贫困户脱贫1155户,脱贫人口4790人,贫困发生率由原来12.28%下降至3.33%。旺荐村脱贫摘帽。

【社会保障】 2016年,米场镇加大城乡居民养老保险,全镇参加农村社会养老保险1.21万人。落实各项惠民政策。全镇共有农村最低生活保障户1593户、3737人,城镇最低生活保障44户、50人,发放最低生活保障金646.512万元;做好救灾救济,为800户受灾户、五保户发放大米800包,发放衣服900件,棉被、毛巾被410床。

【社会治安综合治理】 2016年,米场镇完善社会综合治理机制,加强信访维稳。开展领导信访大接访活动,深入村屯走访农户1325户,全镇共排查各类民间纠纷36起,解决群众来访30人次,处理上访积案1起。坚持"打防结合、预防为主"方针,开展打击涉恶涉黑、盗窃等侵害人民群众生命财

2016年,米场镇加强社会治安综合治理工作。图为4月19日米场镇召开公众安全感和群众满意度攻坚年动员大会　　米场镇政府　提供

产安全的犯罪活动,清除"黄赌毒"等社会丑恶现象,努力提高公共安全满意度。　　　　　　　　(陈万颖)

沙 湖 镇

【沙湖镇概况】 位于陆川县西北部。浦北至宝圩二级公路过境。行政区域面积71.35平方千米。镇人民政府设在沙湖街,距县城12千米。辖5个建制村,140个村民小组。2016年年末,总户数8978户,户籍总人口3.08万。人口自然增长率为8.34‰。耕地面积1129公顷,山林面积7163.07公顷。旅游景点有沙湖嶂、龙潭瀑布。矿产资源有钼矿、铁矿、硫磺矿、铜矿、金矿、锑矿。盛产松、杉等木材和竹类。

2016年,全镇工业总产值4.06亿元,比上年增长0.91%;农林牧渔业总产值1.97亿元,增长21.26%;社会固定资产投资4.36亿元,增长32.17%;财税收入636万元,增长6.59%。

【农业农村工作】 2016年,沙湖镇加强农业产业结构调整,加大农村经济发展,促进农民增收。加快农业综合开发,重点抓好优质谷生产。抓好特色农产品基地建设,重点抓好长沙村、新街村、官山村砂糖橘基地建设和油茶基地、永旺村橘红基地建设。全镇已发展种植砂糖橘53.33公顷,其中连片种植点4个,面积26.67公顷;引进外地资金通过土地流转种植皇帝柑10公顷;橘红种植示范点3个共6.67公顷;发展传统油茶种植66.67公顷。

发展名特优禽畜水产养殖,重点抓好瘦肉型猪、三黄鸡等养殖。打造特色"生态养殖"发展模式。全镇共有500头以上养猪场15个,8000羽以上养鸡场13个;全镇生猪存栏2.95万头,出栏3.57万头;家禽存栏25.06万羽,出栏54.08万羽。

【项目建设】 2016年,沙湖镇加大工作,新引进投资100万元以上的企业10个,1000万元以上基础设施建设4个。其中投资500万元的广西建材建业销售有限公司3月建成投产。加强工业园区建设,根据县委工作部署,配合县推进九洲江河流整治,九洲江上游流域中小企业产业转移园落户沙湖镇官山村,已完成征地73.33公

顷,拆迁房屋 5000 平方米,平整土地 46.67 公顷,建设标准厂房 4.20 万平方米。长田垌农贸综合市场开发建设正在推进。

【基础设施建设】 2016 年,沙湖镇利用县财政"一事一议"奖补资金、扶贫建设项目建设资金 367.35 万元,硬化村屯道路 18 条、长 14.13 千米,完成 5 个村的主要干道的维修改造;中央投资 400 多万元,开展中小河流域工程项目建设,推进沙田河沙湖段综合治理;投资 1033 万元,抓好沙湖灌片改造修复工程,维修、重建坡坝 29 座,维修山塘 2 座,重建电灌站 1 座,渠道防渗 24.45 千米,配套渠系建筑物 16 座;实施必塘、铁床坑、永旺水库维修加固。投资 312.25 万元,危房改造 124 户、修缮加固 40 户。投资 120 万元的新街村陆子塘新农村示范点建成,官山村新农村示范点正在建设。

【生态乡村建设】 2016 年,沙湖镇开展清洁家园、清洁水源、清洁田园的"三清"活动,开展镇村垃圾分类、收集、转运和处理工作,整治农村环境卫生。累计投入生态乡村经费 57 万元,实施"一元钱工程"筹措资金 4.50 万元;配备村保洁员 32 名;配备垃圾清运车 2 辆,保洁车 38 辆,放发垃圾桶 1500 多个,垃圾池扩建 47 个。落实街道"门前三包"责任制 532 户,落实单位清洁责任区 28 处,组织开展清扫垃圾 1200 多次,拆除乱搭乱建 35 处;开展清洁水源,累计清理河道水域 70 多千米;清洁田园整治 1150 人次。重点推进"村屯绿化""饮水净化""道路硬化"项目。全镇新增绿化面积 60 万平方米,植树 3 万株。投资 300 多万元实施农村饮水安全工程项目 12 处;硬化村屯道路 9.76 千米。

【扶贫攻坚】 2016 年,沙湖镇贫困村有官山村、永旺村;全镇贫困户 677 户,贫困人口 2787 人。年内,采取"领导挂村、干部包村、部门扶村、企业帮村"等措施开展脱贫帮扶工作,全镇共投入贫困村发展资金 262.60 万元,改善贫困村基础设施,支持特色支柱产业发展。为 75 户贫困户捐赠电视机;开展小额信贷,已放贷贫困户 327 户,放贷金额 1179.56 万元。通过危房改造、产业带动、解决务工、教育帮扶等措施帮助脱贫。年内,全镇贫困户脱贫 508 户,脱贫人口 2083 人,贫困发生率由原来 11.4% 下降至 2.72%。官山村脱贫摘帽。

【社会保障】 2016 年,全镇参加新型农村合作医疗 2.97 万人,参合率 98.5%。参加城镇居民养老保险 7059 人。纳入农村最低生活保障 621 户 1565 人,发放最低生活保障金 262.92 万元;城镇最低生活保障 50 户 81 人,发放最低生活保障金 16.20 万元。

【社会治安综合治理】 2016 年,沙湖镇健全镇、村一体化的信访稳定工作责任,畅通信访渠道,开展大接访、大排查、大调解活动,主动化解影响重大的历史遗留问题。提升群众安全感和满意度,开展全面"打击""巡逻""走访"和"信访积案化解百日攻坚"等活动,调解各类矛盾纠纷 10 起,调解率 100%,调结率 20%;受理群众来信来访 10 件,办结 8 件,办结率 80%。

(丘 莹)

马 坡 镇

【马坡镇概况】 位于陆川县北部,行政区域面积 145.20 平方千米。镇人民政府驻马坡街镇南路 01 号,距陆川县城 20 千米,距玉林市城区 17 千米。黎湛铁路、玉林至铁山港铁路、玉铁高速公路、马盘二级公路、米马河过境,辖 13 个建制村、1 个街道社区,249 个自然村,478 个村(居)民小组;2016 年年末总户数 2.92 万户,人口 10.58 万,人口自然增长率 4.93‰。耕地面积 4796 公顷,农田有效灌溉面积 2415 公顷;林地面积 4810 公顷,经济林 1056.67 公顷,森林覆盖率 57%。矿产资源有霏细斑岩矿、锑矿、铁矿、硫矿、瓷土、花岗岩、河沙、矿泉水等。

2016 年,全镇工业总产值 31.89 亿元,比上年增长 10.89%;其中规模以上企业总产值 11.70 亿元,增长 18.10%;农林牧渔总产值 6.10 亿元,增长 6.65%;财政收入 5101 万元,比上年增长 12.7%;完成固定资产投资 8.82 亿元,增长 35.5%。

【农业生产】 2016 年,马坡镇推进高

陆川县绿丰合作社一景　　　　　叶礼林　摄于 2016 年 12 月 30 日

标准农田建设、农业现代化升级发展。投资1200万元，在雄英村、大良村、六平村、清秀村、靖东村等5个村进行高标准农田建设，建设面积200公顷。加大农村土地流转，其中新山村绿丰专业合作社土地流转200公顷，种植橘红、牛大力、粉蕉、葡萄、百香果等133.33公顷；陆川县鑫全牧业公司土地流转133.33公顷。全镇成立农民专业合作社15个，推进农业现代化建设。

年内，全镇粮食播种面积4813公顷，粮食总产量2.99万吨；经济作物种植面积1397公顷。推广优质谷超级水稻种植面积2533.33公顷，农作物良种覆盖率95%以上，稻谷总产量2.90万吨。全镇生猪出栏11.20万头，存栏13万头；家禽产量120万羽，家禽存栏180万羽，出栏150万羽。

【重点项目建设】 2016年，马坡镇完成企业新上项目2个，其中马坡镇红砖二厂隧道窑项目投资2000万元，玉林诚顺鞋业有限公司马坡分公司投资2100万元。推进旧村改造项目建设，其中永顺商贸已完成一期项目建设，部分商品房交付使用，二期项目正在施工。

【基础设施建设】 2016年，马坡镇加强城镇基础设施建设。利用中央预算内外投资补助632万元，改造街道3条约1000米，配套建设街道排水、路灯安装、绿化、人行道等。利用"一事一议"、扶贫项目筹措资金1200多万元，修建、硬化村屯道路34条50千米，修水渠、球场等体育娱乐设施、路灯亮化工程项目12个。

【"美丽马坡"建设】 2016年，马坡镇推进生态乡村建设，开展"村屯绿化""饮水净化""道路硬化"专项活动，发展生态经济，完善基础设施，加大生态乡村建设宣传，加强生态文明建设，推进城乡环境卫生整治，结合县开展九洲江流域生态乡村示范带建设，投资510万元，推进马坡镇过境公路风貌改造项目二期工程建设，风

貌改造从出口至米场界共9.8千米，改造面积3万立方米。开展对马坡街区的门店经营、乱停乱放进行集中治理，划设停车标志线，规范街道门店经营及车辆摆放管理。

【脱贫攻坚】 2016年，马坡镇有贫困村6个，贫困户2474户，贫困人口10898人。年内，推进脱贫攻坚工作，制定脱贫帮扶计划，实施挂点帮扶工作，落实贫困户责任单位及责任人，明确具体的帮扶任务、标准、措施和时间节点，结对帮扶到村到户。全镇共有市、县、镇帮扶单位62个，帮扶责任人1022人，共帮扶贫困户2474户。开展产业扶持，扶持产业发展资金247.40万元。成立橘红、番石榴、砂糖橘等专业合作社6个，支持877户贫困户小额贷款，支持扶贫贷款3605万元。贫困户危房改造331户，修缮加固59户。推进村屯道路硬化，投资扶贫资金720多万元硬化村屯道路34条31.5千米。年底，全镇贫困户脱贫1735户，脱贫人口7797人，其中清秀村、东西村、新山村3个贫困村脱贫摘帽。

【社会保障】 2016年，马坡镇有农村最低生活保障户1098户、3129人，城镇最低生活保障户73户、98人，共发放城乡最低生活保障金532.79万元；为低保户、残疾人户、特困户和受灾群众发放大米1.95万千克，发放衣服1440件；临时生活救助困难群众100人。贫困家庭危房改造424户（其中重建365户，修缮59户，贫困户331户，一般住户73户，五保户20户）。

【"平安马坡"建设】 2016年，马坡镇继续开展"平安马坡"建设活动，进一步完善镇村两级综治维稳信访工作中心（站）和人民调解组织，对社会治安实行网格化管理。年内，调处各类矛盾纠纷245件，达成化解协议180件。刑事立案20件，破案18起，其中破贩毒案件4起，团伙案件1起；刑拘15人，逮捕15人；立案查处治安案件25起，

行政处罚12人，强制隔离戒毒6人。调解各类纠纷134件。 （张允秋）

平乐镇

【平乐镇概况】 位于陆川县的东北部，行政区域面积70.99平方千米。镇政府距县城32千米，距玉林城区25千米。辖7个建制村，226个村民小组；2016年年末总户数1.65万户，总人口5.58万，人口自然增长率8.1‰，人口出生率13.5‰。小型水库6座。旅游景点有东成湖。主要矿产资源有高岭土、硫铁矿、石灰石等，其中石灰石储量居全县前列。特色饮食有平乐狗肉、平乐肉丸。耕地面积1546公顷，林地面积2038.06公顷，森林覆盖率60%。

2016年，全镇工业总产值4.27亿元，比上年增长41.39%；农林牧渔业总产值2.62亿元，增长4.8%；完成固定资产投资4.61亿元，增长31.14%；财税收入716万元，增长18.82%。

【农业生产】 2016年，平乐镇粮食种植面积2418公顷，粮食总产量1.53万吨；经济作物种植面积263公顷。抓好特色农业发展，继续推进"一村一品"的发展模式，平乐村、长旺村连片种植砂糖橘100公顷，平乐村、石村连片种植百香果20公顷，三安种植珍贵中草药草寇4.67公顷，新兴村连片种植火龙果3.5公顷；发展"林下经济"，在平乐、六凤、三安、桥头、长旺等4个村引导10户农户发展"林下养鸡""林下养猪"等产业。全镇生猪出栏3.23万头，家禽出栏22万羽。

【生态乡村建设】 2016年，平乐镇继续加快生态乡村建设，每个路口、重要出行点均配置垃圾桶，全镇新增垃圾桶300个。完成镇级污垃项目及新兴、长旺、三安等3个村级污垃项目的

选址工作，已征地 0.98 公顷。推进镇村环境整治，全镇 7 个村共投入经费 15.16 万元，集中处理垃圾 176 辆次。

【基础设施建设】 2016 年，平乐镇加大道路基础设施建设，共投资 469 万元，硬化村屯道路 39 条，长 17.46 千米。加强村庄亮化工程建设，投资 74.7 万元，在平乐至马坡公路的狮子江桥路口至西岸、长旺村良山坡村民小组、平乐村石狗村民小组、新塘至大王岭脚村民小组、松木根村民小组等安装太阳能路灯 139 盏；投资 13.4 万元建设长旺村球场。12 月，东成水库除险加固工程动工建设，工程计划总投资 1600 万元。

【长旺古村落列为广西历史文化名村】 平乐镇长旺村古民居村落为客家围屋，是集家、堡、祠（或公厅）于一体的天井式民居，成群分布，规模宏大，对称整齐，构造精巧，坚固经久、防卫性高，是珍贵的历史文化遗产。以方形围屋为主，周围四角设炮楼或六个炮楼。一般以中轴为线，左右两厢对称，以三堂居多，左右横屋和上堂外墙相连成围，四角建高出横屋和堂屋一至二层的碉楼，碉楼凸出檐墙。围屋四角加建碉楼、四角楼的外形和内部结构变化多端。正面三门，中间（堂屋）为大门（正门），左右两侧横屋为小门（侧门），门前有禾坪、前护墙、半月塘。代表性的围屋有平乐宜进堂、新城大夫第、龙田庄、正中庄、联合庄等。其中正中庄吴氏祖屋为九厅十八井，前后有围墙，是典型的客家建筑。2016 年 12 月 31 日，经自治区住房城乡建设厅、文化厅评审，平乐镇长旺村被列为第三批自治区历史文化名村。

【扶贫攻坚】 2016 年，平乐镇有贫困村 3 个，贫困户 657 户，贫困人口 2765 人。年内，平乐镇推进扶贫攻坚工作，成立镇脱贫攻坚领导小组，制定精准脱贫摘帽攻坚工作实施方案，明确脱贫目标任务。开展结对帮扶，实行干部和贫困户"一帮一联"帮扶关系。全镇帮扶单位 43 个（其中玉林市帮扶单位 1 个、县帮扶单位 14 个、镇帮扶单位 28 个），帮扶干部 272 人。玉林市职业技术学校、县人大、县科技局、中国电信陆川分公司等帮扶单位投资 12.85 万元支持各帮扶联系的三安村、六凤村开展村委办公设施建设，添置办公设备，改善办公条件。六凤、石村、三安等 3 个贫困村加强特色优势产业扶持及基础设施建设，硬化村屯道路 41 条 18.40 千米，安装路灯 92 盏。投资 200 万元对新兴村辛口地质灾害点治理。投资 180 万元建设六凤狮子桥。为贫困户发放小额贷款扶持生产资金 1180 万元，全镇成立种养殖合作社 14 个，发放扶持资金 1900 万元。投资 30 万元在新兴村重建新办公楼（一栋 2 层），统一为全镇 7 个村配置新的村"两委"门牌。年内，全镇贫困户脱贫 391 户，脱贫人口 1694 人，贫困发生率由原来的 5.62% 下降到 2.18%；六凤村、石村脱贫摘帽。

【社会保障服务】 2016 年，平乐镇参加新型社会养老保险 1.27 万人；新型农村合作医疗参合率 97.93%，群众报销医药费 1879.20 万元。全镇危房改造 114 户，发放危房改造补助资金 219.60 万元。 　　　　（刘夏青）

珊 罗 镇

【珊罗镇概况】 位于陆川县最北部。黎湛铁路、玉铁高速公路、北流塘岸至玉林新桥二级公路过境。行政区域面积 53.49 平方千米。镇人民政府驻珊罗村，距玉林市城区中心 15 千米，距陆川县城 31 千米。辖 7 个建制村，228 个村民小组。2016 年年末，全镇总户数 1.76 万户，户籍总人口 6.10 万。人口出生率 10.40‰，人口自然增长率 7.26‰。耕地面积 2076 公顷，农田有效灌溉面积 1718 公顷；林地面积 800 公顷。主要旅游景点有龙珠湖，年接待游客 18.5 万人次。地方特产有米酒和韭菜。

2016 年，全镇工业总产值 114.40 亿元，比上年增长 14.85%；农林牧渔业总产值 4.06 亿元，比上年增长 11.54%；全社会固定资产投资 8.96 亿元，比上年增长 42.22%；财政收入 1.0 亿元，比上年下降 27.66%。

【农业生产】 2016 年，珊罗镇粮食播种面积 3061 公顷，粮食总产量 1.92 万吨；经济作物种植面积 265 公顷，蔬菜种植面积 220 公顷。

【项目建设】 2016 年，珊罗镇推进玉柴产业新城项目建设，拆迁玉柴产业新城简易房屋 330 平方米，迁移坟山 38 穴，协助工程队推平六燕村 15 队山岭 2 座；入驻北部工业园区的玉林市川迪机械制造有限公司、玉林市娃哈哈桶装水项目、玉林市美盛塑料制品有限公司、玉林新晖电器设备机械有限公司等 4 家企业投产；在建企业 12 家。推进珊罗移民搬迁点工程建设，完成征地 2 公顷，正在施工建设。完成黎湛铁路电气化改造工程 16 个机座征地任务。推进鹤山大道建设，平整土地 13.33 公顷，已开工铺设道路。推进镇、村污水处理项目建设，总投资 2100 万元的镇级污水处理厂已开工建设，长纳村、田龙村、大山村村级污水处理厂正在施工。抓好水利设施建设。争取上级项目资金 794.50 万元，除险加固山塘水库 9 座，其中榄冲等 4 座水库已全面完工，四王塘筹备动工。珊罗市场综合开发项目已征地 3.47 公顷。加大学校设施建设，争取上级资金 1370.31 万元，新建教学楼 4 栋、学生宿舍楼 2 栋、教师公租房 1 栋，建筑面积 8865.25 平方米；新建附属幼儿园 1 所，建筑面积 500 多平方米。加强村级公共服务设施建设。投资 125 万元，维修扩建四乐村、大山村政务服务中心；在大山、珊罗、长纳等 3 个村新建村级篮球场 5 个。

【生态乡村建设】 2016年,加强生态乡村建设,重点推进乡村净化、绿化、亮化、硬化、美化等工程建设。

推进村屯净化 投资40万元,新配备垃圾车10辆、垃圾桶1200个,聘请村级保洁员43人。"一元钱工程"覆盖全镇228个村民小组,参与群众8800户,收取"一元钱工程"卫生费40万元,健全"户集、村收、镇运、县处理"的垃圾处理体制。

推进乡村绿化 创建田龙村田佳坡、鹤山村蒙村2个村屯绿化示范点,及普通绿化点83个,村屯绿化种树3705棵,人工造林2.67公顷,义务植树4万株,异地耕新造林5.33公顷,中幼龄林抚育40公顷。

开展乡村亮化 推进亮化工程建设,筹资40多万元,在四乐良救、田龙竹园、珊罗千米塘、大山村等16个村民小组安装路灯263盏,全镇累计安装路灯1700多盏。

实施道路硬化 全镇利用新增债券资金、县财政"一事一议"奖补资金、扶贫项目建设资金等,硬化村屯道路75条、长44.09千米。新桥至塘岸二级路珊罗段全线贯通,全镇道路交通基础设施日趋完善。

加大村屯美化 整合全镇保洁员队伍,在田龙石门口、珊罗猪肚冲、长纳高龙垌、鹤山横山、四乐土瓦、六燕岐山口、大山林村等21个自然村屯开展清洁庭院活动,取得成效。

【扶贫攻坚】 2016年,珊罗镇有贫困村3个,贫困户532户,贫困人口2378人。年内,推进扶贫脱贫攻坚,鼓励和引导经济能人、民营企业家、社会各界热心人士等参与扶贫结对帮扶,共捐资38万元,在大山村31队建设篮球场1个,在鹤山村修建机耕路,安装大山村路灯50盏,硬化大山村道路,四乐村下山村民小组成立尊老助学基金会。为270户贫困户发放小额信贷1305.43万元。以新建、加建、维修加固方式完成农村危房改造95户,解决贫困户住房问题。成立大山众牛种养专业合作社、长纳金薯源马铃薯

2016年9月26日,珊罗镇举行扶贫小额信贷入股分红发放仪式

叶礼林 摄

专业合作社、四乐亿达龙养蛇合作社3个特色优势产业合作社,大山、长纳2个贫困村每村入股合作组织20万元,四乐亿达龙养蛇合作社支持产业发展资金5万元。发放"一户一产业"扶贫资金69.50万元。年内,贫困户脱贫280户,脱贫人口1294人,贫困发生率由5.21%下降到2.3%。大山、长纳2个贫困村脱贫摘帽。

【社会综合管理】 2016年,珊罗镇开展安全生产大检查12次,专项检查8次,实现安全生产零事故。调处各类矛盾纠纷525件,达成协议426件,排查调解矛盾纠纷"件件有着落,事事有回音"。刑事立案36件,破案21起,受理治安案件38起。群众安全感和满意度排位在玉林市由第93位上升到第69位。 (周 玲)

沙 坡 镇

【沙坡镇概况】 位于陆川县城东部,浦宝二级公路过境,行政区域面积154.80平方千米。镇政府驻沙坡街6号,距陆川县城16千米。辖13个村,397个村民小组。2016年年末,全镇户籍总户数2.31万户、人口8.26万,其中乡村人口7.30万。人口出生率12‰,人口自然增长率9.6‰。耕地面积2092公顷,农田有效灌溉面积1451公顷;林地面积1.05万公顷,森林绿化覆盖率69.74%。社会用电量2232万千瓦时,农业机械总功率4.21万千瓦。主要旅游景点有谢仙嶂,年接待游客16万人次。主要矿产资源有滑石、铁矿石等。

2016年,全镇工业总产值4.58亿元;农业总产值3.22亿元,增长12.20%;固定资产投资3.68亿元,增长5.14%。财政收入831.62万元,增长15.82%。全镇有固定电话用户3927户,移动电话用户1.82万户。城镇居民人均住房面积19.8平方米;农村居民人均住房面积14.04平方米。城镇污水年处理能力467.2万立方米。

【农业生产】 2016年,沙坡镇粮食种植面积3156公顷,粮食总产量1.95万吨。其中种植水稻面积2801公顷(优质谷基地653.33公顷),产量1.84万吨;玉米种植面积87公顷,产量416吨,豆类种植面积60公顷,产量

100 吨。经济作物种植面积 720 公顷，其中花生种植 69 公顷，产量 177 吨；油菜 83 公顷，产量 106 吨；种植西瓜 23.06 公顷；百香果 18.27 公顷；砂糖橘 24.87 公顷；橘红 25 公顷，油茶树 20.93 公顷，荔枝、龙眼 455.87 公顷。在沙坡、高庆、龙湾、六高等村推广种植油茶树 20 公顷。

2016 年，全镇有猪场 118 个，生猪出栏 9.74 万头，生猪存栏 5.19 万头。养鸡场、养鸭场 34 个，年出栏鸡、鸭 35.98 万羽，存栏 38.50 万羽。其中，林下养鸡模式经济示范户 109 户，家禽饲养量 5.16 万羽，年出栏 4.71 万羽。水产养殖面积 93 公顷，水产品产量 1052 吨。规模养牛场有六高村西门塔尔养牛场，年出栏牛 538 头，存栏 1279 头。

【"生态沙坡"建设】 2016 年，沙坡镇推进"生态沙坡"建设。推进新农村示范点建设。沙坡村茶子山庄实施第三期风貌改造工程建设，完成仙山村力峒一队历山新庄二期工程建设并投入使用。实施农村亮化工程建设，投资 33.30 万元，安装路灯 72 盏，其中在二级路至莲塘坑安装路灯 20 盏；峒心移民新村安装路灯 12 盏；白土屯安装路灯 15 盏；大水冲屯安装路灯 15 盏；妙王岗屯安装路灯 10 盏。加大九洲江流域综合整治。推进秦镜水库建设。全镇绿化村屯 71 个，种植树苗 5326 株；在文龙径将速生桉改造成生态水源林 46.67 公顷。对九洲江流域禁养区内所有猪场均全部拆除，拆除猪场 101 家，改造升级 6 家。年内，九洲江流域沙坡河道水质达标。

【基础设施建设】 2016 年，沙坡镇加大道路设施建设，岑溪南渡至陆川二级公路沙坡段全线动工建设，正在进行路基铺设和桥梁建设；利用县财政"一事一议"奖补资金及增债券扶贫资金，投资 925.67 万元（县级财政资金 753.84 万元，群众筹资 171.83 万元），硬化村屯道路 82 条、长 36.36 千米。加强圩镇设施建设，推进沙坡街"圩背陇"新街开发建设，"圩背陇"新街占地面积 2 公顷，年内完成沙坡街"圩背陇"新街区农贸市场、道路建设。

【清洁工程项目建设】 2016 年，沙坡镇继续加大沙坡污水处理厂、垃圾终转站建设。年内，完成沙坡污水处理厂主体及主管网建设，5 月竣工投入使用，完成投资 1280 万元。推进镇、村级垃圾处理终转站建设，投资 220 万元的沙坡镇垃圾终转站建成投入使用。12 月，沙坡、米场片区垃圾处理中心动工建设。

【村级公共服务设施建设】 2016 年，沙坡镇加大村级公共服务设施建设，投资 130 多万元，重点对仙山、龙湾、北安、和平、秦镜、白马、六高等 7 个村公共服务设施进行修缮，其中龙湾、北安、白马、秦镜、和平等 5 个村修缮竣工投入使用。

【谢仙嶂生态文化旅游景区建设】 2016 年，沙坡镇推进谢仙嶂生态文化旅游景区的规划建设，开发生态民俗文化建设，引进普照禅寺民俗文化工程项目，计划投资 4.5 亿元。

【扶贫攻坚】 2016 年，沙坡镇有贫困村 4 个，贫困户 1210 户，贫困人口 5686 人。年内，加大扶贫帮扶工作，落实帮扶责任，全镇落实贫困户帮扶责任人 317 人，陆川县青年企业家协会的企业家参与贫困帮扶工作。全镇为贫困户发放棉被、电磁炉、电饭锅 1440 份，慰问金 72 万元。仙山村大成种养专业合作社种植富贵树 5.33 公顷，养殖鸡鸭 1 万多羽；高庆村冠树专业合作社，种植橘红、油茶、金花茶等经济林 66.67 公顷，养殖富硒鸡 2 万多羽；大连村旺林毛桔种植农民合作社种植毛桔约 10 公顷；秦镜村的陆川县汇银种养专业合作社，养殖生猪 8 万多头，种植林木 66.67 公顷；和平村祥发种养殖专业合作社种植砂糖橘 20 公顷；白马村富鑫种养合作社，养殖母猪 450 头，承包鱼塘 26.67 公顷，种植砂糖橘、百香果 33.33 公顷。加强科技帮扶，不断提高贫困户的脱贫能力，如高庆村、白马村通过县人社局组织贫困户开展养殖培训，共举办 3 期，培训贫困群众 150 人次。年内，扶持脱贫 770 户、3701 人，占全镇贫困户的 63.64%、贫困人口的 65.09%，全镇贫困发生率由 7.92% 下降到 2.98%；4 个贫困村脱贫摘帽指标全部达标。

【社会事业发展】 2016 年，沙坡镇有小学 14 所，教学点 28 个，小学生 6585 人，小学专任教师 418 人；初中 3 所，初中生 2770 人，初中专任教师 168 人；各类幼儿园 8 所，其中公办 1 所，在园幼儿 2100 人，公办幼儿教师 10 人。镇文化站 1 个，公共图书馆 16 个，藏书 1.6 万册，电子书 5.6 万册；采茶艺术表演团体 5 个（六潘村、六高村、高庆村、仙山村、白马村各 1 个），广播电视人口综合覆盖率 98% 以上。镇卫生院 1 所，卫生院床位 68 张；村级医师 68 人。

2016 年，全镇有农村最低生活保障户 1114 户、3109 人，五保对象 519 人，优抚对象 279 人。加大帮困救弱救灾，全镇口粮救助人口 2826 人，发放救助口粮 16.10 吨，发放衣被 1846 件（床）。危房改造 265 户，补助危房改造资金 611.45 万元。

【平安沙坡建设】 2016 年，沙坡镇加强平安沙坡建设，积极提升社会公众安全感与群众满意度。加大社会公众安全感宣传，发放普法宣传资料 1.5 万份；加强群众纠纷的排查调解，充实镇综治信访维稳中心人员 5 人，实行矛盾纠纷每月一排查、国家重大节假日等敏感时期每天一排查，把信访突出问题解决在当地、化解在基层、消除在萌芽状态，年内共化解群众矛盾纠纷 344 件。加大圩镇及城乡接合部、治安复杂场所等敏感区域走访、巡查，征集 8730 户家庭对社会治安状况的意见和建议，及时发现、处理治安隐患等。

（赵观成）

大 桥 镇

【大桥镇概况】 大桥镇位于陆川县南部,行政区域面积89.01平方千米。镇政府驻大桥街,距县城10千米。全镇辖11个建制村,306个村民小组,2016年末总户数1.85万户,总人口5.93万人。全镇耕地面积2119公顷,林地面积3988公顷。水库3座;矿产资源主要有石英石、花岗岩、铁矿等。

2016年,全镇工业总产值15.91亿元;农林牧渔业总产值4.66亿元,完成固定总资产投资4.80亿元;财税收入845万元。

【农业生产】 2016年,大桥镇粮食种植面积3267公顷,粮食总产量1.90万吨。特色产业养猪、养鱼。继续按照"一村一品"的要求,巩固发展陆川土猪、平山鸭、良种鱼苗、果蔗、火龙果、香蕉、山姜、木瓜、蜜桔、玉米等特色农业。初具规模的农业示范基地有三善村果蔗基地53.33公顷,火龙果基地6.67公顷,瓜头村良种鱼苗基地53.33公顷,雅松松柏山葛根53.33公顷。扶持培育家庭农场、农业种植大户16户,新建农民合作社21家。

【重点项目建设】 2016年,大桥镇加大重点项目建设,已完成城东商贸新区项目(一期)征地拆迁并办理挂牌出让相关手续。配合县相关部门开展黎湛铁路电气化改造大桥段征地、设施建设工作。完成玉林至湛江高速公路、浦北至北流清湾高速公路路线的勘探、设计等工作。已完成大桥水闸、大垌水闸除险加固工程项目征地;投资48万元的镇社保中心已完成主体工程建设。引进威能达热能科技有限公司(生产煤气灶炉头)、广西陆川泽新阳再生资源科技有限公司(生产

新型电饭煲煲胆)2家企业,计划总投资金额2.3亿元。利用县财政"一事一议"奖补资金484.94万元硬化村屯道路18.98千米;建设篮球场3个,建村级公共活动场所1个,安装太阳能路灯43盏。维修加固周塘水库渠道、雅松对坎窝渠道、唐侯高陂垌渠道,维修里程3千米。

【生态乡村建设】 2016年,大桥镇加大生态乡村建设,开展马盘二级公路风貌改造,投资900多万元对二级公路旁边农户的房屋进行外立面改造。实施村屯绿化,一般村屯绿化点70个,共植树2450株;推进大塘村绿化村屯示范点建设,种植黄槐、白玉兰、小叶榄仁等树木300株。推进九洲江环境整治,对九洲江流域的25家大型猪场进行高架网床改造;建设沼气池52座、1100立方米;蓄液池63座、2500立方米;建黑膜沼气池3座、1万立方米。

【扶贫攻坚】 2016年,大桥镇有贫困村5个,贫困户1586户,贫困人口6654人。年内,扶贫攻坚工作重点加大对贫困户贫困人口的扶持,加大贫困村基础设施建设。投资794.69万元硬化村屯道路65条,共30.57千米;投资605.15万元改造危房151户,

修缮房屋205户;投资41.2万元实施饮用水改善工程,解决125户贫困户饮水困难问题;发放扶持产业发展资金157.8万元。年底,全镇脱贫1241户,脱贫人口5252人,贫困发生率由15.81%下降至3.33%;瓜头、唐侯2个贫困村脱贫摘帽。

【基础设施建设】 2016年,大桥镇投资1000多万元完成大垌、三善、平山、大塘4个村小学的"薄改"项目建设。投资30多万元对大桥第二初级中学实施校园美化、绿化、硬化的"三化"建设;扩建北桑、美坡、三善、瓜头、唐侯、雅松6个村的办公场所。建设陆透、瓜头、北桑3个村的村级公共文化中心。投资4.60万元对计生站一楼的各功能室进行改造装修;投资200万元完善镇卫生院基础设施建设,配置数字X射线摄影系统(DR)。

【社会保障】 2016年,大桥镇参加居民养老保险1.90万人,年内新增居民养老保险744人。新型农村合作医疗参合率97%以上。全镇纳入城镇最低生活保障低保26户、39人,农村最低生活保障有1809户、4110人,发放最低生活保障金626.76万元;五保户511人,享受高龄补贴1094人,优抚对象295人。

2016年10月19日,大桥镇举行扶贫捐赠电视机发放仪式

大桥镇政府 提供

【社会治安综合治理】 2016年，大桥镇加强社会综合治理，重点抓好安全生产、食品药品安全、防汛防火等工作，全年无重特大事故发生。深化"平安大桥"建设，每季度开展大走访活动1次以上，并加强晚上的巡逻，增加见警率。年内，大桥镇的群众安全感和满意度在玉林市排名第39名、县排名第6名。

（黄文良）

横山镇潭村砂糖橘种植基地　　　　　横山镇政府　提供

横 山 镇

【横山镇概况】 位于陆川县西南部，行政区域面积91.47平方千米。镇政府距离县城区20千米。全镇辖11个建制村，286个村民小组，2016年年末总户数1.58万户，人口5.07万，人口自然增长率2.89‰。耕地面积1879公顷，林地面积4984公顷，森林覆盖率58.52%。小型水库4座，矿产资源有铅锌矿、铁矿、花岗岩等。

2016年，全镇工业总产值817.5万元；农林牧渔业总产值3.33亿元；财税收入408万元，社会固定资产投资3.95亿元。

【农业生产】 2016年，横山镇粮食种植面积2851公顷，粮食总产量1.74万吨，经济作物种植面积299公顷。水稻种植大户3户，种植水稻面积23.33公顷；新种植砂糖橘5.33公顷，种植淮山12公顷。

畜牧养殖业发展迅速，养牛专业户18户，养牛400多头；黄牛专业户1户，养黄牛50多头；养羊专业户5户，养羊500多头；养蛇专业户20户，共养蛇1.30万条，其中养蛇基地3个。同心村1农户投资100多万元养殖鳄鱼900多条；养假山猪（野猪与陆川本地猪杂交）专业户2户，养殖假山猪300多头；养狗专业户5户，养狗1500多条，其中肉狗养殖基地1个；养蜂专业户8户，养蜂250多窝；养鸭专业户3户，养鸭3000多只；养鸡专业户10户，养鸡15万只。旺坡村新建蚯蚓养殖基地1个，稳坡村新建泥鳅养殖基地、青蛙养殖基地。

【基础设施建设】 2016年，横山镇利用县财政"一事一议"奖补资金、扶贫建设资金合计207万元，硬化村屯道路19条、长6.90千米。加强新农村示范点建设，投资12万元，绿化稳坡村农村示范点，绿化大桥至横山公路沿线1.50千米；投资120多万元修建古旦桥；建设三面光水渠工程2千米；投资800万元的横山镇污水处理厂建成投入使用；投资100多万元新建垃圾中转站6月竣工；完成同心、稳坡、良塘、四和、清平、陆洪等10个村级污水处理厂选址，其中有8个村已完成征地工作。投资800多万元硬化横山镇街道1条，下水道950米；投资100多万元，装修同心、四和、高冲、石塘、潭村等村委会办公大楼。

【生态乡村建设】 2016年，横山镇加大开展"生态乡村"建设的宣传：召开群众座谈会48次，发放宣传资料1万多份。全镇聘用村保洁员63人，新建垃圾池32座，购买垃圾桶850多只；出动350多人清理河道累计1.80千米；清理垃圾480多吨。

【精准扶贫】 2016年，横山镇有贫困村5个，贫困户1232户，贫困人口4882人。年内，全镇共有57户、291人申请移民搬迁；308户贫困户获得小额信贷贷款。四和村成立陆川县文铭砂糖橘种植专业合作社，潭村成立百园种植养专业合作社等专业合作社4家。至年底，全镇脱贫1039户，脱贫人口4091人，贫困发生率由12.4%下降至2.01%，四和村、潭村脱贫摘帽，并通过自治区和国家第三方评估。

【社会保障】 2016年，横山镇纳入农村最低生活保障3643户、4421人，发放最低生活保障金477万元，发放救济棉被、衣物等物资800套，救济粮14.70吨；发放农业综合补贴130万元；危房改造农户182户，危房修缮56户，投入危房改造、修缮资金513万元。

（吴胤达）

乌 石 镇

【乌石镇概况】 位于陆川县南部。九洲江、黎湛铁路、马盘二级公路过境。行政区域面积228.19平方千米。

镇政府驻乌石街,距陆川县城19千米。辖23个村、1个社区、625个村(居)民小组;2016年年末总户数4.04万户,总人口13.43万,其中乡村人口12.98万;人口自然增长率7.47‰。小型水库6座。主要旅游景点有谢鲁山庄、吹塘—龙化生态旅游带、谢鲁天堂国际温泉旅游度假中心、陆河红马漂流旅游等。矿产资源有铁、钛、黄金、石英石、滑石、花岗石、瓷坭、河沙等。特色产品有乌石猪脚、乌石酱油、乌石刀具等。耕地面积4066公顷,林地面积12081公顷,森林覆盖率60.1%。

2016年,全镇工业总产值5.63亿元,比上年增长18.66%;农林牧渔业总产值6.59亿元,比上年增长6.39%;全社会固定资产投资7.61亿元,比上年增长22.74%;财政收入1949.98万元,比上年增长6.57%。

【生态农业发展】 2016年,乌石镇围绕县委、县政府"马盘百里绿色生态农业经济示范长廊"的建设目标,调整农业产业结构,加快发展生态特色农业,马盘二级公路、九洲江流域沿线,打造乌石休闲观光产业、生态养殖产业、生态循环种养产业。推进粤桂生态经济合作特色农业试验区建设,整合乌石镇特色农业种植资源,推进淮山、番石榴、砂糖橘、红心橙、桂圆、荔枝等传统优势农业产业发展,扶持发展特色果蔬、花卉种植产业,重点推进中草药、橘红、火龙果等特色产业基地建设,创建特色果蔬采摘、花卉观光园、农事体验园等休闲观光生态农业园,发展休闲生态旅游。推进特色生态养殖示范基地建设,新建、改建标准养殖场地2个;推行畜禽养殖业清洁生产技术,建设应用高架网床养殖模式和微生物益生菌投喂技术的生猪养殖场1个;推进生态循环种养示范基地建设,加强畜禽粪便综合利用,提升养殖业与种植业之间的资源循环综合利用水平,提高沼液、有机肥和病虫害绿色防控技术在种植业应用率,创建生态循环种养示范基地1个。开发农业新品种种植,陆龙村新成立辣木种植合作社,通过"公司+农户"的模式,引导农户种植辣木33.33公顷。

【生态乡村建设】 2016年,乌石镇对马盘二级公路乌石镇吹塘至谢鲁路段进行环境综合整治,实施岭南客家民居风貌改造,进行房屋风貌改造农户278户,房屋外立面改造1.12万平方米。

【基础设施建设】 2016年,乌石镇加大道路基础设施建设。乌石至月垌三级公路改建工程动工建设,路基宽由原来的5~6.5米拓宽到7.5米,硬化路面宽6.5米,计划总投资1010.66万元。利用新增债券项目和县财政"一事一议"奖补资金,全镇硬化村屯道路60条130.54千米;投资1500万元,在老圩村、水花村、吹塘村等建设桥梁7座;在旺岭村、双垌村、子良村、安东村等村安装路灯165盏;加大水利设施建设,新建人饮工程3处;推进陆选水库建设,已完成水库资料整合及勘察等工作。

2016年,乌石镇推进污水、垃圾处理设施建设。投资2400万元,在沙井、龙化、那囊、坡脚、蒙村、旺岭、坡子、双垌、月垌、水花、安东、陆龙、黎洪、陆河、陆选等15个村分别建设村级污水处理设施;投资250万元,在月垌片建设片区垃圾处理中心;投资160万元,在旺岭村、吹塘村分别建设村级垃圾处理设施。

改善村委办公条件,投资195万元新建吹塘村、黎洪村、陆龙村办公楼,投资70万元对谢鲁村、塘域村、旺岭村、蒙村、子良村、坡子村村委办公楼修缮。

【扶贫攻坚】 2016年,乌石镇贫困村有紫恩、旺岭、子良、塘域、蒙村、黎洪、陆选、陆龙、陆河等9个,贫困户1894户,贫困人口7976人。年内,加大扶贫帮扶工作,玉林市、陆川县为贫困村派驻第一书记,实行机关、企事业单位定点扶贫和对口支援,协助贫困村发展农村经济、促进农民增收,9个贫困村均成立合作社,其中有3个贫困村每村入股合作组织20万元,发展规模养猪、养牛、种植番石榴、香蕉等。至年底,全镇脱贫1137户,脱贫人口4815人,贫困发生率由10.63%下降到2.87%;塘域、蒙村、旺岭3个村脱贫摘帽。

【"天网"工程建设】 2016年,乌石镇推进平安乌石建设,加强群访群治网络建设,投资60万元在乌石街、月垌街的重要路口、重要路段、重要街道设立视频防控监控点29个。

(钟诗博)

2016年乌石镇吹塘村路段风貌改造后一景　　　乌石镇政府　提供

滩面镇

【滩面镇概况】 位于陆川县中南部，马盘二级公路过境，行政区域面积63.23平方千米。镇政府距陆川县城26千米，距玉林城区75千米。辖6个建制村，162个村民小组。2016年年末，总户数1.14万户，总人口3.71万，人口自然增长率7.16‰。水库6座。耕地面积1455公顷；林地面积3624.93公顷。

2016年，全镇工业生产总值2158.6万元，比上年增长12.25%；农林牧渔业总产值2.72亿元，增长10.57%；财税收入413万元，下降6.73%；社会固定资产投资5.03亿元，增长47.97%。

【工业发展】 2016年，滩面镇重点发展生态工业。引进光伏发电、固体废料综合处理等生态项目2个。广西西江集团公司在南部工业园区投资2亿元建设大型光伏发电项目，11月28日并网发电；广西博世科环保科技有限公司投资1.2亿元，建设固体废料综合处理项目已运行投产。

【农业生产】 2016年，滩面镇加大传统农业的升级改造，推进农村土地流转，年内完成土地流转面积30公顷；围绕县委、县政府打造九洲江两岸中草药种植专属区的发展战略，加大中草药种植基地建设，对坡头村橘红种植合作社、新旺橘红种植基地建设给予扶持；发展特色经济作物种植，滩面村建成百香果基地13.31公顷，新旺村建成剑麻基地面积226.67公顷、生姜种植基地33.33公顷，坡头村建成橘红间种风景树种植基地8公顷。

【生态乡村建设】 2016年，滩面镇继续推进生态乡村建设。滩面镇污水处理厂已建成运行，建立村级污水处理站5个，日均处理污水500立方米；开展镇村环境整治，拆除大型直排养殖场3家，改造升级规模以上的养殖场19家，清理污染点140余处，打击非法采砂点5个。

【扶贫攻坚】 2016年，滩面镇有贫困村3个，贫困户1033户，贫困人口4467人。推进贫困结对帮扶工作，市、县、镇、村四级结对帮扶干部共305人。为贫困户发放产业发展帮扶资金103.30万元；为596户贫困户申请小额信贷。滩面镇易地扶贫搬迁安置小区一期工程竣工，共建设住房49套，建筑面积4270平方米，计划搬迁的49户农户已全部参与住房分配抽签，已搬迁入住贫困户22户。

【基础设施建设】 2016年，滩面镇加大学校基础设施建设，投资1083万元，推进6所学校的教学楼建设，其中新旺小学综合教学楼已建成使用，滩面中心小学、上旺小学、坡头小学、佳塘小学的教学综合楼和佳塘小学鸡笼教学点教学楼正在建设。利用县财政"一事一议"奖补资金235.12万元，硬化村屯道路31条、8.60千米。

【社会事业发展】 2016年，滩面镇参加城镇新型农村养老保险8091人；新型农村合作医疗参合率95%以上。纳入城乡最低生活保障低保范围的农户有1298户3587人，发放最低生活保障金559.57万元；发放农业综合补贴183.91万元。

【社会治安综合治理】 2016年，滩面镇加强"平安滩面、法治滩面"建设。组建村级治安联防队，建立健全治安管理制度，加强夜间巡逻，维护治安秩序。调处矛盾纠纷175件，调解成功173件，调解成功率98.86%。年内，滩面镇社会公众安全感排位从2015年玉林市第99位提升到第3位、陆川县第1位。　　　　（李云妮）

2016年，滩面镇滩面村百香果种植基地　　　滩面镇政府　提供

良 田 镇

【良田镇概况】 位于陆川县南部。马盘公路、黎湛铁路、九洲江过境。行政区划面积132.72平方千米。镇政府驻良田街，距县城33千米。辖13个建制村、1个社区，372个村（居）民小组。2016年年末，总户数2.81万户，人口9.81万，人口自然增长率5.9‰。

耕地面积3511公顷,林地面积5330公顷,森林覆盖率50.1%。中、小型水库4座。矿产资源有高岭土、钾长石、硅、石英石、锡、银及稀有金属铌、钽、锆等20多种。

2016年,全镇工业总产值15.36亿元,比上年增长10.18%;农林牧渔业总产值5.84亿元,比上年增长6%;固定资产投资8.88亿元,比上年增长32.54%;财政收入3014万元,比上年增长9.63%。

【农业产业化发展】 2016年,良田镇加强农业产业化发展。继续推进陆川县广东温氏畜禽有限公司"公司+家庭农场"的农业产业化生产管理模式,依托温氏集团雄厚的技术力量和先进的管理方法,完善养殖体系、提升产品质量、提高养殖户效益。年内,良田温氏公司生产鸡苗1800万羽,上市肉鸡1050万羽,产值约3亿元,良田加盟养户获利4500万元。推进神龙王陆川猪标准化养殖园区、英平牧业有限公司规模养殖场标准化建设,发挥生态环保养殖示范作用。年内,2家企业承办全县生态养殖培训班20期,有效带动全镇、全县生态养殖。推进土地流转,扶持培育"土地集中使用、规模经营、带动发展"模式的农民专业合作社。其中良田村瑞武农民专业合作社是集香蕉种植(核心区)、蔬菜种植、农副产品加工、旅游观光于一体的农业产业化科技示范区,建设香蕉种植核心区,种植香蕉33.33公顷、蔬菜8.33公顷;投资2000万元,建设蔬菜加工厂1家,占地面积3000多平方米,年加工蔬菜100吨,年产值500万元,长期用工30人,带动农户发展235户,每月组织贫困户集中开展养鱼、养猪、香蕉种植、蔬菜种植技术培训。全镇发展特色农业产业13个,带动贫困户发展生产196户。春旺橘红种植基地、神龙王生态养殖基地获玉林市党员干部现代远程教育"十百千"活动市级示范基地。

【基础设施建设】 2016年,良田镇利用县财政"一事一议"奖补资金,投资524万元硬化村屯道路47条17.30千米,安装乡村路灯198盏;投资200多万元,初步建成二级路连接新村涵洞口路段。投资60万元,建设竹山村、甘片村村级文化中心。投资120万元对莲塘、龙口、良田、石垌、鹿垌、竹山、文官等村的办公楼进行修缮;投资220万元新建冯杏村办公楼,完善配套基础设施。

【脱贫攻坚】 2016年,良田镇有贫困村新村、鹿垌村、三联村、良田村、冯杏村、石垌村等6个,贫困户2003户,贫困人口9078人。年内,加大脱贫帮扶工作,实施产业扶贫、电商扶贫,推行"合作社+农户""基地+农户"等模式;推进"互联网+扶贫",拓宽贫困村农产品销售渠道。开展贫困户就业、创业技能培训;启动贫困户小额贷款扶持,共为608户贫困户发放贷款2845.6万元;争取新增债券资金689.52万元,加大扶贫基础设施建设村屯道路建设,共硬化村屯道路33.13千米;以重建、修缮、加建3种方式完成农村危房改造462户;贫困户异地搬迁12户76人;为贫困户发放电视机120台;"雨露计划"资助贫困学生143人。至年底,全镇贫困户脱贫1374户,脱贫人口6434人,贫困发生率由原来的10.24%下降到2.98%;新村、良田村脱贫摘帽。

2016年10月10日,陆川县脱贫攻坚基础设施建设暨产业扶贫推进工作现场会在良田镇召开。县四家班子领导、各镇书记、镇长和县直各单位部门主要领导及各级帮扶单位负责人200多人参加会议。会上,县委书记蒙启鹏发表讲话,县长潘展东主持会议并总结讲话,良田镇做脱贫攻坚基础设施建设和产业脱贫经验介绍。与会人员会前并到良田村合作社扶贫产业基地、扶贫路硬化现场点、贫困户房屋修缮点、良田村委会贫困户平台建设办公室及良田镇扶贫脱贫攻坚指挥部等现场进行实地观摩。

【九洲江综合治理】 2016年,良田镇推进九洲江良田段的综合整治。

加大九洲江流域畜禽养殖场整治。拆除九洲江主干流200米范围内污染猪场173家、面积5.03万平方米。对石垌河、下垌河、山井冲、莲塘河等各支流进行整治,拆除污染猪场67家、面积1.68万平方米。

推进九洲江流域河堤整治。良

2016年10月10日,陆川县脱贫攻坚基础设施建设暨产业扶贫推进工作现场会在良田镇举行   良田镇政府 提供

田污水处理厂建成投入使用,日处理污水0.1万吨,解决污水直排问题,有效改善九洲江流域良田段水质,全年水质达到Ⅲ类标准;打击九洲江河堤非法采砂,配合县有关部门整治非法采砂点2个。

调整优化种养产业结构。推进橘红连片种植,春旺橘红等专业合作社在冯杏村、文官村新增种植面积36.67公顷。推进神龙王陆川猪标准化养殖园区、英平牧业有限公司规模养殖场标准化建设,建成高架网床1.44万平方米,沼气池3600立方米,储粪池7200立方米,储粪屋2800平方米,发挥生态环保养殖示范作用。2月16日,自治区副主席黄世勇率队调研九洲江污染综合治理工作,并参观英平牧业有限公司示范点;7月,中央环保督察组到陆川督察环保工作,参观神龙王生态养殖培训基地并召开现场会议;11月底,文官新农村、英平牧业有限公司等列为自治区九洲江流域水环境综合整治工作服务推进会参观点。

【"美丽良田"生态乡村建设】 2016年,良田镇打造生态乡村建设,推进神龙王陆川猪标准化规模养殖园区、文官村官海屯、英平家庭农场等示范点建设,打造九洲江流域生态乡村示范带。一是推进陆川猪文化展馆、生态养殖展示长廊建设,神龙王陆川猪标准化规模养殖园区,并成为陆川县九洲江流域生态养殖培训基地,年内共培训1200人次,发挥生态养殖示范作用。投资1000多万元,推进二级路沿线前排房的风貌改造,风貌改造面积8万多平方米;投资500多万元,完成农村危房改造512户;推进文官生态乡村建设,年内完成庭院改造、农家乐、农耕文化展示、风貌改造、庭院经济、村史馆、小商店、农家乐等项目。推进高山嶂生态旅游项目开发规划,拟开发地面积为1.50平方千米,项目建设期约为5年,总投资1.50亿元。推进车田水库移民新村环境整治,投资500多万建设九洲江(车田

2016年11月30日,自治区环保厅在陆川召开九洲江流域水环境综合整治服务推进会。图为与会人员听取陆川英平畜牧有限公司养殖污染整治情况汇报
叶礼林 摄

段)防洪堤1.40千米,绿化面积2000多平方米。流转土地6.67公顷,依托水面资源规划建设九洲江岸休闲娱乐主题公园。

【公共文化服务】 2016年,良田镇加强村级公共服务中心建设,投资400多万元完成12个村、社区村级公共服务中心建设;全镇共建有农家书屋15家,藏书6万多册,村级水泥篮球场60多个。2016年8月,良田镇通过国家文化部公共文化服务体系示范区检查验收;12月25日,良田镇广场舞舞蹈队参加广西广电网络、广西都市频道和桂林银行主办的第二季《舞动广西》全民广场舞大赛获全区60强。良田镇文化体育和广播电视站获自治区先进文化站称号,2016年12月良田镇被评为玉林市特色岭南文化名镇(公共文化服务名镇)。良田镇获玉林市诚信计生示范镇荣誉称号。

【良田街社区成为全国综合减灾示范社区】 2016年,良田镇继续推进综合减灾示范社区建设,坚持"以防为主,防救结合"的创建思路,以"弘扬防灾减灾文化,提高防灾减灾意识"为主题,在良田街社区开展综合减灾

示范社区创建活动,广泛开展普及防灾减灾知识宣传,不断增强居民防灾减灾意识。加大防灾减灾设施建设,配备完善应急物资;建立应急救援队伍,增强应急力量;完善综合减灾示范社区建设各项工作制度,结合辖区内防灾减灾工作实际、社区的具体情况有针对性地制定消防应急疏散实施方案;经常性开展各种防灾减灾综合演练,提高应急救援能力。11月良田街社区获评为自治区综合减灾示范社区,12月获评为全国综合减灾示范社区。

【平安良田建设】 2016年,良田镇以"群众安全感和政法队伍满意度双提升"目标,加强社会管理综合治理,全面提高群众参与平安建设"知晓率、参与率、见警率、精准率、安全感和满意率",提高干部队伍执行力。年内,全镇共化解社会矛盾纠纷103起,其中重大历史积案3起,矛盾纠纷化解率72.50%。发生各类刑事案件92起,破42起;受理治安案件82起,查处73起,抓获各类违法人员175人。良田镇在玉林市群众安全感调查乡镇综合排名第30名、陆川县第4名,获年度陆川县平安建设一等奖。(吕振润)

清湖镇

【清湖镇概况】 位于陆川县东南部,行政区域面积127.19平方千米。镇人民政府驻清湖西街13号,距县城47千米。辖12个建制村、1个社区,247个自然村,348个村民小组。2016年年末总户数2.11万户,人口7.79万,人口自然增长率9.28‰。耕地面积2464公顷,林地面积5085.17公顷。矿产资源有钛铁矿、磁铁矿、石英矿、稀土等。中小型水库3座。

2016年,全镇工业总产值20.66亿元,比上年增长16.14%;农林牧渔业总产值3.89亿元,增长12.43%;固定资产投资6.19亿元,下降11.54%;财政收入2060万元,增长0.46%。全镇劳动力4.10万人,外出务工5776人,劳务输出纯收入8420.8万元。

【特色农业发展】 2016年,清湖镇加快发展特色农业,调整优化区域布局,引导农户发展庭院经济,以"一户一产业"为契机,加大农民合作社发展,全镇有特色产业合作社、"农家乐"26家,其中新兴特色产业合作社6家,农家乐2家。推进橘红、软枝油茶、葡萄等产业发展,建设塘寨葡萄经济示范园、旺山村桂菜园。年内,全镇种植橘红1333.33公顷;种植软枝油茶200公顷,种植葡萄33.33公顷,把塘寨葡萄经济示范园打造成党建、生态经济、脱贫攻坚、特色农业观光旅游示范品牌。

【桂菜园果蔬产业核心示范区建设】 2016年,清湖镇推进桂菜园果蔬产业核心示范区建设,桂菜园位于清湖镇旺山村,覆盖清湖镇旺山、永平、平安、陆坡、三水5个村及良田镇龙口村等部分村落,核心区面积225.33公顷,辐射区规划总面积800公顷。并列为"一带一路"重点开发项目。示范区以绿色、无公害果蔬标准化种植为主、特色养殖为辅,实行生态循环种养。年内,已修通园区道路5.63千米,桥梁、水坝勘测设计、蔬菜大棚、生态陆川猪、污水处理厂等项目工程正在建设。示范区基地发展以黄花菜、百香果、富硒花生、陆川猪等产品为主,已收获蔬菜1930吨,总产值1260万元,辐射带动农户发展农业生产653户,取得良好经济效益及社会效益。并被评为全国绿色防控与统防统治融合示范基地、国家级蔬菜标准园、玉林市农业产业化重点龙头企业、玉林市农民合作社示范社、广西乡级现代特色农业示范区。

【基础设施建设】 2016年,清湖镇争取革命老区建设项目、县财政"一事一议"资金奖补项目、扶贫建设项目等加大基础设施建设。投资765.08万元,硬化村屯道路55条29.42千米;旺山村、永平村等村级灯光球场及村民健身、娱乐、文化体验中心建成投入使用。投资建设塘寨葡萄园广场河堤、三水学木门口堤坝维修三水长岗岭集中饮水工程,在旺山、新官、官冲等3个村打井5口。推进学校基础设施建设,投资3000多万元新建或修缮各村小学教学楼31幢,投资800多万元建成清湖镇初中学生宿舍楼,推进清湖镇中心卫生院业务大楼建设,改造村卫生室3个。新建村级农家书屋6处,新添书籍2000多册。

【扶贫攻坚】 2016年,清湖镇有贫困村5个、贫困户1742户、贫困人口7375人。去年,全镇大力加强与贫困村、贫困户结对帮扶,共计有自治区、玉林市及县、镇帮扶单位65个、帮扶干部383人,结对帮扶贫困户1742户、贫困人口7375人。贫困家庭危房改造753户(其中重建409户、修缮344户);贫困户小额贷款542.08万元;小额信贷入股合作社全年分红40多万元;为贫困户发放电饭锅、花生油、电磁炉等慰问品1.09万件、价值212.12万元;干部捐款、物折价26.61万元,社会各界人士、团体捐款、物折价47.60万元。至年底,全镇脱贫1225户、脱贫人口5350人,贫困发生率由原来的11.28%下降到3.08%;塘寨村脱贫摘帽。

【社会保障】 2016年,清湖镇参加城镇养老保险1.60万人,新型农村合作医疗参合率99%。纳入最低生活保障2331户5972人;发放农业综合补贴资金341.1万元,粮食补贴资金25.2万元,各项扶贫补贴资金1014.48万元。

清湖镇桂菜园蔬菜产业示范基地　县扶贫脱贫攻坚指挥部办公室　提供

【清湖贸易市场火灾缮后处理】 2016年5月8日凌晨,清湖贸易市场发生火灾,火灾过火面积950平方米,受灾经营户90多户。火灾后,清湖镇党委、政府配合县市场服务中心加强市场灾后处理工作,在清湖街西水开发区新建西水开发区江边临时市场,经营面积900多平方米,进驻临时市场经营户92家,市场主要经营服装、针织品、小百货、电器、副食、水果等。

（王 欢 郭 勇）

古 城 镇

【古城镇概况】 位于陆川县最南部,行政区域面积113.30平方千米。马盘二级公路终点盘龙圩,与广东省石角镇公路相连。火甲江、古城河、北豆河、盘龙河、福禄河过境。镇政府驻古城街,距陆川县城58千米。辖10个建制村,219个自然村303个村民小组。2016年年末总户数2.28万户,总人口8.03万,其中乡村人口6.02万,人口出生率12.06‰,人口自然增长率6.15‰。主要矿产资源有钛铁矿、花岗岩。全镇耕地面积2494公顷,农田有效灌溉面积1301公顷。林地面积4730公顷,森林覆盖率为46.69%。

2016年,全镇工业总产值16.14亿元,比上年增长24.89%;其中规模以上工业总产值15.71亿元,增长3.70%;农林牧渔业总产值3.91亿元,增长14%;社会固定资产投资5.81亿元,增长29.02%,其中工业投资4.32亿元,技改投资3.89亿元。财税收入1261.3万元,增长5.96%。

【农业生产】 2016年,古城镇农作物播种面积4305公顷。其中,粮食播种面积2998公顷,粮食总产量1.77万吨。水稻种植面积2473公顷,玉米种植面积109公顷,豆类种植面积69公顷,薯类种植面积347公顷。经济作物种植面积385公顷。全镇累计花卉种植面积2公顷、剑麻100公顷、油茶树45公顷、橘红种植23公顷。

全镇有专业养猪户160家,散养户641家,年出栏4.94万头;养鸡场25家,年出栏93万羽;养鹅场3家,年出栏鹅17.34万羽;养羊场6家,年出栏羊100多只;养牛场7家,年出栏牛1100头;水鱼养殖81户,年产量1878吨。

【基础设施建设】 2016年,古城镇利用县财政"一事一议"奖补资金,投资307.07万元,硬化村屯道路30条12.79千米。推进古城镇文化广场、村民小组文体活动场所建设。9月,古城镇文化广场动工建设,广场位于镇政府门口对面,占地面积1300平方米,配套建设带灯光看台的标准篮球场、健身路径一套(13件)等设施,12月建成投入使用,投资40多万元;建设古城村冲口村民小组、楼脚村桥头三队、陆落村下低坡等村民小组的公共活动场所3个,面积1800平方米,配套建设标准篮球场等设施,投资29.88万元。

【乡村亮化工程建设】 2016年,古城镇推进村屯亮化工程建设,分别在清耳、北豆、楼脚、盘龙、陆因等5个村的8个村屯安装路灯93盏,总投资43.03万元。其中在清耳村梅子根村屯安装路灯10盏、新垌路口至学校安装路灯12盏、席草塘队安装路灯15盏、北豆村沙陂队安装路灯8盏、楼脚村万屋队安装路灯16盏、盘龙村东尾冲至书房下安装路灯15盏、白马窝至大陂路口安装路灯6盏、陆因村平垌队安装路灯11盏。

【水库移民库区生态建设】 2016年,古城镇实施盘龙村符竹山村民小组水库移民生态建设和水资源保护,获广东帮扶鹤地水库广西库区移民生态建设和水资源保护项目总投资149万元,建设污水处理池1座,建设文化活动室200平方米,硬化活动场所1500平方米,建设垃圾池2个,埋设排水管道7.10千米。

【饮水工程建设】 2016年,古城镇推进古城街集中供水工程建设,是古城镇第一个集中供水项目,由广西展鸿建设集团有限公司承建,总投资1200多万元,位于古城村麻蛇圩水库,占地面积8亩,建筑面积5亩,主要提供古城街、楼脚村、古城村、良村的生活饮水问题,征地工作正在进行。投资112万元,建设古城村冲口队、新屋队、良村村酒坊老屋队等人畜饮水工程3个,受益群众9000人。

【清洁工程项目建设】 2016年,古城镇重点推进古城镇污水处理厂、垃圾中转站建设。垃圾中转站位于楼脚石咀石场对面,占地面积1334平方米,配套有车辆、垃圾桶、勾臂车、垃圾转运车、三轮电动车、三轮人力车等设施,1月建成投入使用,完成投资200多万元。古城镇污水处理厂位于楼脚村委旁,占地面积3135平方米,配套建设污水管网、污水处理池等设施,7月建成投入使用,完成投资1200万元。成功申请盘龙村符竹山新农村污水处理工程、楼脚村盘龙村垃圾处理中心建设项目。

【九洲江流域综合整治】 古城镇区内火甲江、古城河、北豆河、盘龙河等4条支流列入九洲江环境治理范围,九洲江在古城镇内主流、支流河长43.9千米。2016年,古城镇重点推进古城河和北豆河治理,清理拆除猪场137家,拆除面积20551.8平方米,发放补偿资金1039万元;标准化升级改造49家规模养殖场,其中建设高架网床2家,面积8500平方米,其他排污设施47家,其中储液池4678立方米,储粪屋2302平方米,沼气池2090立方米,投入资金145.49万元。投资180万元在清耳村建设大型沼气池1个。投资7.73万元对长径村发马岭堰塘进行修复。投资16万建设古城村城铁陂;投资24万元维修良村村山背、八角村山子冲、八角村火烧陂等渠道 3 条,维修总长 500 米。

【脱贫攻坚】 2016 年,古城镇贫困户 2473 户、贫困人口 1.11 万人。年内,推进脱贫攻坚摘帽工作,成立古城镇脱贫攻坚摘帽队,780 名各级领导、干部结对帮扶贫困户 2473 户。投资 598 万元,硬化贫困村村屯道路 35 条 23 千米;发放小额贷款 8765 万元,受益贫困户 1120 户。发放"一户一产业"项目扶持资金 314.4 万元,受益贫困户 3144 户,扶持贫困户产业生产。帮扶脱贫 1993 户 9112 人。"十三五"期间实施异地扶贫,由各村搬迁至陆川县城,搬迁户 13 户 71 人,搬迁建房 13 套面积 1500.73 平方米,并通过自治区、国家有关部门组织检查验收。

【村屯绿化活动】 2016 年,古城镇开展"美丽古城·生态乡村"村屯绿化专项活动,投资 32.5 万元绿化村屯 65 个,种植海南蒲桃、水蒲桃、白玉兰、黄槐等绿化树木 2345 株,绿化里程 6.50 千米;投资 23 万元,在盘龙村、长径村、陆落村、八角村、良村村由桉树改种油茶树 20 公顷。

【社会保障】 2016 年,古城镇中考考上陆川中学 81 人、玉林高中 17 人。发放困难寄宿生生活补贴 215 万元。全镇参加新型农村合作医疗 6.50 万人,参合率 85.92%;免费注射疫苗 2.47 万人次。纳入城镇最低生活保障 76 户 90 人,发放保障金 28.80 万元;农村最低生活保障 1764 户 4567 人,发放保障金 700 万元;五保供养 436 人,发放生活补助 120 万元;孤儿 137 人,发放生活补助 90 万元;80 周岁以上高龄老人 1347 人,发放生活补助 60.90 万元。发放城乡居民养老保险 648 万元;发放新型农村养老保险补贴 3.60 万元。参与危房改造村民 499 户,发放危房改造资金 1212.90 万元。发放水库移民后期扶持资金 445.73 万元,扶持移民 6945 户 3.33 万人,其中搬迁 3666 户 1.75 万人,淹田 3279 户 1.59 万人,倒迁 9 户 29 人。

(罗 平)

表 35 2016 年陆川县各镇基本情况

名 称	建制村(个)	社区(个)	年末总户数	年末总人口(人)	工业总产值(万元)	农林牧渔业总产值(万元)	耕地面积(公顷)	粮食种植面积(公顷)	经济作物种植面积(公顷)	粮食总产量(吨)	财政收入(万元)	完成固定资产投资(万元)
温泉镇	14	6	57756	157111	1137876	43044	1946	2739	390	16144	13690	134080
米场镇	9	0	19993	62864	151891.8	32047	1738	2430	745	14644	2825	86301
沙湖镇	5	0	8978	30810	40580.5	19690	1129	1348	172	7685	636	43550
马坡镇	13	1	29211	105765	318912.1	61033	4796	4813	1397	29893	5101	88162
平乐镇	7	0	16454	55816	42734	26225	1546	2418	263	15255	716	46100
珊罗镇	7	0	17610	61017	1144036	40592	2076	3061	265	19243	10054	89560
沙坡镇	13	0	23108	82599	45830.3	32221	2092	3156	720	19495	832	36790
大桥镇	11	0	18450	59312	159133.1	46607	2119	3267	564	18983	845	47976
横山镇	11	0	15781	50709	817.5	33282	1879	2851	299	17437	408	39536
乌石镇	23	1	40390	134337	56256.7	65875	4066	5399	606	33671	1950	76109
滩面镇	6	0	11359	37099	2158.6	27150	1455	2005	350	12569	413	50310
良田镇	13	1	28076	98134	153563.4	58425	3511	4147	486	25411	3014	88800
清湖镇	12	1	21056	77947	206631.4	38865	2464	3267	483	20096	2060	61910
古城镇	10	0	22801	80343	161413.6	39069	2494	2998	385	17686	1261	58061
镇合计	154	10	331023	1093863	3621834	564124	33311	43899	7125	268263	43805	947245
其他						27951		11	113	51		
合计	154	10	331023	1093863	3621834	592075	33311	43910	7238	268263	43805	947245

人　　物

RENWU

2016年9月20日，自治区来玉林挂职领导干部到陆川调研。图为召开调研活动座谈会

叶礼林　摄

县四家班子领导

蒙启鹏 壮族,1978年10月生,广西宾阳县人。中共党员。2004年6月华南理工大学研究生毕业,工学硕士。毕业后在广西发展和改革委员会工作,曾任国民经济综合处副处长。2013年先后任广西发展和改革委员会资源节约和环境保护处处长、国民经济综合处处长。2014年1月任中共陆川县委副书记、代县长,2月任县长。2016年5月任中共陆川县委书记。

潘展东 1973年8月生,广西容县人。中共党员。大学学历。1995年7月参加工作。曾任玉林市玉东新区规划建设局局长。2011年8月任玉林市玉东新区[玉林经济开发区、海峡两岸(广西玉林)农业合作试验区]工委委员、管委会副主任。2014年4月任玉林市玉东新区[玉林经济开发区、海峡两岸(广西玉林)农业合作试验区]工委副书记、管委会主任。2016年5月任中共陆川县委副书记、代县长。9月任陆川县第十六届人民政府县长。

陈基林 1978年2月生,玉林市玉州区人。中共党员。大学学历,文学学士。1997年9月—2001年7月在广西师范大学中文系汉语言文学专业学习。2001年7月毕业后在玉林市政府办公室工作。2005年10月调

玉林市委组织部办公室工作,任副科级。2007年4月后先后任玉林市委正科级组织员、市委组织部办公室副主任。2009年7月任玉林市委组织部办公室主任。2011年8月任玉林市委组织部部务委员(副处长级)。2013年4月任陆川县委常委、组织部部长。2016年5月任陆川县委副书记。

陈前驱 1960年8月生,广西陆川县人。中共党员。大学本科学历。1980年12月任博白县凤山镇农技站技术员。1985年7月任陆川县农业委员会科员。1987年7月任陆川县横山乡党委组织委员。1987年10月任陆川县大桥镇党委宣传委员。1991年7月任陆川县横山乡党委副书记兼纪委书记。1993年7月任陆川县横山乡党委副书记、乡长。1996年7月任陆川县横山乡党委书记。1998年9月任陆川县乌石镇党委书记。1999年3月任陆川县计划生育局局长、党组副书记。2002年11月任陆川县计划生育局党组书记、局长。2004年7月任陆川县人口计生局党组书记、局长。2005年7月任陆川县人民政府副县长,人口计生局党组书记、局长。2006年6月任陆川县人民政府副县长。2006年7月任陆川县委常委、宣传部部长,县政府副县长。2011年6月任陆川县人大常委会党组书记。2011年8月任陆川县第十五届人大常委会主任。2016年9月任陆川县第十六届人大常委会主任。

丘妙军 1965年5月生,广西陆川县人。中共党员。本科学历。1984

年12月在陆川县良田镇政府工作,任良田镇团委副书记。1986年5月任陆川县良田镇司法办主任。1990年12月任陆川县良田镇计生站站长。1993年7月任陆川县良田镇政府副镇长。1996年8月任陆川县滩面乡党委副书记。1999年3月—2002年7月先后任陆川县大桥镇党委副书记、镇长。2002年8月任陆川县沙湖乡党委书记、人大主席。2004年5月任陆川县大桥镇党委书记、人大主席。2006年10月任陆川县大桥镇党委书记(其间2010年10月定为副处长级)。2011年5月任陆川县委办公室副主任。2011年6月任陆川县人大常委会党组成员。2011年8月任陆川县第十五届人大常委会副主任。2016年9月任陆川县第十六届人大常委会副主任。

张耘书 1974年9月生,广西博白县人。1998年10月加入中国共产党,在职研究生学历。1993年9月在广西师范大学政治经济系经济管理专业学习。1995年7月任玉林地区《大众侨报》记者、编辑。1996年12月任玉林地区(市)大众侨报社新闻部副主任、团支部书记。1998年9月任玉林市大众侨报社新闻部主任(1999年8月吸收为国家干部)。2001年9月任玉林市委讲师团助教。2005年12月任玉林市委宣传部精神文明办科员。2007年2月任玉林市人民政府办公室第六秘书科科员。2008年3月任玉林市人民政府办公室第六秘书科副科长。2008年9月任玉林市委办公室综合二科副科长。2010年7月

任玉林市委办公室综合二科科长。2011年11月任玉林市委政研室信息综合科科长。2013年5月任玉林市委办公室常委会议科科长。2016年5月任陆川县委常委、组织部部长。

陈日东　1969年11月生,广西北流市人。中共党员。中央民族大学法学专业毕业。1991年7月广西大学物理系无线电专业毕业后在北流氮肥厂工作。1992年9月调北流市委机要局工作。1994年11月调北流市纪委工作。2000年6月调玉林市纪委工作。2001年1月—2013年4月先后任玉林市纪委副科级检查员、第一纪检监察室副主任科员、正科级纪律检查员、信访室副主任、执法监察室副主任(其间2002年9月—2005年7月在中央民族大学法学专业函授学习,2005年9月—2006年10月挂任容县纪委副书记)。2013年4月任玉林市物价局党组成员、派驻纪检组组长。2015年4月任玉林市发改委党组成员、派驻纪检组长。2016年5月任陆川县委常委、纪委书记。

周　林　女,1982年12月生,广西博白县人。中共党员。在职大学学历。2001年7月参加工作。2004年1月起,先后在玉林市福绵区石和镇政府、福绵区工委办公室和玉林市委统战工作党派经济科工作。2008年11月,任玉林市委统战部党派经济科副科长。2009年12月,任玉林市委统战部党派科副科长。2010年11月任玉林市委统战部党派科科长。2016年5月,任中共陆川县委常委、统战部

部长。

甘　俭　1972年6月生,广西陆川县人。中共党员。大学学历。1991年1月柳州畜牧兽医学校毕业后在陆川县龙珠公司工作。1996年10月调陆川县畜牧局服务中心工作。1997年12月任陆川县横山乡人大副主席(其间1999年9月—2002年6月参加自治区党校大专行政管理专业学习)。2002年8月任陆川县珊罗镇副镇长(其间2002年9月—2004年12月参加自治区党校本科行政管理专业学习)。2004年5月任陆川县珊罗镇党委副书记。2006年4月任陆川县马坡镇党委副书记、镇长。2011年5月任陆川县马坡镇党委书记;2015年4月任陆川县政府副县长。2016年7月任中共陆川县委常委、县政法委书记。

李永金　1964年6月生,广西陆川县人。国民经济学专业,研究生学历。中共党员。1984年7月参加工作,在陆川县清湖中学任教(其间1987年9月至1989年7月在梧州教育学院数学专科全脱产学习)。1989年9月调陆川县教师进修学校任教(其间1990年9月广西教育学院教育管理专业进修本科)。1993年10月调陆川县政府办公室工作,为正局级干部。1995年3月任陆川县良田镇人民政府副镇长。1996年8月任陆川县清湖镇党委副书记。1999年3月任陆川县古城镇党委副书记、镇长(其间:1999年10月—2001年10月在广西师范大学国民经济学研究生学习)。2001

年11月任陆川县古城镇党委书记、人大主席。2006年6月任玉林市扶贫办副主任。2007年1月任玉林市福绵管理区管理委员会副主任(其间2009年3月至2009年5月参加广西壮族自治区党委党校县处级领导干部进修班学习)。2009年12月任西玉林市福绵管理区工委委员。2010年2月任玉林市福绵管理区工委委员、工委办公室主任。2011年6月任玉林市福绵管理区工委委员、管委副主任。2013年10月任玉林市福绵区委常委、福绵区人民政府筹备工作领导小组组长。2013年11月任玉林市福绵区委常委、副区长。2015年2月任陆川县政协党组书记、主席。

周国静　1972年3月生,江苏省溧阳市人。中共党员。硕士研究生,上校军衔。1990年9月入伍。1994年7月后历任42集团军某师副连职排长、一营一连副连长、一营三连指导员。2000年8月后历任42集团军某师政治部秘书群联科正连职干事、政治部组织科正连职干事、副营职干事。2002年8月任42集团军司令部军务处副营职参谋。2004年12月任正营职参谋。2006年12月任驻香港部队司令部军务处正营职参谋,2007年12月任副团职参谋。2010年12月任42集团军副团长。2011年3月任广西容县人武部政治委员。2012年3月任北流市人武部政治委员。2015年2月任陆川县人武部政治委员,4月兼任陆川县委常委。2016年10月转业。

陈　锦　女,1970年4月生,广西陆川县人。中共党员。研究生学历。1992年7月毕业后在陆川县外经委工作。1999年8月在陆川县乌石镇政府工作。2000年1月任陆川县乌

石镇政府副镇长（其间2001年9月—11月挂任河池地区宜州市矮山乡副书记）。2002年8月任陆川县温泉镇党委副书记。2004年4月任陆川县沙湖乡党委副书记、乡长。2008年11月任陆川县沙湖乡党委书记。2010年10月任玉林市供销合作联社副主任。2011年8月任陆川县副县长。2015年4月任陆川县委常委、县政府副县长。2016年7月任中共陆川县第十四届委员会常委，9月兼任陆川县第十六届人民政府副县长。

莫亚坤 1965年2月生，广西灵川县人。中共党员。1988年7月参加工作，广西玉林地区师范专科学校英语系毕业。曾任广西兴安县溶江中学教师，广西玉林地区对外贸易委员会干部、副科长，玉林市对外贸易经济合作局副科长、科长，玉林市商务局科长。2009年12月任玉林市商务局副局长、党组成员（其间2011年5月—2012年4月任北流市新农村建设指导队队长，挂任北流市委常委、副市长）。2012年8月任陆川县委常委、宣传部部长、县政府副县长。2016年7月任中共陆川县第十四届委员会常委、宣传部部长，9月兼任陆川县第十六届人民政府副县长。

吴祖强 1973年7月生，广西玉林市玉州区人。民革党员。南京邮电学院毕业，北京邮电大学在职研究生，工学硕士。1995年7月参加工作。历任中国网通玉林市分公司副总经理、中国联通玉林市分公司副总经理、民革玉林市委会副主委。2014年7月，任陆川县政府副县长。2016年9月任陆川县第十六届人民政府副县长。

黎 政 1967年9月生，广西陆川县人。中共党员。大学学历。1987年7月在陆川县万丈初中任教。1988年7月任陆川县温泉镇政府宣传干事。1991年12月任陆川县大桥镇团委副书记。1993年3月在陆川县温泉镇政府工作。1994年4月任陆川县温泉镇党委组织委员。1996年10月先后任陆川县珊罗镇副镇长、党委副书记。2002年11月任陆川县珊罗镇党委副书记、镇长。2004年4月任陆川县珊罗镇党委书记、人大主席。2006年4月任陆川县珊罗镇党委书记。2011年8月任政协陆川县第八届委员会副主席。2016年9月任陆川县人大常委会副主任。

江家强 1968年8月生，广西陆川县人。中央党校行政管理函授本科毕业。1988年7月，在陆川县大桥中心校任教。1991年8月任陆川县大桥中学团委书记。1994年3月在团陆川县委工作。1996年2月任陆川县大桥镇人民政府镇长助理。1996年8月任陆川县乌石镇党委组织委员。1999年8月任陆川县乌石镇党委副书记。2002年7月任陆川县沙湖乡人民政府乡长。2004年4月任沙湖乡党委书记、人大主席。2006年4月任陆川县沙坡

镇党委书记（其间：2006年6月—2006年8月挂任浙江省嘉兴市桐乡市高桥镇镇长助理。2008年4月—2008年7月在玉林市第25期中青年领导干部培训班学习）。2011年5月任古城镇党委书记。2013年12月任陆川县古城镇党委书记（副处级）。2014年12月，陆川县人大常委会党组成员（副处级）、人大常委会副主任（提名）。2016年5月陆川县常委会人大常委会副主任。

梁绍文 1972年1月生，广西容县人。1990年12月参加工作。1993年10月加入中国共产党。在职本科学历。1990年12月，武警广西边防总队新兵集训。1991年12月，广西公安边防总队爱店边防工作战士。1993年10月为武警广西边防总队第七期预提警官集训队学员。1994年11月，任广西那坡县平孟边防派出所正排职干事。1996年11月—2009年3月，先后任友谊关边防检查站关口检查科正排职检查员、副连职检查员、后勤处副连职助理员、监护一中队正连职政治指导员、政治处组织科副营职副科长、组织科正营职科长、政治处副主任。2009年3月，任武警广西边防总队后勤部政治协理员。2013年10月，任自治区粮食局监督检查处副调研员。2016年2月，任"美丽广西"乡村建设（扶贫）工作队驻陆川县工作队队长，4月任陆川县人民政府副县长。

何志勇 1966年5月生，广西博白县人。中共党员。1989年12月武警昆明指挥学校毕业后在广西边防支队

工作。2001 年后曾任广西边防总队司令部边管处副处长、广西公安厅警卫局会场警卫处副处长、广西公安厅警卫局政治部副主任。2015 年 10 月任陆川县人民政府副县长。2016 年 9 月,任陆川县第十六届人民政府副县长。

冯 国 1967 年 10 月生,广西博白县人。1989 年 3 月参加工作。1993 年 4 月加入中国共产党。1996 年 7 月广西公安干部管理学院刑事侦察专业大专毕业,2003 年 7 月广西大学法学院民商法专业研究生毕业。1989 年 3 月任博白县人民法院文地法庭书记员。1993 年 6 月—2016 年 5 月,先后任博白县公安局法制科民警、法制科科员、公安局预审科科员、预审科副主任科员、三滩派出所副所长、黄凌派出所所长、三滩派出所所长、城厢派出所所长、博白县公安局国保大队教导员、交通警察大队教导员、交通警察大队大队长、交通管理大队大队长、博白县公安局副局长、政委、副书记。2016 年 5 月,陆川县提名副县长,县公安局局长;9 月任陆川县第十六届人民政府副县长,县公安局局长。

刘 猛 1983 年 9 月生,湖北随州人。2013 年 7 月北京大学生命科学学院生命科学专业生物医学方向毕业,理学博士。2003 年 9 月,兰州大学生命科学学院生物学基地班学习。2007 年 9 月,在北京大学生命科学学院生物医学专业硕博连读(其间 2012 年 7 月—2012 年 10 月在水利部水资源司信息处实习)。2013 年 7 月任玉林市委办公室干部。2014 年 7 月任玉林市

委办公室文电科主任科员(其间 2014 年 4 月—2015 年 1 月任北流市民乐镇元常村第一书记,挂职民乐镇党委副书记)。2015 年 1 月,任陆川县平乐镇党委副书记、镇长。2016 年 5 月,陆川县人民政府党组成员、提名副县长。2016 年 9 月,任陆川县第十六届人民政府副县长。

李红伟 1968 年 7 月生,广西陆川县人。1992 年 10 月加入中国共产党。研究生学历。1990 年 7 月在陆川县马坡中学任教。1992 年 11 月在陆川县人大办公室工作。1995 年 1 月起先后任陆川县良田镇团委书记、党委组织委员。1997 年 1 月任陆川县良田镇党委组织委员。1999 年 10 月任陆川县横山乡党委副书记。2002 年 8 月任陆川县清湖镇党委副书记,11 月任镇长。2005 年 6 月任清陆川县湖镇党委书记、人大主席。2006 年 4 月任陆川县清湖镇党委书记。2011 年 5 月任陆川县委办公室副主任。8 月任陆川县副县长。2015 年 9 月任陆川县委常委、县委办公室主任。

丘玉梅 女,1973 年 3 月生,广西陆川县人。1995 年 6 月武汉水利电力大学技术经济专业毕业。7 月在陆川县水利局工作;1999 年 8 月任陆川县大桥镇副镇长。2002 年 8 月任陆川县科协副主席。2009 年 1 月任陆川县水利局副局长。2011 年 6 月任陆川县监察局副局长。2012 年 3 月任陆川县工商联主席。2015 年 1 月任陆川县科协主席。2016 年 9 月任陆川县第十六届人大常委会副主任。

温文彪 1960 年 10 月生,广西陆川县人。中共党员。本科学历,政工师。1977 年 8 月在陆川县古城公社插队。1981 年 7 月在陆川县土产公司工作。1983 年 2 月任陆川县供销社干事。1988 年 5 月起先后任陆川县委宣传部科长、副部长。1995 年 2 月任陆川县马坡镇党委副书记。1996 年 6 月任陆川县平乐镇政府镇长。1999 年 3 月任陆川县乌石镇党委书记、人大主席。2001 年 11 月任陆川县政府党组成员、办公室主任。2006 年 4 月任陆川县人大常委会党组成员,10 月任陆川县第十四届人大常委会副主任,2007 年 7 月兼任陆川县总工会主席。2011 年 8 月任陆川县第十五届人大常委会副主任。2016 年 9 月任政协陆川县委员会副主席。

谢卡娜 女,1970 年 4 月生,广西陆川县人。本科学历,会计师。1992 年 7 月在陆川县财政局工作,曾任股长、国库支付中心主任、副局长。2006 年 10 月任陆川县第十四届人大常委会副主任、县财政局副局长。2006 年 12 月任陆川县第十四届人大常委会副主任、县科协副主席。2011 年 12 月任陆川县第十五届人大常委会副主任。2016 年 9 月任政协陆川县委员会副主席。

邱炎义 1968 年 7 月生,广西陆川县人。1999 年 6 月加入中国共产党。1991 年 8 月参加工作。大学学历,工学学士。1987 年 9 月至 1991 年 6 月在广西大学轻工业系食品工程专业学习。1991 年 8 月在陆川县勤工俭

学办公室工作（其间：1996年10月至1997年9月挂任沙湖乡初中副校长）。2002年8月任陆川县沙湖乡政府副乡长。2006年4月任陆川县大桥镇党委副书记。2006年9月任陆川县大桥镇党委副书记、人大主席。2008年3月任陆川县横山乡党委副书记、乡长。2010年3月任陆川县平乐镇党委书记。2011年5月任陆川县米场镇党委书记。2016年9月任政协陆川县第九届委员会副主席。

肖　琴　女，1978年12月生，广西玉林人。2002年8月参加工作。大学学历，教育学学士。2002年6月，广西师范大学体育学院体育教育专业毕业。2002年8月在玉林市教育局

基础教育科工作。2008年2月任副科长（其间：2010年8月—2012年8月挂任玉林市兴业县石南镇副镇长）。2012年6月任玉林市教育局学校安全工作科科长。2016年9月任政协陆川县第九届委员会副主席。

人物名录

表36　　　　　　　　　　　　　　　　陆川县百岁老人名录

姓名	性别	出生年月	地　　址
陈乐才	男	1903年10月	乌石镇五星路
江秀英	女	1907年8月	古城镇北豆村
廖仕芳	女	1908年3月	乌石镇旺岭村
林素芳	女	1908年8月	温泉镇万丈村
罗玉琼	女	1909年1月	横山镇清平村
黎瑞芬	女	1909年1月	米场镇桥鲁村
宁惠清	女	1909年7月	米场镇旺同村
李翠英	女	1910年3月	滩面镇上旺村
丘仕英	女	1910年7月	清湖镇旺山村
谭桂清	女	1910年7月	沙湖镇官山村
陈瑞芳	女	1910年9月	温泉镇洞心村
杜正英	女	1910年10月	横山镇同心村
谭美英	女	1911年1月	乌石镇塘域村
范秀英	女	1911年7月	横山镇稔坡村
姚志清	男	1912年1月	沙坡镇仙山村
陈芳群	女	1912年2月	横山镇稔坡村
钟达荣	男	1912年3月	清湖镇永平村
吴瑞芳	女	1912年4月	乌石镇龙化村
黄秀琼	女	1912年7月	滩面镇佳塘村

续表

姓名	性别	出生年月	地　址
沈德彰	男	1912 年 8 月	滩面镇新旺村
廖奎英	女	1912 年 8 月	古城镇良村
陈桂珍	女	1912 年 9 月	乌石镇吹塘村
李华英	女	1912 年 12 月	清湖镇清湖村
李秀芳	女	1913 年 2 月	清湖镇新官村
梁惠英	女	1913 年 2 月	温泉镇通政街
谢秀英	女	1913 年 3 月	珊罗镇四乐村
江惠清	女	1913 年 5 月	良田镇旺垌村
陈进英	女	1913 年 8 月	沙坡镇秦镜村
赖明英	女	1913 年 8 月	古城镇北豆村
黎仕珍	女	1914 年 1 月	良田镇旺垌村
梁家海	女	1914 年 3 月	平乐镇平中一路
钟俊芳	女	1914 年 4 月	古城镇北豆村
陈仕英	女	1914 年 5 月	清湖镇陆坡村
黄友芳	女	1914 年 6 月	古城镇北豆村
吴秀英	女	1914 年 8 月	马坡镇新山村
陈庆章	男	1914 年 8 月	大桥镇平山村
杨远珍	女	1914 年 8 月	珊罗镇田龙村
李乃英	男	1914 年 8 月	乌石镇龙化村
彭永连	男	1914 年 8 月	良田镇三联村
何秀珍	女	1914 年 10 月	温泉镇温泉村
陈仕芳	女	1914 年 10 月	古城镇陆因村
徐伟琼	女	1914 年 12 月	乌石镇子良村
梁秀芳	女	1914 年 12 月	沙坡镇六高村
罗桂芳	女	1915 年 1 月	大桥镇平山村
吕伟芳	女	1915 年 2 月	温泉镇站北街
苏德芳	女	1915 年 2 月	古城镇长径村
吕秀芬	女	1915 年 3 月	沙湖镇官山村
刘付德英	女	1915 年 4 月	古城镇清耳村
李文英	女	1915 年 4 月	良田镇甘片村
张惠文	女	1915 年 4 月	温泉镇泗里村
黄兆彩	女	1915 年 4 月	米场镇乐宁村
叶书胜	男	1915 年 5 月	马坡镇靖东村

续表

姓名	性别	出生年月	地 址
罗乃谦	男	1915 年 5 月	古城镇清耳村
吴惠芳	女	1915 年 7 月	温泉镇新洲路
罗梅芳	女	1915 年 7 月	马坡镇雄英村
冯声英	女	1915 年 8 月	古城镇清耳村
温秀英	女	1915 年 8 月	古城镇长径村
陈迎芳	女	1915 年 10 月	马坡镇大良村
何柳坤	女	1915 年 10 月	乌石镇塘域村
王秀文	女	1915 年 11 月	马坡镇碌砂村
黄惠清	女	1915 年 12 月	横山镇清平村
吕荣辉	男	1916 年 2 月	横山镇旱塘村
陈仕群	女	1916 年 2 月	温泉镇祥和路
范淑琼	女	1916 年 2 月	横山镇陆洪村
裴桂清	女	1916 年 2 月	沙湖镇官山村
梁定芳	女	1916 年 2 月	沙坡镇白马村
朱子贵	男	1916 年 3 月	乌石镇塘域村
刘佩清	女	1916 年 4 月	乌石镇沙井村
黎宗英	女	1916 年 5 月	马坡镇新山村
李秀珍	女	1916 年 6 月	温泉镇东山村
罗桂芳	女	1916 年 6 月	古城镇清耳村
庞锡珍	女	1916 年 6 月	米场镇五柳村
杨承祥	男	1916 年 8 月	米场镇南中村
姚桂芳	女	1916 年 8 月	沙坡镇秦镜村
卢秀芳	女	1916 年 9 月	乌石镇安东村
李仁杰	男	1916 年 9 月	横山镇良塘村
吴惠芳	女	1916 年 9 月	乌石镇龙化村
丘志彪	男	1916 年 10 月	乌石镇坡子村
卢 森	男	1916 年 10 月	清湖镇清湖村
吴惠芳	女	1916 年 10 月	平乐镇新兴村
阮翠芬	女	1916 年 10 月	乌石镇蒙村
丘仕芳	女	1916 年 11 月	良田镇莲塘村
张韦英	女	1916 年 11 月	温泉镇泗里村
李益清	女	1916 年 12 月	大桥镇陆透村
李秀清	男	1916 年 12 月	清湖镇三水村

表 37

陆川县获地厅级以上表彰先进人物名录

姓名	性别	出生年月	籍贯	民族	学历	单位及职务	获奖名称	授奖单位	授奖时间
刘 通	男	1966 年 10 月	清湖镇陆坡村	汉	本科	陆川县地震局局长	全国市县防震减灾先进工作者	中国地震局	2016 年 12 月
黎福才	男	1966 年 12 月	米场镇五柳村	汉	大学	陆川县司法局书记局长	记二等功	自治区司法厅	2016 年 1 月
钟汉军	男	1968 年 9 月	马坡镇大良村	汉	大学	陆川县地方税务局征管和科技发展股股长	全税三期工程优化版推广工作先进个人	自治区地方税务局	2016 年 1 月
江妙营	男	1975 年 7 月	古城镇盘龙村	汉	本科	陆川供电公司马坡供电所主任	2015 年度 "创先杯" 供电所规范化建设劳动竞赛先进个人	广西电网有限责任公司	2016 年 1 月
庞千纺	男	1989 年 12 月	博白县白镇白镇六鹅岭村	汉	大专	陆川供电公司计划建设部节能管理专责	广西电网有限责任公司 2015 年度节能减排先进个人	广西电网有限责任公司	2016 年 1 月
林锦梅	女	1970 年 4 月	横山镇旱塘村	汉	大专	陆川供电公司电费专责	广西电网公司 2015 年度市场营销先进个人	广西电网有限责任公司	2016 年 2 月
官华锋	男	1982 年 11 月	米场镇桥鲁村	汉	中专	陆川县国土资源局副股长	2015 年度全区国土资源系统新闻宣传二等奖	自治区国土资源厅	2016 年 4 月
陈 剑	男	1965 年 10 月	大桥镇大桥村	汉	大学	陆川县人民医院院长	2016 年广西五一劳动奖章	自治区总工会	2016 年 4 月
韦剑锋	男	1969 年 7 月	马坡镇六村平	汉	大专	陆川县公安局刑侦技术室	2015 年度全区优秀人民警察	自治区公安厅	2016 年 4 月
林高程	男	1973 年 7 月	乌石镇坡脚村	汉	本科	陆川县建筑设计院院长	2015 年全区保障性安居工程建设劳动竞赛优秀建设者	自治区住房和城乡建设厅自治区总工会	2016 年 5 月
戚世锋	男	1978 年 7 月	古城镇古城村	汉	研究生	广西桂川建设集团有限公司总经理	2015 年全区保障性安居工程建设劳动竞赛优秀建设者	自治区住房和城乡建设厅自治区总工会	2016 年 5 月
陈祖朝	男	1971 年 1 月	良田镇良田村	汉	本科	陆川县国土资源副局长	2015 年度广西国土资源十大好新闻奖	自治区国土资源厅	2016 年 5 月
蓝恒枫	男	1983 年 10 月	广东省廉江市温泉镇	汉	大专	陆川县公安局新洲派出所	全区公安机关 "神剑一号" 专项行动第一阶段成绩突出个人	自治区公安厅	2016 年 6 月
吕海坤	男	1974 年 10 月		汉	本科	陆川县人民检察院办公室主任	全区检察机关检察保障先进个人	自治区人民检察院	2016 年 6 月
陈 晟	男	1971 年 10 月	乌石镇月垌村	汉	大学	陆川县人民法院行政庭副庭长	全区法院 "执行案件集中清理月" 活动先进个人	自治区高级人民法院	2016 年 6 月
罗良彬	男	1973 年 12 月	乌石镇沙井村	汉	大专	陆川县人民法院执行庭副庭长	全区法院 "执行案件集中清理月" 活动先进个人	自治区高级人民法院	2016 年 6 月
庞 婕	女	1971 年 10 月	米场镇新民村	汉	大学	陆川县人民法院执行庭庭长	全区法院 "执行案件集中清理月" 活动先进个人	自治区高级人民法院	2016 年 6 月
邱玉亮	男	1964 年 1 月	良田镇鄣村	汉	大学	陆川县人民法院执行庭审判员	全区法院 "执行案件集中清理月" 活动先进个人	自治区高级人民法院	2016 年 6 月

续表

姓名	性别	出生年月	籍贯	民族	学历	单位及职务	获奖名称	授奖单位	授奖时间
覃剑锋	男	1969年7月	马坡镇六平村	汉	大专	陆川县公安局刑事科学技术室	玉林市公安局侦破高速公路系列"碰瓷"抢劫案记二等功个人	自治区公安厅	2016年7月
杨志豪	男	1986年1月	温泉镇	汉	大学	沙湖镇纪委书记	全区专项工作表现突出个人	中共广西壮族自治区纪律检查委员会	2016年7月
周锡镜	男	1973年10月	广西博白县	汉	本科	温泉镇纪委书记	全区专项工作表现突出个人	自治区纪律检查委员会	2016年7月
杨子强	男	1973年10月	沙坡镇	汉	大专	沙城镇纪委副书记,监察室主任	全区专项工作表现突出个人	自治区纪律检查委员会	2016年7月
苏辅豪	男	1981年10月	玉林市玉州区	汉	本科	陆川县人民检察院检察技术科副科长	全区检察机关第一届网络安全业务竞赛能手	自治区人民检察院	2016年8月
王陆波	男	1967年10月	马坡镇靖西村	汉	研究生	陆川县公安局刑侦大队	2015年度全区公安机关突出案问题专项整治突出个人	自治区公安厅	2016年8月
林银	女	1982年10月	温泉镇官田村	汉	本科	陆川县人民检察院案件管理中心副主任	全区检察机关案件管理业务能手	自治区人民检察院	2016年9月
谢兵	男	1962年6月	横山镇稔坡村	汉	本科	陆川县公安局法制大队	全区公安机关"210工程"建设先进个人	自治区公安厅	2016年10月
刘运明	男	1968年7月	乌石镇吹塘村	汉	大专	马坡派出所	第13届中国-东盟博览会中国-东盟商务与投资峰会安保工作成绩突出个人	自治区公安厅	2016年11月
咸贤东	男	1974年8月	古城镇北豆村	汉	本科	良田镇党委副书记,镇长	全区优秀乡镇公务员	自治区组织部 自治区人力资源和社会保障厅 自治区公务员局	2016年12月
杨道静	男	1974年7月	清湖镇平安村	汉	大学	陆川县残疾人联合会党组书记,理事长	全区残联系统先进工作者	自治区人民政府残疾人工作委员会	2016年12月
刘里莹	女	1974年3月	良田镇车田街	汉	大专	陆川供电公司市场营销部线损与计量管理专责	2015~2016年广西电力行业生产统计工作先进个人	广西电网有限责任公司	2016年12月
蔡经英	女	1979年12月	清湖镇塘寨村	汉	本科	陆川供电公司马坡供电所副所长	2016年安全生产风险管理体系安监专业审核表现优秀个人	广西电网有限责任公司	2016年12月
陈锦	女	1970年4月	温泉镇万丈村	汉	研究生	陆川县委常委、常务副县长	全市专项工作表现突出个人	中共玉林市委员会 玉林市人民政府	2016年8月
詹博	男	1970年9月	博白县	汉	研究生	陆川县委常委、纪委书记	全市专项工作表现突出个人	中共玉林市委员会 玉林市人民政府	2016年8月

续表

姓名	性别	出生年月	籍贯	民族	学历	单位及职务	获奖名称	授奖单位	授奖时间
吕雪林	男	1974 年 10 月	横山镇良塘村	汉	本科	陆川县纪委常委、监察局副局长	全市专项工作表现突出个人	中共玉林市委员会 玉林市人民政府	2016 年 8 月
陈恒	女	1987 年 9 月	乌石镇	汉	研究生	陆川县纪委副主任科员	全市专项工作表现突出个人	中共玉林市委员会 玉林市人民政府	2016 年 8 月
吕国圣	男	1982 年 4 月	乌石镇	汉	本科	陆川县纪委第二纪检监察室副主任	全市专项工作表现突出个人	中共玉林市委员会 玉林市人民政府	2016 年 8 月
梁海华	女	1989 年 9 月	米场镇	汉	本科	陆川县纪委第三纪检监察室干部	全市专项工作表现突出个人	中共玉林市委员会 玉林市人民政府	2016 年 8 月
万敏	女	1968 年 8 月	良田镇	汉	本科	陆川县水库移民局党组成员、纪检组长	全市专项工作表现突出个人	中共玉林市委员会 玉林市人民政府	2016 年 8 月
范善捷	男	1967 年 9 月	古城镇	汉	本科	陆川县民政局党组成员、纪检组长	全市专项工作表现突出个人	中共玉林市委员会 玉林市人民政府	2016 年 8 月
苏旭鸣	男	1964 年 11 月	北流市六麻镇	汉	本科	陆川县教育局党组成员、纪检组长	全市专项工作表现突出个人	中共玉林市委员会 玉林市人民政府	2016 年 8 月
丘美红	女	1966 年 9 月	乌石镇水花村	汉	本科	陆川县人民法院党组成员、纪检组长	全市专项工作表现突出个人	中共玉林市委员会 玉林市人民政府	2016 年 8 月
宁国成	男	1973 年 4 月	沙坡镇仙山村	汉	研究生	陆川县财政局党组成员、纪检组长	全市专项工作表现突出个人	中共玉林市委员会 玉林市人民政府	2016 年 8 月
陈永林	男	1977 年 7 月	良田镇冯乡村	汉	研究生	清湖镇党委书记	全市专项工作表现突出个人	中共玉林市委员会 玉林市人民政府	2016 年 8 月
黄彬	男	1980 年 9 月	乌石镇水洪村	汉	硕士研究生	米场镇镇长	全市专项工作表现突出个人	中共玉林市委员会 玉林市人民政府	2016 年 8 月
伍思康	男	1972 年 2 月	古城镇楼脚村	汉	大学	古城镇党委书记	全市专项工作表现突出个人	中共玉林市委员会 玉林市人民政府	2016 年 8 月
朱省军	男	1976 年 6 月	乌石镇	汉	大专	乌石镇纪委书记	全市专项工作表现突出个人	中共玉林市委员会 玉林市人民政府	2016 年 8 月
朱纪翔	男	1972 年 10 月	滩面镇	汉	大学	良田镇纪委副书记、监察室主任	全市专项工作表现突出个人	中共玉林市委员会 玉林市人民政府	2016 年 8 月

表38

陆川县获副高级以上专业技术职称人员名录

姓名	性别	民族	出生年月	籍贯	学历	专业技术职称称号	职称授予时间	获得职称时所在工作单位
吴升丽	女	汉	1964年11月	平乐镇平乐村	本科	高级教师	2016年12月	平乐镇初级中学
李静波	女	汉	1964年12月	乌石镇安东村	大专	高级教师	2016年12月	乌石镇月垌初级中学
陈剑	男	汉	1965年10月	大桥镇大桥村	本科	副主任医师	2016年12月	陆川县人民医院
丘雪萍	女	汉	1966年4月	沙坡镇横山村	本科	高级教师	2016年12月	沙坡镇中心学校
杨曼	女	汉	1966年9月	横山镇清潭村	本科	高级教师	2016年12月	珊罗镇中心幼儿园
黄平讯	男	汉	1967年7月	清湖镇陆坡村	本科	高级教师	2016年12月	清湖镇初级中学
赖春英	女	汉	1967年8月	良田镇石垌村	大学	高级兽医师	2016年12月	陆川县动物疫病预防控制中心
王中光	男	汉	1967年11月	古城镇清耳村	大专	高级工程师	2016年12月	陆川县九洲江灌区工程管理处
吕金立	男	汉	1968年6月	温泉镇官田村	本科	高级教师	2016年12月	陆川县中学
佘金城	男	汉	1968年8月	清湖镇那若村	专科	高级教师	2016年12月	良田镇初级中学
陈哲辉	男	汉	1968年8月	乌石镇月垌村	本科	高级教师	2016年12月	陆川县实验中学
韦锦秀	男	壮	1968年9月	贵港市大圩镇	本科	高级教师	2016年12月	陆川县中学
丘自立	男	汉	1968年12月	滩面镇佳塘村	本科	高级教师	2016年12月	陆川县实验中学
黎小宇	男	汉	1969年8月	温泉镇	大专	高级工程师	2016年12月	广西建大建设集团有限公司
谢桂莲	女	汉	1970年9月	米场镇旺同村	本科	高级教师	2016年12月	米场镇中学
黎奇峰	男	汉	1970年9月	沙坡镇和平村	本科	高级教师	2016年12月	沙坡镇第二初级中学
朱海峰	男	汉	1970年10月	乌石镇坡子村	本科	高级教师	2016年12月	乌石镇第二初级中学
陈业华	男	汉	1970年10月	沙坡镇龙湾村	本科	副主任医师	2016年12月	陆川县人民医院
陈鸿慧	女	汉	1970年12月	大桥镇平山村	本科	副主任护师	2016年12月	陆川县人民医院
陈丽萍	女	汉	1971年1月	大桥镇大桥村	本科	副研究馆员	2016年12月	陆川县文化馆

续表

姓名	性别	民族	出生年月	籍贯	学历	专业技术职称称号	职称授予时间	获得职称时所在工作单位
王恒莉	女	汉	1971年5月	清湖镇清湖村	本科	高级教师	2016年12月	陆川县第二小学
朱和源	男	汉	1971年5月	珊罗镇珊罗村	本科	高级教师	2016年12月	陆川县实验中学
杨明	男	汉	1971年5月	米场镇五柳村	大专	高级工程师	2016年12月	广西建大建设集团有限公司
梁勇基	男	汉	1971年8月	容县杨村镇踏田村	大专	副主任医师	2016年12月	陆川县人民医院
林瀚	男	汉	1971年10月	温泉镇涅塘村	本科	副主任医师	2016年12月	陆川县人民医院
余想光	男	汉	1971年10月	清湖镇那若村	本科	高级教师	2016年12月	清湖镇初级中学
钟甲文	男	汉	1972年1月	马坡镇清秀村	本科	高级教师	2016年12月	陆川县第二中学
刘颖	女	汉	1972年2月	沙坡镇龙湾村	本科	高级教师	2016年12月	沙坡镇初级中学
潘庆容	女	汉	1972年2月	马坡镇丙垌村	本科	高级教师	2016年12月	陆川县青少年活动中心
韦深明	男	汉	1972年4月	沙坡镇仙山村	本科	高级教师	2016年12月	沙坡镇初级中学
莫广平	男	汉	1972年3月	博白县沙河镇长远村	本科	副主任医师	2016年12月	陆川县人民医院
陈耀明	男	汉	1972年6月	乌石镇沙江村	本科	副主任医师	2016年12月	良田镇中心卫生院
黄燕	女	汉	1972年7月	温泉镇涅塘村	大专	副主任医师	2016年12月	陆川县疾病预防中心
谭宇	男	汉	1972年9月	乌石镇坡子村	本科	高级工程师	2016年12月	陆川县林业技术推广站
陈燕辉	女	汉	1972年11月	乌石镇水花村	大专	副主任医师	2016年12月	陆川县中医院
林志丽	女	汉	1973年1月	大桥镇瓜头村	本科	高级教师	2016年12月	温泉镇长河小学
李泽锋	男	汉	1973年7月	良田镇文官村	本科	高级教师	2016年12月	陆川县中学
陈职明	男	汉	1973年7月	乌石镇月垌村	本科	高级教师	2016年12月	陆川县中学
胡云丽	女	汉	1973年11月	横山镇旱塘村	本科	高级教师	2016年12月	横山镇初级中学
廖雪松	男	汉	1974年1月	温泉镇温泉村	大专	副主任医师	2016年12月	陆川县人民医院

续表

姓名	性别	民族	出生年月	籍贯	学历	专业技术职称称号	职称授予时间	获得职称时所在工作单位
何春燕	女	汉	1974年6月	良田镇车田村	本科	高级教师	2016年12月	陆川县中学
万恒	男	汉	1974年7月	良田镇新村	本科	高级教师	2016年12月	陆川县实验中学
林翰	女	汉	1974年9月	平乐镇六凤村	本科	高级教师	2016年12月	平乐镇初级中学
蓝顺	男	汉	1974年9月	乌石镇吹塘村	大专	副主任医师	2016年12月	乌石镇中心卫生院
黎胜明	男	汉	1974年11月	马坡镇清秀村	本科	高级教师	2016年12月	马坡镇第三初级中学
廖慰年	男	汉	1974年12月	清湖镇清平村	本科	高级教师	2016年12月	陆川县中学
徐锡淋	男	汉	1975年1月	米场镇五柳村	本科	高级教师	2016年12月	陆川县实验中学
黄素娇	女	汉	1975年7月	全州县城郊乡高楼脚村	大专	副主任药师	2016年12月	陆川县人民医院
张小兰	女	汉	1975年9月	马坡镇马坡村	本科	高级教师	2016年12月	陆川县实验中学
宋俊峰	男	汉	1975年12月	古城镇楼脚村	本科	副主任医师	2016年12月	陆川县中医院
李名勇	男	汉	1976年8月	古城镇八角村	本科	高级教师	2016年12月	良田镇第二初级中学
林海英	女	汉	1976年11月	米场镇旺荐村	本科	副主任医师	2016年12月	陆川县人民医院
丘志峰	男	汉	1977年7月	乌石镇坡子村	本科	副主任医师	2016年12月	乌石镇中心卫生院
潘萱	女	汉	1977年10月	马坡镇清东村	本科	高级教师	2016年12月	陆川县教育局
廖霄玲	女	汉	1977年11月	容县黎村镇珊萃村	本科	副主任药师	2016年12月	陆川县人民医院
钟姗信	女	汉	1978年8月	清湖镇清平村	本科	副主任医师	2016年12月	陆川县中医院
佘乃华	女	汉	1978年10月	广东省潮州市	本科	副主任医师	2016年12月	陆川县人民医院
刘华丽	女	汉	1978年10月	乌石镇水花村	本科	副主任医师	2016年12月	陆川县人民医院
蓝健丽	女	汉	1978年12月	温泉镇洞心村	本科	副主任医师	2016年12月	陆川县中医院

统计资料

TONGJI ZILIAO

2016 年 4 月, 陆川县召开国民经济联席会议   县统计局　提供

表 39 2012—2016 年陆川县土地资源情况

类别	指标	单位	2012	2013	2014	2015	2016
一、土地	土地总面积	平方千米	1554.32	1554.32	1554.32	1554.32	1554.32
	耕地	%	21.52	21.64	21.64	21.63	21.56
	园地	%	6.2	6.2	6.2	6.03	6.1
	林地	%	48.85	48.84	48.84	48.8	48.7
	草地	%	6.9	6.89	6.89	6.88	6.83
	城镇村及工矿用地	%	9.79	9.79	9.79	9.9	10.12
	交通运输用地	%	1.32	1.32	1.32	1.33	1.35
	水域及水利设施用地	%	3.78	3.78	3.78	3.78	3.77
	其他用地	%	1.64	1.63	1.63	1.65	1.66
二、耕地	耕地总面积	公顷	33442.72	33640.57	33640.57	33626.52	33511.48
	水田	公顷	27176.87	27154.61	27154.61	27145.36	27052.12
	旱地	公顷	6265.85	6485.96	6485.96	6481.16	6459.36
三、林地	林地总面积	公顷	75927.35	75927.35	75927.35	75854.57	75698.31
	有林地	公顷	59005.04	59005.04	59005.04	58952.37	58839.94
	灌木林地	公顷	1400.06	1400.06	1400.06	1400.28	1399.89
	其他林地	公顷	15521.71	15521.71	15521.71	15501.92	15458.48
四、园地	园地总面积	公顷	9638.16	9638.16	9638.16	9369.77	9331.81
	果园	公顷	7448.06	7448.06	7448.06	7421.39	7385.86
	茶园	公顷	9.51	9.51	9.51	9.51	9.51
	其他园地	公顷	2180.59	2180.59	2180.59	1938.87	1936.44
五、草地	草地总面积	公顷	10717.9	10717.9	10717.9	10694.08	10622
	其他草地	公顷	10717.9	10717.9	10717.9	10694.08	10622
六、城镇村及工矿用地	城镇村及工矿用地面积	公顷	15220.82	15220.82	15220.82	15382.96	15730.51
	建制镇	公顷	2075.39	2075.39	2075.39	2233.33	2567.02
	村庄	公顷	10942.21	10942.21	10942.21	10944.97	10964.94
	采矿用地	公顷	740.36	740.36	740.36	741.94	726.76
	风景及特殊用地	公顷	1462.86	1462.86	1462.86	1462.72	1452.72
七、交通运输用地	交通运输用地面积	公顷	2058.17	2058.17	2058.17	2064.52	2098.99
	铁路用地	公顷	214.23	214.23	214.23	220.12	230.42
	公路用地	公顷	968.01	968.01	968.01	969.08	993.96
	农村道路	公顷	875.88	875.88	875.88	875.27	874.56
	管道运输用地	公顷	0.05	0.05	0.05	0.05	0.05
八、水域及水利设施用地	水域及水利设施用地面积	公顷	5878.33	5878.33	5878.33	5872.38	5852.66
	河流水面	公顷	1529.34	1529.34	1529.34	1529.07	1528.66
	水库水面	公顷	1281.99	1281.99	1281.99	1281.99	1281.99
	坑塘水面	公顷	1975.92	1975.92	1975.92	1972.44	1955.02
	内陆滩涂	公顷	141.26	141.26	141.26	139.39	139.39
	沟渠	公顷	852.4	852.4	852.4	852.15	850.26
	水工建筑用地	公顷	97.42	97.42	97.42	97.34	97.34
九、其他用地	其他用地面积	公顷	2548.38	2548.38	2548.38	2567.03	2586.07
	设施农用地	公顷	273.08	273.08	273.08	278.05	304.01
	田坎	公顷	1983.21	1983.21	1983.21	2000.07	1995.21
	沙地	公顷	2.54	2.54	2.54	2.54	2.54
	裸地	公顷	289.55	289.55	289.55	286.37	284.31

表 40
2016 年陆川县主要国民经济指标情况

项目	单位	2015 年实绩	2016 年实绩	比上年增长(%)
地区生产总值	万元	2189346	2340298	6.6
#第一产业	万元	311948	341445	2.5
#第二产业	万元	1076653	1117964	6.7
#第三产业	万元	800746	880889	7.9
人均地区生产总值	元	27865	29542	6.0
三次产业结构		14.2：49.2：36.6	14.6：47.8：37.6	
工业化率	%	2.99	2.83	
城镇化率	%	41.76	42.65	
森林覆盖率	%	58.61	58.61	
农业总产值	万元	536944	592075	2.74
#农业产值	万元	191122	200067	4.68
#林业产值	万元	30910	33312	7.77
#牧业产值	万元	269432	270184	0.28
#渔业产值	万元	29762	28518	4.36
工业总产值	万元	3419900	3621834	5.5
#规模以上工业总产值	万元	3287505	3473223	5.6
#工业增加值	万元	933711	965198	6.7
#规模以上工业增加值	万元	883401	908726	6.8
固定资产投资	万元	1792167	2030752	14.3
#工业投资	亿元	111.45	114.54	2.8
#技改投资	亿元	106.4	112.29	5.5
社会消费品零售总额	万元	528267	580724	9.93
农业机械总动力	万千瓦特	53.91	53.90	4.23
农田有效灌溉面积	公顷	20577	20579	0.01
城镇居民可支配收入	元	25959	27158	7.1
农村居民可支配收入	元	10871	11980	10.2
财政总收入	万元	133322	144065	6.98
#公共财政收入	万元	101264	112137	10.31
公共财政支出	万元	388631	475571	22.37
税收收入	万元	90375.06	95527.61	5.7
财政收入占 GDP 的比重	%	6.09	5.7	0.39
人均财政收入	元	1697	1800	6.09
金融机构存款余额	万元	1435255	1651288	15.05
城乡居民储蓄存款余额	万元	1267960	1420999	12.07
金融机构贷款余额	万元	800473	906589	13.26
外贸进出口总额	万美元	502	3799	21.92
#外贸出口总额	万美元	478	3681	24.19
#外贸进口总额	万美元	35.5	118	2321.7
实际使用外资金额	万美元	344	0	-100
全社会用电量	万千瓦时	88169.2	95942	1.33
#居民生活用电量	万千瓦时	27160.86	33426	14.06
#工业用电量	万千瓦时	55176	49691	-9.94

表 41

2005—2016 年陆川县地区生产总值

（按当年价计算）

单位：万元

年份	地区生产总值	第一产业	第二产业	工业	建筑业	第三产业	交通运输仓储邮政业	批发零售住宿餐饮业
2005	432252	121778	138249	121269	16980	172226	59756	35463
2006	516696	134367	174295	154947	19349	208033	68552	40044
2007	626841	159878	236379	211207	25172	230584	81782	46480
2008	782446	190772	307355	274154	33201	284319	98491	56039
2009	900646	191386	396487	348957	47530	312773	109250	65468
2010	1154257	211087	562540	495138	67402	380630	131974	72831
2011	1525692	277746	790122	702145	87977	457824	165100	85197
2012	1671905	288203	866334	763182	103152	517368	195148	95462
2013	1887232	301063	924853	808371	114423	661317	214077	104654
2014	2128159	309313	1114209	976911	137297	704637	226707	113204
2015	2189348	311948	1076653	933711	142942	800746	207298	181293
2016	2340380	341527	1117964	965198	152766	880889	218187	195279

表 42

2005—2016 年陆川县地区生产总值指数

（按可比价计算，以上年为 100）

年份	地区生产总值	第一产业	第二产业	工业	建筑业	第三产业	交通运输仓储邮政业	批发零售住宿餐饮业
2005	113.5	106.7	120.6	121.7	113.0	114.0	120.5	109.6
2006	114.8	106.8	124.0	125.5	112.7	113.1	108.8	112.1
2007	113.2	104.5	124.6	124.4	126.3	109.0	115.6	110.6
2008	114.5	106.1	115.3	114.8	119.2	119.2	117.8	110.0
2009	117.8	106.4	130.5	128.2	147.9	111.9	112.7	117.6
2010	123.4	105.2	135.6	135.4	136.6	119.3	116.6	107.8
2011	117.2	106.5	124.2	124.8	120.1	112.6	115.0	109.6
2012	112.0	106.1	115.4	115.3	116.6	109.4	113.4	108.2
2013	109.5	103.7	113.3	113.3	111.0	106.3	106.6	107.7
2014	108.5	102.9	111.9	111.5	115.3	105.0	105.4	106.3
2015	105.8	100.9	103.5	103.0	107.1	112.6	105.5	108.5
2016	106.6	102.5	106.7	106.6	107.9	107.9	103.2	107.7

表 43

2014—2016 年陆川县全社会固定资产投资

单位：万元

指标	2014	2015	2016
一、全社会固定资产投资	1531828	1792167	2030752
1.按城乡分			
城镇投资	1471904	1715659	1883141
农村投资	59924	76508	147611
2.按隶属关系分			
地方	831431	962861	1303379

续表

指标	2014	2015	2016
3.按管理渠道分			
基本建设	334860	466247	0
更新改造	904146	1064040	1122876
房地产开发	41970	37194	41347
其他固定资产投资	190928	139678	0
4.按注册类型分			
内资企业	1211997	1665749	1090847
其中:国有企业	282566	343603	373941
港、澳、台商投资企业	19881	16845	2857
外商投资企业	0	34816	3700
个体经营	2900	22828	30930
二、新增固定资产	831431	977281	1350984
三、本年资金来源合计	1353406	1807062	1839471
1.上年末结余资金	4724	910	6124
2.本年资金结余小计	1348682	1806152	2049294
国家预算内资金	37881	121471	146837
国内贷款	1300	100	82148
利用外资	0	0	0
自筹资金	1261572	1680346	1799043
其他资金来源	47929	4235	9504

表44　　　　　　　　　　2012—2016年陆川县主要农作物播种面积及产量

指标	2012		2013		2014		2015		2016	
	播种面积（公顷）	产量（吨）	播种面积（公顷）	产量（吨）	播种面积（公顷）	产量（吨）	播种面积（公顷）	产量（吨）	播种面积（公顷）	产量（吨）
粮食作物	46152	280740	46249	287789	44710	275357	44340	272114	43910	268263
稻谷	39163	257537	39165	6740	37670	253678	37810	250570	37340	246365
早稻	19017	127935	19017	131635	18680	124846	18510	123943	18530	122665
晚稻	20146	129602	20148	132324	18990	128832	19300	126627	18810	123700
玉米	2009	10642	2032	10825	2170	10531	2280	10838	2320	11456
薯类	3754	9919	3804	10299	3890	9244	3270	8851	3270	8694
大豆	765	1947	627	1595	430	887	430	900	420	824
油料作物	1583	4627	1630	4782	2509	5746	2513	6065	2593	6391
花生	1577	4617	1625	4774	1684	4958	1708	5097	1760	5359
油菜籽	0	0	0	0	761	780	745	795.04	777	902
芝麻	0	0	5	1600	5	8	5	8	0	0
中草药材类	0	0	193	2282	389	3369	506	3830	693	4341
甘蔗	1750	128585	1725	126565	1618	119448	1557	114667	1481	109442
蔬菜（含菜瓜）	8677	266677	8715	272010	9000	285997	9280	301423	9488	316127
木薯	2571	12451	2553	12590	2466	12542	2478	12629	2471	12598

表 45   2012—2016 年陆川县林业生产情况

指标	单位	2012	2013	2014	2015	2016	2016 年比 2015 年增长(%)
造林面积	公顷	935.00	435.00	323.00	260.00	101.00	−61.15
其中:用材林	公顷	829.00	342.00	298.00	206.00	0	−100.00
经济林	公顷	106.00	93.00	25.00	54.00	0	−100.00
主要林产品产量							
油茶籽	吨	16.00	16.00	20.00	20.00	0	−100.00
松脂	吨	38.00	28.00	40.00	40.00	0	−100.00
八角	吨	36.00	20.00	41.00	21.00	0	−100.00
木材采伐量	万立方米	35.82	40.02	41.74	44.25	48.00	8.47
篙竹采伐量	万根	85.60	96.00	104.00	105.00	109.00	3.81

表 46   2012—2016 年陆川县畜牧业生产情况

指标	单位	2012	2013	2014	2015	2016	2016 年比 2015 年增长(%)
一、畜禽出栏							
其中:猪	万头	105.13	107.73	109.48	106.92	102.59	−4.05
牛	万头	0.85	0.97	0.99	1.02	1.06	3.92
山羊	万只	0.11	0.11	0.12	0.13	0.13	0.00
家禽	万羽	2202.85	2172.85	2048.47	2090.33	2130.64	1.93
肉狗	万只	1.85	0	3.67	4.9	5.11	4.29
肉鸽	万只	0	0	0.01	2.03	2.07	1.97
鹌鹑	万只	0	0	0.01	0	0	0
二、畜禽存栏							
大牲畜	万头	2.43	2.55	2.66	2.66	2.68	0.75
1.牛	万头	2.43	2.55	2.66	2.66	2.68	0.75
其中:肉牛	万头	0	0	2.65	2.65	2.67	0.75
奶牛	万头	0	0	0.01	0.01	0.01	0.00
2.猪	万头	123.25	125.65	123.65	125.65	128.35	2.15
3.山羊	万只	0.14	0.18	0.34	0.35	0.37	5.71
4.家禽	万羽	971.85	919.49	911.24	931.73	964.36	3.50
三、肉类总产量	吨	114799	116608	117209	116183	113859	−2.00
其中:猪肉	吨	78381	80638	82613	80809	77685	−3.87
牛肉	吨	891	911	933	960	994	3.54
羊肉	吨	17	17	18	21	21	0.00
禽肉	吨	35305	34837	33238	33935	34669	2.16
狗肉	吨	205	205	407	448	480	7.14
四、其他畜产品产量							
禽蛋	吨	9246	9562	9219	9594	9883	3.01
生牛奶	吨	150	150	150	150	150	0.00
天然蜂蜜	吨	5	5	5	23	0	−100.00
蚕茧	吨	339	388	422	364	143	−60.71

表 47   2012—2016 年陆川县渔业生产情况

指标	单位	2012	2013	2014	2015	2016	2016 年比 2015 年增长(%)
一、水产品养殖面积	公顷	2908	2966	3021	3082	3135	1.72
淡水养殖面积	公顷	2908	2966	3021	3082	3135	1.72
其中:池塘养殖	公顷	1241	1299	1354	1415	1438	1.63
山塘水库养殖	公顷	1647	1647	1647	1647	1674	1.64
二、淡水产品总产量	吨	20464	22361	24039	25951	27179	4.73
淡水捕捞	吨	2012	2109	2013	2206	2250	1.99
其中:鱼类	吨	1519	1591	1476	1658	1695	2.23
甲壳(虾蟹)类	吨	364	393	405	413	418	1.21
贝类	吨	129	125	132	135	137	1.48
淡水养殖	吨	18452	20252	22026	23745	24929	4.99
其中:鱼类	吨	17915	19672	21402	23082	24253	5.07
虾蟹类	吨	268	296	318	344	352	2.33
贝类	吨	43	46	59	69	71	2.90

表 48   2012—2016 年陆川县农林牧渔业总产值及指数

指标	单位	2012	2013	2014	2015	2016	2016 年比 2015 年增长(%)
一、农林牧渔业总产值	万元	486000	505611	517359	536944	592075.00	10.27
农业产值	万元	161288	171454	184868	191122	210503.00	10.14
林业产值	万元	25360	29256	32148	30909	33056.00	6.95
牧业产值	万元	268371	269017	258986	269432	300531.00	11.54
渔业产值	万元	19968	22681	25935	28518	29665.00	4.02
二、农林牧渔业总产值指数	%	106.26	103.17	103.04	101.50	0	0
农业产值指数	%	107.64	2.55	105.90	102.88	0	0
林业产值指数	%	101.52	111.24	108.68	98.43	0	0
牧业产值指数	%	105.10	101.66	99.58	99.80	0	0
渔业产值指数	%	110.69	109.11	107.14	107.30	0	0

表 49   2014—2016 年陆川县工业企业主营业务收入

单位:万元、%

指标	2014	2015	2016	2016 年比 2015 年增长(%)
总计	2793091.80	3022661.40	3016877.60	−0.19
一、按登记注册类型分组:				
内资企业	2470147.50	2683792.10	2620010.30	−2.38
国有企业	51688.00	36907.20	36572.90	−0.91
地方企业	51688.00	36907.20	36572.90	−0.91
集体企业	35029.20	39074.90	11270.10	−71.16

续表

指标	2014	2015	2016	2016 年比 2015 年增长(%)
有限责任公司	1039533.40	1168017.80	1170537.80	0.22
股份有限公司	42032.70	46435.50	49685.50	7.00
私营企业	1249511.80	1353300.20	1310724.40	−3.15
其他企业	52352.40	40056.50	41219.60	2.90
港、澳、台商投资企业	90780.40	64937.90	65436.50	0.77
外商投资企业	232163.90	273931.40	331430.80	20.99
二、按工业主要行业分				
农副食品加工业	510523.40	605655.80	610385.20	0.78
酒、饮料和精制茶制造业	30857.40	24567.90	29221.30	18.94
纺织业	104231.80	131676.20	159796.80	21.36
木材加工和木、竹、藤、棕、草制品业	68427.10	97376.20	100363.80	3.07
造纸及纸制品业	10813.50	13171.30	16344.50	24.09
其中:造纸	10813.50	13171.30	16344.50	24.09
化学原料及化学制品制造业	42489.80	54807.40	40509.50	−26.09
医药制造业	6252.00	10008.10	8993.10	−10.14
橡胶和塑料制品业	92073.30	99223.70	53143.60	−46.44
非金属矿物制品业	232064.60	284064.20	279444.70	−1.63
其中:水泥制造	129442.90	89369.30	155871.50	74.41
黑色金属冶炼及压延加工业	354092.10	347772.70	299849.70	−13.78
有色金属冶炼及延压加工业	2030.00	18619.50	23080.50	23.96
金属制品业	109216.10	125960.20	135278.70	7.40
专用设备制造业	338233.20	385091.40	463033.80	20.24
汽车制造业	408807.80	328023.70	290506.30	−11.44
电气机械及器材制造业	173087.10	193905.60	188736.10	−2.67
电力、热力生产和供应业	38317.30	36907.20	36572.90	−0.91

表 50　　　　　　　　　　2014—2016 年陆川县工业企业利润和税金总额

单位:万元、%

指标	2014	2015	2016	2016 年比 2015 年增长(%)
总计	252802.30	220151.10	201635.80	−8.41
一、按登记注册类型分组:	—	—	—	—
内资企业	194501.30	202405.30	201635.80	−0.38
国有企业	2063.70	2131.80	2258.90	5.96
地方企业	2063.70	2131.80	2258.90	5.96
集体企业	2571.50	2231.80	268.60	−87.96
有限责任公司	81374.10	104100.10	110805.40	6.44

续表

指标	2014	2015	2016	2016 年比2015 年增长(%)
股份有限公司	1925.60	4230.00	3630.20	−14.18
私营企业	99200.50	85682.40	79066.50	−7.72
其他企业	7365.90	4029.20	5606.20	39.14
港、澳、台商投资企业	29179.80	15291.60	10093.40	−33.99
外商投资企业	29121.20	2454.20	−16934.10	−790.00
二、按工业主要行业分	—	—	—	—
农副食品加工业	21134.40	18615.00	13509.20	−27.43
酒、饮料和精制茶制造业	2413.10	246.80	273.50	10.82
纺织业	9847.20	12583.00	14553.90	15.66
木材加工和木、竹、藤、棕、草制品业	3906.20	4948.00	4541.70	−8.21
造纸及纸制品业	472.30	779.50	1156.80	48.40
其中:造纸	472.30	779.50	1156.80	48.40
化学原料及化学制品制造业	5806.20	6331.20	4200.80	−33.65
医药制造业	516.10	692.70	623.50	−9.99
橡胶和塑料制品业	9898.40	9326.40	3319.90	−64.40
非金属矿物制品业	40294.20	47442.40	34867.30	−26.51
其中:水泥制造	31561.40	16779.90	21305.20	26.97
黑色金属冶炼及压延加工业	32465.90	27368.20	34392.90	25.67
有色金属冶炼及延压加工业	87.90	3165.40	3123.50	−1.32
金属制品业	8678.70	7234.90	6430.40	−11.12
专用设备制造业	41455.40	12352.60	−5504.10	−144.56
汽车制造业	30133.70	25940.70	30581.60	17.89
电气机械及器材制造业	10015.00	8529.20	11077.00	29.87
电力、热力生产和供应业	658.40	2131.80	2258.90	5.96

表51 **2016 年陆川县工业企业增加值、主营业务收入、利税总额前 10 名企业**

序号	增加值前10名企业	序号	主营业务收入前10名企业	序号	利税总额前10名企业
1	陆川县兴宝金属制品有限公司	1	广西开元机器制造有限责任公司	1	陆川县兴宝金属制品有限公司
2	广西开元机器制造有限责任公司	2	陆川县兴宝金属制品有限公司	2	玉林市广南机械配件制造有限公司
3	玉林正邦饲料有限公司	3	玉林正邦饲料有限公司	3	广西永耀玻璃有限公司
4	玉林双胞胎饲料有限公司	4	广西永耀玻璃有限公司	4	广西开元机器制造有限责任公司
5	广西永耀玻璃有限公司	5	陆川九鼎牧业有限公司	5	广西陆川县隆田制丝有限公司
6	陆川九鼎牧业有限公司	6	广西陆川县隆田制丝有限公司	6	华润水泥(陆川)有限公司
7	广西陆川县隆田制丝有限公司	7	玉林市广南机械配件制造有限公司	7	陆川县清湖华钛选矿厂
8	玉林市广南机械配件制造有限公司	8	陆川县永大汽车配件有限公司	8	陆川县永大汽车配件有限公司
9	陆川县永大汽车配件有限公司	9	玉林双胞胎饲料有限公司	9	陆川县清湖宏泰选矿厂
10	广西玉林市彤合机械有限公司	10	广西玉林市彤合机械有限公司	10	陆川县清秀山选矿厂

表 52

2010—2016 年陆川火车站主要运输情况

年份	发送旅客		发送货物		到站货物	
	旅客人数（万人次）	比上年增长（%）	货物重量（万吨）	比上年增长（%）	货物重量（万吨）	比上年增长（%）
2010	53.1	2.12	11	1.85	37.8	1.61
2011	60.3	13.6	9	−18.18	23.9	−36.77
2012	60.8	0.83	8.9	−1.11	34.9	46.03
2013	45.48	−25.2	8.5	−4.49	32.5	−6.88
2014	45.4	−0.17	8	−5.88	35	7.69
2015	53.6	18.06	0.71	−91.25	7.2	−79.43
2016	53.3	−0.56	0.35	−50.7	7.8	8.33

表 53

2005—2016 年陆川县客运、货运情况

年份	客运			货运		
	车辆数（辆）	客运量（万人次）	客运周转量（万人千米）	车辆数（辆）	货运量（万吨）	货运周转量（万吨千米）
2005	201	371	16021	2245	981	227451
2006	202	401	17463	2644	1060	240352
2007	214	501	32352	3001	1314	305383
2008	225	553	59376	3696	1445	338341
2009	228	560	70406	5123	2173	508888
2010	231	634	85022	5290	2479	608464
2011	231	699	97775	7795	2801	786360
2012	231	772	110972	8201	3219	990837
2013	240	324	22884	8284	3451	718600
2014	244	335	23195	8293	3715	800161
2015	248	298	23043	8554	3298	820761
2016	277	287	20718	8645	4015	871632

表 54

2014—2016 年陆川县房地产开发基本情况

指标	单位	2014	2015	2016
一、企业（单位）	家	6	7	15
内资企业	家	0	7	15
国有	家	1	1	0
集体	家	0	2	2
有限责任公司	家	0	1	1
私营企业	家	0	4	12
二、土地开发及购置				
购置土地面积	平方米	61580	153756	0
三、完成投资	万元	41970	37194	41347
其中：住宅	万元	34092	30965	38523
四、资金来源小计	万元	46575	46120	48458
其中：国内贷款	万元	1300	1200	1325
利用外资	万元	0	0	0
自筹资金	万元	31183	25105	34768

续表

指标	单位	2014	2015	2016
五、房屋建筑面积及价值				
施工面积	平方米	670078	628173	628554
其中:住宅	平方米	588400	549776	565251
竣工面积	平方米	455486	214384	0
其中:住宅	平方米	413335	214384	0
竣工价值	万元	21055	2917878	0
其中:住宅	万元	16570	0	0
六、商品房屋销售				
销售面积	平方米	186889	243010	289369
其中:住宅	平方米	168469	233200	233200
销售额	万元	60490	78024	93683
其中:住宅	万元	49021	70324	70324
七、商品房待售面积	平方米	166370	116161	2388857
八、新增固定资产	万元	35926	22975	536

表55　　　　　　　　　2012—2016年陆川县建筑业企业主要指标

指标	单位	2012	2013	2014	2015	2016
企业数	家	6	6	6	7	9
总产值	万元	179614.0	219706.6	291535.9	312117.8	361721.4
年末从业人员	人	9315	11922	14723	14490	17956
房屋建筑施工面积	平方米	3143766	3656923	3788290	3531709	3173046
房屋建筑竣工面积	平方米	699351	1074556	455486	214384	1767813

表56　　　　　　　　2011–2016年陆川县社会消费品零售总额与指数

单位:万元

指标	2011	2012	2013	2014	2015	2016
社会消费品零售总额	324854	378910	432410	486837	528267	580724
社会消费品零售总额指数	118.15	116.64	114.12	112.59	108.51	109.93

表57　　　　　　　2012—2016年陆川县单位在岗职工人数和工资情况

指标	单位	2012	2013	2014	2015	2016	2016年比2015年增长(%)
全部单位在岗职工人数	人	34229	39006	41036	40503	43559	7.55
国有单位	人	20690	20384	19323	19552	23708	21.26
城镇集体单位	人	2335	2242	2880	2798	2657	−5.04
其他单位	人	11204	16380	18833	18153	17194	−5.28
全部单位在岗职工工资总额	万元	106330.4	138068.2	155393.1	187565.7	2063582	1000.19
国有单位	万元	66893.8	77003	74479.5	103692.5	1204764	1061.86
城镇集体单位	万元	6930.5	8080.4	10590.3	12000.9	117779	881.42
其他单位	万元	32506.1	52984.8	70323.3	71872.3	741039	931.05
全部单位在岗职工平均工资	元	30303	34995	36491	44477	48708	9.51
国有单位	元	32213	38043	38874	53516	58864	9.99
城镇集体单位	元	32461	37340	37055	41932	44219	5.45
其他单位	元	26671	31078	34192	36057	39013	8.20

表 58　　　　　　2016 年陆川县各行业从业人员和工资情况（全部非私营城镇地域单位表）

指标	单位数（个）	单位从业人员（人）	从业人员工资总额（万元）	从业人员平均工资（元）
总计	732	43559	2063582	48708
1.企业	95	24256	957043	39750
2.事业	498	15878	875317	56932
3.机关	139	3425	231222	79019
农、林、牧、渔业	22	3407	50333	29975
制造业	21	5154	236830	45868
电力、热力、燃气及水生产和供应业	3	892	63425	70910
电力、热力生产和供应业	2	744	58546	78315
建筑业	4	12666	514318	35385
批发和零售业	27	516	14764	28202
交通运输、仓储和邮政业	10	694	32817	48650
住宿和餐饮业	2	250	5289	19063
信息传输、软件和信息技术服务业	1	4	127	42333
金融业	17	461	40486	87443
房地产业	8	253	11058	42872
租赁和商务服务业	27	714	28032	39883
科学研究和技术服务业	52	355	22313	62741
水利、环境和公共设施管理业	53	763	30324	42260
居民服务、修理和其他服务业	3	93	3184	40423
教育	215	9501	529061	57345
卫生和社会工作	50	3616	210657	60799
文化、体育和娱乐业	26	173	7617	48870
公共管理、社会保障和社会组织	191	4047	262947	73524

表 59　　　　　　2005—2016 年陆川县居民人均可支配收入情况与指数

单位:元／人

年份	城镇居民人均可支配收入	城镇居民人均可支配收入指数	农民人均纯收入	农民人均纯收入指数
2005	6776	—	2526	113
2006	8426	124.35	2989	118.4
2007	10182	120.83	3484	116.5
2008	12355	121.4	4086	117.3
2009	13964	113.02	4525	110.7
2010	15766	112.91	5274	116.55
2011	17571	111.45	6228	118.1
2012	19937	113.46	7207	115.72
2013	21891	109.8	8180	113.5
2014	24036	109.8	9153	111.9
2015	25959	108.0	10087	110.2
2016	27158	107.1	11980	110.2

备注:2016 年起只统计农村居民人均可支配收入,不再统计农村人均纯收入。

表60

2016年陆川县农村基本情况

指标	单位	总计	温泉镇	米场镇	沙湖镇	马坡镇	珊罗镇	平乐镇	沙坡镇	大桥镇	横山镇	乌石镇	滩面镇	良田镇	清湖镇	古城镇
一.农村基层组织																
1. 乡镇个数	个	14	1	1	1	1	1	1	1	1	1	1	1	1	1	1
2. 村民委员会	个	154	14	9	5	13	7	7	13	11	11	23	6	13	12	10
3. 居民委员会	个	10	6	0	0	1	1	0	0	0	0	1	0	1	1	0
4. 村(居)民小组	个	4626	457	298	140	478	228	226	397	306	286	625	162	372	348	303
二、农村社会基础设施																
1. 自来水受益村数	个	78	5	4	2	13	7	3	13	2		18		9	2	0
2. 通有线电视村数	个	138	14	9	5	13	7	7	13	11	11	18	1	14	13	2
3. 通宽带村数	个	154	14	9	5	13	7	7	13	11	11	23	6	13	12	10
三、乡村人口与从业人员																
乡(镇)村人口数	人	782634	23895	46476	22291	89210	47025	40212	72958	54320	42310	117603	27914	65899	72350	60171
乡(镇)村劳动力资源数	人	556859	43412	29115	17442	62663	33964	26314	47036	42010	29317	70176	23288	52774	38753	40595
1. 男	人	298085	23974	15905	9341	33079	18649	13808	24662	23218	15832	37062	12600	28624	19858	21473
2. 女	人	258774	19438	13210	8101	29584	15315	12506	22374	18792	13485	33114	10688	24150	18895	19122
乡(镇)村从业人员数	人	498886	39845	27582	16781	61605	33249	22736	39856	29420	27306	59627	22134	47132	35986	35627
1. 男	人	267599	21460	15024	8918	30935	18262	12547	21920	16256	14717	31883	12410	25432	18597	19238
其中:农业从业人员	人	171009	12830	7739	2322	22313	15900	7691	15603	15366	8889	21698	9490	9615	12390	9163
2. 女	人	231287	18385	12558	7863	30670	14987	10189	17936	13164	12589	27744	9724	21700	17389	16389
农业从业人员	人	153293	11034	5738	2462	23131	12499	7214	12711	12451	7639	19449	8753	8230	12967	9015
四、农业用地情况																
1. 耕地	公顷	33311	1946	1738	1129	4796	2076	1546	2092	2119	1879	4066	1455	3511	2464	2494
2. 园地	公顷	9608	617	575	288	854	373	1121	1456	284	376	618	82	748	985	1231
3. 林地	公顷	75217	5777	4848	4347	4857	596	2828	9025	3988	4984	12936	3328	5863	7110	4730
4. 草地	公顷	10668	1413	816	667	867	140	469	1292	898	690	1179	248	524	671	794
5. 设施农业用地	公顷	272	23	5	3	20	19	3	9	28	17	29	20	69	10	17

表61

2016年陆川县人口及其变动情况

镇	年末总户数（户）	年末总人口合计（人）	城镇人口	乡村人口	男	女	0~17岁	18~34岁	35~59岁	60岁及以上	出生 合计	出生 男	出生 女	死亡 合计	死亡 男	死亡 女	省内迁入	省外迁入	迁往省内	迁往省外
合计	331023	1093863	311229	782634	581095	512768	334339	322208	301309	136007	18819	9777	9042	6653	4028	2625	1758	781	4575	2844
温泉镇	57756	157111	133216	23895	82178	74933	44088	46195	48176	18652	2943	1556	1387	909	530	379	251	144	1061	351
大桥镇	18450	59312	4992	54320	31504	27808	17127	17453	15971	8761	974	533	441	430	259	171	94	41	204	128
横山镇	15781	50709	8399	42310	27403	23306	15951	13839	13837	7082	929	500	429	353	215	138	63	29	171	136
乌石镇	40390	134337	16734	117603	72125	62212	40672	40754	34938	17973	2327	1181	1146	690	453	237	176	77	483	368
滩面镇	11359	37099	9185	27914	19891	17208	11253	11162	9919	4765	575	300	275	224	128	96	74	25	135	85
良田镇	28076	98134	32235	65899	51510	46624	30894	29072	26555	11613	1456	769	687	681	393	288	149	70	330	266
清湖镇	21056	77947	5597	72350	41710	36237	25161	22526	20927	9333	1612	809	803	361	222	139	101	81	236	334
古城镇	22801	80343	20172	60171	42227	38116	27196	23218	21194	8735	1446	734	712	445	290	155	84	86	174	311
沙坡镇	23108	82599	9641	72958	44153	38446	26478	23910	22207	10004	1518	787	731	615	367	248	189	54	329	215
米场镇	19993	62864	16388	46476	33455	29409	18933	18856	17123	7952	1054	526	528	429	263	166	85	47	276	137
沙湖镇	8978	30810	8519	22291	16550	14260	9036	9245	8461	3798	532	265	267	211	131	80	69	17	127	65
马坡镇	29211	105765	16555	89210	56451	49314	31682	31666	29025	13392	1767	927	840	655	360	295	210	52	550	239
平乐镇	16454	55816	15604	40212	29837	25979	17136	16163	15723	6794	828	438	390	277	176	101	119	28	244	92
珊罗镇	17610	61017	13992	47025	32101	28916	18462	18149	17253	7153	858	452	406	373	241	132	94	30	255	117

附　　录

FULU

2016年,陆川县推进现代特色农业示范区建设。图为中药材种植专属区何首乌种植基地

叶礼林　摄于9月13日

2016 年陆川县重要文件目录选录

表 62 中共陆川县委员会文件

文件号	文件标题	发文日期
陆发〔2016〕1号	中共陆川县委员会 印发关于贯彻落实中央、自治区、玉林市扶贫开发工作决策部署坚决打赢"十三五"脱贫攻坚战的决定的通知	2016 年 2 月 23 日
陆发〔2016〕2号	中共陆川县委员会 关于印发中共陆川县委员会常委会2016年工作要点的通知	2016 年 3 月 18 日
陆发〔2016〕3号	中共陆川县委员会　陆川县人民政府 关于印发陆川县创建"全国青少年普法教育示范区"实施方案的通知	2016 年 3 月 22 日
陆发〔2016〕4号	中共陆川县委员会 关于2016年全县理论学习的通知	2016 年 4 月 25 日
陆发〔2016〕5号	中共陆川县委员会 关于中国共产党陆川县第十四次代表大会代表选举工作的通知	2016 年 5 月 13 日
陆发〔2016〕6号	中共陆川县委员会　陆川县人民政府 关于印发陆川县现代特色农业示范区建设(2016—2017年)工作方案的通知	2016 年 5 月 30 日
陆发〔2016〕7号	中共陆川县委员会 批转陆川县人大常委会党组关于做好2016年我县县、镇两级人民代表大会换届选举工作的意见的通知	2016 年 6 月 1 日
陆发〔2016〕8号	中共陆川县委员会　陆川县人民政府 关于切实做好招商引资工作的实施意见	2016 年 11 月 1 日
陆发〔2016〕10号	中共陆川县委员会 关于开展巡察工作的实施办法	2016 年 11 月 4 日
陆发〔2016〕11号	中共陆川县委员会　陆川县人民政府 关于印发陆川县深化供销合作社综合改革实施方案的通知	2016 年 12 月 16 日
陆发〔2016〕12号	中共陆川县委员会 关于认真学习宣传贯彻党的十八届六中全会精神的通知	2016 年 12 月 19 日
陆发〔2016〕13号	中共陆川县委员会　陆川县人民政府 贯彻落实发展新理念加快推进农业现代化的实施方案	2016 年 12 月 19 日
陆发〔2016〕14号	中共陆川县委员会 关于认真学习宣传贯彻自治区第十一次党代表大会精神的通知	2016 年 12 月 26 日
陆发〔2016〕15号	中共陆川县委员会 批转县委宣传部　县司法局关于在全县公民中开展法治宣传教育的第七个五年规划(2016—2020年)的通知	2016 年 12 月 29 日
陆发〔2016〕16号	中共陆川县委员会　陆川县人民政府 关于印发陆川县法治政府建设实施方案(2016—2020年)的通知	2016 年 12 月 30 日

续表

文件号	文件标题	发文日期
陆委发〔2016〕4 号	中共陆川县委员会　陆川县人民政府 关于表彰陆川县"十二五"整村推进和 2015 年精准识别建档立卡工作先进集体、先进个人的决定	2016 年 3 月 3 日
陆委发〔2016〕34 号	中共陆川县委员会 关于表彰陆川县优秀共产党员、优秀党务工作者、先进基层党组织的决定	2016 年 6 月 29 日
陆委发〔2016〕35 号	关于对陆川县 2015 年度机关绩效考评先进单位进行表彰的决定	2016 年 7 月 28 日
陆委发〔2016〕48 号	中共陆川县委员会 关于表彰 2014—2015 年度陆川县脱贫攻坚"六个十佳·两个一批"的决定	2016 年 11 月 4 日
陆委发〔2016〕49 号	中共陆川县委员会　陆川县人民政府 关于印发陆川县推进扶贫特色产业全覆盖实施方案的通知	2016 年 5 月 12 日

表 63　　　　　　　　　　　　　　　　陆川县人民政府文件

文件号	文件标题	发文日期
陆政发〔2016〕1 号	陆川县人民政府 关于印发陆川县 2015 年村级公益事业建设一事一议财政奖补工作实施方案的通知	2016 年 1 月 15 日
陆政发〔2016〕3 号	陆川县人民政府 关于公布实施陆川县城镇土地定级与基准地价更新成果的通知	2016 年 2 月 22 日
陆政发〔2016〕6 号	陆川县人民政府 关于 2015 年度森林防火目标管理考核表彰奖励的通知	2016 年 2 月 25 日
陆政发〔2016〕7 号	陆川县人民政府 关于印发陆川县中药材种植奖励扶持办法(试行)的通知	2016 年 4 月 28 日
陆政发〔2016〕9 号	陆川县人民政府 关于印发陆川县国民经济和社会发展第十三个五年规划纲要的通知	2016 年 6 月 21 日
陆政发〔2016〕10 号	陆川县人民政府 关于确定陆川铁锅地理标志产品保护范围的通知	2016 年 6 月 22 日
陆政发〔2016〕19 号	陆川县人民政府 关于第二批清理规范 12 项行政审批中介服务事项的决定	2016 年 11 月 17 日
陆政发〔2016〕20 号	陆川县人民政府 关于公布陆川县行政执法主体的通知	2016 年 11 月 18 日
陆政发〔2016〕23 号	陆川县人民政府 关于授予广西聚银牧业集团有限公司等企业首届陆川县县长质量奖的决定	2016 年 12 月 22 日
陆政发〔2016〕24 号	陆川县人民政府 关于印发陆川县科学技术奖励办法的通知	2016 年 12 月 29 日
陆政发〔2016〕25 号	陆川县人民政府 关于印发陆川县全民健身实施计划(2015—2020 年)的通知	2016 年 12 月 29 日

表64　　　　　　　　　　　　　　　中共陆川县委员会办公室文件

文件号	文件标题	发文日期
陆办发〔2016〕6号	中共陆川县委员会办公室　陆川县人民政府办公室 关于印发陆川县加快构建现代公共文化服务体系的实施方案的通知	2016年3月21日
陆办发〔2016〕9号	中共陆川县委员会办公室 关于印发陆川县委党的建设工作领导小组2016年工作要点的通知	2016年5月19日
陆办发〔2016〕10号	中共陆川县委员会办公室 关于印发中共陆川县委全面深化改革领导小组2016年工作要点的通知	2016年2月19日
陆办发〔2016〕13号	中共陆川县委员会办公室　陆川县人民政府办公室 印发关于全面推进乡镇"四所合一"改革的实施方案的通知	2016年6月16日
陆办发〔2016〕14号	中共陆川县委员会办公室　陆川县人民政府办公室 关于印发陆川县环境保护"党政同责、一岗双责"责任制实施办法(暂行)的通知	2016年6月28日
陆办发〔2016〕15号	中共陆川县委员会办公室　陆川县人民政府办公室 关于印发陆川县整县推进高标准基本农田土地整治重大工程建设实施方案的通知	2016年8月5日
陆办发〔2016〕16号	中共陆川县委员会办公室　陆川县人民政府办公室 印发关于开展"美丽陆川·生态乡村""六个一"建设活动实施意见及七个配套文件的通知	2016年8月19日
办发〔2016〕4号	中共陆川县委员会办公室　陆川县人民政府办公室 关于印发陆川县村(社区)"两委"干部及其近亲属申领民生资金管理办法(试行)的通知	2016年1月13日
办发〔2016〕6号	中共陆川县委员会办公室　陆川县人民政府办公室 关于印发陆川县民生资金监督管理办法的通知	2016年1月13日
办发〔2016〕7号	中共陆川县委员会办公室 关于2015年度镇党委书记抓基层党建工作述职考评结果的通报	2016年1月19日
办发〔2016〕8号	中共陆川县委员会办公室　陆川县人民政府办公室 关于印发陆川县开展"美丽陆川·喜迎春节"城乡环境综合整治大行动的工作方案的通知	2016年1月21日
办发〔2016〕13号	中共陆川县委办公室　陆川县人民政府办公室 关于印发陆川县2016年"美丽故乡迎亲归"营造春节氛围工作方案的通知	2016年2月3日
办发〔2016〕14号	中共陆川县委办公室　陆川县人民政府办公室 关于印发陆川县城区市容环境综合整治攻坚年活动实施方案的通知	2016年1月28日
办发〔2016〕15号	中共陆川县委员会办公室　陆川县人民政府办公室 印发关于机关党员干部利用节假日回乡助力"美丽陆川"乡村建设和脱贫攻坚战的意见的通知	2016年2月4日
办发〔2016〕16号	中共陆川县委员会办公室　陆川县人民政府办公室 关于印发陆川县《乡村文明》学生教材编写工作实施方案的通知	2016年2月4日
办发〔2016〕17号	中共陆川县委员会办公室　陆川县人民政府办公室 关于重申和严明春节期间有关纪律的通知	2016年2月5日
办发〔2016〕18号	中共陆川县委员会办公室　陆川县人民政府办公室 关于开展评选陆川县"十二五"扶贫开发整村推进和2015年度精准识别建档立卡工作先进集体先进个人活动的通知	2016年2月5日
办发〔2016〕19号	中共陆川县委员会办公室　陆川县人民政府办公室 关于印发陆川县全面提升群众安全感和满意度攻坚年实施方案的通知	2016年2月26日

续表

文件号	文件标题	发文日期
办发〔2016〕20号	中共陆川县委员会办公室　陆川县人民政府办公室 关于印发陆川县领导包案化解群体性重大信访突出问题和信访积案工作方案的通知	2016年3月7日
办发〔2016〕21号	中共陆川县委员会办公室　陆川县人民政府办公室 关于做好全县2016年国民经济增长工作的通知	2016年3月10日
办发〔2016〕22号	中共陆川县委员会办公室　陆川县人民政府办公室 关于印发陆川县开展精准扶贫结对帮扶工作实施方案的通知	2016年3月22日
办发〔2016〕23号	中共陆川县委员会办公室 关于印发《中共陆川县委员会关于贯彻落实党的十八届四中全会精神全面推进陆川法治建设的意见》工作分工方案的通知	2016年3月23日
办发〔2016〕24号	中共陆川县委员会办公室　陆川县人民政府办公室 关于印发陆川县严厉打击环境污染违法犯罪专项行动工作方案的通知	2016年3月23日
办发〔2016〕25号	中共陆川县委员会办公室　陆川县人民政府办公室 关于对陆川县2015年度文艺创作活动先进单位和先进个人进行表扬的通报	2016年3月29日
办发〔2016〕26号	中共陆川县委员会办公室　陆川县人民政府办公室 关于印发陆川县九洲江流域2016年度水环境综合整治实施方案的通知	2016年3月30日
办发〔2016〕30号	中共陆川县委员会办公室 关于印发陆川县2016年干部教育培训工作计划的通知	2016年4月6日
办发〔2016〕31号	中共陆川县委员会办公室　陆川县人民政府办公室 关于县四家班子领导联系服务企业工作的通知	2016年4月21日
办发〔2016〕32号	中共陆川县委员会办公室　陆川县人民政府办公室 关于印发陆川县义务教育均衡发展推进工作方案的通知	2016年4月26日
办发〔2016〕33号	中共陆川县委员会办公室　陆川县人民政府办公室 关于印发陆川县2016年农村土地承包经营权确权登记颁证工作方案的通知	2016年5月4日
办发〔2016〕34号	中共陆川县委员会办公室　陆川县人民政府办公室 关于建立县工业园区联席会议制度的通知	2016年5月10日
办发〔2016〕36号	中共陆川县委员会办公室 关于印发陆川县开展机关党建"规范化建设大行动"活动实施方案的通知	2016年5月19日
办发〔2016〕37号	中共陆川县委员会办公室 印发关于在全体党员中开展"学党章党规、学系列讲话,做合格党员"学习教育实施方案的通知	2016年5月19日
办发〔2016〕38号	中共陆川县委员会办公室 关于印发陆川县委全面深化改革2016年度督察计划》和《陆川县2016年全面深化改革宣传报道工作方案的通知	2016年5月19日
办发〔2016〕39号	中共陆川县委员会办公室　陆川县人民政府办公室 印发《中共陆川县委员会关于贯彻落实中央扶贫开发工作重大决策部署坚决打赢"十三五"脱贫攻坚战的决定》责任分工方案的通知	2016年5月24日
办发〔2016〕40号	中共陆川县委员会办公室　陆川县人民政府办公室 关于印发陆川县2016年党政信息工作任务的通知	2016年5月25日
办发〔2016〕41号	中共陆川县委员会办公室 关于开展庆祝中国共产党成立95周年系列活动的通知	2016年5月23日

续表

文件号	文件标题	发文日期
办发〔2016〕43号	中共陆川县委员会办公室 转发中共陆川县委全面深化改革领导小组关于陆川县委全面深化改革督察实施办法(试行)的通知	2016年6月1日
办发〔2016〕45号	中共陆川县委员会办公室　陆川县人民政府办公室 关于成立陆川县脱贫摘帽攻坚队深入开展"五挂作战"精准帮扶活动的通知	2016年6月
办发〔2016〕47号	中共陆川县委员会办公室　陆川县人民政府办公室 关于印发关于建立陆川县宗教工作联席会议制度的实施方案的通知	2016年6月17日
办发〔2016〕48号	中共陆川县委员会办公室　陆川县人民政府办公室 关于提高村干部报酬标准的通知	2016年6月21日
办发〔2016〕49号	中共陆川县委员会办公室　陆川县人民政府办公室 关于明确处理信访突出问题分管领导和牵头单位的通知	2016年6月22日
办发〔2016〕50号	中共陆川县委员会办公室　陆川县人民政府办公室 关于印发陆川县"十三五"易地扶贫搬迁实施方案的通知	2016年6月22日
办发〔2016〕51号	中共陆川县委员会办公室　陆川县人民政府办公室 关于印发陆川县打击整治环境违法突出问题联合执法专项行动工作方案的通知	2016年6月29日
办发〔2016〕52号	中共陆川县委员会办公室 关于2015年度陆川县落实党风廉政建设党委主体责任和纪委监督责任考评等次的通报	2016年6月30日
办发〔2016〕53号	中共陆川县委员会办公室 关于学习宣传贯彻中国共产党陆川县第十四次代表大会精神的通知	2016年7月8日
办发〔2016〕57号	中共陆川县委员会办公室　陆川县人民政府办公室 关于陆川县2015年度机关绩效考评结果的通报	2016年7月27日
办发〔2016〕58号	中共陆川县委员会办公室　陆川县人民政府办公室 关于印发陆川县精准扶贫脱贫摘帽宣传工作方案的通知	2016年8月4日
办发〔2016〕61号	中共陆川县委员会办公室　陆川县人民政府办公室 关于印发陆川县2016年度机关绩效考评工作方案的通知	2016年8月19日
办发〔2016〕62号	中共陆川县委员会办公室 印发陆川县贯彻落实《2015—2018年广西党员教育培训工作规划》的实施方案的通知	2016年8月
办发〔2016〕65号	中共陆川县委员会办公室　陆川县人民政府办公室 关于印发陆川县老年大学申报"全国示范老年大学"工作方案的通知	2016年9月27日
办发〔2016〕66号	中共陆川县委员会办公室 关于印发陆川县加强扶贫领域监督执纪问责工作方案的通知	2016年9月28日
办发〔2016〕67号	中共陆川县委员会办公室　陆川县人民政府办公室 关于印发陆川县2016年招商引资工作实施方案的通知	2016年9月29日
办发〔2016〕69号	中共陆川县委员会办公室　陆川县人民政府办公室 关于印发陆川县九洲江流域污染治理工作考核办法的通知	2016年10月13日
办发〔2016〕70号	中共陆川县委员会办公室　陆川县人民政府办公室 关于调整县四家班子领导联系重大项目责任分解表的通知	2016年10月17日

续表

文件号	文件标题	发文日期
办发〔2016〕72号	中共陆川县委员会办公室 印发陆川县开展"玉林市争创全区非公经济组织和社会组织工会建设示范市"的工作方案的通知	2016年10月18日
办发〔2016〕73号	中共陆川县委员会办公室　陆川县人民政府办公室 关于做好机关事业单位工会经费划拨和收支管理保障职工正常福利的通知	2016年10月19日
办发〔2016〕75号	中共陆川县委员会办公室　陆川县人民政府办公室 印发关于加强和改进新形势下档案工作的实施方案的通知	2016年10月25日
办发〔2016〕76号	中共陆川县委员会办公室　陆川县人民政府办公室 关于印发陆川县严厉打击国家林业局驻广州专员办挂牌督办案件及被抽查图斑涉及违法占用林地案件的工作方案的通知	2016年8月23日
办发〔2016〕79号	中共陆川县委员会办公室　陆川县人民政府办公室 关于印发陆川县2016年"商行天下·情系陆川"招商推介恳谈会暨陆川县扶贫基金会成立揭牌仪式工作方案的通知	2016年10月29日
办发〔2016〕80号	中共陆川县委员会办公室　陆川县人民政府办公室 关于陆川县2015年度村委会(社区居委会)绩效考核结果的通报	2016年11月1日
办发〔2016〕82号	中共陆川县委员会办公室　陆川县人民政府办公室 关于印发陆川县2016年贫困户产业扶持全覆盖实施方案的通知	2016年11月2日
办发〔2016〕83号	中共陆川县委员会办公室　陆川县人民政府办公室 关于印发陆川县深化职业教育教学改革全面提高人才培养质量实施方案的通知	2016年11月8日
办发〔2016〕84号	中共陆川县委员会办公室　陆川县人民政府办公室 关于印发陆川县创建城区严管街实施方案的通知	2016年11月8日
办发〔2016〕85号	中共陆川县委员会办公室 关于做好2017年度重点党报党刊发行工作进一步严格规范报刊发行秩序的通知	2016年11月22日
办发〔2016〕86号	中共陆川县委员会办公室 关于印发陆川县学习贯彻党的十八届六中全会精神宣讲工作方案的通知	2016年11月23日
办发〔2016〕87号	中共陆川县委员会办公室　陆川县人民政府办公室 关于印发陆川县义务教育均衡发展推进工作方案的通知	2016年11月20日
办发〔2016〕88号	中共陆川县委员会办公室　陆川县人民政府办公室 关于印发陆川县创建全国畜牧业绿色发展示范县活动实施方案的通知	2016年11月23日
办发〔2016〕90号	中共陆川县委员会办公室　陆川县政府办公室 关于印发陆川县缉枪治爆专项行动工作方案的通知	2016年11月29日
办发〔2016〕91号	中共陆川县委员会办公室　陆川县人民政府办公室 关于印发陆川县信访维稳工作问责办法(试行)的通知	2016年12月2日
办发〔2016〕92号	中共陆川县委员会办公室　陆川县人民政府办公室 关于印发陆川县提升群众安全感和满意度专项督查问责办法(试行)的通知	2016年12月2日
办发〔2016〕97号	中共陆川县委员会办公室 关于印发陆川县"三联五挂六服务"民心工程实施方案的通知	2016年12月20日
办发〔2016〕100号	中共陆川县委员会办公室 关于做好学习贯彻自治区第十一次党代表大会精神宣讲工作的通知	2016年12月26日

表 65   **陆川县人民政府办公室文件**

文件号	文 件 标 题	发文日期
陆政办发〔2016〕1号	陆川县人民政府办公室 关于印发陆川县学校及周边环境综合整治专项行动工作方案的通知	2016年1月22日
陆政办发〔2016〕3号	陆川县人民政府办公室 关于印发陆川县城区新建街(路)地名命名工作方案的通知	2016年1月15日
陆政办发〔2016〕4号	陆川县人民政府办公室 关于印发2016年陆川县生猪小散养殖污染场(点)集中治理工作实施方案的通知	2016年1月21日
陆政办发〔2016〕9号	陆川县人民政府办公室 关于印发陆川县2015年度土地矿产卫片执法监督检查工作实施方案的通知	2016年2月4日
陆政办发〔2016〕10号	陆川县政府办公室 关于印发陆川县推进县级中等专业学校发展规划2016年度工作计划的通知	2016年2月5日
陆政办发〔2016〕12号	陆川县人民政府办公室 关于印发陆川县政银企合作对接机制实施方案的通知	2016年2月22日
陆政办发〔2016〕14号	陆川县人民政府办公室 关于印发陆川县在政府采购活动和政府投资类项目建设中优先采用本地企业产品(商品)实施方案的通知	2016年2月26日
陆政办发〔2016〕15号	陆川县人民政府办公室 关于印发陆川县2016年存量土地盘活利用工作方案的通知	2016年2月26日
陆政办发〔2016〕16号	陆川县人民政府办公室 关于印发陆川县国家农业综合开发高标准农田建设项目实施规划(2013—2020年)的通知	2016年3月3日
陆政办发〔2016〕17号	陆川县人民政府办公室 关于印发陆川县畜禽规模养殖禁养区和限养区划定方案的通知	2016年3月3日
陆政办发〔2016〕18号	陆川县人民政府办公室 关于印发陆川县深化小型水利工程管理体制改革实施方案的通知	2016年3月4日
陆政办发〔2016〕19号	陆川县人民政府办公室 关于印发政府购买公共文化服务实施方案(试行)的通知	2016年3月8日
陆政办发〔2016〕22号	陆川县人民政府办公室 关于开展陆川县2015年度村委会(社区居委会)绩效考核工作的通知	2016年3月18日
陆政办发〔2016〕23号	陆川县人民政府办公室 关于印发陆川县贯彻落实广西生态经济发展规划主要目标和重点任务工作分工方案的通知	2016年3月22日
陆政办发〔2016〕24号	陆川县人民政府办公室 关于印发2016年陆川县生态养殖示范点建设实施方案的通知	2016年3月24日
陆政办发〔2016〕27号	陆川县人民政府办公室 关于加快推进放心粮油工程有关工作的通知	2016年3月28日

续表

文件号	文　件　标　题	发文日期
陆政办发〔2016〕29 号	陆川县人民政府办公室 关于陆川县 2015 年耕地保护责任目标履行情况的通报	2016 年 4 月 1 日
陆政办发〔2016〕30 号	陆川县人民政府办公室 关于印发陆川县农村生活污水治理实施方案的通知	2016 年 3 月 13 日
陆政办发〔2016〕31 号	陆川县人民政府办公室 关于陆川县 2015 年度落实林业生态保护和管理目标责任状考核情况的通报	2016 年 4 月 19 日
陆政办发〔2016〕32 号	陆川县人民政府办公室 关于表彰 2015 年度林业生态保护和管理目标责任制考核先进单位的通报	2016 年 4 月 19 日
陆政办发〔2016〕33 号	陆川县人民政府办公室 关于对 2015 年度落实林业生态保护和管理目标责任制工作中存在问题进行整改的通知	2016 年 4 月 19 日
陆政办发〔2016〕34 号	陆川县人民政府办公室 关于印发陆川县水上搜救应急预案的通知	2016 年 5 月 10 日
陆政办发〔2016〕36 号	陆川县人民政府办公室 关于印发陆川县 2016 年度地质灾害防治方案的通知	2016 年 5 月 10 日
陆政办发〔2016〕37 号	陆川县人民政府办公室 关于印发陆川铁锅地理标志产品保护申报工作方案的通知	2016 年 5 月 13 日
陆政办发〔2016〕38 号	陆川县人民政府办公室 关于印发 2016 年"美丽广西·生态乡村"屯级道路硬化专项资金奖补工作实施方案的通知	2016 年 5 月 16 日
陆政办发〔2016〕39 号	陆川县人民政府办公室 关于印发陆川县开展农村产权抵(质)押融资试点工作的实施意见的通知	2016 年 5 月 17 日
陆政办发〔2016〕40 号	陆川县人民政府办公室 关于推行基层应急网格化管理的通知	2016 年 5 月 17 日
陆政办发〔2016〕41 号	陆川县人民政府办公室 关于印发陆川县扶贫小额信贷工作方案的通知	2016 年 5 月 20 日
陆政办发〔2016〕42 号	陆川县人民政府办公室关于 印发陆川县财政扶贫资金产业项目实施方案的通知	2016 年 5 月 23 日
陆政办发〔2016〕43 号	陆川县人民政府办公室 关于印发陆川县农村土地承包经营纠纷调解仲裁工作实施方案的通知	2016 年 5 月 24 日
陆政办发〔2016〕44 号	陆川县人民政府办公室 关于印发陆川县非农建设占用耕地耕作层土壤剥离利用实施方案的通知	2016 年 5 月 25 日
陆政办发〔2016〕45 号	陆川县人民政府办公室 关于印发陆川县加快推进残疾人小康进程实施方案的通知	2016 年 5 月 26 日
陆政办发〔2016〕46 号	陆川县人民政府办公室 关于印发陆川县农村垃圾专项治理两年攻坚实施方案的通知	2016 年 5 月 27 日
陆政办发〔2016〕47 号	陆川县人民政府办公室 关于加强农村道路交通安全工作的实施意见	2016 年 6 月 1 日

续表

文件号	文件标题	发文日期
陆政办发〔2016〕49号	陆川县人民政府办公室关于 印发陆川县2016年易地扶贫搬迁工程实施方案的通知	2016年6月7日
陆政办发〔2016〕50号	陆川县人民政府办公室 关于印发陆川县村委会(社区居委会)绩效考核奖励办法(修订)的通知	2016年6月12日
陆政办发〔2016〕51号	陆川县人民政府办公室 关于印发陆川县参加第10届广西名特优农产品(香港)交易会工作方案的 通知	2016年6月12日
陆政办发〔2016〕54号	陆川县人民政府办公室关于 印发陆川县实施先照后证改革后加强事中事后监管工作方案的通知	2016年6月24日
陆政办发〔2016〕55号	陆川县人民政府办公室 关于印发陆川县整合建立统一的公共资源交易平台实施方案的通知	2016年6月27日
陆政办发〔2016〕56号	陆川县人民政府办公室 关于印发陆川县棚户区改造货币化安置实施方案的通知	2016年6月22日
陆政办发〔2016〕58号	陆川县人民政府办公室 关于加强城镇地下管线建设管理的通知	2016年7月8日
陆政办发〔2016〕59号	陆川县人民政府办公室 关于印发陆川县2016年村级公共服务中心建设工作实施方案的通知	2016年7月12日
陆政办发〔2016〕63号	陆川县人民政府办公室 关于印发陆川县水污染防治行动计划工作方案的通知	2016年7月29日
陆政办发〔2016〕64号	陆川县人民政府办公室 关于印发陆川县以民办公助 村民自建等方式推行财政支农项目建设管理 办法(暂行)的通知	2016年7月29日
陆政办发〔2016〕66号	陆川县人民政府办公室 关于印发陆川县整县推进高标准基本农田土地整治重大工程建设计划及管 理制度等5个制度(方案、办法)的通知	2016年8月4日
陆政办发〔2016〕67号	陆川县人民政府办公室 关于进一步加强行政机关和事业单位个人所得税代扣代缴工作的通知	2016年8月5日
陆政办发〔2016〕68号	陆川县人民政府办公室 关于加快推进农村低保制度与扶贫开发政策有效衔接的实施意见	2016年8月2日
陆政办发〔2016〕69号	陆川县人民政府办公室 关于印发陆川县建立行政执法公示制度工作方案的通知	2016年8月23日
陆政办发〔2016〕70号	陆川县人民政府办公室关于印发2016年全县食品安全重点工作安排的通知	2016年8月31日
陆政办发〔2016〕71号	陆川县人民政府办公室 关于在全县开展集中追缴农村信用社不良贷款工作的通知	2016年9月2日
陆政办发〔2016〕72号	陆川县人民政府办公室 关于印发陆川县"一户一产业"扶贫项目实施方案的通知	2016年9月9日

续表

文件号	文 件 标 题	发文日期
陆政办发〔2016〕74 号	陆川县人民政府办公室 关于印发陆川县产业脱贫开发工作方案的通知	2016 年 9 月 19 日
陆政办发〔2016〕77 号	陆川县人民政府办公室 关于印发加快推进陆川县农村信用体系建设工作方案的通知	2016 年 9 月 26 日
陆政办发〔2016〕80 号	陆川县人民政府办公室 关于印发陆川县财政专项扶贫资金发展摘帽村农民合作组织实施方案的通知	2016 年 9 月 29 日
陆政办发〔2016〕84 号	陆川县人民政府办公室 关于印发陆川县 2016 年城镇职工基本养老保险扩面征缴暨开展城乡居民基本养老保险的实施方案的通知	2016 年 10 月 12 日
陆政办发〔2016〕85 号	陆川县人民政府办公室 关于印发陆川县城市建成区违法建设专项治理行动实施方案的通知	2016 年 10 月 13 日
陆政办发〔2016〕92 号	陆川县人民政府办公室 关于印发推进政府和社会资本合作模式增加公共产品供给实施方案的通知	2016 年 10 月 27 日
陆政办发〔2016〕95 号	陆川县人民政府办公室 关于印发加强农村道路交通安全工作实施方案的通知	2016 年 11 月 3 日
陆政办发〔2016〕97 号	陆川县人民政府办公室 关于加强扶持村级集体经济发展项目实施及资金管理的通知	2016 年 11 月 7 日
陆政办发〔2016〕98 号	陆川县人民政府办公室 关于印发陆川县食品安全抽检监测计划(2016—2018 年)的通知	2016 年 11 月 14 日
陆政办发〔2016〕99 号	陆川县人民政府办公室 印发关于进一步做好防范和处置非法集资工作实施方案的通知	2016 年 11 月 15 日
陆政办发〔2016〕104 号	陆川县人民政府办公室 关于印发陆川县土壤污染防治工作方案的通知	2016 年 11 月 25 日
陆政办发〔2016〕105 号	陆川县人民政府办公室 关于印发陆川县县级公立医院绩效考核实施方案的通知	2016 年 11 月 30 日
陆政办发〔2016〕106 号	陆川县人民政府办公室 关于印发陆川县"十三五"易地扶贫搬迁住房补助实施方案的通知	2016 年 12 月 5 日
陆政办发〔2016〕108 号	陆川县人民政府办公室 关于印发陆川县创建广西食品安全城市工作方案的通知	2016 年 12 月 20 日
陆政办发〔2016〕109 号	陆川县人民政府办公室 关于印发陆川县统筹整合使用财政涉农资金管理办法(试行)的通知	2016 年 12 月 29 日
陆政办发〔2016〕110 号	陆川县人民政府办公室 关于印发陆川县开展分级诊疗工作实施方案的通知	2016 年 12 月 29 日
陆政办发〔2016〕112 号	陆川县人民政府办公室 关于贯彻落实社会信用体系建设规划纲要(2014—2020 年)的实施意见	2016 年 10 月 28 日

文件选录

中共陆川县委员会 陆川县人民政府关于印发陆川县现代特色农业示范区建设(2016—2017年)工作方案的通知

（陆发〔2016〕6号 2016年5月30日）

各镇党委、政府，各园区工委、管委，县直机关各部委办局，各人民团体，各企事业单位，中直、区直、市直驻陆各单位：

经县委、县政府同意，现将《陆川县现代特色农业示范区建设(2016—2017年)工作方案》印发给你们，请结合实际认真组织实施。

陆川县现代特色农业示范区建设(2016—2017年)工作方案

为贯彻落实中央关于全面深化农村改革、加快推进农业现代化的决策和自治区、玉林市关于九洲江流域综合治理的部署，尽快提升我县农业产业化、市场化、国际化、现代化水平，夯实"美丽乡村"和社会主义新农村建设的产业基础，根据《广西壮族自治区人民政府办公厅关于印发广西现代特色农业示范区建设(2016—2017年)行动方案的通知》（桂政办发〔2015〕127号）精神，县委、县政府决定开展现代特色农业示范区建设工作。为确保创建工作顺利有序进行，特制定本方案。

一、指导思想

深入贯彻党的十八大和十八届三中、四中、五中全会精神，通过政策引导、市场主导、财政资金扶持与服务协调等综合措施，打造一批与九洲江流域综合治理相结合，产品特色鲜明、竞争优势明显、示范带动效应突出、经济效益良好的现代特色农业示范区，使之成为农村改革试验和适度规模经营聚集区、新品种新技术应用转化聚集区、新型经营主体与人才引进培育聚集区、融资改革试点及社会各类资金聚集区、新型农业服务体系改革及电子商务平台应用聚集区。

二、主要目标

（一）创建目标。到2016年累计启动创建自治区级示范区2个，市级4个、县级4个、乡级14个。

（二）建成目标。在2015年年底基本建成市级示范区1个的基础上，到2016年基本建成自治区级示范区1个、

市级3个、县级2个、乡级2个；到2017年基本建成自治区级示范区2个、市级4个、县级4个、乡级6个。

三、基本原则

（一）政府引导，保证基础设施投入。政府支持示范区基础设施建设，采取资金扶持、技术指导和协调服务等综合措施，将示范区"四网"（水网、电网、路网、林网）建设好。其中水网由县水利局负责，电网由县现代特色农业示范区建设工作领导小组负责协调陆川供电公司做好电网工程，路网由县交通运输局负责（贫困村的路网由县扶贫办负责、库区移民村的路网由县移民局负责），林网由县林业局负责。

（二）市场主导，引进新型经营主体。大力培育新型经营主体，加强招商力度，引进工商资本，使之成为示范区建设的重要力量。引导新型经营主体实施农业产业化经营，带动农户发展现代农业。从税收、信贷、水电、科技、电子商务等多方面支持新型经营主体，构建新型农业经营体系。

（三）规划先行，保证建设的持续性。要科学制定示范区规划，区、市、县级示范区规划由县现代特色农业示范区建设工作领导小组办公室负责，乡级示范区规划由各镇政府负责，系统规划好示范区的核心区、拓展区、辐射区、基础设施以及产业选择、创建模式、建设时序。按照"一年打基础、二年上水平、三年见成效"的要求，谋划好近期工作；提高规划的超前性，维护规划的严肃性，一张蓝图绘到底。

（四）统筹协调，兼顾经营主体和农民利益。着力解决示范区谁来种地、种谁的地、怎么种地等问题，探索土地托管、土地股份合作等新模式，积极撬动金融资金和社会资金投入示范区，强化社会化服务体系建设，着力调动农民积极性，确保农民增收受益。

四、总体要求

（一）制定统一的区、市、县、乡级示范区建设标准。各级示范区要注重从"一村一品"开始，向"一乡一业"发展，逐步打造升级成县级、市级、自治区级示范区。

1.自治区级示范区核心区规模连片3000亩以上，拓展区5000亩以上、辐射区10000亩以上。

2.市级示范区。种植业：要求核心区规模连片2500亩以上，拓展区4000亩以上，辐射区8000亩以上；畜牧业：要求生猪年出栏2.5万头以上，家禽年出栏25万羽以上，肉牛、肉羊存栏2500头（只）以上；渔业：要求核心区1000亩以上，拓展区2000亩以上，辐射区4000亩以上。林业：要求规模连片1000亩以上。

3.县级示范区。种植业：要求核心区规模连片1000亩以上，拓展区2000亩以上，辐射区3000亩以上；畜牧业：要求生猪年出栏1万头以上，家禽年出栏10万羽以上，肉牛、肉羊存栏1000头（只）以上；渔业：要求核心区400亩以上，拓展区800亩以上，辐射区1500亩以上；林业：要求核心区规模连片500亩以上。

4.乡级示范区。种植业：要求核心区规模连片500亩

以上,畜牧业:要求生猪年出栏 5000 头以上,家禽年出栏 5 万羽以上,肉牛、肉羊存栏 500 头(只)以上,渔业:要求核心区 200 亩以上。拓展区带动农户 200 户以上,辐射区带动农户 500 户以上。

(二)示范区建设与九洲江综合治理相结合。全县重点围绕粮食、水果、蔬菜、桑蚕、食用菌、中药材、罗非鱼、肉牛、肉羊、生猪十大种养产业,以及富硒农业、有机循环农业、休闲农业 3 个新兴产业建设示范区。示范区以产业为主线,根据区域特色进行布局,由点连线成片。

(三)示范区建设与脱贫攻坚相结合。贯彻落实中央和自治区有关打赢脱贫攻坚战的决策部署,立足我县实际,尤其是贫困村的示范区规划要与扶贫产业规划相结合,因地制宜,明确具体项目,精准扶贫。激发贫困乡村干部群众内生动力,让示范区的农户成为示范区建设、治理贫困的参与主体和受益主体。

(四)示范区建设与"美丽陆川"乡村建设活动相结合。结合"美丽陆川"乡村建设活动,在 2016 年 12 月前重点解决示范区环境卫生综合整治、绿化建设、饮水安全、道路硬化等问题;从 2016 年 7 月开始,着重围绕产业富民、服务惠民、基础便民等问题,加快构建新型农业经营体系和现代农业产业体系,大力推进标准化、规模化、机械化、产业化经营。

五、评级奖补

(一)统一考评。自治区级示范区考评由自治区农村工作领导小组办公室组织专家赴实地进行考评。县级示范区考评由自治区农村工作领导小组办公室委托市级农村工作领导小组办公室交叉进行考评,自治区农村工作领导小组办公室进行有效的监督。乡级示范区考评由市农村工作领导小组办公室委托所辖各县(市、区)交叉进行考评。

(二)奖励办法。从 2016 年开始,对所有自治区级示范区实行星级动态管理,每两年考评一次。对初次获评为 3~5 星级的自治区级示范区,由自治区授匾和给予奖补,每个分别奖补 300 万元、400 万元、500 万元;对后续考评中晋级的自治区级示范区,自治区仅对级差进行奖补;对维持原级别或先降级后晋级的,自治区不再予以奖补。达到县级示范区建设标准的,由自治区给予每个 100 万元奖补;达到乡级示范区建设标准的,由自治区给予每个 30 万元奖补。

县政府将对初次达到县级、乡级建设标准的示范区分别给予 20 万元、10 万元奖补。

六、保障措施

(一)加强组织领导。县成立现代特色农业示范区建设工作领导小组专门负责示范区创建工作,县现代特色农业示范区建设工作领导小组办公室和县农业局具体牵头抓,县水产畜牧兽医局、水利局、林业局、九洲江办、发改局、科技局、财政局、国土资源局、交通运输局、环保局、经贸局、招商局、工商局、质监局、扶贫办、移民局、供销社、农机局、陆川供电公司等单位配合。各镇也要成立领导机构,加强组织领导,主要领导亲自抓、分管领导具体抓,确保创建工作顺利推进。

(二)实行挂点制度。县级有关单位要分别挂点联系 1~2 个示范区,其中县农业局负责马坡镇,县水产畜牧兽医局负责良田镇,县水利局负责清湖镇,县林业局负责横山镇,县发改局负责大桥镇,县科技局负责平乐镇,县财政局负责温泉镇,县国土资源局负责珊罗镇,县交通运输局负责乌石镇,县移民局负责古城镇,县经贸局负责滩面镇,县农机局负责沙湖镇,县扶贫办负责米场镇,县供销社负责沙坡镇,同时各单位要指定 1 名科级干部为联络员,负责日常工作。要根据示范区建设的需要,不定期到示范区现场办公,及时帮助协调解决存在问题,各镇也要建立挂点联系制度,大力推动示范区建设。

(三)确保经费到位。县财政局要根据县现代特色农业示范区建设工作需要和进展情况,落实相关工作经费。

(四)强化政策支持。各有关部门要围绕示范区建设,通过规划编制、预算编制、预算执行、项目申报安排等环节,整合农业、水产畜牧、林业、扶贫、科技、农业综合开发、水利、土地整理、交通、民政等财政现有支持农业生产和生产基地基础设施建设资金,合力支持示范区建设。以村民群众自主决策并通过自愿筹资筹劳为基础,"一事一议"财政奖补资金优先安排到示范区内的村屯公益事业建设项目。扶持合作社资金要优先用于示范区合作组织的建设。示范区内的用水、用电经审批后按优惠价格缴交,临时设施设备用地按设施农用地对待,政策性农业保险主要险种要覆盖示范区。经组织验收和考评达到自治区要求的示范区,由县现代特色农业示范区建设工作领导小组办公室组织向市、自治区申报奖励补助。

(五)优化发展环境。着力解决在政务环境、项目施工环境和生产经营环境中出现的影响投资发展环境的不良现象,制定促进示范区发展的相关政策。严格实行首问负责制、限期办结制和到期认可制,规范行政行为,做到分内事项立即办、分外事项协助办、上报事项跟踪办。进一步优化农业招商引资环境,通过优惠诚信的政策环境吸引外来投资者,通过优质高效的服务环境打动外来投资者,通过和谐宽松的社会环境留住外来投资者,努力营造亲商、和商、安商的社会氛围。

(六)强化责任落实。要切实增强现代特色农业示范区创建的责任心和使命感,大胆创新、勇于突破、以点带面、逐步推广,要尽快确定工作计划,制定路线图和时间表,落实责任人。有关单位要按照本方案涉及的内容,于 2016 年 6 月 10 日前根据部门职能制定支持示范区建设的具体措施,并报县现代特色农业示范区建设工作领导小组办公室备案。建立示范区建设月报制度,每月通报一次工作进度、交流工作经验。

中共陆川县委员会 陆川县人民政府关于切实做好招商引资工作的实施意见

（陆发〔2016〕9号 2016年10月20日）

各镇党委、政府，各园区工委、管委，县直机关各部委办局，各人民团体，各企事业单位，中直、区直、市直驻陆各单位：

为贯彻落实《中共广西壮族自治区委员会 广西壮族自治区人民政府 关于切实做好招商引资工作的意见》（桂发〔2016〕14号）和《中共玉林市委员会 玉林市人民政府 关于切实做好招商引资工作的实施意见》（玉发〔2016〕12号）精神，构建规范、有序、高效的招商引资工作体系，提高招商引资的质量和水平，加快陆川县科学发展、和谐发展、跨越发展，结合我县实际，现就切实做好招商引资工作提出如下实施意见。

一、充分认识招商引资工作的重要性和必要性

招商引资是加快陆川发展的重要途径，是培植新财源、新税源的重要手段，是解决建设资金不足的现实选择，是增加就业的有效措施。"十二五"期间，全县招商引资工作取得了显著成效，在财税增收、加大投资、扩大消费、拉动经济增长、增加就业等方面发挥了重要作用。但从总体上看，仍存在对招商引资工作重要性认识不足，外来投资项目落地服务平台建设滞后，体制不顺、机制不活，配套能力不强，经济合作领域不宽，产业集中度不高，工业园区承载能力弱，投资便利化程度不高等突出问题，制约了我县进一步扩大开放和引进外来投资。各镇、各部门要深入贯彻落实科学发展观，进一步扩大开放、提高经济外向度，要切实把招商引资工作作为"一把手"工程来抓，以科学发展观为指导，以培植产业、做大总量和调整结构为主要目标，解放思想、大胆创新、敢于负责、务求实效，全面提升招商引资工作实绩，大力促进陆川经济社会又好又快发展。

二、做好招商引资工作的总体要求

（一）指导思想

全面贯彻党的十八大和十八届三中、四中、五中全会，以及习近平总书记系列重要讲话精神，认真落实中央、自治区、玉林市和县委的重要部署，把适应新常态、把握新常态、引领新常态作为贯穿发展全局和全过程的大逻辑，按照"五位一体"总体布局和"四个全面"战略布局，牢固树立创新、协调、绿色、开放、共享发展理念，坚持以人民为中心的发展思想，坚持以经济建设为中心，主动适应经济发展新常态，以转变招商引资观念为先导，以加快转变经济发展方式为主线，以改善投资软环境为重要途径，以创新

体制机制为保障，解放和发展社会生产力，提高经济发展质量和效益，全面推进陆川经济转型升级，推动陆川未来一个时期的跨越式发展。

（二）发展目标

"十三五"期间，全县招商引资内外资到位资金每年增长5%以上；进一步优化投资环境，提升招商引资质量拓展招商引资领域；精准招商步伐加快，实现全县招商引资方式大创新，进一步增强招商引资对全县经济社会发展的拉动作用。

（三）基本原则

1. 坚持市场主体、政府主导原则。将招商引资纳入各级党委、政府的重点工作，遵循市场规律，发挥市场主体作用，加强产业规划，强化政策引导，大力引进国内外资金、技术、人才和管理经验。坚持政府主导，部门联动，着力改善投资环境，积极转变工作作风，形成亲商、爱商、重商、尊商、安商、扶商的大招商氛围。

2. 坚持扬长补短、引大引强原则。立足现有产业基础，引进具有带动力的龙头项目，巩固原有优势产业实力；有针对性地引进目前欠缺的潜力产业，优化产业布局。积极创造条件，加强与国内500强企业和行业领军企业等的联系，重点引进具有核心竞争力的大项目、好项目。

3. 坚持深化改革、创新机制原则。进一步深化改革、扩大开放，创新体制机制，在全县构建上下联动、全员参与、科学考核的新机制，努力形成全民招商引资工作格局。

4. 坚持平等竞争、互惠互利原则。按照市场经济的要求，为各类投资者创造公开、公平、公正的环境。对来我县的投资与合作者一视同仁，平等对待。引导合作各方充分体现优势互补、利益共享、平等合作、互利共赢的友好合作关系，促进生产要素的双向流动，不断提高联合协作的效益和水平。

三、切实开展科学精准招商

（一）落实精准招商方案。根据《中共陆川县委办公室 陆川县人民政府办公室关于印发陆川县2016年招商引资工作实施方案的通知》（办发〔2016〕67号）的要求，四大招商引资领导工作小组要根据各组的产业开展精准招商活动。重点招商食品、中药材深加工、生态养殖及深加工类产业；对新能源、新材料、先进装备制造、特色现代农业、生物医药、文化旅游及健康养老等产业进行精准招商；对各镇、工业园区的重点发展产业，以及上下游相关产业、产业短板进行精准招商；对世界500强、中国500强、行业百强进行精准招商，进一步培育壮大新兴产业，加快我县传统产业转型升级，提高我县产业发展质量和效益。

（二）深入开展驻点招商。在珠三角、长三角等经济发达地区及重点产业集聚基地尝试设点，进行驻点招商，加强与商会、行业协会、侨商、玉商等商协会的联系，主动对接意向企业，深入挖掘招商项目，进一步开拓客商、项目信息收集的广度和深度，推动区域招商重点突破。

（三）充分开展中介招商。把委托招商、中介招商、代理招商等第三方招商作为招商引资的有效补充,聘请与我县产业密切相关的专业机构和专业人士作为招商顾问,利用优秀的第三方资源,深入开展小分队招商、以商招商。

（四）积极开展联动招商。县有关部门要加强与市级以上部门的联系,扩大信息收集范围,增强项目引进力度,作为全县招商引资工作的有效补充。

（五）完善管理招商资源。一是建立招商资源库。全面梳理县域内低效利用或闲置的土地、厂房等各类资源,逐一建立资产档案,为项目策划、洽谈、考察做好基础工作;二是建立投资项目库。分类建立企业、项目信息库,对于县域内具有一定优势、易于运作的招商资源,包装成高质量、可操作的投资项目,扩大招商引资项目源;三是建立客商资源库。建立完整的客商资源档案,与客商定期联系,提高招商引资的针对性和实效性。

（六）加强招商宣传推介。根据产业定位,按类别分别对招商资源、政策环境、项目等信息进行梳理,制成画册、幻灯片、视频资料等材料对外宣传;对陆川县门户网站进行优化升级,多角度、多层次、多语种全方位对我县进行宣传推介,打造"九洲江流域生态旅游"品牌,扩大宣传推介的覆盖面,增强影响力。

四、大力优化投资环境

（一）强化政策引导。充分发挥各类政策的导向作用,用好用活用足上级出台的各类支持政策。加大政策承诺兑现力度,确保各项政策全面落实。

（二）强化项目服务。进一步提高对外来投资的服务效率,在政策允许的条件下,有关部门要进一步简化各类招商项目在投资规模、建设、规划、环评、用地等方面的审批和核准手续。加强部门间的协同配合,共同建立和完善协作机制,确保项目及时开工建设投产。

（三）完善配套环境。优化重点招商平台的基础设施环境和公共服务平台,加强土地储备,建立产业发展专项资金并完善基金的储备和审批。加强商贸、餐饮、居住、教育、医疗等生活配套;积极建立和完善研发、设计、物流、检测、信息、培训等生产性公共服务平台,大力发展专业化配套服务产业,为招商项目的落地创新营造一流环境。

（四）优化安商服务。对在陆川落户的重点纳税大户,符合人大代表、政协委员条件要求的,可以推荐为人大代表、政协委员候选人;对贡献突出的投资者授予"荣誉市民"等称号。建立各级公检法机关与台办、侨办、外办等部门的综合协调沟通机制,加强投资者权益保障。外来投资业主在子女入学、入户、就业、社保等方面给予优先照顾。

（五）畅通投诉渠道。加强投诉受理中心建设,建立举报、投诉受理、督办、处理、反馈的有效工作机制,由县监察局、招商局联合受理投诉事项,对企业投诉问题要及时给予书面答复并督促落实。对破坏投资环境的问题要认真核查,严肃追责。

五、完善体制机制和政策保障

（一）进一步加强领导责任。各镇、各部门要把招商引资作为发展经济的重要工作,主要领导率先垂范,重大项目要亲自联系、亲自落实,按时完成县政府下达的招商引资目标任务,同时,要抓好招商引资环境的整治工作,切实为外来投资者创造良好的投资营商环境。县委、县政府成立招商引资工作领导小组,下设办公室,办公室设在县招商局。各镇、各部门要结合实际,建立相应领导机构和工作机制,统筹推进本地本部门招商引资工作。

（二）进一步强化保障措施。加强招商引资工作经费保障,县财政将招商引资经费列入财政年度预算,专项用于招商引资日常工作经费、举办重大活动等,确保县招商引资工作有效开展。对符合相关规定、有明确洽谈项目的招商引资团组出访,外事部门、财政部门开设"绿色通道",给予优先保障。

（三）进一步完善激励机制。按照《广西招商引资激励暂行办法》,出台我县对应激励政策,遵循分类激励的原则,区分激励对象,分类制定招商引资激励标准和措施,对招商引资成效显著的镇、园区给予物质奖励;对我县招商系统集体和公务人员给予行政激励;对重大招商引资项目的项目业主和成功引进外来资金的招商引资中介机构给予物质奖励。

（四）进一步加强队伍建设。强化招商工作部门的职能,重视招商队伍建设,落实专门的招商人员,有针对性地开展招商引资业务培训,加大招商引资干部交流锻炼力度,努力建设一支熟悉产业经济、掌握投资政策、通晓商务惯例、精通项目谈判的专业队伍。组织部门要把招商引资工作作为培养后备干部的重要阵地,建立有效的机制,把高素质综合人才和专业人才充实到招商引资工作一线。

（五）进一步严格督查考核。一是把推进招商引资发展作为考核领导班子和领导干部政绩的重要依据。政府每年年初制定招商引资目标任务计划,明确各镇、园区及各重点产业招商牵头单位每年的招商引资目标任务,把招商引资工作纳入县目标(绩效)考评指标体系,加大考核的权重系数,强化工作考评。县政府对全县招商引资工作和重大招商引资项目推进情况督查督办,及时通报。二是每年选取一定数量的有代表性的企业和客商,对各镇、园区及相关职能部门在服务质量、工作作风等方面进行满意度评议。评议结果纳入年度考核范围,并向被评议单位进行反馈,督促责任单位进行整改。

附

陆川县招商引资绩效考评办法（试行）

第一章 总 则

第一条 围绕协调推进"四个全面"战略布局,牢固树立创新、协调、绿色、开放、共享的发展理念,充分发挥绩效考评指挥棒的作用,促进招商引资工作,根据有关法律法规和政策规定,制定本办法。

第二条　本办法考评对象为承担年度招商引资目标任务的各镇、各园区、县直有关单位、县直属企业。

第三条　绩效考评的基本原则:

(一)坚持实事求是,客观准确地反映各镇、各园区、县直有关单位、县直属企业招商引资工作实绩。

(二)坚持公开公正,做到过程公开、标准规范、结果透明。

(三)坚持定性考评与定量考评相结合,突出量化考评。

(四)坚持科学制定考评指标,避免交叉和重复考评。

第四条　绩效考评工作按照管理权限,分级负责。成立陆川县招商引资绩效考评小组,由县分管招商工作副县长任组长,县政府办联系招商工作副主任、县招商局局长任副组长,各镇、各园区、县直有关单位、县直属企业分管领导为成员,县招商局、绩效办、发改局、财政局、国土资源局、环保局、科技局、工商局、统计局和县委、县政府督查室等为成员单位。考评小组下设办公室,办公室设在县招商局,负责考评小组日常工作。

第二章　考评内容

第五条　招商引资绩效考评的主要内容。

(一)招商引资工作责任制等有关工作落实情况。

(二)年度招商引资工作各项目标任务完成情况。

(三)当年新引进招商引资重大项目情况。

(四)外来投资企业投诉平台建设及投诉意见处理情况。

(五)投资环境社会评价情况。

第三章　考评方式和程序

第六条　招商引资绩效考评采取日常评估、单位自评、综合考评等方式,由县招商引资绩效考评小组办公室组织实施。

(一)日常评估。根据考评对象年度绩效计划,制定阶段性工作目标和步骤,对绩效目标的完成情况实行动态管理。由县招商引资绩效考评小组办公室进行日常督促检查。

(二)单位自评。考评对象按照考核内容,逐项开展自查自评,如实报告工作情况。

(三)综合考评。县招商引资绩效考评小组办公室负责组织各成员单位及第三方评估机构对各成员单位招商引资工作进行综合考评。

第四章　考评结果及运用

第七条　县招商引资绩效考评小组办公室根据考评情况,汇总分析,形成初步结果,由县招商引资绩效考评小组审议后,报县绩效考评小组审定。

第八条　县招商引资绩效考评小组办公室将考评结果反馈考评对象。各考评对象对考评结果有异议的,可向县招商引资绩效考评小组申请复核,由县招商引资绩效考评小组办公室具体组织复核。

第九条　招商引资绩效考评结果主要运用于以下方面:

(一)招商引资绩效考评结果抄送同级组织人事部门和绩效考核部门,并以适当方式向考评对象反馈,在一定范围内公布或通报。

(二)招商引资绩效考评实行百分制,最终得分按县绩效办评分体系折算计入各考评对象绩效考评分值。

(三)充分利用绩效考评结果,认真分析和查找招商引资工作管理中的薄弱环节,不断改进工作,加强行政效能建设,促进管理服务水平和企业满意度不断提高。

(四)招商引资绩效考评结果作为年度预算安排的重要依据之一,调整和优化招商活动预算支出的方向和结构,合理配置资源,提高财政资金的使用效益和效率。

(五)根据年度绩效考核结果,按照《广西招商引资激励暂行办法》等有关规定给予奖励。

(六)未完成县下达的招商引资目标任务,或者有弄虚作假等情况的单位,应在考评结果通报后10个工作日内,提出限期整改措施,向县委、县人民政府做出书面说明,并抄送县绩效办和县招商引资绩效考评小组办公室。

第五章　考评监督

第十条　县招商引资绩效考评小组各成员单位要发挥职能作用,加强对招商引资绩效考评工作的监督。

第十一条　充分发挥人大代表、政协委员以及社会各界、新闻媒体的作用,强化对招商引资绩效考评工作的监督。

第十二条　严格招商引资绩效考评工作纪律,对绩效考评工作中出现弄虚作假等行为,一经查实,严肃处理,并依据有关规定追究相关负责人和具体责任人员的责任。

第六章　附　则

第十三条　县招商引资绩效考评小组根据本办法制定县招商引资绩效考评实施方案。

第十四条　本办法由县招商引资绩效考评小组办公室负责解释。

第十五条　本办法自印发之日起施行。

中共陆川县委员会　陆川县人民政府关于印发《陆川县法治政府建设实施方案(2016—2020年)》的通知

（陆发〔2016〕16号　2016年12月30日）

各镇党委和政府,各园区工委、管委,县直机关各部委办局,各人民团体,各企事业单位,中直、区直、市直驻陆各单位:

现将《陆川县法治政府建设实施方案(2016—2020年)》现印发你们,请结合实际认真贯彻执行。

陆川县法治政府建设实施方案(2016—2020年)

为贯彻落实全面推进依法治国的重大战略部署,深入推进依法行政,加快建设法治政府,实现到2020年基本建成法治政府目标,根据中共中央、国务院印发的《法治政府建设实施纲要(2015—2020年)》(中发〔2015〕36号)、《广西壮族自治区法治政府建设实施方案(2016—2020年)》(桂发〔2016〕24号)和《陆川县国民经济和社会发展第十三个五年规划》,结合陆川县实际,制定本实施方案。

一、总体要求

（一）指导思想

高举中国特色社会主义伟大旗帜,深入贯彻落实党的十八大和十八届三中、四中、五中全会,自治区党委十届四次、五次、六次全会,玉林市四次、五次党代会和陆川县十三次、十四次党代会精神,以马克思列宁主义、毛泽东思想、邓小平理论、"三个代表"重要思想、科学发展观为指导,深入贯彻落实习近平总书记系列重要讲话精神,根据全面建成小康社会、全面深化改革、全面依法治国、全面从严治党的战略布局,坚持创新、协调、绿色、开放、共享发展理念,坚持依法治国、依法执政、依法行政共同推进,坚持法治国家、法治政府、法治社会一体建设,实现政府活动全面纳入法治轨道,用法治引领改革发展、推动民生改善和社会公正,为加快实现"两个建成"目标提供有力法治保障。

（二）总体目标

经过5年的不懈努力,到2020年基本建成职能科学、权责法定、执法严明、公开公正、廉洁高效、守法诚信的法治政府。

（三）基本原则

建设法治政府必须坚持中国共产党的领导,坚持人民主体地位,坚持法律面前人人平等,坚持依法治国和以德治国相结合,坚持从陆川实际出发,坚持依宪施政、依法行政、简政放权,自觉运用法治思维和法治方式推动政府工作,实行法治政府建设与创新政府、廉洁政府、服务型政府建设相结合。

（四）衡量标准

政府机构、职能、权限、程序、责任实现法定化,政府职能依法全面履行;政府管理经济社会的各项制度更加完善,依法行政制度体系完备;集中民意民智的渠道通畅,政府法律顾问作用得到有效发挥,行政决策科学民主合法;执法重心下移和执法力量下沉的行政执法体制健全,行政权力制约监督运行体系完善,宪法法律严格公正实施;依法化解社会矛盾和解决行政争议的机制有效运转,人民权益得到有效保障;政府工作人员特别是领导干部法治思维、法治意识明显增强,依法行政能力普遍提高。

二、主要任务和具体措施

（一）依法全面履行政府职能

目标:牢固树立创新、协调、绿色、开放、共享的发展理念,简政放权、放管结合、优化服务,切实转变政府职能,推进机构职能职权法定,行政效能和服务水平显著提高。

措施:

1.依法界定政府职能。

（1）加快转变政府职能,优化政府组织结构,推进机构、职能、权限、程序、责任法定化,积极稳妥实施大部门制。深入推进政企分开、政资分开、政事分开、政社分开,依法规范和加强市场监管、社会管理、公共服务、环境保护等职责,减少政府对微观事务的管理,充分发挥市场在资源配置中的决定性作用。引导采取行政指导、行政规划、行政合同、行政奖励等多样化、非强制性方式管理经济社会事务,推动政府管理由刚性管理方式向刚柔相济管理方式转变。完善政府绩效管理。推进政府事权规范化、法制化。强化县、镇政府基本公共服务均等化执行职责。(责任单位:县编办,县绩效办)。

2.深化行政审批制度改革。

（2）建立规范行政审批的管理制度。依法取消和下放行政审批事项,严格实行行政审批目录化、编码化管理,再造行政审批流程,减少审批环节,提高审批效率,构建权责明确、透明高效的行政审批事中事后监管机制,建立健全行政审批责任追究制度。依法清理和规范行政审批中介服务事项。(责任单位:县编办、县政务办,2017年年底前完成)。

（3）严格控制新设行政许可。除有法律、法规、地方性法规依据新设定的行政许可外,禁止各级政府及其部门规范性文件设定行政许可。严禁以备案、登记、注册、年检、认证等形式变相设定行政许可(责任单位:县、镇政府及其部门)。

（4）积极落实相对集中行政许可权制度。推广行政审批"一枚公章"管审批的制度,开展相对集中行政许可权改革工作。整合政务服务资源,大力推进行政许可受理、审批、公示、查询、投诉等网上办理工作。创新投资项目审批监管方式,加快建设投资项目在线审批监管平台,实现部门间的横向联通及自治区、市、县的纵向贯通(责任单位:县编办、县政务办、县发展和改革局,2018年年底前完成)。

3.实行权力清单、责任清单、负面清单的动态管理。

(5)严格执行政府及部门权力清单、责任清单制度,消除权力设租寻租空间。按照法定职责必须为和权责一致的要求,全面完成县政府工作部门、依法承担行政职能的事业单位和各镇人民政府权力清单、责任清单的清理和权力运行流程的编制,并向社会公布(责任单位:县编办、县政务办、县法制办,2017年年底前完成)。

(6)实行统一的市场准入制度。严格执行国家公布的负面清单制度,确保各类市场主体依法平等进入清单之外领域(责任单位:县发展和改革局、县经济贸易局)。

(7)建立行政事业性收费和政府性基金清单制度。依法清理并公布陆川县本级收费目录清单。没有法律法规依据的收费基金项目、政府提供普遍公共服务或者体现一般性管理职能的没有法律法规依据的行政事业性收费、没有法定依据的行政审批中介服务项目及收费一律取消(责任单位:县财政局、物价局,2017年年底前完成)。

4.完善宏观调控。

(8)深化投资体制改革。根据国家和自治区对政府核准投资项目目录的修订情况,及时修订陆川县核准投资项目目录,做好承接和取消下放投资审批权限工作;精简规范项目前置审批条件,加强企业投资项目备案管理,研究制定政府核准和备案投资项目管理办法,落实企业投资自主权(责任单位:县发展和改革局)。

(9)深化价格制度改革。完善主要由市场决定价格的机制,大幅缩减政府定价种类和项目,制定并公布政府定价目录,全面放开竞争性领域商品和服务价格(责任单位:县物价局)。

5.加强市场监管。

(10)全面梳理现行有效的规范性文件,清理、废除妨碍市场统一和公平竞争的各种规定和做法,破除部门保护、地区封锁和行业垄断(责任单位:县工商局、县食品药品监管局、县质监局、县经济贸易局、县物价局,2017年年底前完成)。

(11)深化商事制度改革,推进工商注册登记制度便利化。继续清理工商登记前置审批,加快工商登记后置审批改革。在进一步巩固工商营业执照、组织机构代码证、税务登记证"三证合一""一照一码"改革成果的基础上,积极探索"多证合一",实现"多证合一、一照一码"。试点推行企业名称自主选择和企业简易注销改革,有序放开企业名称库,建立和完善市场主体退出机制。推行电子执照和全程电子化登记管理,实行"一址多照"和"一照多址"。深化"先照后证"改革,探索试点"证照分离"登记模式(责任单位:县工商局,2018年年底前完成)。

(12)改革市场监管体系。完善市场监管方式,强化事中事后监管,建立实行统一市场监管,推进公平准入,维护市场的统一开放、公平诚信、竞争有序的市场监管体制机制,打造法治化、国际化、便利化的营商环境(责任单位:县工商局、县食品药品监管局、县质监局、县物价局,2018年年底前完成)。

(13)建立健全守信激励和失信惩戒机制。完善科学规范的责任追溯制度、经营异常名录和黑名单制度,对违法违规者严厉惩处,营造公平、统一、高效的市场环境。建立健全社会信用代码制度和信用信息共享交换平台,配合国家开展企业信用信息公示"全国一张网"建设,依法保护企业和个人信息安全(责任单位:县发展和改革局、县工商局,人民银行陆川支行等部门,2017年年底前完成)。

(14)深化公共资源交易管理体制改革。整合建立统一的公共资源交易平台,实行进场项目目录管理制度,不断探索和完善公共资源交易规则,强化全过程、全方位监管(责任单位:县政务办,2017年年底前完成)。

(15)完善外资管理规范性文件,保持外资政策稳定、透明、可预期。健全对外投资促进制度和服务体系,健全有利于合作共赢并同国际贸易投资规则相适应的体制机制,支持企业扩大对外投资,推动装备、技术、标准、服务走出去(责任单位:县经济贸易局,2018年年底前完成)。

6.创新社会治理。

(16)深入推进社会治安综合治理,全面推进平安陆川建设。继续完善立体化社会治安防控体系,加快推进网络化、信息化建设,健全面向基层和群众的以网格化管理、社会化服务为方向的基层综合服务平台,有效防范管控影响社会安定的问题,确保人民安居乐业、社会安定有序、国家长治久安(责任单位:县综治办,2018年年底前完成)。

(17)加快推进社会组织登记管理制度改革。稳妥推进行业协会商会与行政机关脱钩,强化行业自律。加大市场主体和社会组织培育力度,对适合由社会组织提供的公共服务和解决的事项,交由社会组织承担。支持和发展社会工作服务机构和志愿服务组织。规范和引导网络社团社群健康发展,加强监督管理。继续推进社会自治,发挥市民公约、乡规民约、行业规章、团体章程等社会规范在社会治理中的积极作用,重点强化农村基层组织依法治理,推动农村社区治理法治化、规范化(责任单位:县民政局,2018年年底前完成)。

(18)切实提高公共突发事件防范处置和防灾救灾减灾能力。加强重点行业、重点领域服务管理,切实维护公共场所和公共交通工具安全。全方位强化安全生产,全过程保障食品药品安全(责任单位:县综治办、县民政局、县安监局、县食品药品监管局等有关部门,2017年年底前完成)。

7.优化公共服务。

(19)增强政府公共服务职责。利用自治区政府强化统筹推进全区基本公共服务责任的契机,强化县、镇政府执行责任,推动全县各级政府事权规范化,加快形成政府主导、覆盖城乡、可持续的基本公共服务体系,缩小城乡区域间基本公共服务差距,实现基本公共服务标准化、均等化、法定化。建立公开公共服务事项目录清单,优化公共服务办理流程,实行动态化管理,促进公开透明;全面推进公共服务事项进驻各级政务服务中心集中办理,方便群众办事(责任单位:县发展和改革局、县财政局、县民政局、县教育局、县卫生和计生局、县文广局、县人力资源和社会保障局、县质监局、县政务办等有关部门)。

(20)健全政府购买公共服务制度。公开政府购买公共服务目录,提高政府购买公共服务质量,强化政府购买公共服务监管。推进公共服务提供主体和方式多元化,凡属事务性管理服务,原则上都要引入竞争机制向社会购买;确需政府参与的,实行政府和社会资本合作模式(责任单位:县财政局、县发展和改革局等有关部门,2018年年底前完成)。

8.强化生态环境保护。

(21)深化资源型产品价格和税费改革,实行资源有偿使用制度和生态补偿制度。推进环保机构监测监察执法垂直管理体制改革。严格实行环境信息公开制度、环境影响评价制度和污染物排放总量控制制度(责任单位:县环境保护局、县物价局、县地税局、县发展和改革局等有关部门,2018年年底前完成)。

(22)健全生态环境保护责任追究制度和生态环境损害赔偿制度,对污染环境、破坏生态行为或者突发性事件进行鉴定评估,对领导干部实行自然资源资产离任审计(责任单位:县环境保护局、县审计局,2018年年底前完成)。

(二)完善依法行政制度体系

目标:建立健全依法行政机制,做到重大改革于法有据,制度建设质量明显提高,构建系统完备、科学规范、运行有效的依法行政制度体系。

措施:

9.加强规范性文件监督管理。

(23)严格执行规范性文件制定程序。按照《广西壮族自治区规范性文件监督管理办法》的规定,认真落实规范性文件的调研起草、征求意见、组织论证、合法性审查、制定机关负责人集体讨论决定、公布、备案程序,未经合法性审查、集体讨论决定的规范性文件不得发布实施(责任单位:规范性文件制定机关)。

(24)实行规范性文件"三统一"制度。实行制定机关对规范性文件统一登记、统一编号、统一印发制度,未经"三统一"的规范性文件,不得作为行政管理的依据。探索建立规范性文件有效期和规范性文件实施情况评估制度,有效期届满的规范性文件自行失效;有效期届满后仍需要继续执行的规范性文件,制定机关要对其实施情况进行评估,并按照相关程序修订后重新发布(责任单位:规范性文件制定机关,2017年年底前完成)。

(25)强化规范性文件备案审查。严格执行《广西壮族自治区各级人民代表大会常务委员会规范性文件备案审查条例》和《广西壮族自治区规范性文件监督管理办法》的规定,健全备案审查制度,加强备案审查能力建设。加大对规范性文件的备案审查力度,依法撤销和纠正违法或者不适当的规范性文件,做到有件必备、有备必审、有错必纠,切实维护法制统一和政令畅通。对超越权限、内容违法、违反法定程序制定的规范性文件,分别由本级法制办、上级法制办通知制定机关限期处理;逾期不处理的,由法制办报请本级政府责令改正或者依法予以撤销,并向社会公布。改进备案审查工作机制和方法,建立健全规范性文件备案登记、公布、情况通报和监督检查制度。县法制办要通过政府网站、新闻媒体等定期向社会通报备案审查情况,公布准予备案的规范性文件目录。完善规范性文件建议审查制度,依法受理和处理公民、法人和其他组织的审查申请。(责任单位:县法制办)。

10.建立规范性文件清理长效机制。

(26)根据全面深化改革、经济社会发展需要,以及上位法制定、修改、废止情况,及时清理规范性文件,并向社会公布清理结果。实行规范性文件目录和文本动态化、信息化管理。全县各级政府及其部门每年第一季度要调整并向社会公布上一年度各自制定的规范性文件目录,未经公布并列入继续有效目录的规范性文件,不得作为行政管理的依据(责任单位:规范性文件制定机关,2017年年底前完成)。

(三)推进行政决策科学化、民主化、法治化

目标:坚持依法科学民主决策,严格落实行政决策制度和程序,决策质量显著提高,行政决策公信力和执行力大幅提升。

措施:

11.健全依法决策机制。

(27)严格执行《广西壮族自治区重大行政决策程序规定》。各行政决策机关要在依法明确重大行政决策事项范围的前提下,严格按照决策调研、咨询论证、公众参与、风险评估、合法性审查、集体讨论决定的法定程序作出重大行政决策;完善做出重大行政决策的工作机制,明确各程序的责任主体、承办机构、内容、期限等要求,确保决策制定科学、程序正当、过程公开、责任明确(责任单位:行政决策机关)。

12.增强公众参与重大行政决策实效。

(28)实行重大决策预公开制度,涉及群众切身利益、需要社会广泛知晓的重要改革方案、重大政策措施、重大工程项目,除依法应当保密的外,决策前应当通过政府网站、新闻媒体向社会公布决策草案、决策依据,通过听证座谈、调查研究、咨询协商、媒体沟通等方式广泛听取公众意见。全县各级行政机关特别是县、镇两级政府要加强公众参与决策平台建设,对社会关注度高的决策事项,应当主动公开信息、做好解释说明工作。完善公众意见反馈机制,及时

反馈公众意见采纳情况和理由。积极推行全县文化教育、医疗卫生、资源开发、环境保护、公用事业等重大民生决策事项民意调查制度(责任单位:行政决策机关,县统计局,2017年年底前完成)。

13. 提高重大行政决策专家论证和风险评估质量。

(29)加强陆川特色新型智库建设。严格执行自治区党委办公厅、自治区政府办公厅印发的《关于加强广西特色新型智库建设的实施意见》,加强陆川智库建设,并纳入全区统一的行政决策咨询论证专家库,建立完善重大行政决策合理性、可行性和可控性的论证机制。对专业性、技术性较强的决策事项,行政决策机关应当组织专家、专业机构进行论证。选择论证专家要注重专业性、代表性、均衡性,支持其独立开展工作,逐步实行专家信息和论证意见公开(责任单位:县委办、县政府发展研究中心,2020年年底前完成)。

(30)落实重大决策社会稳定风险评估机制。细化包含社会稳定、生态环境、公共财政、制度廉洁性等方面的风险评估规则和标准,完善评估工作机制,加强评估结果运用,推动风险评估程序化、规范化(责任单位:县委政法委,2018年年底前完成)。

14. 加强重大行政决策合法性审查。

(31)严格执行有关合法性审查的具体规定,完善行政机关内部重大决策合法性审查机制。政府或者部门的法制机构应当通过书面审查、实地调研考察、公开听取意见、组织政府法律顾问进行咨询或者论证等多种方式,在规定期限内完成对决策方案及相关材料的审查,并出具合法性审查意见书。重大行政决策未经合法性审查或者经审查不合法的,不得提交讨论(责任单位:行政决策机关)。

(32)推进政府法律顾问制度的贯彻落实。严格执行中共中央办公厅、国务院办公厅《关于推行法律顾问制度和公职律师公司律师制度的意见》和自治区政府办公厅《关于建立政府法律顾问制度的意见》的具体规定,建立健全以政府法制机构人员为主体、吸收专家和律师参加的政府法律顾问队伍,充分发挥政府法制机构工作人员主体作用,形成以内为主、以外为辅、内外结合的政府法律顾问工作格局。完善政府法律顾问的议事规则、日常管理和考核监督,引入退出机制,实行动态管理。政府法律顾问工作经费应当纳入政府财政预算。理顺公职律师管理体制机制(责任单位:县法制办、县司法局,2017年年底前完成)。

15. 坚持重大行政决策集体讨论决定。

(33)完善行政机关重大决策集体讨论决定机制,政府常务会议或者全体会议、部门领导班子会议讨论决定重大行政决策事项,实行行政首长末位表态制,行政首长拟作出的决定与会议组成人员多数人的意见不一致的,应当在会上说明理由。集体讨论情况和决定要如实记录、完整存档(责任单位:行政决策机关)。

16. 严格行政决策责任追究。

(34)通过试点积极稳妥地推行重大行政决策后评估制度,跟踪决策执行情况和实施效果,及时调整决策内容,纠正决策偏差(责任单位:县政府办、县法制办)。

(35)建立健全并严格实施重大行政决策终身责任追究制度及责任倒查机制。对决策严重失误或者依法应当及时做出决策但久拖不决造成重大损失、恶劣影响的,严格追究行政首长、负有责任的其他领导人员和相关责任人员的党纪政纪和法律责任(责任单位:县监察局,2018年年底前完成)。

(四)坚持严格规范公正文明执法

目标:理顺行政执法体制,完善行政执法程序,创新行政执法方式,坚持严格规范公正文明执法,法律法规规章得到严格实施,各类违法行为得到及时查处和制裁,公民、法人和其他组织的合法权益得到切实保障,经济社会秩序得到有效维护,行政违法或者不当行为明显减少,对行政执法的社会满意度显著提高。

措施:

17. 理顺行政执法体制。

(36)深入推进行政执法体制改革。科学划分县、镇两级行政执法队伍的执法权限,强化县级统筹、协调和指导职责,强化县、镇两级的行政执法职能。对与人民群众日常生活、生产直接相关的行政执法活动,主要由县级行政执法队伍实施;对凡属县级行政执法队伍行使更方便有效的行政执法权限,依法由其行使;按照执法重心下移和执法力量下沉基层的要求,把机构改革、政府职能转变调整出来的人员编制重点用于充实基层执法力量;大幅减少县级行政执法队伍种类,加大关系群众切身利益的重点领域执法力度,重点在食品药品安全、工商质检、公共卫生、安全生产、文化旅游、资源环境、农林水利、交通运输、城乡建设、渔业、商务等领域内推行综合执法;对在基层发生频率较高、专业技术要求适宜的农业农村、生态保护、社会管理、城镇管理、民生事业等领域,相对集中行政执法权,推行跨领域、跨部门综合执法。完善镇行政执法体制,深化镇国土资源、村镇规划、环保、安监"四所合一"机构改革。健全行政执法和刑事司法衔接机制,完善案件移送标准和程序,建立健全行政执法机关、公安机关、检察机关、审判机关信息共享、案情通报、案件移送制度(责任单位:县编办、县法制办等有关部门)。

(37)加强城市管理行政执法工作的统一领导和协调。加强城市管理综合执法机构和队伍建设,逐步实现城市管理综合执法的执法权、执法力量、执法手段"三集中",提高城市管理综合执法和服务水平(责任单位:县住房和城乡建设局,县环保局,县市政市容局,2018年年底前完成)。

18. 完善行政执法程序。

(38)县各行政机关要依法建立健全本系统行政裁量权基准制度,细化、量化行政裁量标准,统一规范本系统行政裁量的范围、种类和幅度(责任单位:县各行政机关,2017

年年底前完成）。

(39)加大行政执法程序制度建设力度,规范行政执法行为。制定统一的行政执法程序规范,加大行政执法力度,坚决依法查处各类违法行为。科学编制、公示行政执法权力运行流程图。落实行政执法案件主办人制度,建立重大、疑难案件听证、集体讨论等制度,提高案件办理质量。建立和实施行政执法调查取证制度、告知制度和异地行政执法协助制度。建立行政执法全过程记录制度,确保各个执法环节有据可查。建立重大行政执法决定法制审核制度,科学界定法制审核范围、内容和程序,确保重大行政执法决定合法合理(责任单位:县各行政执法机关,2017年年底前完成)。

19.创新行政执法方式。

(40)全面推行行政执法公示制度。严格执行自治区政府办公厅《关于建立行政执法公示制度的实施意见》有关公示主体、公示内容、公示方式和时间节点的具体规定,增强行政执法的透明度,提升行政执法的公信力。加强行政执法的信息化建设,完善网上执法办案及信息查询系统;充分利用自治区建立统一的行政执法信息平台,实现行政执法机关之间行政执法数据共享和业务协同(责任单位:县各行政执法机关,县政务办、县法制办,2017年年底前完成)。

(41)创新行政执法方式。推广运用说服教育、劝导示范、行政指导、行政奖励等非强制性执法手段。健全公民和组织守法信用记录,完善守法诚信褒奖机制和违法失信行为惩戒机制(责任单位:县各行政执法机关、县发展和改革局、人民银行陆川支行等有关部门)。

20.全面落实行政执法责任制。

(42)认真执行《广西壮族自治区行政执法责任制实施办法》,严格按照推行行政执法责任制的要求,科学分解各自的行政执法职权,确定内设机构、执法岗位、执法人员的具体执法责任,建立健全常态化的责任追究机制(责任单位:县各行政执法机关,2017年年底前完成)。

21.加强行政执法队伍建设。

(43)全面推行行政执法人员资格网上考试和执法人员信息化管理。强化行政执法人员资格和行政执法证件管理,未经执法资格考试或者考试不合格的,不得授予执法资格,不得从事执法活动。加强对行政执法人员培训和平时考核。建立执法人员退出机制。规范执法辅助人员管理,明确其适用岗位、身份性质、职责权限、权利义务、聘用条件和程序等(责任单位:县法制办、县人力资源和社会保障局,2017年年底前完成)。

22.加强行政执法保障。

(44)推动形成全社会支持行政执法机关依法履职的氛围。对妨碍行政机关正常工作秩序、阻碍行政执法人员依法履责的违法行为,坚决依法处理。全县各级党政机关和领导干部要支持行政执法机关依法公正行使职权。加强行政执法部门之间的协作配合,实行行政执法争议协调裁决制度。加强行政执法经费保障,特别要落实和保障基层行政执法机关的执法经费,保证执法经费足额拨付。改善行政执法条件,合理安排执法装备配备、科技建设方面的投入,强化科技、装备在行政执法中的应用。完善行政执法人员保障机制,推行岗位定期轮换等工作制度,对长期在一线工作的行政执法人员,在评优、奖先等方面增加权重比例,逐步建立符合行政执法特点的保障体系,建立人身意外伤害保险等职业风险保障制度(责任单位:县各行政执法机关、县财政局,2017年年底前完成)。

(五)强化对行政权力的制约和监督

目标:强化对行政权力的制约和监督,完善上级行政机关对下级行政机关的政府内部层级监督和专门机关对行政机关的专门监督,建立健全常态化监督制度,科学有效的行政权力运行制约和监督体系基本形成,损害公民、法人和其他组织合法权益的违法行政行为得到及时纠正,违法行政责任人依法依纪受到严肃追究。

措施:

23.健全行政权力运行制约和监督制度。

(45)坚持用制度管权管事管人,严格执行制约和监督行政权力运行的自治区政府规章,确保行政机关按照法定权限和程序行使权力。起草规范性文件,要有效落实公开行政权力运行流程、惩治和预防腐败、防控廉政风险、防止利益冲突等要求,切实把权力关进制度的笼子里。具体规范并严格执行行政机关承诺事项兑现行为,用制度规范行政合同和协议的履行,发挥政府诚信建设示范作用,加快政府守信践诺机制建设。加强公务员诚信管理,建立公务员诚信档案(责任单位:县监察局、县法制办、县人力资源和社会保障局,2018年年底前完成)。

24.自觉接受党内监督、人大监督、民主监督、司法监督。

(46)在党委对党风廉政建设和反腐败工作的统一领导下,县、镇政府及其部门党组(党委)要切实履行主体责任,主要负责人是第一责任人,对本级政府本部门党风廉政建设负总责(牵头单位:县、镇政府及其部门党组、党委)。

(47)认真执行向本级人大及其常委会报告工作制度、接受询问和质询制度、报备规范性文件制度。认真研究处理人大及其常委会组成人员对政府工作提出的有关审议意见,及时研究办理人大代表和政协委员提出的意见和建议,改进工作。健全知情明政机制,政府相关部门向政协定期通报有关情况,为政协委员履职提供便利、创造条件。支持人民法院依法受理行政案件,严格执行《广西壮族自治区行政机关负责人出庭应诉工作规则》,切实解决"告官不见官"现象,尊重并执行人民法院生效裁判。积极配合检察机关对在履行职责中发现的行政违法行为进行监督,让依法接受司法监督理念切实转变为行政机关的自觉行动(责任单位:县、镇政府及其部门)。

25.加强行政监督和审计监督。

(48)完善政府内部层级监督制度。严格执行《广西壮族自治区行政执法监督办法》,进一步加强和充实行政执法监督力量,积极探索行政执法监督社会参与机制,创新行政执法监督方式,健全完善监督检查记录、监督案件办理程序,改进上级行政机关对下级行政机关的监督机制,建立常态化、长效化监督制度。严格实施行政执法专项监督检查制度和行政执法案卷评查制度,加大对社会关注、群众关切的热点和难点问题的监督检查力度,依法查处违法或者不当的行政执法行为。依托全区统一的行政执法信息平台,配合自治区建立统一的行政执法监督网络平台,健全完善投诉举报、情况通报等制度。建立健全行政执法评议考核机制,科学合理设计考核指标,考核结果作为执法人员职务级别调整、交流轮岗、教育培训、奖励惩戒的重要依据(责任单位:县政务办、县法制办)。

(49)强化专门监督。加强对财政资金分配使用、国有资产监管、政府投资、政府采购、公共资源转让、公共工程建设等权力集中的部门和岗位实行分事行权、分岗设权、分级授权,定期轮岗,强化内部流程控制,防止权力滥用。全县各级监察机关要切实履行监督责任,确保廉政建设各项任务落实。加大对遵守有关法律法规和财经纪律情况,以及党和国家、上级党委和政府重大经济方针政策及决策部署情况的审计监督力度,注意发现有法不依、执法不严等问题和重大违法违纪案件线索。对公共资金、国有资产、国有资源和领导干部履行经济责任情况实行审计全覆盖。强化上级审计机关对下级审计机关的领导。公开民生资金分配使用情况,重点围绕实施精准扶贫、精准脱贫,加大扶贫对象、扶贫资金分配、扶贫资金使用等信息公开力度,接受社会监督(责任单位:县审计局、县监察局)。

26.完善社会监督和舆论监督机制。

(50)行政机关应当根据工作特点,设置举报箱、电子信箱、热线电话等,公开联系方式,畅通社会公众投诉举报、反映问题的渠道,主动接受社会公众和新闻舆论的监督,依法及时查处违法行政行为。发挥报刊、广播、电视等传统媒体监督作用,加强与互联网等新兴媒体的互动,重视运用和规范网络监督,建立健全网络舆情监测、收集、研判、处置机制,推动网络监督规范化、法治化(责任单位:县各行政机关,县委宣传部,2017年年底前完成)。

27.全面推进政务公开。

(51)坚持以公开为常态、不公开为例外原则,推进决策公开、执行公开、管理公开、服务公开、结果公开。完善政府信息公开制度,拓宽政府信息公开渠道,进一步明确政府信息公开范围和内容。重点推进财政预算、公共资源配置、重大建设项目批准和实施、实施精准扶贫和精准脱贫、社会公益事业建设等领域的政府信息公开。完善政府新闻发言人、突发事件信息发布等制度,充分利用新媒体平台做好对热点敏感问题的舆论引导,及时回应人民群众关切。创新政务公开方式,加强互联网政务信息数据服务平台和便民服务平台建设,构建基于互联网的一体化政务服务体系,提高政务公开信息化、集中化水平(责任单位:县政府办、县政务办,2017年年底前完成)。

28.完善纠错问责机制。

(52)加大问责力度。严格执行《中国共产党问责条例》《中华人民共和国行政监察法》《中华人民共和国公务员法》《行政机关公务员处分条例》和《广西壮族自治区行政过错责任追究办法》等有关规定,坚决纠正行政不作为、乱作为,坚决克服懒政、庸政、怠政,坚决惩处失职、渎职。认真落实党风廉政建设责任制,坚持有错必纠、有责必问,对"四风"问题突出、发生顶风违纪问题或者出现区域性、系统性腐败案件的镇、部门和单位,既要追究主体责任、监督责任,又要严肃追究领导责任(责任单位:县委组织部,县委政法委,县监察局,县人力资源和社会保障局)。

(六)依法有效化解社会矛盾纠纷

目标:健全依法化解纠纷机制,加强行政复议工作,全面推进行政应诉、行政调解、行政裁决、仲裁、人民调解和信访工作,全面尽快形成公正、高效、便捷、成本低廉的矛盾纠纷多元化解机制,依法有效化解社会矛盾纠纷。

措施:

29.健全依法化解纠纷机制。

(53)建立健全社会矛盾预警机制、利益表达机制、协商沟通机制、救济救助机制。及时收集分析热点、敏感、复杂矛盾纠纷信息,加强群体性、突发性事件预警监测。强化依法应对和处置群体性事件机制和能力。依法加强对影响或危害食品药品安全、安全生产、生态环境、网络安全、社会安全等领域重点问题的治理。加大普法力度,完善法律援助制度,引导和支持公民、法人和其他组织依法表达诉求和维护权益(责任单位:县委宣传部、县综治办、县公安局、县食品药品监管局、县安监局、县环境保护局、县司法局)。

30.加强行政复议工作。

(54)畅通行政复议申请渠道,切实为群众提供便利。健全行政复议案件审理机制,创新审理方式,推行立审分离、现场调查、公开审理、集体研究等制度,规范简易程序,依法运用调解、和解方式解决纠纷,实质性化解行政争议。提高行政复议办案质量,通过约谈、通报、责令整改、督办等纠错手段,加大行政复议纠错力度,坚决纠正违法或者不当的行政行为,提高行政复议公信力。建立健全落实行政复议意见、建议制度。加强行政复议专业化、规范化、信息化建设,提升办案质量和效率。实行行政复议人员资格管理、持证上岗和岗位待遇制度,新进入行政复议岗位的工作人员必须取得法律职业资格。县政府应当依照有关规定配备、充实行政复议人员,保证行政复议机构的办案能力与工作任务相适应。强化行政复议保障,落实办案场所和有关装备保障,行政复议工作经费列入本级政府预算切实予以保障。建立健全行政复议监督、激励机制,强化对行政复议工作的考评,科学设定考评指标,把行政复议工作作为法治政府建设考核评价的重要内容,纳入政府绩效考核评价体系(责任单位:县法制办、县编办、县财政局、县机关事务管理局)。

31.完善行政调解、行政裁决、仲裁制度。

(55)完善行政调解制度,科学界定调解范围,规范调解程序。条件成熟时出台陆川县行政调解办法。健全行政调解工作机制,及时研究解决行政调解工作中遇到的问题。各法制机构要发挥好牵头作用,指导开展行政调解工作,建立完善行政调解指导机制和行政调解工作考评机制。加强行政调解与司法调解、人民调解、仲裁调解等调解机制的衔接(责任单位:县法制办、县司法局、县人力资源和社会保障局等有关部门)。

(56)完善行政裁决制度,健全行政裁决工作机制。明确行政裁决主体和适用范围,规范行政裁决程序,强化行政机关解决同行政管理活动密切相关的民事纠纷功能(责任单位:县国土资源局、县农业局、县林业局、县水利局、县法制办)。

(57)促进仲裁工作发展。加大宣传仲裁法律制度的力度,扩大仲裁影响力,引导社会公众通过仲裁方式维护自身合法权益,充分发挥仲裁程序简便、一裁终局、有效解决经济纠纷、化解社会矛盾、促进社会和谐的作用。推进仲裁规范化建设,提升仲裁员和仲裁机构工作人员素质,提高仲裁公信力。积极探索和创新仲裁工作机制,拓展仲裁领域。县法制办要加强对仲裁工作的指导与服务,推动全县仲裁事业健康深入发展(责任单位:县农业局、县人力资源和社会保障局,县法制办)。

32.鼓励和支持加强人民调解工作。

(58)认真贯彻实施《中华人民共和国人民调解法》,完善人民调解制度,积极指导、支持和保障村(居)民委员会等基层组织开展人民调解工作。积极稳妥地发展人民调解组织,加强交通事故、医患、劳动以及消费、物业管理等行业性、专业性人民调解组织建设(责任单位:县司法局,2018年年底前完成)。

33.加强和改进信访工作。

(59)深入推进信访工作制度改革,把信访纳入法治化轨道,保障合理合法诉求依照法律规定和程序就能够得到合理合法的结果。规范信访工作程序,畅通群众诉求表达、利益协调和权益保障渠道,依法维护信访秩序。优化传统信访途径,实行网上受理信访制度,健全及时就地解决群众合理诉求机制。严格实行诉访分离,推行律师参与信访接待制度,推进通过法定途径分类处理信访投诉请求,引导群众在法治框架内解决矛盾纠纷,完善涉法涉诉信访依法终结制度(责任单位:县委政法委、县信访局,2018年年底前完成)。

(七)全面提高政府工作人员法治思维和依法行政能力
目标:政府工作人员特别是领导干部带头尊法学法守法用法,牢固树立宪法法律至上、法律面前人人平等、权

由法定、权依法使等基本法治理念,恪守合法行政、合理行政、程序正当、高效便民、守法诚信、权责统一等依法行政基本要求,法治思维和依法行政能力普遍提高,在法治轨道上全面推进政府各项工作。

措施:

34.树立重视法治素养和法治能力的用人导向。

(60)抓住领导干部这个全面依法治国的"关键少数",把法治观念强不强、法治素养好不好作为衡量干部德才的重要标准,把能不能遵守法律、依法办事作为考察干部的重要内容,把严守党纪、恪守国法的干部用起来。在相同条件下,优先使用法治素养好、依法办事能力强的干部。对特权思想严重、法治观念淡薄的干部要批评教育、督促整改,问题严重或者违法违纪的,依法依纪严肃处理(责任单位:县委组织部,县人力资源和社会保障局、县监察局)。

35.加强对政府工作人员的法治教育培训。

(61)完善并坚持政府工作人员特别是领导干部学法制度,切实做到学法计划、内容、时间、人员、效果"五落实"。领导干部要通过政府常务会议学法、行政机关局长办公会议学法等形式,系统学习中国特色社会主义法治理论,学好宪法、通用法律知识和与自己所承担工作密切相关的法律法规规章。县政府每年至少举办一期领导干部法治专题培训班,县、镇政府和其他行政机关领导班子每年应当举办两期以上法治专题讲座(责任单位:县政府办、县政府各部门)。

(62)健全行政执法人员岗位培训制度,县党校等要把宪法法律列为干部教育的必修课。行政执法机关每年应当组织开展行政执法人员通用法律知识、专门法律知识、新法律法规等专题培训,确保行政执法人员熟练掌握行政执法依据和流程,努力提升行政执法素养和水平。把预防职务犯罪警示教育纳入干部教育培训计划,加大对公务员初任培训、任职培训中法律知识的培训力度(责任单位:县委组织部、县委党校、各行政执法机关,2018年年底前完成)。

36.完善政府工作人员法治能力考查测试制度。

(63)加强对领导干部任职前法律知识考查和依法行政能力测试,将考查和测试结果作为领导干部任职的重要参考,促进政府及其部门负责人严格履行法治建设职责。优化公务员录用考试测查内容,增加公务员录用考试中法律知识的比重,将宪法和通用法律知识作为考试的重要内容。实行公务员晋升依法行政考核制度(责任单位:县委组织部,县人力资源和社会保障局,2018年年底前完成)。

37.注重通过法治实践提高政府工作人员法治思维和依法行政能力。

(64)政府工作人员特别是领导干部想问题、作决策、办事情必须守法律、重程序、受监督,牢记职权法定,切实保护人民权益。要自觉运用法治思维和法治方式深化改革、推动发展、化解矛盾、维护稳定,依法治理经济,依法协调和处理各种利益问题,努力营造办事依法、遇事找法、解决

问题用法、化解矛盾靠法的良好法治环境。注重发挥法律顾问和法律专家的咨询论证、审核把关作用。落实"谁执法谁普法"的普法责任制,建立行政执法人员以案释法制度,使执法人员在执法普法的同时不断提高自身法治素养和依法行政能力(责任单位:各行政执法机关)。

三、组织保障和落实机制

目标:强化党对法治政府建设的领导,法治政府建设标准和年度考核制度完备,依法行政体制运行顺畅,良好的法治环境和氛围基本形成。

措施:

38.加强党对法治政府建设的领导。

(65)加强党对法治政府建设的领导。党的领导是全面推进依法治国、加快建设法治政府最根本的保证,必须坚持党总揽全局、协调各方,发挥全县各级党委领导核心作用,把党的领导贯彻到法治政府建设各方面。全县各级政府及其部门要自觉接受党的领导,切实增强建设法治政府的使命感、紧迫感和责任感,加强组织领导,强化工作责任,一级抓一级,层层抓落实。各级政府要在党委统一领导下,谋划和落实好法治政府建设的各项任务,制定法治政府建设工作方案,每年部署法治政府建设年度重点工作,主动向党委报告法治政府建设中的重大问题,及时消除制约法治政府建设的体制机制障碍(责任单位:县、镇政府)。

(66)加强政府法制机构和队伍建设。县政府及其部门要充分发挥法制机构在推进依法行政、建设法治政府中的统筹规划、组织协调、督促指导、考核评价作用,大力支持并保障其依法履行政府行政决策和规范性文件合法性审查、行政复议和行政应诉、行政执法监督等法定职能。切实加强政府法制机构和部门法制机构建设,推进镇建立法制员队伍,使法制机构的建制、规格、人员编制配备与其承担的实际职责任务相匹配。不断提高法制机构工作人员的思想政治素质和业务工作能力,推进法制机构队伍的专业化和职业化(责任单位:县、镇党委,县、镇政府)。

39.落实第一责任人责任。

(67)党政主要负责人要履行推进法治建设第一责任人职责,将建设法治政府摆在工作全局的重要位置。建立县政府对本县推进建设法治政府工作负总责、法制办牵头、各职能部门为主体的推进法治政府建设领导机制。政府常务会议每年至少听取一次法治政府建设情况汇报,及时研究和解决依法行政、法治政府建设中存在的突出问题。对不认真履行第一责任人职责,本地本部门1年内发生多起重大违法行政案件、造成严重社会后果的,依法追究主要负责人的责任。县、镇政府每年第一季度要向同级党委、人大常委会和上一级政府报告上一年度法治政府建设情况,县政府部门每年第一季度要向本级政府和上一级政府有关部门报告上一年度法治政府建设情况,报告要通过报刊、政府网站等向社会公开(责任单位:县、镇党委,县、镇政府,各部门)。

40.强化考核评价和督促检查。

(68)全镇县各级党委要把法治建设成效作为衡量各级领导班子和领导干部工作实绩的重要内容,纳入政绩考核指标体系,充分发挥考核评价对法治政府建设的重要推动作用。各级政府及其部门的党组织要领导和监督本单位模范遵守宪法法律,坚决查处执法犯法、违法用权等行为。要加强对法治政府建设进展情况的督促检查,结合法治政府建设年度重点工作,开展定期检查和专项督查。对工作不力、问题较多的,要及时约谈、责令整改、通报批评(责任单位:县委组织部、县委督查室,县政府督查室,2018年年底前完成)。

41.加强理论研究、典型示范和宣传引导。

(69)加强中国特色社会主义法治政府理论研究,县法制办要结合工作实际,认真研究法治政府建设中存在的新情况新问题,每年确定1~2个研究重点,形成理论成果,为法治政府建设提供理论支撑和决策参考。坚持从实际出发,积极开展建设法治政府示范和依法行政先进单位创建活动,大力培育建设法治政府先进典型。通过召开现场会、经验交流会等形式及时总结、交流和推广经验,充分发挥先进典型的示范带动作用。定期通报和曝光违法行政典型案例,分析原因、汲取教训、改进工作。大力开展法治政府建设宣传工作,加强正面宣传引导,以报刊、广播、电视、网络等多种媒体形式,广泛宣传法治政府建设目标、工作部署、先进经验、典型做法,正确引导舆论,凝聚社会共识,营造全社会关心、支持和参与法治政府建设的良好社会氛围(责任单位:县法制办,县委宣传部,各行政执法机关)。

四、实施步骤

深入推进依法行政、建设法治政府,意义重大、影响深远、时间紧迫、任务艰巨,党政主要负责人要亲自抓,确保法治政府建设各项工作落到实处。各项工作任务除本实施方案有明确时间要求外,原则上应当在2019年年底前完成。

本实施方案印发后2个月内,县各责任单位要结合本单位实际制定具体工作方案,明确提出各项工作任务的时间进度安排和可检验的成果形式,并将可检验的成果形式送县法制办汇总报县委办、县政府办。每年12月中旬前,县各责任单位要分别将本单位牵头负责的各项工作任务的完成情况,书面报县委办、县政府办,并抄送县法制办。不能按时完成任务的要说明理由。

2019年年中前,县法制办要拟订出全县法治政府建设指标体系,作为我县法治政府基本建成的验收标准报县党委、政府审定。

县法制办要牵头做好对法治政府建设进展情况的督促检查,结合法治政府建设年度重点工作,开展专项督查和年终考评。

各镇各部门在推进法治政府建设过程中,要注意研究新情况新问题,解放思想、大胆实践、开拓进取、久久为功,运用法治思维和法治方式引领改革发展破障闯关、推动民生改善和社会公正,以更加奋发有为的精神状态,推动法治政府建设一步一个脚印向前迈进,为加快实现"两个建成"目标做出扎扎实实的贡献。

陆川县人民政府
关于公布实施陆川县城镇土地
定级与基准地价更新成果的通知

（陆政发〔2016〕3 号　2016 年 2 月 23 日印发）

各镇人民政府,县政府各工作部门:

陆川县新一轮城镇土地定级与基准地价更新成果,已经自治区国土资源厅验收,并向社会公开听证,且已经玉林市国土资源局批复和陆川县 2015 年第十五届人民政府第 65 次常务会议审议通过。根据《中华人民共和国土地管理法》第二十八条《中华人民共和国土地管理实施条例》第十五条的规定,现予以公布,自公布之日起施行。

附:

陆川县城镇土地定级与基准地价更新成果

一、县城区土地定级与基准地价更新结果

（一）县城区基准地价内涵

1. 估价基准日:2015 年 9 月 30 日;

2. 土地开发程度:宗地外"五通"（通路、通电、通水、通排水、通讯）,宗地内"场地平整";

3. 土地使用年限:商业用地按法定最高出让年限设定为 40 年,住宅用地按法定最高出让年限设定为 70 年,工业用地按法定最高出让年限设定为 50 年;

4. 容积率:商业用地标准容积率为 1.0,住宅用地标准容积率为 3.0,工业用地标准容积率为 1.0;

5. 地价表现形式:地面价。

表66　陆川县城区基准地价内涵情况

土地用途 项目	商业	住宅	工业
土地开发程度	五通一平	五通一平	五通一平
平均容积率	1.0	3.0	1.0
土地使用年限	40 年	70 年	50 年
价格表现形式	地面地价	地面地价	地面地价

表67　陆川县城区基准地价情况

土地用途	土地级别	一级	二级	三级	四级	五级
商业	（元/平方米）	3988	2722	1713	1240	845
	（万元/亩）	265.87	181.47	114.20	82.67	56.33
住宅	（元/平方米）	1856	1374	989	690	435
	（万元/亩）	123.73	91.60	65.93	46.00	29.00
工业	（元/平方米）	450	360	290	220	177
	（万元/亩）	30.00	24.00	19.33	14.67	11.80

（三）级别范围

1. 一级地:分布在城市中心区域,九洲江两岸,级别边界大致为以下线路合围形成的区域:温泉中路—新洲南路—三峰中路—陆兴中路—温汤路—峨眉街—步行街—通政路。

2. 二级地:二级地分布范围从一级地向外围延伸,级别边界大致为除一级地外由以下线路合围而成的区域:向阳路—长安街—公园路—九洲江—九龙山庄—桃源山庄—温泉中路东侧—地税局—温泉镇政府—万通路—铁路。

3. 三级地:三级地主要分布在二级地向外围延伸区域,级别边界大致为除一、二级地外由以下线路合围而成的区域:人民法院—质监局—国税局—第四中学—陆川公园—党校—温泉小学—东环路—公安局—林业街—铁路。

4. 四级地:四级地主要分布在三级地向外围延伸区域,级别边界大致为除一、二、三级地外由以下线路合围而成的区域:东环路—东环路以东规划路—陆川瓷厂北规划路—国泰农药—铁路线西侧规划路—定级边界。

5. 五级地:五级地主要分布在四级地以外的区域,为除上述级别外,本次评估范围内的其他区域。

注:各级别具体范围以基准地价范围图为准。

二、各乡镇土地定级与基准地价更新成果

（一）各乡镇基准地价内涵

1. 估价基准日:2015 年 9 月 30 日。

2. 土地开发程度:宗地外"五通"（通路、通电、通水、通排水、通讯）,宗地内"场地平整"。

3. 土地使用年限:商业用地按法定最高出让年限设定为 40 年,住宅用地按法定最高出让年限设定为 70 年,工业用地按法定最高出让年限设定为 50 年。

4. 容积率:商业用地标准容积率为 1.0,住宅用地标准容积率为 3.0,工业用地标准容积率为 1.0。

5. 地价表现形式:地面价。

（二）各乡镇基准地价更新结果

各镇土地级别范围详见乡镇基准地价图。

表 68   陆川县各镇基准地价情况

单位:元 / 平方米

镇名称	土地用途	一级	二级	三级
清湖镇	商业	2230	1320	780
	住宅	1350	830	580
	工业	235	180	150
乌石镇	商业	1925	1150	720
	住宅	1170	730	510
	工业	235	180	150
马坡镇	商业	1650	1050	630
	住宅	1030	680	500
	工业	235	180	150
米场镇	商业	1600	1000	600
	住宅	1000	660	485
	工业	235	180	150
珊罗镇	商业	1500	960	550
	住宅	980	600	440
	工业	235	180	150
良田镇	商业	1360	920	530
	住宅	940	585	410
	工业	190	170	142
大桥镇	商业	1300	900	500
	住宅	910	565	390
	工业	190	170	142
古城镇	商业	1270	880	485
	住宅	880	545	380
	工业	190	170	142
平乐镇	商业	1250	860	475
	住宅	860	505	360
	工业	190	170	142
沙坡镇	商业	1250	840	440
	住宅	830	480	340
	工业	190	170	142
沙湖镇	商业	960	610	385
	住宅	645	390	270
	工业	165	145	125
横山镇	商业	900	610	385
	住宅	585	370	270
	工业	165	145	125
滩面镇	商业	870	580	365
	住宅	570	345	245
	工业	165	145	125
月垌圩	商业	850	560	365
	住宅	560	340	240
	工业	165	145	125

陆川县人民政府关于印发陆川县中药材种植奖励扶持办法（试行）的通知

（陆政发〔2016〕7号　2016年4月28日印发）

各镇人民政府，县直各单位：

《陆川县中药材种植奖励扶持办法（试行）》已经2016年3月28日县党政联席扩大会议审议同意，现印发给你们，请认真贯彻执行。

陆川县中药材种植奖励扶持办法（试行）

为推动我县中药材种植持续发展，推进农业结构调整，促进农业增产、农民增收，结合我县实际，制定本办法。

一、发展目标

以《陆川县中药材种植发展规划（2014—2016年）》（办发〔2014〕45号）为指导，依托县域内丰富的自然资源，通过政策扶持和引导，加快优质中药材种植基地和规模化种植区建设，提升中药材品质，打造特色品牌，确保到2020年全县中药材种植面积稳定在20万亩以上，把中药材产业打造成推动种植业转型升级、促进农民增收的主导产业。

二、扶持原则

以市场需求为导向，加强政府扶持引导，坚持规模化发展、标准化种植、产业化经营，逐步延伸产业链条，提升产业发展水平，做大做强中药材产业。

三、扶持对象

在本县范围内从事中药材种植的企业、合作组织或个人。

四、扶持范围

（一）扶持发展种植的中药材品种：橘红、何首乌、天冬、牛大力、穿心莲、黄栀子等6个主导品种。

（二）《陆川县中药材专属区建设实施意见》（办发〔2014〕46号）中规划建设的中药材专属区种植的中药材品种（不受种植品种限制）。

（三）贫困村建立的中药材基地（不受种植品种限制）。

（四）生态经济林区不列入中药材种植补助范围。

五、扶持办法

规模化中药材种植发展须符合陆川县中药材种植发展规划，并通过县中药材种植产业发展工作领导小组办公室认定，经验收合格。

（一）橘红。连片种植面积达到20亩以上，按每亩600元补助，属砍伐速生桉改种的每亩补助800元。

（二）其他中药材。连片新种植规模50~100亩，每亩补助300元；连片新种植规模101~200亩，每亩补助400元；连片新种植规模201亩以上的，每亩补助500元。

（三）林药间、套种中药材。连片种植规模100亩以上，单位面积种植的中药材密度达到纯种植中药材密度的50%以上，每亩补助300元。

六、申报程序

企业、合作组织或个人在规模化种植区项目实施前，须向所在村、镇和县中药材种植产业发展工作领导小组办公室申报立项，村、镇收到申报表后3个工作日内须提出意见，县中药材种植产业发展工作领导小组办公室根据陆川县中药材产业发展规划，结合村、镇意见确定是否立项。未申报立项的或申报立项未经批准的，不享受扶持政策。

申报截止时间为每年11月底（在种子播种或苗木种植之前）。截止时间之后申报的，视为下一年度计划。

七、验收管理

规模化种植基地建设完成后，已立项的企业、合作组织或个人须向所在村、镇和县中药材种植产业发展工作领导小组办公室申请验收，县中药材种植产业发展工作领导小组办公室组织农业、林业、国土等相关部门技术人员对申请项目进行检查、测评和验收。申报企业、合作组织或个人应向验收小组提供种植全过程的翔实记录，必要时附照片或影像资料。经验收合格的项目由县中药材种植产业发展工作领导小组办公室统一汇总，在全县范围内进行为期7天的公示。公示期满无异议，报县政府批准后，按有关规定拨付补助资金。县中药材种植产业发展工作领导小组办公室要加强指导、监督和平时考核，实行定期或不定期抽查并做好相关记录，建立完整的档案资料。

八、其他事项

（一）本奖励扶持办法所需资金由县财政纳入预算列支。

（二）农业、林业、水利、农机、科技、发改、财政等部门要积极争取国家、自治区项目资金，对发展中药材产业给予倾斜扶持。

（三）在本办法实施过程中，对弄虚作假骗取奖励扶持资金或有群众举报经查属实的，除对补助资金予以追回外，还将依法追究有关人员的法律责任。

（四）本办法经陆川县人民政府批准后实施，自印发之日起试行，试行期5年（2016—2020年）。

附件：1.陆川县中药材种植立项申报表
　　　2.陆川县中药材种植规划说明

附件1

陆川县中药材种植立项申报表

申报人		身份证号	
住　　址		申报内容	
项目详细地址		平面草图	
项目规模			
种植模式			
土地承包期 （附土地租赁合同）			
村委会意见			村委会盖章 年　月　日
镇政府意见			镇政府盖章 年　月　日
县中药材种植产业发展 工作领导小组办公室意见			县中药材种植产业发展工作领导小组办公室盖章 年　月　日
县中药材种植产业发展 工作领导小组意见			县中药材种植产业发展工作领导小组盖章 年　月　日

附件 2

陆川县中药材种植规划说明

《陆川县中药材种植规划》规划在全县种植中药材面积 20 万亩,其中九洲江流域种植面积 14.3 万亩,采取大田规范化种植和林药间、套作的种植模式,主要种植区域:

1. 以九洲江流域的古城、良田、乌石、滩面等镇为重点,以清湖、古城、良田等镇万亩橘红种植基地为核心,辐射带动全县种植橘红,建设 8 万亩橘红基地。

2. 以滩面、良田、乌石等镇为核心,以九洲江流域河岸两边冲积土形成的耕地为重点,建设 0.5 万亩多年生的天冬、牛大力、穿心莲、鸡骨草、黄栀子种植基地。

3. 以马盘公路为重点,沿马盘公路沿线及九洲江沿岸建设以药用花卉—鸡蛋花、益智仁种植为主的基地 0.2 万亩。

4. 以沙湖、横山、沙坡、温泉、乌石、滩面、平乐等镇为重点,建立以巴戟、沉香、香砂、柴胡为主导品种的林药间、套作示范基地 0.5 万亩。

5. 以马坡、珊罗、米场、大桥、横山等镇为重点,建设以种植鸡骨草、金钱草、文且、仙人草为主的中药材大田标准化种植示范基地 0.3 万亩。

陆川县人民政府关于印发陆川县国民经济和社会发展第十三个五年规划纲要的通知

(陆政发〔2016〕9 号　2016 年 6 月 21 日印发)

各镇人民政府,县政府各工作部门:

《陆川县国民经济和社会发展第十三个五年规划纲要》已经陆川县第十五届人民代表大会第六次会议审议通过,现印发给你们,请认真贯彻执行。

陆川县国民经济和社会发展第十三个五年规划纲要

《陆川县国民经济和社会发展第十三个五年规划纲要(2016—2020 年)》(以下简称《纲要》)根据《中共陆川县委关于制定国民经济和社会发展第十三个五年规划的建议》编制。《纲要》在全面总结评估"十二五"规划实施情况的基础上,提出了"十三五"时期发展的目标、战略、重点、布局和措施,是未来五年指导全县人民共同奋斗、政府履行职能、大力推进创新驱动和绿色发展,加快建设富裕美丽和谐新陆川,夺取全面建成小康社会和全面建设生态文明两个阶段攻坚胜利的行动纲领。

第一篇　美丽陆川启新章,引领全面建小康

"十三五"时期是陆川全面贯彻中央"四个全面"战略部署,全面融入国家"一带一路"、自治区"双核驱动、三区统筹"和玉林市"东靠南下、通江达海"发展战略的关键时期;更是陆川全面实施中央"跨省区生态补偿试点",确保全面建成小康社会、全面建设生态文明示范区的决胜阶段。必须立足基本县情,积极应对国内外发展环境新变化,适应新形势,抢抓新机遇,谋划新发展,全面开创经济社会发展新局面。

第一章　"十三五"发展基础

"十二五"时期,县委、县政府全面贯彻落实中央、自治区、玉林市的各项战略方针政策,牢牢把握稳中求进的工作总基调,科学决策、开拓创新,主动适应经济社会发展新常态,紧抓九洲江治理的重大机遇,深入实施"一廊一城三园五业"发展战略,统筹做好稳增长、调结构、促改革、惠民生等各项工作,突出抓好产业发展、城乡建设、生态环境保护和和谐社会构建等重点工作,实现全县经济平稳健康发展,各项社会事业进步发展,城乡群众安居乐业,为"十三五"经济社会进一步发展打下了良好基础。

第一节　"十二五"时期主要成就

国民经济上新台阶,位次跻身广西前列。"十二五"期间,全县深入开展"实体经济年""全民创业年"活动,全面推进"抓大壮小扶微工程",有效遏制了经济下滑,经济发展迈上新台阶。全县地区生产总值由 2010 年的 115.4 亿元增加到 2015 年的 218.93 亿元,年均增长 10.6%,超额完成"十二五"规划 190 亿元的目标,其中 2014 年 GDP 首次突破 200 亿元大关,排进广西县级第十位;财政收入由 5.89 亿元增加到 13.33 亿元,年均增长 17.75%;固定资产投资由 83.48 亿元增加到 177.74 亿元,年均增长 23.1%;社会消费品零售总额达 52.83 亿元,年均增长 13.98%,经济总量不断提升,社会发展稳健。

三次产业提质增效,经济结构调整加快。产业结构由 2010 年的 18.3∶48.7∶33.0 调整优化为 2015 年的 14.2∶49.2∶36.6。实施工业发展"335"战略,工业总产值、工业增加值指标增速连续 2 年位列全市前三,玉柴重工配套产业园、九洲江产业转移园等自治区统筹推进的项目取得重大进展,机械制造业成为全县首个百亿元产业,工业化率由 2.35 提高到 3.04,2011 年第三次被评为广西科学发展十佳县。农业发展稳中提质,推进"马盘百里绿色生态农业经济示范长廊"建设,农业规模化、基地化、集约化、标准化程度不断提升,中药材种植面积突破 8 万亩,农业龙头企业达 98 家,成功创建现代特色农业(核心)示范区,被列

为广西唯一的全国整建制推进粮食高产创建示范县,三次荣获全国粮食生产先进县殊荣。现代服务业加快发展,积极融入"两广十市"区域旅游合作,"世客城"成为全市唯一列入广西旅游发展重大项目,谢鲁山庄旅游景区获广西第二批旅游服务业标准化示范点,谢仙嶂、龙珠湖、"十里河画""欧客码头"等重大旅游项目有效推进,4000平方米县电子商务服务中心,45个淘宝村建成运营,"猪保通"成为独具地方特色的金融产品。

基础设施建设加快,城乡面貌焕然一新。"十二五"期间,深入实施"三大会战"。开展交通水利大会战,率先实现村村通水泥硬化路的目标,自然村屯道路硬化率覆盖面达65%;有效实施"中央小型农田水利重点县"建设,农村安全饮水等工程,累计完成水利建设投资6.3亿元,病险水库除险加固63座,解决农村14.6万人口安全饮水问题。开展城镇基础设施建设大会战,完成县城总规修编,县城区控制性详细规划实现100%覆盖,城北新区、城东新区、城南新区、龙毫新区4个新区建设拉开了城市建设的大框架。先后建成松鹤公园、九洲江带状公园(二期)等重点景观绿化工程,开发建设龙腾嘉园、碧桂华庭、龙福花园、锦源物流城等一批重点地产商贸项目;乌石镇被列入自治区"百镇示范工程",大桥镇获评全国文明村镇,成为玉林市唯一获此殊荣的乡镇;我县被列为自治区城镇化示范县,全县城镇化率由2010年的33.09%提高到2015年的45%。开展美丽乡村建设大会战,实施"五化工程",城乡风貌实现较大改观,建成乌石吹塘客家文化村,吹塘码头公园、良田文官客家文化村等九洲江生态乡村示范点,城乡风貌焕然一新。

人民生活显著改善,社会事业全面发展。5年来民生资金累计投入115.43亿元,2015年城镇居民可支配收入和农民人均纯收入分别达25959元、10087元,是2010年的1.65倍和1.91倍,科技、教育、卫生、社会保障等各项事业取得新成效。教育"十大重点工程"和"自治区级教育试点县"建设效果显著,陆川中学高考成绩继续稳居广西同类示范性高中前列,教育集中区项目顺利推进。科技创新工作顺利通过全国科技进步考核,被列为自治区知识产权工作试点县、全国科普示范县,玉柴重工、开元机器研发中心被认定为自治区级研发中心。文艺创作持续进步,《月光下的九洲江》《河长轶事》获广西"八桂群星奖"戏剧类金奖;陆川哤戏被列入"第五批自治区级非物质文化遗产名录"。新型农村合作医疗参合率稳固在99.60%以上,基本社会保险覆盖率95%。全县城镇登记失业率控制在3.02%以内,城镇新增就业累计2.5万人次,农村劳动力新增转移就业累计3.6万人次。

坚定推进九洲江治理,生态建设成效明显。"十二五"期间,坚持把九洲江治理作为提升县域发展质量的首要政治任务来抓,认真落实广西、广东两省区联手共治九洲江的战略部署,全县生态环境得到明显改善。建立起九洲江环境治理倒逼机制,推动超过200家养殖场标准化升级改造,清拆猪场864家,畜禽无害化处理及循环利用工作效果凸显,沙坡、乌石、良田等9个污水处理厂建成试水,新建城区污水管网27千米,建成马坡、乌石、温泉、沙坡、大桥、横山等6个垃圾中转站,城区18个污水直排口截污建设全部完成,九洲江文车桥跨省交界断面水质基本达到三类水质标准,水质逐年改善,九洲江环境综合治理被列为全国"跨省流域合作治理试点"项目。深入实施造林绿化工程,荣获"广西森林县城"称号,谢鲁山庄荣获"广西森林村庄"、九龙山庄荣获"广西森林单位园区",2015年森林覆盖率达58.61%,比"十一五"时期提高2.8个百分点。扎实推进美丽乡村建设,农村环境得到明显改观。

改革开放全面深化,发展动力活力显现。农村产权制度、行政审批、投融资等重点领域和关键环节改革有力推进,累计取消(减少)行政审批事项178项,清理非行政审批事项239项,成立县级农村产权交易中心和农村土地流转服务中心,土地流转率达46.4%。国土、环保、安监、村建站"四所合一"改革基本完成。启动工商登记制度改革,注册资本总量突破65亿元,各类市场主体总数居全市前列,长隆电子、陆洲机械等5家企业先后在北部湾股权交易所挂牌上市。建立"大招商、大服务、大兑现"工作机制,主动融入泛北、泛珠及东盟经济圈,积极参与玉林市"东靠南下、通江达海"和东部产业合作,机械、建材、生猪及农产品等商品外销规模扩大,多次获"广西招商引资工作先进县"荣誉。

政府行政效能提高,社会治理能力增强。"十二五"以来,全县深入开展党的群众路线教育实践活动,践行"三严三实"要求,严格落实中央八项规定和国务院"约法三章",坚持以法治思维开展政府工作,以作风建设提高政府执行力、公信力。顺利完成自治区级"一服务两公开"示范点规范化建设任务,被确定为自治区依法行政示范点和玉林市依法行政先进县。率先在全区实现乡镇政务中心电子监察全覆盖。创新预防和化解社会矛盾机制,建立起县级政法信息网络指挥中心和县级网上信访服务中心。推进"平安陆川"建设,建成广西首家县级政法综治门户网站——平安陆川网、首家县级网上信访大厅,连续10年被评为"自治区平安县",连续4年被评为全国防震减灾工作先进县,社会公众安全感和满意度连续3年排全市第一。

表69

陆川县"十二五"规划主要指标完成情况

类别	指　　标	2010年实际	规划目标		完成情况	
			2015年	年均增长%	2015年	年均增长%
经济发展	1. 地区生产总值(亿元/%)	115.43	190	10	218.93	10.6
	2. 人均地区生产总值(元)	14779	22800	9	27300	8.03
	3. 财政收入(亿元)	5.89	12	15	13.33	17.75
	4. 全社会固定资产投资(亿元)	75	210	20	179.22	23.03
	5. 社会消费品零售总额(亿元)	27.5	58	15	52.83	13.98
	6. 工业增加值占GDP比重(%)	42.9	50	3.11	42.65	—
	7. 服务业增加值比重(%)	33.0	37	2.31	35.2	0.44
	8. 城镇化率(%)	33.09	45	6.34	45	2.38
科技教育	9. 九年义务教育巩固率(%)	84	92	1.84	94.2	—
	10. 高中阶段毛入学率	56	75	6.02	76	—
	11. 科学研究与试验发展经费支出占地区生产总值比重(%)	1.06	1.58	8.31	1.2	—
	12. 每万人口发明专利拥有量(件)	0.014	0.021	8.44	0.17	—
资源环境	13. 耕地保有量(万亩)	64.36	64.36	持平	64.36	持平
	14. 单位工业增加值用水量	—	76		78	
	15. 单位地区生产总值能源消耗降低(%)	1.1991	[17]	—		
	16. 单位地区生产总值二氧化碳排放降低(%)	—	—	—		
	17. 化学需氧量排放减少(%)	1.235	[1.5]	—	完成玉林市下达任务	
	18. 二氧化硫排放减少(%)	0.136	14.7	—		
	19. 氨氮排放减少(%)	0.142	5.1	—		
	20. 氮氧化物排放减少(%)	0.433	[6.5]	—		
	21. 森林覆盖率(%)	55.8	58	0.78	58.61	0.99
	22. 森林蓄积量(亿立方米)	206	221	1.4	284	6.6
人民生活	23. 总人口(万人)	103.55	—	—	111.19	1.54
	24. 城镇登记失业率(%)	4.1	5	4.04	3.02	—
	25. 城镇新增就业人数(万人)	0.493	0.54	1.83	0.451	—
	26. 城镇参加基本养老保险人数(万人)	1.65	2	3.9	4.2	20.55
	27. 城乡三项医疗保险参保率(%)	90	95	1.08	99.27	—
	28. 城镇居民人均可支配收入(元)	15766	25400	18.41	25959	10.49
	29. 农村居民人均纯收入(元)	5274	10000	15.85	10087	13.84

第二节　"十二五"发展主要经验与问题

总结"十二五"时期发展实践,主要有以下经验:一是必须结合陆川县实际,贯彻落实中央、自治区以及玉林市的战略部署,抢抓机遇,实现经济社会快速发展;二是必须把生态文明建设放在突出地位,将生态文明建设贯穿到经济建设和社会发展的各个方面,实现可持续发展;三是必须以科学发展观为统领,加快产业转型升级,提高经济增长效益;四是必须加强工业园区、基础设施和城乡一体化建设,夯实发展基础;五是必须改善社会民生,加快推进城乡基本公共服务均等化,促进社会稳定和谐;六是必须处理好改革创新与平稳发展的关系,全面深化改革,提高政府行政效能和社会治理水平。

在总结五年发展成就的同时,必须要清醒地认识到我县发展存在的困难和问题。主要表现在:发展的质量效益较低,产能过剩等结构性矛盾突出,主要经济指标人均水平低,与全国全区全市同步全面建成小康社会任务艰巨;经济结构和产业结构不合理,传统产业增长动力减弱,新兴产业尚未形成规模,转方式调结构难度大;交通瓶颈制约突出,城乡基础设施滞后;基本公共服务和社会保障体系仍不完善,保障改善民生任务艰巨;资源环境约束趋紧,生态环境保护压力和难度大。

第二章 "十三五"发展环境

科学谋划陆川县未来五年发展,必须准确判断国际国内复杂多变的形势环境,把握有利机遇,积极面对困难和挑战。

第一节 面临形势

从国际看,和平、发展、合作仍然是时代潮流,世界多极化、经济全球化、文化多样化、社会信息化深入发展,新一轮科技革命和产业变革蓄势待发,经济下行的风险和不确定因素依然存在,全球经济贸易增长乏力,机械、建材等传统制造行业产能过剩未能有效化解。从国内看,经济发展进入新常态,经济发展方式加快转变,新的增长动力正在孕育形成,中央进一步深化改革、简政放权,深入实施"中国制造2025"、工业4.0、"互联网+""大众创业万众创新"等新战略,陆川县将面临着机械装备制造业、建材产业等传统优势产业转型发展和培育经济增长新动力的重大任务。从区内看,广西肩负"两个建成"以及建设中国-东盟自贸区升级版等历史任务,作为"一带一路"建设的重要门户,区域间的合作与交流更加紧密,陆川县作为广西融入粤港澳经济圈和泛珠三角经济圈的前沿阵地和粤桂合作试验区域,需要更加注重经济社会新增长点的挖掘,走出一条生态经济合作发展新道路。

第二节 面临机遇

国家实施"九洲江跨省区生态补偿试点"为我县中长期发展提供新方向。国家更加注重生态环境建设与保护,中央《生态文明体制改革总体方案》明确将广西、广东九洲江治理列入"跨省区生态补偿试点",有利于陆川县持续推进九洲江治理,构建生态经济体系,优化产业结构,实现经济发展和生态建设共赢。

"中国制造2025"为工业化和信息化深度融合提供新动力。我国为应对新一轮科技革命和产业变革,提出了"中国制造2025"战略,战略围绕创新驱动、智能转型、强化基础、绿色发展等关键环节,提出了加快制造业转型升级、提质增效的重大战略任务和重大举措。陆川县作为工业大县,必须抢抓机遇,深入实施工业强基战略,加快传统优势产业转型升级,推动工业化与信息化深度融合。

粤桂跨区域合作为生态经济发展拓宽发展空间。我县是两广合作项目建设的试验区域,经济社会发展将迎来更多的发展机遇,可依托良好的产业基础,利用港澳台先进的资本、人才、技术要素,强化跨区域产业合作,扩大外向型经济规模,把区域特色转化为竞争优势。

国家推进"一带一路"建设和打造中国-东盟自由贸易区升级版为开放合作凝聚新动力。在国家推进"一带一路"建设和打造中国东盟自由贸易区升级版背景下,我县作为玉林融入珠三角和北部湾经济区发展的前沿阵地,在对外开放大格局中优势更加突出,有利于推动我县旅游业、工业等领域加强与珠三角、北部湾等区域合作,有效参与中国与东盟地区贸易合作,全面提升对外合作水平。

第三节 面临挑战

"十三五"时期,全县经济社会发展面临着以下困难和挑战:

新常态下加快发展压力大。陆川县作为后发展欠发达地区,经济增长方式比较粗放,资源优势未能很好地转化为经济优势,大项目尤其是优势产业项目较少,县域经济拉动力不足等,全县的发展仍然处于爬坡过坎阶段,在新形势下要加快经济发展、实现赶超跨越压力较大。

九洲江生态环境保护任务重。受生猪养殖、生产生活和工业企业排放的污水影响,加上我县具有跨省小流域、跨省库区、缺水型地区于一体的独特地理条件,九洲江流域水环境治理难度大、任务重。在资源环境约束趋紧的背景下,生态环境保护任重道远。

扶贫和实现全面小康难度大。作为自治区级贫困县,目前全县共有贫困人口8.6万人,农村贫困面广,农村生产生活条件差,基础设施发展滞后,农民增收缓慢,脱贫攻坚任务十分艰巨。同时,当前全县实现小康程度与全国平均水平还存在较大差距,要实现脱贫、全面建成小康社会难度较大。

区域经济合作层次偏低。陆川县区位优势明显,但与粤港澳台和东盟国家等在产业、技术、人才等方面的合作深度不够,同时服装、电子、旅游、节能环保等外向型经济发展后劲不足,外向型经济规模偏小。

自主创新发展能力不强。全社会研发投入严重不足,全社会研究与发展(R&D)经费占GDP比重仅为1.16%,低于国家2.1%的平均水平,企业发展创新力度不够,自主研发能力滞后,高级专业人才储备不足,自主创业创新氛围尚未形成。

第三章 "十三五"总体要求

第一节 指导方针

高举中国特色社会主义伟大旗帜,以马克思列宁主义、毛泽东思想、邓小平理论、"三个代表"重要思想、科学发展观为指导,全面贯彻党的十八大和十八届三中、四中、五中全会精神,深入贯彻习近平总书记系列重要讲话精神,牢牢把握"四个全面"战略布局、"五体一体"总体部署和五大发展理念,主动适应新常态发展要求,加快融入国家"一带一路"、自治区"双核驱动"和玉林市"两城市一中心"发展格局。紧抓国家实施"九洲江跨省区生态补偿试点"的重大机遇,深入实施"工业强县、旅游活县、生态美县"发展战略,以美的理念改造陆川,将生态文明贯穿"十三五"发展全过程,以马盘二级公路沿线产业园区、示范基地、重点乡镇为载体,以构建生态优美、产业发达、开放合作、共享共赢的生态产业经济带为目标,在提质增效、破难题补短板、增进民生福祉等重要工作上克难攻坚,精准发力,全面提升陆川生态水平、全面推进陆川经济转型升级、全面改变九洲江沿岸群众生产生活方式,全力打造跨省区小流域治理的典范、产业转型升级的典范、生态文明的典范,坚决打赢脱贫攻坚战,奋力建成生态文明示范区、粤桂经济生态合作试验区和广西现代特色农业示范县,奋力实现与全国、全区、全市同步全面建成小康社会。

陆川县"十三五"新常态下加快经济社会发展必须坚持和遵循以下原则。

坚持党委领导、政治保证原则。坚持党委领导核心地位,把正确有效执行党的路线、方针、政策作为经济社会健康可持续发展强有力的政治保证,不断增强贯彻执行党的基本路线、基本纲领和基本政策的自觉性、坚定性。

坚持发挥优势、科学发展原则。坚持以科学发展观为指导,立足县情实际,发挥优势,释放潜能,着力改造发展传统优势工业,加快发展现代特色农业,积极发展特色旅游业,推动经济转型升级、提质增量。

坚持生态环保、绿色发展原则。牢固树立生态环保、绿色发展理念,以九洲江环境治理与保护为重点,努力探索经济与生态协调发展的新模式,促进经济与生态相融合、人与自然相协调,加快建设资源节约型、环境友好型社会。

坚持改革开放、创新发展原则。实施创新驱动发展战略,深化重点领域和关键环节的改革,激发市场主体活力,拓展发展新空间,构建全方位、宽领域、多层次的开放格局,进一步提高开放型经济发展水平。

坚持民生为本、共享发展原则。把民生改善作为经济社会发展的根本出发点和落脚点,推进基本公共服务均等化,不断提高人民生活质量和幸福指数,保证全县人民共享经济发展和改革开放的成果。

第二节　战略定位

以增进人民福祉为核心,以共享发展为根本,以绿色发展为前提,以创新发展为动力,以协调发展为抓手,以开放发展为引领,全力打造粤桂经济生态合作试验和生态文明示范区。

生态文明示范区。积极做好九洲江跨省区生态补偿试点工作,推进形成主体功能区布局,构建科学合理的城市化、农业发展、生态安全、自然岸线格局,扎实推进美丽乡村建设,加快创建全国农村污水垃圾处理示范县、广西现代特色农业示范县、广西生态养殖示范县,努力走出一条具有陆川特色的产业强、百姓富、生态美的绿色转型绿色崛起之路。

战略方向:

△　全国农村污水垃圾处理示范县
△　九洲江流域环境治理综合示范区
△　客家温泉生态旅游文化城

粤桂经济生态合作试验区。充分发挥陆川县的资源禀赋,依托粤桂产业合作示范区建设,以推进交通基础设施互联互通为基础,以构建生态经济体系为核心,加强陆川与粤港澳及北部湾等地区的产业合作和环境合作,在环境保护优先基础上积极承接发展东部地区转移产业,推进区域产业协同可持续发展,打造粤桂经济生态合作试验区,为全区及全国中西部地区承接东部转移产业、构建生态经济体系实现转型及科学发展发挥示范作用。

战略方向:

△　粤桂跨省流域合作治理示范县
△　粤桂跨省产业转移集聚地
△　广西生态经济强县

广西现代特色农业示范县。以保护和改善生态环境为前提,以农业提质增效为目标,加快"陆川猪"养殖、加工、销售等环节生态化改造,提高产品附加值。加快优化调整农业结构,通过示范带动引导养殖大户逐步壮大生态牛、生态羊等特色养殖规模,充分利用互联网+模式,加快推进现代特色农业(核心)示范区建设,推进农业与旅游业融合,推动生态观光农业发展,实现农业种植多样化以及养殖模式生态化、特色化、规模化,打造广西现代生态农业示范县。

战略方向:

△　广西生态养殖示范县
△　广西现代特色农业(核心)示范区

第三节　发展目标

围绕建成生态文明示范区、粤桂经济生态合作试验区、广西现代特色农业示范县和实现与全国、全区、全市同步全面建成小康社会的总体目标,"十三五"时期要努力实现以下经济社会发展主要目标:

——经济保持较快增长。地区生产总值年均增长8%以上,比2010年翻一番以上;财政收入年均增长7%,固定资产投资年均增长14%,规上工业增加值年均增长9%,社会消费品零售总额年均增长9%。

——人民生活水平持续提升。居民人均可支配收入年均增长8.5%,比2010年翻一番以上;农村贫困人口全部脱贫,就业、教育、医疗、文化、社保、住房等公共服务体系更加健全。

——生态环境质量显著提高。完成九洲江跨省区生态补偿试点任务,节能减排降碳完成上级下达任务,空气、水体、土壤环境质量优良。

——民主法治建设全面加强。社会治理能力明显提升,群众安全感和满意度全面提升,公民文明素质和社会文明程度明显提高,形成共建共享、团结进步、平安和谐的社会局面。

表70 　　　　　　　　　　　陆川县"十三五"规划主要指标

类别	序号	指标名称	单位	2015年完成	2020年	年均增长(%)	五年累计	属性
经济发展	1	地区生产总值	亿元	218.93	322	8	103.07	预期
	2	人均地区生产总值	元	27300	40113	8	12813	预期
	3	财政收入	亿元	13.33	19	7	5.67	预期
	4	固定资产投资	亿元	177.74	342	14	164.26	预期
	5	社会消费品零售总额	亿元	52.83	81	9	28.17	预期
	6	进出口总额	万美元	502	672	6	170	预期
	7	工业增加值比重	%	42.65	42	—	−0.65	预期
	8	服务业增加值比重	%	35.2	45	—	9.8	预期
	9	常住人口城镇化率	%	45	50	—	5	预期
		户籍人口城镇化率	%	30.6	35	—	4.4	预期
创新驱动	10	研究与试验发展经费支出占地区生产总值比重	%	1.2	2	—	0.8	预期
	11	每万人口发明专利拥有量	件	0.014	0.03	—	0.016	预期
	12	科技进步贡献率	%	42	50	—	8	预期
	13	互联网普及率	%		53			预期
民生福祉	14	常住人口	万人	79.12	82.54	8.5‰	3.42	预期
	15	居民人均可支配收入	元	17229	25965	8.5%	8376	预期
	16	劳动年龄人口平均受教育年限	年	8.6	12	—	3.4	约束
	17	城镇新增就业人数	万人	0.451	0.5	—	0.049	预期
	18	贫困人口脱贫	万人	—	1.72		8.6	约束
	19	基本养老保险参保率	%	68	90	—	22	约束
	20	城镇保障性安居工程建设	套	583	299			约束
	21	每千常住人口执业(助理)医生数	人	1.3	2	—	0.7	预期
	22	每千名老人养老床位	张	12.2	35	—	22.8	预期
生态文明	23	耕地保有量	万亩	64.36	64.36	持平		约束
	24	新增建设用地规模	公顷	—	—	—	760	约束
	25	万元生产总值用水量	吨/万元	—	122	—	—	约束
	26	森林覆盖率	%	58.61	58.61	持平		约束
	27	县城空气质量优良率	%	—	>80	—		约束
	28	主要江河流域水质优良比例	%	—	>96	—		约束
	29	劣Ⅴ类水体比例	%	—	<5	—		约束
	30	单位生产总值能源消耗降低	%					
	31	非化石能源占一次能源消费比重	%					
	32	单位生产总值二氧化碳降低	%					
	33	主要污染物排放量降低	%	完成目标	玉林市下达			约束
		其中:化学需氧量	%					
		氨氮排放量	%					
		二氧化硫排放量	%					
		氮氧化物排放量	%					

第四节 空间布局

合理划分主体功能区,优化城镇空间布局,引导县域产业功能分区,统筹推进国民经济和社会发展规划、城市总体规划、土地利用规划、主体功能区规划等"多规合一"。

主体功能区空间布局。按照国家和广西主体功能区规划要求,根据县域不同区域自然生态及资源特点状况、环境承载能力、现有开发密度及发展潜力,统筹确定县域人口分布、经济布局、土地利用和城镇化格局,科学划分陆川县域生态功能空间、农业生产空间和城镇发展空间,合理明确各区域范围、主体功能和开发方向,合理控制国土开发强度,形成舒适宜居的生活空间、集约高效的生产空间和山清水秀的生态空间。

城镇空间,以人口和产业聚集为主体功能,重点推进城镇化建设、工业发展和提供服务产品。主要包括珊罗镇、马坡镇、米场镇、沙湖镇、温泉镇、大桥镇等建设空间及其规划拓展空间,占县域总面积的18.7%。

农业空间,以提供生态农产品为主体功能,包括基本农田保护区、一般农用地及林业区、农村居民点等区域,重点发展特色农业、生态农业和现代农业,增强农产品供给能力。主要分布在横山镇、乌石镇、滩面镇、良田镇、清湖镇、古城镇等,占县域总面积的58.6%。

生态空间,以提供生态产品为主体功能,是全县重要的生态屏障、水源涵养区,重点推进生态建设和环境保护。主要分布在平乐镇、沙坡镇、东山森林保护区等,占县域总面积的22.7%。

第二篇 交通优先强基础,构筑跨省大通道

坚持"优先发展、适度超前"的原则,大力实施"交通优先发展"战略,重点推进"两条高速公路、两条一级公路和一个动车站"建设,强化城乡城际交通道路衔接协调。到2020年,基本形成跨省出海的现代化综合交通体系。

第一章 对外互通,建设快捷通道

以"修高速、接高铁、二改一"为引领,构筑"跨省出海"的现代立体交通网络格局。铁路方面,积极配合玉林至铁山港铁路、黎湛铁路电气化改造,力争把通往玉林的动车延伸至陆川,加快陆川动车站规划建设,大力推进陆川动车接通南宁、桂林、广州高铁站。高速公路方面,加快建设玉林经陆川至湛江高速路、南宁(苏圩)经陆川至北流清湾高速路,形成便捷高效的高速路通道。其他县际连通公路方面,配合茂名经陆川至玉林一级路、玉林环县一级路(陆川段)建设,推进清湖至浦北、岑溪南渡至陆川、黄凌至甲隆和连通平乐、横山、古城三个镇等一批等级路建设,形成内通外连、四通八达的公路交通网,改善陆川与周边市、县的公路交通条件。到2020年,形成连接珠三角与北部湾经济圈的陆路交通大动脉,实现区域交通、物流无障碍,累计建设轻轨铁路40千米,高速公路120千米,一级公路33千米,二级公路90千米。

第二章 改造提升,完善县域路网

按照全面建成小康社会的要求,加快推进城乡路网建设,畅通交通"毛细血管",不断优化乡村路网结构,显著提升路网综合服务能力。围绕公路改造升级工程,着重抓好马坡至陆川县城"二改一"工程、马坡至平乐"三改二"等工程建设,提升道路服务能力和通行效率,完善县域交通运输主干道,累计建设农村公路路面加宽改造22条,县乡联网公路建设项目10个以上。围绕"屯屯通沥青(水泥)硬化路"建设,实施联网路建设工程,逐步修复断头路、烂路、危路,提高行政村之间连通率,到2020年,实现累计修建2304千米以上屯级水泥硬化道路。围绕畅通重点旅游景点路网,实施专用道升级改造工程,重点推进谢鲁山庄、龙珠湖风景区、谢仙嶂景区、龙颈瀑布等重要景区路网建设,增设旅游景区客运专线,切实解决旅游产业大发展的交通瓶颈。围绕桥梁新建改造工程,重点推进清湖桥、林垌桥等桥梁改造建设,全力消除危桥安全隐患,保障民众出行安全。多途径多渠道争取资金,加大对农村公路管理养护投入力度,切实抓好农村公路管理养护工作。到2020年,实现农村公路新建桥和危桥改造30座,县镇村公路基本达到"通、畅、联",100%的自然村屯(超20户)通硬化道路。

第三章 提高服务,保障运输安全

统筹各种运输方式协调发展,缩短客运换乘距离、货运连接距离,推进铁路、公路、货站场、公共交通有机衔接,提高综合交通服务水平。加大铁路、公路货站场建设力度,建设一批货运集散中心,改造铁路货站点,构建精益化、专业化货运体系。加强城乡客运网络建设,新建、扩建一批城乡客运站,推进城乡干线客运与农村专线发展相衔接。加快推进城乡公共交通网络建设,努力构建城乡一体的公交网络体系。结合景区特色和游客量,开展多种运输方式的旅游客运专线,提升旅客运输服务供给能力,加快运用现代信息技术,大力推广节能环保运输工具和运输方式,推动交通绿色地毯和智能化发展。加强交通安全监管,保障运输安全。

专栏1 交通设施建设项目

铁路:玉林至铁山港铁路、黎湛铁路电气化改造;玉林至海口高速铁路(陆川段)项目;贵港至湛江高速铁路(陆川段)项目;玉林至陆川轻轨铁路项目。

高速公路:玉林至湛江高速(陆川段)项目;南宁苏圩至北流清湾高速(陆川段)项目。

等级公路:马路圩至县城公路"二改一"改造工程;玉林市环县一级公路陆川段;茂名至玉林一级路陆川段;清湖至浦北、陆川至大桥至横山、清湖至古城、岑溪南渡至陆川、黄凌至甲隆等二级路建设及改造项目;马坡至平乐"三改二"项目;等等。

桥梁：清湖桥桥梁改造；林垌桥桥梁改造；滩面镇罩村铁路立交桥改造、大桥镇大桥村红岭岗铁路涵道口建设项目等。

旅游景区路：谢鲁山庄、龙珠湖风景区、谢仙嶂景区、龙颈瀑布等重要景区专用道建设项目。

客运站建设：陆川县客运中心工程建设；增开旅游景区客运专线；增建城北客运站、城南客运站和城东运美客运站，搬迁二运站等项目。

货运站建设：14个货运集散中心。

屯级路建设：1005条屯级路（约计2304千米）建设项目。

停车场：县城立体停车场建设项目。

第三篇　工业强县助跨越，绿色体系创品牌

以技术改造、两化融合、智能制造、绿色发展、制造业服务化为导向，培育发展新动能，深入实施"工业强县"战略，推动产业转型升级，促进工业绿色发展，坚定不移地打造引领经济发展的新动能、新引擎。

第一章　优化布局，加速集聚发展

以园区为载体，以特色产业为重点，按照资源整合、错位发展、特色突出的思路，加快规范产业选择与引入，加快产业集群化和规模化发展，积极引导产业集聚发展，强化区域经济联动、产业协作发展，促进园区建设与产业发展接轨，形成"一带四区"的工业布局；大力发展绿色工业，推动传统产业转型升级，培育发展特色产业，壮大发展战略性新兴产业，逐步构建"6+4"生态工业体系，加快引领工业绿色科学发展。力争到2020年，全县工业结构优化，工业总产值力争突破450亿元，绿色工业主导地位进一步凸显。

专栏2　绿色工业空间体系

"一带四区"工业布局

一带，马盘二级公路绿色工业发展带。

北部工业集中区，重点建设北部工业园区先进制造业基地，集聚发展新型建材制造及工业物流产业，构筑北部机电、建材、物流工业园区。

龙豪创业区，以建设先进创业就业示范基地为目标，重点布局机电制造、汽车配件加工业、电子电器、针织服装、健康食品、中医制药等产业。

南部临海工业区，重点发展风能、太阳能等绿色产业，形成南部新能源产业园，加快承接东部产业转移，打造粤桂跨省产业转移集聚地。

建材物流产业区，重点发展新型建材业、现代物流业，形成生态型建材物流园。

"6+4"生态工业体系。"6"即改造提升6大传统产业，包括机械制造产业、建材产业、林产加工产业、机电产业、饲料生产加工产业和农副食品加工产业；"4"即培育发展4个战略性新兴产业，包括医药健康产业、新能源产业、电子信息产业和节能环保产业。

第二章　强化建设，盘活发展动力

坚持工业园区化、园区城镇化的发展理念，大力实施园区经济倍增跨越计划，完善园区基础设施，推动优质生产要素科学合理配置，形成园区支撑产业发展、产业发展强化园区定位、园区定位催化城镇功能、城镇功能推动工业升级的良性互动，推进粤桂绿色工业转型发展合作。

第一节　完善园区基础设施

以产城互动发展为目标，按照统一规划布局、集约利用土地、生产生活分开、主导产业明确、基础设施适度超前的原则，加强工业园区规划建设，融入城镇化发展，实现工业梯度开发、差异性竞争、特色化发展。加强园区基础设施建设，重点完善园区污水处理厂布局，形成有规模、上档次、高格局的基础设施和标准厂房建设，提高环境承载力。探索集供水、供电、排水、通讯和网络等各种管线于一体的地下综合管廊建设，改变各自建设、各自管理的局面。推动土地平整项目，加快园区生产、孵化、物流、生活功能区建设，完善园区配套功能，推动园区"七通一平"基础设施项目建设，全面推进园区新修路网的绿化、亮化等工程，着力提升园区形象，增强吸引力，加快工业园区化、园区城镇化建设步伐。

第二节　强化园区支撑平台

以"智能化"为方向，搭建产业信息平台，实施"互联网+"行动计划，发展分享经济，重点推进信息化电子商务平台、农村信息化综合信息中心等平台建设，深化以闲置土地、厂房入股进行再发展的模式，推动闲置土地资源、闲置厂房等资源共享，盘活空置土地、厂房，鼓励低效利用土地再开发，提高资源的利用率。以产业链招商为方向，强化产业招商平台，充分利用玉博会、南博会等平台，重点寻找机械制造、农副食品加工、饲料生产加工等特色优势产业上下游链条环节，有目的、有针对性地引进关联度高、辐射力大、带动性强的项目，形成链式产业，打造健康食品加工和机械装备制造业的产业集群，形成倍增效益，推动陆川县工业经济快速发展。

第三节　建立区域合作发展长效机制

着力推动签订区域合作框架协议，重点建立与广东、浙江、福建等省合作发展的长效机制，努力消除政策差别，争取在财政、税收、工业用地价格政策、投融资体制等方面享受同等待遇，实现政策一体化。打造区域联络交流平台，落实建设区域产业合作示范园。定期召开信息发布会、项目推介会和政策宣讲会，对外宣传陆川县的投资环境和优

惠政策,加强双边联系。建立健全新型人才技术引进机制,完善人才资源配置和人才激励等配套政策,保障产业合作长效发展。

第三章　转型改造,突破传统瓶颈

　　围绕"产业转型升级实现新突破"目标,以技术改造、两化融合、绿色发展、制造业服务化为导向,积极推进机械制造、建材、林产加工、机电、铁锅、饲料生产加工和农副产品加工等传统优势产业的生态化改造升级,促进产业结构向产业集群转变,生产方式向柔性、智能、精细转变,资源利用方式向高效和绿色低碳转变。

　　机械制造业。重点发展工程机械、农用机械、汽车及零配件等产业,加快先进机械制造产业向北部工业园区集聚发展。积极引导玉柴重工、开元机器、金创汽配、永大汽配、开元农机、永发机械等一批龙头企业进行工艺技术装备更新改造,鼓励企业广泛应用数字化、智能化、网络制造等技术,支持开展绿色清洁生产,推进产业绿色改造,建立绿色低碳发展产业体系。

　　建材产业。重点发展新型干法水泥、商品混凝土、水泥及特种水泥制品、新型墙体材料等建材产业,采取财政贴息、加速折旧等措施,扶持发展建材环保科技产品。推动建材业技术改造,加强对外合作和技术引进,提升建材业竞争力,坚持有保有压,化解过剩产能。

　　林产品加工产业。以发展林木精深加工产业为方向,积极引进新型环保林产加工企业,重点扶持广西高峰(陆川)人造板、三力木业等龙头企业做大做强;以二三融合为方向,积极推进陆川县木材精深加工与商贸流通业对接,打造林产品市场流通平台,形成完整的林木经济产业链和产供销服务一条龙的区域性木业产品交易集散地。

　　机电产业。重点发展轮船发电机、日用小型发电机等机电产业,开发利用网络化、数字化、智能化等技术,加强核心技术与基础配套能力建设,推动机电业转型创新发展。大力扶持以陆洲机电、志强机电为代表的重点龙头企业,加快带动机电业微小企业发展。积极整合行业资源,加快机电行业与机械装备制造业的对接,推进产业链招商,逐步引进机电业上下游企业,延长产业链。

　　铁锅铸造业。策划实施陆川铁锅品牌战略,扩大宣传范围,鼓励本土企业与外商开展合作,推进生产工艺精细化,提升产品质量,丰富产品类别。通过整合资源,组建陆川县铁锅企业集团,形成规模化生产、产业化经营、集团化管理的格局,着力打造名副其实的"中国铁锅之都"。

　　饲料生产加工产业。以双胞胎、正邦、九鼎等大型饲料企业为龙头示范,加快推进二三产业融合发展,鼓励企业创新饲料加工业发展模式,推广新型标准化饲料,推动种植、养殖和加工业的高效对接,巩固集保种选育、器械制造、饲料生产、产品深加工、销售于一体的生猪产业链。

　　农副食品加工产业。充分利用陆川县丰富的特色农产品资源和"陆川猪""乌石酱油"等品牌效应,积极实施优势互补合作战略,打造农副食品品牌,重点引进有实力的大型食品深加工企业,大力发展屠宰及肉制品深加工、中药材加工、果蔬深加工、酱油生产等农副食品加工业,加快食品加工由初加工向精深加工转变,扶持聚银集团、远邻集团、神龙王集团、元安元公司等企业发展。推进陆川特色食品产业集聚区项目建设,积极引导酱油加工作坊走上公司化产业化道路。加快开发健康有益、安全无害的系列产品,打造健康养生食品品牌。

第四章　厚植优势,培育新兴业态

　　发挥陆川县"陆川猪"特色资源、"铁锅之乡"品牌优势,充分利用国家、自治区对战略性新兴产业的扶持,积极引进培育一批战略性新兴产业,力争创建自治区战略性新兴产业集聚发展基地,构建起包括医药健康、新能源、节能环保、电子信息等战略新兴产业的现代工业体系。

第一节　医药健康产业

　　依托陆川县丰富的中草药优势和中医药等民族医药特色,重点发展中医制药、中药养生、中药保健、医疗器械、保健器具、铁锅生产等医药健康产业。加快医药企业兼并重组,培育壮大骨干企业和品牌,提高产业集中度和专业化分工水平;重点推进蓝正药业中药材深加工项目,鼓励医药健康产品生产工艺精细化,提高产品质量;深化粤桂医药健康产业合作,加强产业技术研发合作,推动产学研一体化合作,加快与医疗机构、康复疗养、养生养老服务机构合作,促进医药健康产业与服务业融合发展。

第二节 新能源产业

坚持"生态引领、低碳支撑、循环驱动"原则,紧抓国家实施"东产西移"的重大战略机遇,淘汰高污染高能耗工业企业,培育发展太阳能、风能、生物质能源等战略性新兴产业,发展新型无污染绿色工业。太阳能产业,重点推进陆川县滩面35兆瓦光伏发电项目;推动行业规范建设,鼓励光伏产业工业技术创新;创新产业发展模式,推动光伏产业和观光农业相结合,统筹一二产联动发展。风能产业,重点引进和培育风能项目,全面统筹协调全县新能源(风电)规划与开发工作,加快广西桂冠电力、特变电工、远景能源等陆川风电项目建设。生物质能源产业,大力发展集约化专业养殖场和工业沼气工程,发展生物质气化提纯、沼气发电、垃圾焚烧发电,积极推广生物质气化多联产技术,重点推进陆川县生物质能源综合利用工程试点、博世科固体废弃物综合处置等绿色项目,争取将陆川县打造成为广西重要的新能源生产基地。

第三节 电子信息产业

积极承接电子信息产业转移发展,重点发展电子信息产品制造、通信设备、数字化产品、集成电路与新型电子元器件。加快发展汽车电子产品和数字化装备制造产品、高亮度LED发光器件、模组及成套应用产品。鼓励企业开展产品标准化、自动化、规模化生产。实施"互联网+"行动计划,充分利用网络营销平台,拓宽销售渠道。瞄准国内市场,逐步从代加工转型到创建自主品牌。

第四节 节能环保产业

以节能减排降耗为导向,加快节能环保重点工程建设,推动节能环保和再生产品消费。积极引进节能环保产业企业,积极争取国家绿色发展基金,推动节能环保降温隔热材料生产项目建设,逐步扶持发展节能环保产业。鼓励企业引进、自主研发节能环保技术,提高重大节能与环保专项装备的生产制造能力。创新产业发展机制,鼓励引导社会资本包括民间资本积极参与投资节能环保产业。

> **专栏5 战略性新兴产业主要项目**
>
> 现代医药产业:蓝正药业中药材深加工项目、产学研一体化示范基地。
>
> 新能源产业:滩面35兆瓦光伏发电项目;广西桂冠电力陆川风电项目;特变电工陆川风电项目;远景能源陆川风电项目;陆川县生物质能源综合利用工程试点项目;等等。
>
> 电子信息产业:顺达电子设备生产线项目。
>
> 节能环保产业:节能环保降温隔热材料生产项目。

第五章 工业强基,提升核心能力

以"大众创业、万众创新"为理念,实施工业强基工程,重点推进产业研发、测试、检验技术基础工程,培育品牌工程,加强产业技术基础、先进基础工艺、关键基础材料、核心基础零部件等建设,提升工业基础能力。继续实施抓大壮小扶微工程,精心打造一批骨干龙头工业企业,重点培育和支持成长性良好的中小企业。培育名优产品,推动二次创业,编制滚动的重点技术创新项目计划,提高技术研发投入比重,重点围绕先进机械装备制造、铁锅等传统产业,以及电子信息、生物制药等新兴产业,以及食品、农产品等特色消费领域,加快新产品、新技术、新工艺、新装备和关键技术开发应用速度,推出一批叫得响的产品,打造陆川品牌名片。鼓励企业有序通过创业板、新三板等市场上市融资。创建产业发展扶持基金,充分利用"猪保贷"扶持一批加工企业,对战略性新兴产业、战略优势产业、文化旅游、节能环保等对陆川发展起重要支撑或引领作用的项目和行业给予资金补助扶持。

第四篇 农业稳县促发展,示范引领显特色

围绕建设广西现代特色农业示范县,坚持把解决好"三农问题"作为全局工作的重中之重,推进农业供给侧结构性改革,切实拉长农业这条"四化同步"的短腿,加快实施大田园战略,建设马盘二级公路沿线生态种植示范区,推动农业增量、扩容、提质发展,构建生态绿色、产出高效、产品安全、资源节约、环境友好的现代生态农业体系,实现由农业大县向生态特色农业强县转变。到2020年,农业总产值突破100亿元。

第一章 优化格局,促进规模发展

坚持因地制宜、突出特色的原则,大力发展生态特色农业,引导农产品多样化、优质化、专业化,将农业比较优势转化为产业优势、产品优势、竞争优势,形成"一廊三区多基地"农业发展格局。

"一廊",即沿马路圩—盘龙二级公路的马盘百里现代生态农业长廊。珊罗、马坡、大桥、滩面、良田、古城等镇(水源地生态脆弱区除外)重点发展生态养殖业和火龙果、砂糖橘、葡萄、苗木等生态种植业结合的生态立体循环养殖;温泉镇、大桥、乌石等九洲江干流区域重点布局优质水稻、果蔬等生态种植业。

"三区",即以乌石镇和滩面镇为核心的"九洲有机田园"现代特色农业(核心)示范区,主要种植特色水果(葡萄、火龙果、猕猴桃)、花卉、淮山等特色生态农作物;以乌石镇、滩面镇和良田镇为核心的中药材种植专属区,主要种植何首乌、橘红、淮山、天冬、牛大力、鸡骨草、黄栀子等中药材;以乌石镇、清湖镇、沙坡镇、珊罗镇为核心的农业观光区,主要发展旅游观光果园、中草药种植农业观光和农

业体验休闲旅游。

"多基地",即珊罗镇千亩韭菜基地、马坡镇千亩橘红基地、大桥镇千亩火龙果和果蔗基地、乌石镇千亩番石榴和千亩中药材基地、滩面镇千亩生姜基地、龙珠湖千亩油葵基地以及良田、清湖镇万亩橘红种植基地等一批富有特色的种植基地,形成"一镇一业、一村一品"格局。

第二章　特色种植,培育优质名品

按照"因地制宜,突出特色,一镇一业、一村一品"的工作思路,充分挖掘粤桂生态农业合作空间,优化产业布局,重点发展优质稻、优质果蔬、中药材高效农业,推动特色种植业生态化、规模化和产业化发展,构建现代生态种植业体系。

优质稻产业。把稳定粮食生产作为重要任务,发挥全国粮食高产示范县、全国商品粮基地县优势,以无公害、绿色、有机生产为方向,继续推广优质高产高抗的杂交水稻品种,积极发展高产优质水稻,建立粮食作物高效开发的示范样板。支持和引导资金和社会力量发展水稻产业,培育壮大米业龙头企业和农民专业合作社,推广"公司(协会)+ 基地 + 农户"模式,促进水稻生产、加工集约化发展,提高现代生产经营水平。重点抓好温泉镇、大桥镇等 3 个万亩水稻基地建设。鼓励农户种植富硒大米,加快富硒产业发展步伐。加强陆川大米品牌建设,通过包装、宣传推介等方式,提升陆川米品牌影响力。

中药材产业。以九洲江流域为重点区域,引导农户发展 16 万亩何首乌、橘红、淮山、天冬、牛大力、鸡骨草、黄栀子等优质中药材种植,推动中草药材产业发展。重点推进中药材种植专属区建设和何首乌、橘红种植示范基地和村镇示范点建设,力争打造成为全国"橘红之乡"、中药材生产大县。加快谢鲁山淮山种植基地和永春花木中药材种植基地建设,推进中药材产业现代化生产。加强与科研院校联系,支持和引导资金和社会力量发展中草药产业,鼓励和引导企业引进先进加工技术,扶持一批加工出口龙头企业,推进中药材精深加工,打造中国重要的橘红、何首乌生产加工基地。在中药材种植的基础上发展休闲、观光产业,重点推进澳之山欢乐本草生态园项目建设。加强中药材品牌建设,重点培育以何首乌品牌、橘红、淮山为主的优势特色中草药品牌,积极开展知名品牌示范创建工作。

优质水果产业。通过改良品种、优化结构、提高品质、突出加工、强化营销、做优品牌,提高水果产业品质和效益。重点实施"优果工程",建设以荔枝、砂糖橘、百香果、葡萄、火龙果、胭脂果为主的优质水果基地,构建南亚热带优质水果产业带。荔枝以稳定面积、调优和提升品质为主,优化荔枝品种结构。砂糖橘、葡萄、火龙果以扩大种植规模、提高科技含量为主。胭脂果以古城镇和清湖镇为重点发展区,加快推进建设大棚育苗基地,促进胭脂果种植业产业化发展。推动种植业企业化经营,发展水果深加工企

业,着力建设一批精品果园和旅游观光生态果园。

蔬菜产业。推动蔬菜规模化种植、产业化经营,重视开发广东地区的蔬菜消费市场,推进蔬菜"一镇一品"建设。推行蔬菜专业化规模生产,积极发展绿色无公害蔬菜,形成规模化、专业化、标准化、生态安全的特色鲜明的蔬菜基地。重点引进台湾热带蔬菜、食用菌等,建设海峡两岸(广西玉林)农业合作试验区陆川现代农业高科技产业基地。充分利用冬闲田资源,种植冬季蔬菜,满足珠江三角洲、长江三角洲都市经济圈等市场需求,重点发展冬季马铃薯、秋冬蔬菜、菌类等。

> **专栏6　特色生态种植业主要项目**
>
> 优质水稻、水果、中药材、蔬菜等一批特色种植基地建设;九洲江上游万亩有机田园项目;中药材种植专属区项目;火龙果扩种项目;橘红、淮山等中药材 GAP 种植基地建设;永春花木中药材种植基地;澳之山欢乐本草生态园项目;海峡两岸(广西玉林)农业合作试验区陆川现代农业高科技产业基地。

第三章　生态养殖,打造全国名牌

以生态养殖为主线,进一步优化全县养殖结构,大力发展高架网床养殖、畜—沼—林(果、蔬)"等种养结合的立体循环养殖模式,形成以生猪为重点,牛羊、家禽、水产等规模养殖共同发展的生态养殖业结构。到 2020 年,生态养殖业总产值超过 50 亿元,肉类产品加工率达 20%,打造成为广西生态养殖示范县。

大力发展生猪生态养殖。制定实施《生猪生产大县奖励资金实施方案》,引导生猪产业生态化、产业化发展。以九洲江流域各镇为重点,推进生猪标准化规模养殖场(小区)建设,推进生猪规模养殖场清洁标准化建设和养殖治污设施建设,开展生猪小散养殖(户)场污染整治工作,到 2017 年底,九洲江干流限养区生猪规模养殖场完成高架网床模式为主的生态养殖模式改造。加强养殖业监督管理,推进病害畜禽无害化处理厂和有机肥厂建设。鼓励种猪养殖场开展陆川猪选育,积极推广优质品种养殖,提升陆川猪产品市场竞争力。做优做强龙头企业和农民合作组织(种养协会),培育产业化龙头;建设屠宰加工厂,引进较大规模的肉片加工企业,带动生猪产业化发展。加快申请成立中国名猪协会,推进陆川猪地理标志保护和产品质量认证工作,创建绿色食品牌。

积极发展肉牛、肉羊等特色养殖业。落实九洲江"万人"生态养殖培训计划,加大扶持力度,推广种养结合,引导有意愿的养猪户转行发展肉牛、肉羊、鸽、蛇、蜂、水产品等效益高、污染较小的养殖产业,加强专业养殖技术、管理培训,壮大生猪以外的其他水产畜牧产业发展,逐步促进陆川县由养猪大县转变为生态养殖大县。推广庭院养殖、

基地养殖、专业户养殖、小区养殖等养殖模式,引进和培育一批肉牛、羊等专业龙头企业和合作社,促进特色养殖业标准化、规模化、产业化发展,打造无公害养殖基地,创建生态品牌。大力推广果园养殖、草地养殖、林下养殖等多种养殖方式,壮大林下经济规模。

专栏7　生态养殖业主要项目

花园式大型养牛小区项目;养殖拆迁安置工程;生猪标准化规模养殖场(小区)建设项目;陆宝肉牛现代养殖示范基地项目;加拿大吉博克种猪培育项目;陆川猪品种资源保护、利用及产业化建设项目;高架网床标准化养猪建设项目;大桥、乌石、良田等重点养殖镇中小型(屠宰)加工企业项目;病死畜禽无害化处理工程。

第四章　示范带动,建设有机田园

依托龙头企业、合作组织实施生产标准化、管理企业化、投入集约化、社员职业化、产品品牌化,规划建设现代农业产业园,努力打造1个国家级综合标准化示范区、2个自治区级现代特色农业(核心)示范区、20个玉林市级现代特色农业(核心)示范区,示范带动全县现代农业发展。以做优核心区、做强拓展区、带动辐射区为方向,重点建设好"九洲有机田园"现代特色农业(核心)示范区,推进温泉、米场、沙湖、马坡、平乐、珊罗、沙坡、大桥、横山、滩面、良田、清湖、古城等镇示范区的创建实施工作。加快完善水、电、路、通信、环保等基础设施,推广应用钢架大棚、喷滴灌现等现代农业设施,提高设施装备化水平。完善并落实示范区现代农业标准体系,鼓励发展有机农业,促进示范区标准化发展,创建无公害品牌。推进"清洁田园"与"清洁农业"结合发展,在中草药种植基础上造一批休闲、观光、科教基地和产业园,拓展示范区观光、休闲功能,推进全国休闲农业与乡村旅游示范县建设。

专栏8　农业示范区主要项目

"九洲有机田园"现代特色农业(核心)示范区;温泉、米场、沙湖、马坡、平乐、珊罗、沙坡、大桥、横山、滩面、良田、清湖、古城镇等13个市级示范区建设项目。

第五章　高效经营,培育龙头带动

推广农村土地承包经营权确权登记颁证,建立健全土地流转服务中心,规范运作农村产权交易中心,促进农村产权规范有序流转交易。加快土地向种养大户、合作经济组织、农业保护区集中,推进农业适度规模经营。加快培育新型职业农民,推进"三社合一"体系建设,形成以专业大户、农民专业合作社、家庭农场、农业龙头企业为代表的新型农业经营主体。打造农村"接二连三"的农业安全生产

链,推动农业与工业、第三产业有机衔接,扶持龙头企业建基地,拓展农产品加工、休闲、观光等功能。加大产销合作力度,组建专业合作社、行业协会、农民经纪人队伍,大力发展"企业+基地+农户""协会+农户+市场"等多种模式,大力发展订单种植,提高农产品流通效率。探索农户土地入股"底金+分红+劳务收入"方式,支持和鼓励农业经营主体创建名牌。力争2020年实现农业产业化跨越发展,培育出2家位居全区同行业前列的骨干龙头企业,10家规范运行的农民专业合作社,形成100个特色效益突出的"一村一品"专业村(屯)。

第六章　农粮安全,构建保障体系

加强农业科技技术的培育和使用,强化农业服务体系建设,保障农产品质量安全,构建现代农业支撑保障体系。

第一节　增强水利设施安全保障能力

围绕提升水利基础设施安全保障能力建设,着力构建防洪抗旱减灾体系、水资源合理配置高效利用体系,加快推进农田水利设施改造升级。到2020年,九洲江流域水利建设取得重大进展,实现防洪安全、供水安全、水生态安全的目标。

加快构建防洪抗旱减灾体系建设。围绕构建防洪抗旱减灾体系,按20年一遇防洪标准推进县城河道整治;按10年一遇防洪标准,加强重点涝区治理,提升各镇防灾减灾能力。推进大中型水闸除险加固工程,消除水闸工程安全隐患。完善九洲江、南流江等江河及水库水情测报系统,加强监测预警体系建设。加强防汛抗旱应急服务体系和防汛抗旱指挥体系建设,保障各类抢险物资,加强应急抢险救援队伍培训演练,提高灾害防御能力和应急处置能力。

完善水资源合理配置高效利用体系。围绕构建水资源合理配置高效利用体系,加强城乡饮水安全工程和饮水净化工程建设,建立水质监测中心,继续推进中小河流域治理和节水灌溉。建设县城九洲江供水工程,实施城区供水主管和配水支干管的延伸建设及加快周边村镇的供水管网铺设。积极拓展应急备用水源建设,确保应急供水保证率达到规划标准,全面保障群众饮用水安全卫生。抓紧建成秦镜、石峡、六潘、陆选水库,确保九洲江枯水期水质得到有效改善。推进九洲江水资源配置综合工程,提升工农业用水保障能力。

加快农田水利设施改造升级。强化农田水利设施建设,进一步完善农田灌溉设施建设,实施水库万亩灌区主干渠道修复改造工程,推进中型灌区配套改造、小型农田水利(田间排灌渠系配套工程)建设,提高渠道水利用率。加大防洪堤、护岸步级建设,保障河流沿线农田的防洪安全。推广农业节水技术,改善农田灌溉条件,增强农业发展后劲。

专栏9　水利建设主要项目

　　九洲江水利建设综合工程:中小河流综合治理工程;九洲江河道疏浚、清淤、清污工程;九洲江流域水土保持综合治理工程;九洲江源头水源一级保护区综合整治工程。

　　河堤工程:九洲江、南流江等河流防洪堤新建改造工程。

　　水源拓展工程:县城九洲江供水工程;九洲江水资源配置综合工程。

　　水环境保护工程:水源保护工程;横山水库、石夹水库、六潘水库、秦镜水库、陆选水库、南田二库工程。

第二节　提高农业科技服务水平

　　加大农业科研补贴,提升农业科技创新能力。加强基层农业技术推广体系机构、队伍、运行机制和设施条件建设,整体提升科技服务能力。加强中药材、水果等农产品的科技研发,积极与科研机构及先进生产地区的进行学习、交流与合作,培育特色中药材、水果等特色产品。加强实用技术培训和指导,大力推广设施农业、循环农业、精准农业、休闲农业、有机农业等高效农业模式,发展特色农业技术集聚示范区。

第三节　健全农业社会服务体系

　　构建新型社会化服务组织,加快组建一批种苗、养殖种植、机械化作业、疫情病害综合防治等专业合作组织,为农业生产提供完善高效的专业化服务。加强对农资市场和农产品质量的监管,加大源头监管力度,预防重大动物疫情、农作物病害,建立农产品质量安全追溯信息系统。加强市场建设,积极举办名猪文化节等各类农业节庆活动和农产品交易活动。推进阿里巴巴农村淘宝、邮政"村邮乐购"等农村电子商务发展,继续实施"万村千乡市场工程"和"新网工程",推进"农超对接""农企对接""农校对接"等多种形式,搭建产销直挂平台。积极发展土壤水质动态监测、地理信息系统等,大力开发视频系统、短信系统、网络系统、3G系统等信息化服务,为现代农业提供更有效、更快捷、更精准的全面服务。

专栏10　农业支撑保障主要项目

　　农业基础设施:标准农田建设项目、农田水利建设项目。

　　农业科技服务:特色农业技术集聚示范区、陆川猪等良种繁育基地。

　　农业社会服务:农产品质量安全追溯信息系统、沙湖镇综合农贸市场、平乐镇观音塘农贸市场、农产品电子商务平台。

第五篇　旅游活县添活力,现代服务呈新态

　　紧抓国家、自治区、玉林市促进服务业大发展机遇,大力实施"旅游活县"战略,统筹推进商贸物流、电子商务、房地产、养老养生等服务业协同发展。到2020年,实现全县服务业增加值达到150亿元以上。

第一章　提升发展,打造旅游品牌

　　以打造广西特色旅游名县为契机,全面提升旅游环境、旅游产品、旅游文化的质量,促进旅游业提档升级,打造岭南民俗文化旅游目的地。到2020年,实现接待国内外游客达400万人次以上,旅游收入突破50亿元。

第一节　优化旅游布局

　　立足陆川县岭南客家文化、温泉疗养和生态休闲等旅游资源,依托马盘二级公路等主要交通干线和九洲江百里生态画廊,明确定位、突出重点,推动旅游业集聚,构建"一心一带三组团"旅游发展格局,一心即县城旅游集散中心,一带即九洲江百里生态旅游示范带;三组团即北部旅游组团、中部旅游组团、南部旅游组团。

第二节　打造四大旅游品牌

　　突出打造客家民俗文化旅游品牌。依托客家文化、历史文化等优势旅游资源,策划包装一批重大旅游项目,重点抓好"十里河画""欧客码头""九洲江记忆""如来空谷"以及世客城、谢鲁山庄、谢仙嶂、龙珠湖、东山运动养生公园、澳之山欢乐本草生态园等景区建设,打造4A级"九洲江百里生态旅游示范带"旅游风景区。开发一体化民俗文化旅游新干线,建设县城客家文化景观,加快推进客家建筑文化艺术展示区建设,打造陆川客家民俗、客家美食、客家文艺体验旅游路线。鼓励文化创意和设计服务进入旅游业,重点开发具有岭南地域特色和客家风情的旅游演艺精品和旅游商品,依托"风炮补胎"品牌,打造废旧轮胎艺术精品,大力发展参与式、体验式等旅游新业态。

　　突出打造乡村休闲旅游品牌。鼓励旅游资源丰富的村镇因地制宜发展旅游业,明确发展重点,把旅游项目与当地景观打造、风貌改造、功能布局紧密融合,结合"一村一屯一传统文化"延续历史文脉,承载文化记忆和乡愁,形成一批形式多样、特色鲜明的旅游示范村镇。依托我县竹子种植较多的特点,打造竹篱笆艺术节,重现"采菊东篱下,悠然见南山"的美景。引导农户经营农家乐、农家旅馆,扩大旅游消费。鼓励自行车旅游、自驾车旅游,鼓励学校组织学生进行寓教于游的红色文化旅游,积极开发适合老年人、妇女、儿童、残疾人等不同人群需要的养生度假、康体健身等乡村休闲旅游产品,满足广大群众个性化旅游需求。

　　突出打造温泉养生旅游品牌。充分发挥陆川温泉得天独厚的资源优势,建设温泉健康与疗养产业城,举办温

泉养生旅游节,大力宣传推广温泉疗养功能、温泉养生哲理以及陆川温泉历史文化渊源,积极创建中国长寿之乡。树立"经营理念",结合养老服务业、健康服务业,打造四季皆宜的以文化养心和温泉养生为主要内容的主题温泉旅游品牌,打造以温泉为核心的"温泉小镇"产业集群开发模式。

突出打造森林健康旅游品牌。加快发展东山森林文化公园、谢仙嶂等森林旅游景区,着力兴办"森林人家"等接待服务设施,打造"住森林人家、吃绿色食品、吸清洁空气、赏森林美景、品自然山水"的森林旅游新形式。大力推动"村屯绿化",引导林农种植生态与经济效益兼备的树种,实现"环境得绿,农民得利",扩大森林旅游覆盖面。

第三节 推动旅游业与其他产业融合发展

加快推进旅游与文化、农业、城镇化等相融合,促进旅游转型升级。加快旅游与农业融合发展,以"美丽陆川,生态乡村"建设为契机,积极发展乡村旅游,加快建设星级乡村旅游区、星级农家乐;加快澳之山欢乐本草生态园等农业观光园建设,积极发展农业观光游;以马盘公路为轴线,以陆川丰富的田园风光、乡村风貌、各种农业示范基地等旅游资源为基础,打造陆川南北农业乡村观光休闲旅游带。加快旅游与文化融合发展,依托中山亭、中山公园、英雄纪念碑、塘寨革命老区红色旅游区等景点,积极发展红色文化旅游;依托客家文化旅游资源,力争做大做强客家文化旅游产业;依托谢仙嶂、东震山修竹庵、文成文武庙、沙湖嶂关圣寺为代表的宗教寺院,积极发展宗教文化旅游。加快旅游与城镇化融合,加快推进集旅游与城镇化为一体的世客城房地产项目建设,积极推动温泉镇、珊罗镇、米场镇等特色旅游小镇建设,推动旅游与城镇化有机结合。

第四节 优化旅游发展环境

提升旅游设施服务水平。加快完善景区旅游道路、步行道、停车场、厕所、供水供电以及安防消防、标志标牌等基础设施,全面提升旅游景区标准化建设水平。开辟旅游交通专线,提高旅游交通服务水平。提升酒店餐饮水平,增加中高档酒店、餐馆数量,完善乡村民俗客栈建设。加快树立"食在陆川"旅游形象,深入挖掘客家特色美食,丰富饮食种类,满足游客多样化饮食需要。提升旅游应急设施建设,建立健全旅游突发事件应急处置机制。

加强旅游宣传和招商。积极参与国家、广西、玉林等旅游主管部门策划的旅游活动或者会议,加大与广西电视台、玉林电视台联合,策划陆川旅游专题节目;拍摄旅游宣传片,积极利用互联网、微信、微博等新媒体进行宣传。加大陆川县旅游产品包装策划力度,大力扶持引进特色旅游企业、旅行社、旅游中介服务组织等经营主体。借助旅游知名企业实施旅游"走出去"战略,与全国多家旅行社开展合作联营,开拓旅游市场,大幅提升陆川旅游的知名度、美誉度。

优化旅游经营消费环境。加快规范旅游服务,加强旅游市场综合执法,倡导诚信旅游经营,营造公平竞争的旅游经营环境。优化旅游消费环境,杜绝欺诈游客、强迫消费等不良现象,加强旅游服务企业经营管理及人员专业培训。完善旅游服务体系,加强旅游咨询服务体系建设,形成文明友好的旅游服务环境。

积极推进智慧旅游。进一步完善提升陆川旅游信息网服务功能,加快推广应用陆川旅游手机APP,网上咨询、网上订票、网上订房。建立统一的旅游信息服务平台,完善旅游信息咨询,建立旅游公众信息咨询平台,完善自驾游路线信息化服务,推进旅游管理数字化、旅游服务智能化建设。

> **专栏11 旅游业发展重点项目**
>
> 岭南客家(陆川)温泉文化旅游项目;陆川龙珠湖旅游综合开发项目;谢仙嶂生态文化旅游开发项目;陆川县东山运动养生旅游开发项目;澳之山欢乐本草生态园项目;陆川县塘寨革命老区红色旅游区建设项目;陆川县九洲江生态旅游项目等。

第二章 加快发展,激活商贸物流

以物流产业园为载体,积极推动商贸、物流业向现代化发展,为提升人民生活和促进产业发展提供支撑。

第一节 着力发展现代物流业

立足我县物流业发展基础,全力打造广西物流强县。规划建设马坡建材物流产业园,完善仓储、装卸、配送功能,集聚发展新型建材物流及机电物流等产业,加快延伸工业物流链。依托龙豪创业园区,加快提升陆川玉柴物流利达运输中心集散能力,加快建设农副产品配送物流基地,提升农产品冷藏、保鲜技术。加快构建电商大网络,规划建设电子商务产业园区,加快推进阿里巴巴农村淘宝项目。以村村有淘宝、村村通物流为目标,打造全国电子商务进农村示范县,带动农产品批零市场、农民合作社、家庭农场等共建网上购销渠道,发展镇村配送物流、快递业。提升物流信息化水平,加快大数据、物联网、云计算机等先进技术应用,构建物流信息平台,促进物流信息互联互通。加强物流行业安全监管,明确收寄、分拣、运输、投递等环节的安全要求,完善快递业安全监管信息平台,实现快件信息溯源追查。

第二节 提升发展商贸服务业

加快提升县城商贸业发展,推进城区农贸市场升级改造,加快农产品交易市场、工业品批发市场、农机市场、活禽市场、家具市场、建材市场、肉料市场、香料批发市场等建设,重点推进农产品交易中心(希望新城)工程项目、桂东南工业品批发市场等项目建设;立足新型城镇化发展,加快引进大型综合商超,构建与大县城发展相适应的商贸服务。加快发展镇、村商贸业,重点推进清湖镇湖景新城农贸市场综合开发项目建设,统筹推进其他镇农贸市场升级改造;加快推进农村集市升级改造,引导商业连锁企业到农村设立分店,优化农村商贸发展环境。

专栏12　商贸物流业发展主要项目

　　现代物流业:陆川县锦源仓储物流项目;广西陆川华宇物流中心;农副产品配送物流基地;陆川县现代农业贸易物流中心;陆川盛基综合商贸物流城项目;建材产业物流园。

　　商贸服务业:陆川县农产品交易中心(希望新城)工程项目;陆川县清湖镇湖景新城农贸市场综合开发项目;陆川县桂东南工业品批发市场;陆川盛基综合商贸物流城项目;陆川县沙坡镇综合市场。

第三章　统筹发展,挖掘产业新星

　　坚持协同发展,统筹推进地产物业、养老服务、金融服务等产业加快发展,着力提升企业规模档次、品牌、管理、标准化建设。

　　房地产。坚持统筹有序的原则,规范房地产业发展,合理确定房地产开发地块和用地强度,推进房地产市场持续健康发展。支持有实力的房地产企业开发建设功能齐全、人居环境优美的住宅小区,提升城市品位。鼓励房地产建筑企业增项升级,实现建筑业外包产值、建筑业增加值持续增加。完善房地产建筑市场信用评价体系加强信用评价监控。重点优化住房供应结构,支持居民自住和改善型住房消费,加大实施相关契税优惠减免力度。

　　养老服务业。依托"世界客家文化城"的开发建成,重点推动以温泉疗养、医疗保健为主的健康服务业发展。鼓励发展家政服务、居家养老、社区照料等新型社区养老服务业态。

　　金融服务业。深入挖掘金融服务业发展潜力,创新金融服务,有效服务实体经济。拓宽融资渠道,促进政银企合作。重点发展绿色金融,设立工业绿色金融产业基金,支持工业企业对工艺技术和装备进行绿色改造。鼓励发展面向"三农"小微企业的担保、租赁公司,为农业发展提供融资融物服务。

　　信息服务业。顺应"互联网+"发展趋势,推进产业与信息化融合发展。重点推动工业技术咨询设计、运行维护和信息安全服务发展;建立农产品信息展销平台,完善农产品购销信息查询与咨询服务;完善文化旅游业信息咨询、网络培训服务,加快建立信息平台;建立完善就业、教育、医疗、卫生信息平台,大力发展电子政务,完善信息服务功能。

第六篇　统筹城乡化二元,客家城镇展新貌

　　坚持协调发展,辐射带动、统筹兼顾的原则,以增进人民福祉为核心,把好山好水好风光融入城市建设,加快推进森林城市、海绵城市、智慧城市、文化城市、幸福城市建设,着力提高县城区集聚辐射能力,加快重点、特色集镇建设发展,积极稳妥推进新型城镇化,建设陆川客家温泉文

化城,力争到2020年,全县城镇常住人口达54万人左右,城镇化率达到50%以上。

第一章　多规合一,优化城镇格局

　　坚持以人民为中心的城市发展理念,按照"望得见山、看得见水、记得住乡愁"的要求,突出岭南客家文化、温泉文化、伏波文化等特色,建设首位度高、辐射带动力强的岭南新兴文化城市。

第一节　构建客家温泉文化城规划体系

　　以完善客家温泉文化城规划为引领,坚持用美的理念完善城市规划,坚持城镇规划发展旅游化,旅游规划发展城镇化,城区发展突出客家、温泉文化特色,乡镇及九洲江沿岸发展突出客家、伏波文化特色,以主体功能区规划为基础构建全域陆川规划体系。统筹城乡建设总体规划、土地利用总体规划、产业发展规划、交通体系建设规划和生态环保建设等规划,推进多规合一、多规融合,实现城乡规划全覆盖。推进城市规划的法治化,强化对规划实施情况的监督管理,维护规划权威性、严肃性和连续性,做到"一张蓝图干到底"。

第二节　构建"一轴两心四组团"城镇发展格局

　　按照区域带动、极化中心、点轴结合的原则,以交通干线为轴线,以县城为龙头,积极发展重点城镇,稳步发展一般城镇,构建"一轴两心四组团"的城镇发展格局。

　　"一轴"即以黎湛铁路、马盘公路为走向的城镇发展轴;

　　"两心"即将县城温泉镇作为全县政治经济文化中心,将乌石镇作为县域副中心;

　　"四组团"即建设以温泉镇为中心的中部集镇群、以乌石镇为中心的中南部集镇群、以马坡镇为中心的北部集镇群和以清湖镇为中心的南部集镇群。

第二章　融合文化,建设客家名城

　　全面实施大县城战略,推进县域发展扩容提质,加快转变城市发展方式,提升县城综合承载能力,把客家温泉文化元素融入城镇化建设当中,全力打造客家温泉文化城。

第一节　实施大县城战略

　　以陆川撤县设市为目标,加快推进陆川城市版图、城市人口、城市产业、城市管理同步提升,加快推进温泉撤镇设街工作,加快推进县城区发展范围拓展到米场镇、大桥镇。围绕建设"客家温泉文化城"的目标,把"好山好水好风光"融入城市建设,统筹推进森林城市、海绵城市、智慧城市、文化城市、幸福城市建设,打造生态宜居之城。完善县城区"一轴两翼六区"的空间布局,"一轴"即以九洲江为发展轴线;"两翼"即西片工业翼区和东片居住、旅游综合翼区;"六区"即城西工业综合区、老城中心区、城北居住综合区、温泉度假综合区、城东行政商贸区和城南居住商贸综合区,推进中心城区各区域差异式、组团式建设,实现城市均衡协调发展。力争到2020年年末,县城建成区面积达25平方千米。

第二节 积极构建生态文明城市

以有效扩展"城市绿肺"为目标，围绕岭南客家文化、温泉文化、伏波文化等特色谋划城市项目，重点做好温泉水生态文章，实施温汤花园改造工程，盘活县城区温泉源头旅游资源，加快推进生态文明城市建设。实施城市居住环境提升工程，构建"一廊五楔六园＋两大风景区"的城区绿化休闲空间格局，持续扩大"城市绿肺"。"一廊"即九洲江两侧沿江绿带形成的绿廊。"五楔"即北部自然山体、泗里河、杨屋河、官田河、南部自然山体"五大"城市绿楔，形成穿越城市中心的两条绿化景观廊道。"六园"即天蓬公园、九龙公园、松鹤公园、陆鼎公园、文昌公园、湿地公园六处公园。"两大风景区"即东山风景区和西山风景区。实施县城区九洲江核心段两岸建筑物容貌改造，加快建成一批城市生态绿化景观、客家风情景观、温泉旅游景观、水上娱乐景观。

第三节 提升县城综合承载能力

以创建"海绵城市"为主题，加强新城扩建，重点推进东环路、西环路、世客城、教育集中区、锦源物流城、文体中心、东山森林文化公园、东山湖等一批客家温泉文化城项目建设；以棚户区改造为切入点，加强旧城改造，推进陆兴路片区、城投公司片区、向阳片区、汇丰片区和九洲江城区段一江两岸片区五个旧城片区改造，打造生态型"五朵金花"片区。坚持以规划应用疏导性交通和服务性交通的现代交通规划为发展理念，重点加强城区"路网、管网、电网、绿网、'天网'"等市政基础设施建设，解决城市内涝、拥堵、"断头路"等问题。加强"四纵五横"道路网建设，分步建设西环路，增加完善铁路涵洞通道，打通城西区和东区连接通道，促进县城东西区均衡发展。加快推进通政东路、讯和路、九龙路、经六路、经七路、远辰北路、东环路扩建、锦源大道、龙豪产业园内道路等市政道路建设。加快城区电力、通信、供排水、燃气等管网建设，建立并共享地下管网信息平台，开展县城综合管廊建设，促进资源共享和区域一体化发展。加大综合市场建设力度，推进锦源仓储物流、桂东南市场、君丰市场、杨屋队市场建设，引进布局红星美凯龙、大润发等现代化商场，加快九洲市场、杨屋沟改造、完善城区划行规市，科学安排车辆停车场、停车点、停车位的布局，推进公共厕所建设，从根本上解决城市"脏、乱、差"等问题。

第四节 提高城市管理水平

创新城市管理体制和模式，构建权责清晰、服务为先、管理优化、执法规范、安全有序的城市管理体制，实现城市管理现代化。加强城市管理能力建设，加强市政市容环境综合整治，强化城市执法管理，建设过硬执法队伍，提高依法规范文明执法水平。加快智慧城市建设，建设城市管理信息共享数据库、县镇数字化管理平台，提升城市管理智能化水平，着力解决城市病等突出问题，全面改变陆川城市面貌，让广大人民群众生活更便捷、更舒心、更美好。

专栏13 县城建设主要项目

道路交通：东环路扩建工程；西环路建设工程；铁路涵洞通道；文昌桥、中山公园桥、罗庚塘人行桥、妙垌河石拱桥、金穗风雨桥、公安街跨九洲江接马盘公路大桥等8座桥梁建设改造项目；陆兴北路、陆兴南路、金穗街、温汤路、广州路、通政东路等市政道路工程；陆川动车站及铁路两侧风貌整治项目；马盘公路两侧风貌改造项目。

排水工程：县城市排水系统建设工程。

新城扩建：世客城；东山森林文化公园；东山湖等项目。

旧城改造：县城棚户区改造项目

垃圾处理设施：县南部生活垃圾填埋场项目。

污水处理设施：县城污水处理厂建设。

服务设施：抗震救灾"五中心一基地"项目；农产品交易中心（希望新城）工程项目；中浩地王国际商业中心一期工程；德利藏龙世家商住小区一期工程等。

第三章 产城融合，构建协调体系

按照因地制宜、分类指导的原则，以完善圩镇和村庄规划为龙头，以产业发展和基础设施建设为抓手，以马盘二级路风貌改造为着力点，示范带动集镇和村庄的建设，加快重点镇建设，打造集约城镇、绿色城镇、智慧城镇、人文城镇和特色城镇，加快构建结构合理、布局协调、功能互补的新型城镇体系。重点实施"六个一工程"，即每个镇各建设一条主干道、一条主街区、一个规范化集贸市场、一批污水垃圾处理设施、一条特色产业示范带、一批特色文化村，促进各镇均衡发展。

专栏14 城镇建设方向

集约城镇：围绕打造客家温泉文化名城，遵循集约紧凑、疏密有致原则，优化城镇空间结构，合理规范城镇新区建设，打造"紧凑型城镇"。

绿色城镇：划定生态红线，推动城镇绿化美化，积极发展节能建筑和绿色建筑，推广绿色生活方式和消费模式，打造"绿色型城镇"。

智慧城镇：推进信息技术与城镇化建设相融合，加快推动城镇规划建设和管理信息化，以"智能出行""智能服务"为重点，推行"一卡通"便民服务。

人文城镇：积极推进名镇名村建设，打造富有浓郁地方特色的人文城镇。

特色城镇：突出地方特色，推进城镇建设融入地方特色、传统文化和自然风光等，形成山水生态格局，建设"显山露水"特色城镇。

重点城镇：乌石镇、马坡镇、米场镇、清湖镇、珊罗镇、良田镇、古城镇、沙坡镇。

广西百镇扶持壮大建设示范工程：乌石镇。

广西特色名村：谢鲁村、平乐长旺村等。

第一节　加快发展重点城镇

以科学规划为指导,完善基础设施,强化产业功能,加快城镇特色、协调、统筹发展,努力把重点集镇建设成为发展工业、推动城乡一体化和促进农民就地城镇化的重要载体。

珊罗镇,围绕建设"最美珊罗"目标,依托玉柴产业新城建设,主动融入玉林一体化,推进北部园区建设,注重生态保护,挖掘旅游潜力,建成玉林市后花园,打造成工业重镇。

乌石镇,以九洲江上游农业中小企业园建设为契机,促进农业、工业结构调整,积极发展现代观光农业,推进生态循环产业链,实施生态乡村"六个一工程",建设成为生态型城镇。

马坡镇,重点加强矿产加工业和农副产品生产示范基地建设,推动乡镇工业农业规模化生产,打造成为工贸型城镇。实施生态乡村"六个一工程",推动城乡一体化发展。

清湖镇,重点加快建设农副产品的加工、综合批发市场、两广三县(市)乡(镇)的商品集散地,形成商贸物流型城镇。

米场镇,重点建设连接县城、辐射农村的重要公共服务和市场服务平台。培养壮大乡镇企业,积极发展制造业,深入实施生态乡村"六个一工程",积极引导农村人口向城镇转移和集中,建设成为工业型城镇。

良田镇,依托万亩水稻示范基地和陆川土猪示范基地,继续优化"一村一品"格局。大力发展生态农业,做大做强现有农业产业,建设现代特色农业重镇。实施生态乡村"六个一工程",切实改善村镇面貌。

古城镇,利用玉林至湛江高速公路出口、鹤地水库上游等地域优势,拓宽古城库区发展空间,加快以农产品加工业、制农业和蚕丝加工为主的特色产业发展,建设成为工贸型乡镇。实施生态乡村"六个一工程",切实改善村镇面貌。

沙坡镇,依托谢仙嶂生态文化旅游项目优势,加快旅游开发,打造文化生态旅游名镇。

第二节　统筹发展一般集镇

按照完善功能、提高质量、节约用地、突出特色的要求,找准各镇定位,结合特色产业、生态环境、客家文化等资源优势,培育发展成为特色集镇。

大桥镇,大力发展特色现代农业,鼓励民间文化艺术发展,建设成为以农副产品加工、商贸业为主的工贸型乡镇。

平乐镇,结合生态乡村建设与古建筑保护修复工程,积极开发东城水库旅游,大力发展现代农业,促进农家乐等农业观光旅游业发展,建设成为旅游型乡镇。

沙湖镇,建设生猪生态养殖基地,有序开发利用矿产资源。

滩面镇,着力构建九洲江流域生态农业、旅游、观光一体化的一江两岸景观格局,打造旅游名镇和工业强镇。

横山镇,建设县域重要生猪生态养殖和三黄鸡养殖生产基地。

第三节　推动产城融合发展

按照"产城同建"的理念,以壮大经济实力、提升服务功能、集聚吸纳人口、改善人居环境为重点,促进产城融合,辐射带动全县各镇发展。完成镇区交通道路、农贸市场、污水处理、垃圾处理、道路景观等基础设施和生活配套设施建设,提高镇区吸纳劳动人口能力。优化调整产业结构,大力发展生产性服务业,扩大城镇就业机会。以龙豪创业园、北部工业集中区、南部沿海工业园为平台,引导产业向园区集聚,扩大园区规模,形成产业聚人、城镇留人的发展格局。实施九洲江上游流域中小企业产业转移园基础设施建设,整合中、小型企业,统一规划建设工业废水处理体系,减少九洲江污染,改善县城人居环境,把县城建设成生态宜居、设施完善、特色鲜明、优势突出、竞争力强的现代化城镇。

> **专栏15　城镇体系建设项目**
>
> 交通道路:滩面镇跨铁路天桥项目、古城圩镇—田桥二级路建设,古城—盘龙道路硬化工程、横山镇升级改造大桥铁路涵洞道口及绕城公路建设。
>
> 市场建设:平乐镇、清湖镇、米场镇、横山镇、沙湖镇等13镇专业市场建设项目。
>
> 污垃设施:到2016年年底,以实现14个镇污水处理厂和生活垃圾中转站全面覆盖为目标,建设米场镇、清湖镇、沙湖镇、珊罗镇、平乐镇5个污水处理厂。完成100个村庄污水处理厂建设工程。
>
> 风貌改造:全县14个城镇风貌改造项目。

第四节　提高城乡能源供给保障水平

加强城乡能源建设,转变能源发展方式,提升传统能源利用水平,积极开发新能源及清洁能源,构建多元、高效、安全、清洁的城乡能源保障体系。

加快电力改造步伐。实施电力保障提升工程,重点推进电源开发建设,完善电网结构和布局,推进电力设施更新改造,实施城乡电网改造工程,提高供电质量。重点抓好广西电网公司500 kV玉林二输变电工程、陆川县滩面镇220 kV鹿峒送变电工程等变电工程新建续建项目,满足城乡生产生活用电需求,实现电网全面覆盖。到2020年,彻底解决制约农村发展的供电问题,实现全县到户通电率达100%。

积极开发利用低碳清洁能源。坚持绿色低碳发展原则,重点推进生物质能、太阳能、风能等新能源建设,加快谢仙嶂风电厂项目和滩面35 MWp光伏发电项目建设。推进县城区管道燃气LNG工程和北部工业集中区管道天然气项目建设。抓好城乡清洁能源建设,扩大沼气、天然气等清洁能源利用范围,加强农村大型沼气工程建设。鼓励引导养殖户利用沼气池开展养殖—沼气—种植"三位一体"的生态立体农业模式。

专栏16　能源基础设施建设的重点项目

电力设施建设：广西电网公司500 kV玉林二输变电工程；陆川县滩面乡220 kV鹿垌送变电工程；220 kV雄英送变电工程；陆川—同心Ⅰ、Ⅱ220 kV线路工程；陆川县清湖镇110 kV送变电工程；220 kV力园—雄英双回线路工程等。

清洁能源设施建设：陆川县城区管道燃气工程；北部工业集中区管道天然气项目等。

新能源建设：谢仙嶂风电厂项目；滩面35MWp光伏发电项目等。

第五节　构建城乡信息大网络

按照信息共享、互联互通的要求，统筹推进县、乡、村三级通讯网络基础设施建设，着力提高城乡信息化设施水平。围绕建设"宽带陆川"，加强信息技术开发和信息资源利用，实现城镇和产业园区光纤网络全覆盖、农村宽带家庭普及率大幅提升。围绕建设"数字陆川、智慧陆川"，加快构建"陆川云"数字大网络，实施"互联网+"行动计划，推进"三网融合"，推广物联网新一代信息技术应用，构建超高速、大容量、高智能信息传输网络，加快电子政务建设，推进政府办公自动化、县乡视频会议、电子选举等模式，实现全县电子政务绿色、协调、安全发展。围绕打造"数字党建、智能党建"，全面建设完善陆川党建网和党员干部现代远程教育系统等信息网络平台，在全县范围内构建起纵向到底、横向到边的党建信息网络管理新格局。加快建设电商大网络，实现村村有淘宝、村村通物流，打造全国电子商务进农村示范县。

第四章　改善环境，建设美丽乡村

围绕全国农村污水垃圾处理示范县建设，着力改善农村人居环境，提高农村基础设施及公共服务水平，加快建设美丽乡村。

第一节　建设陆川美丽乡村

以清洁环境、美化乡村、培育新风、造福人民为目标，以城镇发展带建设为契机，实施客家民居风貌改造、景观带建设，持续推进宜居、宜业、宜游的九洲江流域生态乡村示范工程，建设具有岭南客家特色的新农村建设。加强农村产业支撑，利用"互联网+"，创新农村经济发展方式，促进农产品精深加工和农村服务业发展，拓展农民增收渠道。完善农民收入增长支持政策体系，增强农村发展内生动力。积极开展农村人居环境整治行动，以珊罗镇为示范，推广农村"一元钱"工程，开展垃圾集中处理，提升群众文明素质，打造全国农村污水垃圾处理示范县；围绕建设"美丽陆川、生态乡村"目标，加快改水、改厨、改厕、改圈，不断改善农村卫生条件和人居环境，到2020年，累计建成125个区级、市级、县级生态乡村。发展农村邮政服务。健全农村公共设施维护机制，提高综合利用效能。合理引导农村住宅和居民点布局，建设新型农村社区。以平乐长旺村、沙坡仙山村、乌石谢鲁村为重点，加大传统村落民居、历史文化名村名镇和乡土特色村镇保护力度，建设美丽特色乡村。

第二节　改善农村基础设施

推动城镇基础设施向农村延伸，统筹布局城乡道路、电力、燃气、住房、交通、通信、环卫等基础设施建设。加大农村公路建设力度，健全农村基础设施投入的长效机制，推动农村道路提级改造，构建城乡公交资源相互衔接、方便快捷的客运网络。推广农村清洁能源设施建设，推广农村秸秆综合利用、沼气、太阳能等能源利用。扩大电网供电人口覆盖率。基本完成农村危房改造。加强农村互联网基础设施建设，推进广电网、电信网、互联网"三网融合"，加快农村电商发展。完善农村便民设施建设，完善商品零售、餐饮及其他生活服务网点。到2020年，实现镇镇通二级路，屯屯通沥青（水泥）硬化路。

第三节　提升农村公共服务水平

推动公共服务资源向农村延伸，合理配置城乡资源，促进城乡要素平等交换、基本公共服务均等化。发展农村教育事业，巩固农村义务教育普及成果，基本普及高中阶段教育，创新职业教育发展模式，提高职业教育服务产业、促进扶贫脱贫的能力。促进农村医疗卫生事业发展，按照人人享有基本医疗卫生服务的要求，支持村卫生室建设，构建农村医疗卫生服务网络。完善农村医疗救助制度，全面实施城乡居民大病保险制度，完善计划生育服务体系，健全农村社会保障体系，完善农村最低生活保障制度。繁荣发展农村文化，传承客家人的好学精神，大力发展乡村文化，培育乡村文化新人，深入实施文化信息资源共享工程和文化惠民工程。加强农村治安管理，提升公众安全感和满意度，促进社会的和谐稳定。到2020年，实现广播电视村村通，基本实现村村有农家书屋，基础公共就业服务全覆盖。

专栏17　美丽陆川乡村建设项目

美丽乡村：推广"一元钱"工程；生态乡村创建等项目；农村绿化、垃圾集中处理、改水、改厕等项目。

基础设施：镇镇通二级路、屯屯通沥青（水泥）硬化路项目。

公共服务：村村通广播电视、农家书屋等项目。

第五章　稳妥推进，加快新型城镇化

全面实施新型城镇化发展战略，坚持城镇化进程速度与质量并重、以提升质量为主，推进以人为核心的城镇化，消除城乡二元结构，构建以工促农、以城带乡、工农互惠、城乡一体的新型工农城乡关系。

第一节　提升人口城镇化水平

坚持以人为核心的城镇化，按照因地制宜、分步推进、存量优先、逐步消化的原则,全面放宽落户条件,重点实施生态移民安置工程,抓好古城镇鹤地水库库区移民、平乐镇、马坡镇生态移民点等一批移民安置工作,加快农业转移人口市民化进程。全面实行居住证制度,建立健全城乡统一的户口登记管理制度,以及教育、就业、卫生、计生、社保、住房等基本公共服务供给机制,实现城镇基本公共服务由主要对本地户籍人口提供转向常住人口提供。实行以公民身份证号码为唯一标识、依法记录、查询评估的人口信息管理制度。强化政府责任,构建政府主导、多方参与、成本共担、协同推进的农业转移人口市民化成本分担机制。

第二节　促进城乡一体化发展

建立健全城乡一体化发展体制机制,构建新型工农城乡关系,促进新型城镇化与美丽乡村建设协调发展。建立规范高效的城乡规划管理体制,促进城乡基础设施、公共设施、产业发展、生态环境、社会管理一体化设计。推动城镇市政设施向农村延伸、公共服务向农村覆盖,促进城乡基础设施互联互通、共建共享。推进城乡社会保障制度衔接,建成覆盖城乡居民、统一均衡的社会保障体系。建立健全城乡统一的建设用地、人力资源、科技金融等要素市场,促进人才、技术、资金等生产要素更多投向农业农村,推进就近、就地城镇化,推动城乡一体化发展。

专栏18　提升人口城镇化水平项目

古城镇鹤地水库库区移民工程;平乐镇生态移民安置工程。

第七篇　创新驱动育引擎,经济发展增动能

坚持创新发展理念,推动以科技创新为核心的全面创新,激活全社会创新活力和动力,加快实施人才强县战略,推进大众创业万众创新,促进发展方式由规模速度型向质量效益型转变。

第一章　体系创新,助推产业升级

坚持需求导向和产业化方向,围绕引进消化吸收再创新,加速科学技术推广应用,构建激励创新的体制机制,进一步释放科技发展活力,助推产业转型发展。

第一节　加快构建创新体系

建立健全技术创新、企业创新、科技服务创新等体系。以技术创新为核心,促进科技进步与产业升级紧密结合,着力在机械制造产业、机电产业、医药健康产业、电子信息产业、现代生态农业等重点领域,实施重大科技专项研发创新,深化企业之间以及企业和政府、高校、科研机构合作,形成以企业为主体、政产学研结合的产业技术创新体系。打造企业创新体系,整合企业创新要素,加快大企业率先突破关键技术,重点培养一批以玉柴重工、开元机器、金

创汽配等为龙头的先进制造科技企业,促进科技成果产业化,辐射带动传统骨干企业和新兴中小企业创新发展。推进创新服务体系建设,发展研究开发、技术转移、检验检测认证、创新孵化、知识产权等专业科技综合服务,形成覆盖创新全链条的科技服务体系。

第二节　加强创新平台建设

加强技术创新平台建设,积极引进、培育和支持企业建设一批国家级、自治区级重点实验室、工程技术研究中心、研发中心、产业技术研究院,培育国家级、自治区级技术创新示范企业。完善创新公共服务平台,建设一批公共研发服务平台,支持产业园区建立科技孵化器、孵化园,推动广西玉柴产业新城信息化、智慧化园区建设;争创国家级自主创新示范区,攻克一批产业共性关键技术。支持高校发展大学生创新创业园区和服务平台。搭建创新交流平台,积极举办企业创新生态圈大会、海外留学创业人员项目交流会等交流活动,推进人才、技术、资讯、资本等方面"直通交流"。

第三节　优化创新机制体制

加快构建普惠性创新支持政策体系,加大财政、金融、政府采购和税收优惠对科技创新支持力度,保持财政科研经费投入稳定增长。实行严格的知识产权保护制度,建设技术和知识产权交易平台,完善科技评价机制。完善科研成果转化激励政策,支持科技工作者创新,促进科技成果资本化、产业化,大幅提高科技成果转化率。改进新技术、新产品、新商业模式的准入管理,支持和鼓励发展新业态。健全创新产品和服务优先采购政策,将科技服务纳入政府购买服务范围,实施创新产品和服务的政府首购、订购政策,促进创新产品应用。

专栏19　科技创新主要项目

中小科技型企业培育示范工程;科技成果大转化工程;全民创新创业工程;科技孵化中心建设;广西农业科技园区。

第二章　人才强县,培养创新人才

深入实施人才强县战略,加大引进和培育创新型人才,大力推进人才结构调整,为陆川县经济社会发展提供强有力的人才保障。

第一节　加强创新人才引进与培养

突出"高精尖缺"导向,实施更加开放的创新人才引进政策,积极采用招才引智的方式,加大装备制造业、商贸流通业和战略性新兴产业等领域人才培养和引进,引进能够突破关键技术、引领产业发展和有重大技术创新的急需紧缺人才。创新人才引进办法,通过智力引进、智力借入、业余兼职、人才创业、人才派遣等途径促进高层次科技创新人才集聚。加大对中青年人才的培养,实施中青年技术拔

尖人才选拔培养工程。实施重点人才工程,促进人才、教育、科技、产业良性互动。优化创新人才发展环境,完善人才评价激励机制和服务保障体系,营造"人人皆可成才、人人尽展其才"的社会环境。

第二节 加快人才结构调整

根据我县经济社会发展需求,加快调整人才结构,统筹推进党政人才、企业家人才、专业技术人才、高技能人才、农村实用人才、社会工作专业人才各类人才队伍建设,培养造就数量充足、素质优良、结构合理、富有活力的人才队伍。深化干部人事制度改革,抓好新一轮干部培训工作,培养造就一批高素质党政人才队伍。围绕信息产业、先进机械制造业、新能源等产业培育一批适应现代企业发展要求、具有较强市场竞争力的优秀企业家和专业技术人才。完善人才顺畅流动制度体系,提高人才社会横向和纵向流动性,鼓励和引导人才向基层、艰苦地区和岗位流动,优化人才资源配置。

第三章 激活市场,培育发展动力

供给和需求两侧发力推动结构性改革,优化劳动力、资本、土地、技术、管理等要素配置,推动新技术、新产业、新业态发展,培育新型支柱产业,加快实现发展动力转换。

第一节 积极引导扩大有效投资

发挥投资对增长的关键作用,深化投融资体制改革,提高投资有效性,促进投资规模扩大、结构改善和效益提高。创新金融方式,加大金融对实体经济和项目建设的支持力度,支持企业通过上市融资、股权交易、发行债券、基金融资、互联网金融等方式多渠道筹措建设资金。创新公共基础设施投融资体制,积极开展政府和社会资本的合作(PPP模式),鼓励和吸引社会资本以特许经营、政府购买服务、股权合作等方式参与项目建设。争取设立陆川县新兴产业创业引导基金和PPP合作创新基金,支持重点项目发展。

第二节 激活内需消费市场

发挥消费对增长的基础作用,培育新的消费热点,引导消费朝着智能、绿色、健康、安全方向转变,促进消费升级,激活消费市场。加强信息基础设施建设,实施"宽带陆川"、网络提速降费行动,支持农村、社区、学校的物流快递配送点建设,发展数字出版、互动新媒体、移动多媒体等信息产业,促进信息消费。实施重点领域消费工程,稳定住房和汽车消费,重点扩大智能消费、绿色消费、旅游休闲消费、文体消费、养老健康等消费性服务业。拓展网络经济空间,加快发展"互联网+"创业网络体系,推进移动互联网、云计算、大数据、物联网等新一代信息技术与制造、服务、生态、农业等领域的创新融合,培育发展新兴业态。开拓农村市场,扩大农村消费。

第四章 大众创业,推进万众创新

实施创业创新行动计划,开展众创、众包、众扶、众筹等创新试点,激发全民创新活力和创业潜能。推进简政放权、放管结合、优化服务,制定出台扶持创业创新特别是中小微企业发展的政策措施。加快创业服务载体建设,建立农民工创业园、农民工创业示范基地、大学生创业示范基地、创业孵化基地等服务平台建设。发挥财政资金杠杆作用,以贴息、补助、创投基金等方式,大力发展风险投资、天使投资,帮助创新创业者解决筹资难、筹资贵问题。加快发展"互联网+"创业网络体系,构建创客空间、创新工场等新型创业服务平台,促进创业与创新、协作与共享、线上与线下相结合。倡导创业创新精神,通过各种媒体推出多种形式的双创节目,厚植创业创新文化,培育开放包容的创业创新文化,营造勤奋创业、锐意创新的社会环境。

第八篇 生态美县保持续,绿色文明共繁荣

围绕"生态文明示范区"建设,着力构建"一带两区两屏障"生态空间格局,大力实施"生态美县"战略,构筑九洲江流域百里生态画卷,推动循环引领发展,倡导低碳生活,打造"生态宜居陆川"。

第一章 严守红线,加快主体功能区建设

明确生态保护空间,严守生态红线,完善主体功能区建设,构建与陆川县生态承载力相协调的生态保护体系。

第一节 构建"一带两区两屏障"生态空间格局

以九洲江为主心骨,全力打造以九洲江两岸为中轴的环境保护绿带,以河流、水库为依托,建设具有水源涵养和土壤保持功能的功能分区,以丘陵山脉为基线,建设位于温泉镇东西两翼的生态屏障,构建"一带两区两屏障"生态空间安全格局。

一带,即沿九洲江流域的生态绿带。

两区,即水源涵养生态功能区,包括东山丘陵水源涵养功能区、西山丘陵水源涵养功能区以及九洲江流域上游水源涵养功能区。土壤保持功能区,包括九洲江流域中下游土壤保持功能区、清湖河流域等土壤保持功能区。

两屏障,即以温泉镇为对称中心,分别居于温泉镇东西两边的东山丘陵和西山丘陵为生态屏障。

第二节 严守生态红线

科学划定以自然保护区、水源、岩溶地为主的高度生态敏感区保护红线,以林地、耕地为主的生态脆弱区保护红线,以生物多样性地区为主的生物多样性保护红线,以河流、水库为主的水资源保护红线。明确红线功能、管理范围和管理要求,实施最严格的生态保护和管控,建立健全生态红线生态状况监控机制,加强生态红线的统一监管和动态调整。

第三节 加强生态功能区保护

坚持保护优先,自然恢复为主,加强水源涵养区保护,加强主要江河及东成水库、川橙水库、东山水库群、马兰径

水库、陆选水库、清湖水库等水源地为重点的中小河流流域和库区综合治理，切实做好水源涵养和水质保护。实施山水林田湖生态保护和修复工程，加强生态公益林保护，重点推进东山丘陵、西山丘陵生态、龙颈瀑布风景区湿地生态保护项目等建设，构建水源生态屏障。加强土地保持功能区保护，加大乌石镇、良田镇和关联度极高的清湖镇实施土地整治和土地复垦项目，加强水源涵养，防止水土流失。坚持植树造林、封山育林和森林资源保护相结合，调整水质结构，推进实施林地功能分区，持续增强森林对社会生态需求的供给能力。加强珍稀动植物保护力度，保护生物多样性。

第二章　联防联控，共筑九洲生态画卷

以"保护母亲河，造福两广人"为出发点，以提高九洲江水环境质量为核心，实行最严格的环境保护制度，推进生态环境保护与治理，到2020年，确保实现九洲江水质稳定达到地表水三类标准的目标，基本建成九洲江流域环境治理综合示范区。

第一节　推进九洲江流域综合整治

立足粤桂生态合作基础，实行联防联控和流域共治，突出整治九洲江养殖、工业、生活三大污染源，改造九洲江支流和其他小流域，从源头上清除污染隐患。重点实施养殖污染治理，加强九洲江流域禁养区保护，严格执行禁养区和限养区标准，从九洲江流域主干流200米禁养区猪场进行清拆转移到支流、禁养区外污染严重养殖场的清拆；鼓励发展庭院经济和走绿色发展道路，防治养殖回潮；发展畜禽养殖废弃物生物质能源化循环模式，推进养殖业废弃物资源化利用、无害化处理。实施工业污染源全面达标排放计划，加强工业污染源防控，严格限制印染、制革、淀粉、重金属、化工、造纸等重污染涉水企业审批。在流域范围内加强城乡污水排入管控，遏制九洲江水质污染。

第二节　建设九洲江百里生态画卷

发挥粤桂合作的作用，加强九洲江生态绿带建设，着力构建九洲江百里生态画卷。推进河滨带建设工程，加快完善水源地绿化硬化等防护设施建设，逐步完成九洲江水源保护区内速生桉的改造工作。鼓励以辣木、橘红、柑橘等高效经济林木取代速生桉。重点推进马梅河人工湿地及入江支流人工浮岛工程建设，加强九洲江水域绿化。加强生态林、水源林建设，推进"绿满八桂"造林绿化工程，开展生态村、生态镇、生态县建设，增加森林覆盖面积和城镇人均公共绿地面积。围绕"镇镇有步道"目标，统筹推进九洲江两岸风景建设，加强镇域沿江步道建设，推动生态城镇建设，调整优化九洲江流域8个镇沿岸森林树种结构，提高森林生态功能；围绕"村村有公园"的目标，大力推进生态乡村、宜居乡村、幸福乡村建设，全面开展农村环境连片综合整治，做好沿线整村规划工作，支持两岸种植凤尾竹等景观作物，不断优化两岸风景，加快创建一批生态乡村，推动生

态文明示范区建设取得成效；围绕"户户有花草"的目标，鼓励城乡居民尤其是沿江住户做好门户美化工作，鼓励种植花草，推动美好家园建设。

第三章　五大工程，造就水生态文明

落实生态文明示范区建设，深入实施水生态文明"五大工程"，大力改善江河水质，提高水资源可持续发展能力。

第一节　实施最严格的水资源管理工程

持续推进最严格水资源管理制度的贯彻落实，全面依法治水、依法治污，严格按照法律条例，严厉打击排放污染物、丢弃病死禽畜、破坏流域水土等违法行为，不断提高公众参与治水程度。科学规划全县水资源健康系统布点，建立水资源监控系统，加快入河排污口的评审。严控水资源开发利用控制红线、用水效率控制红线、水功能区限制纳污红线"三条红线"，加强生态地区管控与动态调整。

第二节　实施水文明与水文化建设工程

树立水生态文明理念，增强全社会水资源节约保护意识，传承与创新特色水文化，提升水科学技术。以提高农民生态文明素质和本领作为提高江河文明的重要抓手，创新教育培训载体，推进广大农民生态思想和生态信仰建设，通过生态信仰教育和技能培训，提升群众素质和本领，养成文明习惯，转变生产生活方式。

第三节　实施九洲江生态补水工程

推进新增水源项目建设，实施九洲江水源调节补水工程，加快建设秦镜水库、石夹水库、六潘水库、陆选水库等，确保九洲江枯水期水质得到有效改善。开展九洲江主干流、支流清淤疏浚工程，增强河道行洪能力，增加流量，改善水质。加强生态公益林保护，重点推进湿地生态保护项目及九洲江源头水源及水源林、涵养林等森林资源保护。

第四节　实施水安全与节水减污工程

严格要求流域饮用水水质全面达标，供用水总量保持在合理水平，开展节水减污综合治理工程建设，加强对生产生活污水进行综合处理，地下水开采量控制在允许范围，进一步提高各行业用水效率，有效控制点面源污染排放。

第五节　实施水生态保护与修复工程

加大土地整治、土地复垦、中小河流域和库区综合治理，切实做好水源涵养和水质保护。确立九洲江干流和支流流域水生态保护格局，改善河湖湿地水生态系统质量状况，提高水功能区达标率，提升城乡水景观靓丽和亲水指数，严厉打击非法采砂等破坏水生态、造成水土流失的破坏行为，重点改善区域生物多样性和栖息环境，治理水土流失状况。提升湿地、河湖、森林等自然生态系统稳定和生态服务功能。

第四章　循环发展，构建集约节约体系

坚持节约优先原则，大力倡导绿色环保的思想观念，

扶持循环经济,引导低碳化生活方式,加快建设资源节约型社会。

第一节 促进资源节约高效利用

围绕"绿色清洁生产",以低碳技术和循环经济改造传统工业,抓好节能减排,加强工业能源、原材料、水等资源的消耗管理,实现能量梯级开发与利用,提高工业"三废"综合利用率。建立和完善城乡生活垃圾分类和分选系统,推进生活垃圾资源化利用。倡导生活方式低碳化,提倡绿色出行,鼓励步行、骑自行车、少开车、多乘公交等出行方式,实施新能源汽车推广计划,提高电动车产业化水平,推广绿色建筑和建材。开展节能和绿色管理,鼓励错峰用电,倡导节约用电,鼓励绿色消费,把"低碳消费"理念贯穿在人们吃穿用住行等各个消费环节,推动消费结构向绿色化转型升级及生活方式向低碳化转变。

第二节 构建生态循环经济体系

抓好重点行业企业节能减排。推进水泥、陶瓷等重点耗能企业节能降耗和非煤化改造,完善节能减排标准体系和主要污染物总量减排管理。加快生态循环工业发展,鼓励和支持以博世科为代表企业的生产流程再造,支持发展"资源—减量化—产品—废物资源化再利用"节约型模式;加强产业园区循环化改造,建设以低碳、清洁、循环为特征,以低碳能源、物流、建筑为支撑的绿色低碳园区,实行资源优化替代,使用物质和能源的可循环,加强循环经济教育、培训及宣传力度。培育农业产业循环模式,推进农业节能减排和废弃物综合利用,培育发展具有流域特色有区域优势的循环型农业。以循环经济理念和手段提升传统服务业,发展绿色物流,推广无毒、无害、轻量、薄壁的包装材料,减少包装材料的使用,支持零售批发业采购节能环保产品,鼓励商贸流通企业开设绿色产品销售专区。

第五章 制度建设,加强生态文明

加强生态文明制度建设,强化激励性补偿,建立横向和流域生态补偿机制,全面落实九洲江跨省区生态补偿试点任务,争取国家、自治区加大对农产品主产区的转移支付力度,探索市场化生态补偿模式,引导社会资本参与环境保护和生态建设。实施最严格的源头保护制度、最严格的水资源保护制度、耕地保护和节约集约用地制度和环境保护责任追究、环境损害赔偿制度,创建全国国土资源节约集约模范县。建立健全用能权、用水权、排污权、碳排放权初始分配制度,创新有偿使用、预算管理、投融资机制,培育和发展交易市场,推行合同节水管理。

专栏20 水生态建设主要项目

主体功能区建设:龙颈瀑布风景区湿地;马嘶河人工湿地等生态保护项目;九洲江、南流江、米马河等中小河流流域综合治理项目;土地整治与土地复垦项目;等等。

九洲江河流生态建设:九洲江生态补水工程;九洲江源头水源林保护工程;陆川县南垃圾填埋场工程;沙湖镇、米场镇等一批镇污水处理厂工程;陆川县病死畜禽无害化处理工程;九洲江河道清淤工程;河滨带建设工程;九洲江流域工业废水污染治理项目;九洲江干流及支流河段综合治理项目;良田镇、乌石镇等生态乡村建设项目;九洲江沿岸调整优化森林树种结构项目;等等。

环境监测站建设:建设陆川县大气环境监测站。

第九篇 打赢扶贫攻坚战,脱贫摘帽奔小康

全面落实国家、自治区扶贫要求,以精准扶贫为重要抓手,不断提升贫困群众生产生活水平。到2020年,确保全县8.6万贫困人口全面脱贫,实现"两不愁、三保障、两高于、一接近"和"五有四通"的目标。

第一章 建立长效机制,确保扶贫精准到位

围绕"精准扶贫、精准脱贫"目标,加快建立健全精准扶贫长效机制,构建"三位一体"扶贫格局。建立高效精准扶贫工作机制。开展贫困状况调查,完成对贫困村、户的精准识别和建档立卡"回头看"工作,构建扶贫信息网络系统。建立贫困人口动态管理机制。根据不同贫困成因,针对性采取帮扶措施。建立干部驻村帮扶工作机制,确保每个村都有驻村工作队、每个贫困户有帮扶责任人。制定驻村扶贫工作队管理办法,做好保障、激励、考评、扶贫管道开发等工作。创新扶贫开发多元化投入机制。完善专项扶贫投入机制,确保县级配套总量不低于上级财政专项扶贫资金总量的10%,设立产业扶贫专项基金。推动贫困山区金融信贷建设,引导金融机构对扶贫组织加大扶持。完善行业扶贫投入机制,设立扶贫教育专项资金,完善移民安置点基础设施建设以及社会保障制度,加大对贫困村生态环境整治。完善社会帮扶投入机制,动员更多社会力量积极参与扶贫开发,逐步形成全社会参与的大扶贫格局,激励各类企业、社会组织、个人自愿采取包干方式参与扶贫。

第二章 实施脱贫工程,加速全面脱贫步伐

按照精准扶贫、精准脱贫的要求,全面实施产业发展、转移就业、生态补偿、移民搬迁、教育扶智、医疗救助、低保兜底七大脱贫工程,确保贫困人口精准脱贫。

第一节 实施产业扶贫脱贫工程

围绕"扶持生产发展一批"工作部署,对有发展条件和劳动能力的贫困人口,加大产业扶持力度。创新扶贫产业开发方式,推行"合作社＋农户""基地＋农户"等模式,推广联户经营型、土地流转型、专业合作型产业扶贫模式。大力扶持贫困地区优势特色产业,加大优质牛、羊、蜂、鸡等

养殖推广;开展橘红、葡萄、软枝油茶等种植,扶持橘红基地、葡萄产业园等有机生态农产品基地建设。依托有机生态农业产品基地和丰富的林业资源,发展有机食品加工业和林产品加工业。依托全国生态休闲农业与乡村旅游示范县,拓展原生态观光旅游产业。力争2020年,形成以中药材橘红产业为龙头,有机农业产品为支柱,生态观光旅游为骨干,农林产品深加工的综合产业扶贫脱贫开发模式。探索电商扶贫方式,引导贫困地区农民合作社、家庭农场等共建网上购销渠道,拓宽农产品销路。

第二节 实施转移就业脱贫工程

围绕"转移就业扶持一批"工作部署,促进农村贫困劳动力输出有组织、求职有服务、就业有技能、创业有平台、权益有保障。加强就业服务能力建设,建立完善职业培训、就业创业服务、劳动维权"三位一体"的工作机制,健全县、镇、村三级全覆盖的均等化公共就业服务体系,加强驻外劳务服务站和基地建设,积极引导农村贫困劳动力有序向园区、景区等非农产业和城镇转移,鼓励能人带动务工,促进就地就近就业、返乡创业。整合培训资源,开展订单、订岗、定向等菜单式培训,免费对劳动力开展职业技能、岗位技能和创业等精准培训。加大对农民工创业扶持力度,鼓励外出务工人员返乡创业。深化户籍制度改革,全面实施居住证制度,有序推进转移就业人口市民化。

第三节 实施生态补偿脱贫工程

围绕"生态补偿脱贫一批"工作部署,实施生态补偿脱贫工程,加大贫困地区生态保护修复力度,提高贫困地区生活环境水平,增加重点生态功能区转移支付。扩大政策实施范围,让有劳动能力的贫困人口就地转成护林员等生态保护人员,带动当地增收。加快贫困地区可再生能源扶持性开发利用,切实改善贫困地区生活环境。坚持因地制宜,加强贫困地区水源林保护,继续抓好封山育林、退耕还林,维护贫困地区生态安全。改善贫困地区人居环境,实施贫困地区生活污染治理工程,推进生活污水和垃圾污染等污染物配套防治设施建设,提高生活污染物处理能力;推进畜牧集中养殖区建设,实现"人畜分离"。

第四节 实施扶贫搬迁脱贫工程

围绕"移民搬迁安置一批"工作部署,有序推进扶贫移民搬迁工程,实现偏远落后地区人口战略转移,解决居住在生态环境脆弱、生态区位重要、自然条件恶劣地区的贫困人口生计问题。坚持群众自愿原则,科学规划温泉镇及其他安置点,确定移民搬迁对象,促进生态移民到村到户,2020年确保完成扶贫移民工程搬迁2916户11664人。加强移民就业保障工作,将扶贫生态移民纳入城镇就业保障体系,加强就业和劳动技能培训,提高人口素质,提升龙豪创业产业园、北部工业集中区等吸纳就业人口的能力,实现扶贫生态移民充分就业。完善安置区配套建设,加强安置区道路、地下管网、电网等配套基础设施建设和社保、社会管理、公共服务等公共服务建设,改善安置区生产生活条件。

第五节 实施教育扶智脱贫工程

围绕"教育扶智帮助一批"工作部署,实施教育扶贫全覆盖工程,优先发展农村义务教育,进一步完善贫困地区义务教育学校布局,不断改善贫困地区办学条件,提升贫困地区义务教育办学水平和教育质量,做好贫困学生控辍保学工作,提高学前三年毛入园率、义务教育巩固率和高中阶段教育毛入学率。全面落实国家学生资助各项政策,重点实施农村义务教育阶段家庭经济困难寄宿生生活费资助、普通高中国家助学金、中职国家助学金、家庭经济困难大学新生入学补助、生源地助学贷款、"雨露计划"等项目,保障贫困家庭学生平等接受有质量的教育,阻断贫困代际传递。

第六节 实施医疗救助扶持脱贫工程

围绕"医疗救助解困一批"工作部署,把扶贫工作与医疗保障工作联系起来。统筹卫生计生、民政、扶贫等各方资源,多管齐下,统筹建设基本医疗保障制度、大病补充保险制度、民政医疗救助制度、残疾人医疗救助制度,对特殊人群政策叠加兜底保障"两保三助"保障制度,提高农村贫困人口医疗救助保障水平,切实解决贫困人口"因病致贫、因病返贫"问题,帮助贫困群众"脱病困""抑返贫"。到2020年,扶贫对象基本拥有基本医疗保障,享有基本卫生医疗和计划生育服务,贫困地区群众主要健康指标达到全区平均水平,实现"医疗救助扶持一批"。

第七节 实施低保政策扶贫脱贫工程

围绕"低保政策兜底一批"工作部署,切实解决好边远地区贫困户、低保户、受灾群体等特殊贫困群众的生活困难问题。进一步完善精准扶贫与兜底保障相结合的脱贫工作机制,把丧失劳动能力、无法通过产业扶持和就业帮助实现脱贫的贫困家庭全部纳入农村低保,对有劳动能力或有劳动意愿的低保对象通过精准帮扶实现依靠自身努力摆脱贫困。加大财政低保资金投入,确保实现应保尽保、应补尽补。建立低保户价格上涨动态补贴办法,实施低保对象节日慰问制度。到2020年,实现农村低保标准与扶贫标准"两线合一",实现"低保政策兜底一批"。

第三章 整体连片推进,提升基础设施服务

贯彻落实广西脱贫"十大行动",深化"整村推进"连片扶贫脱贫工作,按照统一规划、锁定目标、整合资源、整体推进和健全机制工作方法,扩大"连片开发、连片发展"规模,支持连片贫困的村域、乡(镇)域整体推进开发扶贫工作。整村抓基础设施,整村推进通水、通电、危房改造工程,不断加快农田水利、通屯道路等基础设施建设步伐,切实解决贫困地区农村饮水安全问题,改善贫困农户住房条件。整村抓公共服务,完善贫困地区社会治安防控体系,加强对山区、边远地区留守儿童、留守妇女、留守老人的关爱服务,统筹做好贫困村生态文明建设,提高公共服务水平,确保整乡整村如期脱贫。

专栏21 扶贫主要项目

产业扶贫项目:橘红基地、葡萄产业园等有机生态农产品基地建设项目。

转移就业脱贫项目:贫困劳动力岗前培训项目。

扶贫生态移民安置工程:广西陆川县扶贫移民搬迁工程及温泉镇、古城镇、平乐镇等移民安置区服务配套建设项目。

"雨露计划"工程:贫困家庭子女免费接受职业教育项目、贫困大学生资助项目、"单位包村、干部包户"结对帮扶、"个十百"帮扶项目。

村屯绿化工程:九洲江生态乡村村屯绿化项目、良田镇新村扶贫村屯绿化示范点项目、城镇北豆村移民村屯绿化示范点等。

第十篇 共建共享惠全民,均等服务增福祉

按照人人参与、人人尽力、人人享有的要求,坚持发展为了人民、发展依靠人民、发展成果由人民共享,健全公共服务体系,推进城乡基本公共服务均等化,提高人民生活水平和质量,促进社会和谐稳定与人民团结,让全县人民群众在共建共享发展中有更多"获得感"。

第一章 均衡发展,打造现代教育

坚持优先发展、促进公平、提高质量的原则,以"三个加快"为重点,全面推进教育事业科学发展,努力提升教育质量和水平,积极打造陆川教育升级版。

第一节 促进城乡基础教育均衡发展

促进学前教育普及提升,推进省级、市级示范性幼儿园及"名园、名师"工程建设,加快公办幼儿园建设,财政奖励发展多元化普惠性幼儿园,开发新建小区幼儿园配套建设,提升农村幼儿园数量与质量,重点解决"入园难"问题,建成"广覆盖、保基本、多形式、有质量"且富有陆川特色的城乡学前教育体系,促进城乡学前教育普及提升发展,实现学前三年毛入园率达75%以上。推进义务教育均衡发展,加快学校规划建设,全面消除城区学校"大班额"、乡镇学校"大通铺"的问题,改善农村学校办学条件,切实提升优化义务教育阶段教学质量,解决农民工子女及留守儿童教育问题,推动校长及教师资源合法有序流动,实现城乡义务教育均衡发展和素质教育工程的全面提升。实施义务教育阶段教学改革,提高教学效率和教学质量,全面提升义务教育教学水平。加快普及普通高中阶段教育,扩大并优化普通高中教育资源,加快普及高中阶段教育,提高教育教学质量。积极开展特色高中建设,推动普通高中多元化发展。全面落实高中新课程改革方案,支持普通高中按高中课改要求建设"一校一室"通用技术实验室,培养学生创新能力。加强高考备考工作,积极开展教学视导活动。

建档立卡的家庭经济困难学生实施"9+3"免费教育计划,支持发展特殊教育。

第二节 壮大发展现代职业教育

完善职业教育格局,围绕现代农业、战略性新兴产业、现代服务业发展,构建与产业发展相匹配、与扶贫富民相适应、中职高职衔接、职教普教沟通、体现终身教育理念的现代职业教育格局,培育适应产业需求的技术技能型人才。重点建设一批职业教育扶贫人才培养培训基地,对进城务工人员、返乡农民、扶贫开发对象、库区移民、下岗失业人员、就业困难人员等特定人群逐步实行免费职业教育或培训。完善"双师型"教师培养培训体系,提高教学质量和学生巩固率。

第三节 加大教育基础设施建设

加大城乡学校信息基础建设投入,推进数字校园标准化建设,推进教育资源公共服务平台建设,扩大教育信息资源共享范围,以教育信息化促进教育现代化。加强教师信息技术应用能力培训,促进信息技术与教育教学融合创新。组织开展教师信息技术应用能力示范课评选、教学技能比赛等活动,挖掘和推广应用成果,提升教育信息化水平。加快推进陆川县教育集中区项目建设,深入实施校舍改造工程,全面改善各类学校教学环境,提高教学和师生住宿条件。

第四节 提升教师队伍综合素质

实施教师队伍强质增量工程,加强教师队伍建设,推进教师培养机制由"单纯知识型"转向"智能开发型"的人才培养指向,加大教育创新力度,创新教学模式,积极开展各种教研活动,培养创新型教师队伍。复核教师编制,完善专业教师配置,完善农村义务教育学校教师特设岗位计划,稳定农村教师队伍。加强师德师风建设,引导教师强化"八个小时"自我管理,规范教师行为。推进教师管理和激励机制创新,把师德建设和教师的处罚、评优、绩效紧密结合。

第五节 全面深化教育改革

深化教育领域综合改革,推进素质教育、考试招生制度、教育保障机制、教学质量综合评价等教育体制改革,提高教育教学质量,促进教育公平。创新办学体制机制,加强办学法制化建设,鼓励引导社会力量兴办教育,促进民办教育健康发展。完善教育创新机制,促进教育现代化。全面开展基础教育改革,加大资金投入,推进小学、初中基础教育阶段课程教学改革,提升教学效率和质量,激发学生积极性,为高中阶段输送更多优秀生。

专栏22 现代教育建设项目

学前教育:陆川县学前教育校舍改造工程;城乡幼儿园普及提升工程。

义务教育:8所城区中小学校建设(陆川县中学东校区,教育集中区初中、小学,城区初中,第六小学、龙豪小学、客家小学、县第五幼儿园)。

高中教育：陆川县教育集中区高中教学楼建设项目；陆川县高中教育校舍改造工程。

职业教育：陆川县职业技术学校建设项目。

第二章　发扬继承，繁荣城乡文化

着力提高人民群众素质和社会文明程度，弘扬中华传统美德，巩固提升"国家公共文化服务体系示范区"建设成果，进一步传承陆川特色客家文化，加大公共文化服务供给，积极发展文化产业，促进文化成果共享，构建凸显陆川特色民俗文化的公共服务体系。

第一节　提高民众文明素质程度

培育和践行社会主义核心价值观，加强思想道德和社会诚信建设，提高城乡文明程度。加强道德建设，推进社会公德、职业道德、家庭美德、个人品德建设，整体提升全县文明素质水平。深入开展未成年思想道德建设，优化未成年良好成长环境，注重乡村学校学生心理辅导。推进农村精神明文创建，提升农村居民综合素质。大力发展家庭文化，继承和发扬客家家风祖训，构建"好家风、讲文明、促和谐"的社会文化氛围。加强志愿服务机构建设，扶持壮大陆川青年志愿队伍，组织开展"弘扬雷锋精神，争做志愿先锋""青春献爱心，温暖回乡路"等系列主题志愿服务活动。加大思想文化宣传，把思想文化宣传工作与地区文化、传统习俗、生活习性等村情社情民情相结合，探索建立完善"百姓茶堂""梦想课堂""家庭厅堂"等思想文化建设载体，实现社会主义核心价值观本土化。

第二节　传承发展客家特色文化

立足陆川岭南客家文化、温泉文化、伏波文化、哑戏文化等特色文化资源，深度挖掘特色文化内涵，传承发展陆川特色文化。保护传承客家特色文化，加快推进客家哑戏、唱木鱼、花灯、中山亭、四良古墓等文化遗产挖掘、整理、保护传承工作，加强文化知识产权保护，构建陆川特色文化保护传承体系。加快发展客家文化产业，融入产业化、现代化、市场化元素，围绕以客家民俗文化为核心，积极发展特色创意、民俗工艺美术品、工艺编织等文化产业；加快推动文化产业和旅游产业融合发展，打造体验式文化旅游精品路线。加快引进文化产业人才，培育以客家文化为主导的骨干文化企业和文化品牌，创造体现陆川特色的文化产品。培育发展新型文化业态和文化消费市场，完善文化产业体系和文化市场体系。

第三节　增强文化公共服务能力

坚持面向基层、服务群众，深入实施文化惠民工程，建立完善覆盖城乡、多种文化形式并存的公共文化服务体系。加强城乡公共文化基础设施建设，推进镇文化站、村级公共服务中心、农家书屋、室外健身场所、广播电视站、新闻出版等设施建设和网点布局，提升公共文化供给能力。优化公共文化资源配置，加快形成县、镇（街）、社区（村）三级公共文化网络，均衡布局文化资源。继续开展"文艺下乡""文化进农村""文化进社区"等活动，加快发展农村文体事业。创新公共文化服务方式，推进公共文化信息化建设，推进农村数字电影、电子阅览室等公共文化机构数字化建设，推动公益性文化设施免费开放。提升体育事业水平，加强城乡公共体育健身设施，改善农村体育设施条件，提升全面身体素质。深化文化体制改革，健全完善文化产业发展的管理体制和政策体系，促进文化产业跨越式发展。实施重大文化工程，建设文化产业集聚区，推进县工人文化宫、妇女儿童活动中心建设。加强文化市场的整治和监督，创建平安健康、规范有序的文化环境。

第三章　全民共享，健全社会保障

按照"全覆盖、保基本、多层次、可持续"的要求，健全和完善社会保险、社会救助一体、城乡一体化的社会保障服务体系，建立更加公平更加可持续的社会保障制度，切实提高基本社会保障水平，提升陆川县人民的生活满意度和幸福感。

第一节　健全社会保险体系

加快建立覆盖城乡的社会保险体系，重点推进完善基本养老、基本医疗、失业、工伤、生育保险，适度降低社会保险费率。实施全民参保计划，扩大社会保险覆盖范围，推动社会保障全部覆盖机关企事业单位职工、个体工商户及广大城乡居民，推动农民工及农村居民、城镇灵活就业人员、非公经济组织员工等群体参与养老保险，促进社会保险法定人员全覆盖。健全基本养老保险制度，完善城镇职工养老保险账户制度，推行多缴多得激励制度，落实职工基础养老金全国统筹工作，发展职业年金、企业年金、商业养老保险。完善城乡医疗保险制度，整合城乡居民基本医疗保险，落实医疗保险稳定可持续筹资政策和报销比例调整机制，推行职工退休人员医保缴费参保政策，全面实施城乡居民大病保险制度，鼓励发展补充医疗保险和商业健康保险。到2020年，城乡一体化的保障制度更加完善，确保人人公平享有基本医疗保障。

第二节　提高住房保障水平

完善住房保障制度，明确住房保障方式和保障标准。在温泉镇、米场镇、马坡镇、珊罗镇等重点镇开展试点，加快经济适用房建设，加快陆兴路片区、城投公司片区、向阳片区、汇丰片区和九洲江城区段一江两岸片区等5个片区的棚户区改造，加快县城旧危房改造和农村危房改造，重点解决低收入困难家庭住房问题。加大配套设施建设投入力度，解决城镇和农村贫困人口的住房问题。加强保障性住房管理，健全准入和退出机制。到2020年实现建成安置住房150栋，总计2800套。

第三节　完善社会救助体系

健全以城乡最低生活保障、特困人员供养、受灾人员救助、医疗救助、教育救助、住房救助、就业救助、临时救助为重点的社会救助体系,确保困难群众基本生活。完善以养老、助残、救孤、济困为重点的社会福利体系,扩大社会福利保障范围。积极应对人口老龄化问题,推进以居家为基础、社区为依托、机构为补充的多层次养老服务体系,加快发展养老服务业,积极发展农村养老事业,不断满足老年人持续增长的养老需求。鼓励社会力量参与慈善事业。加强社会救助基础设施,推进养老院、敬老院、救助中心等福利救助机构建设,提升社会救助能力。健全受灾群众生活救助保障制度,加强不同救助领域的政策衔接,推进救助及福利制度整合。

第四章　和谐稳定,促进劳动就业

实施就业优先战略,完善就业政策,提高就业服务水平,不断提升劳动力就业水平,以创业带就业,促进陆川实现充分就业。

第一节　实施更加积极的就业政策

以促进充分就业作为经济社会发展的优先目标,挖掘和培养新的就业岗位,鼓励与支持发展非公经济,加大企业的扶持力度,鼓励与发展家庭服务业,扩大就业容量。加大对重点群体的就业援助力度,重点抓好职校毕业生、农村转移劳动力、退役军人等群体就业工作,开发基层公益岗位,帮扶城镇就业困难人员就业,实现各类群体稳定就业。落实好"大众创业、万众创新"系列政策措施,实现创业带动就业。支持灵活就业、新就业形态,促进劳动者自主就业。加强人力资源市场监管,健全和谐劳动关系,维护职工和企业的合法权益。

第二节　完善就业服务体系

健全和完善县、镇(街道)、社区(村)三级联动的公共就业服务网络体系。积极搭建就业平台,完善陆川县就业信息平台,为劳动者提供高效便捷的网络就业服务。通过组织开展招聘会等形式,拓宽劳动者就业渠道。加快建设陆川县就业和社会保障服务中心,适当在各镇布局建设就业服务中心。加强就业技能培训服务,为贫困家庭子女、农民工等特殊群体免费提供就业技能培训,提高劳动力就业能力。加快建设专业技术技能培训中心,提高就业培训水平。建立完善就业失业动态监测系统,建立就业失业实名数据库,完善就业失业统计指标。

第五章　共享服务,强化医疗卫生

坚持以"人人享有基本医疗卫生服务"为目标,建立与完善医疗卫生服务体系,深化医疗卫生体制改革,构建覆盖城乡居民的基本医疗卫生制度和完善现代医院管理制度,解决群众"看病难、看病贵"以及因病致贫、因病返病等难题,实现人人享有基本医疗卫生服务的目标。

第一节　加强公共医疗卫生体系建设

实施医疗卫生基础设施重大工程,建立健全以县级医院为龙头、乡镇医院为骨干、村卫生室为基础的三级农村医疗卫生服务网络,着力解决群众"看病难、看病贵"的问题。优化医疗卫生机构布局,推进医疗资源向基层、农村流动,促进公共卫生服务均等化发展,加快实施中医院、妇幼保健院异地搬迁。推进县人民医院分院、县公立精神病人医院及县城区社区卫生服务中心的规划建设,加强镇卫生院规范化建设。加强乡镇卫生院服务能力和队伍建设,加大乡村医生队伍建设。加强重大疾病预防和防控,降低慢性病医疗费用,落实艾滋病防治等特殊药物免费供给政策。加强突发事件公共卫生应急体系建设。鼓励发展中医药,推进中医研究基地和科研机构建设,加强中医药人才培养,提高陆川县中医院、中西医结合骨科医院服务能力。加强医疗卫生监督,提高医疗卫生水平。弘扬白求恩精神,增强服务意识。

第二节　深化医药卫生体制改革

坚持"保基本、强基层、建机制"原则,统筹推进医药卫生体制改革。整合城镇居民基本医疗保险和新型农村合作医疗两项制度,建立统一的城乡居民基本医疗保险制度,实现大病医疗保险全覆盖。推进县级公立医院综合改革,破除逐利机制,推进医疗行业人事薪酬制度改革。实行医疗、医保、医药联动,推进医药分开,建立健全分级分疗制度。完善基本药物制度,健全药品供应机制,保障药品安全。鼓励社会力量参与健康服务业,推进非营利性民营医院和公立医院同等待遇,加快全民健身公共服务体系建设。

第六章　人口均衡,促进和谐发展

坚持计划生育基本国策,推进落实人口发展政策,全面实施一对夫妇可生育两个孩子政策。提高妇幼保健、生殖健康、托幼等公共服务水平。帮扶存在特殊困难的计划生育家庭,注重家庭发展。开展应对人口老龄化行动,建立多层次养老服务体系,发展养老服务事业和养老产业。推进养老服务与医疗保健的融合发展,实现医养结合。保障妇女和未成年权益。支持发展残疾人事业。

> **专栏23　民生建设主要项目**
>
> 医疗卫生:陆川县中医院、妇幼保健院迁建工程;推进县人民医院分院、县公立精神病人医院及县城区社区卫生服务中心的规划建设;陆川县良田镇、乌石镇、马坡镇中心卫生院项目;陆川县清湖镇、沙坡镇中心卫生院续建项目;陆川县古城镇卫生院续建项目。
>
> 文化体育:陆川客家山歌剧院项目;陆川客家博物馆;陆川县体育学校;陆川县青少年体育俱乐部;陆川县工人文化宫项目。
>
> 就业创业:就业服务中心建设;创业服务中心建设;失业实名制数据库。
>
> 社会保障:保障性住房建设项目;棚户区改造;陆川县养生福利院项目。

第十一篇　改革开放激活力，合作发展添动力

深入贯彻落实党中央全面深化改革战略布局，推动县级权限内改革，实现重点领域和关键环节改革重大突破，实施更为积极主动的开放合作战略，打造开放陆川。

第一章　深化改革，增强内生新动力

着力推动重点领域改革，重点深化行政管理体制、财税金融体制、投融资体制、农村土地制度等领域改革，增强经济内生增长动力。

第一节　深化农村综合改革

贯彻落实国家关于农村土地有序流转和发展农业适度规模经营的相关政策。以家庭农场建设推动农村综合改革，发展适度规模经营的中小型家庭农场。全面铺开土地确权，从农村土地产权制度、管理制度以及土地征用保障三个层次盘活农村优势土地资源。深化农村产权制度改革，建成农村产权流转交易市场体系，完善土地所有权、承包权、经营权分置办法，依法推进土地经营权有序流转；深化土地管理制度改革，探索宅基地有偿使用制度和自愿有偿退出机制；探索建立被征地农民保障新机制，建立完善城乡统一的建设用地市场，推进土地节约集约利用，建立健全农村土地流转托管机制。创新和完善农业投融资体系，推动农村信用合作社改制成农村商业银行，推动村镇银行优化股权结构，完善法人治理机制。组建农业担保公司，引导社会资本、金融资本加大对农业生产的投入。健全农村产权抵押融资机制，创新农业经营制度，推进城乡要素平等交换和公共资源均衡配置。加快供销合作社综合改革，创建富民强社示范县。

第二节　深化金融领域体制改革

以"引金入陆"计划为引领，推动金融体制和投融资体制改革。积极引进各类新型金融机构，健全金融服务组织体系。利用多层次资本市场，加快培育设立各类投资基金、产业基金和合作发展基金，提升直接融资能力。发展普惠金融，引导金融机构下沉服务重心，创新金融产品，提高服务"三农"、服务基层、服务中小微企业的能力。优化金融生态环境，防范化解金融风险。建立新型投资审批制度，创新政府投资项目建设管理方式，完善后评价制度。鼓励和引导社会资本通过特许经营、政府购买服务、股权合作等方式，全面推进政府和社会资本合作。创新融资方式，支持企业通过上市融资、股权交易、发行债券、基金融资等方式，扩大融资渠道和融资规模，降低融资成本。

第三节　深化财税体制改革

贯彻落实新预算法，深化财税等领域改革，逐步降低非税收入比重，完善保障收入稳定增长、保障民生支出、保障重点建设的体制机制。改进年度预算控制方式和跨年度平衡机制。建立健全政府性债务规模控制、风险预警、债务考核等管理制度。健全乡财县管体制，使事权与支出责任相匹配。积极推进政府预决算、部门预决算、专项转移支付、地方政府债务、预算绩效信息、财税政策和规章制度等方面信息公开。落实国家增值税、消费税、资源税、环境保护税、房地产税、个人所得税等重大改革举措，深化国税、地税征管改革，构建有利于科学发展、社会公平、市场统一的税收制度体系。

第四节　深化行政体制改革

以建立阳光、高效、服务型政府为目标，加快推进行政管理体制改革。进一步简政放权、放管结合、优化服务，简化行政审批程序，推行权力清单、责任清单和负面清单制度管理，实施网上审批、并联审批等新举措，不断提高审批效率和服务水平，为经济社会创造良好发展环境。统筹党政群机构改革，进一步优化政府机构设置、职能配置，实现机构编制管理科学化、规范化、法制化，建设精简高效的服务型政府。加强互联网政务信息数据服务平台和便民服务平台建设，大力推进政务公开，建设阳光政府。加大政府购买基本公共服务力度，更加注重提供服务内容和服务质量，探索和创新公共服务的提供方式。

第二章　开放合作，开创发展新局面

围绕"粤桂经济生态合作试验区"建设，全面加强区域经济合作，全面提升开放型经济水平。

第一节　构建开放合作机制体制

创新开放合作机制，加强与粤港澳地区、东盟地区及北部湾经济区的合作，突破瓶颈制约，推动陆川开放开发取得新突破。构建与粤港澳产业转移合作新机制。着力推动粤桂合作生态经济发展试验区改革创新和先行先试，积极敲定合作框架协议，探索跨省区域合作管理和粤桂产业转移合作一体化机制。构建与北部湾经济区的合作发展机制。依托"互联网＋"经济开放平台，完善与南宁、北海等城市在科技、文化、旅游等领域沟通的交流机制，重点推进区域电商产业合作发展。建立多层次、多领域交流对话机制，加快共建合作产业园，扩大与北部湾经济区各城市的贸易合作。构建与东盟重点领域开放合作机制。坚持引进来和走出去并重，利用中国－东盟博览会和商务与投资峰会这一国家级平台，加快构建东盟重点领域开放合作机制，争取更多中国－东盟合作平台和活动落户陆川县。

第二节　大力发展开放型经济

加快产业招商，推进企业强强联合，转变贸易发展新方式，促进开放合作企业与产业转型密切结合。全面加强区域合作，积极融入国家"一带一路"、粤西北经济圈和广西"双核驱动""三区统筹"、玉林市"东靠南下、通江达海"战略建设，加强与北部湾城市、粤西地区的沟通协作，加大产业招商力度，加快促进粤桂双边合作。积极融入大玉林旅游圈和北部湾旅游发展格局，加强与广东及周边市、县的旅游合作，形成旅游"组团式"发展。注重对外开放发展，用好用足有关优惠政策，积极利用南博会、玉博会、"南方药都"等平台，不断挖掘对外贸易新商机，发展对外贸易，

拓展投资合作新空间。积极帮助出口企业拓展出口渠道，扩大出口商品种类，积极引导企业不断开拓新市场，在促进外贸发展方式转变上取得新突破。

第十二篇　治县理政树新风，社会和谐享太平

全面加强和改善党的领导，坚持从严治党，强化法治建设，推进社会治理创新，增强社会公共安全保障能力，为经济社会发展创造和谐良好的环境。

第一章　从严治党，推进党风廉政

各级党委必须深化对发展规律的认识，提高党领导发展能力和水平，坚持从严治党，更好推动经济社会发展。

第一节　全面提升党的领导能力

坚持县党委总揽全局、协调各方，发挥党委党组领导核心作用，完善党的领导体制和工作机制。健全决策咨询机制，强化全委会决策和监督作用，提高决策科学化水平，完善党委研究经济社会发展战略、定期分析经济形势、研究重大方针政策的工作机制。完善信息发布制度。加强领导班子和干部队伍建设，坚持好干部标准和"六用六不用"用人导向，优化领导班子知识结构和专业结构。深化干部人事制度改革，完善政绩考核评价体系和奖惩机制，推进干部"能上能下"，调动各级干部干事创业的积极性、主动性、创造性。加强基层党组织建设，抓好基层党组织带头人队伍建设，强化基层党组织整体功能，发挥党组织的战斗堡垒作用和党员先锋模范作用。

第二节　深入推进党风廉政建设

坚持全面从严治党，严明党的政治纪律和政治规矩，深入贯彻"三严三实"要求，各部门党政领导率先垂范，发挥廉洁、自律、务实的带头作用，深入举办党风政风建设年各类活动，严格执行《中国共产党廉洁自律准则》和《中国共产党纪律处分条例》，强化执纪问责，把纪律挺在前面，推动党风廉政建设落到实处。严肃查处违纪违法案件，深入开展查处群众身边的"四风"和腐败问题专项工作，减少腐败存量，遏制腐败增量。深化纪律检查体制改革，完善廉政法规制度，深入贯彻中央八项规定、自治区实施意见及市委、县委的实施办法，构建不敢腐、不能腐、不想腐的有效机制。落实党风廉政建设主体责任和监督责任，营造良好的政治生态和发展环境。

第三节　加强社会主义民主政治建设

坚持和完善人民代表大会制度、中国共产党领导的多党合作和政治协商制度、基层群众自治制度。坚定不移走中国特色社会主义政治发展道路。加强人大常委会制度及其自身建设，支持、保证人大及其常委会依法履行职权。加强和改进人大代表工作，密切人大代表同人民群众联系，发挥代表反映民意、集中民智的作用。健全民主制度，丰富民主形式，支持政协围绕团结和民主两大主题履行职能，推进政治协商、民主监督、参政议政建设，推进协商民主广

泛多层制度化发展；巩固和发展最广泛的爱国统一战线，充分发挥民主党派、工商联和无党派人士的作用；切实做好民族宗教侨务工作。加强思想政治工作，贯彻党的群众路线，注重发挥工会、共青团、妇联等群团组织作用，提高宣传和组织群众能力。广泛接受社会公众和新闻舆论监督，引导互联网理性表达诉求。加强意识形态领域工作，最大限度为改革发展和社会稳定凝聚共识和力量。

第二章　依法治县，推进社会和谐

加快法治陆川建设，推动经济社会发展步入法治化轨道，深入推进依法执政、公正执法、全民守法，进一步提升群众安全感和满意度，确保社会安定有序、人民安居乐业。

第一节　深入推进法治政府建设

规范行政组织和行政程序，严格要求广大干部对于职责范围内的行政事务，要勇于负责、敢于担当。深化行政审批制度改革，建设法治政府。完善政府社会治理和公共服务职能，构建善治型政府，实现政府治理和社会自我调节、居民自治的良性互动。健全依法决策体制，确保决策制度科学、程序正当、过程公开、责任明确。积极推行政府权力清单制度，明确各级政府及其工作部门依法能够行使的职权范围。推进县镇政府事权规范化，强化基层部门执行职责。深入开展法治宣传教育，利用多种形式在全县多层面开展法制宣传教育，把法治教育纳入全县教育体系和精神文明创建内容。着力构建阳光政府，积极推进财政预算、公共资源配置、重大建设项目批准和实施、社会公益事业建设等领域的政府信息公开，实现行政透明运行，确保政府提供公正服务。加强互联网政务信息数据服务平台和便民服务平台建设，推动政务公开信息化，提供便捷的行政管理服务。

第二节　提升公正执法建设水平

完善政府行政执法管理制度，加大法制研究力度，加强统一领导和协调，规范执法行为，提高执法效率，试行政执法人员持证上岗和资格管理制度，提升全县执法人员素质。加强推进行政执法公示制度，依法公开执法依据、执法程序、执法结果，强化社会各界对行政执法活动的监督。健全行政执法和刑事司法衔接机制，完善案件移送标准和程序，建立行政执法机关、公安机关、检察机关、审判机关信息共享、案情通报、案件移送制度，建立衔接工作信息共享平台。

第三节　狠抓维护社会稳定环境

全面推进信访工作改革，推行阳光信访和网络信访，深化下访约访，完善矛盾纠纷大调解机制建设，健全群众利益表达、协商沟通机制，倡导群众遵法守法懂法用法，提高社会管理法制化水平。建立健全覆盖城乡的公共法律服务体系。建立健全社会心理服务体系和疏导机制、危机干预机制。建立健全重大事项社会稳定风险评估制度。加快推进社会治安立体化防控体系建设，全力推进覆盖全县各镇至村集"打、防、控、管、服务"一体化的"天网工程"，构建具有陆川特色的城市社会面治安防控网、乡村治安防控

网、机关企事业单位内部安全防控网、重点行业和重点人员治安防控网、视频监控防范网、网络舆情监控网、区域治安防控协作网等社会治安立体化防控"七张网"。完善社会矛盾纠纷精准排查、精细化解机制。深入推进无邪教创建工作。加强对流动人口和特殊人群的服务管理。严密防范、依法惩治违法犯罪活动，建立健全反恐工作机制，提高反恐工作能力，切实提升人民群众安全感和满意度。

第三章　平安陆川，创新社会治理

深入开展平安陆川建设，加快完善党委领导、政府主导、社会协同、公众参与、法治保障的社会治理体制，推进社会治理精细化。

第一节　推进和谐社区建设

建设管理有序、服务完善、环境优美、治安良好、生活便利、人际和谐的新型社区。加强村（社区）工作队伍建设，强化基层工作力量，落实基础建设和工作经费。构建社区管理和服务平台，完善村（社区）管理体制和服务体制，协调解决社会各方利益诉求。健全基层群众民主自治机制，推动村（社区）实行自我管理、自我教育、自我服务、自我监督。加强村（社区）网络信息平台建设，构建智慧社区，使群众获取更为全面的村（社区）服务信息，参与村（社区）建设管理、监督更为通畅、便捷。深化网格化治理建设，开展"网格化管理、精细化服务"示范创建活动，推广深化"两代表一委员""三官一律"（法官、检察官、警官、律师）进村（社区）服务机制。

第二节　培育发展社会组织

坚持培育发展与规范管理并重，大力发展一批能承接政府部分社会服务职能的社会组织和社会团体，推进社会组织明确权责、依法自治、发挥作用。强化社会组织的就业援助、教育培训、医疗卫生、科技文体、养老助残、慈善帮困等公共服务功能。建立完善政府购买公共服务机制，更多更好地发挥社会组织在风险评估、法律咨询、社区矫正、安置帮教、纠纷化解等方面的积极作用。支持和发展志愿服务组织，大力推动志愿服务制度化、规范化、常态化。发挥工会、共青团、妇联、残联等群团组织在社会治理中的桥梁纽带作用。

第三节　健全公共安全体系

完善和落实安全生产责任和管理制度，实行党政同责、一岗双责、失职追责，坚决防止重特大事故发生。健全风险预警机制，创新协调联动机制，加大监管执法力度，及时排查化解安全隐患，切实维护人民生命财产安全。完善防灾减灾救灾机制，健全灾害预警机制、应急救援机制、消防事业经费保障机制。扎实推进社会消防安全"防火墙"工程，强化消防工作考评和责任落实，建立健全消防安全责任体系。加强消防供水、消防通道等公共消防及农村消防基础设施建设，发展多种形式消防队伍，不断增强灭火及应急救援力量，加大防灾减灾知识教育宣传，提升民众

消防安全意识，扎实开展防灾减灾演练活动。优化食品药品安全监管体系，实施食品药品安全放心工程，全面提升食品药品安全保障水平。健全社会舆情引导机制，加大依法管理网络力度，营造安全可信的网络环境。落实国家安全战略，全面加强国防动员、国防教育和后备力量建设，深入开展新形势下的"双拥"工作。

> **专栏 24　社会管理主要建设项目**
>
> 从严治党：举办"党风建设年"活动。
>
> 依法治县：建立法制教育长效机制体系。
>
> 社会治安：建设覆盖全社会的治安监控、数字城管系统，建设平安陆川；陆川县社区网格化管理中心；陆川县公共突发事件信息预警发布系统项目。
>
> 减灾救灾：推进抗震救灾"五中心一基地"项目建设。

第十三篇　强化实施绘蓝图，富民强县有保障

严格落实政府职责，统筹协调规划实施，把握好规划实施的重点和时序，狠抓项目建设，完善配套政策，强化保障机制，加强规划实施和评估机制，规范实施主体行为，自觉接受群众对规划实施过程的监督，奋力实现规划确定的目标。

第一章　健全机制，加强组织领导

以县委、县政府的坚强领导为后盾，全面推进规划实施的工作机制和指标考核评价体系。成立规划实施领导小组，设立领导小组办公室，专门负责研究决定和统筹协调规划实施、政策细化、项目推动等重大事项，明确各级部门责任。继续深化"书记论坛"，切实强化机关效能和干部执行力、协作力、创新力，健全改进作风常态化机制，做好统筹协调，加强相关专项规划的综合协调，真抓实干，敢于担当，以过硬作风坚决落实规划的指导思想、主要目标、重点任务、重大举措、重大政策、重大工程、重大项目，全面推进规划的实施。各部门按职能职责，加强协调配合，认真抓好落实，制定具体实施措施，保障规划主要目标和任务的实现。积极做好规划纲要宣传工作，全面宣传规划纲要，促使社会了解规划和理解规划，使实施规划成为全社会的自觉行动。

第二章　统筹协调，加强规划管理

加强规划协调管理，以"十三五"总体规划为统领，以主体功能区规划为基础，以专项规划、区域规划、城市规划和土地利用规划为支撑，形成各类规划定位清晰、功能互补、统一衔接的规划体系，实现"多规合一"。强化规划引领，统筹考虑县城、集镇开发和水、电、路等基础设施的配套建设。创新规划实施机制，切实解决规划中存在的重编制、轻实施的问题。分解落实规划目标任务，本规划确定的约束性指标和公共服务、社会管理等领域的任务，要纳入

各镇、各部门经济社会发展综合评价和绩效考核体系。明确和落实部门责任,对总体规划中政策性的内容,相关部门要制定具体的实施意见,分阶段有步骤实施规划。

第三章　有效推动,加强项目建设

充分利用好政策,切实增加财政预算投入。规范重大项目审批方式,创新工作机制,优化审批流程,简化办事程序,提升服务水平。优化融资生态环境,强化招商引资措施,创新招商引资方式,拓展招商引资领域,形成多渠道、多层次、多元化的投入保障机制,强化项目建设的资金保障,推进项目顺利实施。重点突出社会民生、生态工业、现代农业、基础设施建设等项目,加大在财税、金融、土地等方面给予政策性支持,鼓励社会公众和利益相关方参与项目前期和建设各阶段的论证,完善监督制度,进一步增强跨越发展的支撑能力。

第四章　优化配置,加强政策调节

充分研究和把握发展的政策机遇,用足用好国家和自治区给予我县西部地区、跨省边境地区和跨省流域治理试点、革命老区县等政策优势。积极对接国家、自治区和玉林市的规划盘子,争取在转移支付、专项资金、产业布局、用地指标、基础设施和审批方面的支持,真正使政策优势转化为发展优势。在市场经济主要发挥作用的领域,运用经济、法律和行政手段,引导市场主体合理配置资源,依法履行市场监管职能,维护正当竞争。政府主要承担社会管理和公共服务的责任,运用公共财政政策,调整财政支出,合理配置财政资源,对具有一定产业性质的准公共产品,制定鼓励政策,引导社会投资。在涉及全县经济发展战略、重大公共服务、重大产业项目上,依法在土地政策、资金政策、人才政策上给予适当倾斜,保障全县经济社会又好又快发展。

第五章　时刻跟进,加强监测评估

完善监测评估制度,加强监测评估能力建设,完善转变经济发展方式的绩效评价考核体系和具体考核办法,强化对结构优化、民生改善、资源节约、环境保护和基本公共服务等目标任务完成情况的综合评价考核。加强对规划实施情况的跟踪分析,加强对重点发展目标任务实施情况及重大项目进展情况进行监测分析。规划实施过程中,规划主管部门要对约束性指标和主要预期性指标完成情况进行评估,自觉接受县人大代表大会及其常务委员会监督检查,以适当方式向社会公布,接受社会公众监督,充分发挥群众对规划实施年度进展情况的监督作用,建立广泛的民意沟通机制。加强规划实施情况督查工作,对重点行业、重大建设项目和重大政策措施等方面,开展重点督察。在规划实施的中期阶段,由规划主管部门组织开展全面评估,并将中期评估报告提交县人民代表大会及其常务委员会审议,确保规划顺利实施。

陆川县人民政府关于确定陆川铁锅地理标志产品保护范围的通知

(陆政发〔2016〕10号　2016年6月22日)

各镇人民政府,县政府各工作单位:

鉴于"陆川铁锅"特定的自然生态环境、人文因素和生产工艺,为进一步做大做强陆川铁锅品牌,有效推动陆川铁锅产业和全县经济发展,根据国家《地理标志产品保护规定》精神,经研究,决定将本县全境,即:温泉镇、米场镇、沙坡镇、沙湖镇、马坡镇、珊罗镇、平乐镇、大桥镇、乌石镇、良田镇、滩面镇、横山镇、清湖镇和古城镇,地理坐标为北纬21°53′~22°38′,东经110°04′~110°25′,总面积1551平方千米划定为"陆川铁锅"地理标志产品保护范围,各镇、各有关部门要切实做好"陆川铁锅"地理标志产品保护的有关工作。

陆川县人民政府关于印发陆川县科学技术奖励办法的通知

(陆政发〔2016〕24号　2016年12月29日印发)

各镇人民政府,县政府各工作部门:

《陆川县科学技术奖励办法》已经县十六届人民政府第3次常务会议审议通过,现印发给你们,请认真遵照执行。

陆川县科学技术奖励办法

第一章　总　则

第一条　为奖励在科学技术进步中做出突出贡献的公民、组织,充分调动广大科学技术工作者的积极性和创造性,加速我县科学技术事业的发展,促进经济建设和社会进步,根据现行《玉林市科学技术奖励办法》和有关法律、法规的规定,结合本县实际,制定本办法。

第二条　陆川县人民政府设立陆川县科学技术奖。陆川县科学技术奖的推荐、评审、授予等各项活动适用本办法。

第三条　陆川县科学技术奖励工作应当贯彻尊重劳动、尊重知识、尊重人才、尊重创造的方针,鼓励自主创新、研究开发,促进科学研究、技术开发与经济社会紧密结合,促进科技成果转化和高新技术产业化,促进转变经济发展方式,加速科教兴玉战略和人才强县战略的实施。

第四条　陆川县科学技术奖的推荐、评审和授予坚持公平、公正、公开的原则,不受任何组织或个人的干涉。

第五条　陆川县科学技术奖授予在科学研究、技术创新和促进科学技术进步等方面做出突出贡献的公民、组织。

陆川县科学技术奖不授予国家机关各级管理职能部门和外国组织。

第六条　陆川县科学技术行政部门负责陆川县科学技术奖评审的组织和管理工作。

第七条　陆川县人民政府设立陆川县科学技术奖励委员会(以下简称奖励委员会),其主要职责是:

(一)聘请有关方面的专家、学者组成专业评审组;

(二)审定专业评审组的认定结论;

(三)为完善科学技术奖励工作提供政策性意见和建议;

(四)研究、解决科学技术奖评审工作中出现的其他重大问题。

第八条　奖励委员会委员实行聘任制,每届任期3年。由陆川县科学技术行政部门负责提出奖励委员会的组成人员人选,报县人民政府批准。奖励委员会设立奖励委员会办公室(以下简称奖励办公室),负责科学技术奖励的日常工作。奖励办公室设在县科学技术行政部门。

第九条　奖励委员会依照本办法的规定,具体负责陆川县科学技术奖的评审工作。根据评审工作需要,奖励委员会可以设立若干专业评审组。专业评审组负责本专业范围内的科学技术奖初评工作。

第十条　社会力量在本县行政区域内设立面向社会的地方性科学技术奖,应在县科学技术行政部门办理登记手续。具体办法按照国家有关规定执行。社会力量经登记设立面向社会的地方性科学技术奖,在科学技术奖励活动中不得收取任何费用。

第二章　科学技术奖的设置

第十一条　陆川县科学技术奖下设:

(一)科学技术特别贡献奖;

(二)科学技术进步奖;

(三)技术发明奖;

(四)科技论文奖(含教育)。

第十二条　科学技术特别贡献奖授予下列公民、组织:

(一)在当代科学技术前沿取得重要突破或者在科学技术发展中有重大成就的;

(二)在科学技术创新、科学技术成果转化和高新技术产业化中,取得系列或者重大的成果,创造巨大经济效益或者社会效益的。

第十三条　科学技术进步奖授予以下公民、组织:

(一)在实施技术开发项目中完成重大技术创新,实现

科学技术成果转化,对促进行业科技进步具有重大作用,创造显著经济效益和社会效益的;

(二)在推广应用先进的科学技术成果中,做出技术创新,创造显著经济效益或者社会效益的;

(三)在实施重大工程项目中,采用先进技术方法,取得重要科学技术创新,保障工程达到国内领先水平的;

(四)在实施社会公益项目中,对科学技术基础性工作和社会公益性科学技术事业做出重要贡献,经实践检验,创造显著社会效益的。

第十四条　技术发明奖授予运用科学技术知识做出产品工艺、材料及其系统等重大技术发明的公民、组织。前款所称重大技术发明,应当具备下列条件:

(一)前人尚未发明或者尚未公开;

(二)具有先进性和创造性;

(三)核心技术获国家发明专利授权;

(四)实施后创造显著经济效益或者社会效益。

第十五条　科技论文奖授予在省级以上专业杂志上发表的学术论文;

第十六条　科学技术特别贡献奖不分等级,每年奖励项目不超过1项,根据实际情况可以空缺;科学技术进步奖和科技论文奖设一等奖、二等奖和三等奖3个奖励等级;技术发明奖分别设一等奖和二等奖等2个奖励等级,根据实际情况可以空缺;陆川县科学技术奖4个奖项每年奖励项目总数不超过40项。

第三章　推　荐

第十七条　陆川县科学技术奖候选项目由申报项目单位推荐:

第十八条　陆川县科学技术奖候选项目实行限额推荐。推荐单位应当在奖励委员会当年下达的限额范围内推荐科学技术奖候选项目。

第十九条　推荐单位在推荐陆川县科学技术奖候选项目时,应当参考相关方面的科学技术专家对其科学技术成果的评价结论,择优推荐,并提出奖励类别、奖励等级的建议。

第二十条　推荐单位推荐陆川县科学技术奖候选项目时,应当填写统一格式的推荐书,并提供真实可靠的评价材料和证明材料。推荐单位对推荐陆川县科学技术奖候选项目的真实性负责。

第二十一条　有下列情形之一的科学技术成果,不得推荐:

(一)对知识产权有争议的;

(二)对科技成果的完成单位或者完成人有争议的;

(三)未经陆川县科学技术成果登记的;

(四)主要内容已经获得国家或省部级、市级和县级科学技术奖的。

第二十二条　在科学研究、技术开发项目中仅从事辅

助服务工作的单位或从事组织管理和辅助服务工作的人员,不能作为陆川县科学技术奖候选项目的完成单位、完成人员。

第二十三条 同一技术内容的项目不得在同一年度同时推荐参加技术发明奖和科学技术进步奖的评审。

第二十四条 涉及国防、国家安全的项目,不作为陆川县科学技术奖候选项目予以受理;可按国家有关规定,推荐作为国家有关部委设立的部级科学技术奖的候选项目。

第四章 评审和授予

第二十五条 陆川县科学技术奖每年评审1次。

第二十六条 科学技术特别贡献奖候选项目由奖励委员会评审和决议;技术发明奖、科学技术进步奖和科技论文奖候选项目分别由技术发明奖专业评审组、科学技术进步奖专业评审组和科技论文奖专业评审组评审,由奖励委员会决议。

第二十七条 陆川县科学技术奖的评审实行回避制度。被推荐为陆川县科学技术奖候选项目的主要完成人及利害关系人,不得作为奖励委员会和专业评审组专家参加当年的评审工作。

第二十八条 奖励办公室负责陆川县科学技术奖推荐材料的受理工作,并对推荐材料进行形式审查。

第二十九条 对形式审查合格的候选项目,由奖励办公室组织专业评审组初评。

奖励办公室根据专业评审组的初评意见,提出奖励项目、奖励类别及奖励等级的建议。

第三十条 奖励委员会以会议形式评审科学技术特别贡献奖,审定奖励办公室提出的建议,做出陆川县科学技术奖奖励项目、奖励类别及奖励等级的决议,并将决议在公众媒体上公示30日。

第三十一条 公示期间,任何单位和个人对公示事项有异议的,均可以书面形式向奖励办公室提出。逾期提出的,不予受理。奖励办公室负责协调推荐单位对异议进行核实处理。

第三十二条 公示无异议或异议处理结束后,陆川县科学技术行政部门对陆川县科学技术奖奖励项目、奖励类别和奖励等级进行审核,报陆川县人民政府批准。

第三十三条 陆川县科学技术奖由陆川县人民政府颁发荣誉证书和奖金。各奖项单项授奖单位和授奖人员实行数量限额。陆川县科学技术奖授奖证书不作为确定科学技术成果权属的直接依据。

第三十四条 科学技术特别贡献奖的奖金数额为10万元。技术发明奖、科学技术进步奖的奖金数额为:一等奖2万元,二等奖1.5万元,三等奖1万元。科技论文奖(含教育)的资金数额为:一等奖0.3万元,二等奖0.2万元,三等奖0.1万元。

陆川县科学技术奖奖金和奖励工作经费在县本级财政预算中专项列支。

第五章 罚 则

第三十六条 剽窃、侵夺他人的发现、发明或者其他科学技术成果的,或者以其他不正当手段骗取陆川县科学技术奖的,由陆川县科学技术行政部门报陆川县人民政府批准后,撤销奖励,追回奖金和证书。

第三十七条 推荐单位提供虚假数据、材料,协助他人骗取陆川县科学技术奖的,由陆川县人民政府通报批评;情节严重的,暂停或者取消其推荐资格;对负有直接责任的主管人员和其他直接责任人员,依法给予处分。

第三十八条 参与陆川县科学技术奖评审活动的专家和有关工作人员在评审活动中弄虚作假、徇私舞弊的,依法给予处分。

第三十九条 社会力量未经登记,擅自设立面向社会的地方性科学技术奖的,由玉林市科学技术行政部门依法予以取缔。社会力量经登记设立面向社会的地方性科学技术奖,在科学技术奖励活动中收取费用的,依照《国家科学技术奖励条例》的规定处理。

第六章 附 则

第四十条 陆川县科学技术行政部门根据本办法制定奖励活动的实施细则。

第四十一条 陆川县人民政府组成部门、直属机构不再设立科学技术奖。

第四十二条 本办法自印发之日起施行。2008年5月26日发布的《陆川县人民政府关于印发陆川县科学技术进步奖励办法的通知》(陆政发〔2008〕18号)同时废止。

陆川县人民政府
关于印发陆川县全民健身实施计划
(2016—2020年)的通知

(陆政发〔2016〕25号 2016年12月29日)

各镇人民政府,县政府各工作部门:

经县政府同意,现将《陆川县全民健身计划2016—2020年》印发给你们,请结合实际,认真贯彻执行。

陆川县全民健身实施计划(2016—2020年)

为贯彻落实全民健身国家战略,普及全民健身运动,进一步提高全县人民身体素质和健康水平,根据《广西壮族自治区人民政府关于印发广西全民健身实施计划

（2016—2020 年）》（桂政发〔2016〕56 号）精神，制定本计划。

一、指导思想

全面落实党的十八大和十八届三中、四中、五中、六中全会精神，深入贯彻习近平总书记关于体育、卫生和健康工作系列重要讲话精神，围绕"四个全面"战略布局，牢固树立和贯彻落实创新、协调、绿色、开放、共享的发展理念，以增强人民体质、提高健康水平为根本目标，以满足人民群众日益增长的多元化体育健身需求为出发点和落脚点，建立健全全民健身公共服务体系，推动全民健身与全民健康深度融合，为与全国全区同步全面建成小康社会，为建设体育强县做出积极贡献。

二、主要目标

到 2020 年，全县城乡居民健身意识进一步增强，体育健身成为更多人的基本生活方式，群众身体素质和健康水平不断提高，全民健身各项指标位居全区前列，基本建立与全面建成小康社会相适应、惠及全县人民的全民健身公共服务体系。

——城乡居民健身意识进一步增强。全县经常参加体育锻炼的人数达到 30 万，每周参加 1 次及以上体育锻炼的人数达到 60 万以上。

——城乡全民健身设施全面改善。全县人均体育场地面积达到 1.8 平方米以上，实现 100% 的镇、行政村（社区）建有便捷实用的公共体育健身设施，逐步形成城市社区"15 分钟健身圈"。

——全民健身活动更加丰富多彩。每年举办县特色群体赛事活动 10 项以上，已成规模和品牌的体育健身赛事活动影响力进一步增强，每个镇打造 1 个以上特色品牌活动。

——全民健身组织网络日益健全。县体育社会组织形成"3+N"模式，80% 以上的镇建有体育组织。社区普遍建有体育健身站（点），80% 以上行政村建有体育健身站（点）。社会体育指导员和全民健身志愿者队伍发展壮大，社会体育指导员人数达 500 人以上。

——全民健身的经济功能充分发挥。全民健身消费在居民消费支出中所占比重提高，力争总规模超过 2 亿元，全民健身成为促进体育产业发展、拉动内需和形成新的经济增长点的动力源。

三、主要任务

（一）大力弘扬体育文化，促进人的全面发展。充分利用各种宣传媒介，多方式多渠道加大全民健身宣传，普及健身知识，宣传健身效果，弘扬健康新理念。树立和营造以参与体育健身、拥有强健体魄为荣的个人发展理念和舆论氛围；引导发挥体育健身对形成健康文明生活方式的作用，树立人人爱锻炼、会锻炼、勤锻炼、重规则、讲诚信、争贡献、乐分享的良好社会风气。

将体育文化融入体育健身的全周期和全过程，以举办各类群众性体育赛事活动和健身活动为抓手，大力宣传运动项目文化，弘扬奥林匹克精神和中华体育精神，传承传统体育文化的价值，发挥体育文化在践行社会主义核心价值观、弘扬中华民族传统美德、传承民族优秀文明成果等方面的独特价值和作用。

（二）加快全民健身设施建设，方便群众就近健身。从广大群众的健身需求出发，统筹推进县、镇、行政村（社区）三级公共体育设施建设。县本级要建成 1 个中型全民健身活动中心、1 个体育馆、1 个田径场和 1 个体育公园；100% 的镇要建成 1 个以上带看台的灯光篮球场、1 个以上小型全民健身广场；100% 的社区要建成 1 片以上多功能运动场地、1 条以上健身路径；100% 的行政村要建成 1 个以上篮球场、1 个以上乒乓球场。

组织实施"基本公共体育设施扶贫工程"，满足贫困村屯群众对公共体育设施建设的需求。严格落实新建居住区和社区"室内人均建筑面积不低于 0.1 平方米，或室外人均用地不低于 0.3 平方米"的标准配建全民健身设施，确保与住宅区主体工程同步设计、同步施工、同步验收、同步投入使用，不得挪用或侵占。老城区与已建成居住区无全民健身场地设施或现有场地设施未达到规划建设指标要求的，要因地制宜配建全民健身场地设施。合理利用景区、公园、绿地、广场及城区空置场所建设休闲健身场地设施。鼓励社会力量建设小型化、多样化的场馆和健身设施，政府以购买服务等方式予以支持。

做好已建成的全民健身场地设施的使用、管理和提档升级，重点改造升级村级篮球场，在原有基础上配备适合儿童的篮球架和足球门等设备，配建大众喜爱的羽毛球场、气排球场等。鼓励社会力量参与现有场地设施的管理运营。完善相关政策，鼓励体育场馆免费、低收费开放；不断促进公共体育场地设施和符合开放条件的企事业单位、学校体育场地设施向社会开放。

（三）大力发展体育社会组织，完善全民健身组织网络。引导和推动体育社会组织成为政社分开、权责明确、依法自治的独立法人组织，推动其向社会化、法治化、高效化方向发展，提高体育社会组织承接全民健身服务的能力和水平。通过政府购买服务等多种方式扶持体育社会组织发展，将适合由体育社会组织提供的公共服务和解决的事项，交由具有资质的体育社会组织来承担。

进一步加强县体育总会作为枢纽型体育社会组织的建设，带动各级各类单项、行业和人群体育组织开展全民健身活动。推行体育运动项目"一业多会"（一个体育项目可成立多个协会）制度，力争县级协会覆盖群众需求的主要体育项目。县体育社会组织形成"3+N"模式（体育总会、老年人体育协会、社会体育指导员协会和若干个具有本地特色的单项体育协会）；引导扶持镇、行政村（社区）等基层单位建立更多体育社会组织。以政府购买服务的形式，支持、鼓励有影响力和带动作用的协会、俱乐部举办、承办各类体育赛事活动。大力扶持各级各类足球协会和足球俱乐部的发展。

重视发挥社会体育指导员及健身骨干在开展全民健身活动中的作用,使社会体育指导员和基层体育社团组织成为公共体育服务的核心力量,探索社会体育指导员服务社会的激励机制。推进社会体育指导员队伍建设和分类分级发展,提高健身指导和服务的覆盖面,力争镇和社区(行政村)有1名以上专职或兼职社会体育指导员。组建县、镇两级全民健身志愿服务队,积极开展各类全民健身志愿服务活动。

(四)广泛开展全民健身活动,提供丰富多彩的活动供给。全力推进群众性足球和校园足球运动开展,大力普及篮球、气排球、羽毛球、乒乓球、自行车、健身跑(走)、广场舞、游泳、跳绳等参与性强、普及面广、健身价值高的体育运动项目;扶持推广武术、太极拳(剑)、龙狮、龙舟等民间传统体育项目。

继续办好广西体育节陆川县全民健身系列活动、农民篮球大赛、气排球大赛、太极拳比赛等品牌赛事活动。镇定期举办全民健身运动会,鼓励各部门、行业、系统、企事业单位、基层单位和社会力量举办各种各类体育健身活动。主动引进一批影响力和带动力较强的体育赛事。鼓励社会力量到旅游景区办赛,将体育赛事活动与旅游休闲度假相结合,实现双赢。

(五)加强全民健身科学指导,增进运动健身效果。推动国民体质监测工作的常态化和规范化发展,定期公布国民体质监测数据。建设覆盖县、镇的两级国民体质监测服务网络,推进国民体质监测进机关、进乡村、进社区。加强运动健身咨询与指导的专业化建设,引导、鼓励社会资本开办体质检测、运动康复、健康管理与咨询等服务性机构。

(六)发挥全民健身多元功能,形成服务大局、互促共进的发展格局。结合科技、教育、文化、卫生、养老、旅游等事业发展,发挥全民健身在促进素质教育、文化繁荣、社会包容、民生改善、民族团结、健身消费和大众创业、万众创新等方面的积极作用。发挥体育锻炼在疾病防治及健康促进等方面的积极作用,将全民健身与全民健康深度融合。采用"体医结合"模式推广个性化的"运动处方",探索医保卡余额用于健身的试点建设。发挥全民健身对发展体育产业的推动作用,扩大与全民健身相关的健身休闲、场馆服务、健身咨询与培训等产业的规模,使健身服务业在体育产业中所占比重大幅提升。鼓励发展健身信息聚合、智能健身硬件、在线培训教育等全民健身新业态。利用"互联网+"技术和智能科技,开拓全民健身产品制造领域和消费市场,使体育消费在居民消费支出中所占比重不断提高。推动健身与医疗卫生、养老服务、文化创意、教育培训、休闲旅游、保险金融等相关行业外部融合。鼓励各地通过"群竞结合""体文结合""体医结合""体旅结合""体金结合"等行业协作与产业融合,推动具有陆川山水资源、人文优势和区域优势的全民健身产业发展。

(七)强化重点地域、重点人群和重点项目,发展具有陆川特色的健身休闲项目。依法保障基本公共体育服务,推动基本公共体育服务向农村延伸,以镇、农村社区为重点促进基本公共体育服务均等化。坚持普惠性、保基本、兜底线、可持续、因地制宜的原则,重点扶持革命老区、贫困地区发展全民健身事业。加快农村社区体育建设,广泛开展具有浓郁乡土气息的农村社区文化体育活动,凝聚有利于农村社区发展的内在动力和创新活力。

加强学校体育工作,将提高学生的体育素养和养成健康行为方式作为学校教育的重要内容,将学校体育和全民健身有机衔接。保障学生体育课课时和每天1小时校园体育活动。全面实施《国家学生体质健康标准》。逐步建立起符合素质教育要求的考试评价制度和监测制度,将每天1小时体育锻炼、体育考试成绩和学生体质健康达标情况纳入教学督导内容体系,作为考核评价学校办学水平和质量的重要指标。

加强社区养老服务设施与社区体育设施的功能衔接,支持社区利用公共服务设施和社会场所组织开展适合老年人的体育健身活动,加大门球场等适合老年人的健身项目场地设施建设,发挥全民健身在解决人口老龄化方面的独特作用。采取优惠政策,推动残疾人康复体育和健身体育广泛开展。开展老人、职工、妇女、幼儿体育,关注留守人员、外来务工人员等群体,将外来务工人员公共体育服务纳入属地供给体系。加大社会矫正人员等特殊人群的全民健身服务供给,借助全民健身使他们更好地融入社会。

加快发展足球、气排球项目和户外运动。着力加大足球场地供给,把兴建足球场纳入城镇化和新农村建设总体规划。广泛开展校园足球活动,抓紧完善常态化、纵横贯通学制的高中、初中、小学三级足球竞赛体系。积极倡导和组织行业、社区、企事业、部队、中老年、五人制足球等形式多样的民间足球活动,使足球成为群众普遍参与和乐于观赏的运动项目。大力开展群众喜爱的气排球运动项目,加快普及与提高,继续扩大参与人群,提高参与人口数量,到2020年,全县参与气排球运动人口突破12万。

充分利用我县独特的区位、地理、气候和生态资源,积极发展登山、攀岩、户外徒步、露营、自行车、龙舟、公开水域游泳等具有较大发展空间的户外项目,鼓励各镇依托当地自然人文资源开展形式多样的健身活动,打造一系列"走到户外、亲近自然"大众赛事及活动品牌。

四、措施保障

(一)强化政府公共体育服务职能。建立稳定的全民健身工作"六纳入"工作机制,即把全民健身列入当地经济社会发展规划、纳入年度预算和中长期预算规划、纳入年度工作报告、纳入为民办实事内容、纳入政府重要议事日程、纳入政府绩效考核目标管理;建立高效的全民健身领导协调工作机制,建立大型群体活动联席会议制度;建立政府主导、社会参与、共建共享的工作机制,通过政府引导、多部门协调联动和政策配套,充分发动社会各界力量,参与提供全民健身服务供给;建立全民健身工作督查问责机制,对全民健身工作进行常态化、系统化地调研和监督,加强督查问责力度,对全民健身重大工作和项目执行过程进行跟踪督查;建立健全全民健身执法机制,对全民健身实施过程的纠纷及违法行为予以化解或纠正。健全全民健身公共服务运行机制,推进全民健身公共服务体系标准化建设。以健康为主题,整合基层宣传、卫生计生、文化、教育、民政、养老、残联、旅游等部门相关工作,在镇层面探索建设健康促进服务中心。

(二)完善全民健身制度和政策。加强全民健身与精神文明、社区服务、公共文化、健康、卫生、旅游、科技、养老、助残、保险等相关制度建设的统筹协调,探索全民健身与其他产业协调融合发展的促进政策;制订推动体育社会组织建设,引导全民健身重点项目、新兴项目和创新活动规范发展的管理办法;完善相关政策,将体育场地设施建设用地纳入各级城乡规划、土地利用总体规划和年度用地计划。对建设符合本地实际的体育中心等体育项目,能带动体育消费,促进体育产业发展和当地经济增长的项目给予建设用地指标安排倾斜政策;完善健身消费政策,将全民健身相关产业与消费发展纳入地方体育产业和其他相关产业政策体系。

(三)加大全民健身资金投入。坚持政府主导、整合资源、多元投入,加快大型体育场馆建设。积极探索建设—经营—转让(BOT)模式、政府和社会资本合作(PPP)模式、公建民营、民建公助(管)等模式,加快大型公共体育场馆建设。要进一步加大对全民健身事业的投入力度,将全民健身工作经费纳入财政预算;通过政府购买服务,对符合条件的企业、社会组织采用项目补助、贷款贴息等多种方式,鼓励社会力量参与全民健身服务供给。建立多渠道筹资机制,创新公私合作模式(PPP),支持体育产业加快发展。

(四)建立全民健身评价体系和激励机制。建立全民健身评价体系。明确全民健身发展的核心指标、评价标准和测评方法,采用多层级、多主体、多方位的方式对全民健身发展水平进行立体评估;将全民健身评价指标纳入精神文明建设以及各级文明单位创建的内容;进一步完善全民健身统计制度。建立多层级、立体化的全民健身激励机制。鼓励对体育组织、体育场馆、全民健身品牌赛事和活动等无形资产的开发和利用,引导科技含量高、拥有自主知识产权的全民健身产品的开发。对支持和参与全民健身、在实施全民健身计划中做出突出贡献的机构和个人进行表彰。探索推动民众积极参与全民健身活动的激励机制,在条件具备时,以拓展医保"阳光健身卡"、发放体育健身消费券等方式对积极参与全民健身活动的个人予以适当的

经费资助或技能培训奖励。鼓励各地依托特色资源,积极创建体育生活化镇和体育生活化社区(村)。

(五)强化全民健身科技创新。推行"互联网+"及"智慧健身"行动计划,提高全民健身方法和手段的科技含量。从借助拨款、补助外包,到非竞争性购买和竞争性定向购买等方式,扶持国民体质监测站向实体化和社会化方向发展。利用移动互联、大数据、物联网等现代信息技术,建设集体育健身、健康管理、娱乐休闲为一体的智慧体育平台,打造线上线下一体化的全民健身公共体育服务体系,为全民健身提供便捷、有效的公共体育服务。大力推动健身场馆智能化管理系统的建设与应用,创新用户健身新体验。

(六)加强全民健身人才队伍建设。按照"组织网络化、活动日常化、发展实体化"的思路,通过拨款、补助、外包等非独立性非竞争性的方式,扶持非独立法人体育社团成长为独立法人社团;再通过定向购买和非定向购买等方式扶持独立法人体育社团不断壮大并逐步社会化。推动社会体育指导员的分类分级发展,实施社会体育指导员工作制度,推动职业社会体育指导员的发展;强化社会体育指导员与健身教练的定期培训与考核。组建全民健身智库,培育和构建体育人才交流与合作平台,逐步实现健身人才管理信息化和网络化,促进健身人才市场流动,优化健身人力资源市场配置。

五、组织实施

(一)加强领导协调,完善"大群体"工作格局。加强组织领导,落实政策保障,建立更加完善的全民健身领导协调机制,形成"党委领导、政府主导、部门协同、社会参与、大众拥护"的全民健身多元共治的"大群体"工作格局。

(二)制订落实,有序推动。各镇要依照本计划并结合当地实际,制定本级行政区域的《全民健身实施计划(2016—2020年)》,保证各级全民健身实施计划相互衔接,确保条线之间、层级之间目标一致。逐年、逐级、逐层分解细化目标任务,落实责任人、责任部门、完成时限,确保各项工作保质、保量、按时完成。

(三)强化监督评估,及时解决问题。建立全民健身实施计划实施进展情况监督与检查制度,将全民健身工作列入政府每年督查内容,加强对重点工作、重点工程的督查,开展对全民健身实施计划实施情况的前、中、后期评估,实行动态管理。体育主管部门会同有关部门对本级和下级全民健身实施计划的实施情况进行动态检查指导,分阶段进行评估并将评估结果报告县人民政府。各镇政府要把全民健身工作列入重要议事日程,定期听取汇报,及时研究解决工作中的困难和问题。

先进单位名录

表 71   2016 年陆川县获地厅级以上先进单位名录

获奖单位名称	荣誉称号	授奖时间（年、月）	授奖单位
陆川供电公司马坡供电所工会小组	南方电网公司模范职工小家	2016 年 1 月	中国南方电网有限责任公司工会委员会
陆川县	全国绿化模范单位	2016 年 2 月	全国绿化委员会
广西桂川建设集团有限公司	2015 年度全国优秀施工企业	2016 年 3 月	中国施工企业管理协会
陆川县	第三届国土资源节约集约模范县	2016 年 6 月	国土资源部
陆川县人民检察院	2016 年全国检察宣传先进单位	2016 年 11 月	最高人民检察院、检察日报社
陆川县地震局	全国县级防震减灾工作综合考评先进单位	2016 年 12 月	中国地震局
良田镇良田街社区	全国综合减灾示范社区	2016 年 12 月	国家减灾委员会、民政部
陆川县环境保护局	在全区环境保护工作中作出重大贡献，给予记集体二等功	2016 年 1 月	自治区环境保护厅
陆川供电公司马坡供电所	2015 年度"创先杯"供电所规范化建设劳动竞赛优胜单位	2016 年 1 月	广西电网有限责任公司
陆川县看守所	2015 年度全区公安监管场所二级看守所	2016 年 2 月	自治区公安厅
陆川县拘留所	2015 年度全区公安监管场所三级拘留所	2016 年 2 月	自治区公安厅
陆川县强制隔离戒毒所	2015 年度全区公安监管场所三级强制隔离戒毒所	2016 年 2 月	自治区公安厅
陆川县公安局	全区公安机关执法示范单位	2016 年 2 月	自治区公安厅
温泉派出所	集体三等功	2016 年 2 月	自治区公安厅
新洲派出所	集体三等功	2016 年 2 月	自治区公安厅
清湖派出所	集体三等功	2016 年 2 月	自治区公安厅
沙坡派出所	集体三等功	2016 年 2 月	自治区公安厅
陆川县公安局纪检监督室	集体三等功	2016 年 2 月	自治区公安厅
陆川县公安局办公室	集体三等功	2016 年 2 月	自治区公安厅
陆川县公安局交通管理大队	集体三等功	2016 年 2 月	玉林市公安局
陆川县强制隔离戒毒所	集体三等功	2016 年 2 月	玉林市公安局
陆川县公安局治安管理大队	集体三等功	2016 年 2 月	玉林市公安局
陆川公路管理局财务管理科	广西五一巾帼标兵岗	2016 年 3 月	自治区总工会
陆川县人民医院产科	广西五一巾帼标兵岗	2016 年 3 月	自治区总工会
横山镇林业站	自治区森林防火先进单位	2016 年 3 月	自治区防火办公室
陆川供电公司营销供电党支部	广西电网公司"五星党支部"	2016 年 3 月	中共广西电网有限责任公司支部委员会
陆川供电公司输变电管理所变电修试班	广西工人先锋号	2016 年 4 月	自治区总工会
陆城派出所	2015 年度全区优秀公安基层单位	2016 年 4 月	自治区公安厅

续表

获奖单位名称	荣誉称号	授奖时间（年、月）	授奖单位
陆川县信访局	全区信访系统记集体二等功	2016 年 4 月	自治区人力资源和社会保障局 自治区信访局
陆川县环境保护局	"十二五"污染减排先进集体	2016 年 5 月	自治区环境保护厅
陆川县地税局妇女委员会	广西三八红旗集体	2016 年 5 月	自治区地方税务局 自治区总工会
马坡镇新山村	自治区先进基层党组织	2016 年 6 月	中共广西壮族自治区委员会
陆川县公安局国内安全保卫大队	全区公安机关严打暴恐专项行动成绩突出集体	2016 年 6 月	自治区公安厅
陆川县公安局治安管理大队	全区公安机关"神剑一号"专项行动第一阶段成绩突出集体	2016 年 6 月	自治区公安厅
陆川县民政局	玉林市双拥工作先进单位	2016 年 7 月	自治区人民政府
陆川县	全区开展查处发生在群众身边的"四风"和腐败问题专项工作表现突出集体	2016 年 7 月	自治区纪律检查委员会
米场镇	全区开展查处发生在群众身边的"四风"和腐败问题专项工作表现突出集体	2016 年 7 月	自治区纪律检查委员会
清湖镇	全区开展查处发生在群众身边的"四风"和腐败问题专项工作表现突出集体	2016 年 7 月	自治区纪律检查委员会
陆川县公安局交通管理大队车辆管理所	2014—2016 年度市公安局评定的二等县级车辆管理所	2016 年 7 月	自治区公安厅
良田镇文化站	全区先进乡镇综合文化站	2016 年 8 月	自治区文化厅
陆川县人民法院	广西壮族自治区卫生先进单位(2012—2015)	2016 年 10 月	自治区爱国卫生运动委员会
陆川县地震局	全区县级防震减灾工作(特等奖)	2016 年 11 月	自治区防震减灾工作领导小组办公室 自治区地震局
陆川县公安局刑侦大队	2016 年度全区公安机关"自治区妇女儿童维权岗"	2016 年 11 月	自治区公安厅
陆川供电公司普法办	2011—2015 年广西电网公司先进普法办	2016 年 11 月	广西电网有限责任公司
玉林市龚家山庄生态农业有限公司(马坡雄英村)	2016 年全区"金绣球"农家乐示范区	2016 年 11 月	自治区妇女联合会 自治区旅游发展委员会 自治区扶贫开发办公室
良田镇良田街社区	自治区综合减灾示范社区	2016 年 11 月	自治区减灾委员会 自治区民政厅
陆川县工商业联合会	2016 年广西"五好"县级工商联荣誉称号	2016 年 12 月	自治区工商联
陆川县地方税务局重点税源管理局	继续认定为"广西青年文明号"	2016 年 12 月	共青团广西壮族自治区委员会 自治区地税局
陆川县政务服务中心地税分中心	继续认定为"广西青年文明号"	2016 年 12 月	共青团广西壮族自治区委员会 自治区地税局
陆川供电公司温泉供电所	"廉洁示范供电所"先进单位	2016 年 12 月	中共广西电网有限责任公司纪检组
马坡镇大良村、界垌村、东西村	农村基层党组织评星定级四星级党组织	2016 年	自治区委员会组织部
马坡镇硃砂村、清秀村、新山村	农村基层党组织评星定级三星级党组织	2016 年	自治区委员会组织部
陆川县人民政府台湾工作办公室	全区台办系统涉台信息工作二等奖	2017 年 3 月	自治区委员会台湾工作办公室

续表

获奖单位名称	荣誉称号	授奖时间 (年、月)	授奖单位
陆川县人民法院	全区法院第二个"执行月"活动先进集体	2017 年 3 月	自治区高级人民法院
陆川县	平安县(市、区)	2017 年 5 月	自治区社会管理综合治理委员会
陆川公路管理局安全生产与 国有资产科	自治区公路系统安全生产工作先进集体	2017 年 5 月	自治区公路管理局
陆川县	玉林市 2015 年县(市、区)绩效单项考评 一等奖	2016 年 6 月	中共玉林市委员会 玉林市人民政府
中共陆川县地方税务局总支 部委员会	先进基层党组织	2016 年 6 月	中共玉林市委员会
中共良田镇委员会	2016 年玉林市先进基层党组织	2016 年 6 月	中共玉林市委员会
中共陆川县地震局支部委员会	玉林市先进基层党组织	2016 年 6 月	中共玉林市委员会
陆川县	全市开展查处发生在群众身边的"四风" 和腐败问题专项工作表现突出集体	2016 年 8 月	中共玉林市委员会 玉林市人民政府
陆川县水库移民局	全市开展查处发生在群众身边的"四风" 和腐败问题专项工作表现突出集体	2016 年 8 月	中共玉林市委员会 玉林市人民政府
陆川县教育局	全市开展查处发生在群众身边的"四风" 和腐败问题专项工作表现突出集体	2016 年 8 月	中共玉林市委员会 玉林市人民政府
陆川县	全市开展查处发生在群众身边的"四风" 和腐败问题专项工作表现突出集体	2016 年 8 月	中共玉林市委员会 玉林市人民政府
陆川县人民检察院	全市开展查处发生在群众身边的"四风" 和腐败问题专项工作表现突出集体	2016 年 8 月	中共玉林市委员会 玉林市人民政府
陆川县审计局	全市开展查处发生在群众身边的"四风" 和腐败问题专项工作表现突出集体	2016 年 8 月	中共玉林市委员会 玉林市人民政府
古城镇	全市开展查处发生在群众身边的"四风" 和腐败问题专项工作表现突出集体	2016 年 8 月	中共玉林市委员会 玉林市人民政府
乌石镇	全市开展查处发生在群众身边的"四风" 和腐败问题专项工作表现突出集体	2016 年 8 月	中共玉林市委员会 玉林市人民政府
珊罗镇	全市开展查处发生在群众身边的"四风" 和腐败问题专项工作表现突出集体	2016 年 8 月	中共玉林市委员会 玉林市人民政府
沙湖镇	全市开展查处发生在群众身边的"四风" 和腐败问题专项工作表现突出集体	2016 年 8 月	中共玉林市委员会 玉林市人民政府
沙坡镇	全市开展查处发生在群众身边的"四风" 和腐败问题专项工作表现突出集体	2016 年 8 月	中共玉林市委员会 玉林市人民政府
陆川县审计局	玉林市查处发生在群众身边的"四风"和 腐败问题专项工作中表现突出集体	2016 年 8 月	中共玉林市委员会

索　引

SUOYIN

2016 年 5 月 18 日,陆川县精准扶贫摘帽攻坚推进会在县第一会议室召开　　罗　钊　摄

索引说明

一、本索引采用主题分析索引方法。正文(包括条码、文献、资料、图片和表格)中凡具有独立检索意义的完整资料,均可通过本索引进行检索。

二、索引按汉语拼音字母(同声字按声调)升序排列。类目、分目、次分目作索引款目用黑体字排印、其余均用宋体字排印。表格、图片在其款目后分别注明"表""图"。

三、索引款目后的阿拉伯数字和拉丁字母(a, b, c)分别表示内容所在的页码和栏别(即左、中、右栏)。

四、索引空两字位起排的款目为上一主题的"附见"。同一主题的"参见"只标页码。为便于读者检索,内容有交叉的款目,在本索引中重复出现。

五、图片专辑、编辑说明、大事记等栏目不作索引,阿拉伯数字和拉丁字母开头的款目排在索引的前面。

"国土资源管理"　230a

国内经济贸易概况 H